Gisela Müller-Brandeck-Bocquet, Carolin Rüger
Die Außenpolitik der EU

Gisela Müller-Brandeck-Bocquet,
Carolin Rüger

Die Außenpolitik der EU

—

DE GRUYTER
OLDENBOURG

ISBN 978-3-486-73577-2
e-ISBN (PDF) 978-3-486-85706-1
e-ISBN (EPUB) 978-3-11-039898-4

Library of Congress Cataloging-in-Publication Data
A CIP catalogue record for this book has been applied for at the Library of Congress.

Bibliografische Information der Deutschen Nationalbibliothek
Die Deutsche Nationalbibliothek verzeichnet diese Publikation in der Deutschen National-
bibliografie; detaillierte bibliografische Daten sind im Internet über
http://dnb.dnb.de abrufbar.

© 2015 Walter de Gruyter GmbH, Berlin/Boston
Einbandabbildung: Eduard HArkAnen/iStock/Thinkstock
Satz: metamedien | Werbung und Mediendienstleistungen, Burgau
Druck und Bindung: CPI books GmbH, Leck
♾ Gedruckt auf säurefreiem Papier
Printed in Germany

www.degruyter.com

Vorwort

Die Europäische Union (EU) ist die am weitesten vorangeschrittene Integrationsgemeinschaft der Welt mit einer Bevölkerung von rund 500 Millionen Menschen und dem größten Binnenmarkt. Sie ist weltweit eine der reichsten Regionen, die auf vielfältigste Weise auf internationaler Ebene mit den anderen Weltregionen, mit kleinen und großen Mächten Beziehungen unterhält. Die EU bringt sich in die Lösung globaler Probleme sowie internationaler Konflikte und Krisen ein. Dabei kann sie sich auch auf die außenpolitischen Traditionen und Potenziale ihrer derzeit 28 Mitgliedstaaten stützen. Kurz: Die EU ist ein bedeutender internationaler Akteur. Daher steht im Zentrum dieses Buches die Frage: Wie ist es um die Außenpolitik des internationalen Akteurs EU bestellt? Welche Rolle spielt die EU auf der Grundlage dieser Außenpolitik auf der Weltbühne?

Die Meinungen und Antworten auf diese Fragen fallen extrem unterschiedlich aus. Während einige Beobachter davon überzeugt sind, dass Europa die globale Gestaltungsmacht des 21. Jahrhundert sein wird,[1] sehen andere die EU als „neue Supermacht", die mal als „sanfte Supermacht", mal als „seltsame Supermacht", mal als „quiet superpower" perzipiert wird.[2] Wieder andere sehen in der EU einen „Riesenzwerg, der vieles kann", oder bezeichnen ihre Außenpolitik gar als „the world's great no-show on the international stage".[3]

Welche dieser Einschätzungen sind zutreffend, welche bilden die Realität der Außenpolitik und der internationalen Rolle der EU am besten ab? Die Antwort wird davon abhängen, welche Ausschnitte der globalen Rolle der Union berücksichtigt werden. Hier ist einmal mehr an das klassische Gleichnis der fünf Blinden zu erinnern, die einen Elefanten betasten, um zu begreifen, worum es sich bei diesem Tier handelt. Nachdem jeder einen anderen Teil des Elefanten untersucht hat, kommen sie am Ende zu völlig unter-

---

1 Leonard 2010: Why Europe Will Run the 21st Century; Schwenker/Clark 2013: Europe's Hidden Potential. How the 'Old Continent' could turn into a 'New Superpower'.
2 Rifkin 2005: Ihr seid die neue Supermacht; Anholt 2014: Soft Power; Buchan 1993: Europe: The Strange Superpower; Moravcsik 2009: Europe: The quiet superpower.
3 Die Zeit 2009: Ein Riesenzwerg, der vieles kann; Zakaria 2014: The E.U. is the world's great no-show.

schiedlichen Ergebnissen.[4] Ähnlich verhält es sich mit der Analyse der EU-Außenpolitik: Abhängig davon, welche Teile, welche Ausschnitte, welche Dimensionen man untersucht, ergeben sich völlig unterschiedliche Schlüsse über die Außenpolitik und die internationale Rolle der EU. Wer die stark integrierte ökonomische Handelsmacht EU oder die Erweiterungspolitik in den Blick nimmt, wird der Union mehr globalen Einfluss und außenpolitisches Potenzial zusprechen (müssen) als derjenige, der vorrangig die intergouvernementale Gemeinsame Außen- und Sicherheitspolitik (GASP) und/oder die Gemeinsame Sicherheits- und Verteidigungspolitik (GSVP) untersucht. Denn er wird feststellen, dass diese sehr spezifische Dimension der EU-Außenpolitik oft deutlich weniger Gemeinsamkeit aufweist, als es ihr Titel verspricht.

Der vorliegende Band basiert auf der Idee, das „große, ganze Bild" der EU-Außenpolitik zu erfassen, EU-Außenpolitik also nicht nur in einzelnen Ausschnitten, sondern in ihrer mehrdimensionalen Gesamtheit, die zahlreiche Politikfelder einbezieht, zu betrachten. Um im Bild zu bleiben: Es gilt, den ganzen Elefanten zu erfassen und zu begreifen. Der hier verfolgte umfassende Ansatz erbringt, so die feste Überzeugung der Autorinnen, einen großen Mehrwert für die Analyse des *Global Player* EU, weil er der Realität der außenpolitischen Rolle und des internationalen Gewichts der EU angemessen Rechnung trägt.

Doch ist mit Nachdruck darauf hinzuweisen, dass die Breite und Komplexität des hier verfolgten Analyse-Ansatzes sowohl für die Leserinnen und Leser als auch für die Autorinnen eine Herausforderung darstellt. Der Leserschaft wird die Bereitschaft abverlangt, das in diesem Band vorgestellte „Mosaik der EU-Außenpolitik" in seiner Komplexität zu betrachten, und offen zu sein für die oft nuancierten Erkenntnisse, die die einzelnen Kapitel erbringen, indem sie das Mosaik jeweils unter einer anderen Analyseperspektive ausleuchten.

Für die beiden Autorinnen bestand die Herausforderung sowohl in der konzeptionellen als auch inhaltlich-analytischen Aufgabenfülle, die dieser umfassende Ansatz mit sich bringt. Um dem gerecht zu werden, haben beide Autorinnen in einem kontinuierlichen wissenschaftlichen Dialog den konzeptionellen Analyserahmen verfeinert und weiterentwickelt und ihre Expertise gleichgewichtig eingebracht und zusammengefügt. Dadurch ist – so ihre Hoffnung –

---

4 Vgl. auch den viel zitierten Aufsatz von Puchala 1971: Of Blind Men, Elephants and International Integration.

eine politikwissenschaftliche Auseinandersetzung mit der Außenpolitik der EU „aus einem Guss" entstanden, die sich den Leserinnen
und Lesern gut, eindringlich und mit großem Erkenntnisgewinn
erschließen möge. Dozenten können Folien zur Vorlesungsbegleitung
kostenfrei beim Verlag anfordern (annette.huppertz@degruyter.com).

Wir danken den studentischen Hilfskräften Flora Tietgen, Marion
Minges, Jamel Flitti und Maike Rothwinkler für die zuverlässige Unterstützung bei der Recherche zahlreicher Details und der Literatur-
beschaffung. Unser Dank gilt auch den Mitarbeitern und Mitarbei-
terinnen der Professur für Europaforschung und Internationale
Beziehungen der Universität Würzburg für ihre Hilfe bei der Durch-
sicht des Buches. Timo Lowinger danken wir herzlich für die gra-
fische Umsetzung des „Mosaiks der EU-Außenpolitik". Gedankt sei
auch Annette Huppertz vom Verlag De Gruyter Oldenbourg für ihre
geduldige Begleitung des Entstehungsprozesses dieses Bandes.

Entstanden ist dieses Buch in einer für die EU ereignisreichen
Zeit, die zahlreiche unvorhergesehene Entwicklungen bereithielt
und bei vielen das Interesse für diese einzigartige Integrationsgemeinschaft geweckt hat. Wir wünschen unserem gemeinsamen
Werk nun eine interessierte und geneigte Leserschaft, freuen uns auf
künftige Diskussionen zur EU-Außenpolitik, die ohne Zweifel nicht
nur im wissenschaftlichen Sinne sui generis, also „eigener Art",
sondern bisweilen auch in der politischen Praxis eigenartig ist. Wir
schätzen uns glücklich, wenn wir zu einem klareren, realitätsnahen
und mithin umfassenden Verständnis der EU-Außenpolitik und der
Rolle, die die EU in den internationalen Beziehungen tatsächlich
spielt, beitragen können.

Würzburg, im Mai 2015

Carolin Rüger
Gisela Müller-Brandeck-Bocquet

Inhalt

Abkürzungsverzeichnis[1]

AEUV	Vertrag über die Arbeitsweise der Europäischen Union
AKP-Staaten	Afrikanisch-karibisch-pazifische Staaten
ASEAN	Association of Southeast Asian Nations
AStV	Ausschuss der ständigen Vertreter
AU	Afrikanische Union
BRICS	Brasilien, Russland, Indien, China, Südafrika
CETA	Comprehensive Economic and Trade Agreement (EU-Kanada)
CIVCOM	Committee for Civilian Aspects of Crisis Management
CMPD	Crisis Management and Planning Directorate
COPS	Comité politique et de sécurité
COREPER	Comité des représentants permanents
CPCC	Civilian Planning and Conduct Capability
CVCE	Centre Virtuel de la Connaissance sur l'Europe
DCFTA	Deep and Comprehensive Free Trade Area/Agreement
DCI	Development Cooperation Instrument
EAD	Europäischer Auswärtiger Dienst
EAG	Europäische Atomgemeinschaft
EDA	European Defence Agency
EEA	Einheitliche Europäische Akte
EEF	Europäischer Entwicklungsfonds
EFTA	European Free Trade Association
EG	Europäische Gemeinschaft
EGV	Vertrag zur Gründung der Europäischen Gemeinschaft
EGKS	Europäische Gemeinschaft für Kohle und Stahl
EMP	Euro-Mediterrane Partnerschaft
ENI	European Neighbourhood Instrument
ENP	Europäische Nachbarschaftspolitik
EPA	Economic Partnership Agreement
EPG	Europäische Politische Gemeinschaft
EPZ	Europäische Politische Zusammenarbeit
ESS	Europäische Sicherheitsstrategie
ESVP	Europäische Sicherheits- und Verteidigungspolitik
EU	Europäische Union
EuGH	Europäischer Gerichtshof
EuHB	Europäischer Haftbefehl
EUMC	European Union Military Committee/Europäischer Militärausschuss
EUMS	European Union Military Staff/Europäischer Militärstab
EUV	Vertrag über die Europäische Union
EVG	Europäische Verteidigungsgemeinschaft
EWG	Europäische Wirtschaftsgemeinschaft
EWR	Europäischer Wirtschaftsraum
EZ	Entwicklungszusammenarbeit

---

1 Aufgeführt sind alle Abkürzungen, die an mehr als einer Stelle im Buch verwendet werden.

EZB	Europäische Zentralbank
FTA	Free Trade Area/Agreement
GASP	Gemeinsame Außen- und Sicherheitspolitik
GATS	General Agreement on Trade in Services
GATT	General Agreement on Tariffs and Trade
GD	Generaldirektion
GSVP	Gemeinsame Sicherheits- und Verteidigungspolitik
IAEO	Internationale Atomenergie-Organisation
INTA	Ausschuss für Internationalen Handel
IPA	Instrument for Pre-Accession Assistance
MFR	Mehrjähriger Finanzrahmen
MOE-Staaten	Mittel- und osteuropäische Staaten
NATO	North Atlantic Treaty Organization
NVV	Nicht-Verbreitungsvertrag/Atomwaffensperrvertrag
OECD	Organization for Economic Co-operation and Development
ODA	Official Development Assistance
ÖP	Östliche Partnerschaft
PSK	Politisches und sicherheitspolitisches Komitee
RELEX	Relations extérieures
RFSR	Raum der Freiheit, der Sicherheit und des Rechts
SAA	Stabilisierungs- und Assoziierungsabkommen
SSZ	Ständige strukturierte Zusammenarbeit
TiSA	Trade in Services Agreement
TPC	Trade Policy Committee
TRIPS	Agreement on Trade-Related Aspects of Intellectual Property Rights
TTIP	Transatlantic Trade and Investment Partnership
UfM	Union für das Mittelmeer
UN	United Nations/Vereinte Nationen
WEU	Westeuropäische Union
WWU	Wirtschafts- und Währungsunion
VVE	Vertrag über eine Verfassung für Europa

1 Grundlegende Begriffe, Konzepte und Leitfragen

Die Europäische Union (EU) ist eine Integrationsgemeinschaft, in deren Rahmen derzeit 28 europäische Staaten gemeinsam Frieden, Sicherheit und Wohlstand erreichen und ihre Zukunftsfähigkeit sichern wollen. Dabei stellten und stellen sich der EU kontinuierlich neue Herausforderungen und Aufgaben. Zweifelsohne zählt heutzutage die Außenpolitik zu den Politikfeldern, die die EU wahrzunehmen und auszufüllen hat. In der Tat ist die Integrationsgemeinschaft seit Jahrzehnten um Auf- und Ausbau ihrer Außenpolitik bemüht, wobei sich diese Anstrengungen seit Ende des Ost-Westkonflikts sehr deutlich intensiviert und verdichtet haben. Gleichwohl ist in der außereuropäischen wie auch der innereuropäischen Öffentlichkeit der Eindruck weit verbreitet, dass die EU nur ein sehr schwaches, ihrem wirtschaftlichen Gewicht mitnichten entsprechendes außenpolitisches Profil aufweist und mithin nur eine nachrangige internationale Rolle auszuüben vermag. Häufig wird gar die Existenz einer EU-Außenpolitik in Abrede gestellt. Einige Stimmen aus der veröffentlichten Meinung mögen dies stellvertretend für eine weitverbreitete Perzeption zum Ausdruck bringen:

> There is no common European voice in international affairs, simply a lot of discordant voices, arguing different causes, often at cross-purposes with each other. As a result, there is no firm and coherent European contribution to making the world a safer and better place. (Gulf News, 17.04.2006)

> Es gibt keine europäische Außenpolitik. (Deutsche Welle, 15.08.2014)

> Europe still has no single foreign policy voice. (Rzeczpospolita, 25.04.2013)[1]

> Europa hat gar keine Außenpolitik. (Peter Scholl-Latour zit. nach RIA Novosti, 04.07.2014)

> Of course, Europe has no foreign policy; there are only national policies driven by national interests. (John Borneman[2])

> The 'Dwarf' in International Politics. The EU has failed to form a collective foreign policy position. (The Epoch Times, 12.05.2011)

> Die EU hat keine Außenpolitik. (Die Presse, 10.08.2013)

---

1 Übersetzung von http://www.voxeurop.eu.

2 Bornemann 2003: Is the United States Europe's Other? 490.

Von manchen Politikwissenschaftlern[3] wird der Terminus „Außenpolitik" für die EU vollständig abgelehnt, da sie Außenpolitik exklusiv auf Staatenebenen verorten; so beispielsweise Simonis: „Zur Charakterisierung der sich an Drittstaaten richtenden Politik der Gemeinschaft wird der Begriff Außenpolitik [...] vermieden. Das Konzept der Außenpolitik [...] befördert falsche Assoziationen, da es sich in der Regel auf Staaten bezieht."[4]

Die Autorinnen des vorliegenden Buches grenzen sich sowohl von der beispielhaft zitierten Wahrnehmung einer Nicht-Existenz von EU-Außenpolitik als auch von einer Monopolisierung des Begriffs „Außenpolitik" durch und für Staaten explizit ab. In beiden Positionierungen mitsamt den sie tragenden theoretischen Grundeinstellungen und Perspektiven erkennen sie vielmehr ein deutlich reduktionistisches Verständnis von dem Politik- und Forschungsgegenstand, der hier als „Außenpolitik der EU" bezeichnet wird.

1.1 Die Außenpolitik der EU – was ist das?

Kein Außenpolitik-
Monopol der EU

Wie bereits der Titel des vorliegenden Buches „Die Außenpolitik der EU" belegt, gehen die Autorinnen zum einen vom Vorhandensein einer außenpolitischen Akteursqualität der EU aus und konzentrieren sich zweitens auf die Rekonstruktion, Erklärung und Bewertung des kollektiven Außenhandelns auf der Ebene der Europäischen Union. Demgegenüber weisen die Begriffe „Außenpolitik Europas" oder „europäische Außenpolitik" begriffliche Unschärfen (Europa ist nicht nur die EU) und mangelnde Trennschärfe zu den entsprechenden Politiken der Mitgliedstaaten auf.[5] Denn selbstredend verfolgen die einzelnen EU-Mitgliedstaaten auf ihrer Ebene weiterhin (nationale) Außenpolitik. So ist mit größtem Nachdruck darauf hinzuweisen, dass die EU zwar Außenpolitik betreibt, dass sie aber keinesfalls ein

---

3 Aus Gründen der Verständlichkeit wird auf die gleichzeitige oder die alternierende Verwendung männlicher und weiblicher Sprachformen verzichtet. Bei Funktionsbezeichnungen ohne personellen Bezug wird die in den EU-Verträgen verwendete Version genutzt. Es sei explizit darauf hingewiesen, dass mit dieser Schreibweise, zumal von zwei Autorinnen gewählt, selbstredend stets auch das weibliche Geschlecht angesprochen ist.

4 Simonis 2011: Die Analyse der externen Beziehungen der Europäischen Union – eine Annäherung, 20.

5 Ähnlich: Fröhlich 2014: Die Europäische Union als globaler Akteur, 17/18.

„monopoly on foreign policy-making in Europe" hat.[6] Die Außenpolitiken der einzelnen Mitgliedstaaten entfalten unter dem Stichwort der „vertikalen Kohärenz"[7] äußerst bedeutsame Einflüsse auf die EU-Außenpolitik, die nicht hoch genug veranschlagt werden können. Die oben bereits zitierte, weitverbreitete Ansicht, dass die EU eigentlich gar keine Außenpolitik betreibe, leitet sich aus der Beobachtung ab, dass die außenpolitischen Interessen der Mitgliedstaaten, vor allem die der größeren, sich nur selten zu gemeinsamen Positionen bündeln und in gemeinsame Außenpolitik übersetzen lassen. Die Mitgliedstaaten – so geht diese Argumentation weiter – wachen äußerst streng über ihre außenpolitischen Zuständigkeiten und erlauben der Gemeinschaftsebene nur in wenigen Fällen von zumeist nachrangiger Bedeutung, stellvertretend und in ihrem Namen außenpolitisch tätig zu werden.[8] In diesem Buch stehen die hochwichtigen einzelstaatlichen Außenpolitiken und ihr Einfluss auf die Außenpolitik der EU jedoch nicht im Fokus, sie werden lediglich kursorisch eingearbeitet. Analysegegenstand des vorliegenden Buches ist somit vielmehr die im institutionellen Rahmen der EU betriebene Außenpolitik. Damit lautet die Frage weiterhin: Was ist die Außenpolitik der EU? Zuvor ist jedoch zu klären, ob die EU überhaupt Außenpolitik „machen kann"?

Grundlegend ist darauf hinzuweisen, dass die Antwort auf die Frage, ob der EU eine Akteursqualität zugeschrieben wird, und wenn ja, welche, von der (integrations-)theoretischen Verortung der beobachtenden und analysierenden Wissenschaftler abhängt. Denn die Wahl eines bestimmten Theorieansatzes mit dazugehörigem Weltbild bei gleichzeitigem Ausschluss oder Vernachlässigung eines oder mehrerer anderer folgt nicht ausschließlich objektiven, zwingenden Gründen; vielmehr ist die theoretische Selbstverortung eines Sozialwissenschaftlers in hohem Maße auf seine individuelle persönliche und wissenschaftliche Sozialisation zurückzuführen.[9] Auch darf nicht vergessen werden, dass „mit jeder theoretischen Perspektive bestimmte Facetten sozialer Wirklichkeit hervorgehoben und andere vernachlässigt werden".[10] Dies trifft in exemplarischer Weise

Besitzt die EU Akteursqualität?

---

6 Allen 1998: Who speaks for Europe? The search for an effective and coherent external policy, 43.
7 Vgl. Kapitel 3.1.
8 Menon 2014: Divided and declining? Europe in a changing world, 14.
9 Bleek 2001: Geschichte der Politikwissenschaft in Deutschland, 15, 336–338.
10 Hellmann/Baumann/Wagner 2006: Deutsche Außenpolitik. Eine Einführung, 18.

auf die EU-Forschung im Allgemeinen und die EU-Außenpolitik-forschung im Besonderen zu.

So wirkt die theoretische Perspektive wie ein Filter in Bezug auf den Forschungsgegenstand, hier die EU-Außenpolitik. Beispielsweise wird ein Neo-Realist, der von den Nationalstaaten als den zentralen Akteuren der Weltpolitik ausgeht, für die EU als neu- und andersartige, den einzelnen Nationalstaat überhöhende politische Entität sui generis prinzipiell nur wenig Verständnis aufbringen und ihr kaum außenpolitische Akteursqualität zugestehen. Diesbezüglich ebenfalls äußerst skeptisch wird die Einschätzung eines Vertreters des Intergouvernementalismus, der als integrationstheoretisches Pendant zum Neo-Realismus bezeichnet werden kann, ausfallen. Demgegenüber steht beispielsweise der institutionalistische Ansatz, der die EU als neuartigen Staatenverbund mit einem spezifischen politischen System und eigenen Entscheidungsregeln begreift, schon wesentlich aufgeschlossener gegenüber. Wichtig ist vor diesem Hintergrund also die theoretische Selbstverortung bei der Analyse der EU-Außenpolitik.

Theoretische Verortung dieses Buches In Anlehnung an eine gut eingeführte Kategorisierung aus dem Bereich der Theorien der Internationalen Beziehungen und übertragen auf die Integrationstheorien sehen sich die Autorinnen den optimistischen Ansätzen verpflichtet.[11] Dies bedeutet, dass sie die Akteursqualität einer über- und transnationalen politischen Entität, wie die EU sie darstellt, anerkennen und dass sie die Faktizität und Zukunftsfähigkeit einer den einzelnen Nationalstaat überhöhenden (europäischen) Integrationsgemeinschaft für die Gestaltung einer effizienten und besseren, d. h. friedlicheren und gerechteren Weltordnung anerkennen. Die Abgrenzung von den pessimistischen Ansätzen der Internationalen Beziehungen wie etwa vom Neo-Realismus impliziert nicht, dass die klassischen Kategorien wie das „nationale Interesse" der Mitgliedstaaten außen vor gelassen werden. Diese sind vielmehr inhärenter Bestandteil des Systems der

---

11 In seinem Lehrbuch „Theorien der internationalen Beziehungen" bildete Xuewu Gu (2000) die beiden Großkategorien: Pessimistische und optimistische Ansätze, denen er die gängigen Theorieansätze dann zuordnet. Pessimistische Ansätze wie der Neo-Realismus haben die Annahme gemeinsam, dass die Anarchie des internationalen Staatensystems nicht überwunden werden kann. Optimistische Ansätze gehen dagegen davon aus, dass dies möglich ist und dass internationale Kooperation den einzelnen Staaten einen Mehrwert bringt. Zu den inzwischen sehr ausdifferenzierten Integrationstheorien vgl. Bieling/Lerch (Hrsg.) 2012: Theorien der europäischen Integration.

EU-Außenpolitik und werden auch von den optimistischen Ansätzen erfasst. Mit Blick auf die theoretische Verortung des Buches ist weiterhin festzuhalten, dass die EU als Governance-System betrachtet und analysiert wird. In den Internationalen Beziehungen wurde der Governance-Begriff maßgeblich von Rosenaus und Czempiels Werk „Governance without Government"[12] geprägt. Mit der Übernahme des Governance-Ansatzes in die Europaforschung und die Integrationstheorien veränderte sich die Perspektive auf den Forschungsgegenstand EU. Vor dem „Governance-Turn"[13] diente nationalstaatliche Politik oft als alleiniger Bezugsrahmen und Analysemaßstab in der Integrationsforschung. In der Governance-Perspektive wird Politik auf EU-Ebene „nicht mehr einfach als defizitär, sondern in erster Linie als anders im Vergleich zu der auf nationalem Niveau gewertet"[14]. Diese Andersartigkeit der EU-Außenpolitik in all ihren Besonderheiten und Spezifika zu erfassen, ist das vorrangige Ziel des vorliegenden Buches.

Zweifelsohne kann nur eine als Akteur anerkannte politische Entität glaubhaft und wirksam Außenpolitik „machen". Die Erforderlichkeit eines klar identifizierbaren Akteurs ist in jeder politikwissenschaftlichen Definition von Außenpolitik enthalten:

> Mit Außenpolitik ist [...] jene Sphäre des Politischen gemeint, in der in erster Linie legitimierte Repräsentanten von Staaten bestimmte Ziele gegenüber ihrem internationalen Umfeld verfolgen. [...]
> Unter Außenpolitik werden jene Handlungen staatlicher Akteure gefasst, die auf die Ermöglichung und Herstellung von kollektiv bindenden Entscheidungen in den internationalen Beziehungen abzielen.[15]

Neben der individuellen/einzelstaatlichen außenpolitischen Akteursqualität kennt die Politikwissenschaft aber auch eine kollektive Akteursqualität.

Die EU besitzt außenpolitische Akteursqualität

> Außenpolitik wird gemacht von individuellen oder kollektiven Akteuren.[16]

---

12 Rosenau/Czempiel 1992: Governance without Government.
13 Kohler-Koch/Rittberger 2006: Review Article: The 'Governance Turn' in EU Studies.
14 Tömmel 2007: Governance und Policy-Making im Mehrebenensystem der EU, 20.
15 Hellmann/Baumann/Wagner 2006: Deutsche Außenpolitik. Eine Einführung, 15/16.
16 Schmidt/Hellmann/Wolf 2007: Handbuch zur deutschen Außenpolitik, 17.

Kollektive außenpolitische Akteure lassen sich folgendermaßen definieren und erfassen:

„Einen kollektiven Akteur kennzeichnet […]:
- eine gemeinsam geteilte Orientierung an allgemeinen Werten und Prinzipien;
- die Fähigkeit, politische Prioritäten setzen zu können und eine konsistente Politik zu formulieren;
- die Fähigkeit, effektiv und kohärent mit anderen Akteuren im internationalen System zu agieren;
- die Verfügbarkeit von politischen Instrumenten und die Kapazität, diese auch zu nutzen;
- die Legitimation, außenpolitische Entscheidungen zu treffen und politische Prioritäten zu setzen;
- die Anerkennung des eigenen Akteurscharakters durch andere Akteure."[17]

These ist, dass die EU eine kollektive Akteursqualität besitzt. Dies impliziert, dass sie über all diese Anforderungen verfügt. Damit bleibt jedoch offen, in welchem Ausmaß und mit welchem Ergebnis die EU all diesen Definitionskriterien gerecht wird. Diese und weitere übergeordnete Problemstellungen fließen in folgende Leitfragen ein:

Leitfragen des Buches

- Wie hat sich die Akteursqualität der EWG/EG/EU vor dem Hintergrund der weltpolitischen Geschehnisse seit den Anfangsjahren der europäischen Integration entwickelt?
- In welchen Bereichen ist der Akteur EU heute außenpolitisch tätig und welche Zielsetzung, welche Interessen verfolgt die Union dabei?
- Welche institutionellen und verfahrensmäßigen Faktoren prägen die kollektive außenpolitische Akteursqualität der EU und definieren ihre Politikgestaltung; anders ausgedrückt: Welcher Funktionslogik folgt die EU-Außenpolitik?

---

17 Jopp/Schlotter 2007: Die Europäische Union – ein kollektiver außenpolitischer Akteur? 11/12. Jopp und Schlotter grenzen – in Anlehnung an Charlotte Bretherton und John Vogler (1998: The European Union as a Global Actor) – die kollektive Akteursqualität explizit von früheren Konzepten der internationalen Präsenz der Integrationsgemeinschaft ab. So hatten David Allen und Michael Smith bereits 1990 von einer „variable and multi-dimensional presence" der damaligen EG gesprochen, die „an active role in some areas of international interactions and a less active one in others" spiele (Allen/Smith 1990: Western Europe's presence in the contemporary international arena, 20). Der Begriff der Präsenz, so Jopp und Schlotter zu Recht, sei dem Entwicklungsstand der EU-Außenpolitik seit Anfang der 1990er-Jahre nicht mehr angemessen.

- Über welche außenpolitischen Handlungsinstrumente verfügt der Akteur EU? Wie setzt er diese ein? Steht der EU das gesamte machtpolitische Handlungsspektrum, das von *hard* über *soft* bis zur *smart power* reicht, zur Verfügung?[18]
- Folgt die EU in ihrer Außenpolitik einem identitätsstiftenden Leitbild?
- In welchem Ausmaß ist die EU heute dazu in der Lage, ihr wirtschaftliches, demografisches und historisches Gewicht in außenpolitischen und internationalen Einfluss sowie Gestaltungs- und Steuerungserfolge umzusetzen?

Diesen Leitfragen wird vorliegendes Buch folgen. Auch wenn sie sich nicht alle umfassend und abschließend, sondern teilweise nur tentativ beantworten lassen, so werden sie doch kontinuierlich die nachfolgenden Ausführungen und Analysen anleiten.

1.2 Das mehrdimensionale Mosaik der EU-Außenpolitik

Die Union hat sich erst im Maastrichter Vertrag, der im November 1993 in Kraft trat, explizit zum Einstieg in eine „Gemeinsame Außen- und Sicherheitspolitik" im engeren Sinne entschlossen und im Rahmen der sogenannten Tempelkonstruktion die Errichtung einer eigenen GASP-Säule unternommen, die ein spezifisches Design aufweist. Die Ende der 1990er-Jahre beschlossene (operative) Europäische Sicherheits- und Verteidigungspolitik ESVP (mit dem Vertrag von Lissabon in Gemeinsame Sicherheits- und Verteidigungspolitik GSVP umbenannt) wurde ebenfalls in dieser zweiten Säule verankert. Die Schaffung einer besonderen außen- und sicherheitspolitischen Governance führt sehr häufig dazu, dass innerhalb der EU,

Die „Außenpolitik der EU" – mehr als GASP und GSVP

---

18 Der amerikanische Politikwissenschaftler Joseph S. Nye untergliedert den Machtbegriff in hard und soft power (Nye 1990: Soft Power). Damit lenkt er den Blick auf die unterschiedlichen Kategorien von Machtressourcen, auf die ein erfolgreicher außenpolitischer Akteur zurückgreifen können muss. Durch die spätere Einführung des Begriffs der „smart power" wurde der Dualismus zwischen hard und soft power aufgebrochen. Dieser Machtbegriff sucht nach einem optimalen, eben smarten, intelligenten und effizienten Machtressourcen-Mix. Seine Urheberschaft ist zwischen Nossel und Nye umstritten; vgl. Nossel 2004: Smart Power: Reclaiming Liberal Internationalism; Nye 2004: Soft Power: The Means to Success in World Politics.

mehr noch aber seitens Dritter, die Außenpolitik der EU auf GASP und GSVP reduziert wird. Deren Performanz wird dann zum Maßstab für das internationale Gewicht und die weltpolitische Rolle der EU genommen. Durch diese Reduktion des EU-Außenhandelns auf GASP und GSVP entsteht schließlich auch die eingangs angesprochene Perzeption der EU-Außenpolitik als schwach, uneins und uneffektiv, ja quasi inexistent.

Konzept der Mehr-
dimensionalität

Diesem Buch hingegen liegt ein umfassendes und breites Verständnis der EU-Außenpolitik zugrunde. Um zu erfassen, was unter der Außenpolitik der EU zu verstehen ist, folgt die Analyse dem Konzept der Mehrdimensionalität[19]: Neben der GASP und der GSVP, die zweifelsohne zentrale Teilmengen der EU-Außenpolitik, keineswegs aber deren Gesamtheit ausmachen, zählen hierzu zahlreiche weitere, für die externe Akteursqualität der EU herausragend wichtige, ihr inhärente Politikfelder, die unterschiedlichen Dimensionen zuzuordnen sind. Diese einzelnen Politikbereiche bilden zusammengenommen – ähnlich den Bausteinen in einem Mosaik – die Außenpolitik der EU. Der Ansatz der Mehrdimensionalität versucht somit, der in zahlreichen Politikfeldern ausdifferenzierten Vielfalt und dem realen Umfang der EU-Außenpolitik in ihrer Gesamtheit gerecht zu werden.

Es gibt verschiedene Möglichkeiten die Bausteine der EU-Außenpolitik zu ordnen. Die hier gewählte Systematik orientiert sich maßgeblich am Primärrecht, also den vertraglichen Grundlagen des seit 1. Dezember 2009 gültigen Vertrags von Lissabon. Im Gegensatz zu den früheren Verträgen (von Maastricht, Amsterdam und Nizza) befördert der Lissabonner Vertrag den multidimensionalen Ansatz der EU-Außenpolitik erstmals explizit, indem die allgemeinen Bestimmungen für die EU-Außenpolitik in einem speziellen Titel V des Vertrags über die Europäische Union (EUV) zusammengeführt wurden. Trotz des Versuchs der Vertragsarchitekten, die außenpolitischen Aspekte erstmals in einem Titel zusammenzufassen, finden sich weitere Regelungen von außenpolitischer Relevanz aber sowohl im EUV als auch im Vertrag über die Arbeitsweise der EU (AEUV).

---

19 Müller-Brandeck-Bocquet 2000: Die Mehrdimensionalität der EU-Außenbeziehungen; Müller-Brandeck-Bocquet 2002: The New CFSP and ESDP Decision-Making System of the European Union; Müller-Brandeck-Bocquet 2006: Die Europäische Union als Akteur in den internationalen Beziehungen.

In ihrer Gesamtheit bilden alle diese über den EUV und AEUV verstreuten Kompetenzzuweisungen und Regelungen das Mosaik der EU-Außenpolitik. Dieses mehrdimensionale Mosaik umfasst:

„Bausteine" des mehrdimensionalen Mosaiks

- **GASP und GSVP**[20], die intergouvernementale Dimension,
- restriktive Maßnahmen, die bekannter sind unter dem Begriff **Sanktionen**[21],
- die Gemeinschaftsdimension, welche Handelspolitik[22], Entwicklungszusammenarbeit[23] und Humanitäre Hilfe[24] umfasst,
- die **Europäische Nachbarschaftspolitik** (ENP) und die **Erweiterungspolitik**[25], die hier als Sui-generis-Dimension der EU-Außenpolitik beschrieben werden,
- die externe Dimension interner Politikbereiche[26] sowie
- internationale Abkommen und Partnerschaften[27].

---

20 Titel V, Kapitel 2 EUV.
21 Fünfter Teil, Titel IV AEUV.
22 Fünfter Teil, Titel II AEUV.
23 Fünfter Teil, Titel III, Kapitel 1 AEUV.
24 Fünfter Teil, Titel III, Kapitel 3 AEUV.
25 Art. 8 EUV und Art. 49 EUV.
26 Art. 21 (3) EUV spricht von den „externen Aspekte[n] der übrigen Politikbereiche".
27 Fünfter Teil, Titel III, Kapitel 2 und Fünfter Teil, Titel V AEUV, bezüglich „Partnerschaften" auch Art. 21 (1) EUV.

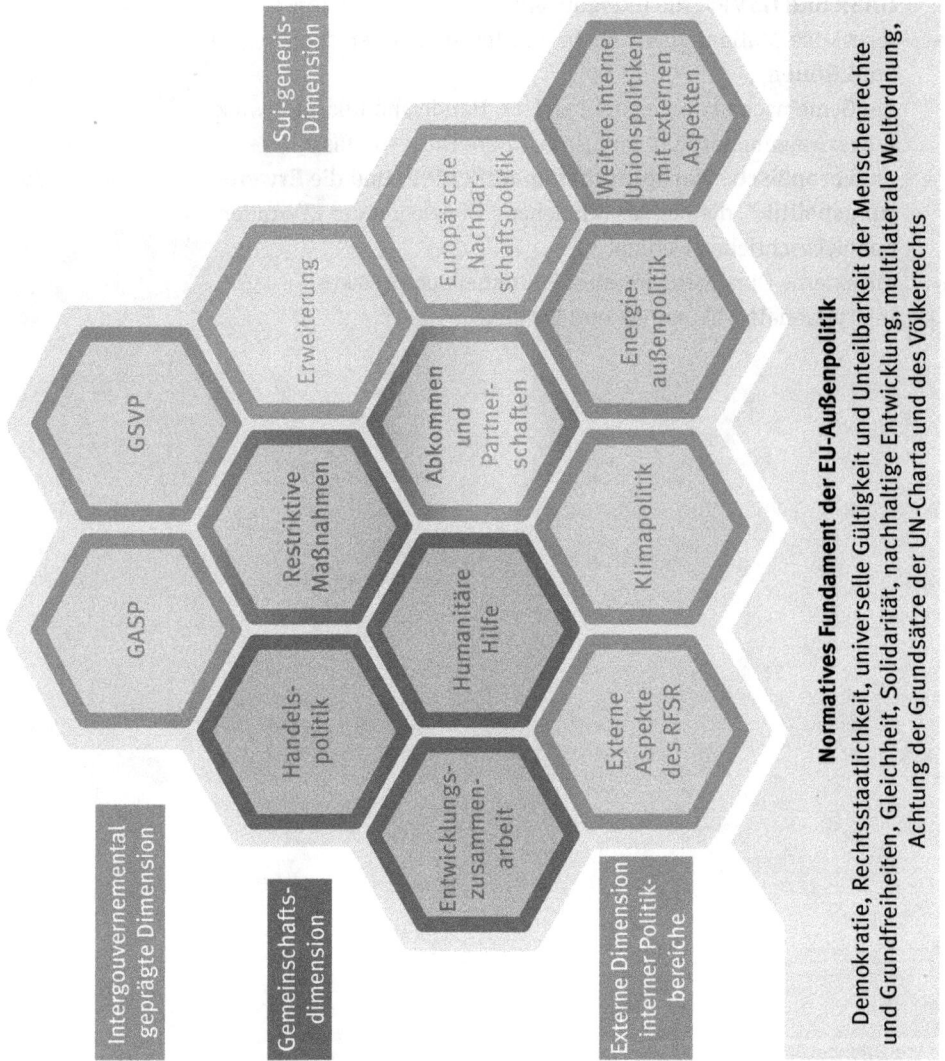

Abb. 1.1: Mosaik der EU-Außenpolitik (Quelle: eigene Darstellung)

Der Begriff „Außenpolitik der EU/EU-Außenpolitik" steht in vorliegendem Buch also für die große Zusammenschau, das große Ganze, die Gesamtheit der nach außen gerichteten Handlungen der EU.

Außenpolitik der EU – das „große Ganze"

Zur Erfassung und Beschreibung dieses umfassenden Verständnisses der „EU-Außenpolitik" findet man oft auch den Begriff „auswärtiges Handeln". So wird dieser Begriff ebenfalls in einem sehr weiten Verständnis für das „große Ganze" aller außenpolitisch relevanten Dimensionen und Politikfelder der EU verwendet. In diesem Sinn wäre „auswärtiges Handeln" gleichzusetzen mit dem hier verwendeten umfassenden Konzept der EU-Außenpolitik. Doch bisweilen werden mit dem Begriff „auswärtiges Handeln" nur die außenpolitisch relevanten Politikbereiche außerhalb der GASP und der GSVP, wie etwa Handel, Entwicklungszusammenarbeit oder auch Erweiterung, bezeichnet.[28] In diesem Sinn würde das „auswärtige Handeln" dann aber nur Teilbereiche der umfassenderen EU-Außenpolitik umfassen.

Abgrenzung vom Begriff „auswärtiges Handeln"

Verkompliziert wird die Sachlage dadurch, dass der Vertrag von Lissabon selbst in dieser wichtigen Frage nicht eindeutig ist. An den meisten Stellen im Vertrag wird das „auswärtige Handeln" in einem umfassenden Sinn verwendet. So spricht z. B. Artikel 22 (1) EUV davon, dass sich die vom Europäischen Rat festgelegten strategischen Interessen und Ziele der Union auf die GASP „sowie auf andere Bereiche des auswärtigen Handelns erstrecken". Hiernach ist die GASP als Teilmenge des auswärtigen Handelns anzusehen. Doch der Wortlaut des Titels V EUV schließt sich dieser Zuordnung nicht an, sondern schafft vielmehr Ambivalenzen; denn er trägt die Bezeichnung: „Allgemeine Bestimmungen über das auswärtige Handeln der Union und besondere Bestimmungen über die Gemeinsame Außen- und Sicherheitspolitik". Dies impliziert im Gegensatz zu Artikel 22 (1) EUV, dass die GASP gesondert vom auswärtigen Handeln zu betrachten ist. Der fünfte Teil des AEUV wiederum, der mit „Das auswärtige Handeln" der EU umschrieben ist, führt die GASP nicht auf. Wenn der Vertrag konsequent mit der Verwendung des Begriffs „Auswärtiges Handeln" umgehen würde, müsste der „Hohe Vertreter der Union für Außen- und Sicherheitspolitik" außerdem „Hoher Vertreter für das auswärtige Handeln der Union" heißen. Der Vertrag selbst ist folglich dafür mitverantwortlich, dass eine gewisse Begriffsverwirrung herrscht über das, was nun die Außenpolitik der

Ambivalenzen im Lissabon-Vertrag

---

28 Vgl. etwa Kapitel 9 bei Keukeleire/Delreux 2014: The Foreign Policy of the European Union.

EU ist. Aufgrund all dieser inhaltlichen Unschärfen und Mehrdeutigkeiten wird der Begriff „Auswärtiges Handeln" in vorliegendem
Band nicht verwendet und findet sich lediglich bei Zitaten; stattdessen wird konsequent von der „Außenpolitik der EU" oder der
„EU-Außenpolitik" die Rede sein.

Trotz dieser im Vertragstext enthaltenen begrifflichen Mehrdeutigkeiten befördert der Lissabonner Vertrag – das wurde bereits
erwähnt – inhaltlich den multidimensionalen Ansatz der EU-Außenpolitik sehr explizit. Die in EUV und AEUV enthaltenen Kompetenzzuweisungen und Regelungen lassen sich im mehrdimensionalen
Mosaik der EU-Außenpolitik erfassen.

Institutionelles
Dach und norma-
tives Fundament der
EU-Außenpolitik

GASP und GSVP können zweifelsohne als politischer Kern der
EU-Außenpolitik verstanden werden; das Bild des Mosaiks impliziert
jedoch prinzipiell keine Hierarchie der außenpolitischen Dimensionen der EU, sondern eine interdependente Verflochtenheit der einzelnen Bausteine. Alle im Mosaik enthaltenen außenpolitischen
Dimensionen stehen unter dem gemeinsamen institutionellen Dach
der EU und ruhen auf einem normativen Fundament: Demokratie-
und Rechtsstaatsförderung sowie Menschenrechtspolitik sind prägende Elemente der EU-Außenpolitik. Sie werden in diesem Buch
jedoch nicht als eigener Mosaikbaustein der EU-Außenpolitik katego-
risiert, denn die weltweite Unterstützung und Beförderung der der EU
eigenen Werte (Demokratie, Rechtsstaatlichkeit, Menschenrechte,
Grundfreiheiten, *good governance*) sind Querschnittsaufgaben, die –
so zumindest der Anspruch der EU – alle Dimensionen der EU-
Außenpolitik leiten sollen.[29] Dieser normative Anspruch der EU-
Außenpolitik wird in logischer Konsequenz nicht gesondert behandelt,
sondern im Kontext der jeweiligen außenpolitischen Dimensionen.

Im Zentrum des vorliegenden Buches steht also das Mosaik der
EU-Außenpolitik, das in jedem der fünf Kapitel unter einem anderen
Aspekt analysiert und beleuchtet wird. Wie kann man diese einzel-
nen Mosaikbausteine bereits an dieser Stelle in groben Strichen und
ganz knapp charakterisieren, um einen ersten Überblick über die
Mehrdimensionalität der EU-Außenpolitik zu gewinnen?

---

29 Vgl. Knodt/Urdze 2008: Demokratisierungspolitik der EU, 21.

1.2.1 Intergouvernemental geprägte Dimension: Dominanz der Mitgliedstaaten

Wie bereits angesprochen, sind die GASP und die GSVP zentrale Bausteine des Mosaiks. Die GASP bezeichnet die politische und diplomatische zwischenstaatliche Zusammenarbeit der EU-Mitgliedstaaten in Fragen der Außenpolitik. Die zahlreichen Erklärungen der EU zu internationalen Krisen und globalen Fragen gehören ebenso zur GASP wie der regelmäßige politische Dialog mit Drittstaaten oder Partnerregionen. Auch beispielsweise die von der EU moderierten langjährigen multilateralen Atomverhandlungen mit dem Iran oder die Vermittlung zwischen Serbien und dem Kosovo durch die ehemalige Hohe Vertreterin der Union für Außen- und Sicherheitspolitik Catherine Ashton zählen zum Aktivitätsspektrum der GASP. Doch die GASP macht vor allem dann von sich reden, wenn sie wegen Meinungsverschiedenheiten unter den Mitgliedstaaten wenig „Gemeinsamkeit" aufweist, wie etwa in der tief greifenden politischen Spaltung des Kontinents in der Causa Irak 2003, dem gravierenden Sündenfall der Gemeinsamen Außen- und Sicherheitspolitik, oder der Kakofonie bei der Einrichtung einer Flugverbotszone über Libyen 2011. Der Mosaikbaustein der GASP als intergouvernemental geprägte Dimension der EU-Außenpolitik steht folglich für die Möglichkeiten, aber auch die Grenzen einer gemeinsamen Außenpolitik, die im Namen von 28, in ihren außenpolitischen Traditionen, Interessen und Zielen häufig sehr heterogen aufgestellten Mitgliedstaaten ausgeführt wird.

Das Gleiche gilt für die GSVP. Mit der GSVP verfügt die GASP seit Anfang der 2000er-Jahre auch über einen operativen Arm. Vertraglich ist die GSVP Bestandteil der GASP. In diesem Buch wird der Politikbereich wegen seiner herausragenden politischen Relevanz als eigene Dimension der EU-Außenpolitik behandelt. Es gibt zwar keine europäische Armee, die Union kann jedoch militärische und zivile Kräfte der Mitgliedstaaten einsetzen, um Missionen und Operationen zur Konfliktprävention, zum Krisenmanagement oder zur Konfliktnachsorge sowie zum Wiederaufbau durchzuführen. Seit 2003 hat die EU insgesamt über 30 GSVP-Missionen durchgeführt und sich mithin als nützlicher internationaler Akteur erwiesen.

Erneut zu betonen ist, dass die GASP, und mehr noch die GSVP, weitgehend auf zwischenstaatlicher Kooperation beruhen, d. h. die Mitgliedstaaten behalten in dieser intergouvernemental geprägten Dimension der EU-Außenpolitik weitgehend die Fäden in der Hand.

GASP

GSVP

Dies ist unter anderem daran erkennbar, dass der Europäische Rat und der Rat die wesentlichen Akteure dieser außenpolitischen Dimension sind und die Prinzipien der Einstimmigkeit und des Konsenses dominieren. Es wird eine wichtige Aufgabe des vorliegenden Buches sein, zu überprüfen, inwieweit in den letzten Jahren Korrekturen bzw. Relativierungen der intergouvernementalen Governance-Methode vorgenommen wurden und welche Entwicklungsperspektiven für GASP und GSVP bestehen.

1.2.2 Restriktive Maßnahmen/Sanktionen: scharfes Schwert der EU-Außenpolitik

Sanktionen (im Vertragstext als „restriktive Maßnahmen" bezeichnet) sind an der Schnittstelle zwischen der intergouvernementalen und der Gemeinschaftsdimension zu verorten, wie sich auch an der Farbgebung in der Mosaik-Abbildung (vgl. Abb. 1.1) ablesen lässt. Denn obwohl Sanktionen ein Instrument der GASP sind, werden sie oft mit Mitteln aus der Gemeinschaftsdimension, insbesondere über handelspolitische Maßnahmen, implementiert. Schon die EWG/EG hatte ihre Wirtschafts- und Marktmacht bisweilen als Zwangsmaßnahme Drittstaaten gegenüber eingesetzt, insbesondere in ihren Beziehungen zu den AKP-Staaten[30]. Doch erst seit dem Maastrichter Vertrag verhängt die EU auch politische Sanktionen. In der Praxis greift sie in zunehmendem Maße auf das Hard-Power-Instrument der Sanktionen zurück. So hat sich in der seit 2013 virulenten Ukraine-Krise gezeigt, dass die EU auch Sanktionen, die aus einer Mischung aus politischen und wirtschaftlichen restriktiven Maßnahmen bestehen, verhängen kann. Ihr gewachsenes internationales Gewicht führen manche Autoren auf eben dieses Faktum zurück.

> The EU has acquired an important role on the global stage in the past two decades and its sanctioning policy is one of the elements that have contributed to this.[31]

---

30 Gemeint sind die afrikanisch-karibisch-pazifischen Staaten, mit denen die EG seit 1963 intensiv zusammenarbeitet.
31 Giumelli 2013: How EU-sanctions work: A new narrative, 9.

1.2.3 Gemeinschaftsdimension: supranationale Bereiche mit Tradition

Die Gemeinschaftsdimension prägte schon in den frühen Phasen der europäischen Integration die Außenbeziehungen der damaligen Europäischen Wirtschaftsgemeinschaft (EWG) bzw. Europäischen Gemeinschaft (EG). Von der damaligen „Gemeinschaft" leitet sich auch der Begriff „Gemeinschaftsdimension" ab. Zwar gibt es die EG seit dem Vertrag von Lissabon nicht mehr, der Begriff Gemeinschaftsdimension bringt jedoch die jahrzehntelange Tradition dieser Politikbereiche zum Ausdruck. Die Gemeinschaftsdimension ist von einem supranationalen Entscheidungsmodus geprägt, der sich diametral vom intergouvernementalen Modus der GASP und GSVP unterscheidet. Im Mittelpunkt steht die Gemeinschaftsmethode (heute: Ordentliches Gesetzgebungsverfahren), bei der neben dem Rat auch der Europäischen Kommission und dem Europäischen Parlament, den supranationalen Institutionen also, eine ausschlaggebende Rolle im Entscheidungsprozess zukommt. Im Gegensatz zur Einstimmigkeit in der GASP/GSVP dominiert in der Gemeinschaftsdimension der (qualifizierte) Mehrheitsentscheid.

An erster Stelle der Gemeinschaftsdimension ist die höchst gewichtige Gemeinsame Handelspolitik zu nennen. Schon in den 1950er-Jahren übertrugen die Mitgliedstaaten der EWG handelspolitische Zuständigkeiten. Ziel war es, den zu schaffenden gemeinsamen Markt auch außenwirtschaftlich kollektiv zu gestalten. Heute ist der „wirtschaftliche Riese" EU nicht nur der größte und kaufkräftigste Binnenmarkt, sondern auch die größte Handelsmacht der Welt. Der von Anfang an gegebene große handelspolitische Erfolg der Integrationsgemeinschaft bewirkte nicht zuletzt, dass die Erwartungen an den globalen Akteur EG/EU über die Jahrzehnte hinweg immer größer wurden. Dies führte Anfang der 1990er-Jahre dazu, dass die von der wirtschaftlichen Stärke der EU genährten hohen Erwartungen an die neu geschaffene GASP und die tatsächliche außenpolitische Handelsfähigkeit der Union auseinanderklafften („capability–expectations gap"[32]). Insgesamt kann die EU als Handelsmacht par excellence betrachtet werden, die dadurch über eine enorme *soft power* verfügt.

Handelspolitik

---

32 Hill 1993: The Capability–Expectations Gap, or Conceptualizing Europe's International Role.

Entwicklungs-
zusammenarbeit

Zur Gemeinschaftsdimension der EU-Außenpolitik zählt des Weiteren die Entwicklungszusammenarbeit. Auch sie gehört zum „Urgestein"[33] der EWG/EG/EU-Außenpolitik, das bereits seit der Frühzeit der europäischen Integration existiert. Heute leisten die EU-Mitgliedstaaten zusammen mit den EU-Institutionen über die Hälfte der weltweiten öffentlichen Entwicklungshilfe (ODA: Official Development Assistance). Die EU ist somit der größte Entwicklungshilfegeber weltweit. Seit den 1990er-Jahren knüpft die EU ihre entwicklungspolitischen Hilfestellungen in zunehmendem Maße an Bedingungen (konditionalisierter Ansatz).

Konditionalität

Der Politikansatz der Konditionalität besteht generell darin, dass Drittstaaten bestimmte Anreize wie finanzielle Hilfe in Aussicht gestellt werden, die nur gewährt werden, wenn die Zielstaaten bestimmte Bedingungen erfüllen. In der Entwicklungszusammenarbeit wird Konditionalität verstanden als „die Bindung von Unterstützungsleistungen an die Implementierung von geberdiktierten Reformprogrammen"[34].

Das Prinzip der Konditionalität ist auch für andere außenpolitische Bereiche von großer Bedeutung, z. B. in der Erweiterungs- und Nachbarschaftspolitik.

Humanitäre Hilfe

Auch bei der Humanitären Hilfe, die ebenfalls zur Gemeinschaftsdimension zählt, ist die EU der bedeutendste Geber weltweit. Sie unterstützt Menschen und Staaten bei Katastrophen und humanitären Notlagen und stellt zusammen mit den Mitgliedstaaten – wie bei der Entwicklungszusammenarbeit – mehr als die Hälfte der globalen humanitären Hilfe zur Verfügung. Im Unterschied zur Entwicklungszusammenarbeit unterliegt die humanitäre Hilfe jedoch nicht dem Prinzip der Konditionalität, sondern folgt dem Grundsatz der Neutralität.

---

33 Dann/Wortmann 2014: Entwicklungszusammenarbeit und Humanitäre Hilfe, 411.
34 Schmitz 2006: Konditionalität in der Entwicklungspolitik, 5.

1.2.4 Erweiterungspolitik und Europäische Nachbarschaftspolitik: Sui-generis-Dimension

Die Erweiterungspolitik und die Europäische Nachbarschaftspolitik (ENP) werden als Sui-generis-Dimension bezeichnet, weil sie ein Alleinstellungsmerkmal der EU-Außenpolitik sind, das kein anderer internationaler Akteur in vergleichbarer Weise aufweist. Auch diese Besonderheit wird durch die Farbgebung im EU-Außenpolitik-Mosaik (vgl. Abb. 1.1) abgebildet; die Sui-generis-Dimension ist durch eine eigene Farbe gekennzeichnet. Die EU ist von jeher auf die Vollendung der Einheit Europas, sprich auf Erweiterung ihres Hoheitsgebiets, ausgelegt. Mit der Erweiterungspolitik verfügt die EU also über ein Politikfeld, das im Instrumentarium nationalstaatlicher Außenpolitik in dieser Form nicht vorkommt. Auch die Aufnahme der ENP in die EU-Verträge 2009 geht über die üblicherweise in einzelstaatlichen Verfassungen zu findenden Aufforderungen, gute Beziehungen mit der eigenen Umwelt zu pflegen, weit hinaus.

Im Primärrecht ist die Erweiterungspolitik bei den einschlägigen außenpolitischen Bestimmungen nicht zu finden. Dennoch stellt sie das insgesamt erfolgreichste Instrument der EU-Außenpolitik dar, verstanden als das planmäßige Verfolgen von Zielen gegenüber dem eigenen externen Umfeld. Dass die EU mithilfe der Erweiterung das Ziel erreicht hat, ehemals autoritär regierte Staaten zu stabilisieren, zu demokratisieren, beim Transformationsprozess zu unterstützten und zu integrieren, belegen zweifelsohne die Süderweiterungen in den 1980er-Jahren und die Osterweiterungen in den 2000er-Jahren.[35] Der ehemalige Kommissar für Erweiterung und Nachbarschaftspolitik Štefan Füle konstatierte: „Die EU-Erweiterung ist das mächtigste Instrument, das Europa hat, um Veränderung herbeizuführen."[36] Camelia Ratiu charakterisiert die Erweiterungspolitik der EU daher auch treffend als „EU soft power at its best"[37]. Nach dem *Big Bang* der Osterweiterung verliert dieses einstmals mächtigste Instrument der EU-Außenpolitik zunehmend an Relevanz.

Die ENP wurde 2004 begründet und eröffnet im Gegensatz zur Erweiterungspolitik keine unmittelbare Beitrittsperspektive. Mit der

Erweiterungspolitik

Europäische Nachbarschaftspolitik

---

35 Vgl. u. a. Kneuer 2007: Demokratisierung durch die EU. Süd- und Ostmitteleuropa im Vergleich.

36 Füle zit. nach Wiener Zeitung 2014: Keine Nullsummenspiele bei Erweiterung.

37 Ratiu 2011: EU Soft Power at Its Best: Zur Leistungsfähigkeit der Europäischen Union als Demokratieförderer in Transformationsstaaten.

ENP möchte die Union im Osten und Süden einen „Ring von Freunden"[38] etablieren. Die ENP richtet sich an eine sehr heterogene Gruppe von 16 Nachbarstaaten der EU, die sich im Osten der Union (Ukraine, Moldawien, Weißrussland), im südlichen Kaukasus (Armenien, Aserbaidschan, Georgien) und im Mittelmeerraum (Marokko, Algerien, Tunesien, Libyen, Ägypten, Israel, die Palästinensischen Autonomiegebiete, Jordanien, Libanon und Syrien) befinden. Seit der Neuausrichtung der ENP im Zuge des „Arabischen Frühlings" legt die Union noch mehr Gewicht auf die Konditionalität. Aktuell ist die EU von ihrem Ziel, einen „Ring von Freunden" in ihrer Nachbarschaft zu etablieren, Lichtjahre entfernt. Das Gegenteil ist der Fall: An allen ihren Außengrenzen haben sich in den letzten Jahren dramatische und brandgefährliche Konflikte entzündet, sodass The Economist nicht zu Unrecht von einem „ring of fire"[39] rund um die EU spricht. Die derzeit laufende Revision der ENP, sowohl in ihrer östlichen als auch südlichen Dimension, wird daher mit großer Spannung erwartet.

1.2.5 Externe Dimension interner Politikbereiche: unterschätzte Teilmenge der EU-Außenpolitik

Die sogenannte „externe Dimension interner Politikbereiche" stellt einen großen und wichtigen Bereich der EU-Außenpolitik dar. Diese Dimension wird im Vertrag nicht explizit unter dem „Label" Außenpolitik aufgeführt; sie lässt sich aber aus Art. 21 (3) EUV ableiten, in dem von den „externen Aspekten der übrigen Politikbereiche" die Rede ist. In der Tat entfalten in der heutigen globalisierten, äußerst interdependenten Welt nahezu alle Sachpolitiken externe Auswirkungen – zumal die Politiken einer Weltwirtschaftsmacht wie der EU. Dies konstatiert auch die Hohe Vertreterin der Union für Außen- und Sicherheitspolitik Federica Mogherini:

> There is not one single internal policy [of the EU] that does not also have an external impact.[40]

---

38 So der ehemalige Kommissionspräsident Romano Prodi (Prodi 2002: Das größere Europa – eine Politik der Nachbarschaft als Schlüssel zur Stabilität).
39 The Economist 2014: Europe's ring of fire.
40 Mogherini 2014: Rede beim Berliner Forum Außenpolitik.

Einige der internen Unionspolitiken haben einen sehr deutlichen Bezug zur internationalen Sphäre, da sie nicht zuletzt dazu dienen, Sicherheit für die EU und ihre Mitgliedstaaten zu generieren und zu garantieren, wobei ein weiter Sicherheitsbegriff zugrunde gelegt wird.

Unter dem Oberbegriff „Raum der Freiheit, der Sicherheit und des Rechts (RFSR)" sind zahlreiche, sicherheitsrelevante Politikbereiche der Union zusammengefasst, die vom Schutz der Außengrenzen über die Bekämpfung von organisierter Großkriminalität und Terrorismus, der polizeilichen und justiziellen Zusammenarbeit in Zivil- und Strafsachen bis hin zur Asyl-, Einwanderungs- und Visapolitik der EU reichen. Schon diese Aufzählung lässt deutlich erkennen, dass all diese Politikbereiche auch externe Wirkung im Umgang der EU mit Drittstaaten entfalten und Relevanz für die Sicherheit der EU und der Unionsbürger besitzen. Dabei ist in den letzten Jahren insbesondere der Umgang der EU mit Flüchtlingen in die Kritik geraten, der als „Symbol einer gescheiterten Politik"[41] gilt. Die EU habe – so der Vorwurf – eine „Festung Europa" errichtet. Nachdem im Frühjahr 2015 erneut Tausende Flüchtlinge im Mittelmeer ertranken, hieß es gar: „Diese Union tötet."[42] Insgesamt kann der RFSR fast als eigene Dimension der EU-Außenpolitik betrachtet werden und wird aufgrund der hohen thematischen Brisanz von Herausforderungen wie Migration oder Terrorismus sicher weiter an Bedeutung gewinnen.

Externe Aspekte des Raums der Freiheit, der Sicherheit und des Rechts

Zu den im weiteren Sinne sicherheitsrelevanten internen Politikbereichen der Union zählt auch die Klimapolitik, die als Teil der EU-Umweltpolitik den Kampf gegen den Klimawandel aufgenommen hat. Dieser gilt als neue sicherheitspolitische Herausforderung, da er nicht nur den weltweiten Kampf um Ressourcen befördert, sondern auch als Push-Faktor für Migrations- und Flüchtlingsströme wirkt. Besonders in Kombination mit fragiler Staatlichkeit bildet der Klimawandel eine explosive Mischung.[43] Die EU galt lange Zeit als Vorreiterin im Klimaschutz, so insbesondere bei der Beschlussfassung und Umsetzung des Kyoto-Protokolls. Im Post-Kyoto-Prozess

Klimapolitik

---

41 Riedel 2013: Lampedusa – Symbol einer gescheiterten EU-Flüchtlingspolitik.
42 Prantl 2015: Diese Union tötet.
43 Angenendt/Dröge/Richert (Hrsg.) 2011: Klimawandel und Sicherheit. Herausforderungen, Reaktionen und Handlungsmöglichkeiten.

musste sie mit dem „kläglichen Kompromiss"[44] von Kopenhagen herbe Enttäuschungen einstecken, die ihre internationale Führungsrolle in der Klimapolitik infrage stellte. Es bleibt abzuwarten, wie die klimapolitische Performanz der EU nach dem Weltgipfel in Paris Ende 2015 zu bewerten sein wird – eine neue EU-Führungsrolle scheint derzeit wieder in Reichweite.

Energie-
Außenpolitik
Sicherheitsrelevant ist selbstredend auch die noch unterentwickelte Energieaußenpolitik der Union, die als externe Dimension der internen europäischen Energiepolitik zu sehen ist. Die EU importiert aktuell 53 Prozent der von ihr verbrauchten Energie, sie ist also in ihrer Versorgungssicherheit in hohem Maße vom internationalen Umfeld abhängig. Russland ist der wichtigste Energielieferant.[45] So erklärt sich, dass die EU angesichts der seit 2014 anhaltenden Ukrainekrise, die die Beziehungen zu Russland schwer belastet, derzeit nach Wegen aus dieser Abhängigkeit sucht und bis 2030 eine „Energieunion" errichten will. Dies wäre der Einstieg in eine Energieaußenpolitik zur Gewährleistung der Versorgungssicherheit.

Auch Innenpolitik
ist Außenpolitik
Von diesen internen Unionspolitiken mit externen Auswirkungen, die u. a. auf die Herstellung und Gewährleistung von Sicherheit in weiterem Sinne abzielen, sind all jene internen Politikfelder zu unterscheiden, die nicht auf den ersten Blick zur Außenpolitik zählen, aber außenpolitische Folgewirkungen und Effekte haben. Ein solches sehr weit gefasstes Verständnis von den externen Effekten interner EU-Politiken entspricht dem Konzept der Weltinnenpolitik, das sich als Antwort auf die Globalisierung und die damit einhergehenden, stark angewachsenen Interdependenzen versteht. Die Weltinnenpolitik geht davon aus, dass sich heutzutage die Sphären von Innen- und Außenpolitik nicht mehr trennen lassen, da Innenpolitik in gewissem Sinne immer auch Außenpolitik ist und vice versa. „Der Begriff der Außenpolitik ist [...] veraltet", schreibt Ernst-Otto Czempiel. Angesichts der herrschenden komplexen Interdependenz und der sich entwickelnden Gesellschaftswelt mit zahlreichen neuen „emanzipierten gesellschaftlichen Akteuren [...] wird mehr und mehr zusammengeschoben, was in der Staatenwelt als

---

44 Spiegel Online 2013: Klimagipfel: Kläglicher Kompromiss verhindert totales Scheitern.
45 Zahlen basierend auf Europäische Kommission 2014: Strategie für eine sichere europäische Energieversorgung.

‚Innenpolitik' und ‚Außenpolitik' säuberlich getrennt war."[46] Diese Zusammenhänge gelten für eine Großmacht traditionellen Typs wie die USA als Selbstverständlichkeit und lassen sich pointiert durch ein berühmtes Diktum des früheren US-Finanzministers John Bowden Conally zum Ausdruck bringen: „Der Dollar ist unsere Währung, aber euer Problem."

Entsprechend ist für die hier als interne Politikfelder mit mittelbaren externen Auswirkungen eingeordneten Bereiche geradezu paradigmatisch die Gemeinschaftswährung Euro zu nennen. So ist nüchtern festzuhalten, dass der Euro selbstredend einen internationalen Machtfaktor darstellt und mit seinen Krisen und Schwankungen enorm große Auswirkungen auf Drittstaaten entfaltet, sei es, weil diese die Gemeinschaftswährung als Reservewährung halten oder weil sie einen intensiven Handelsaustausch mit der Euro-Zone pflegen.

Neben der Währungspolitik haben auch zahlreiche andere, vorrangig interne Unionspolitiken wie die Agrar-, die Umwelt-, die Wettbewerbspolitik, die Verkehrs- und die Forschungspolitik, der Verbraucherschutz und viele weitere Politikfelder, die Normen und Standards setzen, immer auch mittelbare externe Auswirkungen auf Dritte. Die EU wirkt in diesem Sinne als globaler Exporteur von Normen und Standards. Hierbei gilt, dass schwache Staaten und Regionen durch solch externe Auswirkungen interner Unionspolitiken mehr betroffen sind als starke Staaten.[47]

1.2.6 Abkommen und Partnerschaften: Herzstück der EU-Außenpolitik

Abkommen und Partnerschaften sind zentrale Instrumente in allen außenpolitischen Dimensionen der EU. Diese Verschränkung und Überschneidung mit allen Dimensionen lässt sich erneut an der Farbgebung im Mosaik der EU-Außenpolitik (vgl. Abb. 1.1) ablesen. Abkommen und Partnerschaften durchziehen die gesamte EU-

---

46 Czempiel 1999: Kluge Macht, 70/71; vgl. auch Czempiel 2000: Außenpolitik in der Weltinnenpolitik – politische Perspektiven für das 21. Jahrhundert.
47 Dies hattte schon der Interdependenzansatz in den Theorien der Internationalen Beziehungen erkannt, indem er zwischen „interdependence vulnerability" und „interdependence sensitivity" unterschied, vgl. Keohane/Nye 1977: Power and Interdependence. World Politics in Transition.

Außenpolitik, sie geben ihr vielfältige Form und Gestalt und füllen sie inhaltlich aus. Ihre Bedeutung für die Außenpolitik der EU ergibt sich auch aus deren spezifischem Charakter als eine politische Entität sui generis, die vorrangig als Rechtsgemeinschaft besteht. Daher können Abkommen und Partnerschaften als das „Herzstück" der Außenbeziehungen der EU zu Drittstaaten, Regionen und Organisationen bezeichnet werden. Die Hohe Vertreterin Mogherini fasst dies so zusammen:

> Europe was built on cooperation, and it is in our DNA to build partnerships on a global level.[48]

Die EU pflegt ein engmaschiges Netz solcher Abkommen und Partnerschaften, das nicht nur eine große inhaltliche Diversität aufweist, sondern auch Beziehungen zwischen der Union und anderen Akteuren etabliert, die von unterschiedlicher Institutionalisierung und Intensität gekennzeichnet sind. Streng vertragsrechtlich geregelte völkerrechtliche Abkommen und Übereinkünfte, wie zum Beispiel die 2014 abgeschlossenen Assoziierungsabkommen mit der Ukraine, Georgien und Moldau, zählen ebenso zu dieser Dimension wie die vertragsrechtlich weniger strikt reglementierten Partnerschaften der Union. Hierunter fallen ganz zentral die sogenannten strategischen Partnerschaften, die die EU beispielsweise mit den USA, Russland sowie mit den meisten der *emerging powers* abgeschlossen hat.

1.2.7 Mehrwert des mehrdimensionalen Ansatzes

Der Gewinn des mehrdimensionalen Ansatzes zur Analyse der EU-Außenpolitik ist unter drei Aspekten zu erfassen. Zum ersten ermöglicht es dieses Konzept, ein angemessenes Verständnis des Umfangs, der Vielgestaltigkeit und Komplexität der Außenpolitik der EU zu entwickeln; so schützt es vor einer stark verkürzten Perzeption der externen und internationalen Rolle der EU, die sich bei einer ausschließlichen Fokussierung auf GASP und GSVP notgedrungen ergibt. Dies erlaubt eine realitätsnahe Bestandsaufnahme und Bewertung der EU-Außenpolitik. Zweitens gelingt es dem mehrdimensionalen Ansatz, die unterschiedlichen Entscheidungssysteme, die divergierenden Governance-Methoden, die sich in der EU-Außen-

---

48 Mogherini 2015: Rede bei der Münchner Sicherheitskonferenz, 08.02.2015.

politik gleichzeitig finden, zusammenzuführen und in ihrer Bedeutung und Wirkungsmächtigkeit anzuerkennen. Damit kann der tradierte Dualismus von Gemeinschaftsmethode und intergouvernementaler Methode, dieses „klassische Gegensatzpaar"[49], zwar nicht
vollständig überwunden werden. Doch es gilt auf der Grundlage des
Lissabonner Vertrags zu eruieren, welchen Beitrag die beiden Integrationsmethoden in ihren jeweiligen Dimensionen zur weiteren
Ausgestaltung, Verbesserung und Stärkung der EU-Außenpolitik
leisten können. Die lange und hochkomplexe Genese der EU-
Außenpolitik hat eine Pfadabhängigkeit geschaffen, die sich in absehbarer Zukunft wohl kaum wird überwinden lassen.[50] Damit bleibt
der außenpolitische Akteur EU auf absehbare Zeit mit divergierenden Governance-Methoden und unterschiedlichen Entscheidungs-
und Handlungsrationalitäten konfrontiert, die in der Vergangenheit
zu einer ausgeprägten Fragmentierung ihrer Außenpolitik geführt
haben. Hier ist – wie eben bereits betont – mit radikaler Abhilfe in
naher Zukunft nicht zu rechnen. Deshalb stellt der mehrdimensionale Ansatz einen pragmatischen Weg dar, der der anhaltenden
„Verflechtungsdynamik, die zwischen den verschiedenen policy-
Bereichen der EU [...] existiert"[51], Rechnung trägt und sie für die
Analyse der EU-Außenpolitik nutzen kann. Hier ist beispielhaft auf
die hochgradig verflochtenen und verlinkten, beide Governance-
Methoden kombinierenden und äußerst effektiven Ansätze und
Vorgehensweisen in der Sanktionspolitik zu verweisen. Anstatt – wie
es häufig in der EU-Außenpolitikforschung geschieht – apodiktische
und kategorische Forderungen nach einer kompletten Vergemeinschaftung der EU-Außenpolitik in ihren faktisch gegebenen unterschiedlichen Dimensionen zu fordern,[52] geht es vielmehr darum, die
Gegebenheiten, aktuellen Möglichkeiten und Potenziale der real
existierenden EU-Außenpolitik auszuleuchten – was Kritik im Einzelnen mitnichten ausschließt.

Drittens schließlich – und dies ist aufs Engste mit der bereits angesprochenen Pfadabhängigkeit des Werdegangs der EU zu einem

---

49 Fröhlich 2014: Die Europäische Union als globaler Akteur, 19.
50 Vgl. Kapitel 2.
51 Jopp/Schlotter 2007: Kollektive Außenpolitik – Die Europäische Union als internationaler Akteur, 393.
52 Vgl. statt vieler: Allen 1998: Who speaks for Europe? The search for an effective and coherent external policy; Cameron 2011: The EU's External Action Service – Golden or Missed Opportunity, 252.

internationalen Akteur verknüpft – vermag es der mehrdimensionale Ansatz, dem Sui-generis-Charakter der EU, der sich besonders auch in ihrer Außenpolitik zeigt, gerecht zu werden. So stellen sowohl die Erweiterungs- als auch die Nachbarschaftspolitik – beides Teile einer immanent wichtigen, besonders erfolgreichen und wirkungsmächtigen Dimension der EU-Außenpolitik – Alleinstellungsmerkmale der EU dar, die bei keinem anderen internationalen Akteur vorhanden sind. Auch die spezifische Komplementarität zwischen mitgliedstaatlicher und gemeinschaftlicher Entwicklungszusammenarbeit könnte man als sui-generis einordnen.

Kurz: Der mehrdimensionale Ansatz erhebt den Anspruch, für Erfassung, Analyse und Evaluation der EU-Außenpolitik den geeigneten konzeptionellen Rahmen anzubieten. Er stellt jedoch – das muss hinzugefügt werden – hohe Ansprüche sowohl an die Autorinnen als auch an die Leserschaft; denn es gilt, die zahlreichen unterschiedlichen Zielen und Handlungsrationalitäten folgenden Mosaik-Bausteine der EU-Außenpolitik zeitgleich und in ausgewogener Balance im Blick zu behalten. Dieser mühsame und anspruchsvolle Weg ist jedoch der einzige, um unhaltbare Verkürzungen im Verständnis dessen, was EU-Außenpolitik ist, zu vermeiden.

1.3 Struktur des Buches

Wie bereits mehrfach betont, steht das innovative Mosaik der EU-Außenpolitik im Zentrum dieses Buches, das die mehrdimensionale Außenpolitik der EU dezidiert in ihrer komplexen und vielfältigen Gesamtheit rekonstruiert, analysiert und erklärt. Die Struktur des Buches bildet die Fokussierung auf den mehrdimensionalen Ansatz insofern ab, als dass jedes Kapitel das Mosaik der EU-Außenpolitik unter einem spezifischen Aspekt beleuchtet:

Inhalt Kapitel 1   Kapitel 1 hat zentrale Begriffe zur EU-Außenpolitik erörtert und einen Problemaufriss zur zentralen Frage nach der außenpolitischen Akteursqualität der EU angeboten; außerdem lieferte es einen ersten, sehr straffen Überblick über die verschiedenen Bausteine des außenpolitischen Mosaiks und stellte den Mehrwert des Konzepts der Mehrdimensionalität für die Analyse der EU-Außenpolitik dar. Auch wurden zentrale Leitfragen formuliert.

Inhalt Kapitel 2   Kapitel 2 verfolgt einen zeitgeschichtlich geprägten Ansatz und rekonstruiert die Genese und verschiedenen Entwicklungsphasen der EU-Außenpolitik von den Anfängen der Integrationsgemeinschaft bis heute; so wird die sukzessive Entfaltung der einzelnen

Dimensionen dieser Politik dargelegt, das Mosaik also aus diachroner Perspektive beleuchtet. Es wird nachgezeichnet, wann für die Integrationsgemeinschaft außenpolitischer Handlungsbedarf entstand und wann und warum welche Politikfelder in den Kompetenzbereich der EWG/EG/EU übergingen bzw. welche Governance-Modelle sich herausbildeten. Diese ausführliche Rückblende, die vor dem Hintergrund der jeweiligen weltpolitischen „Großwetterlage" erfolgt, ist essenziell und unerlässlich, will man die heutige komplexe und pfadabhängige Konstruktion der EU-Außenpolitik nachvollziehen sowie den konzeptionellen, analytischen und didaktischen Mehrwert des mehrdimensionalen Ansatzes und des Mosaiks der EU-Außenpolitik verstehen. Trotz des mehrdimensionalen Ansatzes legt das Kapitel einen Schwerpunkt auf die Genese der intergouvernementalen Dimension, denn die Tatsache, dass sich die Integrationsgemeinschaft erst vergleichsweise spät dazu entschloss, sich auf den Weg zu einer gemeinsamen Außen- und Sicherheitspolitik im engeren Sinne zu begeben, hat den gesamten Integrationsprozess und die Genese der EU-Außenpolitik auf äußerst markante Weise geprägt, ja prädeterminiert.

Kapitel 3 widmet sich sodann den Akteuren, Strukturen und Prozessen der EU-Außenpolitik auf dem Stand des Vertrags von Lissabon. In diesem Teil werden folglich die vertraglichen Grundlagen ausgeleuchtet. Die zentralen Player und Institutionen, welche die Außenpolitik der EU prägen, werden ebenso vorgestellt wie die Funktionslogik, die Entscheidungssysteme, Prozesse und die Instrumente der einzelnen Dimensionen des außenpolitischen Mosaiks. Auch die Möglichkeiten der differenzierten Integration sowie die Frage nach der Finanzierung der EU-Außenpolitik werden behandelt. Um den Zugang zum Primärrecht zu erleichtern, erfolgen im gesamten Buch immer wieder Verweise auf und Zitate aus dem Vertragswerk der EU. Außerdem wird erläutert, wie die komplexe Vertragssystematik von den Akteuren in der Vertragswirklichkeit umgesetzt wird. Auch in diesem Kapitel finden wiederum alle Bausteine des Mosaiks Berücksichtigung. Dies bietet den Vorteil, dass durch eine synoptische Darstellung die Unterschiede in der Funktionslogik der einzelnen Dimensionen besonders deutlich herausgearbeitet werden können.

Kapitel 4 füllt die einzelnen Bausteine der EU-Außenpolitik inhaltlich aus und exemplifiziert sie; es betrachtet EU-Außenpolitik also *in concreto*. Die einzelnen Mosaiksteine aller Bereiche (intergouvernemental geprägte Dimension, Sanktionen, Gemeinschafts-

Inhalt Kapitel 3

Inhalt Kapitel 4

dimension, Sui-generis-Dimension und externe Aspekte interner Politikbereiche, Abkommen und Partnerschaften) werden so ausgeleuchtet, dass die wichtigsten Politikansätze und Konzepte, Zielsetzungen und Zielerreichung sowie grundlegende Debatten und aktuelle Entwicklungen transparent werden. Dergestalt soll ein kompletter Überblick, eine Gesamtschau über sämtliche Handlungsfelder der EU-Außenpolitik, auch anhand möglichst aktueller Beispiele, ermöglicht werden. Dies stellt wahrlich eine Herkulesaufgabe dar, der sich die Autorinnen bestmöglich zu stellen versucht haben, um auch den empirisch-inhaltlichen Anforderungen ihres mehrdimensionalen Ansatzes zu entsprechen. Sie haben folglich die theoretisch-konzeptionell hergeleiteten Mosaikbausteine der EU-Außenpolitik in all ihrer Ausdifferenziertheit und schier überwältigenden Materialfülle zumindest überblicksartig ausgefüllt.

Inhalt Kapitel 5   Kapitel 5 nimmt – anknüpfend an die eingangs aufgeworfenen Leitfragen – eine zusammenfassende Standortbestimmung der EU-Außenpolitik vor und bewertet, ob die Lissabonner Reformen einen Fortschritt für die Akteursqualität der EU mit sich brachten. Schließlich werden in thesenartiger Form die Perspektiven für die zukünftige Entwicklung des internationalen Akteurs EU und seiner Außenpolitik beleuchtet. Dabei sind auch die zahlreichen „Baustellen" der EU-Außenpolitik zu berücksichtigen, denn nahezu alle außenpolitischen Dimensionen stehen aktuell vor inhaltlichen Neuausrichtungen, welche die Perspektiven des internationalen Akteurs EU maßgeblich prägen werden.

2 Entwicklungsphasen der EU-Außen-politik bis Lissabon

Nachstehendes Kapitel ist der Rekonstruktion der Entwicklung der EU-Außenpolitik gewidmet. Um ihre heutige, mehrdimensionale Struktur zu entfalten, bedurfte es mehrerer Jahrzehnte des Ringens um die Schaffung einer außenpolitischen Akteursqualität der Integrationsgemeinschaft. Im Folgenden soll vor allem aufgezeigt werden, wie und warum im jeweiligen internationalen und integrationsinternen Umfeld sich das außenpolitische Handlungsspektrum der EWG/EG/EU sukzessive erweiterte bis hin zum heutigen Stand. Es soll also die Genese des mehrdimensionalen Mosaiks der EU-Außenpolitik herausgearbeitet werden. Dabei wird – wie bereits erwähnt – ein Schwerpunkt auf die Entwicklungsgeschichte der Außenpolitik im engeren Sinne, d. h. auf die Europäische Politische Zusammenarbeit (EPZ), die GASP sowie die ESVP[1], und somit auf die intergouvernementale Dimension der Außenpolitik der EG/EU, gelegt. Dies erlaubt, zentrale Warum-Fragen zu beantworten wie zum Beispiel: Warum war ein früher Einstieg in eine genuine gemeinsame Außen- und Sicherheitspolitik nicht möglich? Warum erfolgte dies dann erst Jahrzehnte später auf nur sehr zögerliche Art, weshalb und in welchem Kontext konnten erneut erst wieder Jahre später operative Kriseninterventionskräfte geschaffen werden?

Der mehrdimensionale Ansatz dieses Buches impliziert, dass trotz des verspäteten und äußerst vorsichtigen Einstiegs in die Außenpolitik im engeren Sinne die EWG/EG/EU es bereits von Anbeginn des Integrationsunterfangens an verstand, in anderen als den genuinen außenpolitischen Feldern sich Akteursqualität zu verschaffen. Denn in der Tat wurden zahlreiche der außenpolitischen Mosaikbausteine auf die Gemeinschaftsebene gehoben und dort auch ausgefüllt, lange bevor die intergouvernementale Dimension eröffnet wurde. Die nachfolgender Rekonstruktion zeigt nicht nur den mühsamen, insgesamt beachtlichen Weg auf, den die europäische Integrationsgemeinschaft bei der Entfaltung ihrer außenpolitischen Akteursqualität bereits

---

1 In diesem Kapitel wird die Bezeichnung ESVP (Europäische Sicherheits- und Verteidigungspolitik) vom Zeitpunkt ihrer Entstehung bis zur Ablösung durch das Kürzel GSVP (Gemeinsame Sicherheits- und Verteidigungspolitik) mit Inkrafttreten des Lissabon-Vertrags verwendet, um Übereinstimmung mit den verwendeten Dokumenten zu gewährleisten.

zurücklegen konnte, sondern sie gibt auch zur Annahme Anlass, dass in Fortführung des vor langer Zeit eingeschlagenen Pfades eine weitere Stärkung der EU-Außenpolitik möglich ist.

2.1 (West-)Europas Integration im Kontext des Ost-West-Konflikts

Zwei vorherrschende Impulse für Europas Einigung

Die Einigungsbestrebungen im Nachkriegseuropa sind maßgeblich auf zwei unterschiedliche Motivationsstränge zurückzuführen. Zum einen beruhten sie auf der dezidierten Versöhnungspolitik zwischen Frankreich und der jungen Bundesrepublik, die bereits Ende der 1940er-Jahre eingeleitet wurde und mit der Gründung der Europäischen Gemeinschaft für Kohle und Stahl (EGKS, 1952) einen ersten Höhepunkt fand. Zum zweiten ging ein äußerst wirkungsmächtiger Impuls zur Integration Europas vom Ost-West-Konflikt aus, der sich ab 1947 zusammenbraute. Dabei wirkten sowohl die Verkündung der Truman-Doktrin im September 1947 als auch die Bekanntmachung des US-amerikanischen *European Recovery Program* vom Juni desselben Jahres, des Marshall-Plans, als Geburtshelfer des Zusammenwachsens des freien Europas. Denn diese politischen und wirtschaftlich-finanziellen Hilfsangebote der Amerikaner zielten auf zügigen Wiederaufbau, Stärkung und Einigung der vom Zweiten Weltkrieg zerstörten Staaten Europas ab, um die gefürchtete Expansion des Kommunismus zu stoppen. Das von der Sowjetunion schließlich erzwungene Fernbleiben Osteuropas vom Marshall-Plan besiegelte die Spaltung des Kontinents.

2.1.1 Zentrale Weichenstellungen der frühen 1950er-Jahre

Letztlich waren es auch vorrangig die Zwänge des Ost-Westkonflikts, die bewirkten, dass die Außenpolitik im engeren Sinne, die auch die Sicherheits- und Verteidigungspolitik miteinschließt, nicht von Beginn an in den Integrationsprozess einbezogen werden konnte. Mit diesem Verzicht aber wurde die junge Integrationsgemeinschaft auf eine Schiene gesetzt, die ihre internationale Akteursqualität letztlich bis auf den heutigen Tag prägt. Trotz all der in der Tat bedeutenden Entwicklungen der letzten 30 Jahre im Bereich der GASP und der GSVP ist auch die heutige EU noch immer ein Akteur mit nur begrenzten sicherheits- und verteidigungspolitischen Zuständigkeiten, Kapazitäten und Ambitionen. Die Grundsteine für dieses pfadabhängige Charakteristikum wurden sehr früh, nämlich im Kontext der Verfestigung der Lagerbildung im Ost-West-Konflikt gelegt. Die Bedrohung Westeuropas durch die Sowjetunion wurde als derart gravierend perzipiert, dass seine Verteidigung allein im Rahmen der transatlantischen Allianz NATO gesichert schien. Verschiedene Ansätze zu rein westeuropäischen Verteidigungsbündnissen scheiterten, sodass sich hier auf Jahrzehnte hinaus eine klare US-amerikanische Hegemonie etablieren konnte.

So verliefen Großbritanniens und Frankreichs durch gegenseitige Rivalitäten belastete Versuche ergebnislos, den 1948 aus ihrem bilateralen verteidigungspolitischen „Abkommen von Dünkirchen" hervorgegangenen „Brüsseler Pakt" zu einem westeuropäischen Sicherheits- und Verteidigungsbündnis auszubauen. Belgien, die Niederlande und Luxemburg schlossen sich dem Pakt an, um sich vor möglichen deutschen Aggressionen zu schützen. 1954 benannte sich der Brüsseler Pakt nach Aufnahme der jungen BRD und Italiens in Westeuropäische Union (WEU) um, die die Mitgliedstaaten im Notfall zu gegenseitiger Militärhilfe verpflichtete. Doch die operativen Kapazitäten des europäischen Bündnisses wurden 1955, nach dem NATO-Beitritt der BRD, vollständig der transatlantischen Allianz unterstellt, sodass die WEU für viele Jahre weitestgehend bedeutungslos blieb.[2]

Gescheiterte Versuche

Mit dem Pleven-Plan scheiterte auch ein zweiter Ansatz, Europas Sicherheit und Verteidigung eigenständig zu organisieren und zu gewährleisten. Im Oktober 1950 hatte der französische Ministerpräsident René Pleven, im politischen System der IV. Republik (1946–1958) der wichtigste Entscheidungsträger, den Vorschlag einer Europäischen Verteidigungsgemeinschaft (EVG) unterbreitet, die als Antwort auf die absehbare westdeutsche Wiederbewaffnung gedacht war. Denn die EVG sah die Schaffung einer gemeinsamen europäischen Armee vor, in welcher die künftigen westdeutschen Verteidigungskapazitäten aufgehen sollten. Hiermit wollte Paris, das in der Frage der westdeutschen Wiederbewaffnung unter massivem US-amerikanischem Druck stand, eine Alternative zu einem NATO-Beitritt der BRD eröffnen und eine größtmögliche Kontrolle ausüben können. Dies wäre im Rahmen der EVG, die zwischen den EGKS-Gründungsstaaten eine integrierte Armee unter der Führung eines europäischen Verteidigungsministers vorsah, weitgehend der

EVG und EPG

---

2 Dietl 2004: Kontinuität und Wandel – zur Geschichte der europäischen Zusammenarbeit auf dem Gebiet der Sicherheits- und Verteidigungspolitik 1948–2003.

Fall gewesen. Die USA unterstützten den EVG-Plan. Die „Konferenz für die Organisation einer EVG" wurde im Februar 1951 in Paris eröffnet, die Verhandlungen erwiesen sich als äußerst schwierig, u. a. weil Paris durchaus zu Diskriminierungen der künftigen westdeutschen EVG-Truppen neigte, Bonn seinerseits aber zuallererst die Aufhebung des Besatzungsstatuts erreichen wollte; vorher könne man die Verpflichtungen eines EVG-Vertrags gar nicht auf sich nehmen. Nach intensiver Kompromisssuche wurde der EVG-Vertrag am 26./27. Mai 1952 unterzeichnet.

EVG-Vertrag (zentrale Passagen)

„Artikel 1

Durch diesen Vertrag begründen die Hohen Vertragschließenden Teile unter sich eine Europäische Verteidigungsgemeinschaft. Diese ist ihrem Wesen nach überstaatlich; sie hat gemeinsame Organe, gemeinsame Streitkräfte und einen gemeinsamen Haushalt.

Artikel 2

§ 1 Die Gemeinschaft dient ausschließlich der Verteidigung.

§ 2 [...] Hierzu beteiligt sie sich im Rahmen des Nordatlantikpaktes an der westlichen Verteidigung und verwirklicht die Verschmelzung der Verteidigungsstreitkräfte der Mitgliedstaaten [...].

Artikel 9

Die Streitkräfte der Gemeinschaft, nachstehend ,Europäische Verteidigungsstreitkräfte' genannt, bestehen aus Kontingenten, die der Gemeinschaft zur Verschmelzung nach Maßgabe dieses Vertrages von den Mitgliedstaaten zur Verfügung gestellt werden.

Kein Mitgliedstaat darf nationale Streitkräfte, außer den in Artikel 10 genannten, rekrutieren oder unterhalten."[3]

Begleitet werden sollte der Pleven-Plan vom Projekt einer Europäischen Politischen Gemeinschaft (EPG), die als supranationale Gemeinschaft EVG und EGKS verknüpfen sollte. Die Initiative zur EPG ging auf Italiens Außenminister de Gasperi sowie – wie schon beim EGKS-Plan – auf den französischen Außenminister Robert Schuman

---

3 Art. 10 EVG-Vertrag bezieht sich auf Streitkräfte zur Verwendung in außereuropäischen Gebieten sowie auf Streitkräfte zur Durchführung zwischenstaatlicher Aufgaben, die die Mitgliedstaaten in Berlin, in Österreich oder gemäß den Entscheidungen der Vereinten Nationen übernommen haben; damit sind Belgien und vor allem Frankreich angesprochen. Der EVG-Vertrag sowie alle in diesem Kapitel zitierten Dokumente, deren Quelle nicht spezifisch angegeben ist, sind abrufbar im *Centre Virtuel de la Connaissance sur l'Europe* (CVCE): http://www.cvce.eu/de. Das CVCE ist eine digitale Bibliothek mit umfangreichem Material zur Integrationsgeschichte.

zurück. Ein speziell hierfür einberufener Ausschuss der noch blutjungen EGKS arbeitete zwischen September 1952 und März 1953 einen regelrechten Verfassungsentwurf aus, der über die Verknüpfung von EVG und EGKS hinaus die Koordinierung der Außenpolitik der Mitgliedstaaten sowie den Ausbau eines gemeinsamen Marktes vorsah.

EPG-Vertrag (zentrale Passagen)
„Artikel 5
Die Gemeinschaft bildet mit der Europäischen Gemeinschaft für Kohle und Stahl und der Europäischen Verteidigungsgemeinschaft eine Rechtseinheit [...].
Artikel 69
Die Gemeinschaft sorgt für eine Koordinierung der Außenpolitik der Mitgliedstaaten [...]."[4]

Mit den Integrationsprojekten EVG und EPG sowie ihrer Verknüpfung mit der bereits existenten EGKS entwarfen die europapolitischen Vordenker der sechs Gründerstaaten eine äußerst ehrgeizige Blaupause für den Einigungsprozess Europas. Dabei legten sie die Messlatte ihrer Pläne und Visionen sehr hoch – so hoch, dass sie teils erst Jahrzehnte später (Verwirklichung des Binnenmarkts zum 1. Januar 1993), teils bis auf den heutigen Tag noch nicht erreicht werden konnten (europäische Armee). Es waren die noch ungeklärten Konturen der zu schaffenden Nachkriegsordnung sowie der unabdingbare Aussöhnungs- und Selbstbehauptungswunsch unter den (West-)Europäern, die solch weitreichende und mutige Konzepte künftiger Vereinter Staaten von Europa befeuerten. Dass man die europäischen Pläne, insbesondere das EVG-Projekt, auch im Osten Ernst nahm, belegt die sogenannte Stalin-Note vom 10. März 1952; diese enthielt das Angebot Moskaus, die staatliche Einheit eines neutralen Deutschlands zu verwirklichen. Damit reagierte die Sowjetführung auf die Perspektive eines sicherheits- und verteidigungspolitisch geeinten, die junge BRD voll einbindenden Westeuropas – allerdings richtete sich dieser Vorschlag nicht nur gegen das EVG-Projekt, sondern sehr viel mehr noch gegen den zeitgleich verhandelten Deutschlandvertrag, der das Besatzungsstatut ablösen und die Souveränität der BRD herstellen sollte.[5]

EVP und EPG –
zu ambitioniert?

---

4 Der Entwurf zum EPG-Vertrag ist abrufbar unter http://www.politische-union.de/epg1.htm.
5 Schukraft 2010: Die Anfänge deutscher Europapolitik in den 50er und 60er Jahren, 23–30.

Ein schwarzer Tag
für Europa
(Konrad Adenauer)

Doch am 30. August 1954 scheiterte der EVG-Vertrag am negativen Votum der französischen Nationalversammlung; zuvor war das zwischen den Regierungen äußerst umstrittene EPG-Projekt bereits auf unbestimmte Zeit vertagt worden. Das französische Nein war vor allem dem internationalen Kontext geschuldet, der sich mit dem Ende des Korea-Kriegs und Frankreichs Niederlage in Dien Bien Phu (Indochina) im März 1954 beträchtlich verändert hatte; man brauchte nun die Sowjets bei den Genfer Friedensverhandlungen und konnte und wollte sie daher nicht mit der EVG provozieren. Damit aber schloss sich das Zeitfenster für eine europäische Lösung europäischer Sicherheitsprobleme und die atlantische Lösung setzte sich durch: Im Rahmen der Pariser Verträge vom Oktober 1954 wurde der Deutschlandvertrag ebenso wie die Aufnahme der BRD in WEU und NATO (sowie das Saarstatut) beschlossen.[6] Es muss offen bleiben, ob die EVG die Sicherheit Westeuropas effektiv hätte gewährleisten können, zumal sie auf die sechs EGKS-Staaten begrenzt war und somit das verteidigungspolitisch wichtige Großbritannien außen vor gelassen hätte. Sicher aber ist, dass mit der atlantischen Lösung zur Gewährleistung der Sicherheit Westeuropas die US-amerikanische Hegemonie innerhalb des westlichen Lagers zementiert und das – vor allem französische – Konzept einer europäischen dritten Kraft im Ost-West-Konflikt obsolet geworden war. Damit waren die Weichen für künftige Integrationsprojekte insofern gestellt, als dass die genuine Außenpolitik, die Sicherheits- und Verteidigungspolitik außen vor blieben; Einigungsbemühungen mussten folglich in anderen Politikfeldern ansetzen. Und so kam es auch.

2.1.2 Die EWG als marktschaffendes Projekt

Marktintegration als
Ziel der EWG

Nachdem das politisch höchst ambitionierte EVG-/EPG-Projekt gescheitert war, besannen sich die Integrationsbefürworter auf die sogenannte Monnet-Methode, die bereits in der EGKS ihre Anwendung gefunden hatte und mittels sektoraler Integration den europäischen Einigungsprozess gestalten sollte. Im Rahmen einer Anfang 1955 einsetzenden *relance européenne* schlug Monnet daher die Ausweitung seiner Methode über den Montansektor hinaus auf weitere Wirtschaftsbereiche vor.

---

6 Diese Verträge traten zum 5. Mai 1955 in Kraft.

Dieser Ansatz setzte sich letztlich bei den Verhandlungen zu den Römischen Verträgen durch, die am 25. März 1957 in Rom unterzeichnet wurden. Allerdings wurde im Laufe dieses Verhandlungsprozesses die Reichweite des sektoralen Ansatzes beträchtlich ausgeweitet und die Schaffung eines veritablen Gemeinsamen Marktes konzipiert. Dessen deutlich freihändlerischer Ansatz wurde vor allem vom Belgier Paul-Henri Spaak und dem Niederländer Johan W. Beyen vorangetrieben; in der BRD trugen die Minister Ludwig Erhard und Franz-Josef Strauß ihre Vorbehalte gegen eine zu kleine, auf die sechs EGKS-Staaten begrenzte Wirtschaftsgemeinschaft gut vernehmbar vor, konnten sich aber letztlich nicht gegen Adenauer durchsetzen. Über die Etappen der Konferenz von Messina im Juni 1955 und der Verhandlungen über den sogenannten Spaak-Bericht ab Mitte 1956 einigten sich die EGKS-Staaten auf die Errichtung einer Europäischen Wirtschaftsgemeinschaft (EWG) und einer auf die zivile Nukleartechnik ausgerichteten Europäischen Atomgemeinschaft Euratom (EAG). Beide Verträge traten zum 1. Januar 1958 in Kraft und errichteten ein einzigartiges Institutionengefüge.

Artikel 4 (1) EWG-Vertrag

„Die der Gemeinschaft zugewiesenen Aufgaben werden durch folgende Organe wahrgenommen:
- eine Versammlung,
- einen Rat,
- eine Kommission,
- einen Gerichtshof."

Das Aufgabenspektrum der EWG war ausschließlich auf die Errichtung eines Gemeinsamen Marktes, die schrittweise Angleichung der Wirtschaftspolitiken der sechs Mitgliedstaaten sowie auf eine harmonische, auf Wachstum setzende Entwicklung des Wirtschaftslebens innerhalb der Gemeinschaft angelegt (Art. 2 EWG-Vertrag). Genuine Außen- oder gar Sicherheitspolitik gehörte nicht dazu.

Allerdings wurden in Teil IV des Vertrags die Beziehungen der EWG zu den überseeischen Besitzungen (Departements, Kolonien und Treuhandgebiete) der EWG-Staaten Frankreich, Belgien, Italien und Niederlande geregelt.[7] Dies ist als Beginn der Entwicklungspolitik des integrierten Europas zu werten und bedeutet, dass selbst die ganz auf Marktintegration fokussierte, in der genuinen, klas-

Einstieg in die Entwicklungspolitik als Teil der Außenpolitik

---

7 Keßler 2007: 40 Jahre EU-Afrika-Politik – ein Rückblick, 21.

sischen Außen- und Sicherheitspolitik vollkommen abstinente EWG also von ihrem ersten Tag an Politik mit auswärtiger Dimension betrieben hat. Da „Entwicklungspolitik [...] Teil der Außenpolitik"[8] ist, erwirbt sich die EWG mithin von Anbeginn an außenpolitische Akteursqualität im Sinne des hier verfolgten mehrdimensionalen Ansatzes. Nach der erfolgreichen Entkolonialisierung weiter Teile Afrikas wurde 1964 resp. 1971 das Abkommen von Yaoundé (I–II) abgeschlossen, das die Entwicklungszusammenarbeit auf eine neue Grundlage hob.

1961 – erste Beitrittsanträge Die junge EWG erwies sich in kürzester Zeit als äußerst erfolgreich; so wurde sie auch für diejenigen Nachbarstaaten attraktiv, die in den 1950er-Jahren eine Mitgliedschaft noch abgelehnt hatten, wie insbesondere das Vereinigte Königreich. Auf seine *special relationship* zu den USA und seine führende Rolle im Commonwealth vertrauend, glaubte London zunächst, der Integrationsgemeinschaft fernbleiben zu können. Doch bereits 1961 stellte Großbritannien, zusammen mit Irland, Dänemark und Norwegen, einen Beitrittsantrag.

2.1.3 Folgenschwere französische Vorstöße und Blockaden

Doch diesen Beitrittsgesuchen setzte der neue Machthaber in Paris, General Charles de Gaulle, erster Staatspräsident der V. Republik (1958–1969), sein *Non* entgegen, erstmals im Januar 1963, ein zweites Mal 1967. De Gaulles ehrgeizige, die Möglichkeiten seines Landes überschätzende Pläne und Projektionen für die *grande nation* und ihren Rang in der Welt sahen für den Rivalen Großbritannien keinen Platz in Kontinentaleuropa vor; zudem unterstellte er, dass das Vereinigte Königreich auf der Grundlage seiner *special relationship* zu Washington als „trojanisches Pferd" der USA, sprich als deren Handlanger in Europa, agieren würde.

De Gaulles Europapläne Aber auch mit seinen außen- und europapolitischen Grundsätzen und Konzeptionen drückte de Gaulle der jungen Integrationsgemeinschaft seinen Stempel auf. Charles de Gaulle (1890–1970), Held des französischen Widerstands gegen die deutsche Besatzung, war nicht bereit, den immensen Bedeutungsverlust Frankreichs hinzunehmen, der sich in der Nachkriegszeit angesichts des

---

8 Schmidt 2015: Entwicklungszusammenarbeit als strategisches Feld deutscher Außenpolitik, 29.

Aufstiegs von UdSSR und USA zu alles beherrschenden Supermächten ergeben hatte. Vielmehr erhob der General einen klaren Großmachtanspruch, den er durch Frankreichs Status als Siegermacht des Zweiten Weltkriegs und Ständiges Mitglied des UN-Sicherheitsrats sowie durch seine großen, vor allem afrikanischen Einflussgebiete gerechtfertigt sah. Auf diesen Grundlagen wollte de Gaulle Frankreichs Rang als Weltmacht wiederherstellen, seine nationale Unabhängigkeit garantieren und es als dritte Kraft zwischen den Supermächten etablieren. Dazu jedoch musste er die (kontinental-)europäischen Partner einbinden, denn selbst dem überambitionierten „Magier im Elysée" – so ein treffender Begriff des Frankreichexperten Weisenfeld[9] – war bewusst, dass sein Land die Bürden einer Großmacht alleine nicht mehr würde tragen können. So entwarf de Gaulle das Konzept eines Europas der (kontinentalen) Staaten, das unter französischer Führung ein Gegengewicht zu den Supermächten bilden und eine eigenständige, von der westlichen Führungsmacht USA weitgehend unabhängige internationale Rolle spielen sollte. Mit anderen Worten: Zum einen wollte de Gaulle das sich vereinigende Europa für seine Ambitionen instrumentalisieren, zum anderen den Gang der Integration nach seinen Vorstellungen umgestalten. Diese beiden Ansinnen sind mit den Stichworten „Fouchet-Pläne" und „Politik des leeren Stuhls" verknüpft. Beide beruhen auf der Auffassung, allein die Nationalstaaten seien legitime Akteure der (Außen-)Politik.

> Wir wollen kein supranationales Europa. Denn die Nationen existieren [...] Das sind gewachsenen Einheiten, die nicht einfach so verschwinden können. Man kann sie auch nicht einfach verschmelzen oder fusionieren. Ein supranationales Europa zu schaffen, heißt für uns, untergehen zu wollen. [...] Ja zu einer europäischen Konföderation, Nein zu einer europäischen Fusion.[10]

1961 einigten sich die sechs EWG-Staaten darauf, das Projekt einer Politischen Union (wieder) aufzunehmen und bildeten eine Kommission, die unter Leitung des Franzosen Christian Fouchet gemeinsame Vorschläge erarbeiten sollte. Doch das Papier, das im Oktober 1961 vorgelegt wurde und als Fouchet I in die Integrationsgeschichte eingegangen ist, war ein rein französischer Entwurf zur Schaffung

Die Fouchet-Pläne von 1961/1962

---

9 Weisenfeld 1990: Charles de Gaulle. Der Magier im Elysée.
10 Charles de Gaulle am 9. Juni 1965 vor der Nationalversammlung, zitiert in Müller-Brandeck-Bocquet/Moreau 2000: Frankreich. Eine politische Landeskunde, 148.

einer „unauflöslichen Union der europäischen Staaten". Diese Union sollte durch zwischenstaatliche Zusammenarbeit eine europäische Außen- und Verteidigungspolitik schaffen; die zentrale Frage jedoch, wie sich dieses Projekt mit der NATO, der alle sechs EWG-Staaten angehörten, vereinbaren ließe, war nicht angesprochen. Ferner sollte die geplante Union auch in anderen Politikfeldern, wie beispielsweise der Wirtschaftspolitik, eine enge Kooperation anstreben. Im Zentrum der vorgeschlagenen Organe der Union stand der Rat der Staats- und Regierungschefs, die ebenfalls anvisierte Kommission sollte aus hohen, weisungsgebundenen Beamten der einzelstaatlichen Außenministerien bestehen. Dieser „unauflöslichen Union" sollten alle Staaten des Europarats beitreten können.

Affront gegen EWG und NATO Fouchet I stellte mithin in vielerlei Hinsicht einen krassen Affront dar, an allererster Stelle gegen die bestehende EWG, die implizit als nicht-existent behandelt wurde, gegen ihr supranational angelegtes Institutionengefüge, das durch rein zwischenstaatliche, also intergouvernementale Zusammenarbeit ersetzt werden sollte; ja, gegen ihr Integrationsprojekt insgesamt, denn die dichte Wertegemeinschaft der EWG sollte der ungleich lockereren Großfamilie des Europarates weichen. Aber auch die NATO und insbesondere ihre Führungsmacht USA mussten sich brüskiert sehen.

Noch während sich Frankreichs fünf EWG-Partner um integrationskompatiblere Varianten von Fouchet I bemühten, legte Paris im Januar 1962 den Fouchet-Plan II vor; dieser lässt noch deutlicher als sein Vorgänger erkennen, dass die von de Gaulle gewollte „unauflösliche Union" sicherheits- und verteidigungspolitisch als Alternative zur NATO und integrationspolitisch als Ersatz für die bestehende EWG konzipiert war. Als die Fünf in einem Gegenentwurf „die unüberbrückbaren Differenzen zwischen Frankreich und seinen Partnern drastisch aufzeigte(n)"[11], kam man nicht mehr voran; im Mai 1962 erklärte de Gaulle das Ende seiner Bemühungen um ein politisches Europa.

Frankreichs Sonderrolle in der Sicherheits- und Verteidigungspolitik Die Fouchet-Pläne scheiterten also, de Gaulles „unauflösliche Union der europäischen Staaten" wurde nie Wirklichkeit – und doch hat beides die europäische Integrationsgeschichte im Allgemeinen und die Erfolgsaussichten einer europäischen Außen- und Sicherheitspolitik im Besonderen sehr deutlich beeinflusst. Denn nach dem Scheitern seiner Fouchet-Pläne ließ de Gaulle ja keineswegs

---

11 Woyke 2010: Die Außenpolitik Frankreichs, 55.

seine Ideen und Konzepte über den Nationalstaat, über Frankreich und Europa, über *Grandeur* und nationale Unabhängigkeit fallen; vielmehr setzte er sie hartnäckig und folgenreich um. So war eine Konsequenz des Scheiterns der Fouchet-Pläne, dass Frankreich sich 1966 aus den integrierten Militärstrukturen der NATO zurückzog. Damit übernahm Paris eine markante Sonderrolle innerhalb der transatlantischen Allianz, die dem Prinzip folgte: „Wenn die westliche Welt bedroht ist, dann ist Frankreich solidarisch mit der westlichen Wertegemeinschaft; in Zeiten der Entspannung versucht es, seine Unabhängigkeit vor allem gegenüber den USA zu bewahren.“[12]

Von dieser Position aus trug Frankreich in den folgenden Jahrzehnten regelmäßig die Forderung nach einer autonomen europäischen Sicherheits- und Verteidigungspolitik vor. Diesen Appellen haftete jedoch eindeutig ein anti-amerikanischer, ein anti-hegemonialer Stachel an, so wie er deutlich in den Fouchet-Plänen artikuliert worden war. Weil Frankreichs Partner, allen voran die BRD, sich in ihrer Sicherheit auf den amerikanischen nuklearen Schutzschild angewiesen sahen, leisteten sie de Gaulle letztlich keine Gefolgschaft, sondern verstärkten eher ihre transatlantischen Bande. Selbst im Elysée-Vertrag vom 22. Januar 1963, der die deutschfranzösische Freundschaft besiegelte, verweigerte sich die BRD einem exklusiven deutsch-französischen Bilateralismus, indem der Bundestag dem Vertrag die berühmte Präambel voranstellte, die die enge Partnerschaft zwischen Europa und den USA beschwor. In dieser Präambel des deutschen Gesetzes zum Elysée-Vertrag vom 15. Juni 1963 wird auf „die Gemeinschaft mit den anderen [der BRD] verbündeten Staaten“ verwiesen, so insbesondere auf die „enge Partnerschaft zwischen Europa und den Vereinigten Staaten von Amerika“. Außerdem wird zur Stärkung der Europäischen Gemeinschaften „unter Einbeziehung Großbritanniens und anderer zum Beitritt gewillter Staaten“[13] aufgerufen.

Folgenreich war auch de Gaulles Weigerung, die supranationalen Elemente in der Konstruktion der EG zu akzeptieren.[14] So erzwang er im Rahmen des Konflikts um den automatischen Übergang zu Mehrheitsentscheiden im Ministerrat, wie in den Römischen Verträgen beschlossen, eine substanzielle Aufwertung der Bedeutung

Der Luxemburger
Kompromiss 1966

---

12 Veit 2008: Bruch oder Bluff? Französische Außenpolitik unter Sarkozy, 33.
13 Gesetz zum Elysée-Vertrag 1963, http://www.cvce.eu/de.
14 Durch das Fusionsabkommen vom 8. April 1965 entstanden die Europäischen Gemeinschaften EG, bestehend aus EWG, EAG und EGKS.

der einzelnen Mitgliedstaaten im Entscheidungsprozess der EG. Seine „Politik des leeren Stuhls" (Juli 1965 bis Januar 1966) endete im sogenannten Luxemburger Kompromiss, der jedem Mitgliedstaat bei „sehr wichtigen Interessen" de facto ein Vetorecht einräumte und somit die einzelstaatliche Ebene beträchtlich aufwertete. Damit wurde der Intergouvernementalismus in die EG-Konstruktion eingeführt.

Luxemburger Kompromiss vom Januar 1966

„Stehen bei Beschlüssen, die mit der Mehrheit auf Vorschlag der Kommission gefällt werden können, sehr wichtige Interessen eines oder mehrerer Partner auf dem Spiel, so werden sich die Mitglieder des Rats innerhalb eines angemessenen Zeitpunktes bemühen, zu Lösungen zu gelangen [...].

Hinsichtlich des vorstehenden Absatzes ist die französische Delegation der Auffassung, daß bei sehr wichtigen Interessen die Erörterung fortgesetzt werden muß, bis ein einstimmiges Einvernehmen erzielt worden ist."[15]

Der Intergouverne-
mentalismus erfasst
die EG

Es ist zusammenzufassen: In den 1960er-Jahren hat Frankreichs Staatspräsident de Gaulle die Büchse der Pandora geöffnet: Zum einen hat er einen Keil zwischen NATO und Frankreich getrieben und damit die Option der Schaffung einer spezifisch europäischen Sicherheits- und Verteidigungspolitik im Gesamtrahmen der Allianz nachhaltig negativ belastet. Zum anderen hat er den Geist – oder sollte man besser von schleichendem Gift sprechen? – des Intergouvernementalismus in das europäische Integrationsgeschehen entweichen lassen. Die nun dauerhaft mit Vetorechten ausgestatteten Mitgliedstaaten werden fortan – und im Widerspruch zu den Vorkehrungen der Römischen Verträge – eine äußerst zentrale Rolle im Integrationsgeschehen spielen. Es werden zahlreiche weitere Schritte zur Aufwertung des Intergouvernementalismus folgen, wie insbesondere 1974 die Institutionalisierung des Europäischen Rates als Versammlung der Staats- und Regierungschefs der EG.

2.1.4 Die EPZ: Einstieg in die genuine Außenpolitik?

Angesichts der sicherheitspolitischen Lage im andauernden Ost-West-Konflikt hielten die EG-Staaten – mit Ausnahme Frankreichs – an der NATO als alleiniger Garantin ihrer Verteidigung fest. Gleich-

---

15 Luxemburger Kompromiss 1966, http://www.cvce.eu/de.

wohl beschloss man 1969/70 eine engere außenpolitische Kooperation, die Europäische Politische Zusammenarbeit (EPZ). Dieser außenpolitische Gehversuch der EG soll im Folgenden als Einstieg in die „genuine Außenpolitik" bezeichnet werden, in die „Außenpolitik im engeren Sinne". Zum Zeitpunkt der Schaffung der EPZ schloss dies die Sicherheits- und Verteidigungspolitik aus.[16] Auf diesen Typus an außenpolitischer Kooperation verständigte man sich auf der Gipfelkonferenz von Den Haag vom Dezember 1969 und beauftragte die EG-Außenminister, entsprechende Konzepte zu entwickeln. Diese legten am 27. Oktober 1970 den sogenannten Luxemburger Bericht, auch Davignon-Bericht genannt, vor.

Luxemburger Bericht vom 27. Oktober 1970 (zentrale Passagen)
- Die Außenminister der EG waren vom Den Haager Gipfel (Dezember 1969) beauftragt worden zu prüfen, „wie in der Perspektive der Erweiterung der Europäischen Gemeinschaften am besten Fortschritte auf dem Gebiet der politischen Einigung erzielt werden können".
- Die Außenminister halten fest: „Europa muss sich auf die Ausübung der Verantwortlichkeiten vorbereiten, die es wegen seines verstärkten Zusammenhalts und seiner immer bedeutenderen Rolle in der Welt zu übernehmen nicht nur verpflichtet, sondern auch genötigt ist [...]
- Die gegenwärtige Entwicklung der Europäischen Gemeinschaften gebietet den Mitgliedstaaten eine Verstärkung ihrer politischen Zusammenarbeit".
- Daher schlagen die Minister vor, „in der Außenpolitik zusammenzuarbeiten".[17]

Der Luxemburger Bericht wurde von den Staats- und Regierungschefs im Oktober gebilligt. Die damit errichtete EPZ war durch zwei Merkmale gekennzeichnet. Zum einen durch ihren vage formulierten Gegenstand. Man wollte zwar die großen Fragen der Außen- und internationalen Politik gemeinsam besprechen, die Begriffe „Sicherheit" und „Verteidigung" aber nicht verwenden. Die politische Zusammenarbeit erfolgt durch regelmäßige Konsultationen, um eine bessere gegenseitige Verständigung, eine Harmonisierung der Standpunkte und Abstimmung der Haltungen zu erzielen „und, wo dies möglich und wünschenswert erscheint, ein gemeinsames Vorgehen zu begünstigen", so die im Bericht formulierten Ziele.[18]

---

16 Müller-Brandeck-Bocquet 2007: Die Europäische Außenpolitik: Genese, Entwicklungsstand und Perspektiven, 267.
17 Luxemburger Bericht 1970, http://www.cvce.eu/de.
18 Luxemburger Bericht 1970, http://www.cvce.eu/de.

Zum zweiten wurde die EPZ außerhalb der EG-Verträge platziert und als „informelles Forum der Zusammenarbeit" konstituiert. Einige Mitgliedstaaten bestanden auch auf einer örtlichen und zeitlichen Trennung zwischen EG und EPZ, wollten also die Zusammenkünfte der Außenminister als Rat der EG strikt getrennt halten von den Außenministertreffen der EPZ. Dies führte zu der oft zitierten bizarren Situation, dass sich die Außenminister in der Frühphase der EPZ einmal morgens im Rahmen der EPZ in Kopenhagen trafen und nachmittags als Ministerrat der EG in Brüssel zusammenkamen.[19] Beschlüsse, die nach der intergouvernementalen Methode einstimmig zu fassen waren, entfalteten keine Bindewirkungen, sondern drückten „lediglich politische Absichtserklärungen"[20] aus. Damit wurde die außenpolitische Souveränität der Mitgliedstaaten nicht beschnitten. Ein Politisches Komitee, bestehend aus den Leitern der politischen Abteilungen der einzelstaatlichen Ministerien, und seine Arbeitsgruppen bereiteten die beiden halbjährlichen, ab 1973 vier Mal im Jahr stattfindenden Treffen der Außenminister vor. Die Europäische Kommission und das Europäische Parlament[21] waren nur am Rande eingebunden. Allerdings konnten diese „Querverbindungen zum integrierten Bereich sowie die Deckungsgleichheit der Mitgliedstaaten [...] die weitere Annäherung nur begünstigen"[22] – und so sollte es später auch geschehen.

Im Juli 1973 legten die EG-Außenminister einen weiteren Bericht vor, den Kopenhagener Bericht, der Vorschläge zur weiteren Ausgestaltung der EPZ enthielt. So wurden Struktur und Vorgehen der EPZ festgelegt und die Zahl der jährlichen formellen EPZ-Außenminister-Treffen von zwei auf vier erhöht. Auch wurde das Kommunikationssystem COREU (*Correspondance Européenne*, ein Telegrammnetz) eingerichtet. Schließlich benannte der Bericht als inhaltliche Richtschnur der EPZ Grundelemente einer „europäischen Identität"; hierzu zählten repräsentative Demokratie, Rechtstaatlichkeit, soziale Gerechtigkeit, wirtschaftlicher Fortschritt sowie die Achtung der Menschenrechte.[23]

---

19 Lüdeke 2002: „Europäisierung" der deutschen Außen- und Sicherheitspolitik. Konstitutive und operative Europapolitik zwischen Maastricht und Amsterdam, 70.
20 Fröhlich 2014: Die Europäische Union als globaler Akteur, 103.
21 Seit 1958 bezeichnete sich die „Versammlung" (Art. 4 (1) EWG-Vertrag) als Parlament; offiziell wurde diese Bezeichnung aber erst mit der EEA von 1987.
22 Leuchtweis 2010: Deutsche Europapolitik zwischen Aufbruchsstimmung und Weltwirtschaftskrise: Willy Brandt und Helmut Schmidt, 71, 87.
23 Kopenhagener Bericht 1973, http://www.cvce.eu/de.

Warum – so ist zu fragen – wagten die EG-Europäer Anfang der 1970er-Jahre den Einstieg in die genuine Außenpolitik, wie zaghaft, informell und selektiv auch immer sie angelegt sein mochte? Warum konnte die Einigung auf die EPZ, die zweifelsohne als mächtig präjudizierende Vorläuferin der GASP gelten muss, nun erzielt werden? Hatte das Scheitern von EVG und Fouchet-Plänen die EG-Europäer denn nicht nachhaltig gelehrt, dass angesichts des Ost-West-Konflikts und seinen Zwängen zur Lagerbildung kein Raum zu sein schien für rein europäische Anstrengungen zur Schaffung einer gemeinsamen Außenpolitik im engeren Sinne?

Entstehungshintergründe der EPZ

Drei Faktoren lassen sich anführen, die die EPZ-Initiative erklären können. Zum ersten und wichtigsten ist hier festzuhalten und zu betonen, dass die EG in den 1960er- und 1970er-Jahren rapide zu einer Weltwirtschaftsmacht mit einem schnell wachsenden internen und externen Verflechtungsgrad heranwuchs. Insbesondere der Intra-EG-Handel stieg in den ersten Dekaden steil an und bewies damit den Erfolg der marktschaffenden Maßnahmen des Integrationsprojekts. Mitte 1968 war die Zollunion verwirklicht und der gemeinsame Außenzoll eingeführt worden. Zum 1. Januar 1970 gingen die Außenhandelsbeziehungen in den ausschließlichen Kompetenzbereich der EG über. Diese weitreichenden Befugnisse ermöglichten es der EG auch, durch vergleichsweise geschlossenes Auftreten recht schnell eine starke Position im Welthandelssystem einzunehmen.[24]

Weltwirtschaftsmacht EG

Zum zweiten stand damals der Beitritt Großbritanniens bevor; denn 1969 war in Den Haag die Aufnahme von Beitrittsverhandlungen mit Großbritannien, Dänemark, Irland und Norwegen beschlossen worden. Diese erste EG-Erweiterungsrunde war durch den Rücktritt de Gaulles 1969 ermöglicht worden. Mit dem absehbaren Beitritt Großbritanniens aber erhielt die EG eine ganz neue, substanziell größere internationale Statur. Denn neben den außenpolitischen Leichtgewichten, zu denen neben den Benelu die BRD gehörten[25], werden nun

Großbritannien verstärkt das internationale Gewicht der EG

---

24 Vgl. Kapitel 2.1.5.

25 Nach den außenpolitischen Erfolgen der Ära Adenauer bedeutete der Amtsantritt der sozial-liberalen Koalition unter Bundeskanzler Willy Brandt einen weiteren Schritt auf dem Weg zur (west-)deutschen außenpolitischen Emanzipation; denn die neue „Ostpolitik" sollte den Handlungsspielraum der BRD wesentlich erweitern. Brandt war ein dezidierter Befürworter der EPZ, nicht zuletzt deshalb, weil er sich davon Rückendeckung für seine Ostpolitik erwartete. In der Tat löste diese v. a. in Frankreich Ängste vor einem neuen Rapallo aus – der Vertrag von Rapallo von 1922 steht für die Ostorientierung des Deutschen Reiches und firmiert als Symbol deutscher Sonderwege.

zwei international gewichtige Staaten der EG angehören – Frankreich und Großbritannien, ehemalige Weltmächte mit fortdauerndem globalen Einfluss, Siegermächte des Zweiten Weltkriegs, ständige Mitglieder des UN-Sicherheitsrats und legitime Atomwaffenbesitzer. Eine solche EG konnte gar nicht anders als eine internationale Rolle zu übernehmen. Drittens schließlich verlangte auch der internationale Kontext, der von wachsenden Spannungen im Nahen Osten und einer ausgeprägten Schwächephase der US-amerikanischen Außenpolitik in Folge des Vietnam-Kriegs geprägt war, nach einer Stärkung der außenpolitischen Handlungsfähigkeit der EG.

EG zur EPZ „genötigt“

Durch all diese Entwicklungen also war die EG zu Beginn der 1970er-Jahre inzwischen zu einem wichtigen internationalen Machtfaktor herangewachsen, der ihr nolens volens auch eine wachsende internationale Rolle zuwies. Dies kommt im Luxemburger Bericht explizit und klar zum Ausdruck, wo es heißt, dass die EG nicht nur „verpflichtet“, sondern „auch genötigt“ sei, vermehrt internationale Verantwortung zu übernehmen. In der EPZ-Gründung drückt sich mithin die Erkenntnis der EG-Mitgliedstaaten aus, dass die Wirtschaftsstärke der Gemeinschaft mit ihrer zentralen Stellung im Welthandelssystem zweifelsohne ein zentrales Element von Europas Außenpolitik ausmachte, dringend jedoch einer Komplettierung durch vermehrte Zusammenarbeit in den Feldern der genuinen, der Außenpolitik im engeren Sinne bedurfte. „It is impossible to imagine a [European foreign] policy built exclusively around the external economic activities“[26], gibt Allen als Erklärung zum Einstieg der EG in die EPZ zu bedenken.

Großbritannien – ein eigenwilliger Partner

Mit dem EG-Beitritt Großbritanniens zum 1. Januar 1973 wurde das internationale Gewicht der EG also merklich erhöht. Diesem positiven Aspekt standen jedoch die bekanntermaßen integrationsskeptischen Grundpositionen der Briten entgegen sowie ihre auf der *special relationship* basierende große Nähe zu den USA. Es stand zu erwarten, dass Großbritannien der Garant dafür werden würde, dass EG-Europa im sicherheits- und verteidigungspolitischen Bereich unverbrüchlich am *NATO-first*-Prinzip festhalten und somit weiterhin den transatlantischen Schulterschluss üben würde. Da Paris auch unter de Gaulles Nachfolger Georges Pompidou anders gepolt blieb und grundsätzlich eine möglichst autonome internationale Positionierung und Rolle der EG anstrebte, limitierten diese Gegen-

---

26 Allen 1998: Who Speaks for Europe? 45.

sätze Reichweite und Performanz der EPZ grundsätzlich.[27] Dies bedeutete vor allem für Bonn eine heikle Gratwanderung, um sowohl
den Anforderungen aus Washington/London als auch aus Paris
gerecht zu werden. Unter maßgeblicher Anleitung durch Bundeskanzler Willy Brandt beschlossen die Außenminister bei einem informellen Treffen im April 1974 im rheinischen Gymnich, „im Einzel-
fall die ‚Frage der Information und Konsultation eines verbündeten
oder befreundeten Staates' zu diskutieren"[28]. Da hier an allererster
Stelle die USA gemeint waren, ging es letztlich darum, wie das ver-
einte Westeuropa sich in die Gestaltung der internationalen Politik
als emanzipierter, aber treuer Partner der westlichen Vormacht einbringen könnte. Hier muss berücksichtigt werden, dass die EPZ
durch die Institutionalisierung des Europäischen Rates beträchtlichen Aufwind erfuhr; denn es war abzusehen, dass das auf dem
Gipfeltreffen von Paris 1974 als Versammlung der Staats- und Regierungschefs begründete neue Lenkungsgremium der EG sich auch
umfänglich mit genuin außenpolitischen Fragen befassen werde.

Anfang der 1980er-Jahre veranlassten erneut externe Faktoren
die EG dazu, nach größerer außenpolitischer Handlungsfähigkeit zu
streben. Angesichts der anhaltenden Schwächephase der westlichen
Vormacht USA, die gar als *American Decline* tituliert wurde, des
Einmarschs der UdSSR Ende 1979 in Afghanistan, angesichts der
sich zuspitzenden Lage im Nahen Osten und des Umbruchs in Polen
legten die Außenminister der BRD und Italiens einen gemeinsamen
Plan zur Schaffung einer politischen Union und zur Stärkung der
EPZ vor. Wichtigstes Ziel des Genscher-Colombo-Plans war es, EG
und EPZ zusammenzuführen, um die Kohärenz der genuinen Außenpolitik der Gemeinschaft zu stärken. Ein EPZ-Sekretariat sollte
diese außenpolitische Kooperation institutionell verfestigen.

Dieser Plan wurde dem EG-Gipfeltreffen vom Januar 1981 in
London vorgelegt. Er wurde aber nicht explizit im sogenannten Lon-
doner Bericht aufgegriffen; dieser enthielt sich vielmehr konkreter
Vorschläge zur institutionellen Effektivierung der EPZ.

**Genscher-Colombo-
Plan zur Stärkung
der EPZ**

---

27 So zeigte sich bereits bei der ersten Erweiterung der EG, dass jeder neue
Beitritt die außenpolitische Interessenslage der Integrationsgemeinschaft nachhaltig veränderte; vgl. Kapitel 4.4.1.
28 Leuchtweis 2010: Deutsche Europapolitik zwischen Aufbruchsstimmung und
Weltwirtschaftskrise: Willy Brandt und Helmut Schmidt, 89.

Londoner Bericht vom 13. Oktober 1981 (Bericht der Minister für auswärtige Angelegenheiten an den Europäischen Rat über die EPZ) (**zentrale Passagen**)
„Die Politische Zusammenarbeit, die auf der Mitgliedschaft in der Europäischen Gemeinschaft beruht, hat sich zu einem zentralen Faktor der Außenpolitik aller Mitgliedstaaten entwickelt. Die Gemeinschaft und ihre Mitgliedstaaten werden in wachsendem Maße von Drittländern als eine zusammenhängende Kraft in den internationalen Beziehungen gesehen. [...] Die Außenminister sind der Auffassung, daß in einer Zeit zunehmender Spannungen und Unsicherheit in der Welt die Notwendigkeit eines kohärenten und geschlossenen Vorgehens der Mitgliedstaaten der Europäischen Gemeinschaft in den internationalen Angelegenheiten größer denn je ist. Sie stellen fest, daß die Zehn bei allem bisher Erreichten immer noch weit davon entfernt sind, in der Welt eine ihrem Einfluß insgesamt entsprechende Rolle zu spielen. Sie sind der Überzeugung, daß die Zehn in zunehmendem Maße versuchen sollten, Ereignisse zu gestalten und nicht lediglich darauf zu reagieren. [...] Die Außenminister stellen fest, daß es den Zehn in wachsendem Maße möglich ist, in internationalen Angelegenheiten mit einer Stimme zu sprechen. [...] Gleichzeitig betonen sie, daß die Zehn in zunehmendem Maße nicht nur zu einer gemeinsamen Haltung, sondern auch zu gemeinsamem Handeln, das stets ein Ziel der Europäischen Politischen Zusammenarbeit war, fähig sein sollten."[29]

Kaum Fortschritte in der Stuttgarter Erklärung

Hier lässt die klare Ansage der EG-Außenminister nichts zu wünschen übrig; deutlich formulieren sie die Erfordernisse einer stärkeren (genuinen) gemeinsamen Außenpolitik, die zudem angesichts der zeitgleichen Führungsschwäche der USA durchaus gewisse Erfolgsaussichten gehabt hätte. Doch dazu waren die EG-Staats-und Regierungschefs letztendlich dann doch nicht bereit, schließlich war die gesamte lockere Konstruktion der EPZ seitens der nationalen Hauptstädte ja mit dem Ziel verbunden „to keep Brussels at by"[30]. So konnten sowohl der Genscher-Colombo-Plan als auch der Londoner Bericht keinen Niederschlag in der Feierlichen Erklärung von Stuttgart finden, die 1983 unter deutscher Ratspräsidentschaft angenommen wurde. Zwar rief der Europäische Rat dazu auf, „Stärkung und Ausbau der Europäischen Politischen Zusammenarbeit durch die Erarbeitung und Festlegung gemeinsamer Positionen und eines gemeinsamen Vorgehens auf der Grundlage verstärkter Konsultationen im Bereich der Außenpolitik einschließlich der Koordinierung der Positionen der Mitgliedstaaten zu den politischen und wirt-

---

29 Londoner Bericht 1981, http://www.cvce.eu/de.
30 Allen 1998: Who Speaks for Europe? 49.

schaftlichen Aspekten der Sicherheit [...] zu fördern und zu erleichtern"; doch damit verharrte man de facto auf dem Stand von 1970.[31]

Auch in ihren anderen Teilen kann die Feierliche Deklaration von Stuttgart trotz vollmundiger Ankündigungen, eine Europäische Union anzustreben, allenfalls als kleiner Schritt zur Vertiefung der Integration gewertet werden. Hier ist daran zu erinnern, dass die späten 1970er- und frühen 1980er-Jahre gemeinhin als die Jahre der Eurosklerose gelten, einer Stagnation des europäischen Einigungsprozesses, die durch die Ölkrisen 1973 und 1978 und die nachfolgenden internationalen Wirtschafts- und Währungskrisen ausgelöst wurde. Erstmals seit Kriegsende kam es auch in Europa zu hoher Arbeitslosigkeit und Inflation. Im EG-Gefüge brachte die zunehmend konfrontative britische Europapolitik zusätzliche Belastungen mit sich, die in Margaret Thatchers berühmter Forderung „I want my money back" Ende 1983 ihren Ausdruck fanden.

So kam es erst nach Lösung des britischen Beitragsproblems (in Fontainebleau 1984) zu einer ersten Reform der Römischen Verträge: Die Einheitliche Europäische Akte (EEA), die zum 1. Juli 1987 in Kraft trat, brachte wichtige Integrationsfortschritte sowohl in institutionellen (breite Einführung des qualifizierten Mehrheitsentscheids im Rat) als auch in kompetenziellen Bereichen, insbesondere in der Umweltpolitik. Zuvor waren gravierende ökologische Missstände aufgetreten, wie insbesondere das durch hohe Luftverschmutzung ausgelöste Waldsterben sowie massive Wasserverschmutzung u. a. durch katastrophale Chemieunfälle in Seveso und Basel. Vor diesem Hintergrund vollzog die EEA einen breit angelegten Einstieg der EG in eine gemeinsame Umweltpolitik. Die EG übernahm daraufhin über Jahrzehnte hinweg weltweit eine umweltpolitische Vorreiterrolle und entsprach damit den Erwartungen der umweltpolitisch hochmotivierten und emotionalisierten Bürger Westeuropas.[32] Mit ihrem dezidierten Einstieg in die Umweltpolitik, der alsbald zu Erfolgen führen sollte, wuchs nicht nur das Ansehen der EG als Verfechterin zentraler Bürgeranliegen; er eröffnete ihr auch neue interne Politikfelder mit beträchtlichen externen Auswirkungen. Damit war die externe Dimension interner Politikbereiche eröffnet, die in

Eurosklerose

EEA: Einstieg der EG in die Umweltpolitik

---

31 Feierliche Erklärung von Stuttgart 1983, http://www.cvce.eu/de.

32 Müller-Brandeck-Bocquet 1996: Die institutionelle Dimension der Umweltpolitik. Eine vergleichende Untersuchung zu Frankreich, Deutschland und der Europäischen Union.

dem mehrdimensionalen Ansatz des vorliegenden Buches eine herausragend wichtige Rolle spielt.

EPZ und EEA: kleine Fortschritte Auch hinsichtlich der EPZ brachte die EEA Fortschritte. So wurde die EPZ in Art. 30 EEA mit der EG verknüpft und die Konsultationspflichten auf alle außenpolitischen Fragen erweitert. Dennoch bleibt die EPZ auf politische und wirtschaftliche Aspekte der Sicherheit beschränkt, Sicherheit im Sinne von Verteidigungspolitik und Verteidigung bleibt das Monopol von WEU und NATO – wegen des langanhaltenden Dornröschenschlafs der WEU[33] faktisch aber der NATO.

Einheitliche Europäische Akte (zentrale Passagen zur EPZ)

„Titel III: Vertragsbestimmungen über die Europäische Zusammenarbeit in der Außenpolitik

Art. 30 (5): Die auswärtigen Politiken der Europäischen Gemeinschaft und die im Rahmen der Europäischen Politischen Zusammenarbeit vereinbarten Politiken müssen kohärent sein. Es fällt unter die besondere Verantwortung der Präsidentschaft und der Kommission [...] dafür Sorge zu tragen, daß diese Kohärenz angestrebt und aufrechterhalten wird.

Art. 30 (6a): Die Hohen Vertragsparteien sind der Auffassung, daß eine engere Zusammenarbeit in Fragen der europäischen Sicherheit geeignet ist, wesentlich zur Entwicklung einer außenpolitischen Identität Europas beizutragen. Sie sind zu einer stärkeren Koordinierung ihrer Standpunkte zu den politischen und wirtschaftlichen Aspekten der Sicherheit bereit.

Art. 30 (6c): Dieser Titel steht einer engeren Zusammenarbeit auf dem Gebiet der Sicherheit zwischen einigen Hohen Vertragsparteien im Rahmen der Westeuropäischen Union und des Atlantischen Bündnisses nicht entgegen."

EPZ-Sekretariat Immerhin aber wurde durch die EEA ein mit zunächst sechs Mitarbeitern sehr kleines EPZ-Sekretariat errichtet, das im Generalsekretariat des Rates angesiedelt wurde und der Präsidentschaft bei Planung und Durchführung der EPZ-Arbeiten zur Seite stand.[34] Dies basierte auf einem deutsch-französischen Vorschlag, der de facto aus Bonn stammte, bereits von Brandt lanciert worden war und auch im Genscher-Colombo-Plan aus dem Jahr 1981 enthalten war. Im Kontext der deutsch-französischen Initiative von 1983, die auch die EEA befördern konnte, hatte Frankreichs Staatspräsident Mitterrand seinen Widerstand gegen diese Institutionalisierung der EPZ aufge-

---

33 Müller-Brandeck-Bocquet 2007: Wie halten wir es mit Amerika? Die transatlantischen Beziehungen, die Konstruktion Europas und die deutsch-französische Zusammenarbeit in der Ära Kohl, 277.
34 Regelsberger 2004: Die Gemeinsame Außen- und Sicherheitspolitik der EU (GASP). Konstitutionelle Angebote im Praxistest 1993–2003, 13.

geben. Das Sekretariat trug zur weiteren Verzahnung zwischen EG und EPZ sowie zu größerer Kontinuität der Arbeiten bei.

„The SEA [Single European Act] formalised a twin ‚pillar' structure (although not in name) with the Community and the EPC remaining clearly separated", schreibt Allen, gibt aber weiterhin zu bedenken, dass mit der EEA das Ansinnen „that foreign policy activity could be kept away from Brussels" hinfällig geworden war. Vielmehr habe damals bereits die „Brusselisation' of national foreign policies" begonnen: „Separate ‚pillars' helped preserve the appearance of unfettered national sovereignty over foreign policy, but the subversive seeds of a Brussel-based foreign policy had been sown."[35] Doch diese subversive Saat sollte noch lange Zeit brauchen, bis sie ansatzweise aufgehen würde. In der Zwischenzeit war die EG außenpolitisch von einem starken Dualismus geprägt, der Synergien zwischen den außenpolitischen Aktivitäten der EG in der Gemeinschaftsdimension – um die Begrifflichkeit des mehrdimensionalen Ansatzes zu verwenden – und jenen der EPZ sehr weitgehend behinderte. Somit hat die Formalisierung der „twin pillar structure" in der EEA eine große Pfadabhängigkeit für ihre Nachfolgerin GASP geschaffen.

EPZ schafft Pfadabhängigkeit

Eine Bilanzierung der EPZ fällt schwer und ist auch in der Wissenschaft umstritten. Negativ ist zu verbuchen, dass sich die Mitgliedstaaten in ihren EPZ-Entscheidungen und -Erklärungen sehr häufig nur auf den kleinsten gemeinsamen Nenner einigen konnten, sodass diese „geringe Wirkung in der Sache erzeugten und häufig zu spät kamen"[36]. Dem lässt sich entgegenhalten, dass die EPZ zu einem „Konzertierungsreflex" unter den Mitgliedstaaten geführt hat, zu einem Verhaltensmuster also, die Partner umfänglich über eigene außenpolitische Anliegen zu unterrichten, ihre Meinung einzuholen und zu berücksichtigen und so weit wie möglich Alleingänge zu vermeiden.[37] Hinzu kommt, dass die europäischen Staaten ihre Interessen als EG-Mitglieder anders definieren als sie dies als außerhalb der Integrationsgemeinschaft stehend tun würden. Diese „Konzertierungsreflexe" reichten jedoch nicht aus, um eine handlungsfähige und effektive gemeinsame europäische Außenpolitik im engeren

Ambivalente Bilanz der EPZ

---

35 Allen 1998: Who Speaks for Europe? 49/50. Zur Brüsselisierung vgl. Kapitel 3.3.4.
36 Heese 2012: Europäische Politische Zusammenarbeit EPZ, 321.
37 Regelsberger 1993, zitiert nach Algieri 2010: Die Gemeinsame Außen- und Sicherheitspolitik der EU, 43.

Sinne zu begründen; dies war seitens der Mitgliedstaaten auch nicht beabsichtigt.

EPZ:
die „zusammen-
gesetzte
Außenpolitik"

Reinhard Rummel hat für diese, die mitgliedstaatliche Souveränität wahrende, gleichwohl nach einer gewissen Geschlossenheit strebende Methode der Zusammenarbeit den Begriff der „zusammengesetzten Außenpolitik"[38] geprägt. Rummel meint damit nicht eine aus verschiedenen Politikfeldern und Handlungsbereichen zusammengesetzte Außenpolitik, wie sie in der Denkfigur der Mehrdimensionalität der EU-Außenpolitik zum Ausdruck kommt. Vielmehr spricht er direkt den Fakt an, dass die EG-Mitgliedstaaten die Träger der außenpolitischen Souveränität (im engeren Sinne) bleiben und die EPZ nur dort und dann konkrete Ergebnisse erbringt, wenn gemeinsame oder sich überlappende Interessenslagen vorhanden sind, die sich vergleichsweise widerspruchslos zusammenfügen und -setzen lassen. Hier ist weiterhin zu bedenken, dass die Süderweiterung 1981 um Griechenland und 1986 um Spanien sowie Portugal die Koordinationsaufgaben noch komplexer und aufwendiger werden ließ, in einem EPZ-System, das auf Zwangsmaßnahmen zur Respektierung der selbstgesetzten Spielregeln komplett verzichtete und vielmehr die „Einhaltung der Regeln [...] den beteiligten Regierungen"[39] überließ.

Als starker Akteur auf Augenhöhe mit den Supermächten konnte sich Europa mittels einer solchen EPZ somit nicht etablieren. Und dennoch gelang es, die vollkommene Vakanz Europas in der Welt – so die berühmte Klage des französischen Staatspräsidenten Valéry Giscard d'Estaing – via EPZ zu beenden. Eine Sternstunde der EPZ war mit Sicherheit das KSZE-Gipfeltreffen von Helsinki 1973–1975, wo die EG-Staaten geschlossen auftraten. Einen nicht vernachlässigbaren Einfluss konnte die EPZ mittels ihrer Sanktionspolitik auch beim Kampf gegen das südafrikanische Apartheits-Regime ausüben. Engagiert, aber wenig erfolgreich war man hingegen im Nahen Osten. Außerdem profilierten sich die Europäer mittels EPZ als überzeugte Unterstützer der UNO und traten weltweit für Demokratie und Menschenrechte ein. Ohne jeden Zweifel aber war die durch einen starken Dualismus zwischen EG und EPZ geprägte Konstruktion des Außenhandelns der Integrationsgemeinschaft nicht in der Lage, ihr inzwischen beachtliches Gewicht als Wirtschafts- und Handelsmacht, als entwicklungs-

---

38 Rummel 1982: Zusammengesetzte Außenpolitik. Westeuropa als internationaler Akteur.

39 Regelsberger, Elfriede 2004: Die Gemeinsame Außen- und Sicherheitspolitik der EU (GASP). Konstitutionelle Angebote im Praxistest 1993–2003, 12.

politischer Akteur und umweltpolitischer Avantgardist auch in internationalen Einfluss und Handlungsfähigkeit zu übersetzen.

Mit ihrem Zaudern in den 1970er- und frühen 1980er-Jahren aber
vergab die EG eine historische Chance, sich als rundum starker und
nützlicher außenpolitischer Akteur zu konstituieren und zu positio-
nieren. In der Tat bot die damalige Schwächephase der USA „für einen
Wimpernschlag der Geschichte" die Option, dass die EG zur Weltmacht avancieren könnte[40] – doch Europa ließ diesen Moment unge-
nutzt verstreichen.

2.1.5 Zivilmacht EG

Es stellt sich somit die Frage nach dem weltpolitischen Status der
um die EPZ ergänzten EG vor der historischen Zeitenwende von
1989/90, die dramatische Veränderungen auslösen wird. Über welche Machtinstrumente und -kapazitäten verfügte diese EG zum damaligen Zeitpunkt? Welchen weltpolitischen Einfluss konnte und
wollte sie ausüben? Zur Beschreibung und Charakterisierung der
damaligen internationalen Rolle der EG hat sich der von François
Duchêne geprägte Begriff der „Zivilmacht" durchgesetzt.

Wie bereits betont, war die EG in den 1960er- bis 1980er-Jahren
rapide zu einer Weltwirtschaftsmacht mit einem hohen internen und
externen Verflechtungsgrad herangewachsen. Die weitreichenden
Befugnisse im Außenhandel ermöglichten es der EG, eine starke
Position im Welthandelssystem einzunehmen. Zu nennen wären
hier die Kennedy-Runde (1964–1967), die Tokio-Runde (1973–1979)
sowie die Uruguay-Runde (1986–1994) des GATT-Regimes (Vorläufer
der WTO). So schrieb „Die Zeit" schon im Jahr 1967:

Weltwirtschafts-
macht EG

> Die Europäische Wirtschaftsgemeinschaft ging aus der Kennedy-Runde
> selbstbewusst und handlungsfähig hervor: Einigkeit macht stark.
> Zum ersten Mal in der Geschichte begegneten die USA einem einzigen Spre-
> cher, der die Interessen Europas vertrat. Noch nie zuvor erlebten Amerikaner
> in einer Verhandlung unter westlichen Nationen, daß ihnen ein Partner mit
> Namen Europa nicht nachgab, sondern im Gegenteil sie zwang, Positionen
> zu räumen, die sie für uneinnehmbar hielten.[41]

---

40 Hacke 1997: Zur Weltmacht verdammt. Die amerikanische Außenpolitik von
Kennedy bis Clinton, 275.
41 Bohle 1967: Einigkeit macht stark.

Nach dem Beitritt des Vereinigten Königreichs verkörperte die EG-9 „fast zehn Prozent der Weltbevölkerung und der Rüstungsausgaben der Welt, mehr als 20 Prozent der jährlichen Weltproduktion, 30 Prozent des Welthandels und 40 Prozent der Weltwährungsreserven"[42]. Ende der 1980er-Jahre erwirtschaftete die EG-12 bereits rund knapp 30 Prozent des weltweiten BIP. Aufgrund ihrer Wirtschaftskraft wuchs der EG folglich in wachsendem Maße auch äußere Macht zu. Über den Hebel des äußerst lukrativen Zugangs zum Gemeinsamen Markt – sei es durch Assoziierungsabkommen mit oder ohne Beitrittsperspektive, sei es durch präferenzielle Handelsabkommen, wie beispielsweise mit den AKP-Staaten – konnte die EWG/EG also substanziell auf Dritte einwirken und außenpolitischen Einfluss ausüben.

EG als Demokratisiererin   In Anwendung der Begrifflichkeiten von Joseph Nye verfügte die EG mithin bereits in den 1970er- und 1980er-Jahren über sehr viel *hard power*[43], nämlich ökonomische Macht und Stärke. Und sie wusste diese auch durchaus zielgerecht zur Wahrung ihrer Stellung im internationalen Handelssystem, zur Stabilisierung und Transformation ihres geografischen Umfelds zu nutzen, betrieb also Außenpolitik im weiteren Sinne. Letzteres traf in besonderem Maße auf die EG-Beitritte Griechenlands (1981), Spaniens und Portugals (1986) zu, handelte es sich bei allen drei Staaten doch um vormalige Militärdiktaturen, die es nun zu demokratisieren, transformieren, stabilisieren und in den Schoß der europäischen Wertegemeinschaft aufzunehmen galt. Schon damals kam somit ein Teil der Sui-generis-Dimension in der EU-Außenpolitik zum Tragen. Weiterhin baute die EG ein weitgespanntes Netz an Kooperationspartnerschaften auf, die regelmäßig über rein wirtschaftliche Aspekte hinausreichten. So traten 1964 Assoziierungsabkommen mit der Türkei, 1971 respektive 1973 mit Malta und Zypern in Kraft.

François Duchêne: Zivilmacht EG   Um diesem Akteur der sehr besonderen Art einen Namen zu geben, hatte François Duchêne die EG bereits Anfang der 1970er-Jahre als Zivilmacht bezeichnet. Daraufhin wurde dieser Begriff über lange Zeit hinweg dazu verwendet, die spezifischen Merkmale der auswärtigen Beziehungen, der außenpolitischen Machtpotenziale und der internationalen Rolle der Integrationsgemeinschaft zu charakterisieren. In zwei einschlägigen Artikeln skizziert Duchêne diesen Zivil-

---

42 Duchêne 1973: Die Rolle Europas im Weltsystem: von der regionalen zur planetarischen Interdependenz, 19/20.
43 Nye 1990: Bound to lead.

macht-Begriff auf der Grundlage sicherheits- und verteidigungspolitischer Überlegungen.[44] Vor dem Hintergrund einer ausführlichen Analyse der internationalen Gegebenheiten der frühen 1970er-Jahre diskutiert Duchêne, welche machtpolitischen Optionen der um das Vereinigte Königreich erweiterten EG prinzipiell zur Verfügung standen. Die neue Lage sah er durch die Entspannungspolitik zwischen den Supermächten USA und UdSSR, den relativen Niedergang der US-amerikanischen Hegemonialrolle über Europa sowie von Disengagement-Ankündigungen Washingtons gekennzeichnet; Letzteres war dem Vietnamkrieg und der Aufkündigung des Bretton-Woods-Systems geschuldet. In diesem Kontext also erteilt Duchêne der Option eine klare Absage, dass das integrierte Westeuropa sich zu einer „europäischen Supermacht" entwickeln könnte, einem „Superstaat", der zwangsläufig auch Atommacht sein müsste. „Die nukleare Aufrüstung" – so schreibt Duchêne – „wäre wahrscheinlich das sicherste Mittel, alle Hoffnungen auf entspanntere Beziehungen in Europa auf lange Zeit zu begraben. [...] Man könnte gar nichts Besseres erfinden, wenn man die westeuropäische Einheit verzögern statt fördern wollte". Weiterhin lehnt er auch die Option der Neutralität der EG als nicht gangbar ab. Daher müsse Europa die EG „nicht nur [...] nach innen hin aufbauen, sondern ein notwendiges Minimum zur Zusammenarbeit des gesamten Westens und sogar zur Ost-Westzusammenarbeit beitragen". Damit könne nach seiner Auffassung die EG „das gleiche Ansehen [genießen] wie andere Weltmächte und [...] ein Gegengewicht im Mächtespiel bilden".[45]

Es ist also der Mangel an machtpolitischen Alternativen, der Duchêne dazu veranlasst, das normative Leitbild einer Zivilmacht EG zu entfalten. Auch in einem zweiten Beitrag leitet Duchêne das Leitbild Zivilmacht vom internationalen Kontext ab; die wachsende Interdependenz als das dominante Muster der künftigen internationalen Politik relativiere die Bedeutung militärischer Macht. „Lacking military power is not the handicap it once was".[46] Auch daraus entsteht die Plausibilität und Praktikabilität des Leitbildes Zivilmacht.

Zivilmacht aus Mangel an Alternativen

---

44 Duchêne 1972: Europe's role in world peace; Duchêne 1973: Die Rolle Europas im Weltsystem: von der regionalen zur planetarischen Interdependenz.
45 Duchêne 1973: Die Rolle Europas im Weltsystem: Von der regionalen zur planetarischen Interdependenz, 23.
46 Duchêne 1972: Europe's role in world peace, 47.

François Duchêne: Zivilmacht EG

Als „erster Musterfall einer neuen Stufe der politischen Kultur" hat die EG „die Chance zu demonstrieren, welchen Einfluss ein großer politischer, zur Ausübung wesensmäßig ziviler Machtformen gegründeter Zusammenschluss haben kann". Daher muss die EG versuchen, „die zwischenstaatlichen Beziehungen – sowohl zwischen ihren eigenen Mitgliedern wie auch mit dritten Ländern – so weit wie möglich zu domestizieren."

Die EG wird nur dann „„das Beste' aus ihren jetzigen Chancen machen [...], wenn sie ihrem eigentlichen Wesen treu bleibt. Dieses ist vor allem durch den zivilen Charakter von Mitteln und Zwecken und einem für sie konstitutivem Sinn für gemeinsames Vorgehen charakterisiert, worin wiederum [...] soziale Werte wie Gleichheit, Gerechtigkeit und Achtung des Anderen zum Ausdruck kommen."[47]

„Europe would be the first major area of the Old World where the age-old process of war and indirect violence could be translated into something more in tune with the twentieth-century citizen's notion of civilized politics. [...] Western Europe could [...] be the first of the world's civilian centres of power [...].

A primarily civilian power of the scale of Western Europe [...] could play a very important and potentially constructive role."[48]

Duchênes Zivilmachtbegriff zielt also direkt auf ein zentrales Charakteristikum der damaligen EG ab, nämlich auf das Fehlen eigener militärischer Handlungsmöglichkeiten bzw. auf den bewussten Verzicht hierauf, den er für essentiell wichtig und richtig hält. Die Entfaltung dieses höchst einprägsamen und wirkungsmächtigen Zivilmacht-Leitbilds erfolgt in Ermangelung von Handlungsalternativen; sie macht folglich aus der Not eine Tugend.[49]

Zivilmacht wegen bleibender Souveränitätsreflexe

Wie gezeigt, leitet sich Duchênes Zivilmachtbegriff aus einer nachvollziehbaren, plausiblen Analyse der verteidigungs- und militärpolitischen Konstellationen im anhaltenden Ost-West-Konflikt der 1970er-Jahre ab; er erklärt überzeugend, warum die EG keine sicherheits- und verteidigungspolitische Akteursqualität anstrebte bzw. anstreben konnte noch sollte. Er erklärt aber nicht hinlänglich, warum die um Großbritannien erweiterte Integrationsgemeinschaft auch auf eine Bündelung ihrer Möglichkeiten und Kräfte im genuin außenpolitischen Bereich verzichtete. Vielmehr hielten die Mitgliedstaaten hier weiterhin kompromisslos an ihren Souveränitätsrechten fest und waren nicht bereit, über das Maß an außenpolitischer Zu-

---

47 Duchêne 1973: Die Rolle Europas im Weltsystem. Von der regionalen zur planetarischen Interdependenz, 34/35.

48 Duchêne 1972: Europe's role in world peace, 43.

49 Zur Weiterentwicklung des Zivilmachtbegriffs maßgeblich durch Hanns W. Maull vgl. Kapitel 4.1.2.

sammenarbeit hinauszugehen, das mit der EPZ gesetzt worden war. Insbesondere die beiden Ex-Weltmächte Großbritannien und Frankreich waren nicht bereit, außenpolitische Souveränität zu teilen oder gar nach Brüssel abzugeben; eine stärker vergemeinschaftete Außenpolitik lehnten beide ab.[50] Vielmehr hing man in London und Paris der Vorstellung an, aus eigener Kraft auf die internationale Politikgestaltung einwirken zu können. Dies lässt sich exemplarisch an der Position des französischen Staatspräsidenten François Mitterrand festmachen, der im Rahmen der die EEA vorbereitenden Regierungskonferenz wenig Interesse an einem substanziellen Ausbau der EPZ zeigte. Damit bestätigte Mitterrand den grundlegenden Widerspruch in Frankreichs Europapolitik, den Widerspruch nämlich „zwischen einem exzessiven Ehrgeiz für Europa, das man nicht nur stark, sondern auch unabhängig sehen möchte, und einer exzessiven Zurückhaltung, wenn es darum geht, Souveränitäten zu teilen"[51]. In der Sicherheits- und Verteidigungspolitik wiederum hatten sich seit dem Scheitern der Fouchet-Pläne und Frankreichs Austritt aus der NATO 1966 keine wesentlich neuen Konstellationen ergeben; der Ost-West-Konflikt perpetuierte den transatlantischen Schulterschluss, sodass weiterhin kein Raum war für europäische Selbständigkeitsvisionen.

Trotz dieser klaren Begrenzungen der außen- und sicherheitspolitischen sowie insgesamt der internationalen Rolle der EG wurde diese entwicklungspolitisch immer bedeutender. In den auswärtigen Beziehungen der EG genoss die Zusammenarbeit mit den AKP-Staaten einen besonderen Stellenwert. Nachdem weite Teile Afrikas sich in den 1950er- und 1960er-Jahren die Unabhängigkeit erkämpft hatten, wurde die Assoziierung, die zwischen überseeischen Besitzungen von EWG-Mitgliedstaaten und der Gemeinschaft bereits in den Römischen Verträgen geschlossen worden war, hinfällig. 1963 respektive 1971 schloss die EWG/EG mit den ehemaligen überseeischen Gebieten Frankreichs, Belgiens, Italiens und der Niederlande die Abkommen von Yaoundé (I–II) ab, die den damals 18 Staaten der

Entwicklungszusammenarbeit mit den AKP-Staaten

---

50 Als Jacques Delors 1985 Präsident der Europäischen Kommission wurde, soll er den Staats- und Regierungschefs zwei alternative Projekte als Ausweg aus der Eurosklerose vorgeschlagen haben: Entweder „die Neuorganisation der Sicherheit oder die Vollendung des Binnenmarktes" (Weidenfeld 2012: Die neue deutsche Europapolitik, 104). Bekanntlich entschied man sich für letzteres.

51 Toulemon 1999: La Construction européenne (1979–1999), zitiert in: Müller-Brandeck-Bocquet 2004: Frankreichs Europapolitik, 111.

AKP-Region präferentiellen Handelszugang zum Gemeinsamen Markt einräumten. Es wurde ein Europäischer Entwicklungsfonds (EEF) eingerichtet, der die AKP-Staaten finanziell unterstützte. Nach dem EG-Beitritt Großbritanniens wurde die Entwicklungszusammenarbeit auf frühere britische Kolonien in der AKP-Region ausgedehnt und im Vertrag von Lomé (I) 1975 fixiert. Lomé band nun 46 AKP-Staaten, darunter 37 afrikanische Staaten, ein. Das Abkommen wurde unter EG-Ägide noch dreimal verlängert (Lomé II–IV) und umfasste zuletzt 70 Staaten, darunter 46 afrikanische – und somit nahezu ganz Subsahara-Afrika. Obwohl die EG erhebliche Finanzmittel in diesen Kernbereich ihrer Entwicklungspolitik investierte, sind die erzielten Erfolge allenfalls als bescheiden zu bezeichnen.[52] Diese Einschätzung bezieht sich auch auf die Förderung von Menschenrechten und Demokratie; erst in den 1990er-Jahren wird die EU diese Zielsetzung mittels der Konditionalisierung ihrer Entwicklungszusammenarbeit energischer verfolgen.[53]

Es ist zusammenzufassen: In den 1970er- und 1980er-Jahren konnte die EG sich durch die Entfaltung außenpolitischer Aktivitäten in der Gemeinschaftsdimension sowie durch den Aufbau weltweiter Vernetzungen zu einem internationalen Akteur von beträchtlicher Bedeutung entwickeln. Mit der Handels- und Umweltpolitik, der Entwicklungszusammenarbeit, der Erweiterungs- und Assoziierungspolitik standen ihr vielfältige Macht-, Einfluss- und Gestaltungsinstrumente zur Verfügung. Demgegenüber blieb mit der EPZ ihre Akteursqualität im Bereich der genuinen Außenpolitik deutlich begrenzt, sicherheitspolitisch verhielt sie sich gar vollkommen abstinent.

2.2 Das Ende des Ost-West-Konflikts: Katalysator für die genuine EU-Außenpolitik

Gründung der Europäischen Union: Integrationsschub mit der WWU

Der Maastrichter Vertrag und die durch ihn neu gegründete Europäische Union (EU) stellen die Antwort EG-Europas auf den Fall der Berliner Mauer und das Ende des Ost-West-Konflikts dar. Unter dem Druck der weltpolitischen Ereignisse entschlossen sich die Europäer, einen großen Schritt zur Vertiefung ihres Einigungsprozesses zu

---

52 Für eine Übersicht über die eingesetzten Finanzmittel sowie eine ausführliche Darstellung der EG-AKP-Zusammenarbeit vgl. Keßler 2007: 40 Jahre EU-Afrika-Politik – ein Rückblick.
53 Vgl. Kapitel 4.3.2.

gehen. Dazu gehören die epochalen Beschlüsse zur Schaffung der Einheitswährung Euro mit Errichtung einer Europäischen Zentralbank, der Fixierung der fundamentalen Konvergenzkriterien und Schuldengrenzen sowie zur künftigen gemeinsamen Währungspolitik; all dies ist in Titel VI „Die Wirtschafts- und Währungspolitik" (Art. 102–109 EGV-Maastricht) festgelegt. Die künftige Gemeinschaftswährung Euro wird das internationale Gewicht der EU sehr maßgeblich erhöhen. Zur beträchtlichen Vertiefung der Integration durch Maastricht gehören auch zentral die zahlreichen und weitreichenden Reformen am institutionellen Gefüge der EU, so insbesondere die neuen Mitentscheidungsrechte des Europäischen Parlaments sowie die Ausweitung der Politikfelder, die dem qualifizierten Mehrheitsentscheid unterworfen sind. Diese Maßnahmen machen die Entscheidungsprozesse im Gemeinschaftsbereich des Maastrichter EGV demokratischer und effizienter.

Maastricht brachte darüber hinaus neue Politikfelder, die bisher gänzlich oder weitestgehend der Souveränität der Mitgliedstaaten vorbehalten waren, in den Orbit der neuen Union; dies trifft auf den Einstieg in eine „Gemeinsame Außen- und Sicherheitspolitik" (GASP) und eine „Zusammenarbeit in den Bereichen Justiz und Inneres" zu. Diese beiden neuen Politikfelder wurden als zweite und dritte Säule des Maastrichter Vertrags errichtet und weisen ein spezifisches, deutlich intergouvernemental geprägtes Entscheidungssystem, eigene Instrumente und neue Gremien auf. Mit der dritten Säule des Unionsvertrags reagierte die EU auf die neuen Gefährdungen der inneren Sicherheit, die sich in Folge der zunehmenden Durchlässigkeit der Grenzen durch organisierte Kriminalität, internationalen Menschen- und Drogenhandel, Terrorismus etc. ergaben. Somit zählt ohne jeden Zweifel auch die dritte Säule des Maastrichter Vertrags zu den internen Politikfeldern, die externe Aspekte umfassen, zu den internen Unionspolitiken mit externen Auswirkungen also.

EU mit zwei neuen Säulen

Die GASP stellt eine markante Weiterentwicklung der EPZ dar. Durch die Einführung GASP-spezifischer Handlungsinstrumentarien, Entscheidungsregeln und Ansätze zur Generierung von (vertikaler) Kohärenz zwischen dem außenpolitischen Handeln der EU und ihrer Mitgliedstaaten wurde ein beachtlicher Schritt zur Stärkung der internationalen Akteursqualität des integrierten Europas getan.[54]

Die GASP: Weiterentwicklung der EPZ

---

54 Vgl. Kapitel 1.1.

Während die Bestimmungen des einschlägigen Titels III der EEA zur EPZ sich lediglich an die „Hohen Vertragsparteien, die Mitglieder der europäischen Gemeinschaft sind", wandten, heißt es im Maastrichter Vertrag nun:

Titel V, Art. J.1 EUV (Maastricht)
„Die Union und ihre Mitgliedstaaten erarbeiten und verwirklichen eine Gemeinsame Außen- und Sicherheitspolitik [...], die sich auf alle Bereiche der Außen- und Sicherheitspolitik erstreckt."

Art. J.2 EUV benennt dann ausführlich die Zielsetzungen der GASP, die der „Wahrung der gemeinsamen Werte, der grundlegenden Interessen und der Unabhängigkeit der Union" dienen und ihre Sicherheit stärken sollen; weiterhin werden die „Wahrung des Friedens [...], die Förderung der internationalen Zusammenarbeit, die Förderung und Entwicklung von Demokratie, Rechtstaatlichkeit sowie die Achtung der Menschenrechte und Grundfreiheiten" als Ziele der GASP benannt.

Besonders fortschrittlich, ja überraschend weitreichend sind weiterhin die Aussagen zu einer Gemeinsamen Verteidigungspolitik bzw. Verteidigung:

Titel V, Art. J.4 (1) EUV (Maastricht)
„Die Gemeinsame Außen- und Sicherheitspolitik umfasst sämtliche Fragen, welche die Sicherheit der Europäischen Union betreffen, wozu auf längere Sicht auch die Festlegung einer gemeinsamen Verteidigungspolitik gehört, die zu gegebener Zeit zu einer gemeinsamen Verteidigung führen könnte."

Weiterhin wird die WEU zum „integralen Bestandteil der Entwicklung der Europäischen Union" erklärt (Art. J.4 (2) EUV).

Das Neue in der GASP Mit dem Vertrag von Maastricht – verhandelt von Juni 1990 bis Dezember 1991, in Kraft getreten zum 1. November 1993 – wagt die Integrationsgemeinschaft also den Einstieg in eine „Gemeinsame Außen- und Sicherheitspolitik". Dabei bestehen die zentralen Innovationen in dem Adjektiv „gemeinsam" und dem Politikfeld Sicherheit, die auf längere Sicht auch die „Verteidigungspolitik" umfasst sowie perspektivisch gar eine „gemeinsame Verteidigung".

Es stellen sich somit zuvörderst drei Fragen:

1. Warum konnte zu diesem Zeitpunkt erreicht werden, was so lange nicht möglich war?
2. Worin konkret lagen die Innovationen der GASP im Vergleich zur EPZ, die ja ihrerseits bereits in gewisser Hinsicht den Einstieg in die genuine Außenpolitik gewagt hatte?
3. Welche Veränderungen bedeuteten diese Beschlüsse für die Akteursqualität, die internationale Rolle und das Selbstverständnis der EU als Faktor der internationalen Politik? Beziehungsweise: Wie wird sich diese durch die GASP induzierte Komplettierung der bisherigen außenpolitischen Aktivitäten in der Gemeinschaftsdimension auf die Außenpolitik der EU in ihrer Gesamtheit auswirken?

2.2.1 Impulse durch die historische Zeitenwende 1989/1990

Das Projekt, eine Europäische Union zu schaffen, die auch eine veritable gemeinsame Außen- und Sicherheitspolitik umfassen sollte, kann auf eine lange Vorgeschichte zurückblicken. Diese reicht – wie bereits dargelegt wurde – vom EVG-/EPG-Projekt über die Fouchet-Pläne zu den einschlägigen Vorstößen und Initiativen der 1970er- und 1980er-Jahre. Zu nennen sind hier die Beschlüsse des Pariser Gipfels von 1972 zur Verwirklichung einer Politischen Europäischen Union (und einer WWU), die 1976 im sogenannten Tindemans-Bericht ausgearbeitet vorlagen. Auch der bereits erwähnte Genscher-Colombo-Plan von 1981 sowie die „Feierliche Deklaration zur Europäischen Union", die der Europäische Rat 1983 in Stuttgart unterzeichnet hatte, enthielten u. a. die Zielsetzung der Schaffung einer Gemeinsamen Außenpolitik der Integrationsgemeinschaft. Doch all diese Pläne und Absichtserklärungen scheiterten bzw. fanden lediglich in der EPZ einen minimalistischen Niederschlag.

Folglich sind die überaus beachtlichen Schritte, die man in Maastricht mit dem Einstieg in die GASP unternahm, der historischen Zeitenwende von 1989/90 geschuldet. Es lassen sich zwei unterschiedliche Wirkungszusammenhänge ausmachen, die in ihrem Zusammenspiel nun ermöglichten, was so lange Zeit nicht erreichbar gewesen war: die GASP bzw. der Wille, „Gemeinsame" Außenpolitik auf Unionsebene zu schaffen und die Außenpolitik perspektivisch auf die Verteidigungspolitik auszuweiten.

Projekt Europäische Union

Zum einen übte die sich bald nach dem Fall der Berliner Mauer vom 9. November 1989 abzeichnende Perspektive der deutschen Einheit einen gewaltigen Druck auf die EG-Mitgliedstaaten aus, das wiedervereinigte, größere und voll-souveräne Deutschland künftig verstärkt und auf erneuerter Basis in die Integrationsgemeinschaft einzubinden. Dies geschah v. a. durch die beiden neuen Großprojekte, die durch den Maastrichter Vertrag lanciert wurden, durch WWU und GASP.

Um den katalytischen Effekt voll erfassen zu können, der von der deutschen Einheitsperspektive auf den Integrationsprozess ausging, ist an die Reaktionen der EG-Partnerstaaten, insbesondere Großbritanniens und Frankreichs, zu erinnern. In der Tat veränderte die deutsche Einheit die bisher gültige Nachkriegsordnung fundamental; denn die deutsche Teilung sowie die durch die Vorbehaltsrechte der Siegermächte begrenzte äußere Souveränität der BRD stellten über vier Jahrzehnte hinweg die Grundpfeiler des europäischen Einigungsprozesses dar, die die nachbarschaftlichen, insbesondere französischen Sicherheitsbedürfnisse befriedigten. Angesichts der Einheitsperspektive kamen daher alte Ängste vor einem zu mächtigen Deutschland, vor möglichen deutschen Sonderwegen und vor Deutschlands möglicher Abwendung von Westeuropa erneut und massiv zum Tragen. Zu ernsthaften Spannungen, offiziell als Irritationen bezeichnet, trug Kanzler Kohls berühmtes „10-Punkte-Programm zur Überwindung der Teilung Deutschlands und Europas" vom 28. November 1989 bei; denn Kohl hatte dieses Programm ohne vorherige Konsultation der Partner bekannt gegeben, was beispielsweise eindeutig gegen den deutsch-französischen Freundschaftsvertrag von 1963 verstieß.[55] So reagierten Margaret Thatcher und François Mitterrand fast panisch auf den historischen Umbruch und malten das Gespenst eines IV. Reichs an die Wand. Geradezu legendär wurde Margaret Thatchers Anti-Wiedervereinigungs-Tirade:

---

[55] Das 10-Punkte-Programm sah zunächst lediglich eine deutsch-deutsche Konföderation unter Beibehaltung der doppelten deutschen Staatlichkeit vor, benannte als Ziel aber bereits, „eine Föderation, d. h. eine bundesstaatliche Ordnung in Deutschland zu schaffen". Weiterhin schrieb Kohl: „Wie ein wiedervereinigtes Deutschland schließlich aussehen wird, das weiß heute niemand – daß aber die Einheit kommen wird, wenn die Menschen in Deutschland sie wollen, dessen bin ich sicher.", http://www.cvce.eu/de.

Gespräch zwischen François Mitterrand und Margaret Thatcher,
8. Dezember 1989:
„Die britische Premierministerin öffnet ihre Handtasche und zieht zwei zer-
knitterte Landkarten Europas hervor, die aus einer britischen Zeitung aus-
geschnitten wurden. Die erste zeigt Europas Grenzen vor Ausbruch des Zweiten Weltkrieges, die zweite die 1945, nach dem Fall Berlins, festgelegten
Grenzen. Sie [Thatcher] zeigt auf Schlesien, Pommern, Ostpreußen. Sie sagt:
Sie werden sich all das nehmen, und die Tschechoslowakei [...]".

Gespräch zwischen Mitterrand und Thatcher, 20. Januar 1990:
„Sie ist gegen Kohl sehr aufgebracht: Er tanzt uns auf der Nase herum.
Stoppt ihn! Er will alles! Er will nicht nur die DDR schlucken, sondern noch
dazu, dass wir für die Wiedervereinigung zahlen."[56]

Wegen seiner absehbaren Stärke sah auch Mitterrand von einem
wiedervereinigten Deutschland Gefahren für Europa ausgehen.

Am 4. Oktober 1990 gibt François Mitterrand zu Protokoll:
„Man muß Deutschland einbinden, es in der politischen Union Europas auf-
lösen, bevor Kohl abtritt. Wenn nicht, wird die deutsche Arroganz [...] erneut
den Frieden in Europa bedrohen."[57]

Der halbherzige, eher auf zeitliche Verzögerung denn auf totale
Ablehnung fokussierte Widerstand, den die beiden vorübergehend
leisteten, scheiterte jedoch an der konzilianten Politik des letzten
Sowjetführers Michail Gorbatschow, der im Juli 1990 gegen diverse
deutsche Zugeständnisse seine Zustimmung zur deutschen Einheit
gab.[58] Die USA unterstützten die deutsche Einheit unter der Voraussetzung der freien Wahl des Bündnisses ohnehin vorbehaltlos.

Doch zum wirkungsmächtigen Katalysator für eine Vertiefung
der Integration Europas wurde die Einheitsperspektive erst ab dem
Moment, als der deutsch-französische Motor der Integration in
Gestalt des Tandems Kohl-Mitterrand eine Verknüpfung von deutscher und europäischer Einheit vornahm. Dies lässt sich in Kanzler
Kohls – von Adenauer übernommenen – Devise festmachen, dass die
deutsche Einheit und europäische Vereinigung die zwei Seiten derselben Medaille seien.[59] Die Verknüpfung beider Einigungsprozesse

Deutsch-
französischer Motor
und die GASP

---

56 Attali 1995: Verbatim, 369, 400.
57 Attali 1995: Verbatim, 606.
58 Vgl. dazu Bierling 2005: Die Außenpolitik der Bundesrepublik Deutschland,
253–258; Müller-Brandeck-Bocquet 2004: Frankreichs Europapolitik, 87–91.
59 Keßler 2010: Deutsche Europapolitik unter Helmut Kohl: europäische Integration als „kategorischer Imperativ"? 139.

darf als ein weiterer, besonders markanter Beleg für das ungeschriebene Gesetz der europäischen Integration gelten, dass wesentliche Verbesserungen des internationalen Status Deutschlands von einer vertieften Einbindung seiner Potenziale begleitet sein müssen, um von den Partnern akzeptiert zu werden. Da sich die Partner bei solch einer verstärkten Einbindung Deutschlands in die Integrationsgemeinschaft stets auch selbst miteinbinden müssen, erbringt dieses ungeschriebene Gesetz stets einen klaren Mehrwert für Europa.[60] Dieses Muster für Integrationsfortschritte bewies auch im Kontext der deutschen Einheit seine Wirksamkeit und Gültigkeit, als Kohl und Mitterrand die Initiative ergriffen und in einem gemeinsamen Brief vom 18. April 1990 vorschlugen, neben der bereits beschlossenen Regierungskonferenz zur WWU eine zweite einzuberufen, die eine Politische Union vorbereiten sollte. Diese Politische Union müsste die demokratische Legitimation der Integrationsgemeinschaft vertiefen, ihre Institutionen effektivieren, die Kohärenz des Gemeinschaftshandelns stärken und „eine gemeinsame Außen- und Sicherheitspolitik festlegen und in die Tat umsetzen".[61] Diese Initiative gab den Startschuss für die GASP; ihre konkrete Ausgestaltung im Maastrichter Vertrag bedurfte dann allerdings noch weiterer deutsch-französischer Initiativen und zäher Verhandlungen. Für Deutschland aber war dieser zusammen mit Frankreich unternommene Vorstoß der „geeignete Weg", um angesichts des ihm wegen der Einheitsperspektive allenthalben entgegenschlagenden Misstrauens die Bereitschaft zur „Einbindung zu demonstrieren".[62]

US-Disengagement und die GASP

Ein zweiter überaus wichtiger Impuls für die Geburt der GASP war der absehbare Rückzug der USA aus Europa, den strategische Denker angesichts des Endes des Ost-West-Konflikts in mittelfristiger Perspektive voraussahen. Bei sinkendem Interesse der USA für und nachlassendem Engagement in Europa müssten die Europäer in Zukunft einen größeren Beitrag zur Gewährleistung ihrer Sicherheit leisten.

---

60 Müller-Brandeck-Bocquet 2006: Europa als Staatsraison, 467.
61 Die Gemeinsame Initiative vom 18. April 1990 ist abgedruckt in Woyke 2004: Deutsch-französische Beziehungen seit der Wiedervereinigung, 221/222.
62 Regelsberger 2002: Deutschland und die GASP – ein Mix aus Vision und Pragmatismus, 32.

2.2.2 Der Maastrichter Einstieg in die GASP: kein Quantensprung

Wie aufgezeigt, bringt Maastricht wesentliche Fortschritte und viel neue Dynamik in den Integrationsprozess. Mit Blick auf die GASP lässt sich gleichwohl nur von einem halbherzigen Einstieg in eine Gemeinsame Außen- und Sicherheitspolitik sprechen. Es stellt sich insbesondere die Frage, ob und inwieweit die GASP die Defizite der EPZ und den mit ihr angelegten Dualismus in der Außenpolitik der Integrationsgemeinschaft – in Allens Begrifflichkeit die „twin pillar structure" – überwinden konnte.

Die Konstruktion der GASP als zweite, intergouvernemental geprägte Säule des Maastrichter Vertrags stellt in der Tat einen halbherzigen Einstieg auf dem kleinsten gemeinsamen Nenner dar. Denn es gab zunächst durchaus ehrgeizigere Projektionen, die den Dualismus überwinden und die GASP als vergemeinschaftetes Politikfeld errichten wollten; d.h. ohne auf die souveränitätsschonende Hilfskonstruktion der Errichtung einer intergouvernementalen, separaten GASP-Säule zurückzugreifen.

Entsprechend angelegte Vorschläge der niederländischen Präsidentschaft vom September 1991 wurden aber nur von Belgien und Italien unterstützt; Deutschland, das „zunächst eine gewisse Sympathie" für diese Vorschläge hatte erkennen lassen, reihte sich später dann aber in das große Lager der Mitgliedstaaten ein, die das Modell einer intergouvernementalen, separaten GASP-Säule bevorzugten.[63] So hatten Kohl und Mitterrand am 6. Dezember 1990 eine zweite gemeinsame Initiative zur Schaffung einer Politischen Union lanciert, zu der inhärent eine gemeinsame Außen- und Sicherheitspolitik gehören sollte.[64] Die „föderale Berufung" der EU, die in diesem Brief beschworen wird, „begrenzten Kohl und Mitterrand auf den gewünschten Integrationssprung im EG-System"[65]. Eine Vergemeinschaftung der künftigen GASP aber lehnte Paris strikt ab; aus französischer Sicht ging es folglich vor allem darum sicherzustellen, dass die neuen Politiken der künftigen Europäischen Union „nicht

---

63 Regelsberger 2002: Deutschland und die GASP – ein Mix aus Vision und Pragmatismus, 32.

64 Die Gemeinsame Initiative vom 6. Dezember 1990 ist abgedruckt in Woyke 2004: Deutsch-französische Beziehungen seit der Wiedervereinigung, 222–224.

65 Maurer/Grunert 1998: Der Wandel in der Europapolitik der Mitgliedstaaten, 240.

der klassischen Gemeinschaftsmethode unterworfen werden"[66]. Mitterrand plädierte also für eine aktivere und ehrgeizigere europäische Außenpolitik, die aber im Bereich der zwischenstaatlichen Zusammenarbeit verbleiben müsse. Um dies zu erreichen, war er bereit, außenpolitische Kompetenz in größerem Maße als bisher mit den Partnerstaaten auf intergouvernementale Weise zu teilen, vorrangig im Rahmen des Europäischen Rates.

> Man gibt seine Souveränität nicht ab, man teilt sie höchstens – und dies auch nur dort, wo man alleine nicht weiterkommt.[67]

„Absurdität" der GASP: die Dualität

Da Frankreich in diesem Ansinnen von mehreren Mitgliedstaaten, insbesondere von Großbritannien, unterstützt wurde, und Deutschland sich dem letztlich anschloss, setzte sich im Dezember 1991 die Drei-Säulen-Konstruktion durch. Mehr war im Kreise der damals zwölf EG-Mitgliedstaaten nicht zu erreichen. Damit trugen nicht nur die üblichen Verdächtigen, sondern auch Deutschland unter Kanzler Kohl zur Verankerung jener „Absurdität" des Maastrichter Vertrags bei, die darin besteht, „to maintain an artificial division between different areas of external relations"[68]. Damit ist die Dualität im Außenhandeln der neugeschaffenen Union gemeint, die durch den Verzicht entsteht, die bereits existierenden, zahlreichen außenpolitischen Aktivitäten und Handlungsfelder im Bereich der Gemeinschaftsdimension mit der nun neu geschaffenen intergouvernementalen Dimension zu verknüpfen.

Gestärkte Akteurs-qualität der EU

Dennoch brachte die Verankerung der GASP im EUV-Maastricht auch unverkennbare Fortschritte, die zwei Aspekte betreffen: Stärkung der außenpolitischen Akteursqualität der EU trotz des Festhaltens am strukturellen Dualismus einerseits sowie Ausweitung der inhaltlichen Reichweite der GASP andererseits.

---

66 Delauche-Gaudez 2002: Frankreichs widersprüchliche Positionen in der Gemeinsamen Außen- und Sicherheitspolitik, 122.

67 Elisabeth Guigou, Europaministerin Mitterands, in einem Interview mit Le Monde, 23./24.06.1991, zitiert in Müller-Brandeck-Bocquet 2004: Frankreichs Europapolitik, 110.

68 Cameron 2011: The EU's External Action Service – Golden or Missed Opportunity, 252.

Mehrwert der GASP im EUV-Maastricht (im Vergleich zur EPZ)
- Die Zielsetzungen der GASP werden ausführlich dargelegt (Art. J.1 (2) EUV).
- „Die Union und ihre Mitgliedstaaten" erarbeiten und verwirklichen eine Gemeinsame Außen- und Sicherheitspolitik (Art. J.1 (1) EUV) – nicht länger nur die „Hohen Vertragsparteien" wie zu EPZ-Zeiten.
- Die Mitgliedstaaten werden „im Geist der Loyalität und gegenseitigen Solidarität" auf die Unterstützung der GASP eingeschworen. „Sie enthalten sich jeder Handlung, die den Interessen der Union zuwiderläuft oder ihrer Wirksamkeit als kohärente Kraft in den internationalen Beziehungen schaden könnte" (Art. J.1 (4) EUV).
- Die Mitgliedstaaten, die auch Mitglieder des UN-Sicherheitsrats sind, werden aufgerufen, „sich für die Standpunkte und Interessen der Union ein[zu]setzen (Art. J.5 (4) EUV).
- Mit den „Gemeinsamen Standpunkten" und den „Gemeinsamen Aktionen" (Art. J.3 und J.4 EUV) entsteht ein GASP-Instrumentarium, das der Rat anwendet. In der Regel beschließt er einstimmig, bei Einzelheiten zur Implementierung von „Gemeinsamen Aktionen" kann auch der qualifizierte Mehrheitsentscheid Anwendung finden (Art. J.3 (2) EUV).
- Die Kommission wird an der GASP „in vollem Umfang beteiligt" (Art. J.9 EUV); ihr steht aber – im Gegensatz zum Gemeinschaftsbereich der ersten Säule – kein Initiativrecht oder gar Initiativmonopol zu. Das Europäische Parlament wird zu GASP-Angelegenheiten gehört und unterrichtet (Art. J.5 EUV). Der EuGH ist nicht involviert.
- Art. J.4 (1) EUV: Die GASP umfasst nun auch die Sicherheitspolitik und kann auf eine gemeinsame Verteidigungspolitik sowie eine gemeinsame Verteidigung ausgeweitet werden.

All dies stärkt die Akteursqualität der EU im GASP-Bereich. Doch der hier herrschende Intergouvernementalismus drückt sich im geringen „Verpflichtungscharakter" der Bestimmungen aus, den die GASP-Regeln den Mitgliedstaaten auferlegen. Regelsberger unterstreicht zwar, dass die Mitgliedstaaten sich der Vorteile gemeinsamen Handelns durchaus bewusst waren und deshalb die GASP beschlossen hätten. Gleichwohl gilt:

> Zugleich akzeptieren die hohen Vertragsparteien jedoch keine ihnen übergeordnete Kontrollinstanz, etwa in Form des Europäischen Gerichtshofes, die zur Feststellung von Fehlverhalten und entsprechenden Sanktionsmechanismen befugt wäre. Sie allein wollen in Form des Rates die Einhaltung der Grundsätze prüfen; sie allein bestimmen [...] über die Intensität der gegenseitigen Abstimmung und die Form der Kritik bei entsprechendem Fehlverhalten.[69]

---

69 Regelsberger 2004: Die Gemeinsame Außen- und Sicherheitspolitik der EU. Konstitutionelle Angebote im Praxistest 1993–2003, 22.

Einstimmigkeit in
der GASP

In der Tat erschöpft sich das Kohärenzgebot der GASP in ihrer Maastrichter Fassung in Appellen an die Mitgliedstaaten zu unionsfreundlichem Verhalten, wofür dem Rat die Verantwortung übertragen wird (Art. J.1 (4) EUV). Das ist definitiv zu wenig, um die Mitgliedstaaten gegebenenfalls zu disziplinieren; dies ist zu wenig, um eine GASP entstehen zu lassen, die außenpolitisch mit einer Stimme im Namen des vereinten Europas spricht. Schließlich sei erneut daran erinnert, dass die Beschlussfassung in der GASP (Stand Maastricht) dem Kernprinzip des Intergouvernementalismus folgt: der Einstimmigkeit.

Größere Reichweite
der GASP

Die Bestimmungen des Maastrichter Vertrags zur Perspektive einer Gemeinsamen Verteidigungspolitik bzw. Verteidigung sind bereits als besonders innovativ bezeichnet worden. Hinzu kommt, dass die Westeuropäische Union (WEU) zum „integralen Bestandteil der Entwicklung der Europäischen Union" erklärt wird (Art. J.4 (2) EUV). In einer „Erklärung zur Westeuropäischen Union", die dem Vertrag von Maastricht angehängt wurde, heißt es in Teil I:

1. Die WEU-Mitgliedstaaten stimmen darin überein, daß es notwendig ist, eine echte europäische Sicherheits- und Verteidigungsidentität zu entwickeln und eine größere europäische Verantwortung in Verteidigungsfragen zu übernehmen. [...]
2. Die WEU wird als Verteidigungskomponente der Europäischen Union und als Mittel zur Stärkung des europäischen Pfeilers der Atlantischen Allianz entwickelt. Zu diesem Zweck wird sie eine gemeinsame europäische Verteidigungspolitik formulieren und diese durch die Weiterentwicklung ihrer operationellen Rolle konkret durchführen. [...]

An anderer Stelle wird die Bereitschaft der WEU, „die engen Arbeitsbeziehungen zur Allianz weiterzuentwickeln", sowie „die Komplementarität zwischen der entstehenden europäischen Sicherheits- und Verteidigungsidentität und der Allianz" betont. Doch wird diese Aufwertung und Wiederentdeckung der seit Jahrzehnten im „Dornröschenschlaf" versunkenen WEU durch die klare Vorrangstellung der Nordatlantischen Allianz relativiert. Denn an den Widerständen gegen eine Aufweichung der NATO-first-Regel hatte sich seit Verabschiedung der EEA noch nichts Substanzielles geändert.

Art. J.4 (4) EUV (Maastricht)
„Die Politik der Union [...] berührt nicht den besonderen Charakter der Sicherheits- und Verteidigungspolitik bestimmter Mitgliedstaaten; sie achtet die Verpflichtungen einiger Mitgliedstaaten aus dem Nordatlantikvertrag und ist vereinbar mit der in jenem Rahmen festgelegten gemeinsamen Sicherheits- und Verteidigungspolitik."

In ihrer Gesamtheit kommt den Maastrichter Beschlüssen zu einer europäischen Sicherheits- und Verteidigungspolitik daher ein äußerst ambivalenter Charakter zu: Einerseits eröffnen sie geradezu revolutionäre neue Perspektiven im bisherigen toten Winkel des Integrationsgeschehens, andererseits aber binden sie diese Perspektiven sehr weit gehend in das Korsett der NATO ein. Es sind letztlich Vorratsbeschlüsse, deren partielle Inanspruchnahme erst später – unter erneut veränderten internationalen und innereuropäischen Rahmenbedingen – erfolgen wird.

Verteidigungspolitik – ein Vorratsbeschluss

Der Gegensatz zwischen den Säulen eins und zwei – zwischen der integrativen Methode des Gemeinschaftsbereichs und dem intergouvernemental-kooperativen Agieren als Ratio der GASP – wurde nach Vertragsabschluss in der Wissenschaft breit kommentiert. Der Gegensatz wurde als derart wirkungsmächtig perzipiert, dass „das Streben nach Kohärenz bei gleichzeitiger Aufrechterhaltung von Gemeinschaft und GASP zu einer Art Dualismus-Dilemma [führt], dessen Auflösung der Quadratur des Kreises ähnelt."[70] Mit Cameron kann man auch schlicht von Absurdität sprechen.[71] Das Festhalten an der strukturellen Dualität veranlasst auch Regelsberger, langjährige Beobachterin der EPZ, dazu, in den GASP-Beschlüssen des Maastrichter Vertrags lediglich „Minimalreformen" zu erkennen und den „Charakter der bisherigen EPZ" nicht infrage gestellt zu sehen. „Das Ergebnis von Maastricht erscheint [...] als eine Bestätigung der fortdauernden Trennung von gemeinschaftlichen Außenbeziehungen und intergouvernementaler Zusammenarbeit der zwölf Regierungen in Fragen der Außen- und Sicherheitspolitik".[72]

Fazit zur GASP in Maastricht

2.2.3 Interpillarisation als Merkmal der Außenpolitik

Der in manchen Hauptstädten von Souveränitätsdünkel getragene Widerstand gegen eine Vergemeinschaftung der GASP hatte in Maastricht also zur „absurden" Pfeilerkonstruktion geführt. Dennoch aber hatten die Mitgliedstaaten erkannt, dass eine EU-Außen-

---

70 Schmalz 1997: Kohärenz der EU-Außenbeziehungen? Der Dualismus von Gemeinschaft und Gemeinsamer Außen- und Sicherheitspolitik in der Praxis, 70.
71 Cameron 2011: The EU's External Action Service – Golden or Missed Opportunity, 252.
72 Regelsberger 1992: Gemeinsame Außen- und Sicherheitspolitik nach Maastricht – Minimalreform in neuer Entwicklungsperspektive, 83.

politik mehr ist als die GASP; um die umfangreichen außenpolitischen Kapazitäten des Gemeinschaftsbereichs sinnvoll einbinden und nutzen zu können, habe man daher – so das scharfsinnige Argument von Allen – die Kommission sowohl in der zweiten als auch in der dritten Säule „in vollem Umfang" beteiligt (Art. J.9; Art. K.4 (2) EUV-Maastricht).[73]

Hohe Verflechtungs-
dynamik

Mit Maastricht wurde die Außenpolitik der EU folglich auf alle drei Säulen gestützt; der Vertrag löste damit einen sehr deutlichen Trend zur sogenannten *interpillarisation* oder zur *cross-pillarisation* aus, also zur Anwendung pfeilerübergreifender Ansätze, die sich zügig zu einem markanten Kennzeichen der EU-Außenpolitik entwickelten.[74] Mithin gilt seit Maastricht, dass nur ein säulen- bzw. pfeilerübergreifender Ansatz der wahren externen Akteursqualität der EU angemessen Rechnung zu tragen vermag. Jopp und Schlotter sprechen hier von einer „Verflechtungsdynamik", einem „Konglomeratseffekt", der „trotz mangelnder Stringenz in der horizontalen und vertikalen Kohärenz" fortan die EU-Außenpolitik prägt.[75] In der Begrifflichkeit des vorliegenden Buches steht die *interpillarisation* für den Versuch, die intergouvernementale Dimension mit der Gemeinschaftsdimension und auch der externen Dimension interner Politikbereiche zumindest in der konkreten außenpolitischen Praxis zusammenzubringen.

Die Entwicklungs-
zusammenarbeit
im Vertrag von
Maastricht

Dies lässt sich geradezu paradigmatisch an der Entwicklungszusammenarbeit aufzeigen, die – wie bereits erwähnt – seit jeher zur EWG-/EG-Außenpolitik im Gemeinschaftsbereich gehört hatte. Im Maastrichter Vertrag nun wurde ein eigenständiger Artikel 130u EGV zur Entwicklungszusammenarbeit fixiert, der der Gemeinschaft eine die Politiken der Mitgliedstaaten ergänzende Zuständigkeit zuschreibt. Damit ist die Akteursqualität der EU in der Entwicklungszusammenarbeit erstmals explizit benannt; sie dient u. a. dem Ziel, deren gravierendste Inkohärenzen zu beseitigen.

---

73 Allen 1998: Who Speaks for Europe, 50–53.
74 Frühzeitig schon behandelt von Jünemann 2000: Auswärtige Politikgestaltung im EU-Mehrebenensystem. Eine Analyse der strukturellen Probleme am Beispiel der Euro-Mediterranen Partnerschaft, 70; vgl. auch Jopp/Schlotter 2007: Die Europäische Union – ein kollektiver außenpolitikscher Akteur? Theoretische Annäherung und Einführung, 11.
75 Jopp/Schlotter 2007: Kollektive Außenpolitik – Die Europäische Union als internationaler Akteur, 393.

Art. 130u EGV (Maastricht)[76]

„Abs. 1: Die Politik der Gemeinschaft auf dem Gebiet der Entwicklungszusammenarbeit, die eine Ergänzung der entsprechenden Politik der Mitgliedstaaten darstellt, fördert:

- Die nachhaltige wirtschaftliche und soziale Entwicklung der Entwicklungsländer, insbesondere der am meisten benachteiligten Entwicklungsländer
- Die harmonische, schrittweise Eingliederung der Entwicklungsländer in die Weltwirtschaft
- Die Bekämpfung der Armut in den Entwicklungsländern.

Abs. 2: Die Politik der Gemeinschaft [...] trägt dazu bei, das allgemeine Ziel einer Fortentwicklung und Festigung der Demokratie und des Rechtsstaats sowie das Ziel der Wahrung der Menschenrechte und Grundfreiheiten zu verfolgen."

Hier ist nachdrücklich zu betonen, dass die Verknüpfung von GASP und der Außenpolitik des Gemeinschaftsbereichs in der Entwicklungszusammenarbeit in besonders großem Maße zur Anwendung kommen wird. Denn das GASP-Instrumentarium der restriktiven Maßnahmen, sprich Sanktionen, wird es der EU ermöglichen, ihre Entwicklungszusammenarbeit zu konditionalisieren, d. h. positive und negative Anreize zu setzen, um ihre Partner zur Normeinhaltung zu bewegen. De facto könnte man hier von einer GASPisierung der EU-Entwicklungspolitik, insbesondere ihrer Afrikapolitik sprechen – wenn denn diese Wortschöpfung nicht solch ein Ungetüm wäre. Alternativ bietet sich der Begriff der „Politisierung der Entwicklungszusammenarbeit"[77] an.

GASPisierung der Entwicklungszusammenarbeit

Unter dem doppelten Stichwort der Politisierung und der Europäisierung vormals bilateraler außenpolitischer Beziehungen lässt sich auch die Euro-Mediterrane Partnerschaft nennen, die im November 1995 in Barcelona aus der Taufe gehoben wurde. Konditionalisiert war dieser „qualitativ neue Ansatz europäischer Regionalpolitik" insofern, als dass den Mittelmeer-Drittländer im Gegenzug zu europäischen Hilfeleistungen das „Bekenntnis zu Demokratie und Menschenrechten [...] mehr oder minder aufgezwungen"[78] wurde.

Euro-Mediterrane Partnerschaft

---

76 Explizit ausgenommen von dieser neuen Norm ist die Zusammenarbeit mit den AKP-Staaten (Art. 130w (3) EGV).

77 Schukraft 2007: Die EU als afrikapolitischer Akteur – Akteursqualität und -kapazitäten, 129.

78 Jünemann 2000: Auswärtige Politikgestaltung im EU-Mehrebenensystem. Eine Analyse der strukturellen Probleme am Beispiel der Euro-Mediterranen Partnerschaft, 65/66.

2.2.4 Der Vertrag von Amsterdam: Nachbesserungen und Innovationen

Bereits während der Verhandlungen zum Maastrichter Vertrag war man sich bewusst, dass vor dem Hintergrund der weltpolitischen Umbrüche mutmaßlich nur Stückwerk und keine langfristig tragbaren Lösungen zu erzielen waren. Weitsichtige Strategen ahnten voraus, dass die mittel- und osteuropäischen Transformationsstaaten bald mit aller Kraft in die EU streben würden.[79] Daher hatte man bereits in Maastricht eine erneute Regierungskonferenz für 1996 anberaumt und insbesondere eine Überprüfung der GASP-Bestimmungen in Aussicht gestellt (Art. J.4 (6), J.10 und N EUV-Maastricht).

Amsterdam und die GASP
Nach eineinhalbjährigen Verhandlungen einigte sich der Europäische Rat im Dezember 1997 in Amsterdam auf ein Reformpaket für die GASP, das für deren substanzielle Weiterentwicklungen in den Folgejahren die Weichen stellte. So wurde das GASP-Instrumentarium ausgeweitet und verfeinert. Art. 13 EUV[80] führt „Grundsätze" und „allgemeine Leitlinien" neu ein, die der Europäische Rat zu bestimmen hat. Dieser beschließt auch „Gemeinsame Strategien [...] in Bereichen, in denen wichtige gemeinsame Interessen der Mitgliedstaaten bestehen". Damit haben sich die Staats- und Regierungschefs im Format des Europäischen Rates (dem auch der Kommissionspräsident angehört) massiv als höchstes und maßgebendes Organ in die GASP eingeschaltet. Dadurch kommt es zu einer deutlichen Rückstufung/Unterordnung des Rates der Außenminister, der mit der „Festlegung und Durchführung der Gemeinsamen Außen- und Sicherheitspolitik [...] auf der Grundlage der vom Europäischen Rat festgelegten allgemeinen Leitlinien" beauftragt wird (Art. 13 (3) EUV). Die bereits aus Maastricht bekannten, nun den Grundsätzen, allgemeinen Leitlinien und gemeinsamen Strategien nachgeordne-

---

79 So beispielsweise Mitterrand, der schon in seiner Neujahransprache vom 31. Dezember 1989 das Projekt einer Europäischen Konföderation lanciert hatte, die einen lockeren Rahmen für nach Rückkehr in den Westen strebende Völker des ehemaligen Ostblocks bieten und damit eine Osterweiterung der EU vermeiden sollte, vgl. dazu Müller-Brandeck-Bocquet 2004: Frankreichs Europapolitik, 142–146.

80 Der Amsterdamer Vertrag in seiner konsolidierten Verfassung nimmt eine Neunummerierung der durch Maastricht extrem unübersichtlich gewordenen Artikelabfolge vor. Die dort in den Artikel J.1 bis J.11 EUV festgelegten GASP-Bestimmungen finden sich nun – immer noch als Titel V: „Bestimmungen über die Gemeinsame Außen- und Sicherheitspolitik" – in den Artikeln 11–28 EUV wieder.

ten, konkret operativen GASP-Instrumente der „Gemeinsamen Aktionen" und „Gemeinsamen Standpunkte" (Art. 14 und 15 EUV) sind nun die zentralen Tätigkeitsfelder des Rates. Bei diesen Beschlüssen kann der Rat teilweise auch mit qualifizierter Mehrheit entscheiden.[81]

Als eine deutliche Schwachstelle der Maastrichter GASP-Regeln wurde bereits der Verzicht auf jegliches Disziplinierungsinstrument zur Beförderung oder Erzwingung von vertikaler Kohärenz identifiziert, die die Union zu geschlossener Außenpolitik, die mit einer Stimme spricht, befähigen könnte. Einen gewissen Ausweg aus dieser Kohärenzfalle weist nun die „konstruktive Enthaltung" des Amsterdamer Vertrags.

Art. 23 (1) EUV (Amsterdam) Konstruktive Enthaltung
„Beschlüsse nach diesem Titel werden vom Rat einstimmig gefasst [...]. Bei einer Stimmenthaltung kann jedes Ratsmitglied zu seiner Enthaltung eine förmliche Erklärung [...] abgeben. In diesem Falle ist es nicht verpflichtet, den Beschluß durchzuführen, akzeptiert jedoch, daß der Beschluß für die Union bindend ist. Im Geiste gegenseitiger Solidarität unterläßt der betreffende Mitgliedstaat alles, was dem auf diesem Beschluß beruhenden Vorgehen der Union zuwiderlaufen oder es behindern könnte.
Verfügen die Mitglieder des Rats, die sich auf diese Weise enthalten, über mehr als ein Drittel der [...] gewogenen Stimmen, so wird der Beschluß nicht angenommen."

Die konstruktive Enthaltung erlaubt es der EU, auch dann außenpolitische Entscheidungen zu treffen, wenn nicht alle Mitgliedstaaten sie aktiv mitzutragen bereit sind.[82] Der sich enthaltende Mitgliedstaat hat jedoch einen gewissen Rechtfertigungsbedarf, weil er zu seiner Enthaltung eine „förmliche Erklärung" abzugeben hat; außerdem ist er gehalten, die Beschlüsse der Union zu akzeptieren und nicht zu konterkarieren. Das ist ein gewisser Kohärenzgewinn, der jedoch durch den letzten Satz des oben zitierten Art. 23 (1) EUV wieder geschmälert wird.

Mehr Kohärenz durch „konstruktive Enthaltung"?

Auch der bescheidene Einstieg der GASP in den qualifizierten Mehrheitsentscheid, den Art. 23 (2) EUV des Amsterdamer Vertrags

---

81 Vgl. dazu im Detail Kapitel 3.4.2.
82 Insofern gleicht diese GASP-Bestimmung den Entscheidungsregeln im UN-Sicherheitsrat, wo die Enthaltung eines ständigen Sicherheitsratsmitglieds mit Vetomacht nicht als Gegenstimme gewertet wird und somit einem Beschluss nicht entgegensteht.

vorsieht, wird sogleich wieder durch Sonderrechte der Mitgliedstaaten in seiner Bedeutung reduziert.

Art. 23 (2) EUV (Amsterdam)

„Erklärt ein Mitglied des Rats, daß es aus wichtigen Gründen der nationalen Politik, die es auch nennen muss, die Absicht hat, einen mit qualifizierter Mehrheit zu fassenden Beschluss abzulehnen, so erfolgt keine Abstimmung.

Der Rat kann mit qualifizierter Mehrheit verlangen, daß die Frage zur einstimmigen Beschlußfassung an den Europäischen Rat verwiesen wird."

Vetorechte werden beibehalten

Hier handelt es sich um nichts weniger als die Einführung des Luxemburger Kompromisses aus dem Jahr 1966 in die GASP-Governance; jedem Ratsmitglied wird damit erlaubt, jegliche Einschränkung des mitgliedstaatlichen Vetorechts – und als solche sind qualifizierte Mehrheitsentscheide ja zu verstehen – nach eigenem Ermessen abzuschmettern. Die Rechtfertigungspflicht, d. h. die Pflicht, die „wichtigen Gründe", die zu dieser Position führen, benennen zu müssen, kann da wenig ausrichten.

Die Fortschritte in den dringend reformbedürftigen Beschlussfassungsregeln der GASP fallen in Amsterdam also bescheiden aus; dies zeigt, dass die Mitgliedstaaten weiterhin nicht bereit waren, in GASP-Materien ihre Vetomöglichkeiten gänzlich aufzugeben oder merklich beschneiden zu lassen; vielmehr pochen sie auch weiterhin auf ihre außenpolitischen Souveränitätsvorbehalte. Die GASP bleibt folglich auch nach Amsterdam einem spezifischen, intergouvernemental geprägten und von der Gemeinschaftsmethode deutlich abweichenden Entscheidungssystem unterworfen.

EU-Sicherheitspolitik bleibt Zukunftsmusik

Maastricht hatte durch den Vorratsbeschluss des Artikels J.4 (1) EUV perspektivisch auch eine gemeinsame Verteidigungspolitik, ja gar eine gemeinsame Verteidigung in Aussicht gestellt. Doch obwohl sich zeitgleich zu den Verhandlungen zum Amsterdamer Vertrag das Drama der Kriege im zerfallenden Jugoslawien abspielte, konnten sich die EU-Europäer Ende der 1990er-Jahre noch immer nicht zu einer entschiedenen Aktivierung und Implementierung der Sicherheitspolitik in der GASP durchringen; dies wird erst einige Jahre später realisierbar sein. Dennoch wurden in Amsterdam einige einschlägige Beschlüsse gefasst, die das „S" im Kürzel „GASP" betreffen. So bewirkten die Schockwellen, die das Versagen Europas vor der eigenen Haustür in Jugoslawien auslösten, immerhin, dass in Amsterdam die Zielsetzungen einer künftigen europäischen Sicherheits- und Verteidigungspolitik definiert werden konnten. Denn die WEU, bereits seit Maastricht ein „integraler Bestandteil der Entwicklung der Union", eröffnet dieser nun den Zugang „zu einer operativen Kapazität". Weiterhin unterstützt die WEU die Union „bei der Festlegung der verteidigungspolitischen Aspekte der Gemeinsamen Außen- und Sicherheitspolitik" (Art. 17 (1) EUV-Amsterdam).

Zugleich erfolgte eine Präzisierung der möglichen militärischen Aufgaben der EU:

Petersberger Aufgaben, verankert in Art. 17 (2) EUV (Amsterdam)[83]
„Die Fragen, auf die in diesem Artikel Bezug genommen wird, schließen humanitäre Aufgaben und Rettungseinsätze, friedenserhaltende Aufgaben sowie Kampfeinsätze bei der Krisenbewältigung einschließlich friedensschaffender Maßnahmen ein."

Hier lässt sich von einer „Aufwertung der sicherheitspolitischen Dimension" der EU sprechen.[84] Weiterhin wurde in Amsterdam der Maastrichter „Vorratsbeschluss" umformuliert und um einen wichtigen, letzten Halbsatz ergänzt:

Art. 17 (1) EUV (Amsterdam)
„Die Gemeinsame Außen- und Sicherheitspolitik umfasst sämtliche Fragen, welche die Sicherheit der Europäischen Union betreffen, wozu auf längere Sicht auch die Festlegung einer gemeinsamen Verteidigungspolitik gehört, die zu gegebener Zeit zu einer gemeinsamen Verteidigung führen könnte, *falls der Europäische Rat dies beschließt*." (eigene Hervorhebung)

Damit wurde die Konkretisierung der aufgewerteten sicherheitspolitischen Dimension der EU weitgehend in die Hände des Europäischen Rates gegeben; sie war aber gleichzeitig auch von der Notwendigkeit eines regulären Vertragsreformprozesses befreit worden; vielmehr heißt es in Art. 17 (1) EUV, dass der Europäische Rat ggf. den Mitgliedstaaten empfiehlt, diesen seinen Beschluss „gemäß ihren verfassungsrechtlichen Vorschriften anzunehmen".

---

83 Diese Aufgaben waren erstmals in der sogenannten Petersberg-Erklärung im Juni 1992 als konkrete militärisch-operative Aufgaben der WEU definiert worden; nun gehen sie auf die EU über, was insofern konsistent ist, als dass die WEU inzwischen ja „integraler Bestandteil der Entwicklung der Union" geworden war.
84 Algieri 2005: Von der Macht der Zeitumstände und der Fortführung eines integrationspolitischen Projekts: Die Gemeinsame Außen- und Sicherheitspolitik im Verfassungsvertrag, 205.

Der Hohe Vertreter
für die GASP – eine
deutsch-franzö-
sische Idee

Der ohne jeden Zweifel bedeutendste Amsterdamer Reformbe-
schluss zur GASP bestand in der Schaffung eines neuen Amtes: das
des Hohen Vertreters für die Gemeinsame Außen- und Sicherheitspolitik. Wie so häufig in der europäischen Integrationsgeschichte
hatte auch diese herausragend wichtige Innovation mit einer
deutsch-französischen Initiative begonnen. So mahnten Kanzler
Kohl und der französische Staatspräsident Jacques Chirac in einem
ersten gemeinsamen Brief vom 6. Dezember 1995 Verbesserungen
für die GASP an, insbesondere eine Klärung der Beziehungen zwischen WEU und EU sowie Maßnahmen, die der GASP mehr Sichtbarkeit verleihen könnten.[85] Diese deutsch-französischen Anstöße
wurden in einem zweiten gemeinsamen Brief vom 9. Dezember 1996,
der vorrangig der GASP gewidmet war, wesentlich substanziiert.[86]
Zunächst kritisieren Chirac und Kohl offen, dass die Maastrichter
GASP-Bestimmungen sich „als noch nicht ausreichend erwiesen
[haben], um sicherzustellen, daß Europa mit einer Stimme spricht
und diese auch gehört wird". Daher rufen sie dringend zu Verbesserungen auf. Sie zeichnen die herausragende Rolle auf, die der Europäische Rat künftig in der GASP spielen soll. Zur „Lockerung des
Konsensprinzips" beschreiben sie weiterhin im Detail eine „sogenannte ‚konstruktive Enthaltung'" – beide Vorschläge finden sich,
wie oben beschrieben, nahezu eins zu eins umgesetzt im Amsterdamer Vertrag wieder und belegen erneut, in welch großem Ausmaß
sich gemeinsame Initiativen des deutsch-französischen Motors in
der Regel durchzusetzen vermögen. Mit Blick auf das künftige Amt
des Hohen Vertreters heißt es in dem Brief vom 9. Dezember 1996:

> Wir brauchen darüber hinaus mehr Kontinuität sowie ein „Gesicht" und eine
> „Stimme" für die Gemeinsame Außen- und Sicherheitspolitik. Unsere Part-
> ner in der Welt haben oft Zweifel, wer ihr „Ansprechpartner" in der Europä-
> ischen Union [...] ist. Wir schlagen deshalb vor, daß die Regierungen der
> Mitgliedstaaten mit dieser Aufgabe einvernehmlich eine Persönlichkeit be-
> trauen, die über die erforderlichen politischen Qualifikationen verfügt.

Zur konkreten Ausgestaltung dieses Amtes skizziert der Gemeinsame
Brief zwei Möglichkeiten: Man könne entweder eine hochrangige
Persönlichkeit mit der Aufgabe der GASP-Repräsentanz beauftra-

---

85 Die Klärung der Beziehungen zwischen WEU und EU wurde – wie bereits
ausgeführt – in den Absätzen 1 und 2 des Artikels 17 EUV-Amsterdam fixiert.
86 Beide Briefe sind abgedruckt in Woyke 2004: Deutsch-französische Beziehungen seit der Wiedervereinigung, 237/238 sowie 245–251.

gen – diesen Vorschlag präferierte Frankreich –, oder den Generalsekretär des Rates, der dann für die klassischen, herkömmlichen
Aufgaben durch einen Stellvertreter zu entlasten wäre. Nach zähen
Verhandlungen setzte sich letztlich die zweite Lösung durch, die
auch Deutschlands Präferenz entsprach. So fürchtete der damalige
deutsche Außenminister Kinkel, dass ein allzu prominenter und
sichtbarer Hoher Vertreter den Rat der Außenminister abwerten
könnte, da er wohl zuvörderst mit den ungleich mächtigeren Staats-
und Regierungschefs kooperieren würde. Die kleineren Mitgliedstaaten optierten ebenfalls vorrangig für die zweite Option, die
ihnen für ihre Einflussnahme auf die GASP geeigneter erschien.

Das neue Amt ist minimalistisch im Amsterdamer Vertrag beschrieben:

Art. 26 EUV (Amsterdam) zum Amt des Hohen Vertreters
„Der Generalsekretär des Rates und Hohe Vertreter für die Gemeinsame Außen-
und Sicherheitspolitik unterstützt den Rat [...], indem er insbesondere zur Formulierung, Vorbereitung und Durchführung politischer Entscheidungen beiträgt und
gegebenenfalls auf Ersuchen des Vorsitzes im Namen des Rats den politischen
Dialog mit Dritten führt."

Der Hohe Vertreter bildete künftig (vorübergehend) zusammen mit
dem Ratspräsidenten und dem Präsidenten der Kommission die
sogenannte Troika, die die EU nach außen vertritt. Außerdem wird
eine „Strategieplanungs- und Frühwarneinheit" eingerichtet, die
insbesondere die Überwachung, Analyse, Beurteilung und rechtzei-
tige Bewertung von internationalen Geschehnissen, die für die GASP
relevant sind, vornehmen soll (vgl. Erklärung 6 des Amsterdamer
Vertrags). Dieser Einheit wird der erste Hohe Vertreter in *Policy Unit*
umbenennen; damit ist bereits mit Amsterdam der Grundstein für
die GASP-Strukturen gelegt, die später unter dem Stichwort Solana-
Strukturen stark ausgebaut und nach 2009 in den Europäischen
Auswärtigen Dienst (EAD) überführt wurden.[87]

Mit der Schaffung des Amtes des Hohen Vertreters ist Amsterdam ein höchst wichtiger Schritt zu einer größeren Sichtbarkeit der
GASP gelungen.[88] Es darf aber nicht vergessen werden, dass durch

Der Hohe Vertreter: bescheidenes Amt – enormes Potenzial

---

[87] Vgl. Kapitel 3.3.5.
[88] Zur Sichtbarkeit gehört auch, dass in Art. 18 (5) EUV-Amsterdam die Möglichkeit zur Ernennung von „Sonderbeauftragen für besondere politische Fragen"
geschaffen wurde; vgl. Adebahr 2011: From Competitors to Deputies: How the EU
Special Representatives integrated into the Solana System.

die ratsseitige Verankerung des neuen Amtes die Aufspaltung der EU-Außenpolitik auf Gemeinschaftsbereich und GASP mitnichten überwunden wurde; der Dualismus zwischen Gemeinschaftsdimension und intergouvernementaler Dimension in der EU-Außenpolitik wurde vielmehr aufs Neue zementiert. Das neue Amt bzw. der erste Amtsinhaber, der im Juni 1999 zum Inkrafttreten des Amsterdamer Vertrags berufene vormalige spanische Außenminister und NATO-Generalsekretär Javier Solana, wird in den Folgejahren der EU-Außenpolitik unübersehbar Gesicht und Stimme verleihen. Amt und Amtsinhaber werden in der Tat ein goldenes Zeitalter für die EU-Außenpolitik einläuten, das eine sehr beträchtliche Aufwertung der internationalen Akteursqualität und der internationalen Sichtbarkeit der EU mit sich bringt. All diese Erfolge aber wird Solana vor allem in Zusammenarbeit mit und im Auftrag der Mitgliedstaaten erzielen.[89]

Stärkere „Brüsselisierung" der GASP

Obwohl also der Hohe Vertreter eindeutig der Sphäre des Rates und der Mitgliedstaaten zuzuordnen ist, hat sein Amt gleichwohl zu einer deutlichen Relativierung des Intergouvernementalismus in der GASP geführt; denn sein Amt steht paradigmatisch für die „Brüsselisierung" der intergouvernementalen Dimension der EU-Außenpolitik. Schon für die EPZ hatte Allen eine Zunahme der außenpolitischen „Brussels-based-activities" konstatiert und diese als „Brusselisation"[90] bezeichnet. Durch die Errichtung der GASP-Säule, die trotz aller Defizite die außenpolitische Akteursqualität der EU deutlich aufwertete, sowie und vor allem durch die Schaffung des Amtes des Hohen Vertreters und seiner in Brüssel platzierten Strukturen wurde das Phänomen der Brüsselisierung noch weitaus wirkungsmächtiger. Denn nun verlagerte sich ein gewisser Teil des außenpolitischen Geschehens in die Hauptstadt der EU.[91]

Während der Maastrichter Vertrag als ein Versuch des „Connecting dualism" bezeichnet worden war, wird dem Amsterdamer Vertrag die Fähigkeit eines „Bridging Dualism"[92] attestiert. Doch auch wenn die Fortschritte folglich nicht unerheblich sind, so besteht weiterhin die bereits mehrmals als „Absurdität" angesprochene

---

89 Vgl. dazu umfassend: Müller-Brandeck-Bocquet/Rüger (Hrsg.) 2011: The High Representative for the EU Foreign and Security policy – Review and Prospects.
90 Allen 1998: Who Speaks for Europe? 54.
91 Zur „Brüsselisierung" vgl. auch Kapitel 3.3.4.
92 Schmalz 1998: The Amsterdam Provisions on External Coherence: Bridging the Union's Foreign Policy Dualism? 426/427.

Entscheidung fort, „to maintain an artificial division between different areas of external relations"[93]. Die intergouvernementale und die gemeinschaftliche Dimension der EU-Außenpolitik nähern sich insbesondere durch das neue Amt des Hohen Vertreters und die Brüsselisierung einander an; der der gesamten EU-Außenpolitik inhärente Dualismus kann jedoch nicht überwunden werden.

Der Amsterdamer Vertrag brachte neben den eben beschriebenen substanziellen Innovationen noch eine zweite, außerordentlich bedeutsame Neuerung mit großen, wenngleich eher mittelbaren Auswirkungen auf die EU als internationalem Akteur mit sich: Denn in Amsterdam wurde die Schaffung eines „Raumes der Freiheit, der Sicherheit und des Rechts" (RFSR) beschlossen. Die Verwirklichung des Binnenmarkts zum 1. Januar 1993 hatte u. a. den freien Personenverkehr mit sich gebracht, den Abbau der Grenzkontrollen im Schengen-Raum sowie eine zunehmende Durchlässigkeit der Grenzen zu den ehemaligen Ostblockstaaten – allesamt begrüßenswerte Entwicklungen der Integrationspolitik und der internationalen Beziehungen. Damit entstanden der EU jedoch auch neue Sicherheitsgefährdungen, wie organisierte Kriminalität, internationaler Menschen- und Drogenhandel, Terrorismus, Schleuserkriminalität etc. Daher wurde mit dem Maastrichter Vertrag die dritte Säule eingerichtet, die im Amsterdamer Vertrag wesentlich reformiert bzw. verschlankt wurde: Das seit 1985 bestehende Schengen-Abkommen[94], das einen Raum ohne Binnengrenzen geschaffen hatte, wurde ebenso in die erste Säule des EGV überführt wie die Zugangspolitiken (Einwanderungs-, Visa- und Asylpolitik).

> Der RFSR erhöht die Verflechtungsdynamik

Darüber hinausgehend wagte man 1997 in Amsterdam einen großen Wurf, denn zu den Zielen der Union gehörte nun auch:

Art. 2 EUV Amsterdam

„[...] die Erhaltung und Weiterentwicklung der Union als Raum der Freiheit, der Sicherheit und des Rechts, in dem in Verbindung mit geeigneten Maßnahmen in Bezug auf die Kontrolle der Außengrenzen, das Asyl, die Einwanderung sowie die Verhütung und Bekämpfung der Kriminalität der freie Personenverkehr gewährleistet ist."

---

93 Cameron 2011: The EU's External Action Service – Golden or Missed Opportunity, 252.

94 Großbritannien und Irland sind dem Schengen-Raum ferngeblieben, auch Dänemark wählte ein Opt-out, während sich Norwegen und Island 1999, Lichtenstein und die Schweiz 2008 dem Schengen-Raum anschlossen.

Der RFSR des Amsterdamer Vertrags entzog sich von Anfang an der „Säulenlogik" des europäischen Primärrechts. Denn während die „polizeiliche und justizielle Zusammenarbeit in Strafsachen" als verschlankte dritte Säule weitestgehend intergouvernemental ausgestaltet blieb, unterlagen die Zugangspolitiken inklusive Schengen-Raum – nach gewissen Übergangsfristen – fortan der Gemeinschaftsmethode. Damit kann der RFSR als Paradebeispiel der *interpillarisation* von EU-Politiken, d. h. eines säulen-übergreifenden Ansatzes, gelten.

2.3 Eine operative EU-Sicherheits- und Verteidigungspolitik entsteht

1998 bahnten sich erneut kriegerische Auseinandersetzungen in Europa an, dieses Mal im Kosovo. Vor diesem bedrohlichen Hintergrund und als *lessons learnt* der frühen 1990er-Jahre, als die EG/EU sich angesichts der Kriege im zerfallenden Jugoslawien als handlungsunfähig erwiesen hatte, eröffnete sich die EU dieses Mal den Einstieg in eine sicherheits- und verteidigungspolitische Dimension ihrer Außenpolitik. Denn man beschloss, operative, auch autonom handlungsfähige europäische militärische Fähigkeiten aufzubauen, die im Bereich der Konfliktverhütung und der Krisenbewältigung eingesetzt werden sollten. Die EU ging also dazu über, ihre „Vorratsbeschlüsse", die sie angesichts des welthistorischen Umbruchs der Jahre 1989/1991 gefasst und in Amsterdam weiterentwickelt hatte, zumindest partiell in die Tat umzusetzen und sich zusätzliche Handlungsinstrumente zu verschaffen. Dieser deutliche Paradigmenwechsel kam so überraschend, schnell und radikal, dass zunächst geklärt werden muss, wie und warum es überhaupt zu diesem Einstieg der EU in den Hard-Power-Bereich militärischer Fähigkeiten hat kommen können.

2.3.1 Auf- und Ausbau der ESVP

Der Europäische Rat Köln vom 3./4. Juni 1999 beschloss, wirksame europäische militärische Fähigkeiten im Bereich der Konfliktverhütung und der Krisenbewältigung aufzubauen. Grundlage war u. a. ein Bericht, den die deutsche Ratspräsidentschaft erstellt hatte und der die Leitprinzipien für die ESVP umriss. „Strittige Punkte wie den genauen Grad der militärischen Eigenständigkeit der EU bzw. deren Verhältnis zur NATO oder die Fortexistenz der Beistandsverpflichtung der WEU"[95] klammerte man zunächst aus. Bei ersterem ging es vor allem darum, wie die künftige ESVP den berühmten „3Ds" der USA Rechnung tragen würde. Am 7. Dezember 1998, also nur drei Tage nach St. Malo, hatte US-Außenministerin Madeleine Albright die US-Position zum britisch-französischen, sprich europäischen Streben nach größerer sicherheitspolitischer Handlungsfähigkeit dargelegt. Sie begrüßte Blairs Appell an die Europäer, in der Sicherheits- und Verteidigungspolitik mehr Verantwortung zu übernehmen – Chiracs Rolle würdigte sie mit keinem Wort – und versicherte, dass dieses Ansinnen es den USA erleichtere „to remain engaged" [96]. Sodann formulierte Albright ihre berühmten „3 Ds", die die Kompatibilität der europäischen Perspektive mit der NATO sicherstellen müssten:

Die „3 Ds" der US-amerikanischen Außenministerin Albright, 7. Dezember 1998
„First, we want to avoid *decoupling*: Nato is the expression of the indispensable transatlantic link [...] where European decision-making is not unhooked from the broader alliance decision-making.
Second, we want to avoid *duplication*: defence resources are too scarce for allies to conduct [...] decisions twice – once at Nato and once more at the EU.
Third, we want to avoid any *discrimination* against Nato members who are not EU members."[97] (eigene Hervorhebung)

In dieser US-Positionierung sowie in der Schlusserklärung des Washingtoner NATO-Gipfels vom 24. April 1999, die erneut die europäische Initiative begrüßt, fehlt jeglicher Hinweis darauf, dass die künftigen autonomen europäischen Handlungsfähigkeiten ausschließlich auf Krisenprävention und -bewältigung ausgerichtet sind und mitnichten auf die Landesverteidigung im klassischen Sinne. Diese Fehlperzeption der europäischen Ambitionen seitens der USA dürfte Ursache für so manche spätere Enttäuschung über die bewusst begrenzt gehaltenen Einsatzmöglichkeiten der ESVP-Kapa-

---

95 Regelsberger 2002: Deutschland und die GASP – ein Mix aus Vision und Pragmatismus, 36.
96 Albright 1998: The right balance will secure Nato's future.
97 Albright 1998: The right balance will secure Nato's future.

zitäten sein. Hier ist der *expectation-capability-gap* angelegt, der die Debatten um die ESVP so nachhaltig prägt.[98]

Erklärung des Europäischen Rates (Köln) zur Stärkung der Gemeinsamen Europäischen Sicherheits- und Verteidigungspolitik, 3./4. Juni 1999

„Wir, die Mitglieder des Europäischen Rates, wollen entschlossen dafür eintreten, daß die Europäische Union ihre Rolle auf der internationalen Bühne uneingeschränkt wahrnimmt. Hierzu beabsichtigen wir, der Europäischen Union die notwendigen Mittel und Fähigkeiten an die Hand zu geben, damit sie ihrer Verantwortung im Zusammenhang mit einer gemeinsamen europäischen Sicherheits- und Verteidigungspolitik gerecht werden kann. [...]

Die Union [muss] die Fähigkeit zu autonomem Handeln, gestützt auf glaubwürdige militärische Fähigkeiten, sowie die Mittel und die Bereitschaft besitzen, dessen Einsatz zu beschließen, um – unbeschadet von Maßnahmen der NATO – auf internationale Krisensituationen zu reagieren. Die EU verbessert damit ihre Fähigkeit, im Einklang mit den Prinzipien der Charta der Vereinten Nationen auf internationaler Ebene zu Frieden und Sicherheit beizutragen. [...]

Wir sind davon überzeugt, daß die Europäische Union zur uneingeschränkten Wahrnehmung ihrer Aufgaben im Bereich der Konfliktverhütung und der Krisenbewältigung über die entsprechenden Fähigkeiten und Instrumente verfügen muß. Wir verpflichten uns daher, auf den Ausbau von wirksameren europäischen militärischen Fähigkeiten [...] hinzuwirken."[99]

Zum Einsatzbereich der ESVP wurde das gesamte Aufgabenspektrum der Petersberg-Aufgaben nach Artikel 17 (2) EUV-Amsterdam erklärt. Im Dezember 1999, nun unter finnischer Präsidentschaft, konkretisierte der Europäische Rat Helsinki diese Beschlüsse. Man kam überein, die EU bis zum März 2000 mit den für militärisches Krisenmanagement nötigen Gremien auszustatten und bis zum Jahr 2003 Krisenreaktionskräfte mit einem Umfang von bis zu 60.000 Soldaten aufzustellen.

---

98 Hill 1993: The Capability–Expectations Gap, or Conceptualizing Europe's International Role.
99 Europäischer Rat 1999: Schlussfolgerungen des Vorsitzes (Köln), Anhang III.

Europäischer Rat (Helsinki Headline Goals), 10./11. Dezember 1999
„Die Union wird im Einklang mit den Grundsätzen der Charta der Vereinten Nationen ihren Beitrag zum internationalen Frieden und zur internationalen Sicherheit leisten. […] Der Europäische Rat unterstreicht seine Entschlossenheit, die Union in die Lage zu versetzen, autonom Beschlüsse zu fassen und in den Fällen, in denen die NATO als Ganzes nicht einbezogen ist, als Reaktion auf internationale Krisen EU-geführte militärische Operationen einzuleiten und durchzuführen. […] Dieser Prozeß impliziert nicht die Schaffung einer europäischen Armee.
[…] der Europäische Rat [hat] insbesondere folgendes vereinbart:
Spätestens im Jahr 2003 müssen die Mitgliedstaaten im Rahmen der freiwilligen Zusammenarbeit bei EU-geführten Operationen in der Lage sein, innerhalb von 60 Tagen Streitkräfte im Umfang von 50.000 bis 60.000 Personen, die imstande sind, den Petersberg-Aufgaben in ihrer ganzen Bandbreite gerecht zu werden, zu verlegen und dafür zu sorgen, daß diese Kräfte für mindestens ein Jahr im Einsatz gehalten werden können.
Innerhalb des Rates werden neue politische und militärische Gremien und Strukturen geschaffen, um die Union in die Lage zu versetzen, unter Wahrung des einheitlichen institutionellen Rahmens die notwendige politische und strategische Leitung dieser Operationen zu gewährleisten. […]
Es wird ein Mechanismus zur nichtmilitärischen Krisenbewältigung geschaffen. […]"[100]

Aus den Schlussfolgerungen geht erneut eindeutig hervor, dass die EU sich bei der angestrebten militärischen Handlungsfähigkeit klare Grenzen setzt. Dies geschieht durch die Bezugnahme auf die Charta der Vereinten Nationen und insbesondere durch die explizite Einordnung in den Bereich der Konfliktverhütung und der Krisenbewältigung, die sich mit Einsätzen im Spektrum der Petersberg-Aufgaben decken. Der Europäische Rat Köln und Helsinki hat folglich die sicherheits- und verteidigungspolitischen „Vorratsbeschlüsse" aus Maastricht und Amsterdam insofern aktiviert, als dass man sich nun internationale Kriseninterventionskräfte verschaffen wollte; von einer europäischen Verteidigungspolitik bzw. Verteidigung im Sinne von Landesverteidigung kann mithin keine Rede sein. De facto verbleibt die Handlungsfähigkeit der EU „unterhalb der Schwelle der kollektiven Verteidigung"[101].

Verteidigungspolitische Komponenten haben die Beschlüsse von Köln und Helsinki jedoch dann, wenn man von einem weit gefassten Begriff der Verteidigung ausgeht; einige Jahre später und im

ESVP – Krisenreaktionskräfte

---

100 Europäischer Rat 1999: Schlussfolgerungen des Vorsitzes (Helsinki).
101 Regelsberger 2002: Deutschland und die GASP – ein Mix aus Vision und Pragmatismus, 36.

Kontext des Afghanistan-Einsatzes der Bundeswehr wird der damalige deutsche Verteidigungsminister Peter Struck den legendären Satz aussprechen:

Unsere Sicherheit wird nicht nur, aber auch am Hindukusch verteidigt.[102]

Die künftigen, ausschließlich in den Dienst der internationalen Krisenprävention und -bewältigung gestellten europäischen militärischen Fähigkeiten haben also dann – und nur dann – eine verteidigungspolitische Bedeutung, wenn man sich dieser Struckschen Begriffsauslegung anschließt.

Die eindeutige Zuordnung der ESVP in den Bereich der internationalen Krisenreaktion lässt ihre insgesamt bescheidene anvisierte Truppenstärke in einem neuen Licht erscheinen. Denn während sich mit 50.000 bis 60.000 mannstarken Krisenreaktionskräften in Konfliktarenen durchaus etwas ausrichten lässt, wäre es geradezu lächerlich, mit solchen Fähigkeiten ganz EU-Europa verteidigen zu wollen; dies aber ist explizit nicht Ansinnen der ESVP.

Capabilities Commitment Conference — Auf der *Capabilities Commitment Conference* vom November 2000 unterbreiteten die Mitgliedstaaten ihre Angebote zur Bereitstellung der in Helsinki beschlossenen militärischen Fähigkeiten, den *Helsinki Headline Goals*. Insgesamt sagten die Mitgliedstaaten mehr als „100.000 Soldaten (zusätzlich zu den Bodentruppen ca. 30.000 Marine- und Luftwaffensoldaten sowie etwa 450 Kampfflugzeuge und 100 Schiffe)"[103] zu. Deutschland beispielsweise war bereit, 8000 Soldaten sowie Ausrüstung und Gerätschaft bereitzustellen und übernahm damit rund 20 Prozent der geforderten Kapazitäten.

ESVP-Gremien im Vertrag von Nizza — Um die ESVP-Krisenreaktionskräfte konkret einsetzen zu können, beschloss man in Helsinki weiterhin, neue ständige politische und militärische Gremien zu schaffen. Diese Leitungsgremien der ESVP wurden im März 2000 interimär eingesetzt und während des Reformgipfels von Nizza im Dezember 2000 definitiv, schnell und völlig unkontrovers beschlossen – was als Beleg eines ausgeprägten Konsenses unter den damaligen 15 Mitgliedstaaten zu werten ist. Die neuen ESVP-Strukturen treiben den Prozess der Brüsselisierung der EU-Außenpolitik sehr erheblich weiter voran.

Die Beschlüsse zu den neuen ESVP-Strukturen sowie zu Fragen der Zusammenarbeit zwischen NATO und EU wurden aus Rücksicht

---

102 Struck 2004: Regierungserklärung.
103 Fröhlich 2014: Die Europäische Union als globaler Akteur, 124.

auf die paktungebundenen EU-Mitgliedstaaten zum Teil nicht direkt im Vertrag von Nizza, sondern im Bericht der französischen Präsidentschaft und dessen Anhängen festgehalten; im Vertrag selbst wurden lediglich drei Änderungen vorgenommen, die die GASP und ESVP betreffen. So wurde Art. 17 EUV dahingehend verändert, dass man alle operativen Bezüge zur WEU strich. Denn mit Schaffung der ESVP wurde die WEU als Durchführungsorgan für operative Aufgaben wie die Petersberg-Aufgaben nicht mehr benötigt.[104] Weiterhin wurde in Art. 25 EUV das für die GASP bislang zentrale Politische Komitee durch das „Politische und Sicherheitspolitische Komitee (PSK)" ersetzt. Das PSK setzt sich aus nationalen Vertretern auf der Ebene der hohen Beamten/Botschafter zusammen, konkret den politischen Direktoren der einzelstaatlichen Außenministerien bzw. deren ständige Vertreter in Brüssel. Das PSK erarbeitet Beschlussvorlagen für den Rat. Da dies auch für ESVP-Beschlüsse gilt, findet das PSK auch im Bericht der französischen Präsidentschaft Erwähnung.

Neue ESVP-Strukturen (Bericht der französischen Präsidentschaft)
1. Das Politische und Sicherheitspolitische Komitee (PSK).
2. Der Militärausschuss (EUMC: *Military Committee of the European Union*). Der EUMC setzt sich aus den Generalsstabschefs (CHODS) der Mitgliedstaaten bzw. ihren Vertretern zusammen. Der EUMC leitet alle militärischen ESVP-Missionen, er berät das PSK.
3. Der Militärstab (EUMS: *Military Staff of the European Union*). Der EUMS ist in das Ratssekretariat eingegliedert, er untersteht dienstrechtlich dem Hohen Vertreter, fachlich dem Militärausschuss. Der EUMS erarbeitet Lagebeurteilungen und strategische Planungen für ESVP-Missionen.[105]

Wie bereits in Helsinki angekündigt, ging die EU im Mai 2000 dazu über, auch zivile Krisenreaktionskräfte aufzubauen; vor allem Schweden und Deutschland drängten darauf, dass sich die ESVP nicht als rein militärisches Interventionsinstrument entwickelt. So wurde im Mai 2000 ein Ausschuss für ziviles Krisenmanagement (CIVCOM) geschaffen; im portugiesischen Santa Maria da Feira verabschiedete der Europäische Rat erstmals einschlägige zivile Planziele. Die EU strebte zunächst den Aufbau von zivilen Krisenreak-

Zivile ESVP-Kräfte

---

104 Adam 2002: Die Gemeinsame Außen- und Sicherheitspolitik der Europäischen Union nach dem Europäischen Rag von Nizza,135.
105 Diese ESVP-Dokumente sind – wie auch alle anderen bereits erwähnten – abgedruckt in: Rutten (Hrsg.) 2001: From St. Malo to Nice: European defence, core documents, 171/172.

tionskräften im Umfang von 5000 Polizeikräften an, wovon 1000 Mann binnen 30 Tagen einsatzbereit sein sollten. Deutschland trug mit 910 Polizisten bei. Der Aufbau der zivilen ESVP-Kapazitäten wurde auf den Treffen des Europäischen Rates Nizza (Dezember 2000) und Göteborg (Juni 2001) weiter präzisiert.

Europäischer Rat (Santa Maria da Feira), 19./20. Juni 2000

„11. Der Europäische Rat begrüßt die Tatsache, daß der Ausschuß für die nicht-militärischen Aspekte der Krisenbewältigung eingesetzt wurde [...] Die Mitgliedstaaten haben diesbezüglich zugesagt, daß sie bis 2003 in der Lage sein werden, im Rahmen einer freiwilligen Zusammenarbeit bis zu 5.000 Polizeibeamte für internationale Missionen im gesamten Spektrum von Operationen der Konfliktverhütung und Krisenbewältigung bereitzustellen. Die Mitgliedstaaten haben außerdem zugesagt, dafür zu sorgen, daß sie innerhalb von 30 Tagen bis zu 1.000 Polizeibeamte bestimmen und einsetzen können."

Anhang I, Appendix 3: Als Prioritäten der nichtmilitärischen Aspekte der Krisenbewältigung wurden definiert:

„Polizeieinsätze

Stärkung des Rechtsstaats

Stärkung der Zivilverwaltung

Katastrophenschutz."[106]

Alleinstellungsmerkmal der ESVP

Mit der Realisierung eines doppelten, militärischen und zivilen Ansatzes für ihre Krisenreaktionskräfte erwarb sich die EU ein markantes, weltweit gültiges Alleinstellungsmerkmal; dies wurde von Deutschlands Außenminister Joschka Fischer frühzeitig als „Markenzeichen für das europäische Krisenmanagement im 21. Jahrhundert"[107] bezeichnet. In der Tat ist dieser Ansatz einzigartig; weltweit verfügt kein anderer Akteur über eigene, ausschließlich der Krisenprävention und -lösung sowie dem post-konfliktuellen *peace* bzw. *state building* gewidmete Interventionskräfte. All dies macht die EU zu einer globalen Interventionskraft der besonderen Art, für die sie die Bezeichnung „Friedensmacht" reklamiert.[108]

---

106 Europäischer Rat 2000: Schlussfolgerungen des Vorsitzes (Santa Maria da Feira).

107 Außenminister Joschka Fischer zitiert nach Kremer/Schmalz 2001: Nach Nizza – Perspektiven der Gemeinsamen Europäischen Sicherheits- und Verteidigungspolitik, 167.

108 Vgl. Kapitel 4.1.2.

2.3.2 Wie wurde plötzlich möglich, was so lange unerreichbar war?

Um die Bedeutung dieses sehr beachtlichen Schrittes hin zu neuer und zusätzlicher Handlungsfähigkeit in der intergouvernementalen Dimension der EU-Außenpolitik ermessen zu können, gilt es zunächst, die tradierten Positionierungen knapp zu reflektieren, die bei der Frage nach einer europäischen Eigenständigkeit in der Sicherheits- und Verteidigungspolitik Ende der 1990er-Jahre anzutreffen waren. Dies soll an den *Big Three* der EU, Deutschland, Frankreich und Großbritannien, festgemacht werden.[109]

Seit den gescheiterten französischen Vorstößen der 1950er- und 1960er-Jahre, die eine eigenständige europäische Sicherheits- und Verteidigungspolitik angestrebt hatten und zugleich der US-amerikanischen Hegemonie über Westeuropa entgegenwirken sollten, und seit dem darauffolgenden Austritt Frankreichs aus den integrierten Militärstrukturen der NATO bestanden in der EG unüberbrückbare sicherheits- und verteidigungspolitische Meinungsverschiedenheiten. Während Frankreich als „einsamer Rufer in der Wüste"[110] bzw. als *enfant terrible* fungierte, das unablässig nach einem *Europe Puissance*[111] verlangte, war das Vereinigte Königreich der Garant für das NATO-first-Prinzip als zentrale transatlantische Klammer. Die Bundesrepublik wiederum fühlte sich der obersten Maxime deutscher Außenpolitik verpflichtet, „sich nicht zwischen Paris und Washington entscheiden zu müssen und jede derartige Situation nach Kräften zu vermeiden"[112]. Um den gegensätzlichen Anforderungen beider Seiten gerecht zu werden, willigte Kanzler Kohl einerseits in eine Intensivierung der deutsch-französischen sicherheits- und verteidigungspolitischen Kooperation ein. So wurden 1988, anlässlich des 25. Geburtstags des Elysée-Vertrags, ein bilateraler Rat für Verteidigung und Sicherheit gegründet und die

Traditionelle Gegensätze in der Sicherheitspolitik

---

109 Vgl. dazu ausführlich Müller-Brandeck-Bocquet 2006: The Big Member States' Influence on the Shaping of the European Union's Foreign, Security and Defence Policy.

110 Meimeth 2002: Sicherheitspolitik zwischen Nation und Europa. Deutsche und französische Perspektiven, 232.

111 Frankreichs Staatspräsident Valéry Giscard d'Estaing ist Urheber des Begriffs der *Europe Puissance*; ein solch mächtiges, außenpolitisch umfassend handlungsfähiges Europa sollte dessen Vakanz in der Welt, die Giscard so oft beklagte, beenden.

112 Maull/Harnisch/Grund 2003: Deutschland im Abseits? Rot-grüne Außenpolitik 1998–2003, 10.

deutsch-französische Brigade aufgestellt; dies wird gemeinhin als „Bündnis im Bündnis" bezeichnet. Andererseits aber – ganz im Sinne der transatlantischen Loyalität – bezog Kohl nie eindeutig Stellung zu Frankreichs Drängen auf eine sicherheits- und verteidigungspolitische Eigenständigkeit Europas. Die Ambivalenz, die sich aus dieser komplexen Dreierkonstellation ergab, lässt sich paradigmatisch an den bereits erwähnten Wiederbelebungsversuchen der WEU in den 1980er-Jahren festmachen, die von Mitterrand forciert worden waren. Die WEU sollte nach französischer Konzeption den bewaffneten Arm der EG bilden.[113] Faktisch war die WEU zwar ein Bündnis bar jeglicher eigener operationeller Kapazitäten, sie hatte aber den Vorzug, dass ihr bis auf die beiden Beobachterstaaten Dänemark und Irland alle anderen damaligen EG-Staaten angehörten. Doch Mitterrands Vorstoß verlief zunächst im Sand.

Wiederbelebung der WEU Erst im Vorfeld des Maastrichter Vertragsabschlusses brachte Mitterrand erneut die WEU ins Spiel. Da auch die meisten seiner Partner, so insbesondere Deutschland, die Forderung der USA nach einem größeren europäischen Beitrag zum *burden sharing* deutlich wahrnahmen und ein *disengagement* der USA in Europa fürchteten, kam es im Maastrichter Vertrag zur bereits erwähnten engen Verknüpfung zwischen EU und WEU, die zum „integralen Bestandteil der Entwicklungen der Union" erklärt wurde. Diesen Vorstoß trug auch Großbritannien mit – nicht zuletzt wegen der Sonderbestimmungen für NATO- und EU-Mitgliedstaaten des Vertrags. Amsterdam hatte die Bedeutung der WEU für die GASP aufgewertet, da sie der Union „Zugang zu einer operativen Kapazität" verschaffen sollte (Art. 17 EUV-Amsterdam). In der Folgezeit jedoch blieb die Frage nach der Selbstständigkeit dieses bewaffneten Arms der EU interpretationsoffen. Während Frankreich mittels der WEU einen unabhängigen europäischen sicherheits- und verteidigungspolitischen Pfeiler außerhalb der Nordatlantischen Allianz bilden wollte,[114] präferierten die meisten anderen WEU-Staaten die Schaffung einer Europäischen Sicherheits- und Verteidigungsidentität (ESVI) – so der 1994 geprägte Begriff – innerhalb der NATO. Für Großbritannien war es allemal eine Selbstverständlichkeit, dass die ESVI ausschließ-

---

113 Burmester 1997: Atlantische Annäherung – Frankreichs Politik gegenüber der NATO und den USA, 109.
114 Schild 1992: Frankreich und die Europäische Union: Außen- und Sicherheitspolitik im EG-Rahmen? 90. Schild stützt sich auf eine Rede von Frankreichs Außenminister Roland Dumas vom 4. Juni 1991.

lich innerhalb der Allianz gestärkt werden sollte; dies galt Margaret Thatcher als Voraussetzung „to maintain the United States' commitment to Europe's defence".[115]

Kanzler Helmut Kohl verhielt sich in der Frage der Eigenständigkeit der angestrebten sicherheits- und verteidigungspolitischen Komponente der EU bis zum Ende seiner Kanzlerschaft undeutlich bzw. ambivalent. Zwar forderte der Kanzler wiederholt die „Schaffung einer echten gemeinsamen Außen- und Sicherheitspolitik" und betonte:

Kohls Ambivalenzen

> Für uns gilt unverändert, dass das europäische Einigungswerk ohne die volle Einbeziehung der Sicherheitspolitik und langfristig der Verteidigung unvollständig bleibt.[116]

Auch in der gemeinsamen Initiative mit Mitterrand vom 14. Oktober 1991 forderte der deutsche Kanzler, „die von uns allen für notwendig erachtete Übernahme stärkerer europäischer Verantwortung auf dem Gebiet von Sicherheit und Verteidigung durch konkrete Festlegungen und institutionelle Schritte klar zum Ausdruck zu bringen".[117] Konkret jedoch suchte Kanzler Kohl den auseinanderstrebenden Anforderungen der deutsch-amerikanischen und deutsch-französischen Freundschaft dadurch gerecht zu werden, indem er seine einschlägigen sicherheits- und verteidigungspolitischen Initiativen mit Mitterrand strikt als den Versuch ausgab, via WEU den europäischen Pfeiler in der NATO auszubauen. Die Zweigleisigkeit der Kohlschen Sicherheitspolitik lässt sich exemplarisch auch an den deutschen Positionen zum Eurokorps aufzeigen: Mit dem Aufstellungsbeschluss vom Mai 1992 gaben Mitterrand und Kohl der nun deutlich aufgewerteten WEU erstmals Truppen zur konkreten Erfüllung militärischer Missionen an die Hand und ließen damit ihren gemeinsamen Appellen zur Stärkung der europäischen sicherheits- und verteidigungspolitischen Handlungsfähigkeit Taten folgen. Anders als Frankreich aber trat Deutschland massiv für die NATO-Assignierung des Eurokorps ein.[118] Diese

Eurokorps

---

115 Thatcher 1988: Speech to the College of Europe.
116 Kohl 1990: Regierungserklärung.
117 Französisch-deutsche Initiative vom 14. Oktober 1991 in der Außen-, Sicherheits- und Verteidigungspolitik, abgedruckt in Woyke 2004: Deutsch-französische Beziehungen seit der Wiedervereinigung, 225–228.
118 Dies geschah im sogenannten SACEUR-Abkommen vom 21. Januar 1993; vgl. Müller-Brandeck-Bocquet 2007: Wie halten wir es mit Amerika? Die transatlantischen Beziehungen, die Konstruktion Europas und die deutsch-französische Zusammenarbeit in der Ära Kohl, 288.

und weitere deutsch-französische Divergenzen im Hinblick auf die Frage nach der sicherheits- und verteidigungspolitischen Selbstständigkeit Europas ließen sich bis Ende der 1990er-Jahre jedoch trefflich hinter der britischen Totalblockade verbergen.

Politikwechsel in Großbritannien 1998

Doch plötzlich ergaben sich neue Konstellationen, die substanzielle Fortschritte für die sicherheits- und verteidigungspolitische Handlungsfähigkeit und damit Akteursqualität der EU ermöglichten. Diese neuen Konstellationen entstanden durch markante Politikwechsel in allen drei der hier besonders berücksichtigten großen Mitgliedstaaten Deutschland, Frankreich und Großbritannien. Sie sind als Anpassungen der jeweiligen nationalen Interessen an ein deutlich verändertes internationales Umfeld zu interpretieren.

Dies lässt sich zunächst am britischen Politikwechsel in der Sicherheits- und Verteidigungspolitik zeigen. Denn der im Mai 1997 erstmals zum britischen Prime Minister gewählte Tony Blair, zweifelsfrei der europhilste aller bisherigen britischen Premiers, suchte einen Ausweg aus jener problematischen Lage, in welche sein Vorgänger John Major das Land durch sein Opt-out bei den WWU-Beschlüssen von Maastricht manövriert hatte. Damit hatte sich Großbritannien selbst aus dem wichtigsten und ehrgeizigsten aller bisherigen Integrationsprojekte ausgeschlossen: der gemeinsamen Währung Euro. Blair stigmatisierte dieses selbstverschuldete Zurückbleiben hinter der dynamischen Entwicklung hin zum Euro als britisches „hanging back", das dem Königreich zum Nachteil gereiche. Da er Großbritannien aber zurück ins Herz Europas führen wollte, die Briten zu „whole-hearted [...] partners in Europe"[119] machen wollte, suchte er nach einer Möglichkeit, um das britische Europa-Engagement unter Beweis zu stellen – was zugleich auch den britischen Einfluss in der EU bewahren oder gar vergrößern sollte. Blair entschied sich für die Sicherheits- und Verteidigungspolitik, um Großbritanniens Rolle in der EU zu demonstrieren und aufzuwerten. Er signalisierte den Partnern seine Bereitschaft, unter gewissen Bedingungen die Entwicklung europäischer Verteidigungskapazitäten zu unterstützen. Seine Entscheidung war insofern strategisch klug, als europäische Sicherheits- und Verteidigungsbemühungen ohne Großbritannien, Europas größte Militärmacht, nur bedingt erfolgversprechend waren. Blairs Abkehr von der klassischen britischen Position, das Monopol der NATO vorbehalts- und kompromisslos zu verteidigen, eröffnete der EU folglich neue, bis-

---

119 Blair 2001: Rede beim European Research Institute Birmingham.

her hermetisch verschlossene Möglichkeiten. Seinen Niederschlag fand dieser britische Politikwechsel in der gemeinsamen Erklärung von St. Malo, die Tony Blair zusammen mit Jacques Chirac während des britisch-französischen Gipfeltreffens vom 3./4. Dezember 1998 abgab.

Erklärung von St. Malo, Dezember 1998 (zentrale Passagen)
"1. The European Union needs to be in a position to play its full role on the international stage. This means making a reality of the Treaty of Amsterdam. [...] The Council must be able to take decisions on an intergovernmental basis, covering the whole range of activities set out in Title V of the Treaty of European Union. [...] To this end, the Union must have the capacity for autonomous action backed up by credible military forces, the means to decide to use them, and a readiness to do so, in order to respond to international crises."[120]

Die Erklärung von St. Malo enthält folglich zum ersten und wichtigsten das Bekenntnis seitens Frankreichs und Großbritanniens, dass die EU über glaubwürdige militärische Mittel verfügen müsse, um ihre internationale Rolle vollinhaltlich ausfüllen zu können. Dazu wird nun eben auch die Fähigkeit gezählt, in internationalen Krisen und angesichts neuer Sicherheitsrisiken operativ handlungsfähig zu sein. Eine zweite Schlüsselstelle dieses wichtigen Dokuments ist in der expliziten Anerkennung der Notwendigkeit autonomer europäischer Handlungsfähigkeit zu sehen. Drittens schließlich wird der Ruf nach Autonomie in der gemeinsamen Erklärung sogleich wieder deutlich begrenzt. Denn in den Abschnitten 2 und 3 heißt es:

Erklärung von St. Malo, Dezember 1998 (zentrale Passagen)
"2. [...] In strengthening the solidarity between the member states of the European Union, in order that Europe can make its voice heard in world affairs, while acting in conformity with our respective obligations in NATO, we are contributing to the vitality of a modernised Atlantic Alliance which is the foundation of the collective defence of its members. [...] The different situations of countries in relation to NATO must be respected.
3. In order for the European Union to take decisions and approve military action where the Alliance as a whole is not engaged the Union must be given appropriate structures and a capacity [...], without unnecessary duplication, taking account of the existing assets of the WEU and the evolution of its relations with the EU. In this regard, the European Union will also need to have recourse to suitable military means (European capabilities pre-designated within NATO's European pillar or national or multinational European means outside the NATO framework)."

---

120 Erklärung von St. Malo 1998, http://www.cvce.eu/de.

In den auf St. Malo folgenden Jahren wird intensiv über die konkrete Ausgestaltung der Beziehungen zwischen EU und NATO gerungen werden; für das Jahr 1998 bleibt festzuhalten, dass Tony Blair ein britisches Tabu aufgab, als er das jahrzehntelang kompromisslos verfochtene sicherheits- und verteidigungspolitische Monopol der NATO aufweichte. Damit gab er den Weg frei für einen Prozess, der innerhalb kürzester Zeit zur Europäischen Sicherheits- und Verteidigungspolitik (ESVP) führte.

Frankreichs Zugeständnisse

Chiracs Beitrag zum bahnbrechenden Kompromiss von St. Malo bestand darin, dass er in die deutliche Beschränkung der Autonomie europäischer militärischer Fähigkeiten einwilligte. Damit erkannte auch Frankreich die Einpassung der angestrebten europäischen Kapazitäten in ein komplexes Beziehungsgeflecht mit der NATO an und machte durch diese Abstriche am klassischen, autonomiefixierten französischen Europe-Puissance-Konzept seinerseits den Weg für die ESVP frei. Dabei ist jedoch zu betonen, dass diese wichtigen französischen Zugeständnisse nicht abrupt im Stil eines klar fassbaren Politikwechsels wie im britischen Fall auftraten, sondern das Ergebnis eines langjährigen, schleichenden Anpassungsprozesses waren. Zwar übte Frankreich – wie erwähnt – jahrzehntelang eine sicherheitspolitische Sonderrolle aus, was ihm nachhaltig den Ruf einbrachte, die Nordatlantische Allianz untergraben zu wollen. Damit „beraubte [sich] Frankreich der Möglichkeit, auf seine Partner zugunsten einer gemeinsamen Verteidigungspolitik einwirken zu können"[121]. Doch der Golfkrieg 1991 zur Befreiung Kuwaits, an dem sich Frankreich mit 14.500 Soldaten beteiligt hatte, zwang Mitterrand dazu, die Unersetzlichkeit der NATO anzuerkennen.

> France's experience of participating in a multinational force commanded by a US general under NATO procedures for interoperability was both humiliating and revealing. [...] Any illusion which might have remained about France's (and Europe's) capacity to underwrite the collective security of the Continent was shattered in the Saudi Arabian desert.[122]

Diese niederschmetternde Erfahrung sowie der erneute Beweis der Abhängigkeit der Europäer von der NATO im Kontext der Jugoslawien-Kriege führten zu einer ersten zaghaften Wiederannäherung Frankreichs an die NATO, die dann unter Präsident Chirac sehr weit

---

121 Deloche-Gaudez 2002: Frankreichs widersprüchliche Positionen in der Gemeinsamen Außen- und Sicherheitspolitik, 128/129.
122 Howorth 2000: European integration and defence. The ultimate challenge? 18.

und bis an die Schwelle der Re-Integration vorangetrieben wurde. Diese scheiterte zu Chiracs Amtszeiten jedoch an Streitigkeiten über hochrangige NATO-Positionen,[123] sodass erst sein Nachfolger Nicolas Sarkozy Frankreich im April 2009 zurück in die integrierten Militärstrukturen der NATO führte.

Mit dieser konstruktiven Wende seiner NATO-Politik distanzierte sich Chirac von der jahrzehntealten gaullo-mitterrandistischen Fixiertheit auf Unabhängigkeit und anti-hegemoniale, sprich anti-amerikanische Attitüden. Damit besänftigte er die EU-Partnerstaaten und leistete seinen Beitrag zum Kompromiss von St. Malo, der die ESVP ermöglichte – eine ESVP, die sowohl den NATO-Vorrang als auch eine klare Begrenzung des Aufgabenspektrums auf Krisenreaktion akzeptierte und dadurch beträchtliche Abstriche am früheren französischen maximalistischen Europe-Puissance-Konzept bedeutete.

Die rot-grüne Bundesregierung Schröder/Fischer hatte nun zu entscheiden, ob Deutschland sich dem britisch-französischen Vorstoß anschließen sollte. Ein Abseitsstehen hätte massiven Einflussverlust auf Paris und die EU insgesamt bedeutet. Rot-Grün entschied sich für die ESVP. Diese Entscheidung war in einen weiter gefassten außenpolitischen Politikwechsel eingebettet, den Deutschland als „erwachsene Nation" mit „aufgeklärten Eigeninteressen" unter Rot-Grün vollzog,[124] und der auch regelrechte Tabubrüche mit der bisherigen deutschen Außenpolitik bereithielt.

Bereits im Koalitionsvertrag von 1998 hatte sich Rot-Grün zur Weiterentwicklung der GASP „im Sinne von mehr Vergemeinschaftung" sowie zur „Verstärkung der europäischen Sicherheits- und Verteidigungsidentität" einschließlich der Weiterentwicklung der WEU bekannt. Schon dies mag mit Blick auf das deutlich pazifistisch ausgerichtete Bündnis 90/Die Grünen erstaunen, hatten sie doch jahrelang den Austritt Deutschlands aus der NATO gefordert. Besonders sichtbar wurde die außenpolitische Neujustierung in dem Beschluss von Rot-Grün, sich mit Kampftruppen an den nicht vom UN-Sicherheitsrat mandatierten NATO-Luftschlägen gegen Serbien im Kosovo-Krieg von 1999 zu beteiligen.[125]

Tabubrüche in Deutschland

---

123 Um Frankreich bei einer NATO-Reintegration seinen vollen Platz zu geben, hatte Chirac gefordert, künftig einen Europäer/Franzosen zum Kommandeur der *Allied Forces South Europe* mit Sitz in Neapel zu ernennen. Doch die USA unter Bill Clinton weigerten sich, das strategisch wichtige Südkommando aus den Händen zu geben.
124 Schröder 1999: Außenpolitische Verantwortung Deutschlands in der Welt.
125 Die mögliche Beteiligung an einem NATO-Einsatz wurde am 16. Oktober 1998 vom Bundestag noch unter Kanzler Kohl beschlossen. Den definitiven Entsendebeschluss fasste aber der neu gewählte Bundestag am 25. Februar 1999 unter Rot-Grün.

> Schröder und Fischer [begründeten] den ersten Kampfeinsatz in der Ge-
> schichte der Bundeswehr nicht mit den Handlungszwängen der internatio-
> nalen Politik, sondern [appellierten] an die pazifistischen und humanitären
> Wurzeln ihrer Parteien.
> „Nie wieder Auschwitz" heißt heute „Wehret den Anfängen", begründete
> der Außenminister im Frühjahr 1999 seine Zustimmung zum Militärschlag
> gegen Serbien. [...] So gesehen überrascht es eigentlich nicht, dass [...] die
> rot-grüne Koalition [...] einen entscheidenden Schritt über sämtliche Vor-
> gängerregierungen hinausging und erstmals seit mehr als einem halben
> Jahrhundert wieder deutsche Soldaten in den Krieg schickte.[126]

Damit bekannte sich die Bundesregierung zum Instrument militärischer humanitärer Interventionen. Trotz oder gerade wegen der
„pazifistischen und humanitären Wurzeln" ihrer Parteien übernah-
men Schröder und Fischer das Konzept einer internationalen
Schutzverantwortung, einer *responsibility to protect*, wie sie damals
auf UN-Ebene debattiert und entfaltet wurde.

In diesem zeitgeschichtlichen Kontext und angesichts des Hand-
lungsdrucks, den die Erklärung von St. Malo auf Deutschland entfal-
tete, setzten sich Schröder und Fischer unmittelbar mit Beginn der
deutschen Ratspräsidentschaft Anfang 1999 konsequent für eine
eigenständig handlungsfähige ESVP ein. In seiner programma-
tischen Rede vor dem Europäischen Parlament am 12. Januar 1999
erklärte der Außenminister die Schaffung einer gemeinsamen europäischen Sicherheits- und Verteidigungspolitik zur nächsten großen
Zukunftsaufgabe der EU; die Union müsse „die Fähigkeit auch für
ein eigenes militärisches Krisenmanagement entwickeln. [...] Die
Schaffung einer Europäischen Sicherheits- und Verteidigungsidentität könnte – nach dem Binnenmarkt und der Wirtschafts- und Währungsunion – von großer Wichtigkeit für die Vertiefung der EU werden." An anderer Stelle sagte Fischer, der Kontinent werde „immer
fremdbestimmt" bleiben, wenn die Europäer nicht zu einer gemeinsamen Sicherheits- und Verteidigungspolitik fänden.[127]

Auch der Kanzler vertrat offen das Leitbild eines sicherheitspolitisch handlungsfähigen Europas.

> Europa darf international nicht Beobachter sein, sondern muss als starker
> Akteur auftreten, der die Schaffung der globalen Ordnung für das 21. Jahr-
> hundert entscheidend mitbestimmt [...].

---

126 Schöllgen 2005: Deutsche Außenpolitik in der Ära Schröder, 3/4.
127 Fischer, zitiert in Maurer 2000: Eine Sicherheits- und Verteidigungspolitik
für Europa, 22.

Im Vordergrund steht dabei neben der Schaffung krisentauglicher Entschei-
dungsmechanismen vor allem die Verbesserung der militärischen Fähigkeiten der Europäischen Union. [...]

Unsere Verantwortung, aber auch unser Selbstwertgefühl als Europäer gebietet es, dass wir Europäer selbst uns mit den hierzu notwendigen Mitteln
ausstatten. [...]

Wir brauchen eine gemeinsame europäische Antwort auf die Globalisierung,
die wirksame Vertretung unserer Interessen nach außen [...].

In Frankreich hat man den Begriff „Europe Puissance" geprägt, der treffend
unser gemeinsames Ziel bestimmt. [...] Ich mache mir diese treffende französische Bezeichnung für unsere gemeinsame Vision des künftigen Europas
hier und heute zu eigen. [...]

Deutschland und Frankreich [... müssen] gemeinsame Überlegungen anstel-
len, wie die [...] Gemeinsame Verteidigung ausgestaltet werden kann, ohne
die transatlantische Verteidigungssolidarität in Frage zu stellen.[128]

Auch in Deutschland hatte sich folglich unter Rot-Grün ein Politikwechsel ereignet, der nicht nur offener war für militärische humanitäre Interventionen mit deutscher Beteiligung, sondern auch die
Zielsetzung einer eigenständigen europäischen operativen Handlungsfähigkeit vollumfänglich anerkannte. Dies muss als wichtiger
Teilaspekt des Selbstverständnisses der insgesamt „bewusst selbstbewusst auftreten[den]"[129] rot-grünen Bundesregierung verstanden
werden.

2.4 EU-Außenpolitik Post-Nizza: Vom goldenen Zeitfenster zur Stagnation

Mit der höchst bedeutsamen Entscheidung der Union, das bisher
unbetretene Terrain der Sicherheits- und Verteidigungspolitik für
sich zu erschließen, öffnete sich für die EU-Außenpolitik ein goldenes Zeitfenster. In den 2000er-Jahren konnte sich die Integrationsgemeinschaft als internationaler Akteur profilieren. Diese Profil-
stärkung basierte insbesondere auf dem Einstieg in die nun
operative ESVP, die den hehren Ansprüchen der EU-Außenpolitik
ein größeres Maß an Glaubwürdigkeit verlieh. Trotz Rückschlägen
(erinnert sei an den „Sündenfall" der GASP im Irak-Krieg 2003) wurde deutlich, dass die EU eine Rolle als veritabler globaler Akteur

---

128 Schröder 1999: Rede vor der französischen Nationalversammlung.
http://www.cvce.eu/de.
129 Janning 1999: Bundesrepublik Deutschland, 331.

einnehmen will – und muss. So äußerte sich auch Javier Solana, der diese Hochphase der EU-Außenpolitik als Hoher Vertreter maßgeblich prägte: „We have no choice, we must play a role."[130]

EU-Außenpolitik im Vertrag von Nizza

Das neue Jahrtausend wurde für die EU-Außenpolitik vertraglich eingeläutet mit dem Vertrag von Nizza. Dieser Vertrag war von immensen Erwartungen begleitet worden, sollte er doch die EU „fit" machen für die bevorstehende Osterweiterung. Anders ausgedrückt: Der Vertrag sollte die hoch umstrittenen Amsterdamer *leftovers* zufriedenstellend lösen, bei denen es um nichts Weniger ging als um Macht- und Einfluss in den Institutionen der EU. Insgesamt blieb der Vertrag jedoch deutlich hinter den Erwartungen zurück. Diese Bewertung gilt auch für den außenpolitischen Bereich. Von großer Bedeutung war lediglich die bereits erwähnte Indossierung der ESVP-Gremien. Ansonsten gaben die Staats- und Regierungschefs der EU-Außenpolitik in Nizza nur sehr spärliche Reformimpulse. Hierzu zählte die Ergänzung von Art. 27 EUV, um auch die GASP dem „Integrationsbeschleunigungsinstrument" der verstärkten Zusammenarbeit zu öffnen (Art. 27a–e EUV);[131] Fragen mit militärischen oder verteidigungspolitischen Bezügen wurden jedoch hiervon ausgenommen. Auswirkungen auf die Außenpolitik der EU hatten freilich auch die kontrovers diskutierte und letztlich ungerechte Neugewichtung der Stimmen im Rat, die Bestimmungen zur künftig dreifachen Mehrheit sowie die Ausweitung von qualifizierten Mehrheitsentscheidungen in einzelnen Politikfeldern. Eine Innovation des Nizzaer Vertrags ist auch, dass der Generalsekretär des Rates/Hohe Vertreter sowie Sonderbeauftragte mit qualifizierter Mehrheit ernannt werden (Art. 207 (2) EGV, Art. 23 (2) EUV). Diese Neuerung ist allerdings insofern wenig bedeutsam, als Personalentscheidungen, die nicht im Konsens getroffen werden, die Inhaber der Positionen gemeinhin eher schwächen und somit vermieden werden. Insgesamt sahen wohl auch die Vertragsarchitekten den bescheidenen Mehrwert des Vertrags von Nizza und verständigten sich noch beim Gipfel im Dezember 2000 darauf, den Reformprozess fortzusetzen.[132]

---

130 Solana zit. nach Bengtsson/Allen, 2011: Exploring a Triangular Drama: The High Representative, the Council Presidency and the Commission, 112.
131 Müller-Brandeck-Bocquet 2007: Die Europäische Außenpolitik: Genese, Entwicklungsstand und Perspektiven, 274.
132 Vgl. Kapitel 3.1.2.

2.4.1 Ein goldenes Zeitfenster für die EU-Außenpolitik

Nach den bahnbrechenden Beschlüssen von Köln und Helsinki und der Indossierung der ESVP-Strukturen im Vertrag von Nizza entwickelte sich die ESVP äußerst schnell – mit „Lichtgeschwindigkeit", wie der erste Hohe Vertreter der EU, Javier Solana, zu sagen pflegte. Sie verschaffte der EU eine neue, erheblich gestärkte außen- und sicherheitspolitische Akteursqualität, die sie zu bislang unbekannter Handlungsdynamik befähigte.

Im ersten Jahr ihrer Einsatzfähigkeit 2003 wurden die zivilen und militärischen Interventionskräfte der EU gleich zu vier Missionen entsandt, zwei militärischen (Concordia in Mazedonien und Artemis in der Demokratischen Republik Kongo) sowie zwei zivilen Polizeimissionen (EUPOL in Bosnien und Herzegowina, EUPOL Proxima in Mazedonien).[133] Weitere Einsätze folgten in den kommenden Jahren. Mit ihren jungen, deutlich begrenzten ESVP-Kapazitäten konnte die EU einen Beitrag zu internationalen Friedenssicherungs- und Ausbaueinsätzen leisten, sie konnte ihre Nützlichkeit unter Beweis stellen, sodass die Dekade 1999–2009 als das „goldene Zeitfenster für GASP und ESVP"[134] bezeichnet werden kann. Es entstand eine beachtliche Dynamik, die Außenminister Joschka Fischers Prophezeiung, dass die Schaffung einer gemeinsamen europäischen Sicherheits- und Verteidigungspolitik zur nächsten großen identitätsstiftenden Zukunftsaufgabe der EU avancieren müsse, zu bestätigen schien. Die These vom goldenen Zeitfenster soll für die ESVP anhand dreier Aspekte kurz angesprochen werden: am dynamischen Ausbau der ESVP-Strukturen, an den Fähigkeitsentwicklungen sowie an der strategischen Verortung der ESVP.

Die sehr rasche – wenn auch lückenhafte – Aufstellung der ESVP-Kapazitäten und ihr unmittelbarer Einsatz in Konfliktsituationen führten zunächst zu einer deutlichen Ausdifferenzierung der ESVP-Strukturen. Denn neben den bereits bestehenden Leitungs- und Beratungsgremien für militärische Missionen (EUMC, EUMS) mussten nach Feira auch Strukturen für zivile ESVP-Missionen geschaffen werden. Da es – vor allem wegen des Widerstands aus Großbritannien – nicht gelang, ein veritables EU-Hauptquartier auf-

Ausbau der ESVP-Strukturen

---

133 Nowak 2006: Civilian crisis management: The EU way, 141/142.
134 Müller-Brandeck-Bocquet 2012: Deutschland und die Außen- und Sicherheitspolitik der EU, 120.

zubauen, mussten Ersatzlösungen gefunden werden.[135] Kurz: In den Aufbaujahren der ESVP kam es in rascher Abfolge zur Schaffung vielfältiger Strukturen, die die EU für den operativen Einsatz ihrer Kriseninterventionskräfte benötigte; dieser beachtliche Auf und Ausbau kann als Beleg für den rasanten Bedeutungszuwachs gewertet werden, der der ESVP in den 2000er-Jahren eingeräumt wurde. Waren zu Beginn von Solanas erster Amtszeit rund 70 Mitarbeiter mit der ESVP befasst, so zählte sein Stab mehr als 1000 Personen, als er 2009 als Hoher Vertreter abtrat.[136] Diese Strukturen werden auf aktuellem Stand in Kapitel 3.4.2. ausführlich dargestellt.

Militärische Fähig-
keitsentwicklung Während der Auf- und Ausbau der ESVP-Strukturen rasch voranschritt, hinkte die reale Fähigkeitsentwicklung den selbstgesetzten Zielen und Versprechungen deutlich hinterher. Trotz des *Helsinki Headline Goal* und der Zusagen der *Capabilities Commitment Conference* musste die *Capability Improvement Conference* im Jahr 2001 zahlreiche Fähigkeitslücken beklagen; diese bestanden vor allem in den Bereichen Aufklärung, Kommunikationssysteme sowie Luft- und Seetransport über größere Distanzen. Zur Behebung der Defizite wurde ein Aktionsplan beschlossen. Vor diesem Hintergrund konnte der Europäische Rat Laeken vom Dezember 2001 nur eine eingeschränkte Einsatzbereitschaft der ESVP feststellen. Denn trotz der „erheblichen Fortschritte, die seit den Tagungen des Europäischen Rates in Köln und Helsinki erzielt wurden", so die Erklärung des Europäischen Rates Laeken, sei die EU momentan lediglich in der Lage, „einige Operationen zur Krisenbewältigung durchzuführen". Erst im Zuge der weiteren Entwicklung ihrer Mittel und Fähigkeiten werde die EU Operationen „im gesamten Spektrum der Petersberg-Aufgaben, einschließlich Operationen, die größte Anforderungen im Hinblick auf Größenordnung, Verlegungsfrist und Komplexität stellen"[137] , durchführen können. Diese Einschätzung

---

135 Schmalz 2005: Die Entwicklung der Europäischen Sicherheits- und Verteidigungspolitik 1990–2004. Um das vor allem von Großbritannien hartnäckig verteidigte NATO-first-Prinzip zu wahren, wurde außerdem die Einrichtung eines kleinen EU-Stabs bei Shape (Oberstes Hauptquartier der Alliierten Mächte in Europa) im belgischen Mons beschlossen.
136 Duke 2011: Under the Authority of the High Representative, 57. Duke diskutiert äußerst kritisch, inwiefern dieser personelle Ausbau sich in Politikergebnisse niederschlug.
137 Europäischer Rat 2001: Schlussfolgerungen des Vorsitzes, Anlage II (Erklärung zur Einsatzbereitschaft auf dem Gebiet der Gemeinsamen Sicherheits- und Verteidigungspolitik).

wurde 2003, dem Jahr der anvisierten Einsatzfähigkeit der ESVP-Kräfte, erneuert; der Europäische Rat vom Juni 2003 hielt fest, dass die EU nun zwar im gesamten Spektrum der Petersberg-Aufgaben über operative Fähigkeiten verfüge; damit war das *Helsinki Headline Goal* im quantitativem Sinn erfüllt. Weiterhin bestehende Fähigkeitslücken verhinderten bzw. erschwerten jedoch noch immer Einsätze bei Konflikten von höherer Intensität – so der Europäische Rat 2003. Mit den *Headline Goals 2010*, die der Europäische Rat im Juni 2004 verabschiedete, versuchte die EU erneut, ihren Fähigkeitsausbau weiter fortzuschreiben und vor allem die oben benannten Lücken zu schließen.[138]

Im Rahmen der *Headline Goals 2010* erfolgte ein weiterer wichtiger Schritt zur Verbesserung der ESVP-Fähigkeiten; denn der Europäische Rat beschloss 2004 auf einen britisch-deutsch-französischen Vorstoß hin, für autonome ESVP-Missionen sogenannte *Battle Groups* aufzubauen.[139] Zwei der jeweils aus rund 1500 Mann bestehenden, innerhalb von 15 Tagen für einen Zeitraum von 30 Tagen einsetzbaren Einheiten sollten *on stand-by* vor allem, aber nicht ausschließlich für UN-Friedensmissionen zur Verfügung stehen. *Battle Groups* sind als „‚Feuerwehr' bei Gewalteskalationen", nicht aber für die „endgültige Konfliktlösung" gedacht.[140] Sie können entweder von einem einzelnen Mitgliedstaat oder von mehreren als multinationale Verbände aufgestellt werden. Die Einsatzbereitschaft der ersten *Battle Groups* konnte Anfang 2007 bekanntgegeben werden. Doch auch dies jüngste Kind der militärischen ESVP befähigt die EU noch nicht zu sogenannten High-Intensity-Operationen. „EU-Kampfgruppen [verfügen] lediglich über begrenzte See- sowie Luft-

Battle Groups

---

138 Besonders im Bereich Lufttransport, wo die Europäer bei Auslandseinsätzen Maschinen aus Russland oder Kanada anmieten mussten, wurden weitreichende Maßnahmen ergriffen. Acht europäische Staaten, darunter Deutschland, schaffen den Militärtransporter A400M an, der sich durch gewaltiges Transportvermögen und große Reichweiten auszeichnet. Bei der Realisierung der Pläne ergeben sich allerdings gravierende Probleme. Nach mehrjähriger Verzögerung wurden die ersten Maschinen im August 2013 an Frankreich ausgeliefert; die Bundeswehr aber muss auf ihre 60 A400M-Maschinen weiter warten; die ersten fünf können trotz mehrfachen Zusagen 2015 nicht mehr ausgeliefert werden (Spiegel Online 2015: Pannenserie bei Airbus). Der Absturz eines A400M im Mai 2015 bei Sevilla wirft erneut düsterste Schatten auf diese Militärmaschine.
139 Lindstrom 2007: Enter the EU Battlegroups.
140 Heise 2009: Zehn Jahre Europäische Sicherheits- und Verteidigungspolitik. Entwicklung, Stand und Probleme, 18.

unterstützung und besitzen auch nur eingeschränkt die Fähigkeit, sich gegen den Willen eines Akteurs Zugang zu einem Krisenschauplatz zu verschaffen."[141] Fröhlich interpretiert den Battle-Groups-Beschluss als eine „gewisse Kompensation für das bislang eher schleppend vorangegangene Helsinki-Projekt".[142]

Zivile Fähigkeitslücken

Auch beim Aufbau ziviler ESVP-Kräfte taten sich Defizite auf. Zwar konnten die in Feira im Juni 2000 definierten Planziele formal erfüllt werden. Nach der EU-Osterweiterung wurden die ursprünglichen Planzahlen erhöht, sodass die EU-27 seit 2006 insgesamt 5761 Polizeikräfte, 631 Rechtsfachleute, 576 zivile Verwaltungskräfte und 4968 Kräfte für den Katastrophenschutz als Einsatzreserven bereithält.[143] Ob all diese rund 12.000 Experten aber tatsächlich kurzfristig einsatzbereit sind, und wie lange sie zur Verfügung stehen können, ist nicht gesichert. Zweifelsohne zeigte sich bereits in den Auf- und Ausbaujahren der ESVP, dass trotz Aufbruchsstimmung, hehrer Worte und vollmundiger Versprechungen die Taten nicht immer in ausreichendem Maße folgten.[144]

Arbeitsteilung mit der NATO: Berlin Plus

Zum Auf- und Ausbau sowie zur Einsatzfähigkeit der militärischen ESVP-Kapazitäten gehört zentral das sogenannte Berlin-Plus-Abkommen, in welchem nach langjährigen und zähen Verhandlungen im Dezember 2002 die Kooperation und Arbeitsteilung mit der NATO präzise ausbuchstabiert werden konnte. Danach kann die ESVP in drei unterschiedlichen Konstellationen tätig werden: erstens im Rahmen und als Teil der NATO, zweitens unter Rückgriff auf NATO-Ressourcen in dem Fall, dass die NATO als Ganzes sich nicht engagiert und drittens schließlich autonom in sogenannten Stand–alone-Missionen vom Typ der ESVP-Einsätze in der Demokratischen Republik Kongo der Jahre 2003 und 2006.[145] Allerdings ist anzumerken, dass seit dem EU-Beitritt Zyperns das Berlin-Plus-Abkommen wegen griechisch-türkischer Streitigkeiten, beides NATO-Mitgliedstaaten, auf Eis gelegt und nicht funktionsfähig ist.[146]

---

141 Kaim 2006: EU Battle Groups und Civilian Headline Goal – Zielmarken der ESVP, 20.

142 Fröhlich 2014: Die Europäische Union als globaler Akteur, 129.

143 Rummel 2006: Die zivile Komponente der ESVP. Reichhaltiges Gestaltungspotential für europäische Krisenintervention, 7.

144 Vgl. dazu Kapitel 4.1.2.

145 Haine 2005: ESVP und NATO, 167.

146 Heise 2009: Zehn Jahre Europäische Sicherheits- und Verteidigungspolitik. Entwicklung, Stand und Probleme, 28.

In der ersten Europäischen Sicherheitsstrategie (ESS) „Ein sicheres Europa in einer besseren Welt" vom Dezember 2003 hat die EU
prägnant ihre Selbstperzeption und Rolle als internationaler Akteur
festgehalten. Die ESS betont die übergeordnete Zielsetzung der
Schaffung einer wirksamen multilateralen Weltordnung, die sich
nur durch intensive internationale Zusammenarbeit erreichen lässt.
In einer vertieften Analyse der neuen Bedrohungslage benennt die
ESS als „Hauptbedrohungen" explizit: Terrorismus, Verbreitung von
Massenvernichtungswaffen, regionale Konflikte, das Scheitern von
Staaten sowie organisierte Kriminalität. Sie definiert drei „strategische Ziele" der EU: Abwehr von Bedrohungen, Stärkung der Sicherheit in unserer Nachbarschaft sowie die Schaffung einer Weltordnung auf der Grundlage eines wirksamen Multilateralismus. Um
dies zu verwirklichen, bekennt sich die ESS zum Primat der Krisenprävention, zur Übernahme internationaler Verantwortung sowie zu
einem effektiven Multilateralismus, der eine enge Verzahnung mit
anderen internationalen Organisationen, v. a. den Vereinten Nationen, anstrebt. Intensive Kooperation mit der Nachbarschaft, aber
auch mit weiteren strategischen Partnern ist vorrangige Zielsetzung
der EU-Außenpolitik.[147] Zugleich fixiert die ESS auch die politischen
Zielsetzungen, die die EU gegebenenfalls unter Einsatz ihrer operativen (zivilen und militärischen) Krisenreaktionskräfte erreichen will.

*ESS: ein strate-
gischer Rahmen für
die EU-Außenpolitik*

**Europäische Sicherheitsstrategie: Ein sicheres Europa in einer besseren Welt,
12. Dezember 2003 (zentrale Passagen)**

„Die EU [ist] zwangsläufig ein globaler Akteur. [...]
Europa muss [...] bereit sein, Verantwortung für die globale Sicherheit und für
eine bessere Welt mit zu tragen. [...]
Die neuen Bedrohungen sind dynamischer Art. [...] Deshalb müssen wir bereit
sein, vor Ausbruch einer Krise zu handeln. [...]
Keine der neuen Bedrohungen [ist] rein militärischer Art und kann auch nicht mit
rein militärischen Mitteln bewältigt werden. Jede dieser Bedrohungen erfordert
eine Kombination von Instrumenten. [...] Die Europäische Union ist besonders gut
gerüstet, um auf [...] komplexe [...] Situationen zu reagieren. [...]
In einer Welt globaler Bedrohungen, globaler Märkte und globaler Medien hängen unsere Sicherheit und unser Wohlstand immer mehr von einem wirksamen
multilateralen System ab. Daher ist es unser Ziel, eine stärkere Weltgemein-
schaft, gut funktionierende internationale Institutionen und eine geregelte Weltordnung zu schaffen. [...] Regionale Organisationen stärken ebenfalls die verantwortungsvolle Staatsführung weltweit."[148]

---

147 Reiter 2004: Die Sicherheitsstrategie der EU, 26–32.
148 Europäische Sicherheitsstrategie 2003.

Dass die ESS die europäischen Handlungsmöglichkeiten als noch nicht ausgereizt ansieht, zeigt sich an den vergleichsweise langen Passagen des Schlussparts, die rein appellativen Charakters sind.

Europäische Sicherheitsstrategie (Teil III: Auswirkungen auf die europäische Politik)

„Die Europäische Union hat Fortschritte auf dem Weg zu einer kohärenten Außenpolitik und einer wirksamen Krisenbewältigung erzielt. Wir verfügen inzwischen über Instrumente, die wirksam eingesetzt werden können, wie wir in der Balkanregion und anderswo bewiesen haben. Wenn wir aber einen unserem Potenzial entsprechenden Beitrag leisten wollen, dann müssen wir noch aktiver, kohärenter und handlungsfähiger sein. [...]

Wir müssen eine Strategie-Kultur entwickeln, die ein frühzeitiges, rasches und wenn nötig robustes Eingreifen fördert. [...]

Eine aktive und handlungsfähige Europäische Union könnte Einfluss im Weltmaßstab ausüben. Damit würde sie zu einem wirksamen multilateralen System beitragen, das zu einer Welt führt, die gerechter, sicherer und stärker geeint ist."[149]

Müsste, könnte, würde – aus dieser Endpassage der ESS wird ersichtlich, dass ihre Autoren zwar klar und deutlich die aktuellen Bedrohungen, die erforderlichen Politiken sowie die der EU nun zur Verfügung stehenden Instrumentarien benennen, am politischen Willen der EU zum faktischen Einsatz dieser Handlungsmöglichkeiten jedoch zweifeln. Daher die massiven Verweise auf die außenpolitische Rolle, die die EU anstreben sollte. Hier ist eindeutig die Handschrift Javier Solanas zu erkennen, der während seiner beiden Amtszeiten die EU, d. h. insbesondere die Staats- und Regierungschefs, unablässig zu einer aktiveren und entschlosseneren gemeinsamen Außenpolitik aufrief.[150]

ESS und Irak-Krieg Das Dokument wurde maßgeblich vom Hohen Vertreter Solana ausgearbeitet und vom Europäischen Rat der damals noch 15 Mitgliedstaaten einstimmig im Dezember 2003 verabschiedet. Der Europäische Rat legte damit zugleich ein Bekenntnis zu einem umfassenden Sicherheitsbegriff ab und definierte die internationale Rolle der Union für ein „sicheres Europa in einer besseren Welt". Die Verabschiedung der ESS stellte nach den abgrundtiefen Spaltungen, die die Europäer vor und während des US-dominierten Irak-Kriegs von 2003 an den Tag gelegt hatten, eine wichtige Geste der Versöhnung

---

149 Europäische Sicherheitsstrategie 2003.
150 Major 2011: Pulling the strings behind the scenes – but never against the Member States: Solana's role in the launch of EU Military Operation.

dar – inklusive der Mahnung, es nie wieder soweit kommen zu lassen. Mit der ESS zogen die Staats- und Regierungschefs folglich einen Schlussstrich unter dieses katastrophale Kapitel der EU-Außenpolitik.[151]

Größter Gewinn der ESS war wohl letztlich, dass sie der EU ihre globale Bedeutung eindringlich vor Augen führte, sie zu vermehrter Verantwortungsübernahme motivierte und so zur Rollendefinition der EU als internationalem Akteur beitrug. Und in der Tat entfalteten die Beiträge zur internationalen Krisenbewältigungspolitik, die die EU mithilfe der ESVP ab 2003 zu leisten befähigt war – und die trotz aller Beschränkungen international auch in steigendem Maße nachgefragt wurden –, vielfältige Synergien und führten zu einem substanziellen Bedeutungszuwachs der EU-Außenpolitik insgesamt. Ab Beginn der 2000er-Jahre avancierte die EU zu einem wichtigen Akteur im Umgang mit dem Nuklearprogramm des Iran und zeigte mittels ihre Sanktionspolitik Teheran gegenüber Handlungsfähigkeit und Entschlossenheit. Die EU wurde Teil des Nahost-Quartetts und spielte in der internationalen Klimaschutzpolitik, die ein Nachfolgeabkommen für Kyoto abzuschließen suchte, eine Vorreiterrolle. Nach den Terroranschlägen von 2001 in den USA und 2004/2005 in Spanien und Großbritannien konnte die EU im Rahmen des RFSR angemessen reagieren. Nach der Osterweiterung entwickelte die EU ab 2004 mit der Entfaltung der ENP spezifische Politikansätze, um ihre Nachbarschaft auch ohne die Eröffnung von Beitrittsperspektiven in deren Transformations-, Stabilisierungs- und Demokratisierungsprozessen zu unterstützen. Mit der 2008 unter dem Titel „Union für das Mittelmeer" erneuerten Euro-Mediterranen Partnerschaft sowie der 2009 initiierten Östlichen Partnerschaft wurde dieser Ansatz weiter ausdifferenziert. Schließlich hat die EU vor allem in den 2000er-Jahren eine Vielzahl sogenannter strategischer Partnerschaften aufgebaut, die vor allem bilateral angelegt sind und die EU weltweit mit allen relevanten globalen und regionalen Akteuren verbindet. [152]

Das goldene Zeitfenster in der EU-Außenpolitik

---

151 Die Spaltung Europas in der Irak-Frage, die zugleich auch die Grenzen des Amtes und des Einflusses Solanas veranschaulichte, zeigte klar auf, dass eine zentrale Schwachstelle der GASP in ihrer institutionellen Konstruktion zu sehen ist, in der trotz Brüsselisierung noch immer der Intergouvernementalismus vorherrscht. Dies gilt besonders für ausgeprägte Krisen. In Kapitel 3 dieses Buches wird überprüft, ob und inwieweit diese Schwachstellen im Vertrag von Lissabon behoben werden konnten.
152 Vgl. dazu Kapitel 4.6.2.

Nützlicher und
selbstbewusster
Akteur EU

Im Zeitraum 1999 bis 2009 – so ist zusammenzufassen – befand sich die EU in einer außenpolitischen Aufbruchsstimmung. Interessanterweise wirkten eklatante Uneinigkeiten wie im Falle des Irak dabei durchaus als Katalysator und beförderten letztendlich die Ambitionen. Dies trifft in besonderem Maße auf all die weitreichenden Vorschläge zu, die der deutsch-französische „Motor der Integration" im Verlauf der Jahre 2002 und 2003 in den Verfassungsprozess einspeiste und die insbesondere für GASP und GSVP große Innovationspotenziale beinhalteten – und die sich weitgehend auch in den neuen Vertragsgrundlagen wiederfinden werden.[153] Insgesamt konnte die Union ihre außenpolitische Akteursqualität sehr weitreichend verbessern, indem sie ihr klassisches Handlungsinstrumentarium einer Zivilmacht à la Duchêne aktiv, umfassend und selbstbewusst einsetzte und sich durch den Aufbau operativer Krisenreaktionskräfte trotz weiterhin fortbestehender Lücken neue Handlungsmöglichkeiten und -felder eröffnete. Zu dieser *success story* bzw. dem goldenen Zeitfenster trug ihr erster Hoher Vertreter Solana wesentlich bei, indem er die sich situativ ergebenden Handlungschancen für die EU zupackend zu nutzen wusste und die Fähigkeit besaß, die in diesem Politikbereich so maßgeblichen Mitgliedstaaten bzw. die EU-Staats- und Regierungschefs einzubinden und zu Entscheidungen zu drängen. Dabei kam ihm entgegen, dass viele der damals virulenten Krisen und Konflikte in der Peripherie Europas stattfanden, sodass die EU hier als quasi natürliche Krisenbewältigerin in besonderem Maße gefragt war.[154]

Wenn hier die Dekade 1999 bis 2009 als „goldenes Zeitfenster" für die EU-Außenpolitik bezeichnet wurde, wenn von *success story*, von Aufbruchsstimmung, von wachsendem Selbstbewusstsein und faktisch steigender Bedeutung der EU in vielen Feldern der internationalen Politik die Rede war, so ist damit bereits angedeutet, dass sich dies auch wieder ändern kann. Und so ist es in der Tat auch geschehen. Dies steht in krassem Widerspruch zu all jenen Innovationen und Fortschritten für die Funktionslogik in der EU-Außenpolitik, die mit dem Lissabon-Vertrag erreicht werden konnten und die in Kapitel 3 breit dargelegt werden. Doch deutliche Verbesserungen im institutionellen Gefüge der EU-Außenpolitik sind das eine,

---

153 Müller-Brandeck-Bocquet 2010: Rot-grüne Europapolitik 1998–2005: Eine Investition in die Zukunft der EU, 201–208.
154 Stahl 2011: The EU as a Peace-Making Power in the Western Balkans – Solana's Focal Point?

politischer Wille zur weiteren Stärkung der internationalen Rolle der EU das andere: Beides kann sich in gegensätzlicher Richtung entwickeln. So lassen sich vielfältige Ursachen nennen, die den außenpolitischen Elan zum Ende des ersten Jahrzehnts des 21. Jahrhunderts beendeten. Insgesamt war ein nachlassendes Engagement seitens der EU und ihrer Mitgliedstaaten beim Streben nach einer größeren und aktiveren internationalen Rolle festzustellen, eine sinkende Entschlossenheit der EU, ihre Außenpolitik weiter zu stärken und sich somit zu einem bedeutenden Akteur der Weltpolitik fortzuentwickeln.

2.4.2 ESS 2008 als Menetekel der Stagnation?

Als Symbol und Beleg für diese, einem komplexen Ursachenbündel geschuldete Trendwende in der EU-Außenpolitik kann hier zunächst die Überarbeitung der ESS im Jahr 2008 angeführt werden, die keinerlei Durchbruch oder neue Dynamik für eine weitere Stärkung der EU-Außenpolitik erreichen konnte und somit schon das Ende der goldenen Jahre einläutete. Der unter französischer Präsidentschaft vom Hohen Vertreter Solana erarbeitete und vom Europäischen Rat im Dezember 2008 gebilligte „Bericht über die Umsetzung der Europäischen Sicherheitsstrategie – Sicherheit schaffen in einer Welt im Wandel" stellt im Wesentlichen eine Bestandsaufnahme dar, die nicht ohne Selbstlob ist.

ESS 2008

Bericht über die Umsetzung der Europäischen Sicherheitsstrategie – Sicherheit schaffen in einer Welt im Wandel, 11. Dezember 2008
„Die EU hat in den letzten fünf Jahren wesentliche Fortschritte erzielt. Wir werden als ein Akteur anerkannt, der einen wichtigen Beitrag zu einer besseren Welt leistet. [...] Der Erfolg der ESVP als integraler Bestandteil unserer Gemeinsamen Außen- und Sicherheitspolitik äußert sich in der Tatsache, dass unsere Hilfe immer gefragter wird."[155]

Die ESS 2008 zeigt vor allem die Kontinuitätslinien des außenpolitischen Ansatzes der EU auf und verweist erneut auf das komplexe Handlungsinstrumentarium, das der EU inzwischen für die Krisenreaktion zur Verfügung steht; die ESS 2008 ist als Appell zu verstehen, dessen ganze Bandbreite auch kohärent einzusetzen:

---

155 Bericht über die Umsetzung der Europäischen Sicherheitsstrategie 2008.

Bericht über die Umsetzung der Europäischen Sicherheitsstrategie – Sicherheit schaffen in einer Welt im Wandel, 11. Dezember 2008

„Im Mittelpunkt unserer Bemühungen muss die frühzeitige Prävention stehen, damit Bedrohungen nicht zu Konfliktquellen werden. Dabei sind die Friedenskonsolidierung und die langfristige Bekämpfung der Armut von zentraler Bedeutung. [...] Jede Situation erfordert den kohärenten Einsatz unserer Instrumente, einschließlich politischer, diplomatischer, entwicklungspolitischer und humanitärer Instrumente, sowie der Instrumente der Krisenreaktion, der wirtschaftlichen und handelspolitischen Zusammenarbeit und der zivilen und militärischen Krisenbewältigung."

Die ESS 2008 enthält jedoch auch Neues, wie v. a. die Betonung der *cyber security* sowie der Energiesicherheit; außerdem benennt sie klar Verbesserungsbedarfe, wie insbesondere die Notwendigkeit, „geeignete und wirksame Befehlsstrukturen und Hauptquartiere" einzurichten. „Unsere Fähigkeit, zivile und militärische Expertise von der Konzeption und Planung einer Mission bis hin zu ihrer Einrichtung miteinander zu kombinieren, muss gestärkt werden", heißt es hier.

Damit spricht die ESS 2008 das seit Langem virulente Projekt direkt an, für die ESVP ein veritables EU-Hauptquartier (HQ) einzurichten und die zwischenzeitlich gefundenen Behelfslösungen zu beenden. Inzwischen aber hatte sich der britische Widerstand gegen solch ein EU-HQ, das in Konkurrenz zur NATO geraten könnte, wieder verstärkt, sodass der Europäische Rat sich im Dezember 2008 darauf beschränkte, den Hohen Vertreter „in seinen Bemühungen um Schaffung einer neuen ganzheitlichen Struktur zur zivil-militärischen Planung für die ESVP-Operationen und -Missionen zu bestärken".[156] Hier sei vorweggenommen, dass die Schaffung eines ESVP-HQ auch unter der Hohen Vertreterin Catherine Ashton nicht vorankam; diverse Initiativen der Jahre 2010 und 2011, vor allem des Weimarer Dreiecks, scheiterten am britischen Widerstand.[157]

Die inzwischen eingetretene Ambitionslosigkeit in der EU-Außenpolitik, insbesondere in ihrer intergouvernementalen Dimension von GASP und ESVP, zeigte sich am deutlichsten in den eindringlichen Appellen der überarbeiteten ESS, „mehr strategisch" zu denken und „kohärenter und aktiver" zu agieren sowie im Schlusssatz: „Um ein sicheres Europa in einer besseren Welt aufzubauen, müssen wir

---

156 Europäischer Rat 2008: Schlussfolgerungen, Anlage 2.
157 Müller-Brandeck-Bocquet 2011: Die EU-Außen- und Sicherheitspolitik nach Lissabon: Wann wird der Startknopf endlich gedrückt? 319.

mehr Einfluss auf das Geschehen nehmen. Und zwar jetzt gleich."[158]
Seit 2003 hatten sich folglich unter dem Stichwort der außenpolitischen Strategiefähigkeit der EU keine nennenswerten Fortschritte
ergeben.[159]

2.4.3 Gründe für das (vorläufige) Ende der außenpolitischen Aufbruchsstimmung

Für die in der ESS von 2008 sich ausdrückende Stagnation lassen
sich, wie bereits angedeutet, vielfältige und höchst komplexe Gründe anführen Als erstes sind geopolitische Faktoren zu nennen. So
haben sich die *hot spots* der Weltpolitik geografisch und inhaltlich
verlagert. Während in den 1990er-Jahren die zentralen Konfliktherde
in unmittelbarer Nachbarschaft zur EU lagen, sodass diese vorrangig
in der Verantwortung stand, haben sich die Interventionsschau-
plätze seither internationalisiert. Nach den Anschlägen vom 11. September 2001 stand die gesamte Staatengemeinschaft in der Pflicht,
den neuen, islamistischen Terrorismus und weit verbreiteten
Staatszerfall zu bekämpfen. Zweitens trugen auch außenpolitische
Neujustierungen der USA zu einer veränderten Konstellation bei. So
hatte die provokativ unilaterale Ausrichtung der USA unter Präsident George W. Bush nicht unwesentlich zu den ESVP-Beschlüssen
beigetragen, die auf Europas autonome Handlungsfähigkeit und
mithin Selbstbehauptung abzielten. Mit Amtsantritt Barack Obamas,
der für einen partnerschaftlichen und betont multilateralen Außen-
politikansatz stand,[160] verblasste dieses Motiv wieder.

Externe Faktoren

Drittens schließlich hat ab 2008 die weltweite Finanzkrise als
zunächst externer Faktor die Agenda der EU auf das Nachhaltigste
verändert. Da sich kurz darauf der Abgrund der europäischen
Schuldenkrise als interner Faktor auftat, die die Gemeinschafts-

Interne Faktoren

---

158 Bericht über die Umsetzung der Europäischen Sicherheitsstrategie 2008.
159 Gleichwohl ging 2008 unter französischer Präsidentschaft der Ausbaupro-
zess der ESVP weiter. Besonders markant fällt die Verpflichtung des ER vom
Dezember 2008 aus, bis zu 19 zivile und militärische ESVP-Missionen unterschiedlicher Dimension gleichzeitig führen zu können, sowie der Aufruf zu „Spezialisierung, Kräftebündelung und der gemeinsamen Beteiligung an wichtigen
Ausrüstungsprojekten", vgl. Europäischer Rat 2008: Schlussfolgerungen, Anlage
2, 15–18.
160 Vgl. statt vieler: Schwarz 2009: Ein neuer globaler Multilateralismus der
USA nach dem Ende der Bush-Ära? 39–58.

währung Euro in Gefahr brachte, trat das Projekt der Stärkung der EU-Außenpolitik weitgehend in den Hintergrund. Die Energien der EU-Handlungsträger wurden ab 2010 in einem derart großen Maße von den Aufgaben des Krisenmanagements absorbiert, dass jenseits von Sparpaketen, Schuldenabbau, Euro-Rettung und Vertiefung der Euro-Zone nur mehr wenig Raum für andere Integrationsprojekte blieb.[161] Da jedoch auch von den anderen EU-Staaten, die nicht zur Euro-Zone gehören, keinerlei neue Impulse und Dynamik ausgingen, hat die Krise auch die internen Rahmenbedingungen für die EU-Außenpolitik stark verändert. Insbesondere GASP und GSVP gerieten durch den Rückgang finanzieller Spielräume stark unter Druck. Dem ist hinzuzufügen, dass mit der vollständigen Rückkehr Frankreichs in die integrierten Militärstrukturen der Allianz im April 2009 der EU der ewige „Rufer in der Wüste" abhandengekommen, der in der Vergangenheit konstant europäische sicherheits- und verteidigungspolitische Eigenständigkeit eingefordert hatte. Wenn schon Paris das Interesse an einer eigenständigen GSVP verliert, dann ist wahrlich die atlantische Messe gesprochen, soll heißen, dass wohl auch das Ende der Pläne von einer sicherheits- und ansatzweise auch verteidigungspolitischen Eigenständigkeit der Europäer gekommen ist.[162]

Durststrecke für die EU-Außenpolitik Wenn hier von einer Stagnation in der EU-Außenpolitik die Rede ist, so soll damit zum Ausdruck gebracht werden, dass ab Ende der 2000er-Jahre zumindest für die GSVP die Aufbauphase vorüber war. Zwar kamen die inzwischen aufgebauten militärischen und zivilen Kapazitäten auch weiterhin zum Einsatz; insgesamt jedoch haben sich die Dinge seit 2008/2009 in eine Richtung entwickelt, die eine „Erosion" bzw. einen „Kollaps" der GSVP befürchten lassen.[163] Aber nicht nur GASP und GSVP gerieten durch die neuen externen und internen Konstellationen unter Druck; vielmehr durchschritt auch die EU-Außenpolitik insgesamt eine Art Durststrecke. Kennzeichnend für die Stagnation in den anderen außenpolitischen Dimensio-

---

161 Vgl. statt vieler: Müller-Brandeck-Bocquet 2013: Was vom europäischen Projekt übrigbleibt ... Zerfall oder Neustart?

162 Schon bei Frankreichs Rückkehr in die NATO 2009 schrieb Laurent Zecchini in Le Monde vom 11. März 2009: „La messe atlantiste est dite" und brachte damit die Meinung zum Ausdruck, dass es für eine eigenständige GSVP keine Zukunft mehr gab; vgl. Müller-Brandeck-Bocquet 2009: France's New NATO Policy: Leveraging a Realignment of the Alliance? 105.

163 Kempin/Von Ondarza 2011: Die GSVP vor der Erosion? Vgl. auch Kapitel 4.1.2.

nen ist beispielsweise auch der gescheiterte Klimagipfel von Kopenhagen im Jahr 2009, bei dem es der EU nicht gelang, ihre Vorreiterrolle in globale klimapolitische Erfolge umzusetzen. Mit dem Abschluss der Erweiterung um die MOE-Staaten 2004/2007 verlor die Erweiterungspolitik zudem an Zugkraft (Stichwort „Erweiterungsmüdigkeit").[164] Die Erwartungen der früheren Jahre, dass eine Stärkung der intergouvernementalen Dimension der EU-Außenpolitik, dass der mit Maastricht, Amsterdam und Nizza eingeschlagene Weg des Auf- und Ausbaus von GASP und GSVP für die EU identitätsstiftend wirken und der außenpolitischen Akteursqualität insgesamt einen mächtigen und nachhaltigen Auftrieb verleihen könnte, konnten sich nicht in vollem Umfang bewahrheiten. Wie die EU außenpolitisch auf der Vertragsgrundlage des Lissabonner Vertrags, die in Kapitel 3 erläutert wird, auf die neuen und zahlreichen internationalen Herausforderungen reagieren wird, soll in Kapitel 4 und 5 untersucht werden.

---

164 Vgl. Kapitel 4.4.1.

3 Akteure, Strukturen, Prozesse: Vertragliche Grundlagen der EU-Außenpolitik

Nachdem das vorherige Kapitel die Entwicklungsdynamik der EU-Außenpolitik aufgezeigt hat, stellt sich nun die Frage, wie die Außenpolitik der EU aktuell, d. h. auf Grundlage des seit Dezember 2009 geltenden Vertrags von Lissabon, verfasst ist. Welche vertragsrechtlich festgelegten Ziele verfolgt die EU auf der Weltbühne? Welche Grundsätze und Prinzipien leiten das außenpolitische Handeln? Nach welchen Spielregeln wird auf Ebene der Union Außenpolitik gemacht? Welche Akteure und Institutionen formen die außenpolitische Infrastruktur der Europäischen Union? Welche Entscheidungsmodi prägen die einzelnen Dimensionen der EU-Außenpolitik? Welche Handlungsinstrumente stehen in den jeweiligen Politikbereichen zur Verfügung? Wo liegen vertragliche und strukturelle Limitierungen der EU-Außenpolitik? Kurzum: Wie und wie gut funktioniert das Governance-System der EU-Außenpolitik nach dem Vertrag von Lissabon?

Inhalt, Leitfragen und Ziele des Kapitels

Es ist schon an dieser Stelle zu betonen, dass sich die Governance-Modi in den einzelnen Dimensionen der EU-Außenpolitik stark voneinander unterscheiden. Dieses Kapitel arbeitet die spezifischen Merkmale der Funktionslogik in allen außenpolitischen Dimensionen der EU heraus. Governance wird dabei nach Rosenau als Regelsystem/Regelungsstruktur („a system of rule") verstanden; d. h. das zugrunde liegende Governance-Konzept folgt einem breiten Verständnis, das alle Formen der Bearbeitung kollektiver Probleme unter Berücksichtigung der beteiligten Akteure umfasst.[1]

Bei der Analyse der Spielregeln, Akteure, Verfahren und Instrumente der EU-Außenpolitik werden drei Ziele verfolgt: Das erste Ziel besteht darin, in die Grundlagen des Vertragswerks für die Außenpolitik der EU einzuführen. Besonderes Augenmerk wird darauf gelegt, die Ausführungen durch entsprechende Vertragsartikel zu ergänzen, um den für das Verständnis der Materie essenziellen Umgang mit dem Primärrecht zu erleichtern. Zweitens sollen die Innovationen des Vertrags von Lissabon herausgearbeitet und charakterisiert

---

[1] Rosenau zit. nach Tömmel 2007: Governance und Policy-Making im Mehrebenensystem der EU, 16–18.

werden. Sie sind als Antwort auf die strukturellen Defizite der EU-Außenpolitik vor 2009 zu verstehen. Zu Beginn des Kapitels erfolgt daher ein problemzentrierter Überblick zur Verfasstheit der EU-Außenpolitik Prä-Lissabon. An diese Defizitanalyse anschließend, sollen die folgenden Ausführungen drittens klären, ob und inwiefern die jeweiligen Neuerungen die strukturellen Schwächen der Außenpolitik der EU beheben oder zumindest lindern konnten. Diese Frage wird im abschließenden Kapitel 5 dieses Bandes erneut aufzugreifen sein.

3.1 Funktionslogik der EU-Außenpolitik vor dem Vertrag von Lissabon: ein problemzentrierter Überblick

Bei der Erläuterung des Mosaiks der EU-Außenpolitik in Kapitel 1 wurde bereits darauf hingewiesen, dass die Mehrdimensionalität, also die Verteilung der EU-Außenpolitik auf verschiedene Dimensionen mit teils sehr unterschiedlicher Funktionslogik, Schwachstellen für die Akteursqualität der EU mit sich bringt. Kapitel 2 rekonstruierte die entwicklungsgeschichtlichen Hintergründe der Mehrdimensionalität. Über Jahrzehnte hinweg haben sich die einzelnen Dimensionen der EU-Außenpolitik in einem Prozess der Ungleichzeitigkeit, inkrementell und ohne einen Masterplan entwickelt. Der folgende Abschnitt systematisiert nun die Schwachstellenanalyse, denn es ist wichtig, die Funktionslogik der EU-Außenpolitik Prä-Lissabon zu kennen und zu wissen, welche Erwartungen an die große Vertragsreform gestellt wurden, um die aktuellen Vertragsgrundlagen der EU-Außenpolitik verstehen und einordnen zu können.

3.1.1 Reformbedarf: Merkmale der EU-Außenpolitik bis 2009

Negative Folgewirkungen der Mehrdimensionalität

Die Mehrdimensionalität der EU-Außenpolitik hat negative Folgewirkungen sowohl für die Performanz als auch für die Perzeption der externen Aktivitäten der EU.

Im Wesentlichen lassen sich vier Problemkomplexe identifizieren, die aus dem Nebeneinander multipler, oft nur lose miteinander verbundener Bereiche der EU-Außenpolitik Prä-Lissabon resultieren:[2]
1. eine zweifache Fragmentierung des außenpolitischen Profils der EU (akteursbezogen und inhaltlich),
2. mangelnde Sichtbarkeit der Union in der Außenpolitik (nach außen und nach innen),
3. Schwachstellen in der Beschlussfassung (fehlende Effizienz und mehrstufige demokratische Legitimation) sowie
4. ein Mangel an Kohärenz (vertikal und horizontal).

Zunächst einmal war die Außenpolitik der EU vor dem Vertrag von Lissabon von einer doppelten Fragmentierung gekennzeichnet. Fragmentiert war zum einen die Akteursstruktur, zum anderen die inhaltlichen Dimensionen des europäischen Außenhandels. Im Gegensatz zum Einzelstaat verfügte weder die EG noch die EU über eine auswärtige Gewalt im klassischen, nationalstaatlich-unitarischen Sinne. Vielmehr war die Trägerschaft der EU-Außenpolitik zerfasert; ihre Ausübung erfolgte im Verbund unterschiedlicher Akteure verschiedener Ebenen. Mit Europäischem Rat, Ministerrat, Europäischer Kommission und in geringerem Ausmaß dem Europäischen Parlament oder dem Europäischen Gerichtshof waren sowohl mitgliedstaatliche als auch europäische Akteure an der Gestaltung der Außenpolitik der EU beteiligt.

Fragmentiert war zum anderen – eng mit der Akteursstruktur verknüpft – auch die inhaltliche Ausformung des europäischen Außenhandelns, denn die EU-Außenpolitik entwickelte sich, wie bereits ausführlich dargelegt wurde, als Mosaik unterschiedlicher Dimensionen und inhaltlich voneinander verschiedener Politikbereiche. Das außenpolitische Profil des Akteurs EU konnte mithin als fragmentiert oder, wie es Bretherton und Vogler etwas wohlwollender ausdrücken, „facettenreich"[3] bezeichnet werden:

Fragmentierung

---

2 Die Schwachstellenanalyse ist im Präteritum verfasst, da sie sich auf den Zustand der EU-Außenpolitik bis 2009 bezieht. Dies impliziert nicht, dass die Probleme mit dem Vertrag von Lissabon vollständig behoben wurden. Zur Bewertung der Reform vgl. die entsprechenden Passagen in diesem Kapitel und in Kapitel 5.
3 In Anlehnung an John Ruggie bezeichnen Bretherton und Vogler die EU als „multifaceted actor"; Bretherton/Vogler 2006: The European Union as a Global Actor, 22.

EU als Akteur mit facettenreichem Profil

[...T]he EU is a multifaceted actor; indeed it can appear to be several different actors, sometimes simultaneously. It has, moreover, a confusing propensity to change its character, or the persona it presents to third parties [...]. Thus, in some circumstances the EU resembles an international organization [...]. In other circumstances it has state-like qualities [...].[4]

So trat etwa in der vergemeinschafteten Außenhandelspolitik die Kommission in der WTO als starker Akteur im Namen aller EU-Mitgliedstaaten auf; im Bereich der intergouvernemental organisierten Sicherheitspolitik spielten die Mitgliedstaaten dagegen die Hauptrolle. Für andere Akteure gestaltete es sich nicht einfach, mit

Sichtbarkeitsdefizit

den „vielen Gesichtern der EU-Außenbeziehungen"[5] zu interagieren, denn die faktische Mehrdimensionalität der EU-Außenpolitik erschwerte es Drittstaaten, innerhalb des EU-Gefüges die zuständigen Institutionen und Personen zu identifizieren und effizienten Umgang mit ihnen zu pflegen. Hinzu kam, dass es in der Außenvertretung der EU an Kontinuität mangelte. Dies gilt vor allem für den Bereich der Räte, wo im Europäischen Rat der Vorsitz ebenso alle sechs Monate rotierte wie im Rat für Auswärtige Angelegenheiten. Dieses fragmentierte außenpolitische Profil führte zu Perzeptionsproblemen des globalen Akteurs EU. Wer repräsentiert die Union und ihr außenpolitisches Handeln? Wer spricht für Europa?[6] Diese Fragen stellten sich oft beim Auftreten der EU auf internationalem Parkett.

„Who is Europe? Give me a phone number!"
Dieser legendäre Ausspruch wird dem vormaligen US-Außenminister Henry Kissinger (1973–1977) zugeschrieben. Obwohl Kissinger ihn so wohl nie formuliert hat[7], gilt er als paradigmatisch für die defizitäre, schwer identifizierbare außenpolitische Sichtbarkeit des integrierten Europas. Er wird häufig auch als prinzipielle Infragestellung der außenpolitischen Akteursqualität der EU interpretiert.

---

4 Bretherton/Vogler 2006: The European Union as a Global Actor, 22/23.
5 Von Ondarza/Varwick 2013: Europa in der Welt: Die vielen Gesichter der EU-Außenbeziehungen.
6 Allen 1998: Who Speaks for Europe? The Search for an Effective and Coherent External Policy.
7 Bei einer Podiumsdiskussion in Warschau im Juli 2012 äußerte sich Kissinger zur Urheberschaft der viel zitierten Frage folgendermaßen: „I am not sure I actually said it. But it's a good statement so why not take credit for it?"

Mit der Schaffung der Position des Hohen Vertreters für die Gemeinsame Außen- und Sicherheitspolitik im Rahmen des Amsterdamer Vertrags versuchte die EU zwar, ihrer Außenpolitik Gesicht und Stimme sowie mehr Kontinuität zu verleihen und auch die entsprechende Telefonnummer zu liefern; der Hohe Vertreter stand und sprach jedoch nur für den Bereich der GASP. Im Bereich der supranational organisierten Dimension vertrat der Kommissar für Außenbeziehungen die Gemeinschaft nach außen. Zusammen mit der Ratspräsidentschaft bildeten der Hohe Vertreter und der Außenkommissar die sogenannte Troika[8]. Diese konnte sogar zur Quadriga formiert werden, indem sie – um Kontinuität herzustellen – noch um die folgende Ratspräsidentschaft ergänzt wurde. Dieses Format führte zum einen zu Verwirrung bei Drittstaaten oder externen Akteuren im Umgang mit der EU und erschwerte zum anderen die Koordination innerhalb der EU.

Außenvertretung hoch drei: die Troika der EU-Außenpolitik

> The Troika has often been criticised for being a burdensome and inefficient system, symbolizing the weakness of the EU as a global political actor. With three spokespersons for the EU and with three-person delegations in external talks and meetings, there is, at best, a risk of uncoordinated messages and/or late responses and, at worst, damaging competition between the representatives of the Commission and the Council (the Presidency and the High Representative) over serious matters relating to both the making and the implementation of EU foreign policy. For example, Anna Lindh, the late Swedish foreign minister, recalled how during Sweden's 2001 Presidency she tried to call the US Secretary of State Colin Powell, only to be told that Javier Solana (the High Representative) was already on the line. When she offered to hold she was told that Chris Patten (the Relex Commissioner [= Kommissar für Außenbeziehungen]) was already holding.[9]

Die Aufteilung der Außenvertretung war ein Grund dafür, dass die Sichtbarkeit der EU-Außenpolitik als Ganzes eingeschränkt blieb. Dieser Missstand galt nicht nur im Kontakt mit anderen Akteuren der Weltpolitik, sondern auch im Hinblick auf die Unionsbürger,

---

8 Die Troika der Außenvertretung ist nicht zu verwechseln mit der Troika bestehend aus Europäischer Zentralbank, Internationalem Währungsfonds und Europäischer Kommission, die im Zuge der Eurokrise die Umsetzung der Spar- und Reformanstrengungen in einigen Euro-Staaten überwacht.
9 Bengtsson 2003: The Council Presidency and External Representation, 65 und Bengtsson/Allen, 2011: Exploring a Triangular Drama: The High Representative, the Council Presidency and the Commission, 109.

sodass auch innerhalb der EU selbst Defizite und Blindstellen in der Perzeption der EU-Außenpolitik bestanden.[10]

Ko-Existenz unterschiedlicher Entscheidungssysteme

Ein weiteres Merkmal der EU-Außenpolitik bis 2009 war die dauerhafte Ko-Existenz unterschiedlicher Entscheidungssysteme: der Gemeinschaftsmethode der ersten Säule und der intergouvernemental geprägten Methode. Letztere räumte den Mitgliedstaaten im Bereich der GASP und in Teilbereichen der dritten Säule vergleichsweise große, den Gemeinschaftsorganen vergleichsweise nachgeordnete Rechte ein. Die doppelte Fragmentierung und die Ko-Existenz unterschiedlicher Entscheidungssysteme erhöhten die Koordinationsanforderungen und standen effizienten Entscheidungen in der EU-Außenpolitik im Gesamten im Wege. Blockadeanfällige Beschlussfassungsregeln machten sich besonders im Bereich der GASP negativ bemerkbar. Obwohl das intergouvernementale Prinzip vertraglich schon aufgeweicht worden war (konstruktive Enthaltung, sporadische Möglichkeiten zur Abweichung von der Einstimmigkeit), fehlte in der Praxis der politische Wille, die vertraglichen Möglichkeiten auszuschöpfen. Regelsberger stellt hierzu fest, dass „nirgendwo eine größere Lücke zwischen konstitutionellem Angebot und GASP-Praxis [klaffte] als bei dem Beschlussverfahren"[11]. Das Festhalten am Einstimmigkeitsprinzip im Kernbereich der EU-Außenpolitik lähmte die Effizienz und Reaktionsgeschwindigkeit und damit letztlich auch die außenpolitische Handlungsfähigkeit der Union insgesamt.

Fehlende Effizienz

Fragmentierte parlamentarische Legitimation

Hinsichtlich der Entscheidungsprozesse ist ein weiteres Problemfeld anzusprechen: die fragmentierte parlamentarische Legitimation der EU-Außenpolitik. In diesem Kontext ist zunächst zu betonen, dass auch auf nationalstaatlicher Ebene die Außenpolitik als Kernbereich der Exekutive gilt.[12] Das Muster der exekutiven Prärogative prägt weithin die Außen- und Sicherheitspolitik demokratisch verfasster Staaten: in Großbritannien und dem Commonwealth beispielsweise als *royal prerogative*, in den USA als *executive privilege*,

---

10 Zur Außenpolitik der EU in der Öffentlichkeit vgl. Rüger 2012: Europäische Außen- und Sicherheitspolitik – (k)ein Thema für die Öffentlichkeit? Die außen- und sicherheitspolitische Rolle der EU im Blickwinkel von öffentlicher Meinung und Medien.

11 Regelsberger 2008: Von Nizza nach Lissabon – das neue konstitutionelle Angebot für die Gemeinsame Außen- und Sicherheitspolitik der EU, 272.

12 Zum Folgenden vgl. Rüger 2012: Europäische Außen- und Sicherheitspolitik – (k)ein Thema für die Öffentlichkeit? 53–60.

in Frankreich als präsidentieller *domaine réservé*.[13] Auch in Deutschland zählt das Bundesverfassungsgericht die Außenpolitik zum „Kernbereich exekutiver Eigenverantwortung"[14]. Die parlamentarische Mitwirkung an der Außenpolitik vollzieht sich hauptsächlich mittels Kontrolle der Exekutive durch die gewählten Volksvertreter. Insgesamt also reichen die Beteiligungsrechte nationaler Parlamente in der Außenpolitik nach wie vor bei Weitem nicht an die parlamentarischen Befugnisse in der Innenpolitik heran.[15]

Gleiches gilt für die europäische Ebene: Während die Mitwirkungsrechte des Europäischen Parlaments in der ersten Säule von Vertragsreform zu Vertragsreform immer stärker wurden, war der intergouvernementale Bereich der EU-Außenpolitik von einem „parlamentarischen Vakuum"[16] gekennzeichnet. Die Rechte des Europäischen Parlaments beschränkten sich hier im Wesentlichen auf Information und Anhörung und dies auch nur in Bezug auf die „wichtigsten Aspekte [...] und [...] grundlegenden Weichenstellungen der Gemeinsamen Außen- und Sicherheitspolitik" (Art. 21 EUV-Nizza). Das Europäische Parlament interpretierte seine Rolle zwar extensiv, dies gelang ihm jedoch hauptsächlich über den Hebel des Haushaltsverfahrens und mittels interinstitutioneller Vereinbarungen.[17] Der limitierte Einfluss des Europäischen Parlaments galt nicht nur für die GASP, sondern zum Beispiel auch für den Abschluss internationaler Abkommen. Aufgefangen wurde dieses parlamentarische und demokratische Vakuum vor allem durch die nationalen Parlamente, wenn diese etwa über Handelsabkommen abstimmten oder militärische Einsätze legitimierten. Die Außenpolitik der EU kann man somit zwar nicht als undemokratisch bezeichnen, die parlamentarische Legitimation erfolgte jedoch mehrstufig.

---

13 Dieterich/Hummel/Marschall 2008: Exekutive Prärogative vs. parlamentarische war powers – Gouvernementale Handlungsspielräume in der militärischen Sicherheitspolitik, 171.

14 Bundesverfassungsgericht 1984: BVerfGE 68, 1 zur Atomwaffenstationierung vom 18.12.1984.

15 Zum formalen Kompetenzrahmen nationaler Parlamente vgl. Krauß 2000: Parlamentarisierung der europäischen Außenpolitik, 33–41.

16 Thym 2006: Beyond Parliament's Reach? The Role of the European Parliament in the CFSP, 110.

17 Maurer/Kietz/Völkel 2005: Interinstitutional agreements in the CFSP – Parliamentarization through the Back Door? 184–194.

Kohärenzmangel   Ein letzter großer Problembereich, der die EU-Außenpolitik bis 2009 prägte, war ein gravierender Mangel an Kohärenz. Kohärenz meint die Abwesenheit von Widersprüchen und das Entstehen von Synergien zwischen den einzelnen Bereichen und Ebenen der mehrdimensionalen EU-Außenpolitik.[18] Der Mangel an Kohärenz in der

Vertikale Kohärenz   EU-Außenpolitik machte sich doppelt bemerkbar, vertikal und horizontal: Das Prinzip der vertikalen Kohärenz betrifft die Übereinstimmung zwischen dem außenpolitischen Handeln der Mitgliedstaaten und der gemeinschaftlichen Ebene. In der Praxis zeigten sich jedoch oft Widersprüche zwischen einzelstaatlichem Handeln und der Linie der Union. Teilweise verhinderten divergente Positionen der Mitgliedstaaten eine gemeinsame Position der EU auch gänzlich, wie etwa bei der fundamentalen Spaltung Europas im Kontext des Irakkriegs 2003, als das Verhalten der Mitgliedstaaten das Gebot der vertikalen Kohärenz völlig konterkarierte.

Horizontale Kohärenz   Im Gegensatz zur vertikalen Kohärenz ist die horizontale Kohärenz auf Ebene der EU zu verorten und bezeichnet die inhaltliche Übereinstimmung zwischen den verschiedenen Bereichen der EU-Außenpolitik, also zum Beispiel die angestrebte Widerspruchsfreiheit zwischen der Handelspolitik und der Entwicklungspolitik der EU, deren Zusammenwirken idealerweise zu Synergien in der Praxis der EU-Außenpolitik führen sollte. Ein Teilbereich der horizontalen Kohärenz ist die institutionelle Kohärenz, bei der der Fokus auf der Frage liegt, inwiefern sich die Handlungen *zwischen* den europäischen Institutionen, wie etwa der Kommission, dem Rat oder dem Hohen Vertreter im Einklang miteinander befinden (interinstitutionelle Kohärenz) bzw. inwiefern es Widersprüche bei der Politikgestaltung *innerhalb* der Institutionen gibt (intrainstitutionelle Ko-

---

18 Eine Vorstufe der Kohärenz innerhalb der EU-Außenpolitik ist die Konsistenz, welche die bloße Abwesenheit von Widersprüchen bezeichnet. Kohärenz geht darüber hinaus und zielt zudem darauf ab, dass sich aus sich inhaltlich nicht widersprechenden Politikbereichen der EU-Außenpolitik eine gewisse Synergie, ein Mehrwert ergibt. Konsistenz ist also die Grundbedingung für Kohärenz. Während Konsistenz entweder vorhanden ist oder nicht, kann Kohärenz graduell unterschiedlich, d. h. in verschiedenen Ausprägungen, vorkommen. Einzelne Aspekte der EU-Außenpolitik können also mehr oder weniger kohärent, sie können aber nur konsistent oder nicht konsistent sein. Vgl. Missiroli (Hrsg.) 2001: Coherence for Security Policy; Gauttier 2004: Horizontal Coherence and the External Competences of the European Union, 25/26.

härenz).[19] Letztere sind ja keineswegs unitarische Akteure, sondern können inhaltlich durchaus gespalten sein.

Tab. 3.1: Kohärenz in der Außenpolitik der EU

vertikal	horizontal	
Kohärenz zwischen den Außenpolitiken der Mitgliedstaaten und der EU-Ebene	Kohärenz zwischen einzelnen außenpolitischen Bereichen/ Politikfeldern	Kohärenz zwischen den und innerhalb der Institutionen
→ *inter-level coherence*	→ *inter-policy coherence*	→ *inter-institutional coherence* → *intra-institutional coherence*

(Quelle: eigene Darstellung)

Obwohl Prä-Lissabon das Kohärenzgebot an verschiedenen Stellen vertraglich verankert war, kam es immer wieder zu teils gravierenden Kohärenzverletzungen in der EU-Außenpolitik.

In den Bereichen, in denen die Union die ausschließliche Zuständigkeit innehat, wie in der Außenhandelspolitik, ist die Frage nach der vertikalen Kohärenz in der Praxis de facto wenig relevant, da die Aktivitäten der Mitgliedstaaten hier sehr eingeschränkt sind. Vertikale Kohärenz ist vornehmlich in den Bereichen ein Problem, die intergouvernemental organisiert sind oder wo die Mitgliedstaaten sich die Zuständigkeit mit der europäischen Ebene teilen wie etwa in der Entwicklungspolitik oder bei den externen Aspekten der Umweltpolitik. In der GASP oder der GSVP, wo die Mitgliedstaaten nach wie vor Souveränität eher teilen als abgeben, sind vertikale Kohärenzprobleme am häufigsten anzutreffen.[20] Als Beispiele für einen Mangel an vertikaler Kohärenz sei an tief greifende Meinungsverschiedenheiten und Spaltungen zwischen den Mitgliedstaaten

Beispiele für Kohärenzmängel

---

19 Bisweilen wird die institutionelle Kohärenz auch als dritte Ausprägung des Kohärenzgebots (neben vertikaler und horizontaler Kohärenz) behandelt. Dieser Einteilung wird hier nicht gefolgt. Vgl. zu Kohärenz und Konsistenz in der EU-Außenpolitik Nuttall 2005: Coherence and Consistency; Duke 2011: Consistency, Coherence and European Union External Action: the Path to Lisbon and Beyond; Portela/Raube 2012: The EU Polity and Foreign Policy Coherence.
20 Gaedtke 2009: Europäische Außenpolitik, 56.

wie bei der Einrichtung einer Flugverbotszone über Libyen 2011, beim generellen Umgang mit Russland oder China, aber auch bei der Positionierung der EU anlässlich internationaler Klimakonferenzen erinnert.

Weniger präsent in den Schlagzeilen sind dagegen die zahlreichen Beispiele horizontaler Inkohärenzen, die die EU-Außenpolitik prägten. Ein Mangel an horizontaler Kohärenz liegt dann vor, wenn Widersprüche zwischen einzelnen Bereichen der EU-Außenpolitik bestehen, also beispielsweise zwischen der Entwicklungspolitik und den externen Aspekten der Agrarpolitik. So wird der EU häufig vorgeworfen, europäische Agrarexporte mit Subventionen zu unterstützen, während gleichzeitig Entwicklungsprojekte im Süden den ärmsten Ländern dabei helfen sollen, ökonomisch zu bestehen.[21] Die Kohärenzprobleme zwischen einzelnen Politikbereichen haben sich mit der Zeit zunehmend verschärft.

Dies liegt nicht zuletzt an Globalisierungsprozessen und einer generellen „Versicherheitlichung"[22], wodurch immer mehr Politikbereiche außen- und sicherheitspolitische Bezüge erhalten und sich somit auch die Koordinationserfordernisse zwischen den einzelnen Bereichen der EU-Außenpolitik vergrößern.[23]

Ein Beispiel für fehlende interinstitutionelle Kohärenz ließ sich etwa im Falle Kenias erkennen, als der Rat und der ehemalige Hohe Vertreter Solana nach den umstrittenen Präsidentschaftswahlen von 2007 Sanktionen androhten, während eine große Summe der von der Kommission verantworteten Budgethilfe an die kenianische Regierung gezahlt wurde.[24] Belege für intrainstitutionelle Inkohärenzen lassen sich u. a. innerhalb der Europäischen Kommission

---

21 Thema 2011: Kohärenz der Entwicklungspolitik. Prozesse und Herausforderungen der *Policy Coherence for Development*, 164. Vgl. auch Wiggerthale 2011: Die EU exportiert – die Welt hungert.

22 Das Konzept der „Versicherheitlichung" (*securitization*) wurde in den 1990er-Jahren von der konstruktivistisch arbeitenden Kopenhagener Schule um Barry Buzan und Ole Wæver entwickelt (Buzan/Wæver/de Wilde 1998: Security. A New Framework for Analysis). Es bezeichnet den Prozess, wonach ein Problemfeld nicht nur als politische Herausforderung, sondern als Sicherheitsbedrohung wahrgenommen wird. Als Paradebeispiel gilt die Versicherheitlichung des Klimawandels.

23 Vgl. auch Lieb/Maurer 2007: Europas Rolle in der Welt stärken. Optionen für ein kohärenteres Außenhandeln der Europäischen Union, 12.

24 Frankfurter Allgemeine Zeitung: Trotz Wahlbetrugs: EU-Geld für Kenia, 13.01.2008.

finden, in der nicht selten die einzelnen Generaldirektionen wie etwa die GD Klimapolitik oder die GD Handel unterschiedliche außenpolitische Zielsetzungen verfolgen. Insgesamt behinderte der Mangel an vertikaler und horizontaler Kohärenz die außenpolitische Profilbildung der EU, die eine Außenpolitik aus einem Guss anstrebt und als geeinter Akteur auf der Weltbühne auftreten möchte.

Resümiert man die bis hier dargestellten Problemfelder, lässt sich ein Tableau struktureller und systemimmanenter Defizite aufspannen, welche die EU-Außenpolitik, wie sie Prä-Lissabon verfasst war, prägten. Ein fragmentiertes Profil, ein Mangel an Sichtbarkeit, Probleme in der Beschlussfassung sowie hinsichtlich der vertikalen und horizontalen Kohärenz schwächten das Handeln des außenpolitischen Akteurs EU und führten in der Summe oft auch zu einem Mangel an Effektivität und Handlungsfähigkeit der EU-Außenpolitik.

Tab. 3.2: Systemimmanente Defizite der EU-Außenpolitik Prä-Lissabon

Fragmentierung	Akteursstruktur	Dimensionen/*Policies*
Sichtbarkeitsdefizit	nach außen	nach innen
Mängel in der Beschluss-fassung	fehlende Effizienz	mehrstufige parlamentarische Legitimation
Mangel an Kohärenz	vertikal	horizontal
→ Mangel an Effektivität und Handlungsfähigkeit der EU-Außenpolitik		

(Quelle: eigene Darstellung)

Am Ende dieses Abschnitts ist unbedingt noch eine Relativierung vorzunehmen: Angesichts des sehr „schwarzen" und negativen Bildes, das dieser problemzentrierte Überblick von der EU-Außenpolitik vor dem Vertrag von Lissabon zeichnet, darf nicht vergessen werden, welche immensen Fortschritte die in den 1950er-Jahren noch stark introvertierte Integrationsgemeinschaft auf dem Weg zu einer veritablen Außenpolitik gemacht hat.[25] Trotz der aufgezeigten strukturell und vertraglich bedingten Schwachstellen konnten die EU und ihre Vorgängerorganisationen in vielen Bereichen als kollektiver Akteur effektiv und wirksam auftreten. Vor der großen Reformdekade

---

25 Vgl. Kapitel 2.

der 2000er-Jahre war dennoch klar, dass die EU in ihrem Außenhandeln noch deutliches Verbesserungspotenzial und in ihrem Wirken als kollektiv erfolgreicher internationaler Akteur noch „Luft nach oben" hatte. Welche Erwartungen hatte man nun angesichts dieser Diagnose an die Reformen im außenpolitischen Bereich?

3.1.2 Lessons learnt? Erwartungen an die große Vertragsreform im Post-Nizza-Prozess

Reformdekade der 2000er-Jahre

Die 2000er-Jahre gelten als die Reformdekade der EU. Der Vertrag von Nizza, der nach hitzigen Verhandlungen[26] im Dezember 2000 verabschiedet worden war und der die EU fit für die damals bevorstehende Osterweiterung machen sollte, war hinter den Erwartungen zurückgeblieben. Die Reformbemühungen wurden daher im sogenannten Post-Nizza-Prozess weitergeführt. Dieser langjährige Reformprozess fand seinen vorläufigen Endpunkt im Dezember 2009, als nach zähem Ringen und einigen Rückschlägen der Vertrag von Lissabon in Kraft trat.

Erklärung von Laeken als Startschuss des Reformprozesses

Die Rolle der EU in der Welt und damit die verschiedenen Dimensionen der EU-Außenpolitik gehörten zu den zentralen Themen der europäischen Reformdebatten im Post-Nizza-Prozess. Dies ist schon in der Erklärung von Laeken zur Zukunft der Europäischen Union ersichtlich, welche als Startschuss des Reformprozesses gilt. Die Staats- und Regierungschefs der EU formulierten darin im Dezember 2001 im belgischen Laeken Themen und vor allem Fragen für die Neuordnung der EU. Die Erklärung räumte dabei der Frage nach der Ausgestaltung von „Europas neue[r] Rolle in einer globalisierten Welt"[27] eine bedeutende Rolle ein:

---

26 Die Frankfurter Allgemeine Zeitung (12. Dezember 2000) hatte den Europäischen Rat in Nizza treffend als „Gipfel der Teppichhändler" bezeichnet (zit. nach Müller-Brandeck-Bocquet 2010: Rot-grüne Europapolitik 1998–2005: Eine Investition in die Zukunft der EU, 190).
27 Erklärung von Laeken 2001.

Erklärung von Laeken zur Zukunft der Europäischen Union (Auszug)
„Die Europäische Union ist ein Erfolg. Schon mehr als ein halbes Jahrhundert lebt Europa in Frieden. [...] Fünfzig Jahre nach ihrer Gründung befindet sich die Union allerdings an einem Scheideweg, einem entscheidenden Moment ihrer Geschichte. Die Einigung Europas ist nahe. Die Union schickt sich an, sich um mehr als zehn neue, vor allem mittel- und osteuropäische Mitgliedstaaten zu erweitern und so eine der dunkelsten Seiten der europäischen Geschichte endgültig umzuschlagen: den Zweiten Weltkrieg und die darauf folgende künstliche Teilung Europas. Endlich ist Europa auf dem Weg, ohne Blutvergießen zu einer großen Familie zu werden – eine grundlegende Neuordnung, die selbstverständlich ein anderes als das vor fünfzig Jahren verfolgte Konzept verlangt, als sechs Länder den Prozess einleiteten. [...]
Außerhalb ihrer Grenzen sieht sich die Europäische Union [...] mit einer sich schnell wandelnden, globalisierten Welt konfrontiert. [...]
Welche Rolle spielt Europa in dieser gewandelten Welt? Muss Europa nicht – nun, da es endlich geeint ist – eine führende Rolle in einer neuen Weltordnung übernehmen, die Rolle einer Macht, die in der Lage ist, sowohl eine stabilisierende Rolle weltweit zu spielen als auch ein Beispiel zu sein für zahlreiche Länder und Völker? [...]
Nun, da der Kalte Krieg vorbei ist und wir in einer globalisierten, aber zugleich auch stark zersplitterten Welt leben, muss sich Europa seiner Verantwortung hinsichtlich der Gestaltung der Globalisierung stellen. Die Rolle, die es spielen muss, ist die einer Macht, die jeder Form von Gewalt, Terror und Fanatismus entschlossen den Kampf ansagt, die aber auch ihre Augen nicht vor dem schreienden Unrecht in der Welt verschließt. Kurz gesagt, einer Macht, die die Verhältnisse in der Welt so ändern will, dass sie nicht nur für die reichen, sondern auch für die ärmsten Länder von Vorteil sind. Einer Macht, die der Globalisierung einen ethischen Rahmen geben, d. h. sie in Solidarität und in nachhaltige Entwicklung einbetten will."

Der Auszug zeigt, dass die Ziele für die außen- und sicherheitspolitische Rolle der EU in der globalisierten Welt sehr ambitioniert und hoch gesteckt waren. Die EU sollte mit der Reform zu einem „Leuchtfeuer" werden, „das für die Zukunft der Welt richtungsweisend sein kann"[28]. In einer Fülle von Fragen stellten die Staats- und Regierungschefs der damals noch 15 Mitgliedstaaten in der Erklärung von Laeken eine Agenda für den Reformprozess auf. Leitfragen im außenpolitischen Kontext lauteten beispielsweise: „Wie lässt sich [...] eine kohärentere gemeinsame Außenpolitik und Verteidigungspolitik entwickeln? [...] Wie lässt sich die Synergie zwischen dem Hohen Vertreter und dem zuständigen Kommissionsmitglied verbessern? Soll die Vertretung der Union in internationalen Gremien ausgebaut

---

28 Erklärung von Laeken 2001.

werden?" Die Fragen deuten bereits darauf hin, dass der Reformprozess an den in Kapitel 3.1.1 dargelegten Schwachstellen der EU-Außenpolitik ansetzen sollte. Die Staats- und Regierungschefs schienen ihre Lektion gelernt zu haben und sahen sich außerdem in ihrem Bestreben, die EU-Außenpolitik zu reformieren, auch vom Willen der Unionsbürger angetrieben: „Das Bild eines demokratischen und weltweit engagierten Europas entspricht genau dem, was der Bürger will. [...] Wie er auch mehr Europa in außen-, sicherheits- und verteidigungspolitischen Fragen wünscht, mit anderen Worten: mehr und besser koordinierte Maßnahmen bei der Bekämpfung der Krisenherde in und um Europa sowie in der übrigen Welt."[29]

Konvent zur Zukunft der Europäischen Union

Ein Jahr nach dem Gipfel von Nizza und noch bevor der zugehörige Vertrag überhaupt in Kraft getreten war, setzten die Mitgliedstaaten in Laeken zudem einen Konvent ein, der Antworten auf die in der Erklärung gestellten Fragen geben und einen neuen Vertrag vorbereiten sollte. Der Konvent zur Zukunft der Europäischen Union tagte ab Februar 2002 unter Leitung des ehemaligen französischen Staatspräsidenten Valéry Giscard d'Estaing. Das Gremium nahm seinen Auftrag sehr ernst und legte im Juli 2003 einen „Entwurf über eine Verfassung für Europa"[30] vor. Die Reform der EU-Außenpolitik nahm großen Raum in den Debatten ein, so z. B. in den Arbeitsgruppen „Außenpolitisches Handeln" oder „Verteidigung". Wegweisende außenpolitische Vorschläge entstanden im Rahmen des Konventsprozesses, so etwa der Vorschlag für einen Europäischen Auswärtigen Dienst oder die Idee eines Doppelhuts für den neuen Hohen Vertreter, der im Verfassungsvertrag noch den Titel „Außenminister der Union" trug.[31]

---

29 Erklärung von Laeken 2001.
30 Entwurf eines Vertrags über eine Verfassung für Europa 2003.
31 Mit dem Vertrag von Lissabon wurde die Einberufung eines Konvents für alle künftigen, umfassenden Vertragsänderungen verankert (Art. 48 (3) EUV). Die sogenannte Konventsmethode unterscheidet sich von den vorherigen Vertragsrevisionsverhandlungen hinter verschlossenen Türen u. a. durch größere Transparenz und die Einbindung von Abgeordneten der nationalen Parlamente sowie des Europäischen Parlaments. Noch heute können alle Arbeitsdokumente auf der Website des Europäischen Konvents eingesehen werden (http://european-convention.europa.eu). Zur Konventsmethode vgl. Göler 2006: Deliberation – Ein Zukunftsmodell europäischer Entscheidungsfindung? Analyse der Beratungen des Verfassungskonvents 2002–2003 und Rüger 2006: Aus der Traum? Der lange Weg zur EU-Verfassung.

Nach einigen Änderungen am Konventsentwurf konnten die Staats- und Regierungschefs der mittlerweile auf 25 Mitgliedstaaten erweiterten EU in Rom am 29. Oktober 2004 den „Vertrag über eine Verfassung für Europa" (VVE) feierlich unterzeichnen. Dieser VVE hätte nach Ratifizierung durch die einzelnen Mitgliedstaaten zum 1. November 2006 in Kraft treten sollen, doch der Ratifizierungsprozess erwies sich als unerwartet problematisch. Im Mai bzw. Juni 2005 erschütterten das französische *Non* und das niederländische *Nee* die politische Landschaft Europas und legten den Reformprozess und damit auch die außenpolitischen Innovationen des Verfassungsvertrags vorerst auf Eis. Außen- und sicherheitspolitische Kontroversen waren zwar nicht der Hauptgrund für das negative Votum in den beiden Mitgliedstaaten, doch spielten die geplanten Reformen in diesem Bereich durchaus eine Rolle in den innenpolitischen Debatten: In Frankreich wurde von den Vertragsgegnern eine vorgebliche Militarisierung der EU als Argument gegen den Verfassungsvertrag vorgetragen. In den Niederlanden war der geplante Außenminister den Vertragsgegnern ein Dorn im Auge, denn sie sahen in diesem Amt das Symbol der befürchteten Staatswerdung der Union, welche in ihren Augen mit dem Verfassungsvertrag geradewegs auf den „europäischen Superstaat" zusteuerte. Es sollte bis zur deutschen Ratspräsidentschaft im ersten Halbjahr 2007 dauern, bis die EU sich wieder aus der durch die Referenden zum VVE in Frankreich und den Niederlanden verursachten kollektiven Schockstarre lösen und dem Reformprozess neues Leben einhauchen konnte.

Vertrag über eine Verfassung für Europa

Im Juni 2007 gelang es unter deutscher Ratspräsidentschaft und nach teils erbitterten Verhandlungen,[32] ein sehr detailliertes Mandat für eine erneute Regierungskonferenz zu verabschieden. Der im Dezember 2007 in Lissabon unterzeichnete neue Reformvertrag enthält im Großen und Ganzen die Substanz des vorherigen VVE und somit auch alle außenpolitisch relevanten Innovationen, auf die im weiteren Verlauf dieses Kapitels einzugehen sein wird. Es mussten allerdings auch Abstriche gemacht werden. Die Unterschiede zwischen dem VVE und dem Vertrag von Lissabon betreffen vor allem den Verzicht auf staatsähnliche Symbolik. So wurde der

Substanzerhalt mit Abstrichen im Vertrag von Lissabon

---

32 Hierzu genauer Müller-Brandeck-Bocquet 2010: Rot-grüne Europapolitik 1998–2005: Eine Investition in die Zukunft der EU, 270–290; Rüger 2007: Mission erfüllt? Zur Bilanz der deutschen EU-Ratspräsidentschaft; Seeger 2007: Dramatik auf der Hauptbühne, Routine an den Nebenschauplätzen. Die Bilanz des Europäischen Rates am 21./22. Juni 2007.

Außenminister der Union nun mit dem wesentlich sperrigeren Titel „Hoher Vertreter der Union für Außen- und Sicherheitspolitik" bedacht.

Bevor der Vertrag von Lissabon in Kraft treten konnte, musste er noch von allen Mitgliedstaaten nach ihren jeweiligen verfassungsrechtlichen Vorschriften ratifiziert werden. Anders als noch beim VVE war nun lediglich in Irland ein Referendum obligatorisch. Dass die Iren bei der Abstimmung am 12. Juni 2008 die Ampeln für den Ratifizierungsprozess auf Rot stellten, hatte wiederum auch außenpolitische Gründe. Im traditionell neutralen Irland war die Frage, ob der Vertrag die Neutralität des Landes aushebeln würde, in der öffentlichen Debatte um das Referendum erwartungsgemäß von großer Bedeutung. Die Vertragsgegner nannten die Sicherung der sicherheits- und verteidigungspolitischen Neutralität als einen der wichtigsten Gründe für ihr No.[33] Erst nachdem Irland rechtliche Garantien und Klarstellungen erhalten hatte, dass weder die irische Neutralität noch andere für die Iren bedeutsame Aspekte (wie etwa die strikte Abtreibungsregelung oder das Steuerrecht) durch den Reformvertrag angetastet würden,[34] stimmten die Iren in einem zweiten Referendum am 2. Oktober 2009 dem Vertrag von Lissabon zu. Dieser konnte sodann nach fast einer ganzen Reformdekade am 1. Dezember 2009 in Kraft treten.

Irische Neutralität

Erwartungen

Die jahrelangen Reformdebatten, in denen außenpolitische Themen durchaus eine hohe Salienz und Wichtigkeit hatten, nahmen immer wieder Bezug auf die bisherigen Schwachstellen der EU-Außenpolitik. Was hat man im Vertrag von Lissabon nun beschlossen? Wie ist die Außenpolitik der EU seit 2009 vertraglich aufgestellt und organisiert? Ist es gelungen, die Schwachstellen zu lindern? Wurden die in Kapitel 3.1.1 dargelegten Zielvorgaben „mehr Kohärenz (vertikal und horizontal)", „mehr Sichtbarkeit", „mehr Effizienz und demokratische Legitimation in der Beschlussfassung" erreicht und konnte der EU mit dem Vertrag von Lissabon ein klareres Profil auf der Weltbühne und mehr Handlungsfähigkeit verliehen werden?

---

33 Rüger 2008: Rote Karte von der „grünen Insel". Zum irischen Referendum über den EU-Reformvertrag – Analyse und Ausblick.
34 Europäischer Rat 2008: Schlussfolgerungen.

3.2 Grundstruktur, Ziele und Prinzipien der EU-Außenpolitik im Vertrag von Lissabon

Der Vertrag von Lissabon[35] setzt sich aus dem Vertrag über die Europäische Union (EUV) und dem Vertrag über die Arbeitsweise der Europäischen Union (AEUV) zusammen. Er besteht aus nicht weniger als 413 Artikeln, 37 Protokollen plus 65 rechtlich weniger verbindlichen Erklärungen. Bestimmungen zur EU-Außenpolitik sind über den gesamten Text verteilt und finden sich sowohl im EUV (vor allem allgemeine Grundsätze sowie GASP, GSVP, ENP und Erweiterung) als auch im AEUV (vor allem die Gemeinschaftsdimension und die externe Dimension interner Politikbereiche). Auch in den Protokollen und Erklärungen sind Bestimmungen über die Außenpolitik der EU enthalten, so etwa in Protokoll Nr. 10 über die Ständige Strukturierte Zusammenarbeit in der GSVP oder in den Erklärungen 13 und 14, die auf britischen Wunsch hinzugefügt wurden und die Souveränität der Nationalstaaten im Bereich der GASP unterstreichen. Eine hilfreiche Übersicht aller für die Außenpolitik der EU relevanten Vertragsartikel hat die *Groupe de Recherche et d'Information sur la Paix et la Sécurité* (GRIP) zusammengestellt.[36]

Struktur des Primärrechts

Der Vertrag von Lissabon löst die mit dem Vertrag von Maastricht eingeführte Tempelkonstruktion der EU formell auf. Die Abschaffung der ehemals drei Säulen bedeutet jedoch *nicht*, dass nun alle Dimensionen der EU-Außenpolitik demselben Entscheidungssystem unterlägen oder gar alle vergemeinschaftet wären. Eine Revolution, die alle Dimensionen der EU-Außenpolitik demselben Entscheidungsmodus unterworfen hätte, ist ausgeblieben, was selbstredend dem ausgeprägten „Souveränitätsreflex"[37] der Mitgliedstaaten im Kernbereich der Außen- und Sicherheitspolitik geschuldet ist. Für die GASP und die GSVP gelten daher auch nach dem Wegfall der Säulenkonstruktion „besondere Bestimmungen und Verfahren" (Art. 24 EUV).

Formelle Auflösung der Tempelkonstruktion

---

35 Ein empfehlenswerter Kommentar zu den politischen und institutionellen Reformen findet sich im Themendossier zum Vertrag von Lissabon auf der Website der Stiftung Wissenschaft und Politik (SWP): http://www.swp-berlin.org/de/swp-themendossiers/der-lissabonner-vertrag-in-zeiten-der-krise.html.

36 Santopinto 2010: Collection of articles on the external policy of the EU.

37 Hofmann/Wessels 2008: Der Vertrag von Lissabon – eine tragfähige und abschließende Antwort auf konstitutionelle Grundfragen? 6.

Rechtspersönlich-
keit der Union

Dennoch ist mit dem Wegfall der Säulen eine gewichtige Änderung im Bereich der Außenpolitik verbunden: Erstmals hat nun die Union als Ganzes eine explizite Rechtspersönlichkeit (Art. 47 EUV). Die Europäische Union wird somit zum Völkerrechtssubjekt, d. h. sie kann internationalen Organisationen beitreten oder internationale Verträge abschließen (vorher galt dies in expliziter Form nur für die Europäische Gemeinschaft der ersten Säule). Der Begriff „Gemeinschaft" wird überall durch „Union" ersetzt, und der vormalige Vertrag über die Europäische Gemeinschaft (EGV) wird zum Vertrag über die Arbeitsweise der Europäischen Union (AEUV).

Ziele

Anders als bei nationalen Verfassungen, in denen außenpolitische Ziele oft nur vage festgehalten sind, haben die europäischen Vertragsarchitekten den Zielen der EU-Außenpolitik im Vertragstext breiten Raum gewidmet. Dies liegt nicht zuletzt daran, dass diese Zieldefinitionen mit der Absicht verbunden sind, die außenpolitische Identität der EU zu stärken und ein normatives Leitbild für die nach wie vor im Werden begriffene Rollenfindung der EU in der Welt abzustecken.[38]

Schon in Art. 3 EUV des Lissabonner Vertrags, in dem die generellen Ziele der EU niedergeschrieben sind, wird deutlich, dass die Union ihre Werte und Interessen nicht nur im Inneren, sondern auch nach außen hin schützen und fördern möchte. So heißt es hier:

Ziele der EU (Art. 3 (5) EUV)
„[...Die Union] leistet einen Beitrag zu Frieden, Sicherheit, globaler nachhaltiger Entwicklung, Solidarität und gegenseitiger Achtung unter den Völkern, zu freiem und gerechtem Handel, zur Beseitigung der Armut und zum Schutz der Menschenrechte, insbesondere der Rechte des Kindes, sowie zur strikten Einhaltung und Weiterentwicklung des Völkerrechts, insbesondere zur Wahrung der Grundsätze der Charta der Vereinten Nationen."

Im weiteren Verlauf des Vertragstexts werden für jeden außenpolitischen Bereich spezifische Ziele festgehalten, auf diese wird in Kapitel 3.4 und in Kapitel 4 noch näher einzugehen sein. Eine umfassende Zielbestimmung, die sich auf das gesamte globale Handeln der Union mit all seinen Dimensionen bezieht, findet sich in Art. 21 (2) EUV:

---

38 Gaedtke 2009: Europäische Außenpolitik, 49.

Ziele der EU-Außenpolitik (Art. 21 (2) EUV)

„Die Union legt die gemeinsame Politik sowie Maßnahmen fest, führt diese durch und setzt sich für ein hohes Maß an Zusammenarbeit auf allen Gebieten der internationalen Beziehungen ein, um

a) ihre Werte, ihre grundlegenden Interessen, ihre Sicherheit, ihre Unabhängigkeit und ihre Unversehrtheit zu wahren;

b) Demokratie, Rechtsstaatlichkeit, die Menschenrechte und die Grundsätze des Völkerrechts zu festigen und zu fördern;

c) nach Maßgabe der Ziele und Grundsätze der Charta der Vereinten Nationen sowie der Prinzipien der Schlussakte von Helsinki und der Ziele der Charta von Paris, einschließlich derjenigen, die die Außengrenzen betreffen, den Frieden zu erhalten, Konflikte zu verhüten und die internationale Sicherheit zu stärken;

d) die nachhaltige Entwicklung in Bezug auf Wirtschaft, Gesellschaft und Umwelt in den Entwicklungsländern zu fördern mit dem vorrangigen Ziel, die Armut zu beseitigen;

e) die Integration aller Länder in die Weltwirtschaft zu fördern, unter anderem auch durch den schrittweisen Abbau internationaler Handelshemmnisse;

f) zur Entwicklung von internationalen Maßnahmen zur Erhaltung und Verbesserung der Qualität der Umwelt und der nachhaltigen Bewirtschaftung der weltweiten natürlichen Ressourcen beizutragen, um eine nachhaltige Entwicklung sicherzustellen;

g) den Völkern, Ländern und Regionen, die von Naturkatastrophen oder von vom Menschen verursachten Katastrophen betroffen sind, zu helfen; und

h) eine Weltordnung zu fördern, die auf einer verstärkten multilateralen Zusammenarbeit und einer verantwortungsvollen Weltordnungspolitik beruht."

In dieser achtfachen Zielbestimmung kommt die starke Wertorientierung zum Ausdruck, die die EU in ihrer Außenpolitik anstrebt. Schutz und Förderung von Demokratie, Rechtsstaatlichkeit, Menschenrechten und dem Völkerrecht sollen demnach Leitschnur und Fundament der EU-Außenpolitik sein. Frieden, Armutsbekämpfung und Nachhaltigkeit stehen gemäß dem Zielkatalog auf der Agenda der Union ganz oben. Diese vertraglich verankerte Wertorientierung entspricht dem Konzept der EU als „normative power", das Ian Manners 2002 in die wissenschaftliche Debatte einführte und das seitdem ebenso viel zitiert wie umstritten ist; denn nicht immer wird die EU bei der Verfolgung ihrer Interessen den hoch gesteckten Ansprüchen gerecht, zumal die obigen Zielvorgaben in der Praxis der Außenpolitik durchaus im Widerspruch zueinander stehen. So können sich etwa aus der gleichzeitigen Verfolgung des Ziels der Demokratieförderung und Zielen in der Handelspolitik in der Praxis gravierende Dilemmata ergeben (z.B. in den Außenbeziehungen mit Russland oder China). Hinzu kommt, dass die im Vertragstext verankerten Ziele zwar für alle

Wertorientierung

EU als „normative Macht"?

EU-Mitgliedstaaten konsensfähig, dadurch aber auch wenig spezifisch und nicht priorisiert sind.[39]

Innen-Außen-Analogie

Essenzieller Bestandteil von Manners' Konzept ist die Idee, dass die EU nicht nur selbst auf Werten basiert, sondern sie ihre eigenen Normen auch nach außen exportieren möchte.[40] Artikel 21 (1) EUV verankert diese sogenannte „Innen-Außen-Analogie", wonach außenpolitische Akteure „ihre internationale Umwelt nach denselben Werten und Prinzipien geordnet sehen wollen wie ihr eigenes politisches und gesellschaftliches System":[41]

Art. 21 (1) EUV

„Die Union lässt sich bei ihrem Handeln auf internationaler Ebene von den Grundsätzen leiten, die für ihre eigene Entstehung, Entwicklung und Erweiterung maßgebend waren und denen sie auch weltweit zu stärkerer Geltung verhelfen will: Demokratie, Rechtsstaatlichkeit, die universelle Gültigkeit und Unteilbarkeit der Menschenrechte und Grundfreiheiten, die Achtung der Menschenwürde, der Grundsatz der Gleichheit und der Grundsatz der Solidarität sowie die Achtung der Grundsätze der Charta der Vereinten Nationen und des Völkerrechts."

„nach außen gerichtete Binnenprojektion"

Die EU setzt in ihrer Außenpolitik also auf Normen, Prinzipien und Verfahren, die auch die Kooperation innerhalb des europäischen Staatenverbunds prägen. Hierzu zählen beispielsweise das Vertrauen auf und die Förderung von Institutionen, regelbasierte Interaktionsformen, Solidarität, auf die später noch zurückzukommen sein wird, und der Primat der Diplomatie. Das Außenhandeln der EU ist Spiegelbild ihrer Binnenstruktur. Jopp und Schlotter bezeichnen diese „nach außen gerichtete Binnenprojektion" als einen der „konstitutiven Faktoren europäischer Außen- und Sicherheitspolitik"[42].

Multilateralismus

Auch der Multilateralismus findet sich sowohl in der internen Funktionsweise der EU (der ehemalige Kommissionspräsident José

---

39 Manners 2002: Normative Power Europe: A Contradiction in Terms? Zu einer Kritik des Konzepts vgl. z. B. Merlingen 2007: Everything is Dangerous: A critique of 'Normative Power Europe'; Hyde-Price 2008: A 'Tragic Actor'? A Realist Perspective on 'Ethical Power Europe'.
40 Manners 2002: Normative Power Europe: A Contradiction in Terms? 252.
41 Kittel/Rittberger/Schimmelfennig 1995: Staatenmerkmale und Außenpolitik: Untersuchungsdesign und Hypothesen, 68. Vgl. auch Peters/Wagner 2005: Die Europäische Union in den internationalen Beziehungen, 215–218.
42 Jopp/Schlotter 2007: Kollektive Außenpolitik – Die Europäische Union als internationaler Akteur, 390, 394. Vgl. auch Peters/Wagner 2005: Die Europäische Union in den internationalen Beziehungen, 215–218.

Manuel Barroso titulierte ihn als Teil der „DNA der Union"[43]) als auch in der Zielbestimmung für das globale Handeln des Staatenverbunds. Das Leitmotiv des „effektiven Multilateralismus"[44], grundgelegt in der ESS von 2003, ist dabei gleichzeitig Ziel wie Instrument der EU-Außenpolitik. Indem die Union eine „structural foreign policy" verfolgt, möchte sie nicht nur die Beziehungen zu und zwischen anderen Akteuren nach ihren Vorstellungen gestalten („relational foreign policy"), sondern zielt darauf ab, die Weltordnung insgesamt *strukturell* zu beeinflussen. Das unter h) angeführte Ziel, einer auf multilateraler Zusammenarbeit fußenden Weltordnungspolitik ist Ausdruck dieses Strebens nach strukturprägender Außenwirkung.

> Relational foreign policy is a foreign policy that seeks to influence the attitude and behaviour of other actors as well as the relations with and between other actors. [...]
> Structural foreign policy is a foreign policy which, conducted over the long-term, aims at sustainably influencing or shaping political, legal, economic, social, security or other structures in a given space.[45]

„relational foreign policy" versus „structural foreign policy"

Neben den Zielen sind auch die Prinzipien, welche die Außenpolitik der EU prägen sollen, im Vertrag festgehalten. Hier sind vor allem das Prinzip der Kohärenz sowie das schon angesprochene Prinzip der Solidarität zu nennen und näher zu betrachten.

Prinzipien

Kohärenzmangel wurde in Kapitel 3.1.1 bereits als eines der wesentlichen Defizite der EU-Außenpolitik vor dem Vertrag von Lissabon ausgemacht. Dargelegt wurde auch, warum die Herstellung von vertikaler und horizontaler Kohärenz eine große Herausforderung, aber auch Notwendigkeit für die Außenpolitik der Union ist. Es verwundert daher nicht, dass dem Kohärenzprinzip auch im Vertrag von Lissabon eine herausgehobene Rolle zukommt. In den allgemeinen Bestimmungen zum Außenhandeln der EU ist festgelegt, dass die Union „auf die Kohärenz zwischen den einzelnen Bereichen ihres auswärtigen Handelns" achtet. „Der Rat und die Kommission,

Horizontale Kohärenz

---

43 Barroso 2010: The European Union and multilateral global governance.
44 Zum effektiven Multilateralismus vgl. beispielsweise Drieskens/Van Schaik (Hrsg.) 2014: The EU and Effective Multilateralism; Scheuermann 2012: VN-EU-Beziehungen in der militärischen Friedenssicherung. Eine Analyse im Rahmen des Multilateralismus-Konzepts; Kissack 2010: Pursuing Effective Multilateralism: The European Union, International Organisations and the Politics of Decision Making.
45 Keukeleire/Delreux 2014: The Foreign Policy of the European Union, 28/29.

die vom Hohen Vertreter der Union für Außen- und Sicherheitspolitik unterstützt werden, stellen diese [horizontale] Kohärenz sicher und arbeiten zu diesem Zweck zusammen" (Art. 21 (2) EUV).

Vertikale Kohärenz   Das Gebot der vertikalen Kohärenz ist im Vertragstext zwar nicht wörtlich angesprochen, es verbirgt sich aber im „Grundsatz der loyalen Zusammenarbeit", der schon in Titel I des EUV ganz generell festschreibt: „Die Mitgliedstaaten unterstützen die Union bei der Erfüllung ihrer Aufgabe und unterlassen alle Maßnahmen, die die Verwirklichung der Ziele der Union gefährden könnten" (Art. 4 (3) EUV). In den außenpolitisch relevanten Bestimmungen wird dies weiter ausgeführt und festgelegt, dass die Mitgliedstaaten „sich jeder Handlung [enthalten], die den Interessen der Union zuwiderläuft oder ihrer Wirksamkeit als kohärente Kraft in den internationalen Beziehungen schaden könnte" (Art. 24 (3) EUV). „Die Mitgliedstaaten tragen dafür Sorge, dass ihre einzelstaatliche Politik mit den Standpunkten der Union in Einklang steht" (Art. 29 EUV). Der Vertrag schreibt sogar eine Pflicht zur Koordination „zu jeder außen- und sicherheitspolitischen Frage von allgemeiner Bedeutung" fest (Art. 32 EUV). Die Verpflichtung zur Abstimmung und Koordination gilt auch „in internationalen Organisationen und auf internationalen Konferenzen" und hier besonders für die Mitgliedstaaten, die im Sicherheitsrat der Vereinten Nationen vertreten sind. Der Hohe Vertreter organisiert die Koordination in multilateralen Foren (Art. 34 EUV). Wenn der Rat beschließt, dass die Union auf eine internationale Situation eine operative Antwort gibt, ist dieser Beschluss „für die Mitgliedstaaten bei ihren Stellungnahmen und ihrem Vorgehen bindend" (Art. 28 (2) EUV). Zusammengenommen mangelt es also nicht an vertraglichen Verankerungen des Kohärenzgebots. Die Erfahrungen mit früheren Verträgen zeigen jedoch, dass gerade im Bereich der vertikalen Kohärenz die Unterstützung der Mitgliedstaaten in der Vertragswirklichkeit oft zu wünschen übrig lässt.

Dass der Hohe Vertreter nun als Wächter des Kohärenzprinzips innerhalb der einzelnen Dimensionen der EU-Außenpolitik eingesetzt wird, ist neu (Art. 18 (6) EUV). Im Vertrag von Nizza lag diese Aufgabe noch ausschließlich bei Rat und Kommission (Art. 3 EUV-Nizza). Die Neuerung ist nur folgerichtig, denn durch seine aufgewertete Funktion, in der er in Personalunion zugleich Vizepräsident der Kommission ist (Doppelhut), bildet er die personelle Klammer zwischen der gemeinschaftlichen und der intergouvernementalen Dimension der EU-Außenpolitik. Auch der EAD, der die einzelnen Dimensionen der Außenpolitik unter einem Dach vereint, trägt zur

Stärkung der Kohärenz bei. Insgesamt wurde die Kohärenzsicherung durch die jüngsten Reformen somit deutlich institutionalisiert. In manchen Bereichen, wie etwa bei Sanktionsentscheidungen, ähneln die Mechanismen zur Gewährleistung von Kohärenz fast denen in einem Staat.[46] Auf lange Sicht haben die institutionellen Neuerungen in jedem Fall ein großes Potenzial für mehr Kohärenz[47], deren Umsetzung jedoch auch nach Lissabon mit dem politischen Willen der beteiligten Akteure steht und fällt.

Neben der Kohärenz ist die Solidarität ein zentraler, vertraglich verankerter Grundsatz. Das Solidaritätsprinzip ist eines der Fundamente der Union insgesamt (Art. 2 EUV). Fragen der Solidarität spielen in der europäischen Integration generell eine zunehmend wichtigere Rolle. Man denke nur an die Debatten zur Solidarität zwischen den Mitgliedern der Eurozone in der Staatsschuldenkrise, an die Verteilungskämpfe im Rahmen der finanzstarken Struktur- und Regionalpolitik der EU oder auch an die Solidaritätsappelle südeuropäischer Staaten angesichts massiver Flüchtlingswellen.[48]

Auch für die gesamte EU-Außenpolitik ist der Grundsatz der Solidarität ein konstitutives Leitprinzip (vgl. Art. 21 (1) EUV). Im Teilbereich der GASP und der GSVP hält der Vertrag von Lissabon fest: „Die Mitgliedstaaten unterstützen die Außen- und Sicherheitspolitik der Union aktiv und vorbehaltlos im Geiste der Loyalität und der gegenseitigen Solidarität [...]" (Art. 24 (3) EUV). Solidarität zwischen den Mitgliedstaaten dient dabei nicht nur als Fundament, sondern gleichermaßen auch als Ziel der GASP, denn „die Mitgliedstaaten arbeiten zusammen, um ihre gegenseitige politische Solidarität zu stärken und weiterzuentwickeln" (Art. 24 (3) EUV). Solidarität als Leitlinie des Handelns der Union richtet sich sowohl nach innen als auch nach außen, wenn die EU „in ihren Beziehungen zur übrigen Welt [...] Solidarität [...] unter den Völkern" (Art. 3 (5) EUV) fördern möchte.[49] Auch hier kommt mithin wieder die „nach außen gerichtete Binnenprojektion"[50] in der EU-Außenpolitik zum Tragen.

Solidarität

---

46 Portela/Raube 2012: The EU Polity and Foreign Policy Coherence, 16/17.
47 Bahr-Vollrath 2014: Der Europäische Auswärtige Dienst. Chance für Kohärenz, Konvergenz und Kontinuität in der Außenpolitik der EU.
48 Zum Solidaritätsprinzip in der Europäischen Union vgl. Knodt/Tews (Hrsg.) 2014: Solidarität in der EU.
49 Rüger 2014: Solidarität – ein solides Fundament der GASP?
50 Jopp/Schlotter 2007: Kollektive Außenpolitik – Die Europäische Union als internationaler Akteur, 390 und 394.

Neben dem Bereich der GASP und der GSVP spielt das Solidaritätsprinzip auch in den anderen Bereichen der EU-Außenpolitik eine tragende Rolle. Die Asyl- und Einwanderungspolitik sowie die Kontrolle an den Außengrenzen der Union gründet sich – zumindest dem Vertragstext nach – auf die Solidarität zwischen den Mitgliedstaaten (Art. 67 (2) AEUV und Art. 80 AEUV). Auch die Energiepolitik soll „im Geiste der Solidarität zwischen den Mitgliedstaaten" (Art. 194 AEUV) durchgeführt werden. Mit Blick auf die angestrebte Energieunion und die oftmals spannungsreichen Beziehungen mit dem Hauptlieferanten der europäischen Energie, Russland, gewinnt das Solidaritätsprinzip in diesem Bereich an Aktualität, wie der Ruf nach „Gas-Solidarität" (so der Präsident des Europäischen Rates Donald Tusk) belegt.

Die große Relevanz der Solidarität kommt auch darin zum Ausdruck, dass dem Prinzip im Vertrag von Lissabon eine eigene Klausel gewidmet ist:

Solidaritätsklausel (Art. 222 AEUV)

„(1) Die Union und ihre Mitgliedstaaten handeln gemeinsam im Geiste der Solidarität, wenn ein Mitgliedstaat von einem Terroranschlag, einer Naturkatastrophe oder einer vom Menschen verursachten Katastrophe betroffen ist. Die Union mobilisiert alle ihr zur Verfügung stehenden Mittel, einschließlich der ihr von den Mitgliedstaaten bereitgestellten militärischen Mittel, um

a) – terroristische Bedrohungen im Hoheitsgebiet von Mitgliedstaaten abzuwenden;
 – die demokratischen Institutionen und die Zivilbevölkerung vor etwaigen Terroranschlägen zu schützen;
 – im Falle eines Terroranschlags einen Mitgliedstaat auf Ersuchen seiner politischen Organe innerhalb seines Hoheitsgebiets zu unterstützen;

b) im Falle einer Naturkatastrophe oder einer vom Menschen verursachten Katastrophe einen Mitgliedstaat auf Ersuchen seiner politischen Organe innerhalb seines Hoheitsgebiets zu unterstützen.

(2) Ist ein Mitgliedstaat von einem Terroranschlag, einer Naturkatastrophe oder einer vom Menschen verursachten Katastrophe betroffen, so leisten die anderen Mitgliedstaaten ihm auf Ersuchen seiner politischen Organe Unterstützung. [...]"

Die Solidaritätsklausel war schon im Verfassungsvertrag vorgesehen und wurde aus aktuellem Anlass – kurz nach den Terroranschlägen vom 11. März 2004 in Madrid – vorzeitig in Kraft gesetzt. Anders als die Beistandsklausel, die im Falle von konventionellen militärischen Bedrohungen greift, bezieht sich die Solidaritätsklausel auf Terroranschläge, Naturkatastrophen oder andere vom Menschen verursachte Katastrophen. Die vage Definition in Art. 222 AEUV macht allerlei Szenarien für solidarische Interventionen denkbar, von Cyberangriffen bis hin zu Ölknappheit.[51] Die Klausel berührt sowohl Aspekte klassischer Innenpolitik (wie etwa die Innere Sicherheit oder den Bevölkerungsschutz) als auch Aspekte der Verteidigungspolitik und der Terrorabwehr. Sie trägt somit zu einer weiteren Vernetzung der Politikfelder und Dimensionen in der EU-Außenpolitik bei. In der Praxis hat die Klausel bisher hauptsächlich symbolische Bedeutung. Sie wurde weder in Großbritannien nach den Terroranschlägen in London 2005 noch bei Naturkatastrophen wie Waldbränden oder Überschwemmungen von einem Mitgliedstaat aktiviert. Im Juni 2014 erfolgte ein Ratsbeschluss, der die Anwendung der Klausel konkretisierte.[52] Es bleibt abzuwarten, inwiefern dies die Praxisrelevanz der Solidaritätsklausel erhöht.[53]

Die Prinzipien der Kohärenz und der Solidarität sind folglich konstitutive Elemente der EU-Außenpolitik. Angesichts des rhetorischen Überschwangs – Kohärenz und Solidarität kommen jeweils 23 Mal im Vertragstext vor – darf allerdings nicht übersehen werden, dass diese Prinzipien im Schatten eines weiteren Prinzips stehen, das nicht textlich fixiert ist, aber dennoch in einigen Bereichen der EU-Außenpolitik präsent ist: das Prinzip der einzelstaatlichen Souveränität. Kohärenz und Solidarität stehen somit im Schatten des einzelstaatlichen Beharrens auf Souveränität und größtmöglicher Autonomie. Dies gilt besonders für die immer noch überwiegend intergouvernemental organisierte Dimension der GASP und vor allem der GSVP. Zwar hat mit dem Vertrag von Lissabon auch der Hohe Vertreter eine gewisse Kontrollaufsicht über die Einhaltung der grundlegenden Prinzipien erlangt. De facto liegt der Schlüssel zur Gewährleistung von Kohärenz und Solidarität aber in den Händen der Mitgliedstaaten. Auch in Bereiche außerhalb der GASP oder der GSVP wirft das Souveränitätsprinzip seine Schatten. So ist etwa im Kontext der Solidaritätsklausel explizit festgehalten, dass jeder Mitgliedstaat selbst darüber entscheiden kann, welche Mittel ihm zur Erfüllung der Solidaritätsverpflichtung geeignet erscheinen (Erklärung 32 zum Vertrag von Lissabon). Kohärenz und Solidarität stellen folglich zwar konstitutive Prinzipien für die Außenpolitik der

Souveränität

---

51 Von Ondarza 2014: Die Umsetzung der Solidaritätsklausel des Vertrags von Lissabon, 275.
52 Rat 2014: Beschluss über die Vorkehrungen für die Anwendung der Subsidiaritätsklausel durch die Union.
53 Vgl. Rüger 2015: Solidaritätsklausel.

EU dar, sie sind jedoch immer vor dem Hintergrund des einzelstaatlichen Festhaltens an Souveränität zu sehen und sind zudem in der souveränitätssensiblen Dimension der GASP und der GSVP nicht justiziabel, d. h. sie können prinzipiell nicht vor einer gerichtlichen Instanz eingeklagt werden.[54]

3.3 Akteure der EU-Außenpolitik

Die Gestaltung der Außenpolitik erfolgt im institutionellen Rahmen der EU. Im Folgenden ist zu klären, welche Aufgaben die einzelnen Organe und Institutionen bei der Formulierung und Implementierung der EU-Außenpolitik gemäß den vertraglichen Grundlagen einnehmen und wie ihre jeweilige außenpolitische Rolle in den ersten Jahren der Lissabon-Ära seit 2009 zu charakterisieren und zu bewerten ist.[55] Es werden also sowohl formelle, vertragliche Regelungen als auch die Ausfüllung derselben in der Vertragswirklichkeit betrachtet.

3.3.1 Europäischer Rat: Strategischer Kompass

Strategische Leitlinienfunktion

„Der Europäische Rat gibt der Union die für ihre Entwicklung erforderlichen Impulse und legt die allgemeinen politischen Zielvorstellungen und Prioritäten hierfür fest" (Art. 15 (1) EUV). Diese generelle Leitlinienfunktion des Europäischen Rates gilt auch für die EU-Außenpolitik. Der erste ständige Präsident des Europäischen Rates, Herman Van Rompuy, bezeichnete es als Hauptaufgabe des Europäischen Rates, den „strategischen Kompass"[56] zu setzen. Während der Europäische Rat vor dem Vertrag von Lissabon nur Impulsgeber für die intergouvernementale Dimension der Außenpolitik war, bestimmt er nun im gesamten Spektrum der Außenpolitik die „strategischen Interessen und Ziele der Union" (Art. 22 (1) EUV).

Zusammensetzung

Der Europäische Rat, der 1974 auf Initiative des deutschen Bundeskanzlers Helmut Schmidt und des französischen Staatspräsiden-

---

54 Zur Rolle des EuGH vgl. Kapitel 3.3.7.

55 Für eine grundsätzliche Einführung in die Organe und Institutionen der Union vgl. die Beiträge in Weidenfeld/Wessels (Hrsg.) 2014: Europa von A bis Z sowie in Peterson/Shackleton (Hrsg.) 2012: The Institutions of the European Union.

56 Van Rompuy 2012: Rede bei der Konferenz „The EU in International Affairs".

ten Valéry Giscard d'Estaing als eine Art lockere und informelle Kaminrunde ins Leben gerufen worden war, erhielt erst mit dem Vertrag von Lissabon den Status eines Organs der Union.[57] Gleichzeitig wurde das Gremium mit dem Vertrag verkleinert. Es besteht nun aus den 28 Staats- und Regierungschefs der Mitgliedstaaten, dem ständigen Präsidenten des Europäischen Rates sowie dem Präsidenten der Kommission. Nicht mehr vertreten sind die Außenminister, die bis 2009 fester Bestandteil der Spitzentreffen waren. An ihre Stelle trat der Hohe Vertreter der Union für Außen- und Sicherheitspolitik, der an den Arbeiten des Europäischen Rates teilnimmt (Art. 15 (2) EUV). Je nach Themenbereich können auch weitere Kommissionsmitglieder oder Minister der Mitgliedstaaten eingeladen werden (Art. 15 (3) EUV). Es gehört allerdings zum Kerngedanken des Europäischen Rates, den Kreis politischer Akteure möglichst klein, exklusiv und informell zu halten. Daher sind auch nur sehr wenige Beamte bei den Sitzungen zugelassen.

Die Beschlussfassung im Europäischen Rat erfolgt im Konsens, „soweit in den Verträgen nichts anderes festgelegt ist" (Art. 15 (4) EUV). Dies bedeutet, dass üblicherweise nicht förmlich abgestimmt wird, sondern ein Beschluss dann als angenommen gilt, wenn kein Mitgliedstaat Widerspruch einlegt oder wenn von Mitgliedstaaten signalisiert wird, dass sie dem Beschluss zwar kritisch gegenüberstehen, ihn aber nicht blockieren. Das Konsensverfahren unterscheidet sich damit von der Beschlussfassung mit Einstimmigkeit, bei der jeder Mitgliedstaat förmlich zustimmen muss. Nur von wenigen Fällen, die thematisch nicht im Bereich der Außenpolitik lagen, ist bekannt, dass der Europäische Rat Entscheidungen mit Mehrheit, also gegen den ausdrücklichen Widerspruch einzelner Mitgliedstaaten getroffen hat.[58] Für den Bereich der GSVP ist ausdrücklich Einstimmigkeit vorgeschrieben (Art. 31 EUV). Der Präsident des Europäischen Rates „wirkt darauf hin, dass Zusammenhalt und Konsens im Europäischen Rat gefördert werden" (Art. 15 (6) EUV), er ist also „Konsensmakler"[59], zwischen den oft gegensätzlichen Positionen

Beschlussfassung

---

[57] Als Organ unterliegt der Europäische Rat nun auch der Rechtsprechung des Gerichtshofs, der überprüfen kann, ob das Handeln des Europäischen Rates rechtmäßig ist.

[58] Beispiele sind die Tagungen des Europäischen Rates von Mailand 1985 und Rom 1989. Vgl. Pahre 2008: Das Recht des Europäischen Rates, 93/94.

[59] Wessels/Traguth 2010: Der hauptamtliche Präsident des Europäischen Rates: „Herr" oder „Diener" im Haus Europa? 304.

der Staats- und Regierungschefs. Der Hohe Vertreter, welcher an den Arbeiten des Europäischen Rates lediglich teilnimmt, der Kommissionspräsident und der Präsident des Europäischen Rates selbst haben kein Stimmrecht. Mit qualifizierter Mehrheit entscheidet der Europäische Rat vor allem bei Personalfragen, wenn er zum Beispiel den Hohen Vertreter ernennt. Auch bei solchen Personalentscheidungen wird üblicherweise versucht, Abstimmungen zu umgehen und größtmöglichen Konsens herzustellen, um den neuen Amtsinhaber nicht von Beginn an zu schwächen.[60] Eine einfache Mehrheit ist im Europäischen Rat bei Verfahrensfragen, beim Erlass der Geschäftsordnung (Art. 235 AEUV) oder bei der Einberufung einer Regierungskonferenz zur Änderung der Verträge (Art. 48 (3) EUV) erforderlich.

Schiedsinstanz   Die Beschlussfassung im Europäischen Rat unterliegt einer speziellen Dynamik. Beim *bargaining*, dem interessengesteuerten Aus- und Verhandeln von Kompromissen, können auf Ebene der Staats- und Regierungschefs Paketlösungen aus unterschiedlichen Politikbereichen geschnürt werden, was auf den unteren Ebenen, etwa in den Fachministerräten nicht möglich ist. Nicht selten werden daher umstrittene Punkte an den Europäischen Rat als Schiedsinstanz weitergereicht.

Präsident des Europäischen Rates   Neu eingeführt wurde mit dem Vertrag von Lissabon der ständige Präsident des Europäischen Rates, der die rotierende Ratspräsidentschaft auf Ebene der Staats- und Regierungschefs ablöste. Von 2009 bis 2014 übte der ehemalige belgische Premierminister Van Rompuy dieses neu geschaffene Amt aus (er wurde 2012 wiedergewählt). 2014 wurde Donald Tusk, bis dato polnischer Ministerpräsident, zu seinem Nachfolger gewählt. Der hauptamtliche Vorsitzende des Europäischen Rates darf kein einzelstaatliches Amt innehaben und wird vom Europäischen Rat mit qualifizierter Mehrheit für zweieinhalb Jahre gewählt (mit der Möglichkeit der einmaligen Wiederwahl). In der Außenpolitik nimmt der Präsident „auf seiner Ebene und in seiner Eigenschaft, unbeschadet der Befugnisse des Hohen Vertreters der Union für Außen- und Sicherheitspolitik, die Außenvertretung der Union in Angelegenheiten der Gemeinsamen Außen- und Sicherheitspolitik wahr" (Art. 15 (6) EUV). Er soll somit dazu

---

60 Im Sommer 2014 wurde allerdings über den Kommissionspräsidenten, der dem Europäischen Parlament laut Vertrag mit qualifizierter Mehrheit vom Europäischen Rat vorgeschlagen wird, mit Mehrheit entschieden. Der Widerstand Großbritanniens und Ungarns gegen Juncker verhinderte eine Konsensentscheidung.

beitragen, der EU auf der Weltbühne Gesicht und Stimme zu verleihen, und der EU-Außenpolitik – anders als die zuvor halbjährlich rotierende Präsidentschaft – mehr Kontinuität verleihen. Der Präsident führt nicht nur den Vorsitz bei den Treffen des Europäischen Rates, sondern bereitet diese (in Zusammenarbeit mit dem Kommissionpräsidenten und dem Rat für „Allgemeine Angelegenheiten") auch inhaltlich vor (Art. 15 (6) EUV). Er kann somit die Tagesordnung und das Agenda-Setting beeinflussen. Van Rompuy initiierte beispielsweise eine (allerdings letztendlich wenig ergiebige) Debatte darüber, „wie sich die Union mit ihren strategischen Partnern besser über globale Fragen austauschen kann"[61]. Außerdem kann der Präsident – zusätzlich zu den regulären Gipfeln, die zweimal pro Halbjahr stattfinden – außerordentliche Tagungen einberufen, „wenn es die Lage erfordert" (Art. 15 (3) EUV). Von diesem Recht machte Van Rompuy beispielsweise in der Hochphase des „Arabischen Frühlings" Gebrauch und berief für den 11. März 2011 eine Sondersitzung zur Besprechung der „Entwicklungen in Libyen und den südlichen Nachbarländern"[62] ein. Auch zum Umgang mit der Krise in der Ukraine gab es seit 2014 bereits mehrere außerordentliche Sitzungen des Europäischen Rates.

Die vielfach geäußerten Befürchtungen, dass der Präsident des Europäischen Rates als außenpolitisches Gesicht und Stimme der EU in Konkurrenz zum Hohen Vertreter geraten könnte, erwiesen sich als weitgehend unbegründet, wie man nach Ablauf der ersten Amtsperiode Post-Lissabon von 2009 bis 2014 konstatieren kann. Die Arbeitsteilung in der Außenvertretung erfolgte vielmehr ähnlich dem nationalstaatlichen Modell, in dem z. B. Bundespräsident und Außenminister auch nicht in der Außenvertretung konkurrieren, obwohl beide mit repräsentativen Aufgaben betraut sind. Wichtig ist in diesem Kontext die Ebene der Akteure. Herman Van Rompuy vertrat die Union auf seiner Ebene, also auf Ebene der Staats- und Regierungschefs, während die Hohe Vertreterin Catherine Ashton die Union auf Ebene der Außenminister repräsentierte. Weniger klar geregelt ist die Arbeitsteilung zwischen dem Präsidenten des Europäischen Rates und dem Kommissionpräsidenten in der Außenvertretung. Die Konkurrenz zwischen den beiden Präsidenten, von denen der ständige Ratspräsident für den intergouvernementalen Bereich der EU-Außenpolitik steht und der Kommissionspräsident

Außenvertretung

---

61 Europäischer Rat 2010: Schlussfolgerungen zum Treffen vom 25./26.03.2010.
62 Europäischer Rat 2011: Schlussfolgerungen zum Treffen vom 11.03.2011.

für die Gemeinschaftsdimension, wurde zum Beispiel bei der Verleihung des Friedensnobelpreises an die EU im Dezember 2012 erkennbar. Nach längeren Auseinandersetzungen, wer die prestigeträchtige Auszeichnung entgegennehmen würde, einigte man sich darauf, dass sowohl Van Rompuy als auch Barroso nach Oslo reisen würden, begleitet vom damaligen Präsidenten des Europäischen Parlaments, Martin Schulz. Auch bei G7-/G8- und G20-Treffen treten der ständige Präsident des Europäischen Rates und der Kommissionspräsident als Doppelspitze auf.

Die Europäische Union in der G7/G8 und der G20

Die G8 („Gruppe der Acht") bezeichnet ein Forum großer Industriestaaten, welche sich zu globalen politischen und wirtschaftlichen Fragen abstimmen. Die seit den 1970er-Jahren bestehende „Gruppe der Sieben" (G7), bestehend aus Deutschland, Frankreich, Italien, Japan, Kanada, den USA und dem Vereinigten Königreich, wurde 1998 um Russland ergänzt und zur G8 erweitert. Als Reaktion auf die völkerrechtswidrige Annexion der Halbinsel Krim durch Russland boykottierten die G7 einen geplanten Gipfel im russischen Sotschi und beschlossen im März 2014, bis auf Weiteres nicht wieder im Format der G8 zu tagen.

Die EU hat einen *Beobachterstatus* in der G8 und gilt als deren inoffizielles „neuntes Mitglied"[63]. Sie hat damit alle Rechte eines Vollmitglieds, ist jedoch üblicherweise kein Gastgeber von Gipfeltreffen. 1977 nahm die Europäische Gemeinschaft erstmals an einem Gipfeltreffen teil. Die EU wird in der G8 repräsentiert vom Kommissionspräsidenten und vom ständigen Präsidenten des Rates (vor dem Vertrag von Lissabon von der rotierenden Ratspräsidentschaft für den Fall, dass diese ein EU-Mitgliedstaat innehatte, der nicht Mitglied der G7/G8 war).

Die G20 umfasst die neunzehn wichtigsten Industrie- und Schwellenländer der Welt sowie die EU. Sie ist *Vollmitglied* in der G20.

Die G20 wurde als Reaktion auf die Finanzkrise in Asien 1999 ins Leben gerufen. Die Mitglieder trafen sich zunächst auf Ebene der Finanzminister und Notenbankchefs. Die EU wurde zu dieser Zeit durch die jeweilige Ratspräsidentschaft und die EZB vertreten. Nach dem Ausbruch der weltweiten Finanz- und Wirtschaftskrise trafen sich die Mitglieder erstmals im November 2008 in Washington auf Gipfelebene. Der damalige Kommissionspräsident Barroso, der maßgeblich daran beteiligt war, dass die G20 zu einem Forum der Staats- und Regierungschefs ausgebaut wurde, sicherte der Europäischen Kommission einen Sitz am Verhandlungstisch.[64] Zusammen mit dem ständigen Ratspräsidenten vertritt der Kommissionpräsident die EU in der G20.[65]

---

63 Larionova (Hrsg.) 2012: The European Union in the G8.
64 Griesse 2010: Fact Sheet – Europäische Union, 29.
65 Barroso und Van Rompuy einigten sich darauf, dass der ständige Präsident des Europäischen Rates für GASP-Themen spreche, der Kommissionspräsident dagegen für Themen, die in die Sphäre der Kommission fallen wie zum Beispiel die Klimapolitik (Pop: Van Rompuy and Barroso to both represent EU at G20).

Mit dem Vertrag von Lissabon ist nun zumindest die rotierende Präsidentschaft des Europäischen Rates Geschichte. Die Repräsentation der EU in der G7/G8 und der G20 belegt allerdings symptomatisch, wie komplex die Außenvertretung der EU nach wie vor ist. Obwohl „ein gewisser Eindruck des Ringens um Aufmerksamkeit zwischen den Ämtern" nicht ausbleibt, wurde den beiden Präsidenten Van Rompuy und Barroso insgesamt eine gute Zusammenarbeit bescheinigt, die u. a. auf einem wöchentlichen Gedankenaustausch gründete und langfristig in eine „informelle Wahrnehmung kollektiver Führungsaufgaben" zwischen den beiden Ämtern münden könnte.[66] Auch die Tatsache, dass die beiden Amtsinhaber derselben Parteifamilie entstammten, trug möglicherweise zum guten Verhältnis bei. Dies trifft auch auf das Präsidenten-Duo Jean-Claude Juncker und Donald Tusk zu. Kommissionspräsident Juncker hat gleich zu Beginn seiner Amtszeit angekündigt, dass er sich hauptsächlich um interne EU-Angelegenheiten kümmern werde. Um Dopplungen mit Tusk zu vermeiden, werde er vor jedem Treffen fragen, was der Mehrwert sei, wenn der Kommissionspräsident teilnehme. Die Teilnahme des Kommissionspräsidenten an internationalen Treffen solle nicht nur eine protokollarische Angelegenheit sein, so Junckers Stabschef Martin Selmayr.[67] Dieses Amtsverständnis Junckers ließ eine stärkere Rolle des Ratspräsidenten in der EU-Außenpolitik erwarten. Bis jetzt hält Tusk sich jedoch auffallend zurück. Obwohl die Krisendiplomatie in der Ukraine auf Gipfelebene stattfindet und die Hohe Vertreterin somit schon aus den genannten Ebenengründen außen vor ist, spielt Tusk bisher keine nennenswerte Rolle in den Verhandlungen, die maßgeblich im Normandie-Format zwischen den Präsidenten Russlands, der Ukraine, Frankreichs und der deutschen Bundeskanzlerin geführt werden.

---

66 Wessels/Traguth 2010: Der hauptamtliche Präsident des Europäischen Rates: „Herr" oder „Diener" im Haus Europa? 309. Jenseits außenpolitischer Fragen war die Konkurrenz zwischen Van Rompuy und Barroso größer, so etwa beim Management der Staatsschuldenkrise. Van Rompuy nahm seine neu geschaffene und damit noch gut prägbare Rolle durchaus machtbewusst wahr. So verwies er etwa explizit darauf, dass der Kommissionspräsident Teil des Europäischen Rates sei und deutete damit implizit an, dass er auch über ihn eine Leitungsbefugnis habe (Closa 2012: Institutional Innovation in the EU: The 'Permanent' Presidency of the European Council, 134).
67 Pop: Juncker's chief of staff: "I get 800 emails a day".

Schlussfolgerungen
des Europäischen
Rates

Seine Beschlüsse verlautbart der Europäische Rat in den sogenannten Schlussfolgerungen, die nach jeder Zusammenkunft veröffentlicht werden. In den ersten Jahren nach Inkrafttreten des Vertrags
von Lissabon sind Fragen der Außenpolitik zwar etwas in den Schatten des finanz- und währungspolitischen Krisenmanagements geraten.[68] Das Spektrum außenpolitischer Themen, mit denen der Europäische Rat sich befasst, ist allerdings nach wie vor sehr vielfältig und
nimmt einen wichtigen Platz in den Schlussfolgerungen ein, wie
nachfolgende Übersicht anhand des Beispiels des Jahres 2013 zeigt:

Tab. 3.3: Außenpolitische Agenda der Sitzungen des Europäischen Rates 2013

Tagungen des ER	Behandelte Themenschwerpunkte
7./8. Februar 2013	Mehrjähriger Finanzrahmen mit Unterpunkt „Europa in der Welt"
	Handelsbeziehungen – Doha-Entwicklungsagenda, WTO-Ministerkonferenz – Bi- und multilaterale Handelsbeziehungen – EU-USA-Handelsabkommen sowie Verhandlungen mit Kanada – EU-Japan-Gipfeltreffen – Russlands WTO-Verpflichtungen – Investitionsabkommen mit China – Aufstrebende Volkswirtschaften der ASEAN und MER-COSUR – Assoziierungs- und Freihandelsabkommen mit der Ukraine, Moldau, Georgien, Armenien, Marokko, Tunesien, Ägypten, Jordanien – Partnerschaft mit afrikanischen, karibischen und pazifischen Staaten
	Arabischer Frühling – Zusammenarbeit und Beratung in politischen, ökonomischen und kulturellen Bereichen – Union für den Mittelmeerraum und 5+5-Dialog[69] – Humanitäre Lage in Syrien
	Situation in Mali

---

68 Vgl. Rüger: From Core to Periphery? The Impact of the Crisis on the EU's Role in the World (im Erscheinen).
69 Der 5+5-Dialog bezeichnet jährliche Konferenzen westlicher Mittelmeeranrainer-Staaten.

Tagungen des ER	Behandelte Themenschwerpunkte
14./15. März 2013	Globales Vorgehen gegen Steuerhinterziehung
	Zusammenarbeit zwischen OECD und G20
	Strategische Partnerschaften
22. Mai 2013	Externe Energiepolitik
	Globales Vorgehen gegen Steuerhinterziehung
27./28. Juni 2013	Eröffnung der Beitrittsgespräche mit Serbien
	Aufnahme der Verhandlungen über ein Stabilisierungs- und Assoziierungsabkommen mit dem Kosovo
24./25. Oktober 2013	Handelsbeziehungen
	Östliche Partnerschaft – Vorbereitung des Gipfeltreffens in Vilnius und des Assoziierungsabkommen mit der Ukraine – Vorbereitung möglicher Assoziierungsabkommen mit Moldau und Georgien
	Migrationsströme – Entwicklungsförderung, Zusammenarbeit mit Drittstaaten und relevanten internationalen Organisationen – Europäisches Grenzüberwachungssystem (EUROSUR)
	Erklärung zu den NSA-Enthüllungen
19./20. Dezember 2013	Gemeinsame Sicherheits- und Verteidigungspolitik – Erhöhung von Wirksamkeit und öffentlicher Wahrnehmung der GSVP – Intensivierung der Fähigkeitenentwicklung – Stärkung der europäischen Verteidigungsindustrie
	Migrationsströme – Task Force „Mittelmeerraum" – Stärkung von FRONTEX
	WTO-Ministerkonferenz
	Humanitäre Hilfe für Syrien
	Situation in der Zentralafrikanischen Republik
	Östliche Partnerschaft (Georgien, Moldau, Ukraine)
	Energiepolitische Außenbeziehungen

(Quelle: eigene Zusammenstellung, basierend auf den Schlussfolgerungen des Europäischen Rates. Darstellung in Anlehnung an Wessels 2008: Das politische System der EU, 169.)

Fazit:
Schlüsselorgan,
aber kein „Solist"

Insgesamt ist der Europäische Rat als ein Schlüsselorgan der EU-Außenpolitik zu bezeichnen. Er erfüllt die Funktion des strategischen Kompass' für alle Dimensionen der EU-Außenpolitik, d. h. nicht nur für die intergouvernementale GASP und die GSVP, sondern seit Lissabon auch für die übrigen Bausteine des außenpolitischen Mosaiks. Dies ist besonders erwähnenswert, da das Gremium selbst stark intergouvernemental geprägt ist, also synonym für die nationalen Interessen in der Außenpolitik der EU steht. Es darf zwar nicht vergessen werden, dass auch der Präsident der supranationalen Kommission Teil des Europäischen Rates ist und dass die ständige Präsidentschaft im Europäischen Rat den Vorsitz der Staats- und Regierungschefs „brüsselisiert" und damit zumindest ein Stück weit entnationalisiert; dennoch bleibt der Europäische Rat gerade in der Außenpolitik der Hort nationaler Interessen und nationaler Souveränität. In jedem Fall trägt der hauptamtliche Präsident dazu bei, der Außenpolitik der EU mehr Profil und Permanenz zu verleihen. Er führt – um es in Van Rompuys Worten auszudrücken – zu „continuity, continuity, continuity. The [...] type of continuity that can help foster trust, and reach compromises. That means not just making a decision, but following up on implementation, on results."[70] Eine zentrale außenpolitische Rolle kommt dem Europäischen Rat auch insofern zu, als er systemgestaltend tätig ist: Als „konstitutionelle[...m] Architekt"[71] obliegt den Staats- und Regierungschefs die vertragliche (und außervertragliche) Weiterentwicklung der EU-Außenpolitik. Obwohl der „Club der Chefs"[72] als „locus of power"[73] gesehen werden kann, sei abschließend darauf hingewiesen, dass der Europäische Rat zwar ein entscheidender Impulsgeber, jedoch kein „Solist" der EU-Außenpolitik ist. Er wird ausdrücklich nicht gesetzgeberisch tätig (Art. 15 (1) EUV) und ist in der Implementierung und Realisierung seiner außenpolitischen Strategien und Vorschläge in weiten Bereichen auf andere Organe und Akteure wie den Rat, die Europäische Kommission und das Europäische Parlament oder den Hohen Vertreter angewiesen.

---

70 Van Rompuy 2014: Reflection on the last five years and what remains to be done.

71 Wessels 2008: Das politische System der Europäischen Union, 171.

72 Wessels 2008: Das politische System der Europäischen Union, 158.

73 De Schoutheete 2012: The European Council, 43.

3.3.2 Rat: Zentrales Beschlussfassungsorgan

Der Rat ist nicht zu verwechseln mit dem Europäischen Rat (oder gar mit dem nicht zur EU gehörenden Europarat). Er wird auch Rat der EU oder Ministerrat genannt und setzt sich, wie der Name sagt, aus „je einem Vertreter jedes Mitgliedstaats auf Ministerebene zusammen", der „befugt ist, für die Regierung des von ihm vertretenen Staates verbindlich zu handeln und sein Stimmrecht auszuüben" (Art. 16 (2) EUV). Je nachdem, welche Themen zur Erörterung und Beschlussfassung anstehen, treffen sich die jeweiligen Fachminister in unterschiedlichen Formationen.

Zusammensetzung

Ratsformationen
Allgemeine Angelegenheiten
Auswärtige Angelegenheiten
Wirtschaft und Finanzen
Justiz und Inneres
Beschäftigung, Sozialpolitik, Gesundheit und Verbraucherschutz
Wettbewerbsfähigkeit (Binnenmarkt, Industrie, Forschung)
Verkehr, Telekommunikation und Energie
Landwirtschaft und Fischerei
Umwelt
Bildung, Jugend, Kultur und Sport[74]

Bis zum Inkrafttreten des Vertrags von Lissabon existierte ein kombinierter „Rat für Allgemeine Angelegenheiten und Außenbeziehungen". 2009 wurden die „Auswärtigen Angelegenheiten" dann einer separaten Ratsformation zugeordnet, sodass es nun insgesamt zehn Ratsformationen gibt. Diese Abspaltung sollte eine Überfrachtung der Tagesordnung des Rates für Allgemeine Angelegenheiten verhindern. Die Trennung der beiden Formationen spiegelt außerdem den Bedeutungszuwachs der Außenpolitik auf der Ratsagenda wider. Der Rat für Auswärtige Angelegenheiten gestaltet „das Auswärtige Handeln der Union entsprechend den strategischen Vorgaben des Europäischen Rates und sorgt für die Kohärenz des Handelns der Union" (Art. 16 (6) EUV). In dieser Ratsformation kommen die Außenminister zusammen. Je nach Themenbereich nehmen auch die Handels-, Entwicklungs- oder Verteidigungsminister an den Sitzungen teil. Nicht nur im Rat für Auswärtige Angelegenheiten,

---

74 Auflistung der Ratsformationen entsprechend der Geschäftsordnung des Rates vom 01.12.2009 (2009/937/EU).

sondern auch in den anderen Ratsformationen stehen bisweilen außenpolitische Themen auf der Agenda, etwa wenn es im Rat der Umweltminister darum geht, Positionen der EU für internationale Klimakonferenzen abzustimmen und vorzubereiten, wenn die Justiz- und Innenminister über Maßnahmen zur Terrorismusbekämpfung oder wenn die Agrarminister etwa über Abkommen in der Fischerei- politik beraten. In diesem Zusammenhang ist wieder an die externe Dimension interner Politikbereiche zu erinnern.

Vorsitz   Die Präsidentschaft im Rat rotiert nach einem gleichberechtigten System zwischen den Mitgliedstaaten (Art. 16 (9) EUV und Art. 236 AEUV). Diese halbjährlich rotierende Präsidentschaft hat den Vorsitz in allen Ratsformationen inne[75] – mit einer Ausnahme: dem Rat für Auswärtige Angelegenheiten. Hier ist mit dem Vertrag von Lissabon der Vorsitz von der rotierenden Präsidentschaft auf den Hohen Vertre- ter für Außen- und Sicherheitspolitik übergegangen, um Effektivität und Kontinuität zu erhöhen. Der Vorsitz des Rates gibt Impulse, legt die jeweilige Tagesordnung fest und sichert den ordnungsgemäßen Ablauf der Sitzungen und die Einhaltung der Geschäftsordnung. Wenn es die internationale Lage erfordert, kann der Vorsitz auch au- ßerordentliche Sitzungen des Rates für Auswärtige Angelegenheiten einberufen (Art. 30 (2) EUV). Die ehemalige Hohe Vertreterin Ashton machte von diesem Recht beispielsweise am 20. Februar 2014 vor dem Hintergrund der eskalierenden Situation in der Ukraine Gebrauch. Hinsichtlich der Vorsitzregelung im Rat für Auswärtige Angelegen- heiten ist eine Ausnahme zu beachten: Wenn über Handelspolitik beraten wird, leitet nicht der Hohe Vertreter, sondern weiterhin die rotierende Ratspräsidentschaft die Sitzungen.[76]

---

75 Seit 2007 ist die Ratspräsidentschaft in Teams bzw. Trios organisiert (nicht zu verwechseln mit der Troika in der Außenvertretung oder der EU-Troika im Rahmen der Staatsschuldenkrise). Die Trio-/Teampräsidentschaft gründet auf der Idee, dass drei Staaten gemeinsam für einen Zeitraum von 18 Monaten ein Arbeitsprogramm ausarbeiten. Jedes Mitglied des Trios hat für ein Halbjahr die Präsidentschaft inne. Aktuell (Juli 2014 bis Dezember 2015) liegt die Triopräsidentschaft bei Italien, Lett- land und Luxemburg. Danach sind die Niederlande, die Slowakei und Malta an der Reihe. Vgl. zur Triopräsidentschaft Jensen/Nedergaard 2014: Uno, Duo, Trio? Varie- ties of Trio Presidencies in the Council of Ministers.

76 Rat 2009: Verordnung zu Änderung seiner Geschäftsordnung.

Die Ratsformationen treten unterschiedlich oft zusammen. Wäh- Sitzungsfrequenz
rend sich die Minister in den Räten für Allgemeine Angelegenheiten,
Auswärtige Angelegenheiten, Wirtschaft und Finanzen sowie Landwirtschaft und Fischerei einmal im Monat treffen, tagen beispielsweise der Rat der Umweltminister oder der Rat für Bildung, Jugend
und Kultur nur viermal pro Jahr. Einmal pro Halbjahr finden die
sogenannten Gymnich-Treffen statt. Dies sind informelle Zu- Gymnich-Treffen
sammenkünfte der Außenminister, die im Land der jeweiligen Ratspräsidentschaft unter Leitung des Hohen Vertreters stattfinden
und – anders als die üblichen Ratssitzungen – keiner starren Tagesordnung unterliegen, sondern dem Gedankenaustausch dienen. Die
Bezeichnung geht zurück auf den Ort des ersten Treffens dieser
Art: 1974 lud der damalige deutsche Außenminister Hans-Dietrich
Genscher seine Amtskollegen im Rahmen der EPZ in das Wasser-
schloss Gymnich bei Köln ein.

Der Rat ist an allen Dimensionen der Außenpolitik beteiligt, ist Beschlussfassung
mithin ein zentrales Organ der EU-Außenpolitik. Wie kann man
diesen Akteur nun charakterisieren? Die Beteiligungsmodi, und
damit auch die Eigenheit des Rates, unterscheiden sich deutlich, je
nachdem welchen außenpolitischen Themenbereich man betrachtet.
Zum einen ist der Rat als Konglomerat mitgliedstaatlicher Minister
und einzelstaatlicher Interessen als intergouvernementales Organ zu
sehen. Diese Betrachtungsweise des Rates kommt im Bereich der
GASP und der GSVP zum Tragen. Zum anderen ist der Rat aber auch
über die Gemeinschaftsmethode in die Gemeinschaftsdimension der
EU-Außenpolitik eingebunden, wenn er etwa nach dem ordentlichen Gesetzgebungsverfahren auf Vorschlag der Europäischen
Kommission und zusammen mit dem Europäischen Parlament über
die Gemeinsame Handelspolitik oder die humanitäre Hilfe entscheidet. Je nach Themenbereich gelten im Rat also unterschiedliche
Entscheidungsmodi:[77]

---

77 Detaillierte Informationen zu den Entscheidungsmodi in den einzelnen Politikfeldern finden sich, sortiert nach außenpolitischen Dimensionen, in Kapitel 3.4.

Entscheidungsmodi im Rat

Einstimmigkeit

Einstimmig entscheidet der Rat im Bereich der GASP, „soweit in den Verträgen nichts Anderes vorgesehen ist" (Art. 24 (1) EUV). In der GSVP als Teilbereich der GASP gilt strikte Einstimmigkeit.

Auch in den anderen außenpolitischen Bereichen entscheidet der Rat in manchen Fällen einstimmig, so etwa bei bestimmten Handelsabkommen.

Qualifizierte Mehrheit

In der Gemeinschaftsdimension entscheidet der Rat in der Regel im Rahmen des ordentlichen Gesetzgebungsfahrens mit qualifizierter Mehrheit. Das Stimmgewicht jedes Staates ist von dessen Bevölkerungsgröße abhängig (Bundesratsmodell).

Seit dem 1. November 2014 gilt für Abstimmungen mit qualifizierter Mehrheit die sogenannte **doppelte Mehrheit** der Staaten und der Bevölkerung.

Hiernach kommt ein Beschluss dann zustande, wenn

- mindestens 55 % der Mitgliedstaaten für den Vorschlag stimmen (aktuell: 16 von 28 Mitgliedstaaten) und wenn
- diese Mitgliedstaaten zusammen mindestens 65 % der Bevölkerung repräsentieren.[78]

Für eine Sperrminorität müssen mindestens vier Mitgliedstaaten, die zusammen mehr als 35 % der Bevölkerung der EU ausmachen, gegen einen Vorschlag stimmen (Art. 16 (4) EUV).

Superqualifizierte Mehrheit

Falls der Rat *nicht* auf Vorschlag der Kommission oder des Hohen Vertreters beschließt, sind für das Erreichen der doppelten Mehrheit höhere Schwellenwerte notwendig: mindestens 72 % der Mitgliedstaaten, die mindestens 65 % der Bevölkerung repräsentieren (Art. 238 (2) AEUV).

In der GASP sind nur in wenigen Ausnahmefällen Abstimmungen mit qualifizierter Mehrheit möglich. In der GSVP sind diese ausgeschlossen.

Einfache Mehrheit

Mit einfacher Mehrheit entscheidet der Rat bei Verfahrensfragen (Art. 31 (5) EUV).

---

78 Bis 31. März 2017 gibt es auf Drängen Polens und Spaniens, die in Nizza stark bevorzugt worden waren, eine Übergangsregel: Der Rat kann auf Antrag eines Mitgliedstaats weiterhin nach den Regeln des Vertrags von Nizza entscheiden (dreifache Mehrheit mit gewichteten Stimmen). Außerdem gilt die Ioannina-Klausel, eine Art Entscheidungsverzögerungsmechanismus, wonach bei einer sehr knappen Mehrheit, die unterlegene Minderheit weitere Verhandlungen bewirken kann (Erklärung 7 zum Vertrag von Lissabon, vgl. hierzu genauer Rüger 2007: Mission erfüllt? Zur Bilanz der deutschen Ratspräsidentschaft).

Diese Übersicht zeigt, dass die Frage „Wie entscheidet der Rat in der Außenpolitik?" sehr differenziert und abhängig vom jeweils zu beschließenden Politikbereich beantwortet werden muss. Als vereinfachte Faustregel kann festgehalten werden, dass in der Gemeinschaftsdimension und der externen Dimension interner Politikbereiche tendenziell eher die qualifizierte Mehrheit als Entscheidungsregel vertraglich festgeschrieben ist, in der GASP/GSVP dagegen die Einstimmigkeit. De facto ist im Übrigen zu beobachten, dass im Rat selten formell abgestimmt wird. In der Vertragswirklichkeit überwiegt auch hier die Suche nach Konsens-Lösungen.[79]

Während der Rat in den supranational geregelten außenpolitischen Bereichen als Gesetzgeber tätig ist und über Verordnungen und Richtlinien beschließt, ist der Erlass von Gesetzgebungsakten in der GASP/GSVP ausgeschlossen (Art. 24 (1) EUV). Hier entscheidet der Rat über Beschlüsse, die entweder bestimmte Standpunkte der Union zu einer aktuellen außenpolitischen Frage beinhalten oder Aktionen der Union, wie etwa eine GSVP-Mission, betreffen. Seit dem Vertrag von Lissabon sind alle Sitzungen, in denen der Rat als Gesetzgeber handelt, öffentlich (Art. 16 (8) EUV).[80] Sitzungsteile, die die GASP oder die GSVP betreffen, sind dagegen nicht öffentlich. | *Öffentlichkeit bei Legislativtätigkeit*

Der Rat verfügt über einen komplexen Unterbau an vorbereitenden und unterstützenden Gremien. Neben dem Generalsekretariat des Rates, das die Arbeiten des Rates und des Europäischen Rates organisiert (bis Juni 2015 war der deutsche Diplomat Uwe Corsepius Generalsekretär des Rates, danach übernahm der Däne Jeppe Tranholm-Mikkelsen) ist die wichtigste Einrichtung im Unterbau des Rates der Ausschuss der Ständigen Vertreter (AStV).[81] Im AStV sind die Botschafter der Mitgliedstaaten vertreten, die schon vor den Ratssitzungen über die anstehenden Themen beraten und diese in A- und B-Punkte einteilen. A-Punkte wurden vom AStV bereits verhandelt und können ohne größere Aussprache vom Rat beschlossen werden, bei B-Punkten handelt es sich um kontroverse oder sensible Themen, die noch von den Ministern diskutiert werden müssen. | *„Unterbau" des Rates Generalsekretariat* ... *AStV/COREPER*

---

79 Vgl. etwa Heisenberg 2005: The institution of 'consensus' in the European Union: Formal versus informal decision-making in the Council; Van Aken 2013: Voting in the Council of the European Union. Contested Decision-Making in the EU Council of Ministers (1995–2010).

80 Öffentliche Sitzungen des Rates können im Internet live verfolgt werden: http://video.consilium.europa.eu.

81 Art. 240 AEUV. Er ist auch bekannt unter der französischen Abkürzung COREPER (Comité des représentants permanents).

Vom Namen her mutet der AStV eher unpolitisch an. Dieser Eindruck trügt jedoch, denn das Gremium gilt als „place to make the deal"[82]. Im AStV II treffen sich die ständigen Vertreter der Mitgliedstaaten, im AStV I deren Stellvertreter. Letztere befassen sich vornehmlich mit eher „technischen" Fragen, z. B. aus dem Bereich Binnenmarkt. Im AStV II werden mehr „politische" Fragen vorverhandelt und vorbereitet, darunter auch außenpolitische Themen. Der AStV berät über alle Dimensionen der Außenpolitik mit einer Ausnahme: Für die GASP und vor allem für die Belange der GSVP existiert ein eigenes vorbereitendes Gremium, das sogenannte Politische und Sicherheitspolitische Komitee (PSK, auch bekannt unter der französischen Abkürzung COPS: *Comité politique et de sécurité*), das die internationale Lage beobachtet und mehrmals wöchentlich tagt.[83]

Arbeitsgruppen

Zum außenpolitischen Unterbau des Rates gehören des Weiteren zahlreiche hochspezialisierte Ausschüsse und Arbeitsgruppen, die aus nationalen sowie in Brüssel ansässigen Experten bestehen und dem Rat zuarbeiten. Von außenpolitischer Relevanz sind etwa der Europäische Militärausschuss (EUMC), der Ausschuss für die zivilen Aspekte der Krisenbewältigung (CIVCOM), die Gruppe der Referenten für Außenbeziehungen (RELEX), der Ausschuss für Handelspolitik (oft abgekürzt als TPC: *Trade Policy Committee*) oder die Ratsarbeitsgruppen für Transatlantische Beziehungen, Menschenrechte oder Entwicklungszusammenarbeit.[84] Die Arbeitsgruppen mit einem geografischen Bezug (z. B. Arbeitsgruppe „Osteuropa und Zentralasien") und die mit einem thematischen Bezug zur GASP (z. B. Arbeitsgruppe „Nichtverbreitung") werden vom einem Mitglied des EAD geleitet, bei den Arbeitsgruppen aus dem Bereich der Gemeinschaftsdimension (Handelspolitik, Entwicklungszusammenarbeit und humanitäre Hilfe) liegt der Vorsitz dagegen bei der rotierenden Ratspräsidentschaft.[85]

---

82 Lewis 2012: National Interest: the Committee of the Permanent Representatives, 315.
83 Vgl. zu den GASP-/GSVP-relevanten Gremien Kapitel 3.4.2.
84 Eine Übersicht ist einzusehen in Rat 2014: Verzeichnis der Vorbereitungsgremien des Rates.
85 Zur Vorsitzregelung Helwig/Ivan/Kostanyan 2013: The New EU Foreign Policy Architecture. Reviewing the First Two Years of the EEAS, 76/77. Vgl. auch Keukeleire/Delreux 2014: The Foreign Policy of the European Union, 70.

An dieser letztgenannten hochkomplexen Vorsitzregelung wird deutlich, dass der administrative und diplomatische Unterbau des Rates zwar zum einen eine immense Expertise liefert, zum anderen aber auch ein Spielfeld für Kompetenzstreitigkeiten zwischen der von den Mitgliedstaaten dominierten außenpolitischen Dimension und den supranational organisierten Bereichen bietet. Im Rat, der an beiden Sphären der EU-Außenpolitik als zentrales Entscheidungsgremium beteiligt ist, treten diese Konfliktlinien besonders deutlich zutage. Die Einrichtung des EAD, der bewusst zwischen der intergouvernementalen und der supranationalen Sphäre angesiedelt wurde, hat das Konfliktpotenzial eher vergrößert. Viele Bereiche aus dem Unterbau des Rates wurden in den EAD überführt.[86]

Fazit: Rat als zentrales Gremium in allen Bereichen der EU-Außenpolitik

3.3.3 Europäische Kommission: Ambivalente Rolle

Die Europäische Kommission gilt seit Beginn der europäischen Integration als deren Motor. Sie „fördert die allgemeinen Interessen der Union und ergreift geeignete Initiativen zu diesem Zweck" (Art. 17 (1) EUV). In der Außenpolitik der EU nimmt das Organ eine sehr ambivalente Stellung ein: Während die Kommission im Bereich der Gemeinschaftsdimension und bei den externen Aspekten interner Politikbereiche immensen Einfluss hat, ist ihre Rolle in der GASP und der GSVP stark limitiert. Keukeleire und Delreux bezeichnen sie daher als

Ambivalente Rolle in der Außenpolitik der EU

> awkwardly positioned in EU foreign policy. [...] More than any other actor, the Commission has struggled with the major boundary problem between CFSP/CSDP and non-CFSP/CSDP competences, and thus also between being centre stage, backstage or not on the stage at all.[87]

Bevor diese ambivalente Rolle der Kommission in den einzelnen Dimensionen der EU-Außenpolitik näher beleuchtet wird, ist zunächst ein Blick auf die Binnenstruktur und die Beschlussfassung dieses Organs zu werfen. Obwohl im Vertrag von Lissabon festgehalten wurde, dass die Zahl der Kommissionsmitglieder ab dem 1. November 2014 nur noch zwei Drittel der Zahl der Mitgliedstaaten umfassen werde (Art. 17 (5) EUV), ist nach wie vor jeder Mitgliedstaat mit einem Kommissar im Kollegium der Kommission vertreten.

Zusammensetzung

---

86 Vgl. Kapitel 3.3.5.
87 Keukeleire/Delreux 2014: The Foreign Policy of the European Union, 72.

Nachdem die irische Bevölkerung 2008 in einem ersten Referendum den Vertrag von Lissabon abgelehnt hatte, sicherte der Europäische Rat weiterhin jedem Mitgliedstaat einen Kommissar zu, um so Marginalisierungsängsten, vor allem kleiner Staaten, zu begegnen.[88] Somit ist zwar das Prinzip der gleichberechtigten Repräsentanz jedes Mitgliedstaats in der Kommission weiterhin gewährleistet, nachteilig wirkt sich dies jedoch auf die Effizienz des inzwischen 28 Mitglieder umfassenden Kollegiums aus. Im Mai 2013 beschloss der Europäische Rat, dass die Anzahl der Kommissionsmitglieder auch weiterhin der Zahl der Mitgliedstaaten entspricht. Im Beschluss wird angekündigt, dass dieser „in Anbetracht seiner Auswirkung auf die Arbeit der Kommission" überprüft werde.[89]

Beschlussfassung Beschlüsse werden formalrechtlich mit Mehrheit (Art. 250 AEUV), in der Praxis jedoch im Konsens getroffen. Die Kommissionsmitglieder und der Kommissionspräsident werden in einem mehrstufigen Verfahren vom Europäischen Parlament gewählt (Art. 17 (7) EUV). „Die Kommission ist als Kollegium dem Europäischen Parlament verantwortlich" (Art. 17 (8) EUV) und kann durch einen Misstrauensantrag des Europäischen Parlaments ihres Amtes enthoben werden. Da seit 2009 der aufgewertete Hohe Vertreter ebenfalls Mitglied der Kommission ist, gilt die Abhängigkeit von der parlamentarischen Zustimmung auch für den jeweiligen Amtsinhaber, was die demokratische Legitimation der Position erhöht.

Kommissions-präsident: Primus inter Pares Der Kommissionspräsident fungiert als Primus inter Pares. Er nimmt nicht nur, wie bereits erwähnt, an den Sitzungen des Europäischen Rates teil und übernimmt einen Teil der Außenvertretung auf höchster Ebene, sondern „legt [auch] die Leitlinien fest, nach denen die Kommission ihre Aufgaben ausübt [...und] beschließt über die interne Organisation der Kommission" (Art. 17 (7) EUV). Letzteres hat auch außenpolitische Implikationen, denn der Präsident entscheidet über den Ressortzuschnitt und damit die Verantwortungsbereiche aller Kommissare.

Die Kommission Juncker Kommissionspräsident Juncker versuchte bei der Zuteilung der Portfolios im Sommer 2014, dem Problem der Ineffizienz mit einer

---

88 Auswertungen zum Referendumsergebnis hatten ergeben, dass Bedenken um den Verlust nationalen Einflusses in Brüssel ein Grund für das irische Nein waren. Vgl. Rüger 2008: Rote Karte von der „grünen Insel". Zum irischen Referendum über den EU-Reformvertrag – Analyse und Ausblick.
89 Europäischer Rat 2013: Beschluss über die Anzahl der Mitglieder der Europäischen Kommission.

Neustrukturierung der Kommission zu begegnen. Seine „Sieger-
mannschaft", wie er die Kommissionsmitglieder selbst bei deren
Vorstellung im September 2014 titulierte, umfasst sieben Vizepräsidenten, die jeweils ein Projektteam aus mehreren Kommissaren
leiten. Es soll sich bei den Projektteams nicht um statische Arbeitsgruppen handeln, sondern um thematische *Cluster*, deren Zusammensetzung dynamisch ist und sich im Laufe der Zeit je nach Entwicklungsstand des Projekts ändern kann. Die Vizepräsidenten
erfüllen zudem eine Art Filterfunktion: „Ein Kommissionsmitglied
wird die Unterstützung eines Vize-Präsidenten benötigen, um eine
neue Initiative auf die Tagesordnung oder das Arbeitsprogramm der
Kommission zu setzen"[90], so Juncker.

Im Bereich der Außenpolitik wird die Hohe Vertreterin und
Kommissionsvizepräsidentin Federica Mogherini in ihrem Projektteam „Europa in der Welt" ein *Cluster* von außenpolitischen Kom-
missionsmitgliedern und Portfolios koordinieren, wie der Kommissionspräsident in einem „mission letter" an Federica Mogherini
darlegt:

Außenpolitisches
Projektteam

> You will work closely with the other Vice-Presidents and, in your area of
> responsibility, guide the work of the Commissioners for European Neigh-
> bourhood Policy and Enlargement Negotiations [Johannes Hahn]; Trade
> [Cecilia Malmström]; International Cooperation and Development [Neven
> Mimica]; and Humanitarian Aid and Crisis Management [Christos Styl-
> ianides]. You will also be able to draw on the Commission's policy instru-
> ments and expertise in many areas where our international partners are
> keen to work with us. These include policies under the responsibilities of
> the Commissioners for Climate Action and Energy [Miguel Arias Cañete],
> Transport and Space [Violeta Bulc] as well as Migration and Home Affairs
> [Dimitris Avramopoulos], which have a strong external dimension.[91]

Dass Mogherini nicht nur die „klassische" Gemeinschaftsdimension
und die Sui-generis-Dimension (ENP und Erweiterungsverhandlungen) koordiniert, sondern auch die Portfolios für Klimapolitik und
Energie, Migration, Inneres und Bürgerschaft sowie für Verkehr,
unterstreicht wieder, wie relevant die externen Implikationen interner Politikbereiche für die Außenpolitik der EU sind.

---

90 Juncker 2014: Das richtige Team für einen Wandel.
91 Juncker 2014: Mission letter to Federica Mogherini.

Federica Mogherini
Hohe Vertreterin der
Union für Außen- und
Sicherheitspolitik/
Vizepräsidentin der
Kommission

Johannes Hahn Kommissar für Europäische Nachbarschaftspolitik und Erweiterungsverhandlungen	**Cecilia Malmström** Kommissarin für Handel	**Neven Mimica** Kommissar für Internationale Zusammenarbeit und Entwicklung	**Christos Stylianides** Kommissar für Humanitäre Hilfe und Krisenmanagement

Miguel Arias Cañete Kommissar für Klimapolitik und Energie	**Dimitris Avramopoulos** Kommissar für Migration, Inneres und Bürgerschaft	**Violeta Bulc** Kommissarin für Verkehr

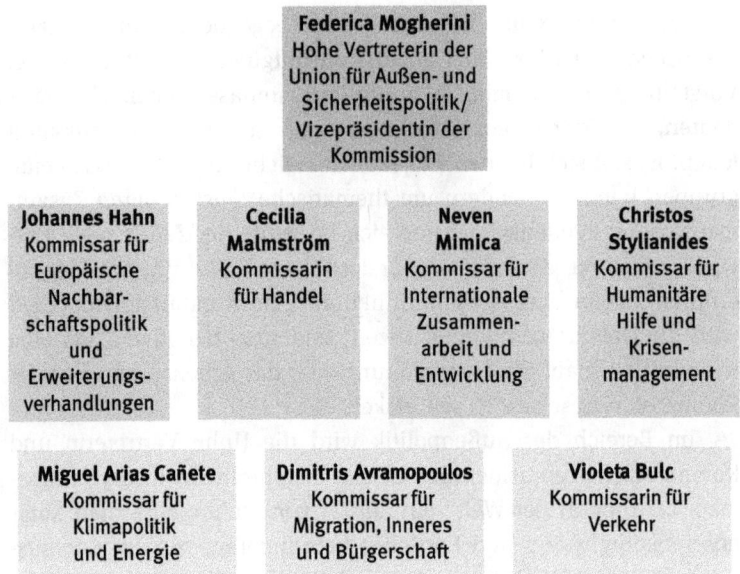

Abb. 3.1: Projektteam „Europa in der Welt" (Quelle: eigene Darstellung)

Ashton hatte von ihrem „Kommissions-Hut" nicht allzu großen Gebrauch gemacht, d. h. sie nahm ihre Rolle als Vizepräsidentin der Kommission nur bedingt wahr, was nicht zuletzt auch dem raumgreifenden Auftreten des außenpolitisch recht aktiven Kommissionspräsidenten Barroso geschuldet war. Mogherini nimmt als Leiterin des außenpolitischen Projektteams eine stärkere Rolle in der Kommission ein. Während Barrosos Amtszeit hatte meist der Kommissionspräsident selbst die Koordination der sogenannten Relex-Kommissare übernommen, Juncker übertrug diese koordinierende Rolle nun wieder explizit der Hohen Vertreterin und Vizepräsidentin der Kommission.

Politischer und administrativer Arm der Kommission   Das Kollegium der Kommissare mit ihren jeweiligen Portfolios gilt als der „politische Arm"[92] der Kommission. Dieser macht jedoch nur einen Teil der Kommission aus, welche auch einen umfassenden administrativen Apparat umfasst. Hierzu zählen vor allem die Generaldirektionen. Diese sind meist einem spezifischen Portfolio zugeordnet, leisten aber auch allgemeine Dienste, wie etwa die Generaldirektion für Übersetzung. Außenpolitisch wichtige Generaldirektionen sind beispielsweise: GD Handel (TRADE), GD Nachbarschafts-

---

92 Peterson 2012: The College of Commissioners, 97.

politik und Erweiterungsverhandlungen (NEAR), GD Internationale Zusammenarbeit und Entwicklung (DEVCO), GD Humanitäre Hilfe und Katastrophenschutz (ECHO), GD Klimapolitik (CLIMA) oder GD Maritime Angelegenheiten und Fischerei (MARE).[93] Im Sinne der „Außenpolitik der Innenpolitik" sind jedoch in der großen Mehrheit aller Generaldirektionen auch Experten zu finden, die sich um die externe Dimension ihrer jeweiligen Politikbereiche kümmern.

Wie bereits erwähnt, divergiert die Rolle der Kommission stark zwischen der GASP/GSVP und den übrigen Dimensionen der EU-Außenpolitik. Im Bereich der Gemeinschaftsdimension (z. B. bei der Entwicklungszusammenarbeit und der humanitären Hilfe) nimmt die Kommission eine Hauptrolle ein, da hier in der Regel das ordentliche Gesetzgebungsverfahren gilt, bei dem die Kommission über das Initiativmonopol verfügt und Rat und Europäisches Parlament nur auf ihren Vorschlag hin tätig werden können. Gleiches gilt für die supranational organisierten externen Aspekte interner Politikbereiche, also etwa für die globalen Implikationen der Gemeinsamen Agrarpolitik. Auch in der Erweiterungspolitik und der Europäischen Nachbarschaftspolitik kommt der Europäischen Kommission eine Schlüsselrolle zu. Bei Handelsabkommen erfolgt die Verhandlungsführung durch die Kommission, die zwar vom Rat mandatiert wird, aber als „Herrin" der Verhandlungen auftritt. Ihr obliegt zudem die Aufgabe der Außenvertretung (Art. 17 (1) EUV). Dies gilt jedoch nicht für den Bereich der GASP. Hier repräsentieren der Hohe Vertreter bzw. (auf Gipfelebene) der Präsident des Europäischen Rates die Union nach außen.

Hauptrolle in den Außenbeziehungen außerhalb der GASP/GSVP

In der GASP spielt die Kommission nur eine Nebenrolle. Anders als in den supranationalen Außenpolitikbereichen hat sie im intergouvernementalen Bereich kein Initiativmonopol. Vorschläge können an den Rat hier nur von einem Mitgliedstaat, vom Hohen Vertreter oder vom Hohen Vertreter *mit Unterstützung der Kommission* herangetragen werden (Art. 30 EUV). Da der Hohe Vertreter Mitglied und Vizepräsident der Kommission ist, könnte dies den Eindruck erwecken, die GASP sei mit dem Vertrag von Lissabon stärker in die Einflusssphäre der Kommission gerückt. Dies ist mitnichten der Fall, wie Erklärung 14 zum Vertrag von Lissabon nachdrücklich betont, denn dort ist festgehalten, „dass der Kommission durch die Bestimmungen zur Gemeinsamen Außen- und Sicherheitspolitik keine

Nebenrolle im intergouvernementalen Bereich

---

93 Die aktuelle Übersicht der Generaldirektionen und Dienststellen ist einsehbar unter http://publications.europa.eu/code/de/de-390600.htm.

neuen Befugnisse zur Einleitung von Beschlüssen übertragen werden". Auch Artikel 22 (2) EUV, in dem dargelegt wird, wer dem Rat außenpolitische Vorschläge unterbreiten darf, stellt unmissverständlich klar, dass „der Hohe Vertreter für den Bereich der Gemeinsamen Außen- und Sicherheitspolitik und die Kommission für die anderen Bereiche des auswärtigen Handelns zuständig ist". War die Kommission nach dem Vertrag von Nizza noch „in vollem Umfang" an der GASP zu beteiligen (Art. 27 EUV-Nizza), entfiel dieser Passus mit dem Vertrag von Lissabon, der die Rolle der Kommission in der GASP somit eher schwächte.

Fazit: Kommission als machtbewusster Akteur der EU-Außenpolitik

Obwohl die intergouvernementale Sphäre von der übrigen Außenpolitik weiterhin getrennt bleibt, gibt es Grenzbereiche, in die auch die Kommission involviert ist. So sind beispielsweise Sanktionen ein Instrument der GASP, zur Umsetzung wird jedoch ein Vorschlag der Kommission benötigt, den diese zusammen mit dem Hohen Vertreter einbringt. Auch im Krisenmanagement, das man gemeinhin dem intergouvernementalen Bereich der GSVP zuordnet, ist der Einfluss der Kommission nicht zu unterschätzen. Diedrichs bezeichnet sie zwar als „Außenseiter" in der GSVP, aber auch als „Juniorpartner", denn vor allem im zivilen Krisenmanagement gewann sie in den vergangenen Jahren deutlich an Relevanz.[94] Ihr außenpolitischer Einfluss rührt nicht zuletzt daher, dass sie den Haushalt der EU aufstellt und verwaltet und somit über „erhebliche finanzielle Spielräume verfügt".[95] Im Zuge der Neuordnung der EU-Außenpolitik durch den Vertrag von Lissabon sicherte sich die Kommission machtbewusst ihre Einflusssphären. Dies ist am Beispiel der Europäischen Nachbarschaftspolitik gut zu beobachten. Vor dem Vertrag von Lissabon hatte der ehemalige Kommissar für Außenbeziehungen die Zuständigkeit über die Europäische Nachbarschaftspolitik inne. Mit Einsetzung des „Hohen Vertreters 2.0" hätte diese Zuständigkeit somit eigentlich an Catherine Ashton übergehen müssen. Der damalige Kommissionspräsident Barroso schlug die Europäische Nachbarschaftspolitik jedoch kurzerhand dem Kommissar für Erweiterung zu. Durch diesen Coup stellte der Kommissionspräsident sicher, dass der wichtige Politikbereich in

---

94 Vgl. hierzu auch Schmidt 2012: The High Representative, the President and the Commission – Competing Players in the EU's External Relations: The Case of Crisis Management.
95 Diedrichs 2012: Die Gemeinsame Sicherheits- und Verteidigungspolitik der EU, 50.

der Kommission verblieb und nicht in den Kompetenzbereich des neuen Hohen Vertreters überging. Auch bei der Einrichtung des Europäischen Auswärtigen Dienstes (EAD) pochte die Kommission machtbewusst auf ihre über Jahrzehnte hinweg erworbenen Außenkompetenzen. Der Vertrag von Lissabon hat das Spannungspotenzial zwischen den Akteuren der EU-Außenpolitik also keineswegs verringert. Die Kommission mit ihrer über Jahrzehnte aufgebauten Expertise in den vergemeinschafteten Bereichen der Außenpolitik steht oft im Mittelpunkt dieser Kompetenzstreitigkeiten. Während sie vor Lissabon vor allem mit dem Generalsekretariat des Rates konkurrierte, ist nun der EAD als neuer Rivale im Gefüge der EU-Außenpolitik aufgetaucht. Als Brücke zwischen den intergouvernementalen und supranationalen Bereichen der EU-Außenpolitik soll der mit Lissabon deutlich aufgewertete Hohe Vertreter fungieren.

3.3.4 Hoher Vertreter der Union für Außen- und Sicherheitspolitik: Hybridkonstruktion mit Doppelhut

Das Amt eines Hohen Vertreters war, wie in Kapitel 2 dargestellt, mit dem Vertrag von Amsterdam 1999 eingeführt worden, um der noch jungen GASP Gesicht und Stimme zu verleihen. Der Hohe Vertreter für die GASP, der gleichzeitig Generalsekretär des Rates war, sollte den Rat in GASP-Angelegenheiten unterstützen, „indem er insbesondere zur Formulierung, Vorbereitung und Durchführung politischer Entscheidungen beiträgt und gegebenenfalls auf Ersuchen des Vorsitzes im Namen des Rates den politischen Dialog mit Dritten führt" (Art. 26 EUV-Nizza). Diese relativ bescheidene Vertragsgrundlage, die eine rein dienende und unterstützende Funktion des Hohen Vertreters impliziert, interpretierte der erste Amtsinhaber Javier Solana selbstbewusst und extensiv. Solana trug durch seine Amtsführung und seine Prioritätensetzung maßgeblich dazu bei, das internationale Profil der EU zu schärfen, war jedoch stets auf die Unterstützung der Mitgliedstaaten angewiesen.[96]

Hoher Vertreter für die GASP seit 1999

Der Hohe Vertreter beförderte somit seit 1999 das Phänomen der Brüsselisierung:

---

[96] Vgl. zu Solanas Amt und Amtsführung ausführlich Müller-Brandeck-Bocquet/Rüger (Hrsg.) 2011: The High Representative for the EU Foreign and Security Policy – Review and Prospects.

Brüsselisierung

Brüsselisierung der EU-Außenpolitik bedeutet zunächst schlicht eine Zunahme der einschlägigen „Brussels-based activities". David Allen definiert „Brusselisation" wie folgt: „A gradual transfer, in the name of consistency, of foreign policy making away from the national capitals to Brussels."[97]

Darüber hinausgehend, ist unter „Brüsselisierung" jedoch auch jener Prozess zu verstehen, „der ohne Rückgriff auf die Gemeinschaftsmethode der ersten Säule gleichwohl eine Entnationalisierung der GASP einleitet und damit die Rolle der Mitgliedstaaten und der Intergouvernementalität reduziert. Brüsselisierung der GASP heißt also, dass die einschlägigen Kompetenzen zwar [...] weiter in der Verfügungsmacht der Mitgliedstaaten verbleiben, dass in zunehmendem Maße aber permanent in Brüssel präsente Funktionsträger und Dienste zu einer ‚europäisierten', ‚brüsselisierten' Politikformulierung und Implementation führen."[98]

Der Begriff Brüsselisierung bedeutet also:[99]

– Zunahme der in Brüssel ansässigen Dienste und Aktivitäten,
– Abschwächung des intergouvernementalen Prinzips in der GASP,
– Entnationalisierung der GASP.

Nachteilig für das Gesamtgefüge der EU-Außenpolitik wirkte sich die strukturell bedingte Rivalität zwischen dem Hohen Vertreter und dem Kommissar für Außenbeziehungen aus. Regelsberger spricht von einem „major institutional ‚battlefield'"[100]zwischen den beiden Akteuren bzw. zwischen der supranationalen und der intergouvernementalen Sphäre. Die Tatsache, dass die Verantwortung für die Außenpolitik auf zwei verschiedene Positionen aufgeteilt war, beeinträchtigte, wie zu Beginn dieses Kapitels dargelegt, sowohl die Kohärenz als auch die Effizienz und – trotz des durch den Hohen Vertreter geschärften internationalen Profils der EU – nicht zuletzt die Sichtbarkeit der EU-Außenpolitik.

Konventsvorschlag: Außenministers der Union mit „Doppelhut"

Während des Reformprozesses wurde folglich vorgeschlagen, beide Positionen zu fusionieren und künftig mit einer Person zu besetzen, die sozusagen mit einem Fuß im Rat, mit dem anderen in der Kommission steht und mithin als Bindeglied zwischen den beiden

---

97 Allen, David 1998: Who speaks for Europe? 54.

98 Müller-Brandeck-Bocquet 2002: Das neue Entscheidungssystem in der GASP der EU, 11/12.

99 Allen interpretiert die „Brüsselisierung" mitunter auch breit als den komplexen Prozess der Annäherung zwischen Außenpolitik nach Gemeinschafts- und nach GASP-Methode (Allen 1998: Who speaks for Europe? 53/54). Dem wird nicht gefolgt; „Brüsselisierung" wird als ein nur innerhalb des GASP-/GSVP-Entscheidungssystems wirksames Phänomen verstanden.

100 Regelsberger 2011: The High Representative for the Common Foreign and Security Policy – Treaty Provisions in Theory and Practice 1999–2009, 29.

institutionellen Sphären fungiert. Diese Initiative eines sogenannten Doppelhuts wurde offiziell durch den sehr einflussreichen deutsch-französischen Vorschlag[101] im Konvent im Januar 2003 lanciert, geht aber auf eine Idee des ehemaligen deutschen Außenministers Joschka Fischer aus dem Jahr 2001 zurück, der darauf abzielte, die Parallelstrukturen aufzuheben. Der Doppelhut-Vorschlag wurde – trotz einiger Bedenken[102] – vom Konvent aufgegriffen und konnte auch in der anschließenden Regierungskonferenz bestehen. Der Verfassungsvertrag sah folglich eine Position mit dem prestigeträchtigen Titel „Außenminister der Union" (Art. 1–28 VVE) vor. Mit dem Scheitern des Verfassungsvertrags durch die ablehnenden Referenden in Frankreich und den Niederlanden im Jahr 2005 wurde auch die Idee des Außenministers zwangsläufig auf Eis gelegt. Allerdings nur vorläufig, denn der Vertrag von Lissabon griff den Vorschlag *inhaltlich* völlig unverändert auf.

Geändert wurde ausschließlich die Amtsbezeichnung: Aus Rücksicht auf einzelne nationale Vorbehalte gegenüber einer staatsähnlichen Terminologie, wurde der Titel „Außenminister der Union" umetikettiert als „Hoher Vertreter der Union für Außen- und Sicherheitspolitik" (Art. 18 EUV). Im Vergleich zum ersten Hohen Vertreter wurde die Position durch das im Verfassungsvertrag vorbereitete und mit Lissabon implementierte Upgrade massiv aufgewertet, sodass man nach Lissabon von einem „Hohen Vertreter 2.0" sprechen kann.[103]

Hoher Vertreter der Union für Außen- und Sicherheitspolitik seit 2009

Der Hohe Vertreter 2.0 leitet nun nicht mehr nur die intergouvernementale GASP, sondern übernimmt zusätzlich die Rolle des ehemaligen Außenkommissars. Ebenso wie die übrigen Kommissare unterliegt der Hohe Vertreter vor seinem Amtsantritt dem Zustimmungsvotum des Europäischen Parlaments (Art. 17 (7) EUV). Bei der Wahl der Kommission hat sich die Praxis herausgebildet, dass alle Kommissare sich in den zuständigen Fachausschüssen des Europäischen Parlaments einem peniblen öffentlichen Anhörungsverfahren, das bezeichnenderweise auch *grilling* genannt wird, stellen

Benennung

---

101 Europäischer Konvent 2003: Beitrag CONV 489/03.

102 So sprach sich u. a. Solana selbst gegen eine Fusionierung der beiden Positionen aus – in weiser Voraussicht, wie sich zeigen würde –, weil er eine zu große Aufgabenfülle für die neue Position und mehr Konfusion als Synergie befürchtete. Vgl. hierzu genauer Rüger 2011: A Position under Construction: Future Prospects of the High Representative after the Treaty of Lisbon, 208.

103 Rüger 2011: A Position under Construction: Future Prospects of the High Representative after the Treaty of Lisbon, 210.

müssen. Dies gilt auch für den Hohen Vertreter, der dem Auswärtigen Ausschuss Rede und Antwort stehen muss.[104] Die Auswahl des neuen Amtsinhabers obliegt dem Europäischen Rat, der den Hohen Vertreter mit qualifizierter Mehrheit und mit Zustimmung des Kommissionspräsidenten ernennt. Gewählt ist er aber erst durch das Votum des Europäischen Parlaments. Der Europäische Rat kann die Amtszeit des Hohen Vertreters auch vorzeitig wieder beenden (Art. 18 (1) EUV). Ebenso kann das Europäische Parlament die Kommission, und damit auch den Hohen Vertreter, mittels eines Misstrauensvotums zur vorzeitigen Amtsniederlegung zwingen. Der Hohe Vertreter müsste in diesem Fall sein in der Kommission ausgeübtes Amt niederlegen (Art. 17 (8) EUV).

Kompetenzen und Aufgaben

Der Hohe Vertreter leitet die GASP, setzt Beschlüsse um und führt den Vorsitz im Rat für Auswärtige Angelegenheiten, den vor Lissabon die halbjährlich rotierende Ratspräsidentschaft innehatte (Art. 18 (2) EUV, Art. 3 EUV sowie Art. 27 (1) EUV). Streng genommen müsste man also von einem dreifachen Hut des neuen Hohen Vertreters sprechen: Er übernimmt nicht nur die Position des ehemaligen Außenkommissars und des Hohen Vertreters 1.0, sondern auch die Rolle der Ratspräsidentschaft im Rat für Auswärtige Angelegenheiten. Der Vorsitz des Rates beruft Sitzungen ein, legt die Agenda fest und leitet die Sitzungen. Der Übergang vom Vorsitz der rotierenden Präsidentschaft zum Hohen Vertreter, der für mindestens fünf Jahre im Amt ist, verstetigt die Leitung der Außenministertreffen. Auch die Außenvertretung der Union erhält mehr Kontinuität, denn der Hohe Vertreter „vertritt die Union in den Bereichen der Gemeinsamen Außen- und Sicherheitspolitik. Er führt im Namen der Union den politischen Dialog mit Dritten und vertritt den Standpunkt der Union in internationalen Organisationen und auf internationalen Konferenzen" (Art. 27 (2) EUV). Die ehemalige Troika der Außenvertretung aus Außenkommissar, Hohem Vertreter und Ratspräsidentschaft ist somit nun in einer Person fusioniert. Generell trägt der Hohe Vertreter für die Koordinierung der mitgliedstaatlichen Positionen in internationalen Foren Sorge (Art. 34 (1) EUV). Der Vertrag von Lissabon ermöglicht es zudem, dass der Hohe Vertreter den Standpunkt der EU im UN-Sicherheitsrat vertreten kann (Art. 34 (2) EUV).

---

104 Der Live-Mitschnitt der Anhörung von Mogherini am 6. Oktober 2014 ist abrufbar unter http://www.europarl.europa.eu/ep-live/de/committees/video?event=20141006-1830-COMMITTEE-HEARING2014FM.

Mittels seines Initiativrechts fungiert der Hohe Vertreter auch als Impulsgeber. Jeder Mitgliedstaat, der Hohe Vertreter oder der Hohe Vertreter mit Unterstützung der Kommission können dem Rat Vorschläge unterbreiten (Art. 30 (1) EUV). Bis 2009 lag dieses Initiativrecht ausschließlich bei den Mitgliedstaaten und der Kommission (Art. 22 EUV-Nizza). Auch in der GSVP kann der Hohe Vertreter die Initiative ergreifen und beispielsweise die Einsetzung einer Mission lancieren (Art. 42 (4) EUV).

Die Bestimmungen zur Rolle des Hohen Vertreters als Mitglied der Kommission sind im Vertrag weniger ausführlich dargestellt als seine Kompetenzen im Rat. Dies mag damit zusammenhängen, dass die Mitgliedstaaten als Herren der Verträge besonders großen Wert darauf legten, im Rat ihre Einflusssphären zu sichern und den Hohen Vertreter hier vertraglich in die Schranken zu weisen. Laut Artikel 18 (4) EUV ist der Hohe Vertreter Vizepräsident der Kommission und „innerhalb der Kommission mit deren Zuständigkeiten im Bereich der Außenbeziehungen [...] betraut". Darüber hinaus koordiniert der Hohe Vertreter, wie bereits dargestellt, die übrigen außenpolitischen Bereiche und ist für die Sicherung der Kohärenz zuständig, eine der Schwachstellen der EU-Außenpolitik vor Lissabon. Er soll somit beispielsweise für die Abstimmung zwischen Entwicklungspolitik, Handelspolitik und der GASP Sorge tragen. Durch seinen Sitz in der Kommission verfügt der Hohe Vertreter nach Lissabon zudem über „useful things like money"[105], wie es der ehemalige Außenkommissar Chris Patten einmal ausdrückte. Patten spielte damit darauf an, dass die Kommission über umfassende Finanzmittel verfügt. Diese hatte der Hohe Vertreter 1.0 – im Gegensatz zu seinen Nachfolgern – nicht zur Hand. Auch dieser erweiterte finanzielle Spielraum für den Hohen Vertreter 2.0 unterstreicht dessen aufgewertete Position.

Die hybride Rolle des Hohen Vertreters, der gewissermaßen zwischen den institutionellen Stühlen von Rat und Kommission sitzt und eine Brücke zwischen beiden institutionellen Sphären bilden soll, darf nicht darüber hinwegtäuschen, dass die einzelnen Dimensionen der EU-Außenpolitik auch nach Lissabon unterschiedlich funktionieren. Die Mitgliedstaaten als Herren der Verträge hatten sich im Reformprozess ja genau nicht darauf einigen können, die gesamte Außenpolitik der EU einem gemeinsamen Entscheidungs-

Hybridkonstruktion

---

105 Algieri 2011: Understanding Differences: An Attempt to Describe Javier Solana's View of the EU's International Role, 133.

modus zu unterstellen. Die strikte und gewollte Trennung der intergouvernementalen GASP (mitsamt der GSVP) blieb nach wie vor
erhalten und wurde sogar noch explizit betont.

Makler, aber kein Macher der EU-Außenpolitik

Zusammenfassend lässt sich festhalten, dass das Funktionsprofil
des Hohen Vertreters äußerst umfassend ist. Er nimmt Leitungsauf-
gaben wahr, fungiert als Initiator der Außenpolitik, implementiert
Beschlüsse, vertritt die EU auf seiner Ebene nach außen und arbeitet
an der Sicherstellung der vertikalen und horizontalen Kohärenz. Bei
allen Erwartungen, die an das neue, aufgewertete Amt herangetragen
wurden, ist jedoch zu betonen, dass auch das umfangreiche Auf-
gabenprofil den Hohen Vertreter Post-Lissabon allenfalls zum Makler
qualifiziert, nicht aber zum Macher der EU-Außenpolitik. *Vertreten*
kann er eben nur Positionen, die vorab von den Regierungen kollektiv
festgelegt wurden. Dies unterscheidet seine Position deutlich von der
eines veritablen Außenministers. Die Titulierung ist somit im Vertrag
von Lissabon zwar unhandlicher, aber auch deutlich angemessener
als der noch im Verfassungsvertrag verwendete machtverheißende
Titel „Außenminister". Während seine Rolle in den von der Kommission gesteuerten Bereichen der EU-Außenpolitik stark ist, entscheiden
in der GASP und der GSVP trotz Brüsselisierungs- und Europäi-
sierungstendenzen nach wie vor die Mitgliedstaaten. Der Hohe Vertreter kann Entscheidungen zwar politisch beeinflussen, er verfügt
jedoch weder im Rat, wo er den Vorsitz hat, noch im Europäischen
Rat, an dessen Sitzungen er teilnimmt, über ein Stimmrecht oder gar
über eine Letztentscheidungsbefugnis. Er fungiert, wie oben dargestellt, als Mediator zwischen den einzelstaatlichen Positionen im
Rat und als Koordinator zwischen den unterschiedlichen Dimensionen der EU-Außenpolitik, ist jedoch bei der Erfüllung seiner Aufgaben
immer auf andere Mitspieler der EU-Außenpolitik angewiesen.

Fazit: gemischte Zwischenbilanz zum „Hohen Vertreter 2.0"

Die bisherige Bilanz des Amtes und der Amtsführung nach Lissabon fällt gemischt aus: Catherine Ashton, die sich bei Amtsantritt
massiver Kritik ausgesetzt sah,[106] gewann im Laufe ihrer Amtszeit an
Ansehen. Punkten konnte sie vor allem auf diplomatischem Terrain,
z. B. durch ihre erfolgreiche Vermittlung zwischen Serbien und dem
Kosovo sowie als Verhandlungsführerin der internationalen Atom-

---

106 Die Presse titulierte sie beispielsweise als „Lady Who" (Bonse 2010: „Lady
Who" und ihre schwierige Mission), „bange Baroness" (Hecking/Ehrlich 2010:
Die bange Baroness) oder „Aschenputtel mit Jetlag" (Mayr 2010: Aschenputtel mit
Jetlag). Vgl. auch Müller-Brandeck-Bocquet/Rüger 2011: Zehn Jahre Hoher Vertre-
ter – Lehren für die EU-Außen- und Sicherheitspolitik nach ,Lissabon', 312/313.

gespräche mit dem Iran.[107] Weniger erfolgreich war ihre Bilanz in Strategiefragen der EU-Außenpolitik. Außerdem konnte auch die Hohe Vertreterin 2.0 tief greifende Divergenzen der Mitgliedstaaten, wie etwa bei der Einrichtung einer Flugverbotszone über Libyen 2011, nicht neutralisieren.[108] Somit gilt auch nach Lissabon, was schon für den „Hohen Vertreter 1.0" galt: Stärke und Einfluss dieser Position hängen unweigerlich vom Konsens der Mitgliedstaaten und der Unterstützung durch die nationalen Regierungen ab.[109] Zusätzlich erschwert wird die Ausübung dieses Amtes auch durch die große Aufgabenfülle. Der Doppelhut führt nicht nur zu einer doppelten Arbeitsbelastung, sondern macht die Amtsinhaber auch doppelt angreifbar. Nicht umsonst kursiert in Brüssel das Bonmot: „A double-hatted High Representative can soon become double-hated." Besonders beim Aufbau des EAD traten die Reibungspunkte und Kompetenzstreitigkeiten zwischen den Akteuren, die die Außenpolitik der EU gestalten, deutlich zutage. Der EAD, dessen Aufbau einen Großteil der Ressourcen und Arbeitskraft der Hohen Vertreterin in den ersten fünf Jahren nach Lissabon absorbierte, zählt gleichzeitig aber auch zum wichtigsten Vermächtnis Catherine Ashtons. Ihre Nachfolgerin Federica Mogherini konnte vom ersten Amtstag an vollumfänglich auf die neuen Strukturen zurückgreifen. Insgesamt bietet das Lissaboner Upgrade zum Hohen Vertreter 2.0 das Potenzial für mehr Kontinuität, Kohärenz, Sichtbarkeit und Effektivität der EU-Außenpolitik. Wenn das Potenzial dieses Amtes in der Vertragswirklichkeit noch nicht vollständig genutzt wurde, so ist dies keineswegs allein den bisherigen Amtsinhaberinnen anzulasten, sondern auch den anderen außenpolitischen Mitspielern. Die neue Cluster-Struktur der Kommission Juncker und Mogherinis bisherige Amtsführung lassen zumindest, was die horizontale Kohärenz zwischen den außenpolitischen Dimensionen und Institutionen angeht, Besserung erwarten.

---

107 Die Presse feierte sie nun mit Schlagzeilen wie „from zero to hero" (Blair 2010: Iran nuclear deal takes Catherine Ashton from 'zero' to hero.) und „Lady Ashton – the EU's diplomatic secret weapon" (Perkins 2013: Lady Ashton – once ‚Lady who?', now the EU's diplomatic secret weapon).

108 Zu einer detaillierten Bilanz der Amtszeit Catherine Ashtons vgl. Helwig/Rüger 2014: In Search of a Role for the High Representative: The Legacy of Catherine Ashton.

109 Vgl. Major 2011: Pulling the Strings behind the Scenes – but never against the Member States.

3.3.5 Europäischer Auswärtiger Dienst: Neuerung mit Potenzial

Interpretations-
offene vertragliche
Vorgaben

Unterstützt wird der Hohe Vertreter vom Europäischen Auswärtigen Dienst (EAD), der neben dem Hohen Vertreter 2.0 eine der großen außenpolitischen Innovationen des Vertrags von Lissabon darstellt. Da der EAD als eine Art EU-Außenministerium für alle Bereiche der EU-Außenpolitik Expertise liefern sowie Planungs- und Umsetzungsaufgaben übernehmen soll, war die große Frage zunächst, wie der Dienst ausgestaltet sein würde: Angedockt an die supranationale Kommission oder als intergouvernementales Gremium dem Rat unterstellt? Die vertraglichen Vorgaben waren bewusst vage gehalten, ein Indiz dafür, dass während der Verhandlungen zum Reformvertrag kein Kompromiss zur institutionellen Ansiedelung des neuen Gremiums zu finden war.

Europäischer Auswärtiger Dienst (Art. 27 (3) EUV)
„Bei der Erfüllung seines Auftrags stützt sich der Hohe Vertreter auf einen Europäischen Auswärtigen Dienst. Dieser Dienst arbeitet mit den diplomatischen Diensten der Mitgliedstaaten zusammen und umfasst Beamte aus den einschlägigen Abteilungen des Generalsekretariats des Rates und der Kommission sowie abgeordnetes Personal der nationalen diplomatischen Dienste. Die Organisation und die Arbeitsweise des Europäischen Auswärtigen Dienstes werden durch einen Beschluss des Rates festgelegt. Der Rat beschließt auf Vorschlag des Hohen Vertreters nach Anhörung des Europäischen Parlaments und nach Zustimmung der Kommission."

Vertraglich verankert wurde somit lediglich, wie der EAD personell zusammengesetzt sein soll. Die Vagheit der Vertragsbestimmungen hatte die institutionellen Grabenkämpfe und Kompetenzstreitigkeiten nicht aufgehoben, sondern nur aufgeschoben. Während der Aufbauphase des EAD nach Inkrafttreten des Vertrags brachen die Verteilungskämpfe umso heftiger aus. Catherine Ashton, als Hohe Vertreterin zuständig dafür, Fleisch ans vertragliche Gerippe des EAD zu bringen, hatte die Messlatte hoch gehängt. Der neue Dienst sollte ein Netzwerk sein,

> [...] that is the pride of Europe and the envy of the rest of the world, with the most talented people from all member states of the EU working in our common interest. It should offer our citizens added value to what their countries already do, and give our partners around the world a trusted and reliable ally on European issues. It should be a foreign service for the 21st century.[110]

---

110 Ashton 2009: Quiet diplomacy will get our voice heard.

An anderer Stelle sprach Ashton bezüglich des EAD-Aufbaus von einer „once-in-a-generation opportunity"[111]. Diesen ambitionierten Bekenntnissen standen in der Realität die Beharrungskräfte der Mitgliedstaaten, aber auch der europäischen Institutionen gegenüber, die an den teils über Jahrzehnten gewachsenen Strukturen festhalten wollten. Während die Mitgliedstaaten und der Rat eine Vergemeinschaftung bisher intergouvernementaler Bereiche (vor allem der Krisenmanagementstrukturen im Generalsekretariat des Rates) durch Annäherung an die Kommission fürchteten, wollte die Kommission ihrerseits verhindern, ihren Einflussbereich auf wesentliche Elemente der EU-Außenpolitik zu verlieren. Symptomatisch ließen sich die Grabenkämpfe am Beispiel der Entwicklungszusammenarbeit verfolgen. Die Kommission sah in dem Vorschlag, die entwicklungspolitische Programmplanung in den EAD zu integrieren, einen direkten Angriff auf ihre Rechte und Kompetenzen und fürchtete zu „einer bloßen Exekutivagentur des EAD degradiert zu werden"[112]. Auch das Europäische Parlament interpretierte seine Rolle bei der Etablierung des neuen Dienstes extensiv. Der Vertrag sah nur eine Anhörung des Parlaments vor, in der Praxis musste es jedoch dem Personalstatut und der Haushaltsordnung des EAD zustimmen. Die Parlamentarier sicherten sich über diesen Hebel ein De-facto-Vetorecht über die Organisation des EAD und gaben inhaltlich vor allem der Kommission Schützenhilfe.

Ambitionierte Zielvorgaben versus nationale/institutionelle Beharrungskräfte

Nach harten Kämpfen[113]erfolgte im Juli 2010 der Beschluss des Rates zur Etablierung des EAD.[114] Gleich zu Beginn wird in diesem Beschluss klargestellt, dass der EAD eine „funktional eigenständige [...] Einrichtung der Union"[115] sei. Mit anderen Worten: Die Frage, wo der Dienst angesiedelt sei, wurde weder zugunsten der Kommission noch zugunsten des Rates beantwortet. Stattdessen entschied man sich für eine Sui-generis-Struktur, die unter der Autorität des Hohen Vertreters zwischen der intergouvernementalen und der supranationalen Sphäre angesiedelt ist. Ähnlich wie die Position des Hohen

Strukturen des EAD

---

111 Ashton 2010: Rede bei der Münchner Sicherheitskonferenz.
112 Tannous 2012: Der Europäische Auswärtige Dienst und die Organisation europäischer Außen- und Entwicklungshilfe, 279.
113 Vgl. hierzu auch ausführlicher Lieb/Kremer 2010: Der Aufbau des Europäischen Auswärtigen Dienstes.
114 Rat 2010: Beschluss über die Organisation und die Arbeitsweise des Europäischen Auswärtigen Dienstes.
115 Rat 2010: Beschluss über die Organisation und die Arbeitsweise des Europäischen Auswärtigen Dienstes.

Vertreters befördert somit auch der EAD das Phänomen der Brüsselisierung in der EU-Außenpolitik (Entnationalisierung und Europäisierung ohne Vergemeinschaftung). Der Aufbau des EAD weist
Merkmale eines nationalen Außenministeriums auf. Der Dienst besteht aus fünf geografischen Einheiten, deren Referate sich mit den
Regionen „Asien und Pazifik", „Afrika", „Europa und Zentralasien",
„Nordafrika, Nahost, Arabische Halbinsel, Iran, Irak" sowie „Amerika"[116] befassen. Hinzu kommt eine thematische Einheit zu „Globalen
und multilateralen Fragen", beispielsweise zu „Menschenrechten und
Demokratie". Eine weitere Abteilung kümmert sich um Verwaltung,
Haushalt und Personal. Teil des EAD sind auch die unter Solana aufgebauten Krisenmanagementstrukturen, die bislang im Generalsekretariat des Rates angesiedelt waren. Verwaltet wird der EAD von
einem geschäftsführenden Generalsekretär. Diese Position hatte in
den ersten fünf Jahren der französische Diplomat Pierre Vimont inne,
zum 1. März 2015 übernahm sein Landsmann Alain Le Roy die Stelle.

Delegationen der EU   Neben der Zentrale in Brüssel verfügt der EAD über ein Netz von
derzeit 139 Delegationen in Drittstaaten und bei internationalen
Organisationen. Mit Inkrafttreten des Vertrags von Lissabon wurden
die bisherigen Vertretungen der Kommission in Vertretungen der
Union umgewandelt. Die Delegationen „werden in enger Zusammenarbeit mit den diplomatischen und konsularischen Vertretungen der Mitgliedstaaten tätig" (Art. 221 (2) AEUV). Die Delegations-
leiter vertreten die EU bei dem jeweiligen Drittstaat oder Organisationen wie den Vereinten Nationen oder der Afrikanischen Union.
Über die Delegationen werden politische Dialoge und Verhandlungen geführt, Hilfszahlungen verwaltet oder kulturelle Kontakte ge-
pflegt. Gerade in Zeiten klammer Kassen zeigt sich auch der buch-
stäbliche Wert, den die Delegationen langfristig haben könnten: Aus
finanziellen Gründen versuchte Spanien bereits einige seiner Bot-
schaften (z. B. im Jemen) in den EAD zu integrieren.[117]

Sonderbeauftragte   Eine spezielle Stellung nehmen die Sonderbeauftragten der EU
im EAD ein. Die ersten Sonderbeauftragten wurden 1996/97 ernannt,
als der Rat das Profil der EU in Nahost und in der Region der afrikanischen Großen Seen stärken wollte. Die Rolle der Sonderbeauftragten besteht vor allem darin, in Krisenregionen als Augen und Ohren
der EU zu fungieren, Informationen zu gewinnen und als Ansprech-

---

[116] Das jeweils aktuelle, detaillierte Organigramm ist einsehbar unter
http://www.eeas.europa.eu/ background/organisation/index_en.htm.
[117] Molina/Sorroza 2013: Spain and the European External Action Service, 49.

partner zu dienen. Da die ersten Amtsinhaber ihre Position überzeugend ausfüllten, wurde die Möglichkeit, Sonderbeauftragte zu ernennen, im Vertrag von Amsterdam fest verankert.[118] Auch im Vertrag von Lissabon ist diese Position weiterhin vorgesehen. Sie können mit Mehrheit vom Rat ernannt werden und üben ihr Mandat „unter der Verantwortung des Hohen Vertreters" aus (Art. 33 EUV). Im EAD haben sie insofern eine Sonderstellung inne, als sie nicht aus dem EAD-Budget finanziert und nicht in die Hierarchie eingegliedert, sondern direkt dem Hohen Vertreter unterstellt sind. Sie gelten daher auch als „free electrons" innerhalb des EAD-Systems.[119] Derzeit (Mai 2015) hat die EU neun Sonderbeauftragte eingesetzt. Einige sind für einzelne Länder zuständig (Kosovo, Afghanistan, Bosnien und Herzegowina), andere für Regionen (Horn von Afrika, Zentralasien, Sahel, Südkaukasus, Nahost), seit 2012 gibt es zudem erstmals einen Sonderbeauftragten mit einer thematischen Zuständigkeit: Stavros Lambrinidis ist damit betraut, die Effektivität und Sichtbarkeit der EU-Menschenrechtspolitik strategisch zu verfolgen.

Seit der EAD im Dezember 2010 seine Arbeit aufnahm, zog er immenses wissenschaftliches Interesse auf sich.[120] Die meisten Beobachter sind sich einig, dass der neue Dienst zunächst unter zahlreichen „Kinderkrankheiten" litt und teilweise noch leidet. Vor allem die Kompetenzstreitigkeiten erschwerten die ersten Jahre und führten zunächst oft mehr zu Reibungsverlusten als zu Synergien. Als problematisch wird auch angesehen, dass eine strukturelle Trennung zwischen der politischen Weichenstellung und den Ressourcen zur Umsetzung der Politik vorliegt. Während der Hohe Vertreter und der EAD für die politische Gesamtkoordinierung der EU-Außenpolitik verantwortlich sind, hat die Kommission nach wie vor

Fazit: Diplomatischer Dienst mit Potenzial

---

118 Gaedtke 2009: Europäische Außenpolitk, 123; vgl. auch Adebahr 2009: Learning and Change in European Foreign Policy. The Case of the EU Special Representatives.

119 Tolksdorf 2012: The role of EU Special Representatives in the post-Lisbon foreign policy system: A renaissance?

120 Vgl. beispielsweise Berger 2012: The European External Action Service; Lieb 2013: Diplomatie jenseits des Staates; Dialer/Neisser/Opitz (Hrsg.) 2014: The EU's External Action Service; Austermann 2014: European Union delegations in EU Foreign Policy; Bahr-Vollrath 2014: Der Europäische Auswärtige Dienst; Kruse 2014: Der Europäische Auswärtige Dienst zwischen intergouvernementaler Koordination und supranationaler Repräsentation; Balfour/Carta/Raik 2015: The European external action service and national foreign ministries; Smith/ Keukeleire/Vanhoonacker (Hrsg.) 2015: The Diplomatic System of the European Union.

die Zuständigkeit für die Umsetzung der Haushaltspläne inne. Dies führt in der Praxis zu Spannungen.[121] Federica Mogherini hat – nach der ersten Review des Dienstes, die noch unter Ashton vorgenommen wurde[122] – bereits eine weitere Überprüfung der EAD-Strukturen angekündigt. In jedem Fall birgt der EAD großes Potenzial. Ein Beispiel hierfür ist die Krisenplattform unter dem Vorsitz des Hohen Vertreters. Diese Plattform wird ad hoc in einer Krisensituation einberufen und bringt alle Akteure, die sich mit zivilen, militärischen, entwicklungspolitischen und anderen Aspekten des Krisenmanagements befassen, zusammen. Während der Libyen-Krise 2011 wurde die Krisenplattform beispielsweise regelmäßig genutzt, um – nach der EU-Spaltung hinsichtlich der Flugverbotszone – alle Akteure des Krisenmanagements an einen Tisch zu bringen. Auch wenn die Abstimmung zwischen kurzfristigen Maßnahmen der GSVP und den längerfristigen Maßnahmen der Kommission noch nicht völlig reibungsfrei verläuft,[123] bergen solche kohärenzbefördernde Formate großes Potenzial für die Außenpolitik der EU insgesamt. Der Mehrwert der Krisenplattform zeigte sich beispielsweise auch beim Einsatz in der Zentralafrikanischen Republik von April 2014 bis März 2015. Die Kontinuität, die der EAD während den Atomverhandlungen mit dem Iran oder den Vermittlungen zwischen Serbien und dem Kosovo gewährleisten konnte, kann ebenfalls auf der Haben-Seite verbucht werden. Klar ist, dass ein veritabler Europäischer Auswärtiger Dienst, der den Anforderungen des 21. Jahrhunderts gerecht wird, Zeit brauchen wird, um sein ganzes Potenzial zu entfalten und den seit Lissabon gestärkten umfassenden und auf mehr Kohärenz ausgerichteten Ansatz der EU-Außenpolitik vollumfänglich zur Geltung zu bringen.

---

121 Koenig 2015: Neuausrichtung des Auswärtigen Handelns der EU: Potenzial und Grenzen, 11.
122 Vgl. hierzu Duke 2014: Reflections on the EEAS Review.
123 Koenig 2015: Neuausrichtung des Auswärtigen Handelns der EU: Potenzial und Grenzen, 9. Vgl. auch Kapitel 3.4.4 zur Humanitären Hilfe.

3.3.6 Europäisches Parlament und nationale Parlamente: Legitimatoren

Das Europäische Parlament zählt zu den Gewinnern des Vertrags von Lissabon, welcher zu Recht den Beinamen „Vertrag der Parlamente"[124] trägt. Der Vertrag stärkte zum einen die Kompetenzen des Europäischen Parlaments ganz massiv und sprach zum anderen auch den nationalen Parlamenten eine direkte und aktivere Rolle im Integrationsprozess zu.[125] Was die parlamentarische Mitwirkung in der Außenpolitik der EU angeht, ist wieder klar zwischen dem Bereich der GASP/GSVP und den übrigen außenpolitischen Dimensionen zu trennen. Vertrag der Parlamente

In der Regel beschließen die 751 Abgeordneten mit der Mehrheit der abgegebenen Stimmen (Art. 231 AEUV). Die One-Man-One-Vote-Regel wird im Europäischen Parlament insofern verletzt, als die Mandatsverteilung auf die Mitgliedstaaten degressiv proportional erfolgt, d. h. bevölkerungsarme Mitgliedstaaten sind im Parlament vergleichsweise besser vertreten als bevölkerungsreiche. Beschlussfassung und Sitzverteilung

In den nicht-intergouvernemental organisierten Bereichen der EU-Außenpolitik hat das Europäische Parlament eine starke Rolle inne. Mit dem Vertrag von Lissabon wurde das Mitentscheidungsverfahren, bei dem das Europäische Parlament gleichberechtigt mit dem Rat entscheidet, deutlich ausgeweitet und gilt nun als „ordentliches Gesetzgebungsverfahren". Es findet z. B. Anwendung in der gemeinsamen Handelspolitik (Art. 207 (2) AEUV), der Entwicklungszusammenarbeit (Art. 209 (1) AEUV) oder bei Entscheidungen im Rahmen der humanitären Hilfe (Art. 214 (3) AEUV). Gerade im erstgenannten Bereich der gemeinsamen Handelspolitik konnte das Europäische Parlament durch Lissabon deutlich an Macht hinzugewinnen. Es wurde in diesem Bereich von einem „Nebenakteur zu einer Hauptfigur"[126]. Auch bei außenpolitisch relevanten Entschei- Starke Rolle in der Gemeinschaftsdimension

---

124 Vgl. u. a. Brok/Selmayr 2008: Der ‚Vertrag der Parlamente' als Gefahr für die Demokratie? Zu den offensichtlich unbegründeten Verfassungsklagen gegen den Vertrag von Lissabon, 231.

125 Vgl. besonders Art. 12 EUV und das Protokoll Nr. 1 über die Rolle der nationalen Parlamente in der EU. Zur Rolle der Parlamente nach dem Vertrag von Lissabon vgl. stellvertretend für viele andere Publikationen Maurer 2012: Parlamente in der EU.

126 Brok 2010: Die neue Macht des Europäischen Parlaments nach ‚Lissabon' im Bereich der gemeinsamen Handelspolitik, 209. Vgl. auch Van den Putte/De Ville/Orbie 2014: The European Parliament's New Role in Trade Policy: Turning power into impact.

dungen im Rahmen des Raums der Freiheit, der Sicherheit und des Rechts, wie etwa bezüglich Asyl-, Migrations- oder Grenzkontrollfragen, entscheidet das Europäische Parlament nun zusammen mit dem Rat.

Zustimmungsrecht bei internationalen Verträgen und Übereinkünften

Beim Abschluss internationaler Abkommen und Übereinkünfte nimmt das Europäische Parlament seit Lissabon ebenfalls eine machtvollere Position ein, denn es hat nun für internationale Verträge ein umfassendes Zustimmungs- bzw. Vetorecht (Art. 218 (6) AEUV). Eine erste Kostprobe seiner neuen Macht lieferte das Europäische Parlament mit seinen öffentlichkeitswirksamen Neins zu den umstrittenen Abkommen SWIFT (Abkommen zum Bankdatenaustausch mit den USA, abgelehnt im Februar 2010) und ACTA (Urheberrechtsabkommen, abgelehnt im Juli 2012). Auch wenn das Recht des Europäischen Parlaments zur bloßen Zustimmung bzw. Ablehnung eines Abkommens zunächst keinen Einfluss auf die Verhandlungen und Inhalte selbst suggeriert, sondern nur eine Ex-post-Kontrolle darzustellen scheint, so ist dieses Recht in der Praxis nicht zu unterschätzen. Das SWIFT-Abkommen wurde beispielsweise auf Druck des Europäischen Parlaments neu verhandelt. Das Ergebnis wurde schließlich mit erhöhten Datenschutzanforderungen von den Parlamentariern im Juli 2010 gebilligt. Die Tatsache, dass US-Vizepräsident Joe Biden dem Europäischen Parlament im Mai 2010 seine Aufwartung machte, um für das SWIFT-Abkommen zu werben, ist ein weiterer Beleg dafür, dass sich das Europäische Parlament als wichtiger Akteur etabliert hat. Mit geschärftem Bewusstsein für die neue Macht werden aktuell auch die Verhandlungen zum transatlantischen Freihandelsabkommen zwischen der EU und den USA (TTIP: *Transatlantic Trade and Investment Partnership*) vom kritischen Auge der europäischen Parlamentarier begleitet, die bereits vor der Schlussabstimmung ihre roten Linien für eine Zustimmung abstecken.

Eingeschränkte Rechte bei der GASP und der GSVP

Im intergouvernemental organisierten Bereich der EU-Außenpolitik sind die Kompetenzen des Parlaments generell deutlich schwächer ausgeprägt und beschränken sich auch nach Lissabon im Wesentlichen auf Informations- und Anhörungsrechte. Der Hohe Vertreter hört das Europäische Parlament „regelmäßig zu den wichtigsten Aspekten und den grundlegenden Weichenstellungen" der GASP und der GSVP und unterrichtet es „über die Entwicklung der Politik in diesen Bereichen. Er achtet darauf, dass die Auffassungen des Europäischen Parlaments gebührend berücksichtigt werden" (Art. 36 EUV). Mit dem Vertrag von Lissabon ist die Anbindung des

Hohen Vertreters an das Parlament enger geworden: Da dieser seit 2009 Mitglied der Kommission ist, sind seine Ernennung und seine potenzielle Absetzung an die Zustimmung des Parlaments gebunden. Auch der Präsident des Europäischen Rates ist verpflichtet, dem Europäischen Parlament im Anschluss an jede Tagung einen Bericht vorzulegen (Art. 15 (6) EUV), welcher u. a. die außenpolitisch relevanten Beschlüsse umfasst. Das Parlament selbst „kann Anfragen oder Empfehlungen an den Rat und den Hohen Vertreter richten" (Art. 36 EUV).

Gerade wegen der eingeschränkten Rechte des Europäischen Parlaments in der ehemaligen zweiten Säule, kommt bisweilen der Eindruck auf, es handele sich bei der EU-Außenpolitik um eine parlaments- oder gar demokratiefreie Zone.[127] Dies ist aus drei Gründen nicht der Fall:

Obwohl die formalen Rechte des Europäischen Parlaments nicht in allen Dimensionen der EU-Außenpolitik gleich stark ausgeprägt sind, ist das Europäische Parlament ein wichtiges außenpolitisches Forum. Ein Blick in die Parlaments-Binnenstruktur zeigt, dass die Parlamentarier sich in zahlreichen Gremien mit Außenpolitik befassen, so etwa in den ständigen Ausschüssen für Auswärtige Angelegenheiten (AFET) mit den Unterausschüssen für Menschenrechte (DROI) und Sicherheit und Verteidigung (SEDE), im Ausschuss für Entwicklung (DEVE) oder für Internationalen Handel (INTA). Weiterhin lassen sich hier die Delegationen nennen, die die internationalen Kontakte des Parlaments pflegen (z. B. Delegation für die Beziehungen zu Israel, Delegation für die Beziehungen zu den Ländern des Mercosur, Delegation für die Beziehungen zur Parlamentarischen Versammlung der NATO). Das Europäische Parlament verleiht jährlich den renommierten Sacharow-Preis für Verdienste um Menschenrechte und äußert sich regelmäßig in Entschließungen zu außenpolitischen Ereignissen oder Themen. Da sich die Parlamentarier in den Debatten oft prononcierter als andere Institutionen für Menschen- und Bürgerrechte einsetzen, gilt das Europäische Parlament bisweilen auch als das „Gewissen" der EU-Außenpolitik. Nicht zuletzt schafft das Europäische Parlament auch eine Öffentlichkeit für außen- und sicherheitspolitisch relevante Themen, so z. B. bei der

Pflege internationaler Kontakte und öffentliches Forum für außenpolitische Themen

---

[127] Selbst wenn nur der Rat oder der Europäische Rat verhandelt, kann man nicht von undemokratischer Außenpolitik auf EU-Ebene sprechen, schließlich sitzen im Rat die nach demokratischen Grundsätzen ins Amt gekommenen nationalen Minister bzw. Staats- und Regierungschefs.

Befragung von Edward Snowden, dem Enthüller des NSA-Skandals, im März 2014.

Nationale
Parlamente als
„Legitimatoren"

Ein zweiter Grund dafür, dass auch der intergouvernementale Bereich keineswegs eine parlamentsfreie Zone ist, besteht in der Einbindung der nationalen Parlamente, die in diesem Buch bewusst als Akteure der EU-Außenpolitik aufgeführt werden. Artikel 12 EUV legt erstmals explizit im Vertragstext fest, dass sie „aktiv zur guten Arbeitsweise der Union" beitragen. Traditionell besteht ihre europapolitische Einbindung in der Kontrolle der jeweiligen nationalstaatlichen Regierung. Mit dem Vertrag von Lissabon erhalten sie in der Europapolitik generell stärkere Informationsrechte und werden mittels des neu eingeführten Verfahrens zur Subsidiaritätskontrolle direkt auf europäischer Ebene eingebunden.[128] Vor allem in der Sicherheitspolitik der EU nehmen sie als „Legitimatoren"[129] von Einsätzen eine wichtige Funktion ein. Die Zustimmungsrechte der nationalen Parlamente bei militärischen Einsätzen reichen von hoher Kontrollmacht (wie beispielsweise in Deutschland, Irland oder Ungarn) über mittlere Kontrollmacht (wie etwa in Österreich) bis hin zu wenig ausgeprägter parlamentarischer Kontrolle über die Exekutive (wie zum Beispiel in Großbritannien oder Frankreich). Die Regierungen der ehemaligen Kolonialmächte können Truppen traditionell ohne explizite parlamentarische Zustimmung entsenden. Allerdings zeigt sich auch hier eine zunehmende Parlamentarisierung, zu beobachten etwa bei der französischen Verfassungsreform 2008 oder beim Beschluss des britischen Unterhauses gegen einen Militäreinsatz in Syrien im Sommer 2013. Dieser Beschluss war zwar nicht bindend, wurde von Premierminister David Cameron aber dennoch respektiert. Über den Hebel der Haushaltskontrolle können alle einzelstaatlichen Parlamente der EU-Mitgliedstaaten Einfluss auf die Außenpolitik und auf nationale Einsatzentscheidungen nehmen.[130] Zwar unterscheiden sich somit die Beteiligungsrechte je nach Mitgliedstaat, aber prinzipiell haben alle Parlamente schon aufgrund

---

128 Vgl. Dittgen 2011: Die europapolitische Rolle der nationalen Parlamente nach Lissabon; Maurer 2012: Parlamente in der EU, 168–218.

129 Von Ondarza 2012: Legitimatoren ohne Einfluss? Nationale Parlamente in Entscheidungsprozessen zu militärischen EU- und VN-Operationen im Vergleich.

130 Wagner 2006: The democratic control of military power Europe, 204/205. Für eine Übersicht zur Beteiligung europäischer Parlamente an militärischer Sicherheitspolitik vgl. die Ergebnisse und Arbeitspapiere des DFG-Projekts PAKS der Universität Düsseldorf: „Parlamentarische Kontrolle militärischer Sicherheitspolitik", http://paks.uni-duesseldorf.de.

des parlamentarischen Königsrechts der Haushaltskontrolle eine gewisse „Grundsatzverantwortlichkeit"[131] bei der Truppenentsendung inne. Auch bei manchen internationalen Abkommen fungieren die nationalen Parlamente – je nach Art des Abkommens – durch ihre Ratifizierung als Legitimatoren.

Die Kontrolle über den Haushalt kann gleichzeitig als drittes Argument gegen die These eines parlamentsfreien Raums in der EU-Außenpolitik angeführt werden. Das Europäische Parlament entscheidet gemeinsam mit dem Rat über den Haushalt der EU und hält mit dem Budgetrecht ein wirkungsvolles Kontroll- und Steuerungsinstrument in den Händen. Vor allem im Bereich der GASP versucht das Parlament über den Haushalt immer wieder, einen Fuß in die Tür der außenpolitischen Entscheidungen des Rates zu bekommen.[132] Auch die Verhandlungen zum EAD zeigten, dass das Parlament die ihm vertraglich zugeschriebenen budgettechnischen Rechte extensiv interpretiert und zu einem Mehr an inhaltlicher Einflussmacht umzudeuten weiß.

> Haushaltskontrolle: Hebel für parlamentarischen Einfluss

Insgesamt kann die Außenpolitik der EU somit nicht als parlamentsfreier oder gar undemokratischer Raum bezeichnet werden. Die EU ist nicht nur ein Mehrebenensystem, sondern auch ein Mehrebenen-Parlamentarismus[133], dessen parlamentarische Legitimation durch die Verschränkung von parlamentarischer Legitimation auf nationaler und auf europäischer Ebene geprägt ist. Die parlamentarische Kontrolle der EU-Außenpolitik erfolgt somit in einem – je nach außenpolitischem Bereich verschieden ausgestalteten – Zusammenspiel nationaler Parlamente und des Europäischen Parlaments. Auch wenn die Exekutive weiterhin dominiert (wie übrigens auch in den einzelstaatlichen Außenpolitiken), wurde das Europäische Parlament mit dem Vertrag von Lissabon in der EU-Außenpolitik insgesamt gestärkt und kann sich als zunehmend wichtiger und machtbewusster Akteur profilieren.[134]

> Fazit: Stärkung des Mehrebenen-Parlamentarismus

---

131 Hellmann/Baumann/Wagner 2006: Deutsche Außenpolitik, 55.

132 Thym 2006: Beyond Parliament's Reach? The Role of the European Parliament in the CFSP, 114.

133 Maurer 2002: Nationale Parlamente in der Europäischen Union – Herausforderungen für den Konvent; Abels/Eppler (Hrsg.) 2011: Auf dem Weg zum Mehrebenenparlamentarismus? Funktionen von Parlamenten im politischen System der EU.

134 Vgl. ausführlicher Stavridis/Irrera (Hrsg.) 2015: The European Parliament and its International Relations.

3.3.7 Weitere Akteure: EuGH, Agenturen & Co

Als weitere Akteure der EU-Außenpolitik sind zunächst die drei bisher nicht behandelten Organe der Union, der Gerichtshof der Europäischen Union, die Europäische Zentralbank und der Europäische Rechnungshof zu nennen.[135]

EuGH   Der Gerichtshof nimmt seine Funktion als Hüter des Rechts auch in der EU-Außenpolitik wahr – wiederum mit Ausnahme der intergouvernementalen Dimension. Seine Rechtsprechung umfasst also nur die Bereiche des Auswärtigen Handelns und die externen Aspekte interner Politikbereiche. Für die GASP (und damit auch für die GSVP) ist seine Zuständigkeit jedoch explizit ausgeschlossen (Art. 24 (1) EUV und Art. 275 AEUV). Da die GASP mithin nicht justiziabel ist, ist es beispielsweise nicht möglich, einen Mitgliedstaat, der gegen das Gebot der Kohärenz verstößt und aus einer gemeinsam vereinbarten GASP-Position ausschert, vor dem Gerichtshof zu verklagen. Der Vertrag von Lissabon gewährt dem Gerichtshof nur in zwei Fällen Befugnisse, die die GASP berühren: zum einen, wenn es zu Streitigkeiten bezüglich der Abgrenzung zwischen der GASP und den übrigen Dimensionen der EU-Außenpolitik kommt, zum anderen, wenn natürliche oder juristische Personen klagen möchten, gegen die Sanktionen verhängt wurden. Mehrere Banken hatten beispielsweise Klage erhoben, nachdem sie im Zuge der restriktiven Maßnahmen gegen den Iran auf die Sanktionsliste gesetzt und Konten eingefroren worden waren.[136] Insgesamt ist die systemprägende Rolle des EuGH für die Außenpolitik der EU nicht zu unterschätzen. So hat beispielsweise in den frühen Jahren der europäischen Integration seine dynamische Auslegung der Verträge im Bereich der Handelspolitik – oft gegen den Widerstand der Mitgliedstaaten – die starke Rolle der EU in allen Bereichen des Welthandels nachhaltig geprägt.[137]

---

135 Die sieben Organe der Union sind in Artikel 13 EUV aufgelistet.

136 Vgl. auch Bundestagsdrucksache 18/1063 zur rechtlichen Situation der Sanktionen gegen den Iran, 03.04.2014. Zu den Befugnissen des EuGH in der GASP vgl. auch Brkan 2012: The Role of the European Court of Justice in the Field of Common Foreign and Security Policy After the Treaty of Lisbon: New Challenges for the Future. Zur richterlichen Kontrolle in den anderen Bereichen der EU-Außenpolitik vgl. Kottmann 2014: Introvertierte Rechtsgemeinschaft.

137 Boysen 2014: Das System des Europäischen Außenwirtschaftsrechts, 452. Zur prägenden Rolle des EuGH bei der Wahrnehmung der Außenkompetenzen der EU vgl. auch Kapitel 3.4.1.

Der Europäische Rechnungshof kontrolliert die Finanzverwal- Rechnungshof
tung und den Einsatz öffentlicher Gelder. Für die Außenpolitik der
EU ist er insofern relevant, als er auch hier die Ausgaben in den
einzelnen außenpolitischen Dimensionen überprüft. So stellte der
Rechnungshof 2013 etwa fest, dass die direkte Finanzhilfe der Kommission und des EAD für die palästinensische Autonomiebehörde
überarbeitet werden müsse, da diese nicht nachhaltig sei.[138] Im Jahr
2014 veröffentlichte der Rechnungshof einen umfassenden und –
was die Kostenseite betrifft – sehr kritischen Bericht zum Aufbau des
EAD.[139]

Spätestens seit der sogenannten Eurokrise ist auch die interna- EZB
tionale Dimension der europäischen Geld- und Währungspolitik in
den Fokus der öffentlichen Aufmerksamkeit gerückt. Die Europäische Zentralbank (EZB) hat Beobachterstatus im internationalen
Währungsfonds und kann die Position der Eurostaaten in bestimmten Gremien der G20 vertreten. Generell ist jedoch zu sagen, dass die
Mitgliedstaaten in den internationalen Finanzinstitutionen nach wie
vor die Oberhand haben.[140] Größere Relevanz für die EU-Außenpolitik als die EZB haben die Europäische Investitionsbank (EIB) EIB
und die Europäische Bank für Wiederaufbau und Entwicklung (gebräuchlich ist die englische Abkürzung EBRD: *European Bank for* EBRD
Reconstruction and Development). Beide finanzieren Projekte in
Drittstaaten (z. B. zum Klimaschutz oder zur Förderung der wirtschaftlichen Infrastruktur) und unterstützen mithin als Geldgeber
die Außenpolitik der EU. Die EBRD fokussiert dabei auf die Staaten
in Mittelosteuropa, in Zentralasien und im südlichen und östlichen
Mittelmeerraum, um deren Transformationsprozess zu unterstützen.
Im Jahr 2013 förderte die Bank 392 Projekte in über 30 Staaten mit
einem Gesamtvolumen von 8,5 Milliarden Euro.[141]

Eine weitere Gruppe von Akteuren sind die für Außenpolitik zu- Agenturen
ständigen Agenturen der EU. Besonders bekannt ist die Europäische
Verteidigungsagentur (gebräuchlich ist die englische Abkürzung
EDA: *European Defence Agency*). Diese war bereits im Verfassungs-

---

138 Vgl. Europäischer Rechnungshof 2013: Pressemitteilung ECA/13/44.
139 Vgl. Europäischer Rechnungshof 2014: The Establishment of the European
External Action Service.
140 Vgl. hierzu auch Keukeleire/Delreux 2014: The Foreign Policy of the European Union, 311–315 und Fröhlich 2014: Die Europäische Union als globaler
Akteur, 71–86.
141 European Bank for Reconstruction and Development 2013: Annual Report.

vertrag vorgesehen und wurde 2004 noch vor Inkrafttreten des Vertrags ins Leben gerufen. Sie „ermittelt den operativen Bedarf und fördert Maßnahmen zur Bedarfsdeckung, trägt zur Ermittlung von Maßnahmen zur Stärkung der industriellen und technologischen Basis des Verteidigungssektors bei und führt diese Maßnahmen gegebenenfalls durch, beteiligt sich an der Festlegung einer europäischen Politik im Bereich der Fähigkeiten und der Rüstung und unterstützt den Rat bei der Beurteilung der Verbesserung der militärischen Fähigkeiten" (Art. 42 (3) EUV). Die EDA hat somit den Zweck, die Entwicklung von militärischen Fähigkeiten der europäischen Staaten zu koordinieren und so eine effizientere Nutzung der Verteidigungsausgaben zu erzielen.[142]

Weitere Agenturen, die über den Europäischen Auswärtigen Dienst eng an die GSVP angebunden sind, sind das *EU Institute for Security Studies* (EUISS), das sich gewissermaßen als Think Tank mit der Analyse außen- und sicherheitspolitischer Themen befasst und das Satellitenzentrum der EU (SatCen) im spanischen Torrejón, das Satellitenbilder beispielsweise aus Krisenregionen sammelt und auswertet. Es wird deswegen bisweilen als die „Augen Europas" bezeichnet. Seit 2005 verfügt die EU auch über ein gemeinsames Kolleg zur Ausbildung von zivilem und militärischem Personal (ESDC: *European Security and Defence College*). Es dient dem ambitionierten Ziel, eine gemeinsame strategische Kultur unter den Europäern zu etablieren. Die meisten der außenpolitisch relevanten Agenturen stehen im Zusammenhang mit der GSVP. Ebenfalls außenpolitische Bezüge haben aber beispielsweise Frontex, die Agentur für die Zusammenarbeit an den Außengrenzen, das europäische Unterstützungsbüro für Asylfragen EASO oder die Europäische Umweltagentur, deren Daten u. a. Grundlagen für die globale Zusammenarbeit in der Klimapolitik liefern.[143]

Interessenvertreter   Als Akteure im weiteren Sinn sind schließlich auch noch die diversen Interessenvertreter zu nennen, die versuchen, die Außenpolitik der EU in ihrem spezifischen Sinne zu beeinflussen und Lobbying zu betreiben. Hierzu zählen NGOs ebenso wie Unternehmen oder zivilgesellschaftliche Initiativen. In der Forschung zur EU-

---

142 Dänemark ist wegen seines Opt-out in der GSVP als einziger EU-Mitgliedstaat nicht an der EDA beteiligt. Vgl. zur dänischen Position Kapitel 3.5.
143 Eine Übersicht zur Vielzahl der EU-Agenturen findet sich hier: http://europa.eu/about-eu/agencies/index_de.htm.

Außenpolitik – und speziell zur GASP – finden diese erst seit Kurzem Berücksichtigung.[144]

3.4 Wie funktioniert die Außenpolitik der EU? Funktionslogik und Instrumente

Bei der Vorstellung der Akteure, die die Außenpolitik der EU gestalten, klangen schon einige Aspekte bezüglich der Funktionslogik an, hier soll nun für alle Bausteine der EU-Außenpolitik geklärt werden, auf welchen vertraglichen Regeln der Bereich basiert und wie er funktioniert. Dabei ist zunächst die Frage zu klären, wie die Kompetenzen zwischen den Mitgliedstaaten und der EU in der Außenpolitik aufgeteilt sind. Im Anschluss werden die vertraglich festgelegten Regelungen der einzelnen Bereiche vorgestellt mit dem Ziel, die Funktionslogik der mehrdimensionalen EU-Außenpolitik insgesamt zu durchdringen. Dabei sind jeweils die Zielsetzung, die Entscheidungsverfahren und die Instrumente anzusprechen. Die Breite und Vielfalt der politischen Dimensionen innerhalb des Mosaiks der EU-Außenpolitik macht es unmöglich, jedes Politikfeld in allen Details zu erläutern. Stattdessen soll jeweils die Essenz der Funktionslogik komprimiert und mit entsprechenden Literaturverweisen zur vertieften Lektüre dargelegt werden. Kapitel 4 wird sodann die einzelnen Bausteine anhand aktueller Beispiele inhaltlich ausfüllen.

3.4.1 Wer darf was in der Außenpolitik? Kompetenzabgrenzung zwischen Mitgliedstaaten und EU

Die Kompetenzen für die Außenpolitik liegen nicht ausschließlich auf europäischer Ebene. Dies unterscheidet den Staatenverbund EU von einem Bundesstaat wie etwa der Bundesrepublik Deutschland.[145] Im deutschen Grundgesetz ist festgelegt: „Die Pflege der Beziehungen zu auswärtigen Staaten ist Sache des Bundes" (Art. 32 (1) GG). Die Bundesländer dürfen nur mit Zustimmung der Bundesregierung mit auswärtigen Staaten Verträge schließen (Art. 32 (3) GG).

Außenpolitik im Bundestaat und im Staatenverbund

---

144 Vgl. beispielsweise Dembinski/Joachim 2008: Die GASP als Regierungssystem: Plädoyer für einen Perspektivwechsel in der GASP-Forschung am Beispiel des EU-Kodexes zu Rüstungsexporten.
145 Vgl. hierzu auch Gaedtke 2009: Europäische Außenpolitik, 17.

Die Gesetzgebung in auswärtigen Angelegenheiten, bei der Verteidigung und beim Schutz der Zivilbevölkerung darf in der Bundesrepublik Deutschland ausschließlich der Bund wahrnehmen (Art. 73 (1) GG). In der EU ist die Kompetenzverteilung in der Außenpolitik wesentlich komplexer, denn auch die Mitgliedstaaten sind nach wie vor außenpolitisch tätig. Die Frage, wer (EU oder Mitgliedstaaten) in der Außenpolitik wofür zuständig ist, ist somit höchst relevant zum Verständnis und zur Beurteilung der Außenpolitik im Mehrebenensystem EU.

Prinzip der begrenzten Einzelermächtigung

Generell basiert die Kompetenzverteilung in der EU auf dem Prinzip der begrenzten Einzelermächtigung. Hiernach „wird die Union nur innerhalb der Grenzen der Zuständigkeiten tätig, die die Mitgliedstaaten ihr in den Verträgen zur Verwirklichung der darin niedergelegten Ziele übertragen haben" (Art. 5 (2) EUV). Die Union hat mithin keine Kompetenz-Kompetenz, d. h. sie kann sich nicht selbst Zuständigkeiten zusprechen. Außerdem verbleiben alle Kompetenzen, welche nicht explizit der EU übertragen wurden, bei den Mitgliedstaaten. Eine Ausweitung der Kompetenzen (und seit Lissabon auch eine explizite Rückgabe von Zuständigkeiten an die Mitgliedstaaten) ist möglich. Entscheiden können hierüber die Mitgliedstaaten als Herren der Verträge in einem Vertragsänderungsverfahren (Art. 48 EUV).

In der Außenpolitik hat die EU keineswegs in allen Dimensionen gleiche Zuständigkeitsrechte. Generell unterscheidet man in der EU drei Kategorien von Zuständigkeiten, die im Vertrag von Lissabon erstmals in einer konkreten Kompetenzordnung niedergelegt sind:

Ausschließliche Zuständigkeit

– Ausschließliche Zuständigkeit der Union: Hier kann nur die EU gesetzgeberisch tätig werden und verbindliche Rechtsakte erlassen. Die Mitgliedstaaten dürfen nur tätig werden, wenn sie von der Union dazu ermächtigt werden oder wenn sie Rechtsakte der Union durchführen (Art. 2 (1) AEUV).

Die Bereiche, in denen die EU ausschließlich zuständig ist, sind sehr beschränkt. Die bekannteste ausschließliche Zuständigkeit der Union ist die Währungspolitik für die Staaten des Euro-Raums. In der Währungspolitik hat die EU Staatscharakter. Ebenfalls ausschließlich zuständig ist die EU für die Zollunion, für das Funktionieren des Binnenmarkts, für die gemeinsame Fischereipolitik und die gemeinsame Handelspolitik (Art. 3 EUV). All diese Zuständigkeiten haben auch außenpolitische Bezüge. Bei der Handelspolitik und der Zollunion ist der externe Bezug offensichtlich, die Fischereipolitik, der Binnenmarkt und die Währungspolitik haben vor allem dann außenpolitische Implikationen, wenn die EU Verträge in diesen Bereichen abschließt. Auch die Vertretung in internationalen Organisationen hängt von der jeweiligen Kompetenzkategorie ab. Aufgrund der ausschließlichen Zuständigkeit in der Fischereipolitik ist die EU beispielsweise alleiniges Mitglied (stellvertretend für die EU-Mitgliedstaaten) in zahlreichen Fischereiorganisationen. Eine generelle Regel lässt sich hieraus jedoch nicht ableiten. So sind in der WTO nach wie vor sowohl die EU als auch die Mitgliedstaaten vertreten, obwohl auch die Handelspolitik zur ausschließlichen Zuständigkeit zählt.

– Geteilte Zuständigkeit: Hier können sowohl die Union als auch die Mitgliedstaaten gesetzgeberisch tätig werden und verbindliche Rechtsakte erlassen. Die Mitgliedstaaten dürfen ihre Zuständigkeit allerdings nur wahrnehmen, solange die Union nicht tätig wird (Art. 2 (2) AEUV). Dieser Bereich der geteilten Zuständigkeit ist deutlich umfangreicher als der ausschließliche Zuständigkeitsbereich der Union und umfasst eine Vielzahl von Politikfeldern, darunter z. B. die Verkehrspolitik, die Agrarpolitik oder die Umweltpolitik (Art. 4 (2) AEUV). All diese Politikfelder können, wie mehrfach dargelegt wurde, auch außenpolitische Relevanz haben (externe Aspekte interner Politikbereiche).

Ebenfalls zur geteilten Zuständigkeit gehören die Entwicklungszusammenarbeit und die humanitäre Hilfe. In diesen Bereichen gilt allerdings eine Sonderregelung, denn die Zuständigkeit der Union erstreckt sich in diesen Politikfeldern darauf „Maßnahmen zu treffen und eine gemeinsame Politik zu verfolgen, ohne dass die Ausübung dieser Zuständigkeit die Mitgliedstaaten hindert, ihre Zuständigkeit auszuüben" (Art. 4 (4) AEUV). Die Mitgliedstaaten haben hier also mehr Raum für eigene Maßnahmen, als bei den anderen Politikfeldern der geteilten Zuständigkeit.[146]

Geteilte Zuständigkeit

– Unterstützungs-, Koordinierungs- und Ergänzungsmaßnahmen der Union: Sie gelten als dritte Zuständigkeitskategorie (Art. 6 AEUV). Hierunter fallen Politikbereiche wie Kultur, Bildung, Tourismus oder Katastrophenschutz. Die Union darf hier die Gesetzgebung der Mitgliedstaaten allenfalls unterstützen, koordi-

Unterstützende, koordinierende und ergänzende Maßnahmen

---

146 Diese Sonderregelung gilt laut Art. 4 (3) AEUV auch für Maßnahmen in den Bereichen Forschung, technologische Entwicklung und Raumfahrt, welche bei internationalen Abkommen ebenfalls außenpolitische Relevanz haben können.

nieren oder ergänzen. Diese Bereiche haben dann außenpolitische Implikationen, wenn die EU etwa internationale Verträge oder Abkommen in den zu dieser Kategorie gehörenden Politikfeldern abschließt.

Weder die GASP/GSVP noch die Erweiterungspolitik oder die Europäische Nachbarschaftspolitik finden sich innerhalb dieser Zuständigkeitskategorien. Hierbei handelt es sich folglich um Sonderbereiche, die nicht von den üblichen Kompetenzkategorien erfasst werden. Das Verhältnis zwischen Mitgliedstaaten und EU ist in den spezifischen Vertragsbestimmungen zu diesen Politikbereichen geregelt.

Systemprägende Rolle des EuGH
Die Abgrenzung der Kompetenzen zwischen Mitgliedstaaten und EU ist seit Jahrzehnten ein thematischer Dauerbrenner mit viel Konfliktpotenzial. Dies gilt sowohl für die europäische Integration generell als auch für die Außenkompetenzen der EU. Es verwundert daher nicht, dass in der Praxis auch die Rechtsauslegung des EuGH einen prägenden Einfluss auf die Wahrnehmung der Kompetenzen hat. Zu nennen ist in diesem Zusammenhang vor allem das EuGH-Urteil zum AETR-Abkommen (verkehrspolitisches Abkommen) aus dem Jahr 1971. Mit diesem Urteil schrieb der EuGH der damaligen Wirtschaftsgemeinschaft unter bestimmten Bedingungen die Kompetenz zum Abschluss völkerrechtlicher Verträge zu, ohne dass dies in den Verträgen explizit festgelegt war (implizite Vertragsabschlusskompetenz). Vereinfacht ausgedrückt kann man sagen, dass die EU in den Bereichen, in denen sie intern die Zuständigkeit innehat, auch externe Verträge abschließen darf, wenn der Abschluss internationaler Abkommen der Zielerreichung im internen Bereich zuträglich ist. Zudem hat die EU auch dann Vertragsabschlusskompetenz, wenn das Abkommen das Binnengefüge der EU verändern würde.[147] Mit Lissabon wurde diese vom EuGH eingeführte AETR-Doktrin kodifiziert, also vertragsrechtlich übernommen. Die EU hat demnach unter bestimmten Bedingungen auch dann die Kompetenz zum Abschluss internationaler Verträge, wenn dies im Vertrag nicht explizit vorgesehen ist (Art. 3 (2) AEUV; Art. 216 (1) AEUV).

---

147 Vgl. hierzu ausführlicher Lorz/Meurers 2014: Außenkompetenzen der EU.

3.4.2 Intergouvernemental geprägte Dimension

Gemeinsame Außen- und Sicherheitspolitik

Dass die GASP von der Funktionslogik her ein Sonderfall der EU-Außenpolitik ist, wird schon in der Überschrift von Titel V des EUV deutlich, wenn zwischen den allgemeinen Bestimmungen über das auswärtige Handeln[148] und den *besonderen* Bestimmungen für die GASP unterschieden wird. In der GASP dominieren die Mitgliedstaaten. Diesen Sonderstatus in der EU-Außenpolitik hat – als Teilbereich der GASP – auch die GSVP, deren Funktionslogik und Instrumente im nächsten Kapitel separat vorgestellt werden.

Besondere Bestimmungen und Verfahren für die GASP: Dominanz der Mitgliedstaaten

Der Vertrag von Lissabon hob bekanntlich die seit Maastricht bestehende Pfeiler- oder Säulenstruktur der EU auf. Während dies für die ehemalige dritte Säule tatsächlich eine Vergemeinschaftung der Politikfelder in den Bereichen Justiz und Inneres bedeutet, bleibt die ehemalige zweite Säule der GASP entscheidungstechnisch allerdings weiterhin ein eigener Pfeiler mit eigener Logik. Die GASP und die Gemeinschaftsdimension sowie die externen Aspekte interner Politikbereiche rücken zwar näher aneinander – nicht zuletzt durch den neuen Hohen Vertreter und den EAD als Scharnier zwischen supranationaler und intergouvernementaler Sphäre; bezüglich der Entscheidungsverfahren, bleibt jedoch eine klare Trennlinie bestehen. Die Säulenstruktur ist hier also nur formal aufgelöst. Einige Mitgliedstaaten, allen voran Großbritannien, legten bei den Reformverhandlungen großen Wert darauf, die GASP angesichts der institutionellen Innovationen nicht „durch die Hintertür" zu vergemeinschaften. Mit einer Vergemeinschaftung der GASP wäre der Rubikon hin zu einer staatsähnlichen Außenpolitik überschritten. Die Trennlinie zwischen der intergouvernementalen Dimension und dem Rest der EU-Außenpolitik aufrechtzuerhalten, war bei den Reformverhandlungen eine klare *red line* für London, aber auch für andere Mitgliedstaaten. Daher wurden dem Vertrag von Lissabon im Rahmen der Regierungskonferenz zwei Erklärungen angehängt:

Trennlinie trotz Aufhebung der Säulenstruktur

---

13. und 14. Erklärung zum Vertrag von Lissabon
Erklärung 13 unterstreicht, dass die neuen Regelungen des Vertrags von Lissabon „weder die derzeit bestehenden Zuständigkeiten der Mitgliedstaaten für die Formulierung und Durchführung ihrer Außenpolitik noch ihre nationale Vertretung in Drittländern und internationalen Organisationen berühren [...]."

---

148 Zum Begriff auswärtiges Handeln vgl. Kapitel 1.2.

Darüber hinaus stellt Erklärung 14 klar, „dass die Bestimmungen zur Gemeinsamen Außen- und Sicherheitspolitik, einschließlich zum Hohen Vertreter der Union für Außen- und Sicherheitspolitik und zum Auswärtigen Dienst, die bestehenden Rechtsgrundlagen, die Zuständigkeiten und Befugnisse der einzelnen Mitgliedstaaten in Bezug auf die Formulierung und die Durchführung ihrer Außenpolitik, ihre nationalen diplomatischen Dienste, ihre Beziehungen zu Drittländern und ihre Beteiligung an internationalen Organisationen, einschließlich der Mitgliedschaft eines Mitgliedstaats im Sicherheitsrat der Vereinten Nationen, nicht berühren.

Die Konferenz stellt ferner fest, dass der Kommission durch die Bestimmungen zur Gemeinsamen Außen- und Sicherheitspolitik keine neuen Befugnisse zur Einleitung von Beschlüssen übertragen werden und dass diese Bestimmungen die Rolle des Europäischen Parlaments nicht erweitern. [...]"

Diese Erklärungen zeugen von der hohen Bestandskraft des schon mehrfach angesprochenen nationalstaatlichen „Souveränitätsreflexes"[149] in der GASP.

GASP-Governance   Wie funktioniert nun die spezifische, von den nationalen Regierungen dominierte GASP-Governance? Sie vollzieht sich, knapp zusammengefasst und Kapitel 3.3 zu den Akteuren der EU-Außenpolitik aufgreifend, auf drei Handlungsebenen (Art. 25 EUV a–c): An oberster Stelle steht der Europäische Rat, der die allgemeinen Leitlinien der GASP festlegt. Basierend auf den strategischen Vorgaben der Staats- und Regierungschefs fasst der Rat (unter dem Vorsitz des Hohen Vertreters) die erforderlichen Beschlüsse und setzt Leitlinien in konkrete Politik um. Die Mitgliedstaaten koordinieren ihre einzelstaatliche Politik und vertreten die gemeinsam festgelegten Standpunkte der Union. Laut Artikel 30 EUV kann jeder Mitgliedstaat, der Hohe Vertreter oder der Hohe Vertreter mit Unterstützung der Kommission den Rat mit einer Frage der GASP befassen und Initiativen oder Vorschläge einbringen. In der Praxis nimmt auch der Europäische Rat im Agenda-Setting der GASP eine wesentliche Rolle ein. Europäische Kommission und Europäisches Parlament haben, wie weiter oben bereits ausgeführt, in der GASP nur eine Nebenrolle inne. Anders als beim Auswärtigen Handeln und den externen Aspekten interner Politikbereiche werden in der GASP keine Gesetzgebungsakte erlassen. Die GASP unterliegt auch nicht der Rechtsprechung des EuGH.[150]

---

149 Hofmann/Wessels 2008: Der Vertrag von Lissabon – eine tragfähige und abschließende Antwort auf konstitutionelle Grundfragen? 6.
150 Zu den Ausnahmen vgl. Kapitel 3.3.7.

Prägender Entscheidungsmodus in der GASP ist die Einstimmigkeit (Art. 24 (1) und 31 (1) EUV). Der Europäische Rat entscheidet ohnehin im Konsens, aber auch im Rat, dem zweiten GASP-Schlüsselorgan, für den im Vertrag von Lissabon der qualifizierte Mehrheitsentscheid als Standardbeschlussfassungsverfahren festgelegt ist (Art. 16 (3) EUV), gilt im Bereich der GASP die Einstimmigkeit als Regelverfahren. All dies deutet auf den ersten Blick auf eine strikt zwischenstaatliche Struktur der GASP hin. Um die Funktionslogik der GASP-Governance vollständig zu durchdringen, ist jedoch eine genauere Betrachtung erforderlich. Eine nuancierte Analyse lässt erkennen, dass die GASP zwar prinzipiell intergouvernemental geregelt ist, dass es jedoch auch Anzeichen für eine Aufweichung bzw. Abschwächung des Intergouvernementalismus gibt. Dies lässt sich anhand dreier wichtiger Aspekte unterfüttern. Dabei ist erstens die Möglichkeit der konstruktiven Enthaltung zu betrachten, zweitens die – zumindest vertraglich vorgesehene – Ausweitung qualifizierter Mehrheitsentscheidungen und drittens das Phänomen der Brüsselisierung.

Einstimmigkeit als Regelfall, aber abgeschwächter Intergouvernementalismus

Enthält sich ein Mitgliedstaat im Rat bei einer Entscheidung, behindert er damit nicht das Zustandekommen eines Beschlusses (*konstruktive Enthaltung*). Jedes Ratsmitglied kann mit seiner Enthaltung eine förmliche Erklärung abgeben und ist damit nicht zur Durchführung des Beschlusses verpflichtet, akzeptiert jedoch, dass der Beschluss für die übrigen Mitgliedstaaten bindend ist. Wenn die Zahl der Mitgliedstaaten, die eine solche Erklärung abgegeben haben, mindestens ein Drittel der Mitgliedstaaten umfasst, die mindestens ein Drittel der Unionsbevölkerung ausmachen, kommt der Beschluss nicht zustande (Art. 31 (1) EUV). Die konstruktive Enthaltung wurde bisher nur angewandt, als Zypern sich bei der Entscheidung über die EULEX-Mission im Kosovo 2008 der Stimme enthielt, weil die damalige zypriotische Regierung auf eine explizite Grundlage des UN-Sicherheitsrats für die Mission bestand.[151]

Konstruktive Enthaltung

Der Vertrag von Lissabon erweitert zweitens in Artikel 31 (2) EUV die Fälle, in denen der Rat im Bereich der GASP mit qualifizierter Mehrheit entscheiden kann. Dies ist dann möglich, wenn

Ausnahmen von der Einstimmigkeit in der GASP

---

151 Die damalige Erklärung Zyperns zu seiner konstruktiven Enthaltung ist abgedruckt in Cremona 2009: Enhanced Cooperation and the Common Foreign and Security and Defence Policies of the EU, 15.

- der Rat auf Basis eines strategischen Beschlusses des Europäischen Rates über eine Aktion oder einen Standpunkt der Union entscheidet;
- der Rat über einen Durchführungsbeschluss zu einer bereits beschlossenen Aktion oder einem Standpunkt entscheidet;
- der Rat einen Sonderbeauftragten ernennt;
- der Rat über einen Vorschlag entscheidet, den der Hohe Vertreter auf spezielles Ersuchen des Europäischen Rates unterbreitet hat.

Die letztgenannte Ausnahme wurde mit Lissabon neu eingeführt und zeigt, wie zaghaft sich die Mitgliedstaaten von der Einstimmigkeit in der GASP lösen. Akzeptiert wird ein Mehrheitsbeschluss über einen Vorschlag des Hohen Vertreters nur dann, wenn ein – logischerweise einstimmiger – Beschluss des Europäischen Rates vorausgeht.[152] Mit Ausnahme der Personalentscheidung über Sonderbeauftragte sind auch die beiden anderen Möglichkeiten zur Abweichung von der Einstimmigkeit mit einem souveränitätsschonenden Sicherheitsnetz verbunden, da jeweils einstimmige Entscheidungen vorausgehen müssen. Hinzu kommt, dass jedes Ratsmitglied – in der Tradition des Luxemburger Kompromisses – „aus wesentlichen Gründen der nationalen Politik, die es auch nennen muss" einen Beschluss mit qualifizierter Mehrheit verhindern kann (Art. 31 (3) EUV). Militärische und verteidigungspolitische Fragen sind von solchen Mehrheitsentscheidungen überdies explizit ausgenommen (Art. 31 (4) EUV).

Passerelle-Klausel in der GASP   In der Praxis wird nur äußerst selten von der Einstimmigkeit in der GASP abgewichen. Auch die für die GASP in Art. 31 (3) EUV neu eingeführte Passerelle-Klausel, wonach der Europäische Rat einstimmig den Beschluss erlassen kann, in weiterer Bereich der GASP mit Mehrheit zu entscheiden, wird wohl in naher Zukunft nicht genutzt werden.[153] Dies liegt nicht nur daran, dass der politische Wille auf Ebene der Staats- und Regierungschefs nicht vorhanden ist. Eine weitere Hürde besteht auch darin, dass die nationalen Parlamente bei Nutzung der Passerelle-Klausel durch den Europäischen Rat

---

152 Der während des Reformprozesses von Italien eingebrachte Vorschlag, wonach der Rat einen Vorschlag des Hohen Vertreters (damals Außenminister der Union genannt) immer mit Mehrheit beschließen könne, wurde von London vehement abgelehnt. Vgl. Rüger 2006: Aus der Traum, 90.

153 Sie wird auch „Brückenklausel" genannt (von frz. *passerelle* = kleine Brücke, Übergang). Mittels der Brückenklausel können auch Bereiche, die nach einem besonderen Gesetzgebungsverfahren entschieden werden, in das ordentliche Gesetzgebungsverfahren überführt werden, ohne ein meist langwieriges Vertragsänderungsverfahren.

zustimmen müssen, in Großbritannien müsste hierfür sogar eine Volksabstimmung stattfinden.[154] Trotz der sehr zaghaften Abkehr vom Einstimmigkeitsprinzip sind die hier aufgelisteten Ausnahmen dennoch nicht zu unterschätzen, denn schon die Möglichkeit einer Mehrheitsentscheidung kann die Verhandlungsposition von Staaten, die eine Extremposition einnehmen, schwächen, weil sie befürchten müssen, potenziell von den anderen Mitgliedstaaten überstimmt zu werden.[155]

Der dritte Aspekt, der es rechtfertigt, von einer gewissen Aufweichung des Intergouvernementalismus bzw. einer Entnationalisierung der GASP zu sprechen, ist die bereits in Kapitel 3.3.4 dargestellte Brüsselisierung. Wie mehrfach betont, hat Lissabon das Entscheidungssystem der GASP zwar nicht revolutioniert, wie es durch einen generellen Übergang zu Entscheidungen mit qualifizierter Mehrheit passiert wäre.[156] Der Vertrag „brüsselisierte" das Entscheidungssystem aber weiter substanziell. Neben dem Hohen Vertreter kann auch der neu etablierte EAD als Paradebeispiel für diesen anhaltenden Trend gesehen werden. Er setzt sich, wie in Kapitel 3.3.5 dargestellt, zu einem Drittel aus Mitarbeitern der nationalen diplomatischen Dienste zusammen, die nach Brüssel abgeordnet werden. Ohne dass die Mitgliedstaaten außenpolitische Kompetenzen abgeben, europäisiert sich mithin die nationale Außenpolitik durch diesen Prozess der Brüsselisierung.

Brüsselisierung

Zu den GASP-Entscheidungsverfahren ist als Fazit festzuhalten, dass das Prinzip der Einstimmigkeit und damit der Intergouvernementalismus nach wie vor dominieren, wenngleich in abgeschwächter Form. Dieser brüsselisierte Intergouvernementalismus wird auch als „dritter Weg für die zweite Säule"[157], „rationalisierter Intergouvernementalismus"[158] oder „deliberative intergovernmentalism"[159] bezeichnet.

„Dritter Weg" für die ehemalige zweite Säule

---

154 Thym 2014: GASP und äußere Sicherheit, 957; vgl. auch European Union Act 2011.

155 Peters/Wagner 2008: Gemeinsame Außen- und Sicherheitspolitik, 53.

156 Während des Reformprozesses wurde eine solche „Revolution" durchaus diskutiert. Ein in anderen Punkten sehr einflussreicher Vorschlag, den Deutschland und Frankreich gemeinsam in den Konvent eingebracht hatten, sah beispielsweise einen generellen Übergang zu Mehrheitsentscheidungen in der GASP vor.

157 Wessels/Regelsberger 1996: The CFSP Institutions and Procedures: A Third Way for the Second Pillar.

158 Wessels 2001: Die Vertragsreformen von Nizza – Zur institutionellen Erweiterungsreife, 10.

159 Puetter 2012: The Latest Attempt at Institutional Engineering.

Instrumente

Die GASP verfügt über ein breites Handlungsspektrum. Hierzu zählen (schon seit den Zeiten der EPZ) die klassischen Mittel der Diplomatie: So werden zu aktuellen Ereignisse wie Wahlen, Unglücks-

Erklärungen

fällen oder Gewaltausbrüchen Erklärungen abgegeben (vom Hohen Vertreter persönlich oder vom Hohen Vertreter im Namen der EU). Ein

Demarchen

weiteres diplomatisches Instrument sind die Demarchen, die sich (meist vertraulich) an einen Drittstaat richten und diesen beispielsweise dazu auffordern, Menschenrechtsverletzungen zu unterbinden.

Politischer Dialog
und Abkommen

Auch der politische Dialog mit Drittstaaten mit regelmäßigen Treffen und möglichen Abkommen ist Teil des GASP-Instrumentariums.

Während die bisher genannten Instrumente vornehmlich deklaratorischer Natur sind, erhielt die EU in den 1990er-Jahren mit neuen Instrumenten eine operative Dimension. Bis 2009 waren folgende Instrumente vertraglich vorgesehen: Gemeinsame Strategien, gemeinsame Aktionen und gemeinsame Standpunkte (Art. 12 EUV-Nizza). Die ursprüngliche Idee war es, in den gemeinsamen Strategien, z. B. zu Russland 1999, Grundsatzentscheidungen festzuhalten, über deren konkrete Auslegung dann in Durchführungsbeschlüssen mit qualifizierter Mehrheit entschieden werden sollte. Die Aussicht auf Mehrheitsentscheidungen führte allerdings dazu, dass schon in den Gemeinsamen Strategien so viele Details festgelegt wurden, dass die Entscheidungsprozesse weder erleichtert noch beschleunigt wurden.[160] Mit dem Vertrag von Lissabon entfiel die Bezeichnung „Gemeinsame Strategie". Art. 25 EUV sieht nun folgende Instrumente vor: allgemeine Leitlinien, die vom Europäischen Rat bestimmt

Aktionen, z. B.
GSVP-Missionen
oder
Sonderbeauftragte

werden sowie Beschlüsse über Aktionen oder Standpunkte der Union, die vom Rat gefasst werden. In den Beschlüssen über Aktionen sind „ihre Ziele, ihr Umfang, die der Union zur Verfügung zu stellenden Mittel sowie [...] der Zeitraum für ihre Durchführung festgelegt" (Art. 28 (1) EUV). Aktionen beziehen sich zumeist auf die Einsetzung von GSVP-Missionen oder Sonderbeauftragten.

Standpunkte

Neben Aktionen kann der Rat auch Standpunkte „zu einer bestimmten Frage geografischer oder thematischer Art" (Art. 29 EUV) erlassen. Die Beschlüsse sind für die Mitgliedstaaten bindend. Letzteres mag überraschen, wenn man an die oft beklagte Uneinigkeit der Mitgliedstaaten in der GASP denkt. Das Problem besteht allerdings meist weniger darin, dass Mitgliedstaaten von einem gemeinsamen Standpunkt abweichen, sondern darin, dass sie sich gar nicht

---

160 Peters/Wagner 2008: Gemeinsame Außen- und Sicherheitspolitik, 46.

erst auf einen gemeinsamen Standpunkt einigen können, der den einzelstaatlichen Handlungsspielraum einschränken würde. Doch wenn eine Einigung gelingt, sind die Standpunkte ein durchaus ernst zu nehmendes Instrument und „scharfes Schwert" der EU-Außenpolitik, beispielsweise dann, wenn mittels eines Standpunktes Sanktionen beschlossen werden.

In der Praxis spielen die Aktionen und Standpunkte zahlenmäßig eine weitaus geringere Rolle im GASP-Instrumentarium, als es der Vertrag vermuten lässt.[161] Der Alltag der GASP besteht nämlich meist nicht in der Annahme formeller Beschlüsse über Aktionen und Standpunkte nach Art. 25 EUV, sondern aus informellen Instrumenten, wie etwa Erklärungen des Hohen Vertreters. Auch die Atomverhandlungen mit dem Iran oder die Vermittlerrolle der EU zwischen Serbien und dem Kosovo sind nicht per se Gegenstand förmlicher Beschlussfassungen. Stattdessen prägen politisch-informelle Absprachen das Alltagsgeschäft der GASP.

Gemeinsame Sicherheits- und Verteidigungspolitik

Die GSVP ist „integraler Bestandteil" der GASP. Sie buchstabiert gewissermaßen das „S" in der GASP operativ aus und „sichert der Union eine auf zivile und militärische Mittel gestützte Operationsfähigkeit" (Art. 42 (1) EUV). Wenn es um die Funktionslogik der GSVP geht, ist es erforderlich, auch darauf hinzuweisen, was die GSVP *nicht* ist: Trotz des „V" im Namen ist die Verteidigungsdimension auf Ebene der EU, wie in Kapitel 2 bereits angesprochen, nur sehr rudimentär angelegt. Dies hat sich auch mit Lissabon nicht geändert. Im Vertrag heißt es dazu, dass die GSVP die „schrittweise Festlegung einer gemeinsamen Verteidigungspolitik der Union umfasst", die zu einer gemeinsamen Verteidigung führt, „sobald der Europäische Rat dies einstimmig beschlossen hat" (Art. 42 (2) EUV). Dies ist bisher nicht der Fall, sodass eine europäische Verteidigung im Sinne einer europäischen Armee derzeit nicht existiert. Daran ändert auch die mit Lissabon neu eingeführte Beistandsklausel[162] nichts:

Keine europäische Verteidigung, sondern ziviles und militärisches Krisenmanagement

---

161 Vgl. zum Folgenden Thym 2012: Intergouvernementale Exekutivgewalt. Die Verfassung der europäischen Außen-, Sicherheits- und Verteidigungspolitik, 137.
162 Nicht zu verwechseln mit der Solidaritätsklausel, vgl. Kapitel 3.2.

Beistandsklausel (Art. 42 (7) EUV)

„Im Falle eines bewaffneten Angriffs auf das Hoheitsgebiet eines Mitgliedstaats schulden die anderen Mitgliedstaaten ihm alle in ihrer Macht stehende Hilfe und Unterstützung, im Einklang mit Artikel 51[163] der Charta der Vereinten Nationen."

Die Beistandsklausel wurde mit dem Hinweis ergänzt, dass sie weder den „besonderen Charakter der Sicherheits- und Verteidigungspolitik bestimmter Mitgliedstaaten" (gemeint sind die neutralen Staaten) noch die Verpflichtungen der NATO-Staaten untereinander berührt. Unklar ist noch, ob die Klausel in der Praxis einen konkreten oder nur einen symbolischen Wert haben wird.[164] Klar ist dagegen, dass die GSVP nicht der klassischen Landesverteidigung dient, sondern dem zivilen und militärischen Krisenmanagement.

Petersberger Aufgaben

Zentrales Instrument der GSVP sind die zivilen und militärischen Missionen. Das Einsatzspektrum der EU ist in den Petersberger Aufgaben festgelegt. Diese wurden ursprünglich für die WEU konzipiert und bei einem WEU-Treffen 1992 auf dem Petersberg bei Bonn beschlossen. Mit Einrichtung der ESVP gingen diese Aufgaben der WEU, die 2011 aufgelöst wurde, auf die EU über. Der Vertrag von Lissabon aktualisierte die Liste der Aufgaben und ergänzte sie u. a. um die Bekämpfung des Terrorismus.

Petersberger Aufgaben im Vertrag von Lissabon

Art. 43 (1) EUV beschreibt den Charakter der von der EU durchführbaren Missionen. Diese umfassen:
– „gemeinsame Abrüstungsmaßnahmen
– humanitäre Aufgaben und Rettungseinsätze
– Aufgaben der militärischen Beratung und Unterstützung
– Aufgaben der Konfliktverhütung und der Erhaltung des Friedens
– Kampfeinsätze im Rahmen der Krisenbewältigung einschließlich Frieden schaffender Maßnahmen
– Operationen zur Stabilisierung der Lage nach Konflikten
Mit allen diesen Missionen kann zur Bekämpfung des Terrorismus beigetragen werden, unter anderem auch durch die Unterstützung für Drittländer bei der Bekämpfung des Terrorismus in ihrem Hoheitsgebiet."

---

163 Artikel 51 der UN-Charta bezieht sich auf das Recht zur individuellen und kollektiven Selbstverteidigung.
164 Für eine detailliertere Analyse der Beistandsklausel vgl. Kockel 2012: Die Beistandsklausel im Vertrag von Lissabon; Rüger 2014: Solidarität – ein solides Fundament der Gemeinsamen Außen- und Sicherheitspolitik?

Auch dieses Aufgabenspektrum unterstreicht nochmals, dass die GSVP nicht zur Territorialverteidigung konzipiert ist. Art. 42 (1) EUV schließt dies explizit aus, denn dort werden die Einsätze beschrieben als Missionen, bei denen die EU *„außerhalb* [eigene Hervorhebung] der Union zur Friedenssicherung, Konfliktverhütung und Stärkung der internationalen Sicherheit in Übereinstimmung mit den Grundsätzen der Charta der Vereinten Nationen" zurückgreift.

Der Bereich der Sicherheits- und Verteidigungspolitik, der potenziell Fragen über Leben und Tod von Bürgern umfasst, zählt zum Kern nationaler Souveränität. Es ist daher nicht erstaunlich, dass in der GSVP die Mitgliedstaaten die dominanten Akteure sind und dass die Funktionslogik der GSVP dem Intergouvernementalismus folgt: „Beschlüsse zur Gemeinsamen Sicherheits- und Verteidigungspolitik, einschließlich der Beschlüsse über die Einleitung einer Mission[165] [...], werden vom Rat einstimmig auf Vorschlag des Hohen Vertreters [...] oder auf Initiative eines Mitgliedstaats erlassen" (Art. 42 (4) EUV). Die für die GASP möglichen Abweichungen von der Einstimmigkeitsregel sind in der GSVP explizit ausgeschlossen, auch die Passerelle-Klausel zur Ausweitung von Mehrheitsentscheidungen ohne Vertragsänderung gilt nicht für „Beschlüsse mit militärischen oder verteidigungspolitischen Bezügen" (Art. 31 (4) EUV). Das Europäische Parlament hat wie in der GASP nur ein Recht auf Anhörung und Unterrichtung. Es hat kein Zustimmungsrecht bei Missionen. Diese müssen jedoch in vielen Mitgliedstaaten von den nationalen Parlamenten bewilligt werden.[166]

Ebenso wie bei der GASP ist bei der GSVP das Attribut „gemeinsame" nicht gleichzusetzen mit „vergemeinschafteter" Politik (wie etwa bei der Gemeinsamen Handelspolitik). Die Gemeinsamkeit der GSVP beschränkt sich auf zwischenstaatliche Kooperation. Die Entscheidungsstrukturen sind prinzipiell dieselben wie bei der GASP, mit dem Unterschied, dass für militärische oder verteidigungspolitische Bezüge die Entscheidungen mit qualifizierter Mehrheit generell ausgeschlossen sind (Art. 31 (4) EUV). Der Europäische Rat

Randnotiz: Dominanz der Mitgliedstaaten in der GSVP

Randnotiz: Gemeinsam, nicht vergemeinschaftet

---

165 Die komplexen Mechanismen zur Einleitung und Führung von zivilen Missionen und militärischen Operationen sind nicht primärrechtlich festgelegt. Ein guter Überblick hierzu findet sich in Diedrichs 2012: Die Gemeinsame Sicherheits- und Verteidigungspolitik der EU, 93–113.
166 Vgl. Kapitel 3.3.6.

fungiert als strategischer Leitliniengeber. Beschlussorgan ist der Rat, üblicherweise in der Formation der Außenminister. Die Verteidigungsminister, die bisher nur informell tagen, gewinnen zunehmend an Einfluss. Der Lenkungsausschuss der Europäischen Verteidigungsagentur untersteht bereits ihrer Federführung.[167]

PSK Dreh- und Angelpunkt der GSVP (*linchpin*, wie es der Europäische Rat in Nizza im Dezember 2000 formulierte) ist das Politische und Sicherheitspolitische Komitee (PSK bzw. COPS). Das PSK tagt in der Regel zweimal wöchentlich (bei Bedarf auch öfter) in der „Brüsseler Formation", d. h. mit den Vertretern der nationalen Regierungen im Botschafterrang. Es kann auch in der „Hauptstadtformation" zusammenkommen. Dann treffen sich die Politischen Direktoren der nationalen Außenministerien. Dies geschieht allerdings deutlich seltener. Das PSK beobachtet die internationale Lage und unterstützt den Rat für Auswärtige Angelegenheiten in außen- und sicherheitspolitischen Fragen. Bei GSVP-Einsätzen wird dem PSK die politische und strategische Kontrolle der Mission übertragen (Art. 38 EUV). Seit dem Vertrag von Lissabon hat den Vorsitz im PSK nicht mehr die vorher rotierende Ratspräsidentschaft, sondern ein Vertreter des Europäischen Auswärtigen Dienstes inne.[168] Dieser fungiert als Verbindungsperson zwischen den Mitgliedstaaten im PSK und dem Hohen Vertreter.[169] Durch diese Verstetigung des Vorsitzes wird das PSK weiter europäisiert und führt den seit Jahren anhaltenden Trend der Brüsselisierung fort. In der GSVP ist dies besonders evident. Seit der außervertraglichen Einrichtung der ESVP 1999 wurde – vor allem im Ratssekretariat unter der Ägide des ersten Hohen Vertreters Javier Solanas – eine Vielzahl von Gremien eingerichtet. Mit dem Vertrag von Lissabon gingen die *Solana structures*[170] zu einem großen Teil in den EAD über bzw. wurden an diesen angegliedert.

---

167 Diedrichs 2012: Die Gemeinsame Sicherheits- und Verteidigungspolitik der EU, 47. Zur Europäischen Verteidigungsagentur vgl. Kapitel 3.3.7.

168 Im AStV, der hierarchisch über dem PSK steht, wird der Vorsitz dagegen weiterhin durch die rotierende Ratspräsidentschaft wahrgenommen. Zum AStV vgl. Kapitel 3.3.2.

169 Engbrink 2014: Die Kohärenz des auswärtigen Handelns der Europäischen Union, 117.

170 Müller-Brandeck-Bocquet/Rüger 2011: The Legacy of Javier Solana, the High Representative 2.0 and the European External Action Service: Strong Foundations for the EU's International Role? 285; vgl. auch Duke 2011: Under the Authority of the High Representative.

Neben dem PSK als zentraler Schaltstelle gehören folgende Einrich- GSVP-Strukturen
tungen zur wesentlichen institutionellen Infrastruktur der GSVP:[171]

– Der Europäische Militärausschuss (*European Union Military* EUMC
  Committee: EUMC) ist ein Ausschuss des Rates und das höchste
  militärische Gremium der GSVP. Er besteht aus den General-
  stabschefs der Mitgliedstaaten, die von ihren militärischen Re-
  präsentanten vertreten werden. Aufgabe des EUMC ist die militärische Beratung des PSK, besonders im Krisenfall. Auch die
  Auswertung von Missionen nach deren Ablauf (*lessons learnt*)
  gehört zum Aufgabenspektrum des EUMC. Die Generalstabs-
  chefs der EU-NATO-Mitgliedstaaten sind gleichzeitig auch Mitglieder im Militärausschuss der NATO. Somit ist das EUMC sowohl die Schnittstelle zwischen dem nationalen Militär und der
  europäischen Ebene als auch zwischen der EU und der NATO.

– Der Ausschuss für die zivilen Aspekte des Krisenmanagements CIVCOM
  (CIVCOM) ist das zivile Gegenstück zum EUMC im Rat und setzt
  sich aus Diplomaten der Mitgliedstaaten und Vertretern der
  Kommission zusammen. Das CIVCOM berät ebenfalls das PSK
  und ist zuständig, wenn es um zivile Einsätze geht, beispielsweise um Missionen von Polizisten oder Personal aus dem Jus-
  tizsektor zum Aufbau von rechtsstaatlichen Strukturen.

– Die Politisch-Militärische Gruppe (PMG) ist eine Arbeitsgruppe PMG
  des Rates, die aus Vertretern der Mitgliedstaaten besteht und
  von einem Vertreter des EAD geleitet wird. Sie ist dem PSK inhaltlich vorgeschaltet und sondiert, ob Themen „reif" für die Besprechung und Beschlussfassung im PSK sind.[172] Die PMG arbeitet konzeptionelle Empfehlungen für das PSK aus und kann als
  „working muscle"[173] des PSK bezeichnet werden.

– Die Koordinierung des zivilen und militärischen Krisenmana- CMPD
  gements erfolgt im *Crisis Management and Planning Directorate*
  (CMPD). Es wurde 2009 eingerichtet und fusionierte die vorher
  getrennt voneinander im Generalsekretariat des Rates arbeitenden Abteilungen für militärische und zivile Krisenbewältigung.

---

171 Eine detaillierte Analyse zum institutionellen Unterbau der GSVP findet sich
in Dijkstra 2013: Policy Making in EU Security and Defence. An Institutional
Perspective.
172 Mölling 2009: Militärisches Krisenmanagement innerhalb der Europäischen
Sicherheits- und Verteidigungspolitik. Strukturen, Akteure und Prozesse für die
Planung und Entscheidung, 8.
173 So ein PMG-Mitarbeiter im Interview mit Juncos/Reynolds 2007: The Political
and Security Committee: Governing in the Shadow, 138.

Das CMPD ist Teil des EAD. Bei Missionen ist es für die Ausarbeitung des wichtigen *Crisis Management Concept* (CMC) zuständig, das als konzeptioneller Rahmen einer Mission gilt. Im CMPD laufen die Fäden von EUMS und CPCC zusammen (siehe unten).

EUMS — Der Europäische Militärstab (EUMS) ist Teil des EAD und unterstützt den EUMC und den Hohen Vertreter, indem er militärische Expertise in den Bereichen Frühwarnung, Lagebeurteilung und strategische Planung zur Verfügung stellt. Im EUMS arbeiten vornehmlich von den Mitgliedstaaten abgeordnete Offiziere.

EU OpsCen — 2004 wurde beschlossen, dass der EUMS auch eine sogenannte zivil-militärische Zelle (*Civ-Mil Cell*) umfassen solle, die als Hauptquartier genutzt werden kann, wenn die EU eine autonome Mission durchführt und weder ein nationales Hauptquartier[174] genutzt werden kann noch ein Rückgriff auf die Strukturen der NATO gemäß der Berlin-plus-Vereinbarung erfolgt. Seit 2007 steht das *EU Operations Center* (EU OpsCen) bereit. Es handelt sich nicht um ein ständiges Hauptquartier, sondern kann im Bedarfsvoll von einer Handvoll Offiziere auf veritable Planungs- und Führungskapazitäten aufwachsen. 2012 wurde das EU OpsCen erstmals aktiviert und wird seitdem zur Koordinierung der drei GSVP-Missionen am Horn von Afrika genutzt. Die Frage nach einem ständigen operativen Hauptquartier wird in der EU seit Jahren kontrovers diskutiert.

CPCC — Die *Civilian Planning and Conduct Capability* (CPCC) ist wie das CMPD eine noch recht junge Einrichtung und wurde erst 2007 ins Leben gerufen. Inzwischen ist die CPCC Teil des EAD. Duke bezeichnet sie als „standing headquarters for civilian [...C]SDP missions"[175]. Ähnlich wie der EUMS dem EUMC bei militärischen Missionen zuarbeitet, unterstützt das CPCC das CIVCOM. Im CPCC sind vor allem Experten aus den Bereichen Polizei und Justizwesen sowie Rechts-, Finanz- und Verwaltungsexperten vertreten.[176]

---

174 Aktuell haben fünf Staaten die Genehmigung erteilt, dass ihr nationales Hauptquartier im Bedarfsfall multinational für eine autonome Mission der EU verwendet werden kann. Potenziell genutzt werden können Hauptquartiere in Deutschland (Ulm bzw. Potsdam), Frankreich (Mont-Valérien), Großbritannien (Northwood), Griechenland (Larissa) und Italien (Centocelle).

175 Duke 2011: Under the Authority of the High Representative, 52.

176 Diedrichs 2012: Die Gemeinsame Sicherheits- und Verteidigungspolitik der EU, 64.

- Das *Intelligence Analysis Centre* (INTCEN, früher SitCen) erstellt   INTCEN
Lageberichte und übernimmt nachrichtendienstliche Aufgaben.
Die Mitarbeiter schöpfen dabei nicht selbst Informationen ab,
sondern das Zentrum dient der Koordinierung von Informatio-
nen der nationalen Nachrichtendienste sowie der *Open Source
Intelligence* (Auswertung von offen zugänglichen Quellen).
INTCEN sammelt diese Informationen und erstellt Berichte, so
zum Beispiel während der Ukraine-Krise im Januar 2015 über die
Aktivitäten des russischen Militärs in der Ukraine.[177] Das IntCen
arbeitet eng mit dem Satellitenzentrum der EU zusammen.[178]

- Der *Situation Room* ist ein seit 2011 existierendes Lagezentrum   Situation Room
des EAD, das sieben Tage die Woche, 24 Stunden pro Tag Echt-
zeitinformationen zu aktuellen Geschehnissen und krisenhaften
Entwicklungen auf der ganzen Welt sammelt, auswertet und
Entscheidungsträgern zur Verfügung stellt. Es ähnelt damit dem
Situation Room, das aus dem Weißen Haus in Washington bekannt ist. Der *Situation Room* hält Kontakt zu dem Personal, das
in GSVP-Missionen im Einsatz ist, steht in Verbindungen mit
den Delegationen der EU und mit den EU-Sonderbeauftragten.
Außerdem bestehen Kontakte zu Lagezentren in den Mitgliedstaaten, in Drittstaaten, bei den Vereinten Nationen und regionalen Organisationen.

Was bedeutet diese Proliferation der in Brüssel ansässigen Strukturen
und Gremien für die Funktionslogik der GSVP? Dem Vertragstext nach
ist der Entscheidungsmodus in diesem Bereich der EU-Außenpolitik
strikt intergouvernemental. Die Vertragspraxis ist vielschichtiger,
denn – wie schon bei der GASP ausgeführt – es ist nicht von der Hand
zu weisen, dass die Brüsselisierung eine Dynamik beinhaltet, die in
der Praxis den Intergouvernementalismus relativiert.

> [...S]ociological institutionalists would argue that the development of Brus-
> sels-based institutions such as the PSC may have facilitated a more problem-
> solving style of negotiations by bringing together diplomats in regular, per-
> manent and highly institutionalized consultations.[179]

---

177 Rettmann 2015: EU breaks taboo on "Russian forces in Ukraine".
178 Zum Satellitenzentrum vgl. Kapitel 3.3.7. Zur Zusammenarbeit europäischer
Geheimdienste vgl. Fägersten 2014: European Intelligence Cooperation.
179 Juncos/Reynolds 2007: The Political and Security Committee: Governing in
the Shadow, 130.

Brüsselisierter
Intergouverne-
mentalismus

Die Brüsselisierung, die Europäisierung und Sozialisierung von Mitarbeitern der in Europas Hauptstadt ansässigen Einrichtungen, lassen die Konsenssuche trotz des vertraglich vorgeschriebenen Intergouvernementalismus zum dominanten Modus der Entscheidungsfindung werden. Dies schließt natürlich nicht aus, dass in manchen Fragen auch nationale Präferenzen und Kontroversen die Oberhand behalten und einem Konsens im Wege stehen (erinnert sei nur an die tiefen Gräben in der Causa Irak 2003 oder Libyen 2011, aber auch an das Veto Großbritanniens zur Einrichtung eines ständigen Hauptquartiers der EU). Insgesamt ist jedoch festzuhalten, dass die Funktionslogik der GSVP deutlich konsenszentrierter ist, als es der Blick in den Vertrag nahelegt. Jolyon Howorth, der zahlreiche interviewbasierte Studien zur Sozialisierung der Mitarbeiter in den GSVP-Gremien durchgeführt hat[180], bezeichnete den Entscheidungsmodus daher schon kurz nach Einführung der ESVP im Jahr 2000 als „supranationalen Intergouvernementalismus".[181] Dieser Terminus ist etwas unglücklich, denn die GSVP-Governance unterscheidet sich doch deutlich von der supranationalen Gemeinschaftsmethode. Von einer Vergemeinschaftung der GSVP auf supranationaler Ebene kann – wie oben bereits dargelegt wurde – keine Rede sein. Treffender ist es daher, von einem brüsselisierten Intergouvernementalismus zu sprechen, der noch stärker ausgeprägt ist als in der GASP. Dennoch ist Howorth hinsichtlich seiner Einschätzung zuzustimmen, dass die rigide und axiomatische Trennung zwischen Intergouvernementalismus und Supranationalismus überholt ist. Die Tatsache, dass die Kommission gerade im zivilen Krisenmanagement der GSVP eine bemerkenswert einflussreiche Rolle einnimmt, stützt die letztgenannte These. Besonders die Instrumente des langfristigen Krisenmanagements wie die Konfliktprävention, die Stabilisierung oder die Demokratisierung von Drittstaaten fallen traditionell in das Aufgabenspektrum der Kommission. Zudem verwaltet sie das Budget und verfügt damit

---

180 Vgl. u. a. Howorth 2010: The Political and Security Committee: a Case Study in 'Supranational Intergovernmentalism'.

181 Howorth 2000: European integration and defence: the ultimate challenge, 36 und 84. In einer späteren Studie schlägt Howorth vor den Entscheidungsmodus der GSVP als „intergovernmental supranationalism" zu bezeichnen (Howorth 2011: Decision-Making in Security and Defence Policy. Towards Supranational Intergovernmentalism? 24).

über einen erheblichen Einflusshebel.[182] All dies ist Beleg dafür, dass trotz des vertraglich nach wie vor festgelegten Intergouvernementalismus' in der Praxis die Trennlinien zwischen intergouvernementaler und supranationaler Sphäre unschärfer werden.

3.4.3 Restriktive Maßnahmen

Restriktive Maßnahmen/Sanktionen als Hard-Power-Außenpolitikinstrument sind für die gesamte EU bindend und müssen direkt umgesetzt werden. Sie sind als Mischform zwischen der GASP und der supranationalen Gemeinschaftsdimension der Union zu verstehen. Denn formal wird die Verhängung von Sanktionen als Gemeinsamer Standpunkt (Art. 25 EUV; Art. 29 EUV) einstimmig beschlossen (Art. 31 EUV). Von den üblichen GASP-Standpunkten unterscheiden sich Sanktionen jedoch insofern, als sie im Fünften Teil des AEUV, Titel IV unter der Bezeichnung „Restriktive Maßnahmen" dem Auswärtigen Handeln der Union (gemeint ist damit in diesem Fall die supranational organisierte Dimension der EU-Außenpolitik) zugerechnet werden. Art. 215 AEUV unterscheidet weiterhin zwischen der „Aussetzung, Einschränkung oder vollständigen Einstellung der Wirtschafts- und Finanzbeziehungen zu einem oder mehreren Drittländern" und der Verhängung von „restriktiven Maßnahmen gegen natürliche oder juristische Personen sowie Gruppierungen oder nichtstaatliche Einheiten". Der letztere Typus an restriktiven Maßnahmen wird als gezielte (*targeted*), sogenannte smarte Sanktionen bezeichnet, während der erste Typus gemeinhin als Wirtschafts- und Handelssanktionen gilt.

Mischform aus intergouvernementalem und supranationalem Modus

Alle restriktiven Maßnahmen der EU sind auch insofern an der Schnittstelle von GASP und Gemeinschaftsbereich angesiedelt, als dass sie in einem zweistufigen Verfahren verhängt werden. In einem ersten Schritt ist ein einstimmiger GASP-Beschluss (Art. 25 EUV; Art. 29 EUV; Art. 31 EUV) zu fassen, in einem zweiten Schritt ist ein Ratsbeschluss erforderlich, der auf einem gemeinsamen Vorschlag des Hohen Vertreters und der Kommission beruht; der Rat beschließt hier mit qualifizierter Mehrheit (Art. 215 AEUV). Von der üblichen Gemeinschaftsmethode unterscheidet sich dieses Sanktionsbeschluss-System in zweierlei Hinsicht: Zum einen verfügt die

Beschlussfassung

---

182 Diedrichs 2012: Die Gemeinsame Sicherheits- und Verteidigungspolitik der EU, 50.

Kommission hier nicht über ihr Initiativmonopol. Zum Zweiten wird das Europäische Parlament nur unterrichtet (Art. 215 (1) AEUV). Im Falle von „Maßnahmen gegen Terrorismusfinanzierung" schafft Art. 75 AEUV hier allerdings eine Abweichung; Maßnahmen wie das Einfrieren von Geldern und finanziellen Vermögenswerten werden gemäß dem ordentlichen Gesetzgebungsverfahren des Lissabon-Vertrags und folglich unter vollem Einbezug des Europäischen Parlaments beschlossen.[183] Diese Besonderheiten belegen erneut, dass die Verhängung von Sanktionen an der Schnittstelle zwischen der GASP und der supranational geprägten Dimension der EU-Außenpolitik angesiedelt sind. Alle EU-Sanktionen unterliegen der Rechtsprechung des EuGH.[184]

Ziele und Kategorien von Sanktionen

Die Bandbreite der heutzutage einsetzbaren restriktiven Maßnahmen ist beachtlich:

Zielsetzungen von EU-Sanktionen:
– Konfliktmanagement
– Förderung von Demokratie und Menschenrechten
– Post-Konflikt-Stabilisierung
– Nichtverbreitung von Massenvernichtungswaffen
– Kampf gegen den internationalen Terrorismus

Kategorien von EU-Sanktionen:
– Waffenembargos
– Einreiseverbote
– Finanzielle Zwangsmaßnahmen wie das Einfrieren von EU-Konten bestimmter Personen
– Wirtschafts- und Handelssanktionen

Die am häufigsten von der EU verhängten Sanktionen:
1. Einreiseverbote
2. Waffenembargos
3. Finanzielle Zwangsmaßnahmen[185]

Sanktionen als zentrales Instrument der EU-Außenpolitik

Die zunehmende Ausdifferenzierung und Kodifizierung des EU-Sanktionsregimes sowie dessen praktische Anwendung haben den internationalen Einfluss der EU und die Wirksamkeit ihrer Außenpolitik zweifelsohne erhöht.[186]

---

183 Giumelli 2013: How EU-sanctions work: A new narrative, 11.
184 Rat 2012: Guidelines on implementation and evaluation of restrictive measures (sanctions) in the framework of the EU common foreign and security policy.
185 Giumelli 2013: How EU sanctions work: A new narrative, 22/23.
186 Giumelli 2013: How EU sanctions work: A new narrative, 9.

3.4.4 Gemeinschaftsdimension

Wie in Kapitel 1 und 2 des Buches dargelegt, ist die Gemeinschaftsdimension ein zentraler und seit Jahrzehnten existierender Teil der EU-Außenpolitik. Dieser supranational geprägte Bereich der EU-Außenpolitik beinhaltet die Gemeinsame Handelspolitik, die Entwicklungszusammenarbeit und die Humanitäre Hilfe. Gemeinsames Kennzeichen ist, dass alle diese Bereiche zum Geltungsbereich der Gemeinschaftsmethode gehören, die sich fundamental von der intergouvernementalen Methode unterscheidet. Die Gemeinschaftsmethode geht zurück auf die Europäische Gemeinschaft der ehemaligen ersten Säule, wo diese Politikbereiche jahrzehntelang angesiedelt waren.[187] Die Gemeinschaftsmethode spielt sich innerhalb des institutionellen Dreiecks aus Kommission, Rat und Europäischem Parlament ab, wobei die Kommission das Initiativmonopol hat, der Rat mit qualifizierter Mehrheit entscheidet und das Parlament als Gesetzgeber gleichberechtigt ist mit dem Rat. Charakteristisch für den Geltungsbereich der Gemeinschaftsmethode ist zudem, dass der EuGH die Kompetenz zur Rechtsprechung hat und die Kommission als Hüterin der Verträge fungiert. Seit dem Vertrag von Lissabon versteht man unter der Gemeinschaftsmethode üblicherweise das ordentliche Gesetzgebungsverfahren (vor Lissabon Mitentscheidungsverfahren genannt).

Gemeinschaftsmethode

Ordentliches Gesetzgebungsverfahren

Das ordentliche Gesetzgebungsverfahren
(vereinfachte Darstellung nach Art. 294 AEUV)[188]
- Die Kommission unterbreitet als Motor der Integration auf Grundlage ihres Initiativmonopols[189] einen Gesetzgebungsvorschlag.
- Der Vorschlag muss von Rat und Parlament mit Mehrheit angenommen werden, um geltendes Recht zu werden. Jede dieser beiden Institutionen fungiert beim ordentlichen Gesetzgebungsverfahren folglich als eine Kammer: das Parlament als erste Kammer, der Rat als zweite Kammer.
- Das ordentliche Gesetzgebungsverfahren besteht aus maximal drei Lesungen, in denen das Parlament und der Rat in sogenannten Standpunkten ihre Änderungswünsche und Positionen einbringen.

---

187 Streng genommen ist der Begriff der *Gemeinschaft*smethode veraltet, da die mit Lissabon vormals bestehende EG aufgelöst wurde bzw. in der EU aufging. Der Terminus ist jedoch nach wie vor nützlich und in Gebrauch.
188 Eine interaktive Erläuterung des ordentlichen Gesetzgebungsverfahrens findet sich unter http://www.europarl.europa.eu/aboutparliament/de/0081f4b3c7/Gesetzgebungsprozess-im-Detail.html.

- Lehnt eines der beiden Organe den Gesetzgebungsvorschlag ab oder trifft innerhalb der gesetzten Fristen keine Entscheidung, ist der Entwurf gescheitert.
- Ist der Gesetzentwurf nach der zweiten Lesung weder gescheitert noch erlassen, wird (ähnlich dem deutschen Gesetzgebungsverfahren) ein Vermittlungsausschuss einberufen, der paritätisch aus Vertretern des Rates und des Parlaments besetzt ist. Die Kommission nimmt am Vermittlungsausschuss teil (Trilog). Wird im Vermittlungsausschuss eine Lösung gefunden, müssen diesem Kompromiss Rat und Europäisches Parlament jeweils zustimmen. Andernfalls ist der Gesetzentwurf endgültig gescheitert.

Das ordentliche Gesetzgebungsverfahren ist das Standardverfahren in der Gemeinschaftsdimension der EU-Außenpolitik. Für die einzelnen Bereiche der supranational geprägten Dimension existieren jedoch zusätzlich souveränitätsschonende Mechanismen. Die Mitgliedstaaten behalten beispielsweise bei sensiblen handelspolitischen Abkommen ihr Vetorecht.

Gemeinsame Handelspolitik

Erweiterung der ausschließlichen Zuständigkeit

Wie im vorherigen Kapitel dargestellt, hat die Union für die Gemeinsame Handelspolitik die ausschließliche Zuständigkeit. Die Handelspolitik ist damit der am stärksten integrierte Bereich und stellt ohne Zweifel einen der wichtigsten Bausteine der EU-Außenpolitik dar. Mit dem Vertrag von Lissabon wurden die handelspolitischen Kompetenzen nochmals deutlich erweitert, denn nun zählen neben dem Handel mit Waren und Dienstleistungen sowie den Handelsaspekten des geistigen Eigentums auch ausländische Direktinvestitionen zur ausschließlichen Kompetenz der Union (Art. 207 (1) AEUV). Zuständigkeitsfragen in der Handelspolitik waren lange ein brisanter Streitpunkt zwischen Mitgliedstaaten/Rat und Kommission, die auch vor dem EuGH verhandelt werden mussten.[190] Der Vertrag von Lissabon sorgte hier für größere Klarheit zugunsten der Kompetenzen der Union.

---

189 Parlament und Rat können die Kommission zu einem Gesetzgebungsvorschlag auffordern (= indirektes Initiativrecht in Art. 225 AEUV für das Parlament und in Art. 241 AEUV für den Rat). Auch eine europäische Bürgerinitiative kann die Kommission zu einem Gesetzgebungsvorschlag auffordern (Art. 11 (4) EUV).
190 Vgl. Fairbrother/Quisthoudt-Rowohl 2009: Europäische Handelspolitik von Rom bis Lissabon, 8.

Mit der gemeinsamen Handelspolitik möchte die Union zur „harmonischen Entwicklung des Welthandels, zur schrittweisen Beseitigung der Beschränkungen im internationalen Handelsverkehr und bei ausländischen Direktinvestitionen sowie zum Abbau der Zollschranken und anderer Schranken" (Art. 206 AEUV) beitragen. Artikel 3 (5) EUV spricht ausdrücklich davon, dass die EU einen Beitrag zu „freiem und gerechtem Handel" leistet. Wie für alle Politikfelder der Gemeinschaftsdimension gelten seit Lissabon zusätzlich zu den handelspolitischen Zielsetzungen auch die in Artikel 21 EUV festgeschriebenen Ziele der EU-Außenpolitik insgesamt, d. h., die Handelspolitik wird nicht zuletzt auch als Instrument betrachtet, um die Werte der Union zu fördern und die Armut zu lindern. In der Praxis führt dies zu einer stärkeren Politisierung der EU-Handelspolitik – und zu zahlreichen Widersprüchen.

Von der Funktionslogik her haben sich mit dem Vertrag von Lissabon weitreichende Veränderungen für die Gemeinsame Handelspolitik ergeben: Vor Lissabon waren Rat und Kommission die Hauptakteure der Gemeinsamen Handelspolitik, nun ist mit dem Europäischen Parlament ein neuer, machtbewusster Akteur auf den Plan getreten. Das ordentliche Gesetzgebungsverfahren wurde zum Standardverfahren, mit dem der Rahmen für die Umsetzung der gemeinsamen Handelspolitik bestimmt wird (Art. 207 (2) AEUV). Die Rechte des Europäischen Parlaments wurden zudem vor allem bei handelspolitischen Abkommen immens ausgeweitet. Der erst 2004 gegründete und seitdem von Interessenvertretern eher stiefmütterlich behandelte Ausschuss für internationalen Handel (INTA) im Europäischen Parlament gewann durch Lissabon massiv an Relevanz.[191] Die Rechte des Europäischen Parlaments gehen dabei sogar über die Rechte nationaler Parlamente der EU hinaus, was nicht zuletzt daran liegt, dass es im Europäischen Parlament keine Regierungsmehrheit gibt und es dadurch sehr viel flexiblere Impulse setzen kann als etwa der Deutsche Bundestag. Dieser hat weit weniger Einfluss auf die Handelspolitik der Bundesregierung als ihn nun das Europäische Parlament gegenüber der europäischen Exekutive erhalten hat.[192] Die Rolle des Europäischen Parlaments ist in dieser

Zielsetzung der Handelspolitik

Neue Macht für das Europäische Parlament

---

191 Brok 2010: Die neue Macht des Europäischen Parlaments nach ‚Lissabon' im Bereich der gemeinsamen Handelspolitik, 217.
192 Brok 2010: Die neue Macht des Europäischen Parlaments nach ‚Lissabon' im Bereich der gemeinsamen Handelspolitik, 218.

Hinsicht eher mit dem US-Kongress vergleichbar, der seine Kontrolle über die US-Handelspolitik durchaus effektiv ausübt.[193]

„Hütchen" des Hohen Vertreters in der Handelspolitik

Der Hohe Vertreter, der für die gesamte Außenpolitik der EU zuständig ist und die intergouvernementale und die supranationale Dimension unter einen Doppelhut bringt, trägt in der Handelspolitik nur ein „Hütchen".[194] Bei handelspolitischen Themen hat nicht er den Vorsitz im Rat für Auswärtige Angelegenheiten, sondern die jeweilige Ratspräsidentschaft. Außerdem ist mit dem Kommissar für Handelspolitik in der Kommission nach wie vor ein starker Akteur für die inhaltliche Ausrichtung der Handelspolitik zuständig. Insgesamt hat der Vertrag von Lissabon die Handelspolitik enger an die anderen außenpolitischen Bereiche der EU gerückt.

Entwicklungszusammenarbeit

Zielsetzung und Handlungsfelder

Die EU hat sich hohe Ziele in der Entwicklungszusammenarbeit gesetzt. Wenngleich auch für die Entwicklungspolitik die allgemeinen in Kapitel 3.2 dargelegten außenpolitischen Zielsetzungen des Vertrags von Lissabon gelten, ist das „Hauptziel der Unionspolitik in diesem Bereich [...] die Bekämpfung und auf längere Sicht die Beseitigung der Armut" (Art. 208 (1) AEUV). Dieses Ziel soll auch die sonstigen Beziehungen der EU mit Entwicklungsländern leiten. Bei *allen* Beziehungen, die die EU mit Entwicklungsländern eingeht, ist also – so zumindest der Vertrag – zu berücksichtigen, dass die Aktivitäten dem Kampf gegen die Armut dienen. Union und Mitgliedstaaten verpflichten sich zudem vertraglich, die im Rahmen der Vereinten Nationen gegebenen Zusagen (gemeint sind beispielsweise die *Millennium Development Goals*) einzuhalten (Art. 208 (2) AEUV).

EuropeAid

In der Kommission ist die Generaldirektion „Entwicklung und Zusammenarbeit" (auch EuropeAid genannt) federführend zuständig. EuropeAid entstand erst 2011 durch eine Zusammenlegung der früheren Generaldirektion „Entwicklung und Zusammenarbeit" (DEVCO) mit dem Amt für Zusammenarbeit (EuropeAid). Ein Teil des Personals von EuropeAid wurde in die Delegationen der EU direkt vor Ort verlegt. Im Rat hat der Hohe Vertreter den Vorsitz, wenn sich der Rat für „Auswärtige Angelegenheiten" in der Zusammensetzung der Entwicklungsminister trifft. Die thematischen Ratsuntergremien werden jedoch nach wie vor von der rotierenden Präsidentschaft

---

193 Boysen 2014: Das System des Europäischen Außenwirtschaftsrechts, 455.
194 Herrmann/Streinz 2014: Die EU als Mitglied der WTO, 671.

geleitet, was teilweise zu Abstimmungsschwierigkeiten führt. Im Europäischen Parlament befasst sich der Ausschuss für Entwicklung (DEVE) mit Fragen der Entwicklungszusammenarbeit.

Der Instrumentenkasten für Entwicklungszusammenarbeit umfasst zum einen traditionelle handelspolitische Instrumente wie Marktöffnung oder Handelspräferenzen, wie sie schon seit den Zeiten der EWG eingesetzt wurden. Zum anderen koordiniert und implementiert die EU eine Fülle an Hilfsinstrumenten und –programmen, die von Darlehen über Nahrungsmittelhilfen und technische Unterstützung bis hin zur Projektförderung und der Zusammenarbeit mit NGOs reichen. Die Ziele, die Laufzeit und das Volumen der einzelnen Programme werden per Verordnung im ordentlichen Gesetzgebungsverfahren verabschiedet.

Instrumente und Beschlussverfahren

Anders als bei der Gemeinsamen Handelspolitik hat die Union bei der Entwicklungszusammenarbeit keine ausschließliche Kompetenz, sondern ist parallel mit den Mitgliedstaaten zuständig und verstärkt die nationale Entwicklungspolitik. Auf EU-Ebene sind die Zuständigkeiten über verschiedene Akteure verteilt. Während bei den handelspolitischen Aspekten der Entwicklungspolitik die Kommission die Führung übernimmt (wegen der ausschließlichen Zuständigkeit der EU in der Handelspolitik), haben die Mitgliedstaaten eine stärkere Rolle bei der finanziellen Unterstützung von Entwicklungsländern. Die institutionelle Zuordnung der Entwicklungszusammenarbeit entwickelte sich nach dem Vertrag von Lissabon zu einem größeren Streitpunkt.[195] Die Kommission befürchtete eine Einschränkung ihrer bisherigen entwicklungspolitischen Kompetenzen durch den EAD und sah (ebenso wie das Europäische Parlament) die Gefahr, dass die Entwicklungszusammenarbeit durch die Einbindung in den EAD sicherheitspolitischen Erwägungen ausgesetzt und damit zu stark politisiert würde. Letztlich wurde ein komplexer Kompromiss zur Zuständigkeitsverteilung zwischen EAD und Kommission gefunden, wonach die Kommission und der EAD für unterschiedliche Schritte in der Planung und Implementierung der einzelnen Programme der Entwicklungszusammenarbeit zuständig sind. Die Kooperation zwi-

Entwicklungspolitik zwischen Mitgliedstaaten, Kommission und EAD

---

195 Vgl. zum Folgenden genauer Helwig/Ivan/Kostanyan 2013: The New EU Foreign Policy Architecture. Reviewing the First Two Years of the EEAS, 38–40; Tannous, Isabel 2012: Der Europäische Auswärtige Dienst und die Organisation europäischer Außen- und Entwicklungshilfe: von institutionellen Dissonanzen zur dienstübergreifenden Harmonie?

schen EAD und Kommission in der Entwicklungszusammenarbeit ist insgesamt, so konstatieren Beobachter, noch recht schwerfällig.[196]

Neben Kapitel 1 zur Entwicklungszusammenarbeit enthält Titel III des AEUV auch ein Kapitel 2 zur wirtschaftlichen, finanziellen und technischen Zusammenarbeit mit „Drittländern, die keine Entwicklungsländer sind" (Art. 212 AEUV). Diese Kooperationspolitik wird meist in Form von Abkommen konkretisiert.[197]

Humanitäre Hilfe

Bedingungslose Hilfe

Mit dem Vertrag von Lissabon hat die humanitäre Hilfe, die vorher Teil der Entwicklungszusammenarbeit war, eine eigene vertragliche Grundlage erhalten.[198] Sie wurde damit symbolisch aufgewertet, wenngleich keine neuen Kompetenzen für die EU hinzukamen.[199] Die humanitäre Hilfe der EU dient dazu, „Einwohnern von Drittländern, die von Naturkatastrophen oder von vom Menschen verursachten Katastrophen getroffen sind, gezielt Hilfe, Rettung und Schutz zu bringen, damit die aus diesen Notständen resultierenden, humanitären Bedürfnisse gedeckt werden können" (Art. 214 (1) AEUV). Die humanitäre Hilfe hat somit auch viele Berührungspunkte mit dem Katastrophenschutz, der ebenfalls mit dem Vertrag von Lissabon eine neue vertragliche Grundlage erhielt (Art. 196 AEUV). Wie bei der Entwicklungszusammenarbeit teilt sich die EU auch bei der humanitären Hilfe die Zuständigkeit mit den Mitgliedstaaten. Im deutlichen Unterschied zu anderen Bereichen der EU-Außenpolitik ist die humanitäre Hilfe nicht an das Prinzip der Konditionalität gebunden, sondern unterliegt strikt den Grundsätzen der „Unparteilichkeit, der Neutralität und der Nichtdiskriminierung" (Art. 214 (2) AEUV). Damit knüpft der Vertrag von Lissabon an die Leitprinzipien der humanitären Hilfe an, die auf den Gründer der Rotkreuzbewegung, Henry Dunant, zurückgehen. In der Praxis steht die Unabhängigkeit der

---

196 Bahr-Vollrath 2014: Der Europäische Auswärtige Dienst: Chance für Kohärenz, Konvergenz und Kontinuität in der Außenpolitik der EU, 48.

197 Vgl. Kapitel 3.4.7.

198 Die Initiative hierfür ging vom ehemaligen Kommissar für Entwicklungszusammenarbeit und Humanitäre Hilfe Poul Nielson aus (Van Elsuwege/Orbie 2014: The EU's Humanitarian Aid Policy after Lisbon, 26).

199 Als neues „Instrument" schuf der Vertrag von Lissabon ein Europäisches Freiwilligenkorps (Art. 214 (5) AEUV), mit dem Unionsbürger künftig für einen bestimmten Zeitraum in der humanitären Hilfe weltweit tätig werden können (vgl. Kapitel 4.3.3).

humanitären Hilfe in gewissem Widerspruch zum umfassenden Ansatz des Vertrags von Lissabon, nach dem alle Dimensionen der EU-Außenpolitik eng miteinander verwoben sein sollen.

Die Finanzierung erfolgt über das Instrument für Humanitäre Hilfe.[200] Die Hilfe der EU zeichnet sich durch eine hohe Reaktionsgeschwindigkeit aus. So war die Union beispielsweise der erste internationale Akteur, der Hilfsleistungen nach dem Tsunami im Indischen Ozean 2004 in Gang setzte.[201] Anstelle einer Verordnung von Rat und Parlament für jede einzelne Hilfsleistung können finanzielle Mittel bis zu einer bestimmten Höhe mittels eines Schnellverfahrens über ECHO zur Verfügung gestellt werden, wenn aktuelle Notlagen wie etwa der Ausbruch von Ebola in Westafrika es erforderlich machen.

Instrument für Humanitäre Hilfe

Maßnahmen im Rahmen der humanitären Hilfe werden nach dem ordentlichen Gesetzgebungsverfahren von Rat und Parlament beschlossen (Art. 214 (3) AEUV). Im Rat erfolgt die Koordinierung der Mitgliedstaaten seit 2009 in der Ratsarbeitsgruppe COHAFA (*Council Working Party on Humanitarian Aid and Food Aid*). In der Kommission liegt die Zuständigkeit bei der Generaldirektion Humanitäre Hilfe und Katastrophenschutz (ECHO). ECHO war als Europäisches Amt für humanitäre Hilfe bereits 1992 gegründet worden. 2010 wurde der Katastrophenschutz, der vorher im Portfolio des Kommissars für Umwelt angesiedelt war, mit der humanitären Hilfe zur GD ECHO zusammengelegt. Auch bei der humanitären Hilfe kommt es mitunter zu Spannungen zwischen Kommission und EAD, was nicht zuletzt der unklaren Aufgabenverteilung geschuldet ist.[202] Während die Kommission, die seit Langem in der humanitären Hilfe tätig war, die Zuständigkeit klar bei sich sieht, etablierte die Hohe Vertreterin Ashton als Antwort auf das verheerende Erdbeben in Haiti im Jahr 2010 eine Stelle zur Koordination der Nothilfe im EAD. Dies stieß bei der Kommission auf Unmut, da wegen des angestrebten unpolitischen und neutralen Charakters der humanitären Hilfe jegliche Verquickung mit der GASP/GSVP vermieden werden sollte. Inzwischen hat sich eine vage und nicht immer klare Arbeitsteilung herausgebildet, wonach bei Krisen mit politischem Charakter, wie zum

ECHO und EAD

---

200 Vgl. Kapitel 3.5.
201 Vgl. Versluys 2009: European Union Humanitarian Aid: Lifesaver or Political Tool? 94.
202 Vgl. zum Folgenden Helwig/Ivan/Kostanyan 2013: The New EU Foreign Policy Architecture. Reviewing the First Two Years of the EEAS, 40–42.

Beispiel bei humanitären Notlagen infolge von politischen Unruhen oder Krieg, die Krisenplattform des EAD die Führung übernimmt, während bei humanitären Krisen nach Naturkatastrophen GD ECHO mit dem 2013 errichteten Notfallabwehrzentrum (*Emergency Response Coordination Center*) die Leitungsrolle hat. Um Dopplungen und institutionelle Streitigkeiten zu vermeiden, wäre es sinnvoll, die Bereiche künftig stärker zu verzahnen.[203]

3.4.5 Sui-generis-Dimension

Erweiterungspolitik

Ziel: Politik- und Normentransfer

Die Erweiterungspolitik gilt als eines der erfolgreichsten Instrumente der Union, um Veränderungs- und Transformationsprozesse in Drittstaaten in Gang zu setzen. Fortschritte in den Beitrittsverhandlungen erfolgen nur dann, wenn der beitrittswillige Staat die Bedingungen erfüllt (Konditionalität). Über den Anreiz des Beitritts erfolgt somit ein Politik- und Normentransfer auf die beitrittswilligen Staaten.[204] Die Beitrittskriterien sind Ausdruck dieser Konditionalität des Beitrittsprozesses. Seit dem Vertrag von Lissabon wird in Art. 49 erstmals im Vertragstext auf diese Aufnahmekriterien verwiesen, die vom Europäischen Rat 1993 in Kopenhagen mit Blick auf die bevorstehende Osterweiterung beschlossen wurden. Die Grundlagen der Erweiterungspolitik finden sich im EUV bei den Schlussbestimmungen:

Erweiterung nach Art. 49 EUV

„Jeder europäische Staat, der die in Artikel 2 genannten Werte achtet und sich für ihre Förderung einsetzt, kann Mitglied der Union werden. Das Europäische Parlament und die nationalen Parlamente werden unterrichtet. Der antragstellende Staat richtet seinen Antrag an den Rat; dieser beschließt einstimmig nach Anhörung der Kommission und nach Zustimmung des Europäischen Parlaments [...]. Die vom Europäischen Rat vereinbarten Kriterien werden berücksichtigt."

---

203 Helwig/Ivan/Kostanyan 2013: The New EU Foreign Policy Architecture. Reviewing the First Two Years of the EEAS, 42.
204 Vgl. ausführlicher Schimmelfennig/Schwellnus 2007: Politiktransfer durch politische Konditionalität. Der Einfluss der EU auf die Nicht-Diskriminierungs- und Minderheitenschutzgesetzgebung in Mittel- und Osteuropa.

Somit kann jeder europäische Staat einen Mitgliedsantrag stellen, der die Werte der EU (nicht mehr nur deren Grundsätze) achtet und sich – so die neue Bestimmung im Vergleich zum Vertrag von Nizza – für ihre Förderung einsetzt.

Wer kann einen EU-Beitritt beantragen?

Werte der EU (Art. 2 EUV)

„Die Werte, auf die sich die Union gründet, sind die Achtung der Menschen-würde, Freiheit, Demokratie, Gleichheit, Rechtstaatlichkeit und die Wahrung der Menschenrechte einschließlich der Rechte der Personen, die Minderheiten ange-hören. Diese Werte sind allen Mitgliedstaaten in einer Gesellschaft gemeinsam, die sich durch Pluralismus, Nichtdiskriminierung, Toleranz, Gerechtigkeit, Soli-darität und die Gleichheit von Frauen und Männern auszeichnet.“

Mit Art. 49 (1) EUV ist der Kreis der möglichen Beitrittskandidaten klar benannt, da nur europäische Staaten antragsberechtigt sind. Marokko beispielsweise, das 1987 einen Beitrittsantrag gestellt hatte, kommt für eine EU-Mitgliedschaft bereits aus geografischen Grün-den nicht infrage. Auf die immer wieder strittig diskutierte Frage aber, wie weit Europas Grenzen reichen und ob die Türkei bei-spielsweise ein europäischer Staat ist, kann Artikel 49 EUV selbstre-dend keine Antwort geben.[205]

Die in Art. 49 EUV erwähnten Aufnahmekriterien umfassen poli-tische und wirtschaftliche Aspekte sowie die Fähigkeit, den *acquis communautaire*, d.h. den gemeinschaftlichen Besitzstand der Uni-on, niedergelegt in der Gesamtheit des gültigen EU-Rechts, zu über-nehmen. Man spricht daher auch vom politischen Kriterium, vom wirtschaftlichen Kriterium und vom Acquis-Kriterium. Hinzu kommt eine oft als vergessenes Kriterium bezeichnete Voraussetzung, die sich im Gegensatz zu den drei anderen Kriterien nicht auf den bei-trittswilligen Staat, sondern auf die EU bezieht: die Aufnahmefähig-keit der Union. In den letzten Jahren erlebte die Debatte um die „In-tegrationsfähigkeit“[206] der EU einen Aufschwung. Besonders die Diskussion über einen möglichen EU-Beitritt der Türkei und die Erwei-terungsmüdigkeit der europäischen Bevölkerung nach der Big-Bang-Erweiterung 2004 verliehen ihr eine neue politische Konjunktur.

---

205 Vgl. Kapitel 4.4.1.

206 Müller-Brandeck-Bocquet 2008: Künftiger Brennpunkt der EU-Politik: Die Grenzen Europas. Plädoyer für einen EU-zentrierten Ansatz, 121–124. Vgl. auch Lang/Schwarzer 2007: Argumente für eine neue Erweiterungsstrategie – die Diskussion über die Aufnahmefähigkeit der EU.

Kopenhagener Kriterien

„Als Voraussetzung für die Mitgliedschaft muß der Beitrittskandidat eine *institutionelle Stabilität als Garantie für demokratische und rechtsstaatliche Ordnung, für die Wahrung der Menschenrechte sowie die Achtung und den Schutz von Minderheiten* verwirklicht haben; sie erfordert ferner eine *funktionsfähige Marktwirtschaft sowie die Fähigkeit, dem Wettbewerbsdruck und den Marktkräften innerhalb der Union standzuhalten.* Die Mitgliedschaft setzt außerdem voraus, dass die einzelnen Beitrittskandidaten *die aus einer Mitgliedschaft erwachsenden Verpflichtungen übernehmen und sich auch die Ziele der politischen Union sowie der Wirtschafts- und Währungsunion zu eigen machen können.*

Die *Fähigkeit der Union, neue Mitglieder aufzunehmen,* dabei jedoch die Stoßkraft der europäischen Integration zu erhalten, stellt ebenfalls einen sowohl für die Union als auch für die Beitrittskandidaten wichtigen Gesichtspunkt dar."[207]

(eigene Hervorhebung)

Beitrittsverfahren

Ob die Beitrittskandidaten die grundlegenden Werte der EU, wie in Artikel 2 EUV benannt, einhalten und ob sie den in Artikel 49 EUV erwähnten „vereinbarten Kriterien" entsprechen – diese schwierigen und höchst komplexen Fragen werden im Verlauf des zumeist recht langwierigen Beitrittsverfahrens geklärt, das sich in acht Etappen untergliedern lässt. Der Beitrittsantrag ist an den Rat zu richten, der einstimmig nach Anhörung der Kommission und nach Zustimmung des Europäischen Parlaments darüber beschließt. Die nationalen Parlamente müssen die Beitrittsverträge nach dem Ende der Verhandlungen gemäß ihren jeweiligen verfassungsrechtlichen Vorschriften ratifizieren und werden seit Lissabon über Beitrittsanträge offiziell unterrichtet. Wenn ein Staat als Beitrittskandidat angenommen ist, liegt die Federführung der Beitrittsverhandlungen bei der Kommission.

---

207 Europäischer Rat 1993: Schlussfolgerungen zum Treffen vom 21./22.06.1993.

Das Beitrittsverfahren
1. Der beitrittswillige Staat reicht seinen Antrag ein.
2. Die Kommission nimmt eine erste Beurteilung des antragstellenden Landes vor und teilt ihre Feststellung dem Rat mit.
3. Bei positiver Bewertung der Kommission kann der Rat nun entscheiden, ob der Antragsteller als Beitrittskandidat gewertet werden kann.
4. Wenn ja, nimmt die Kommission eine vertiefte Untersuchung des Beitrittskandidaten vor (*Screening*). Der Screening-Bericht benennt die Defizite, die der Beitrittskandidat in Bezug auf den *Acquis* (Gesamtheit der für alle EU-Mitgliedstaaten geltenden Rechten und Pflichten) aufweist; diese Defizite muss der Beitrittskandidat beseitigen.
5. Der *Acquis* ist in 35 Kapitel aufgeteilt, von denen jedes einen bestimmten Politikbereich umfasst. Die Beitrittsverhandlungen stellen sicher, dass der Kandidat zur Erfüllung aller Verpflichtungen fähig ist.
6. Der Beitrittskandidat nimmt Reformen und Veränderungen an seiner Gesetzgebung vor, sodass der *Acquis* eingehalten werden kann und die Kriterien erfüllt werden können. Wenn dies der Fall ist, werden die Kapitel geschlossen. Es wird ein Beitrittsvertrag erarbeitet, der die getroffenen Vereinbarungen festhält. Rat, Kommission und Europäisches Parlament müssen dem Beitrittsvertrag zustimmen.
7. Der Beitrittsstaat sowie alle EU-Mitgliedstaaten müssen den Vertrag ratifizieren.
8. Der Beitritt erfolgt zu einem im Vertrag festgelegten Datum.[208]

Um zu gewährleisten, dass die Beitrittsbedingungen vom Kandidatenstaat erfüllt werden, erfolgen die Beitrittsverhandlungen in dem oben geschilderten peniblen, komplexen und langjährigen Prozess. Der *acquis communautaire* wird dabei in 35 Kapitel gegliedert, die vom freien Warenverkehr über Verkehrspolitik bis hin zur Außen-, Sicherheits- und Verteidigungspolitik reichen.[209] Die Inhalte der Kapitel sind nicht verhandelbar. Die Kommission führt zu Beginn des Beitrittsprozesses ein *Screening* durch, um festzustellen, inwieweit das nationale Recht des Beitrittskandidaten noch vom *acquis communautaire* abweicht. Sie informiert den Rat und das Europäische Parlament fortlaufend in Fortschrittsberichten und Strategiepapieren[210] über die Reformprozesse im Kandidatenstaat. Dieses Monitoring wird bis zum Beitritt – in manchen Fällen sogar darüber hinaus – fortgeführt. Inzwischen fokussieren Rat und Kommission

Screening und Monitoring

---

208 Darstellung nach http://ec.europa.eu/enlargement.
209 Eine Übersicht findet sich unter http://ec.europa.eu/enlargement/policy/conditions-membership/chapters-of-the-acquis/index_de.htm.
210 Diese sind auf der Website der Generaldirektion „Erweiterung" einzusehen: http://ec.europa.eu/enlargement/news_corner/key-documents/index_de.htm.

immer deutlicher „die Stärkung von ‚Rechtsstaatlichkeit und demokratischer Staatsführung'. Im Speziellen geht es um die Bekämpfung
von Korruption und organisierter Kriminalität sowie die Unabhängigkeit der Justiz."[211] Man habe, so Barbara Lippert weiter, aus den
negativen Erfahrungen früherer Beitrittsprozesse – gemeint sind
wohl die Bulgariens und Rumäniens – die Konsequenzen gezogen;
daher werden von nun an die hierfür relevanten Kapitel 23 (Justiz
und Grundrechte) sowie 24 (Recht, Freiheit und Sicherheit) im Verhandlungsprozess früh eröffnet.[212]

Instrument für Heranführungshilfe   Mit dem Instrument für Heranführungshilfe (*Instrument for Pre-
Accession Assistance*: IPA) unterstützt die EU durch Projektmittel
Beitrittskandidaten finanziell und technisch. Das Instrument wurde
2007 eingeführt und löste die vorher bestehenden Programme, wie
etwa das bekannte PHARE-Programm (*Poland and Hungary: Aid for
Restructuring of the Economies*), ab. Vertragliche Grundlage des
Instruments ist Art. 212 AEUV zur wirtschaftlichen, finanziellen und
technischen Zusammenarbeit der EU mit „Drittländern, die keine
Entwicklungsländer sind". Von 2007 bis 2013 wurden im Rahmen
von IPA 11,5 Milliarden Euro zur Verfügung gestellt. Im Zeitraum von
2014 bis 2020 läuft das Programm IPA II, für das 11,7 Milliarden Euro
zur Verfügung stehen.[213] Die Heranführungshilfen umfassen Investitionen in die Reform der öffentlichen Verwaltung, die Rechtsstaatlichkeit, in nachhaltige Wirtschaft, in Humanressourcen und in den
ländlichen Raum. Auch Twinning-Programme, bei denen etwa Verwaltungsexperten aus EU-Staaten in Kandidatenstaaten ihre Expertise weitergeben, gehören zum Instrumentarium der Heranfüh-
rungspolitik.

Europäische Nachbarschaftspolitik

Europäische Nach-barschaftspolitik   Die ENP, die im Gegensatz zur Erweiterungspolitik keine unmittelbare Beitrittsperspektive eröffnet, erhielt im Vertrag von Lissabon
erstmals eine primärrechtliche Grundlage:

---

211 Lippert 2013: Die Erweiterungspolitik der Europäischen Union, 488.
212 Lippert 2013: Die Erweiterungspolitik der Europäischen Union, 488/489.
213 Angabe basierend auf http://ec.europa.eu/enlargement/instruments/
overview/index_de.htm. Zur Finanzierung der EU-Außenpolitik vgl. Kapitel 3.5.

Europäische Nachbarschaftspolitik (Art. 8 EUV)
„Die Union entwickelt besondere Beziehungen zu den Ländern in ihrer Nachbarschaft, um einen Raum des Wohlstands und der guten Nachbarschaft zu schaffen, der auf den Werten der Union aufbaut und sich durch enge, friedliche Beziehungen auf der Grundlage der Zusammenarbeit auszeichnet.
[...] die Union (kann) spezielle Übereinkünfte mit den betreffenden Ländern schließen."

Umgesetzt wird die ENP folglich maßgeblich über Abkommen, auf die im weiteren Verlauf noch näher einzugehen ist.

Zwischen Rat und Kommission besteht in der ENP Arbeitsteilung. Während der Rat für den politischen Dialog zuständig ist, liegt die Verantwortung für die wirtschaftlichen Aspekte bei der Kommission. Wie in Kapitel 3.3.3 zur Europäischen Kommission beschrieben, sicherte der ehemalige Kommissionspräsident Barroso 2009 der Kommission die Zuständigkeit, indem er diese kurzerhand dem Kommissar für Erweiterung zuschlug. Unter Juncker wurde 2014 die neue Amtsbezeichnung „Kommissar für Nachbarschaftspolitik und Erweiterungsverhandlungen" geschaffen. Dies bedeutet eine Priorisierung der ENP, die nun vor den Erweiterungsverhandlungen genannt wird. Der neue Amtsinhaber Johannes Hahn steht der neu strukturierten Generaldirektion NEAR (*Neighbourhood and Enlargement Negotiations*) vor. Die Kooperation zwischen Kommission und EAD in der ENP ist zwar sehr komplex, funktioniert bisher aber vergleichsweise gut.[214] Der EAD arbeitet in Fragen der Nachbarschaftspolitik dabei nicht nur mit dem zuständigen Kommissar für die ENP zusammen, sondern wegen des umfassenden Ansatzes der ENP auch mit anderen GDs der Kommission, wie etwa den GDs für Energie, Handel, Entwicklung oder Inneres einschließlich dem für die ENP wichtigen Bereich der Migrationspolitik.[215]

Auch die ENP setzt in den Beziehungen mit den Drittstaaten auf Konditionalität. Der wirkungsvollste Anreiz, die *sichere* Beitrittsperspektive, steht der ENP allerdings nicht zur Verfügung, denn sie war

Zuständigkeit

Instrumente der ENP

---

214 Helwig/Ivan/Kostanyan 2013: The New EU Foreign Policy Architecture. Reviewing the First Two Years of the EEAS, 48. Katrin Böttger beurteilt die organisatorische Aufteilung dagegen deutlich negativer und sieht Reibungsverluste zwischen dem EAD und der Kommission (Böttger 2014: Auf dem sicherheitspolitischen Auge blind: Die EU-Außenpolitik angesichts der Ukraine-Krise: Zustand und Entwicklungsoptionen, 103).
215 Helwig/Ivan/Kostanyan 2013: The New EU Foreign Policy Architecture. Reviewing the First Two Years of the EEAS, 48.

von ihrem Ursprung her als Beitrittsvermeidungspolitik konzipiert.[216] Die Union versucht daher mit anderen Anreizen wie Freihandelsabkommen oder Visaerleichterungen sowie mit finanzieller und technischer Unterstützung politische und wirtschaftliche Reformen in den Nachbarstaaten voranzutreiben. Die Kommission bewertete hierbei zunächst in Länderberichten den aktuellen Stand der Dinge im jeweiligen Drittstaat. Auf Grundlage der Länderberichte wurden seit 2005 Aktionspläne zwischen der EU und dem jeweiligen Drittstaat geschlossen. Diese haben eine Laufzeit von drei bis fünf Jahren und enthalten eine Art Reformkatalog sowie Zielvereinbarungen.

ENPI und ENI   2007 bis 2013 erfolgte die Umsetzung und Finanzierung der ENP über das Europäische Nachbarschafts- und Partnerschaftsinstrument (ENPI). Es fasste die vorher bestehenden Programme (TACIS: *Technical Assistance to the Commonwealth of Independent States* und MEDA: Unterstützung für die Mittelmeerstaaten) zusammen und hatte ein Volumen von fast 12 Milliarden Euro.[217] Von 2014 bis 2020 ist der Nachfolger ENI (*European Neighbourhood Instrument*) mit über 15 Milliarden Euro ausgestattet. Wie bereits angedeutet, soll die Finanzierung dabei stärker als früher an den konkreten Reformleistungen ausgerichtet sein. Neben der finanziellen Unterstützung gewährt die EU wie bei der Erweiterungspolitik auch technische Hilfe, z. B. durch Twinning-Projekte zwischen dem Verwaltungspersonal von EU-Staaten und ENP-Staaten.

Erweiterungspolitik   Sowohl die Erweiterungspolitik als auch die ENP machen deut-
und ENP: lich, dass die Kooperation zwischen Union und Anrainerstaaten
umfassender Ansatz einen umfassenden Ansatz verfolgt und sich bei Weitem nicht auf
der EU-Außenpolitik Fragen der klassischen Außen- und Sicherheitspolitik im engeren Sinne beschränkt. Gerade in der ENP verknüpft die EU unter Federführung der Europäischen Kommission und des EAD Instrumente aus allen drei ehemaligen Säulen der Union. Die Zusammenarbeit zwischen der EU und den Beitritts- bzw. Anrainerstaaten reicht von der Handelspolitik über die Umweltpolitik, Fragen der Migration oder Energie bis hin zur Verkehrspolitik. Hierbei ist wieder daran zu erinnern, welch große Relevanz die externen Aspekte interner Politikbereiche in der Außenpolitik der EU einnehmen.

---

216 Zur Genese und zum Hintergrund der ENP vgl. auch Böttger 2010: Die Entstehung und Entwicklung der Europäischen Nachbarschaftspolitik. Akteure und Koalitionen.
217 Die Daten zur Finanzierung sind der Website des EAD entnommen.

3.4.6 Externe Dimension interner Politikbereiche

So heterogen wie die internen Politikbereiche der EU ist auch die Funktionslogik der „Außenpolitik der Innenpolitik". Die Entscheidungsverfahren und Instrumente können daher nicht für jeden der zahlreichen Politikbereiche separat vorgestellt werden. Dennoch soll an dieser Stelle die Frage geklärt werden, welche wichtigen Implikationen der Vertrag von Lissabon für die externen Aspekte interner Politikbereiche hat. Wesentliches ist vor allem Kapitel 3.4.7 zu internationalen Übereinkünften und Abkommen zu entnehmen, denn interne Politikbereiche entfalten vor allem dann ihre außenpolitische Dimension, wenn die EU Abkommen abschließt, die – beispielsweise – die Währungspolitik, die Agrarpolitik, die Fischereipolitik, die Umweltpolitik, die Verkehrspolitik oder das Gesundheitswesen betreffen. Vor dem Vertrag von Lissabon war vertraglich nicht klar geregelt, wann die Union internationale Abkommen zu internen Politikbereichen abschließen darf. Der EuGH hatte der EU eine implizite Zuständigkeit zugesprochen, welche jedoch umstritten war.[218] Art. 216 (1) AEUV bekräftigt die Auffassung des EuGH jetzt ausdrücklich und hält erstmals explizit fest, dass die Union, die mit dem Vertrag von Lissabon Völkerrechtssubjekt geworden ist, die Zuständigkeit besitzt, Abkommen oder Übereinkünfte zu schließen, wenn dies in den Verträgen vorgesehen ist oder wenn der Abschluss einer Übereinkunft zur Verwirklichung der Ziele, die in den Verträgen für den internen Politikbereich festgesetzten sind, erforderlich ist.

Heterogene Funktionslogik

Eine weitere Neuerung betrifft die primärrechtliche Verankerung wichtiger Themen, die der externen Dimension interner Politikbereiche zuzurechnen sind. Dazu zählt der Kampf gegen den Klimawandel, der als globale Herausforderung erstmals in Art. 191 (1) AEUV Erwähnung findet. Gleiches gilt für die externe Dimension der Energiepolitik, die erstmals in Artikel 194 (1) AEUV unter dem Stichwort „Gewährleistung der Energieversorgungssicherheit" angesprochen wird.

Primärrechtlich verankert: Kampf gegen den Klimawandel und Energieversorgungssicherheit

Ein großer innenpolitischer Bereich mit starken externen Aspekten ist, wie bereits mehrfach dargelegt, der RFSR. Die Vertragsbestimmungen zum RFSR finden sich maßgeblich im Dritten Teil, Titel V des AEUV. Der Vertrag von Lissabon hat die Möglichkeiten der EU, die externe Dimension des RFSR auszubauen, weiter verstärkt. Dies

Externe Dimension des Raums der Freiheit, der Sicherheit und des Rechts

---

218 Vgl. Nugent 2010: The Government and Politics of the European Union, 396.

geschah zum einen durch die Auflösung der Säulen. Waren vor Lissabon die Politikfelder des RFSR noch über zwei Säulen verteilt (Asyl, Migration, Grenzkontrollen und justizielle Zusammenarbeit in Zivilsachen in der ersten Säule, justizielle Zusammenarbeit in Strafsachen in der dritten Säulen), ist dieser „pillar divide"[219] nun beendet. Abkommen mit Drittstaaten, die Elemente wie Asylfragen, Migration oder justizielle Zusammenarbeit beinhalten, können nun auf einer gemeinsamen Rechtsgrundlage abgeschlossen werden. Zum anderen ist seit Lissabon das ordentliche Gesetzgebungsverfahren (mit ganz wenigen Ausnahmen) das Standardverfahren für den RFSR. Außerdem hat das Europäische Parlament auch bei internationalen Abkommen zum RFSR nun ein Zustimmungs- bzw. Vetorecht. Auch der Kampf gegen den Terrorismus fand einen verstärkten Niederschlag im Reformvertrag. Terrorismusbekämpfung ist im Grenzbereich zwischen innerer und äußerer Sicherheit zu verorten und damit auch an der Schnittstelle zwischen Innen- und Außenpolitik. Vertragliche Grundlagen für den Kampf gegen den Terrorismus finden sich sowohl im Kontext des RFSR also auch bei den Bestimmungen zur GASP. Dies mag auf den ersten Blick die Konsistenz der EU-Außenpolitik befördern, kann aber auch zu institutionellen Reibereien führen.[220] So landete ein Beschluss des Rates, der finanzielle Sanktionen gegen Gruppen und Personen im Umfeld von al-Qaida vorsah, vor dem EuGH, weil der Beschluss nicht auf der vertraglichen Grundlage des RFSR (Art. 75 AEUV) gefasst wurde, sondern als Maßnahme der GASP (Art. 215 (2) AEUV). Was sich nach juristischer Haarspalterei anhört, hat sehr praktische Konsequenzen: Während beim RFSR das Europäische Parlament nach dem ordentlichen Gesetzgebungsverfahren eingebunden ist, wird es bei GASP-Beschlüssen nur informiert, hat also keine Mitentscheidungsrechte. Es gilt als sicher, dass die Mitgliedstaaten genau deswegen den GASP-Kontext gewählt hatten.

Trend: weitere Externalisierung der internen Politikbereiche

Neben dem RFSR ist auch für die anderen internen Politikbereiche angesichts der immer stärkeren globalen Interdependenz eine weitere Externalisierung zu erwarten. Interne Politikbereiche ohne externe Implikationen sind kaum mehr vorstellbar. Der Vertrag von

---

219 Monar 2012: The External Dimension of the EU's Area of Freedom, Security and Justice, 23. Irland, Großbritannien und Dänemark haben allerdings ein Opt-out für neue RFSR-Maßnahmen mit Opt-in-Option für bestimmte Bereiche.
220 Zum Folgenden Monar 2012: The External Dimension of the EU's Area of Freedom, Security and Justice, 28/29.

Lissabon hat einige dieser neuen Herausforderungen, wie dargestellt, bereits inkludiert, weitere werden sicherlich folgen.[221]

3.4.7 Abkommen und Partnerschaften

Die Union pflegt ein engmaschiges Netz an Abkommen[222] und Partnerschaften mit Drittstaaten, Regionen und internationalen Organisationen. Diese Beziehungen entwickelten sich teils über Jahrzehnte hinweg, sodass man mit Odendahl davon sprechen kann, dass es sich „in weiten Teilen" um „ein ohne Struktur gewachsenes und daher nur schwer durchschaubares Beziehungsdickicht" handelt.[223] Festzuhalten ist zunächst, dass die EU mit nahezu allen Staaten der Welt Abkommen oder Partnerschaften geschlossen hat, die über die Aufnahme und Unterhaltung von rein diplomatischen Beziehungen hinausgehen. Abkommen und Partnerschaften sind zentrale Instrumente *aller* Dimensionen der EU-Außenpolitik. Die Beziehungen, welche die EU dadurch etablierte, unterscheiden sich deutlich voneinander hinsichtlich ihrer Qualität, Intensität, Institutionalisierung und thematischen Ausfüllung. Abkommen und Partnerschaften unterliegen weder geografischen noch thematischen Begrenzungen.[224] Während Abkommen vertragsrechtlich detailliert geregelt sind, sind die Partnerschaften offener und rechtlich weniger genau definiert.

> Engmaschiges Netz an Abkommen und Partnerschaften

---

221 Zu erwähnen ist noch, dass die Externalisierung der internen Politikfelder in Lissabon sogar über die globale Sphäre hinausgedacht wurde. Der neue Artikel 189 AEUV ermächtigt die EU im Rahmen der (internen) Forschungs- und Technologiepolitik, eine europäische Raumfahrtpolitik zur Erforschung und Nutzung des Weltraums zu erarbeiten.

222 Im Vertragswerk ist meist von Übereinkünften die Rede. Unter Übereinkünften versteht der EuGH „jede von Völkerrechtssubjekten eingegangene bindende Verpflichtung ungeachtet ihrer Form" (EuGH zit. nach Calliess/Ruffert 2011: EUV, AEUV. Kommentar; Art. 216 AEUV). In vorliegendem Buch wird statt „Übereinkünften" der im politischen Sprachgebrauch geläufigere Begriff „Abkommen" verwendet. Für die synonyme Verwendung von Abkommen und Übereinkünften spricht auch, dass in der englischen Version des Primärrechts für beides nur „agreements" verwendet wird.

223 Odendahl 2014: Beziehungen zu Drittstaaten und internationalen Organisationen, 274.

224 Algieri 2014: Assoziierungs- und Kooperationspolitik, 85.

Bei den Abkommen kann man folgende Kategorien unterscheiden:[225]
- Handelsabkommen gehören zur gemeinsamen Handelspolitik und basieren demnach auf Art. 207 AEUV. Zu den Handelsabkommen zählen beispielsweise die kontrovers diskutierte TTIP, aber auch die Freihandelsabkommen der EU mit Südkorea oder Mexiko. Handelsabkommen sind oft Teil von Assoziierungsabkommen oder Partnerschaften.
- Assoziierungsabkommen gehen über Handelsabkommen hinaus. Sie haben einen politischeren Charakter und stellen prinzipiell die engste und intensivste Verbindung zwischen der EU und Drittstaaten dar. Meist basieren Assoziierungsabkommen auf Art. 217 AEUV. Es gibt Assoziierungsabkommen mit Mitgliedschaftsperspektive: Beispielhaft hierfür sind die „Europaabkommen", die mit den zehn 2004 und 2007 der EU beigetretenen mittel- und osteuropäischen Staaten geschlossen worden waren. Heute dienen die Stabilisierungs- und Assoziierungsabkommen mit den Ländern des westlichen Balkans der Vorbereitung eines Beitritts. Mit der Türkei unterhält die EU ebenfalls ein Assoziierungsabkommen, das schon 1963 geschlossen wurde.

Keine Beitrittsperspektive – zumindest auf kurze und mittlere Sicht – eröffnen dagegen die Assoziierungsabkommen im Rahmen der Europäischen Nachbarschaftspolitik. In dieser Kategorie erlangte das Assoziierungsabkommen mit der Ukraine traurige Berühmtheit.

Auch mit den EFTA-Staaten bestehen – als derzeitige Alternative zum Beitritt – assoziierte Beziehungen in Form einer vertieften Freihandelszone. Dieser aus den EU-Mitgliedstaaten und den EFTA-Staaten (Liechtenstein, Norwegen und Island[226]) bestehende Europäische Wirtschaftsraum (EWR) stellt die engste Form der Assoziierung dar.

Weitere Sonderformen der Assoziierung unterhält die EU mit „außereuropäische[n] Länder[n] und Hoheitsgebiete[n], die mit Dänemark, Frankreich, den Niederlanden und dem Vereinigten Königreich besondere Beziehungen unterhalten" (Art. 198 AEUV). Diese Form der Assoziierung ist ein Erbe der Kolonialzeit.

---

225 Die Kategorisierung basiert auf Odendahl 2014: Beziehungen zu Drittstaaten und internationalen Organisationen, 277–283.
226 Die Schweiz ist als einziges EFTA-Mitglied nicht Teil des EWR, da die Schweizer Bevölkerung den Beitritt 1992 ablehnte. Mit ihr hat die EU ein Paket bilateraler Verträge abgeschlossen.

Neben Handels- und Assoziierungsabkommen kann die EU Abkommen in allen Bereichen ihrer Außenpolitik abschließen. Somit gibt es beispielsweise Abkommen der humanitären Hilfe (Art. 214 (4) AEUV), die temporär begrenzt und mit Drittstaaten oder internationalen Organisationen abgeschlossen werden; Abkommen der Entwicklungszusammenarbeit (Art. 209 (2) AEUV), z. B. das Cotonou-Abkommen aus dem Jahr 2000 mit den AKP-Staaten; Kooperationsabkommen zur wirtschaftlichen, finanziellen und technischen Zusammenarbeit mit Staaten, die keine Entwicklungsländer sind (Art. 212 AEUV); GASP-Abkommen (Art. 37 EUV), die zum Beispiel die Rahmenbedingungen bei der Beteiligung eines Drittstaats an GSVP-Missionen festlegen.

Darüber hinaus kann die Union, wie bereits erwähnt, Abkommen in internen Politikbereichen abschließen, also etwa Abkommen mit verkehrspolitischen, energiepolitischen, gesundheitspolitischen, justiziellen oder umweltpolitischen Bezügen. Diese Abkommen prägen maßgeblich die so wichtige externe Dimension der internen Politikbereiche.

Die prinzipiellen Entscheidungsverfahren zum Abschluss von Abkommen sind in Art. 218 AEUV festgeschrieben; eine hohe Komplexität ergibt sich dadurch, dass dieser Artikel, je nach Thema, immer in Verbindung mit anderen Vertragsbestandteilen zu sehen ist.[227] Prinzipiell sind die Hauptakteure beim Abschluss von Abkommen der Rat, die Kommission und – seit Lissabon in verstärktem Maße – das Europäische Parlament. Die Art ihrer Beteiligung unterscheidet sich je nach Thematik des Abkommens. Grundsätzlich beginnen Verhandlungen über Abkommen immer damit, dass der Rat der Kommission (auf deren Empfehlung, oder – wenn es um die GASP geht – auf Empfehlung des Hohen Vertreters) ein Mandat zur Aufnahme von Verhandlungen erteilt. Die Verhandlungen selbst werden von der Kommission geführt, bei Handelsabkommen erfolgen die Verhandlungen in enger Abstimmung mit dem handelspolitischen Ausschuss des Rates, der bisher unter dem Namen „133er Ausschuss" bekannt

Entscheidungsverfahren beim Abschluss von Abkommen

---

227 So sind etwa bei einem internationalen Abkommen im Bereich der Umweltpolitik die Artikel 218 AEUV und Art. 192 AEUV einschlägig. Vgl. zu den Entscheidungsverfahren auch Keukeleire/Delreux 2014: The Foreign Policy of the European Union, 98/99.

war.[228] Neu im Vertrag von Lissabon ist, dass die Kommission auch dem Europäischen Parlament, genauer gesagt dem Handelsausschuss INTA, regelmäßig Bericht über den Stand der Dinge während der Verhandlungen erstatten muss (Art. 207 (3) AEUV). Das Europäische Parlament hat nun auch das Zustimmungsrecht bei allen Handelsabkommen und hat in diesem Bereich durch Lissabon, wie bereits erwähnt, „einen enormen Machtzuwachs"[229] erfahren. Bei Handelsabkommen beschließt der Rat (mit wenigen Ausnahmen[230]) mit qualifizierter Mehrheit. Beim Abschluss von Assoziierungsabkommen ist dagegen ein einstimmiger Beschluss des Rates erforderlich. Auch hier muss das Europäische Parlament zustimmen, ebenso wie bei allen Abkommen, die Bereiche betreffen, in denen das Europäische Parlament auch EU-intern zustimmen und mitentscheiden darf (Art. 218 (6) AEUV). Dies trifft nach Lissabon auf die große Mehrzahl aller internationalen Abkommen der EU zu (ausgenommen sind z. B. GASP-Abkommen). Diese stärkere Einbindung des Europäischen Parlaments bei internationalen Abkommen erhöht die Politisierung und Konditionalisierung internationaler Abkommen der EU.[231]

Gemischte Abkommen Bei den meisten Abkommen, welche die EU abschließt, handelt es sich um gemischte Abkommen, d. h. als Vertragspartner tritt nicht nur die Union auf, sondern auch die Mitgliedstaaten. Gemischte Abkommen sind dann erforderlich, wenn ein Abkommen auch Bereiche umfasst, die die Sphäre der mitgliedstaatlichen Kompetenzen berührt. Da die ausschließlichen Zuständigkeiten der EU in der Außenpolitik beschränkt sind, wie in Kapitel 3.4.1 erläutert, ist dies bei den meisten Abkommen der Fall. Gemischte Abkommen müssen zusätzlich von den Mitgliedstaaten nach ihren jeweiligen einzel-

---

228 Seinen Namen verdankt dieser Sonderausschuss Artikel 133 des ehemaligen EG-Vertrags. Dieser ging mit Lissabon in Artikel 207 AEUV auf, in dem die Entscheidungsverfahren für Handelsabkommen geregelt sind. Dieser Sonderausschuss des Rates setzt sich vornehmlich aus Vertretern der nationalen Wirtschaftsministerien sowie Experten der Kommission zusammen (Knodt 2008: Außenhandelspolitik, 64).

229 Brok 2010: Die neue Macht des Europäischen Parlaments nach ‚Lissabon' im Bereich der gemeinsamen Handelspolitik, 216.

230 Dazu gehört die sogenannte *exception culturelle*, die Einstimmigkeit beim Handel mit Kulturgütern vorsieht und vor allem von Frankreich zum Schutz der Sprache und kulturellen Vielfalt in der Union immer wieder betont wird. Dahinter steckt die Überzeugung, dass Kulturgüter keine gewöhnlichen Handelsgüter sein dürfen. Vgl. Art. 207 (4) AEUV.

231 Vgl. Kapitel 3.3.6 zur Rolle des Europäischen Parlaments in der Außenpolitik der EU.

staatlichen Vorschriften ratifiziert werden. Die Verhandlungen werden in diesem Fall von der Kommission und der rotierenden Ratspräsidentschaft geführt. In der Frage, ob es sich um ein gemischtes Abkommen handelt, gehen die Meinungen oft auseinander. So kündigte der ehemalige Handelskommissar Karel de Gucht im Juli 2014 an, dass er vom EuGH überprüfen lassen wolle, ob es sich beim transatlantischen Abkommen TTIP um ein gemischtes Abkommen handele, ob also auch nationale Parlamente zusätzlich zum Europäischen Parlament zustimmen müssten. Diese Entscheidung steht aktuell (Mai 2015) noch aus.

Man kann mit Fröhlich konstatieren, dass die Kommission auch in den Bereichen, in denen sie ausschließlich zuständig ist, ein großes Maß an Flexibilität und Vorsicht an den Tag legen muss.

> Denn je mehr Ermessensspielraum sie gewinnt – was für den Verhandlungserfolg manchmal wesentlich ist –, desto eingeschränkter ist die Kontrolle der Mitgliedstaaten, was diese wiederum reflexartig zum Blockieren der gesamten Beschlussvorlage und zum Aushandeln bilateraler Vereinbarungen veranlassen kann. Die Arbeit der Kommission entspricht daher immer der Gratwanderung zwischen diesen beiden Polen und selbst im Bereich der exklusiven Kompetenzen, in dem Verhandlungsergebnisse im Rat mit qualifizierter Mehrheit entschieden werden, hat sie als Grundprinzip zu berücksichtigen, dass es de facto vermieden wird, einen Mitgliedstaat zu überstimmen.[232]

Die Europäische Kommission ist somit zwar offiziell „Herrin" der meisten Verhandlungen auf internationaler Ebene, gleichzeitig muss sie jedoch sicherstellen, dass auch die Mitgliedstaaten die gefundenen Kompromisse mittragen. Robert Putnams berühmtes „Two-Level-Game" bei internationalen Verhandlungen vollzieht sich bei Beteiligung der EU demnach meist als „Three-Level-Game". Verhandlungen finden gleichzeitig auf drei Ebenen statt: zwischen den Interessengruppen und Akteuren auf nationaler Ebene, zwischen den Mitgliedstaaten, der Kommission und dem Europäischen Parlament auf europäischer Ebene und zwischen den Verhandlungspartnern auf internationaler Ebene.[233]   „Three-Level-Game"

Die Partnerschaften der EU sind weniger detailliert geregelt als Abkommen und Übereinkünfte. Als Ziel der EU-Außenpolitik insge-   Partnerschaften

---

232 Fröhlich 2014: Die Europäische Union als globaler Akteur, 50.
233 Putnam 1988: Diplomacy and domestic politics: the logic of two-level games. Vgl. auch Mildner/Schmucker 2007: Die EU im globalen Governance-Prozess, 54/55.

samt ist im Vertrag lediglich festgehalten, dass die Union Partnerschaften „mit Drittländern, regionalen oder weltweiten internationalen Organisationen" aufbauen soll (Art. 21 (1) EUV). Eine besonders wichtige Rolle nehmen dabei die Vereinten Nationen ein. Die EU kooperiert im Sinne des „effektiven Multilateralismus" der Europäischen Sicherheitsstrategie mit den Vereinten Nationen und setzt sich „für multilaterale Lösungen bei gemeinsamen Problemen ein", so Art. 21 (1) EUV weiter.[234] Art. 220 (1) AEUV bestärkt dieses Kooperationsziel und legt fest, dass die Union „jede zweckdienliche Zusammenarbeit mit den Organen der Vereinten Nationen und ihrer Sonderorganisationen" betreiben solle. Auch der Europarat, die Organisation für Sicherheit und Zusammenarbeit in Europa (OSZE) und die Organisation für wirtschaftliche Zusammenarbeit (OECD) werden ausdrücklich als Kooperationspartner genannt. Eine wichtige interorganisationale Partnerschaft unterhält die EU seit 2003 auch mit der NATO. Vertragsrechtlich schwer fassbar sind die „strategischen Partnerschaften", die die EU abgeschlossen hat und die ihrerseits durch andere Abkommen, z. B. Handelsabkommen substantiiert werden.

3.5 Möglichkeiten der differenzierten Integration

Differenzierte Integration

Differenzierungsstrategien im Sinne eines „Europas der verschiedenen Geschwindigkeiten", eines „Europas der variablen Geometrie", eines „Kerneuropas" oder auch eines „Europas à la carte" haben in einer immer heterogeneren Union neue Konjunktur.[235] Einige Mitgliedstaaten schreiten in bestimmten Bereichen stärker voran als andere, die zu Integrationsfortschritten nicht oder noch nicht bereit

---

234 Zum effektiven Multilateralismus vgl. beispielsweise Drieskens/Van Schaik (Hrsg.) 2014: The EU and Effective Multilateralism; speziell zur UN-EU-Kooperation in der militärischen Friedenssicherung vgl. Scheuermann 2012: VN-EU-Beziehungen in der militärischen Friedenssicherung. Außerdem kann zu diesem Themenkomplex das umfassende Routledge Handbook on the European Union and International Institutions (herausgegeben von Jørgensen/Laatikainen 2013) empfohlen werden.
235 Eine Analyse und Kategorisierung der verschiedenen Formen differenzierter Integration findet sich beispielsweise in Tekin 2012: Opt-Outs, Opt-Ins, Opt-Arounds? Eine Analyse der Differenzierungsrealität im Raum der Freiheit, der Sicherheit und des Rechts; Von Ondarza 2012: Zwischen Integrationskern und Zerfaserung. Folgen und Chancen einer Strategie differenzierter Integration.

sind. Zum Verständnis der Funktionslogik der EU-Außenpolitik gehört daher auch die Frage, welche Möglichkeiten der differenzierten Integration in diesem Bereich bestehen.

Differenzierte Integration

„Generell wird differenzierte Integration in der politikwissenschaftlichen Literatur als Antwort auf die wachsende Heterogenität der Präferenzen und Kapazitäten der Mitgliedstaaten und Kandidaten verstanden, die im Zuge der fortschreitenden Erweiterung der Europäischen Union, ihres Ausgreifens in neue, kontroverse und politisierte Politikfelder und ihrer zunehmenden supranationalen Zentralisierung und Einschränkung nationaler Autonomie zutage tritt. Differenzierung ist unter diesen Bedingungen ein nützliches Instrument, um Entscheidungsblockaden zu umgehen und es den europäischen Staaten zu ermöglichen, in dem Umfang an der europäischen Integration beteiligt zu sein, der ihren Präferenzen und Fähigkeiten entspricht."[236]

Der Vertrag von Amsterdam führte das Instrument der verstärkten Zusammenarbeit ein, das in den folgenden Verträgen modifiziert wurde. Die verstärkte Zusammenarbeit dient der abgestuften Integration innerhalb der Verträge unter Nutzung des institutionellen Rahmens der EU. Sie kann prinzipiell in allen Politikbereichen der EU eingesetzt werden, allerdings nur als „letztes Mittel", wenn ihre angestrebten „Ziele von der Union in ihrer Gesamtheit nicht innerhalb eines vertretbaren Zeitraums verwirklicht werden können"; außerdem „ist [sie] darauf ausgerichtet, die Verwirklichung der Ziele der Union zu fördern, ihre Interessen zu schützen und ihren Integrationsprozess zu stärken" (Art. 20 EUV). Die Teilnahme an einer verstärkten Zusammenarbeit steht allen Mitgliedstaaten offen. Nicht erlaubt ist die verstärkte Zusammenarbeit in allen Bereichen der ausschließlichen Zuständigkeiten der Union. In der Außenpolitik kann sie also nicht bei der gemeinsamen Handelspolitik angewendet werden. Um eine verstärkte Zusammenarbeit in Gang zu setzen, müssen sich seit dem Vertrag von Lissabon immer mindestens neun Mitgliedstaaten zusammenfinden. Die an einer verstärkten Zusammenarbeit interessierten Staaten richten ihren Antrag an die Kommission. Der Rat entscheidet über die Einleitung der verstärkten

Verstärkte
Zusammenarbeit

---

[236] Winzen/Schimmelfennig 2014: Vertragsentwicklung und Differenzierung in der europäischen Integration. Nationale Identität, staatliche Autonomie und die Entstehung einer Kern-Peripherie-Struktur in der Europäischen Union, 140. Vgl. auch Holzinger/Schimmelfennig 2012: Differentiated Integration in the European Union: Many Concepts, Sparse Theory, Few Data, 299.

Zusammenarbeit mit qualifizierter Mehrheit auf Vorschlag der Kommission und nach Zustimmung des Europäischen Parlaments (Art. 329 (1) AEUV).

Verstärkte Zusammenarbeit in der GASP/GSVP

Seit dem Vertrag von Nizza ist die Einrichtung einer verstärkten Zusammenarbeit auch in der GASP, seit dem Vertrag von Lissabon sogar in der GSVP erlaubt. Allerdings gelten für beide Bereiche Sonderregeln. Wenn in der GASP oder der GSVP eine verstärkte Zusammenarbeit eingerichtet werden soll, wird der Antrag direkt an den Rat gerichtet. Die Europäische Kommission wird um eine Stellungnahme gebeten, das Europäische Parlament wird lediglich unterrichtet. Im Unterschied zu allen anderen Politikbereichen entscheidet der Rat bei der Einleitung einer verstärkten Zusammenarbeit in der GASP (und damit auch der GSVP) einstimmig und nicht mit qualifizierter Mehrheit (Art. 329 (2) AEUV).

Geringe Praxisrelevanz

In der Praxis ist das Verfahren der verstärkten Zusammenarbeit bisher wenig relevant. Seit der Senkung der Mindestteilnehmeranzahl wurden zwar inzwischen verstärkte Zusammenarbeiten eingeführt bzw. initiiert. Diese betreffen jedoch keine außenpolitischen Fragen.[237] Auch künftig ist nicht zu erwarten, dass das Instrument der verstärkten Zusammenarbeit hier größere Bedeutung gewinnt. Es darf allerdings nicht vergessen werden, dass „allein die Möglichkeit eines Voranschreitens weniger Mitgliedstaaten [...] einen positiven Einfluss auf die Konsensfindung [...] entfalten und somit als Motor für ein gemeinsames Agieren auf internationaler Ebene"[238] dienen kann.

Gruppenbildung

Unabhängig von der verstärkten Zusammenarbeit sieht der Vertrag von Lissabon insbesondere für den sicherheitspolitischen und militärischen Bereich einige bemerkenswerte Differenzierungsinstrumente vor. Da hier die Heterogenität zwischen den Mitgliedstaaten besonders ausgeprägt ist (NATO-Staaten, nicht-NATO-Staaten, neutrale und bündnisfreie Staaten; unterschiedliche strategische Kulturen; unterschiedliche militärische Fähigkeiten), sind diese flexiblen Formen der Zusammenarbeit von größerer praktischer

---

237 2012 wurde eine verstärkte Zusammenarbeit beim grenzüberschreitenden Scheidungsrecht eingeführt, 2013 vereinbarten 25 Mitgliedstaaten die Anerkennung eines gemeinsamen EU-Patents. Aktuell verhandeln außerdem elf Mitgliedstaaten über eine Finanztransaktionssteuer im Rahmen einer verstärkten Zusammenarbeit.

238 Tekin 2008: Verstärkte Zusammenarbeit: inflexible Flexibilisierung in der GASP? 59.

Relevanz. Bereits seit langem ist es Usus, dass Missionen und Einsätze nur von einer Gruppe von Mitgliedstaaten durchgeführt werden. Nun gibt es eine vertragliche Grundlage für die Bildung von Gruppen, also von positiv verstandenen „Koalitionen der Willigen" zur Durchführung einer Mission (Art. 44 EUV).[239]

Ein weiteres, mit dem Vertrag von Lissabon neu eingeführtes Instrument der differenzierten Integration ist die Ständige Strukturierte Zusammenarbeit (SSZ). Die SSZ erlaubt es Mitgliedstaaten, die „anspruchsvollere Kriterien in Bezug auf die militärischen Fähigkeiten erfüllen" und die „im Hinblick auf Missionen mit höchsten Anforderungen untereinander weiter gehende Verpflichtungen eingegangen sind" (Art. 42 (6) EUV) enger zu kooperieren. Die SSZ soll insbesondere die militärische Handlungsfähigkeit der Mitgliedstaaten erhöhen. Das an den Vertrag von Lissabon angehängte Protokoll über die SSZ legt die Eintrittskriterien für die SSZ fest. Teilnehmen dürfen demnach die Staaten, die sich erstens verpflichten ihre Verteidigungsfähigkeiten weiterzuentwickeln, u. a. durch die Mitwirkung im Rahmen der Europäischen Verteidigungsagentur. Zweitens wurde festgelegt, dass interessierte Staaten spätestens 2010 über Fähigkeiten verfügen müssen, sich an den EU-Battle-Groups zu beteiligen (Protokoll Nr. 10 des Vertrags von Lissabon). Im Unterschied zur verstärkten Zusammenarbeit kann die SSZ, obwohl sie sich auf militärische Fragen bezieht, mit einem Mehrheitsbeschluss des Rates initiiert werden. Potenziell senkt dies die Hürde zur Einleitung einer solchen verstärkten Kooperation. Auch hier ist allerdings festzustellen, dass in der Praxis bisher der politische Wille fehlte, die SSZ nach Inkrafttreten des Vertrags von Lissabon mit Leben zu füllen. Dies ist sicherlich nicht zuletzt dem durch die Finanz- und Staatsschuldenkrise ermüdeten Interesse an der GSVP zuzuschreiben.[240]

Ständige Strukturierte Zusammenarbeit

Abschließend ist im Zusammenhang der flexiblen Integration noch auf das seit Langem bestehende dänische Opt-out im Bereich der GSVP einzugehen. Dieses Opt-out, also die permanente Nicht-Teilnahme Dänemarks, gilt seit dem Vertrag von Maastricht, der in Dänemark am 2. Juni 1992 zunächst in einem ersten Referendum abgelehnt worden war. Die Maastricht-Gegner fürchteten die Herausbildung einer europäischen Armee, die von der dänischen Be-

Dänische Opt-outs

---

239 Vgl. zur Bildung von Gruppen Tardy 2014: In groups we trust. Implementing Article 44 of the Lisbon Treaty.
240 Vgl. Kapitel 4.1.2.

völkerung als Teil eines europäischen Staatsbildungsprojekts gesehen wurde und in den Referendum-Kampagnen Slogans hervorbrachte wie „No Danish sons must be forced into serving in a common European army."[241] Mit der Erklärung von Edinburgh vom Dezember 1992 erkannten die damaligen Staats- und Regierungschefs an, dass

> Dänemark [sich] nicht an der Ausarbeitung und Durchführung von Beschlüssen und Maßnahmen der Union, die verteidigungspolitische Bezüge haben [beteiligt]; es wird allerdings die Mitgliedstaaten auch nicht an der Entwicklung einer engeren Zusammenarbeit auf diesem Gebiet hindern. Dänemark nimmt daher nicht an der Annahme dieser Maßnahmen teil. Dänemark ist nicht verpflichtet, zur Finanzierung operativer Ausgaben beizutragen, die als Folge solcher Maßnahmen anfallen.[242]

Nachdem Dänemark auch in anderen Bereichen wie der Einführung des Euro sowie in der Justiz- und Innenpolitik[243] Opt-outs zugesichert worden waren, stimmte die dänische Bevölkerung in einem zweiten Referendum am 18. April 1993 für die Annahme des Vertrags von Maastricht. Protokoll Nr. 22 verankert die dänische Position im Vertrag von Lissabon. In den vergangenen Jahren zeichnete sich ein Stimmungsumschwung in Dänemark ab, vor allem was das Opt-out in der Justiz- und Innenpolitik angeht. Ministerpräsidentin Helle Thorning-Schmidt bekräftigte schon früh in ihrer Amtszeit, ein Referendum zu den Opt-outs abhalten zu wollen, konkret wurde jedoch bisher nur ein Referendum zur dänischen Sonderregelung im RFSR angekündigt. Die Anschläge in Paris und Kopenhagen zu Beginn des Jahres 2015 verstärkten den dänischen Willen, sich intensiver an koordinierten Maßnahmen der Terrorismusbekämpfung zu beteiligen, sodass bis 2016 mit einem Referendum zu rechnen ist.

3.6 Finanzierung der EU-Außenpolitik

Die Frage, wie die Außenpolitik der EU finanziert wird, ist nicht einfach zu beantworten, denn auch in diesem Kontext ist wieder die Mehrdimensionalität der EU-Außenpolitik im Mehrebenensystem zu

---

241 Olsen 2007: Denmark and ESDP, 30.
242 Europäischer Rat 1992: Protokoll über die Position Dänemarks.
243 Hier haben auch noch andere Mitgliedstaaten wie etwa Großbritannien Sonderpositionen, was dazu führt, dass der RFSR einen sehr hohen Differenzierungsgrad aufweist.

beachten. Dieses Unterkapitel beschränkt sich darauf, die wichtigsten Mechanismen bei der komplexen finanziellen Ausstattung des globalen Akteurs EU zu beleuchten.

Ein erster Überblick zum Budget der EU-Außenpolitik findet sich im Mehrjährigen Finanzrahmen (MFR). Hierbei handelt es sich um einen Sieben-Jahres-Plan, der die Ausgabenstruktur und die Ausgabenobergrenzen für einzelne Politikbereiche und Handlungsfelder der EU festlegt. Der MFR wird vom Rat auf Vorschlag der Kommission und nach Zustimmung des Europäischen Parlaments verabschiedet (Art. 312 AEUV).[244] Der jährliche Haushalt der EU muss sich an den Obergrenzen des MFR orientieren. Diese „Vorprogrammierung" der Ausgaben bringt der Budgetplanung den teilweise berechtigten Vorwurf ein, nicht flexibel auf aktuelle Ereignisse reagieren zu können. Die EU versucht jedoch zumindest, auf unvorhergesehene Entwicklungen adäquat zu reagieren, so z. B. als im Rahmen der ENP 2011 das Programm SPRING (*Support to Partnership, Reform and Inclusive Growth*) für die südlichen Mittelmeeranrainer als Antwort auf den „Arabischen Frühling" aufgelegt wurde.

Mehrjähriger Finanzrahmen (MFR)

Die Verhandlungen über die jeweiligen mehrjährigen Finanzrahmen sind politisch höchst sensibel und ziehen sich üblicherweise über Monate hin. Über den aktuellen MFR für die Jahre 2014 bis 2020 wurde von Juni 2011 bis Dezember 2013 intensiv gerungen. Dabei ging es u. a. darum, nationale Sparzwänge mit den gestiegenen finanziellen Anforderungen in Einklang zu bringen. Insgesamt umfasst der MFR 2014–2020 einen Finanzrahmen von knapp 960 Milliarden Euro. Die größten Ausgabenposten des gesamten MFR sind nach wie vor die Regional- und Struktur- sowie die Agrarpolitik. Für die Rubrik 4 „Europa in der Welt" stehen für die Sieben-Jahres-Periode 58,7 Milliarden Euro, d. h. gut 6 Prozent des gesamten mehrjährigen Budgets, zur Verfügung.[245] Zu beachten ist, dass außerhalb der Rubrik „Europa in der Welt" weitere Ausgaben mit außenpolitischer Relevanz anfallen, z. B. der Asyl- und Migrationsfonds aus der Rubrik „Sicherheit und Unionsbürgerschaft" oder Ausgaben im Bereich Umwelt- und Klimapolitik aus der Rubrik „Nachhaltiges Wachstum".

MFR 2014–2020

---

244 Eine knappe Einführung in Haushalt und Finanzierung der EU findet sich beispielsweise bei Seifert/Funke 2014: Haushalt und Finanzen oder Brasche 2013: Europäische Integration, 382–396.

245 Europäische Kommission 2014: Mehrjähriger Finanzrahmen 2014–2020 und EU-Haushalt 2014.

Der Wunsch vieler Mitgliedstaaten, das Gesamtbudget im Vergleich zum MFR 2007–2013 zu senken, stand im Widerspruch zu erhöhten finanziellen Erfordernissen, im außenpolitischen Bereich zum Beispiel für den Aufbau des EAD. Letztlich wurde das Gesamtbudget in der Tat von 1,12 Prozent des BIP auf 1,00 Prozent des BIP gesenkt, um den Sparerfordernissen Rechnung zu tragen, die Obergrenze für Ausgaben im außenpolitischen Bereich wurde jedoch etwas angehoben.

Haushalt 2014   Tabelle 3.4 zeigt am Beispiel des Haushalts 2014, auf welche finanziellen Instrumente, d. h. Budgetlinien mit bestimmten Zielvorgaben, sich die Ausgaben in der Rubrik „Europa in der Welt" verteilen. Die Übersicht lässt erkennen, dass die Förderprogramme für Entwicklungszusammenarbeit (DCI), Nachbarschaftspolitik (ENI), Heranführungshilfe für beitrittswillige Staaten (IPA) und humanitäre Hilfe den größten Anteil am außenpolitischen Budget ausmachen.[246]

Tab. 3.4: Rubrik „Europa in der Welt" im EU-Haushalt 2014

Mittel für	Mio. EUR	In %
Europäische Heranführungshilfe (IPA)	1 578,4	19,0
Europäisches Nachbarschaftsinstrument (ENI)	2 192,2	26,3
Instrument für Entwicklungszusammenarbeit (DCI)	2 341,0	28,1
Partnerschaftsinstrument (PI)	118,9	1,4
Europäisches Instrument für Demokratie und Menschenrechte (EIDHR)	184,2	2,2
Instrument für Stabilität (IfS)[247]	318,2	3,8
Humanitäre Hilfe	920,3	11,1
GASP	314,5	3,8
Sonstige Maßnahmen und Programme	357,3	4,3
Insgesamt	**8 325,0**	**100,0**

(Quelle: eigene Darstellung, basierend auf Europäische Kommission 2014: Mehrjähriger Finanzrahmen 2014–2020 und EU-Haushalt 2014, 21.)

---

246 Eine Erläuterung aller Instrumente findet sich in Europäische Kommission 2013: The Multiannual Financial Framework: The External Action Financing Instruments.

247 Im März 2014 wurde das *Instrument for Stability* (IfS) umbenannt in *Instrument contributing to Stability and Peace* (IcSP), bei diesem liegt ein stärkerer Fokus auf der Konfliktprävention.

Die Ausgaben für Entwicklungszusammenarbeit sind noch höher als die Übersicht vermuten lässt, denn der finanzkräftige Europäische Entwicklungsfonds (EEF) ist nicht Teil des Gesamthaushaltsplans der EU. Der EEF besteht seit 1957 und finanziert die Zusammenarbeit mit den AKP-Staaten, also mit den Staaten, mit denen die EU besondere historische Beziehungen hat. Das Instrument für Entwicklungszusammenarbeit (DCI), das Teil des Gemeinschaftshaushalts ist, stellt dagegen Mittel für die Zusammenarbeit mit Staaten aus Asien, Lateinamerika und den übrigen Regionen der Welt zur Verfügung.

Europäischer Entwicklungsfonds (EEF)

Der Anteil der GASP, und damit auch der GSVP, liegt mit knapp 315 Millionen Euro bei nur 3,8 Prozent der Ausgaben in der Rubrik „Europa in der Welt" im EU-Haushalt 2014. Dies erscheint angesichts kostenintensiver Militäreinsätze vergleichsweise gering und hängt damit zusammen, dass nur die Verwaltungsausgaben der GASP und operative Ausgaben, die keine militärischen oder verteidigungspolitischen Bezüge haben, aus dem EU-Budget finanziert werden (Art. 41 (1) und (2) EUV). Für GSVP-Missionen gibt es drei Finanzierungsmöglichkeiten:[248]

Finanzierung der GASP und der GSVP

1. Intergouvernementale Option: Die Finanzierung erfolgt nach dem NATO-Prinzip „costs lie where they fall", d. h., die an einer Mission beteiligten Staaten tragen die Kosten.
2. Kooperative Option: Bestimmte gemeinsame Kosten (z. B. Transport, Infrastruktur oder medizinische Versorgung) werden über den 2004 eingerichteten Athena-Finanzierungsmechanismus abgewickelt. Die Mitgliedstaaten (mit Ausnahme Dänemarks) zahlen einen jährlichen Beitrag entsprechend ihrem BIP in den Athena-Fonds ein (Art. 41 (2) EUV). Der Athena-Mechanismus bietet eine beständigere Finanzierungsgrundlage als die Ad-hoc-Finanzierung der intergouvernementalen Option. Um die Finanzierung von Missionen noch flexibler und schneller zu regeln, sieht Art. 41 (3) EUV einen Anschubfonds zur Sofortfinanzierung von Missionen vor. Dieser fällt ebenfalls in die Kategorie der kooperativen Option.

   Athena-Finanzierungsmechanismus
3. Integrative Option: Bei dieser Option werden die Kosten aus dem EU-Budget finanziert. Diese Möglichkeit wird nur bei Missionen des zivilen Krisenmanagements genutzt.

---

248 Diedrichs 2012: Die Gemeinsame Sicherheits- und Verteidigungspolitik der EU, 87.

Finanzierungs-
fragen als Aus-
tragungsort von
Rivalitäten

Die komplexen Finanzregelungen werfen die Frage auf, warum nicht alle Ausgaben aus dem Unionshaushalt getätigt werden. Gründe hierfür lassen sich in folgendem Dilemma finden, dem sich die Mitgliedstaaten gegenübersehen: Einerseits strebt jeder Mitgliedstaat gerade in Zeiten knapper nationaler Budgets danach, möglichst kostensparend zu agieren und anfallende Belastungen gemeinschaftlich zu tragen. Andererseits unterliegen die nationalen Akteure dem „Souveränitätsreflex"[249], der sie gerade in sensiblen militärischen Fragen auf ihre Letztentscheidungsrechte pochen lässt. Eine Einbindung von Europäischer Kommission und Europäischem Parlament in Budgetentscheidungen, wie sie beim Unionshaushalt vorgesehen ist, soll aus Sicht der nationalen Akteure verhindert werden. Doch nicht nur die Mitgliedstaaten wachen sorgsam über ihre Kompetenzen, auch die Kommission sucht ihre budgetrechtlichen Machtpotenziale zu sichern. Zuletzt war dies beim Aufbau des EAD im Jahr 2010 zu beobachten, als der damalige Kommissionspräsident Barroso die finanziell gut ausgestattete Europäische Nachbarschaftspolitik für die Kommission sicherte. Das Europäische Parlament weiß ebenfalls, seine in der GASP beschränkten Kompetenzen über den Hebel seiner Haushaltsrechte auszuweiten. Thym spricht gar von „budgetary blackmail" des Europäischen Parlaments gegenüber dem Rat.[250] Festzuhalten bleibt, dass Finanzierungsfragen sehr häufig zu den heftig umstrittenen Aspekten der mehrdimensionalen EU-Außenpolitik gehören, denn Geldfragen implizieren nicht zuletzt auch Machtfragen. Zu Recht folgern daher Keukeleire und Delreux: „Thus, it is not necessarily the effectiveness of the EU's foreign policy but the ramifications on the actors' power positions which often prevail in decisions on financing EU foreign policy."[251]

---

249 Hofmann/Wessels 2008: Der Vertrag von Lissabon – eine tragfähige und abschließende Antwort auf konstitutionelle Grundfragen?
250 Thym 2008: Parliamentary Involvement in European International Relations, 201.
251 Keukeleire/Delreux 2014: The Foreign Policy of the European Union, 107.

4 EU-Außenpolitik konkret

Kapitel 4 steht unter dem Motto „EU-Außenpolitik konkret". Nach Inhalt und Ziele des Kapitels der Rekonstruktion der Genese der EU-Außenpolitik in Kapitel 2 und der Darlegung der vertraglichen Grundlagen in Kapitel 3 stehen im Folgenden Ausführungen zur Implementation der einzelnen außenpolitischen Dimensionen der EU im Mittelpunkt. Anhand zahlreicher Beispiele aus der Praxis der EU-Außenpolitik werden die Grundzüge aller außenpolitischen Mosaiksteine der EU ausgeleuchtet. Dabei ist sowohl auf Zielsetzung und Zielerreichung der jeweiligen Politikfelder einzugehen als auch auf aktuelle Debatten und Entwicklungen sowie auf Herausforderungen und Perspektiven für die einzelnen außenpolitischen Dimensionen. Die inhaltliche Durchdringung und exemplarische Veranschaulichung *aller* Bausteine des außenpolitischen Mosaiks kann zwangsläufig nicht sämtliche Details jedes Politikbereichs erfassen. Ziel des Kapitels ist es stattdessen, die Handlungsfelder der EU-Außenpolitik in einer komprimierten Gesamtschau zu analysieren und zu vermitteln. Die Analyse umfasst zahlreiche Verweise auf weitere Literatur und Informationsquellen zur weiterführenden Lektüre.

Es ist darauf hinzuweisen, dass sich die außenpolitischen Dimensionen in der Praxis überschneiden, somit können Beispiele oft nicht ausschließlich *einem* Mosaikstein zugeordnet werden. So könnte beispielsweise das Assoziierungsabkommen mit der Ukraine sowohl im Rahmen der GASP als auch bei der Handelspolitik, der Nachbarschaftspolitik oder bei den Abkommen und Partnerschaften behandelt werden. Genau dies ist ja Ausdruck des die EU-Außenpolitik prägenden Kohärenzprinzips. Die in diesem Kapitel vorgenommene Trennung der Dimensionen und Zuordnung von Beispielen zu einem speziellen Politikbereich ist also gewissermaßen künstlich, dient jedoch dazu, die Aktivitäten der EU in den unterschiedlichen Bereichen bestmöglich zu veranschaulichen und spiegelt zudem die aktuell vorhandene Vertragssystematik wider.

4.1 Intergouvernementale Dimension

In der GASP und der GSVP, der intergouvernemental geprägten Dimension der EU-Außenpolitik, können all die Restriktionen, Widersprüchlichkeiten und Blockaden voll zum Tragen kommen, die sich aus den Souveränitätsvorbehalten der Mitgliedstaaten in diesen beiden Politikfeldern ergeben und die gemeinschaftliches Handeln oft erschweren oder gar verhindern.

4.1.1 Die GASP

„Tragödie" der GASP (Lehne)

Wie bereits angesprochen, macht die GASP, das „intergouvernementale Stiefkind der europäischen Integration"[1], vor allem dann von sich reden, wenn *keine* Gemeinsamkeit zwischen den außenpolitischen Positionen der Mitgliedstaaten erzielt werden kann. Ohne Zweifel zählt die ehemalige zweite Säule der EU zu den außenpolitischen Dimensionen, in denen die nationalen Reflexe und einzelstaatlichen Souveränitätsvorbehalte traditionell besonders stark ausgeprägt sind. Dies gilt in besonderem Maße für die GSVP als Teilbereich der GASP, auf die im folgenden Kapitel noch genauer einzugehen ist. Da die GASP zwar durch starke Brüsselisierung gekennzeichnet, aber nach wie vor weitgehend intergouvernemental organisiert ist – anders ausgedrückt, auf einstimmige Entscheidungsfindung angewiesen ist –, machen sich die einzelstaatlichen Beharrungskräfte und Souveränitätsbestrebungen umso deutlicher bemerkbar. Stefan Lehne konstatiert zu Recht eine „‚Tragödie' der GASP", die darin bestehe, dass sie einerseits den Führungsanspruch innerhalb der EU-Außenpolitik erhebe, andererseits jedoch das schwächste Glied in der Kette der internationalen Aktivitäten darstelle und aufgrund ihrer Strukturen außerstande sei, die an sie gestellten Erwartungen zu erfüllen. Dieses Auseinanderklaffen zwischen der faktischen Kapazität der EU und dem an sie herangetragenen Anspruch untergrabe die internationale Glaubwürdigkeit der Union insgesamt.[2]

„capability– expectations gap" (Hill)

In der Forschung zur Außenpolitik der EU ist dieser Befund seit Langem als „capability–expectations gap" bekannt. Damit bezeichnet Christopher Hill in seinem viel beachteten Beitrag von 1993 das Auseinanderklaffen zwischen auf der einen Seite den an die EG herangetragenen und durch die Erfolge als internationale Wirtschaftsmacht genährten Erwartungen; auf der anderen Seite stehen die beschränkten Fähigkeiten der Staatengemeinschaft „in terms of its

---

1 Neuhold 2013: Die EU auf der Bühne der internationalen Politik: nur mehr Nebenrollen? 1.
2 Lehne 2014: Eine Agenda für Federica Mogherini – Vorschläge zur Weiterentwicklung der europäischen Außenpolitik, 248.

ability to agree, its *resources* and the *instruments* at its disposal."[3] Über zwanzig Jahre später und trotz all der seither erreichten Fortschritte ist Hills insgesamt negatives Fazit keineswegs obsolet geworden.[4]

Beispiele europäischer Uneinigkeit und Handlungsunfähigkeit in außenpolitischen Fragen lassen sich in großer Zahl anführen, gerade in den Jahren von 2009 bis 2014 durchlitt die GASP – trotz der institutionellen Verbesserungen der außenpolitischen Funktionslogik, die im Lissabon-Vertrag erreicht werden konnten – eine Durststrecke.[5] Die letzten Jahre waren geprägt von schwerwiegenden internationalen Krisen; in solchen Situationen gilt, was die Hohe Vertreterin Ashton 2011 äußerte und was schon 2002/2003 anlässlich des Irak-Kriegs der Fall war: „Recent years have shown that the hour of crisis is the hour of the member states. Nowhere is this more evident than in the case of Libya in 2011."[6] Damit ist die gegensätzliche Positionierung großer EU-Staaten zur Libyen-Frage im UN-Rahmen angesprochen, als sich Deutschland im März 2011 als nichtständiges Mitglied des UN-Sicherheitsrats bei der Mandatierung eines Responsibility-to-protect-Einsatzes der Stimme enthielt, während Frankreich und Großbritannien dafür stimmten. Auch Frankreichs zunächst rein nationales militärisches Engagement in Mali demonstrierte erneut, wie stark „Souveränitätsreflexe" in großen Krisen immer noch sind, erst später wurde Frankreich von einer gemeinsamen Mission der EU unterstützt.

Somit ist die größte Herausforderung für die GASP gleichzeitig ihre größte Schwäche: unter den Mitgliedstaaten eine gemeinsame Linie zu finden. In jüngerer Zeit ist vor allem das „Desaster" der Syrien-Politik zu nennen, eine der „schwärzesten Stunden" der EU-Außenpolitik, wie es Martin Winter in der Süddeutschen Zeitung bezeichnete, als die Europäer auf Druck Frankreichs und Großbritanniens das Waffenembargo im Mai 2013 fallen ließen. „Die Europäer sind die Hinterbänkler der globalen Politik. Kein Wunder,

2009–2014: Durststrecke der GASP

---

3 Hill 1993: The Capability–Expectations Gap, or Conceptualizing Europe's International Role (Hervorhebung im Original).

4 Vgl. beispielsweise Helwig 2013: EU Foreign Policy and the High Representative's Capability–Expectations Gap: A Question of Political Will.

5 Seit 2014 ist ein Stimmungsumschwung auszumachen; dies lässt sich auf ein komplexes Ursachenbündel zurückführen, auf das im weiteren Verlauf des Buches noch einzugehen ist.

6 Helwig/Rüger 2014: In Search of a Role for the High Representative: The legacy of Catherine Ashton, 7

dass die USA und Russland die Syrien-Konferenz in Genf über deren Köpfe hinweg verabredet haben", so Winter weiter.[7]

Insgesamt entsteht bisweilen der Eindruck, das „G" in der GASP steht eher für gespalten als für gemeinsam. Diese Bewertung ist in vielen Fällen zutreffend, muss jedoch im Folgenden unter zwei Gesichtspunkten relativiert werden: Zum einen hat die Dimension der GASP in den zwei Dekaden seit ihrer Entstehung durchaus auch Erfolge vorzuweisen, zum Zweiten ist zu berücksichtigen, dass viele der GASP-Aktivitäten der EU vom öffentlichen Radar nicht erfasst werden, sondern oft unterhalb der Wahrnehmungsschwelle ablaufen.

Atomverhandlungen mit dem Iran

Ein konkretes Beispiel der GASP, das von Erfolgen, aber auch von Rückschlägen gezeichnet ist und die Dynamiken der GASP gut sichtbar macht, sind die Atomverhandlungen mit dem Iran.[8] Diese beschäftigen die internationale Gemeinschaft seit nun über einem Jahrzehnt. Der Iran hatte den Atomwaffensperrvertrag (Vertrag über die Nicht-Verbreitung von Kernwaffen, kurz: NVV) im Jahr 1968 als einer der ersten Staaten unterzeichnet. Während die fünf offiziellen Atommächte sich durch den Vertrag auf Abrüstungsbemühungen festlegten, verpflichteten die anderen Vertragsstaaten sich, keine Kernwaffen zu erwerben. Die zivile Nutzung der Atomkraft ist den Unterzeichnerstaaten im Rahmen des Nichtverbreitungsregimes dagegen explizit erlaubt. 2002 kamen – ausgelöst von Beobachtungen oppositioneller Gruppen im Iran – erhebliche Zweifel am zivilen Charakter des iranischen Nuklearprogramms auf. Aus der Internationalen Atomenergie-Organisation (IAEO), der Wächterin über den NVV, waren ebenfalls Bedenken laut geworden, der Iran kooperiere nicht ausreichend und verheimliche Informationen zu seinen Nuklearaktivitäten. Im Fokus standen die Urananreicherungsanlage in Natans und ein Schwerwasserreaktor in Arak. Die IAEO forderte den Iran auf, seine Aktivitäten offenzulegen und das Zusatzprotokoll

---

7 Winter 2013: Hinterbänkler der globalen Politik.
8 Vgl. zum Folgenden Gaedtke 2009: Europäische Außenpolitik, 242–251; Ünver Noi 2011: Iran in EU and US Foreign Policy: The Case of Iran's Nuclear Program. Kaussler 2012: From Engagement to Containment: EU-Iran Relations and the Nuclear Programme; Alcaro/Bassiri Tabrizi 2014: Europe and Iran's Nuclear Issue: The Labours and Sorrows of a Supporting Actor. Für Unterstützung bei der Recherche zu diesem Teil danken die Autorinnen Laura Senger und Manuel Beck.

zum NVV zu unterzeichnen, das der IAEO und deren Inspektoren unangemeldete Kontrollen erlaubt. Gerade von US-amerikanischer Seite wurde bereits früh der Ruf laut, die Causa Iran an den UN-Sicherheitsrat zu überweisen.

Im Oktober 2003 reisten Jack Straw, Joschka Fischer und Dominique de Villepin, die damaligen Außenminister Großbritanniens, Deutschlands und Frankreichs, nach Teheran. Es gelang ihnen, die iranische Führung in der Teheran-Erklärung dazu zu bewegen, mit der IAEO zu kooperieren und die Urananreicherung für die Zeit der Verhandlungen auszusetzen. Dies kann als „Erfolgsgeschichte der europäischen Diplomatie" bezeichnet werden, vor allem, da der Verhandlungserfolg keineswegs garantiert war und die Dreier-Initiative gegen heftige Widerstände der US-Regierung erfolgte.[9] Bemerkenswert ist auch, dass der Vorstoß zu einer Zeit erfolgte, als die „Großen Drei" wegen diametral unterschiedlicher Ansichten zum Irak-Konflikt tief gespalten waren. Mit der Unterzeichnung des NVV-Zusatzprotokolls durch den Iran im Dezember 2003 konnten die Europäer einen weiteren Erfolg für sich verbuchen. Zu beachten ist, dass die Initiative der Großen Drei (E3) zunächst nicht im offiziellen Rahmen der GASP erfolgte. Im November 2004 bekräftigte der Iran im Pariser Abkommen die 2003 getroffenen Zusagen (Aussetzung der Urananreicherung, Umsetzung des noch zu ratifizierenden Zusatzprotokolls). Im Gegenzug erhielt Teheran wirtschaftliche Anreize wie etwa die Zusage, Unterstützung für die WTO-Mitgliedschaft des Landes zu erhalten. Verhandelt wurde das Pariser Abkommen durch die EU3, denn die E3 waren inzwischen durch den damaligen Hohen Vertreter für die GASP, Javier Solana, ergänzt worden.

In der EU war die diplomatische Verhandlungsführung durch die Großen Drei zunächst keineswegs unumstritten. Einige, vor allem kleinere Mitgliedstaaten, aber auch Spanien, waren skeptisch und fürchteten ein Direktorium, das den Einfluss der anderen Mitgliedstaaten unterlaufen und die geltenden Regeln der GASP aushöhlen könnte. Die Einbeziehung Solanas machte das Trio der Großen für die Skeptiker leichter erträglich. Erst 2004 begrüßten alle Mitgliedstaaten im Rat offiziell die Bemühungen der EU3.[10]

GASP-Direktorium der Großen Drei?

---

9 Meier 2014: Zeit für eine europäische Initiative zur Lösung der Iran-Verhandlungen.

10 Gaedtke 2009: Europäische Außenpolitik, 250. Zur Führungsrolle der „Großen Drei" vgl. Hill 2011: The big three and the High Representative: dilemmas of leadership inside and outside the EU, speziell zum Iran 82–84.

EU3+3/P5+1   Mit der Wahl Mahmud Ahmadinedschads zum iranischen Präsidenten im August 2005 verhärteten sich die Fronten im Atomstreit. Hinzu kam, dass aus iranischer Sicht Sicherheitsgarantien seitens der USA fehlten. Der Iran kündigte die Wiederaufnahme der Urananreicherung an, was effektiv das Scheitern des Pariser Abkommens von 2004 bedeutete. Im Februar 2006 überwies die IAEO den iranischen Fall zur weiteren Behandlung an den UN-Sicherheitsrat, wo sich die neue Verhandlungsformation der EU3+3 mit der Problematik befasste. Diese Formation ist auch als P5+1 bekannt und bezeichnet die fünf ständigen Mitglieder des Sicherheitsrats (USA, Russland, China, Großbritannien, Frankreich) plus Deutschland. Im Folgenden ist von EU3+3 die Rede, denn begrifflich spiegelt diese Bezeichnung die Genese des Formats von den E3, über die Hinzuziehung des Hohen Vertreters bzw. der EU und schließlich von USA, Russland und China besser wider als die Bezeichnung P5+1.

Zuckerbrot und Peitsche   Die EU3+3 verfolgten im weiteren Verlauf einen doppelten Ansatz nach dem Zuckerbrot- und Peitsche-Prinzip. Im Dezember 2006 verhängte der Sicherheitsrat erstmals Sanktionen gegen den Iran, die 2007 und 2008, als der Iran seine Anreicherungskapazitäten ausweitete, verschärft wurden. Die Sanktionen der EU gingen teilweise noch über die der Vereinten Nationen hinaus. Als die Verhandlungen 2008 an einem toten Punkt angelangt waren, legten die EU3+3 unter Führung Solanas dem Iran ein erneutes Verhandlungsangebot vor, das nun auch Sicherheitsgarantien der USA enthielt. Diese hatten 2008 erstmals mit einem eigenen Vertreter in direktem Kontakt mit dem Iran an den EU3+3-Gesprächen teilgenommen. Der Iran lehnte dieses Paket allerdings ab, da nach wie vor die Aussetzung der Uran-Anreicherung als Vorbedingung enthalten war. Aus EU- und GASP-Perspektive wird an dieser Stelle deutlich, dass eine gemeinsame Stimme der EU noch kein Garant für Erfolg ist, GASP-Bemühungen also scheitern können, obwohl sie von allen Mitgliedstaaten mitgetragen werden. Ein neues Momentum für die Verhandlungen ergab sich mit dem Amtsantritt Barack Obamas 2009, der Verhandlungen ohne Vorbedingungen in Aussicht stellte. Obwohl der Iran in der Folge im Genfer Abkommen von 2009 zunächst erklärt hatte, die Uran-Anreicherung nach Russland zu verlagern und damit stärker unter internationale Kontrolle zu stellen, scheiterte letztendlich auch dieser Lösungsansatz. Hintergrund war vor allem die inneriranische Opposition gegen die Vereinbarung von 2009. Der Sicherheitsrat verabschiedete als Konsequenz 2010 einen weiteren Sanktionskatalog, die EU setzte diese Sanktionen um und brachte weitere eigene Sanktionen auf den Weg, darunter 2012 ein Ölembargo, das als zusätzliches Druckmittel wirken sollte.

Als vorläufiger Wendepunkt der Atomverhandlungen kann das Jahr 2013 betrachtet werden. Die Wahl Hassan Rohanis zum neuen iranischen Präsidenten eröffnete neue diplomatische Möglichkeiten, die Gespräche der EU3+3 mit dem Iran wurden erneut – nun unter Führung Catherine Ashtons[11] – aufgenommen und im November 2013 mit dem Genfer Interimsabkommen abgeschlossen. Der *Joint Action Plan* des Abkommens sah vor, dass der Iran einerseits einen erheblichen Teil seines Atomprogramms einschränken und dieses verstärkt durch die IAEO kontrollieren lässt, während andererseits die EU3+3 dem Iran im Gegenzug Sanktionserleichterungen gewähren. Die Interimsphase, die eigentlich im Juli 2014 in eine *Comprehensive Solution*, also eine dauerhafte und nachhaltige Lösung des Atomkonflikts münden sollte, wurde zunächst auf November 2014 verlängert. Ashton unterstützte die Verhandlungen auch nach der Übergabe des Staffelstabs der Hohen Vertreterin an Mogherini, sie berichtete Mogherini jeweils vom Verlauf der Gespräche. Mogherini selbst nahm an den Treffen der EU3+3 teil, die auf Ministerebene stattfanden. Die fortgesetzte Einbindung Ashtons unterstreicht die hohe Relevanz personeller Kontinuität bei solchen Verhandlungen und belegt einmal mehr die Sinnhaftigkeit der Abkehr von der rotierenden Ratspräsidentschaft in der GASP. Dass im November 2014 in Wien noch kein umfassender „Deal" vereinbart werden und sich die EU3+3 und Iran nur auf eine Verlängerung der Gespräche einigen konnten, hing vor allem mit innenpolitischen Hürden in den USA und im Iran zusammen.[12] Vom 26. März bis 2. April 2015 kamen die EU3+3 und der Iran im Rahmen der im November 2014 vereinbarten Gespräche erneut zusammen und konnten sich in Lausanne – unter Leitung der Hohen Vertreterin Mogherini – auf ein Rahmenabkommen einigen, das anschließend in ein endgültiges Abkommen überführt werden soll. Zu den Eckpunkten gehören u. a. die deutliche Reduktion der Zentrifugen des Iran zur Urananreicherung, die Beschränkung der Urananreicherung auf die Anlage in Natans sowie die dauerhafte Kontrolle des iranischen Atomprogramms durch die internationale Gemeinschaft. Im Gegenzug sagten die Verhandlungspartner dem

Diplomatischer Zwischenerfolg mit offenem Ausgang

---

11 Zur Rolle Ashtons in den Verhandlungen vgl. Helwig/Rüger 2014: In Search of a Role for the High Representative: The Legacy of Catherine Ashton.
12 Meier 2014: Zeit für eine europäische Initiative zur Lösung der Iran-Verhandlungen.

Iran die Aufhebung der wegen des Atomprogramms verhängten Sanktionen zu.[13] Über den Zeitpunkt der Sanktionserleichterungen herrschten kurz nach Ende der Verhandlungen bereits unterschiedliche Auffassungen: Während Irans oberster Führer Ayatollah Ali Chamenei die Aufhebung sofort nach Inkrafttreten des finalen Abkommens forderte, machten einige Verhandlungspartner deutlich, dass sie erst nach Umsetzung ihrer Forderungen die Sanktionen aufheben würden. Dies zeigt, dass die Umsetzung der Eckpunkte keineswegs gesichert ist.

Wenngleich ein endgültiges Fazit zur Performanz der GASP in der Causa Iran somit noch nicht gefällt werden kann, bleibt zum jetzigen Zeitpunkt festzuhalten, dass die EU und der Hohe Vertreter/die Hohe Vertreterin als zentraler Akteur in diesem über ein Jahrzehnt dauernden Konflikt auftraten. Die EU fungierte in der EU3+3-Formation als ausgleichendes Element zwischen den USA, der treibenden Kraft der Sanktionen, und Russland und China, die dem Sanktionsregime kritisch gegenüberstanden.[14] Unabhängig davon, ob eine abschließende Lösung für den Atomkonflikt gefunden werden kann, hat das unter Führung von Ashton ausgehandelte Zwischenabkommen aus dem Jahr 2013 die nuklearen Aktivitäten des Iran gebremst, die *breakout time*, also die Zeit, die der Iran zur Herstellung von ausreichend waffenfähigem Material für eine Atombombe benötigt, erhöht und kann somit als Erfolg für die GASP gewertet werden.

Vermittlung der EU im Serbien-Kosovo-Dialog

Ein weiteres konkretes GASP-Beispiel, das insgesamt als Erfolg der jüngeren Zeit gewertet wird, ist die Vermittlung der EU im politischen Dialog zwischen Serbien und dem Kosovo. Am 19. April 2013 einigten sich der damalige serbische Premierminister Ivica Dačiç und der kosovarische Premierminister Hashim Thaçi auf ein Abkommen über Maßnahmen zur dauerhaften Normalisierung der bilateralen Beziehungen. Vorausgegangen waren monatelange Verhandlungen unter Vermittlung der ehemaligen Hohen Vertreterin Catherine Ashton. Ein Kernproblem des konfliktreichen Verhältnis-

---

13 Zu den Eckpunkten der Einigung US Department of State 2015: Parameters for a Joint Comprehensive Plan of Action Regarding the Islamic Republic of Iran's Nuclear Program.
14 Posch 2013: The EU and Iran, 184.

ses zwischen Belgrad und Pristina waren serbische Parallelstrukturen in Verwaltung, Justiz und Polizei in mehrheitlich von Serben bewohnten Gemeinden im Nordkosovo. Mit dem Abkommen wurden die Gemeinden als Teil des Kosovo anerkannt, im Gegenzug erkannte Pristina den dort lebenden Serben weitreichende Autonomierechte zu. Die schwierigen Verhandlungen begannen bereits im März 2011 und gliederten sich in zwei Phasen: Zunächst fanden Gespräche auf technischer Ebene statt, die von Robert Cooper, einem EAD-Diplomaten, geleitet wurden. Diese Kontakte dienten als vertrauensbildende Maßnahme zwischen den verfeindeten Verhandlungsparteien. Ab Oktober 2012 wurden die Gespräche auf höchster politischer Ebene zwischen den beiden Premierministern mit der Hohen Vertreterin als Moderatorin fortgesetzt. Die Verhandlungen, die in insgesamt 23 Runden mit einer Gesamtdauer von 230 Stunden stattfanden,[15] belegen den Mehrwert verstetigter und dauerhaft in Brüssel ansässiger Strukturen und Akteure wie EAD und Hoher Vertreterin.[16] Eine rotierende Ratspräsidentschaft wäre – ähnlich wie im Fall des Iran – schon alleine aufgrund der begrenzten Ressourcen nicht in der Lage gewesen, die Unterstützungsleistung in dieser Form zu erbringen.

Interessant ist, dass eine Bedingung, die gemeinhin als Voraussetzung für den Erfolg der GASP gilt, in diesem Fall nicht gegeben war: die Einigkeit der Mitgliedstaaten. Seit das Kosovo am 17. Februar 2008 seine Unabhängigkeit erklärt hatte, ist diese in der internationalen Gemeinschaft umstritten. In der EU haben nur 23 der 28 Mitglieder das Kosovo als Staat völkerrechtlich anerkannt. Griechenland, Rumänien, die Slowakei, Spanien und Zypern lehnen die Anerkennung ab, vornehmlich aus innenpolitischen Gründen, um Sezessionsbestrebungen und Minderheitenproblemen im eigenen Land keine Nahrung zu geben. Die Schlussfolgerung des Rates einen Tag nach der Unabhängigkeitserklärung des Kosovo steht de facto in eklatantem Widerspruch zu allen Konzertierungs- und Abstimmungsgeboten der GASP, wenn es heißt: „Der Rat nimmt zur Kenntnis, dass die Mitgliedstaaten im Einklang mit ihren nationalen Gepflogenheiten und dem Völkerrecht über ihre Beziehungen zum Kosovo beschließen werden."[17] Die Uneinigkeit bezüglich der Status-

Uneinigkeit in der Statusfrage

---

15 So Ashton vor dem Europäischen Parlament am 03.04.2014.

16 Vgl. auch Blockmans 2013: Facilitated dialogue in the Balkans vindicates the EEAS.

17 Rat 2008: Schlussfolgerungen des Rates zu Kosovo.

frage konnte jedoch insofern neutralisiert werden, als im selben Zug alle Ratsmitglieder die Bereitschaft der EU bekräftigten, „eine führende Rolle bei der Stärkung der Stabilität in der Region zu spielen"[18]. Diese von der EU beanspruchte Führungsrolle ist auch als Antwort auf die europäischen Misserfolge auf dem Balkan in den 1990er-Jahren zu werten, als die Sicherheit und Stabilität der Region ausschließlich vom Engagement der USA abhing. Die gespaltene Haltung in der Statusfrage des Kosovo führt zu einer gewissen Schizophrenie in der Außenpolitik der EU, wenn etwa EULEX Kosovo, die größte zivile GSVP-Mission überhaupt, versucht, die rechtsstaatlichen Strukturen einer Entität zu stärken, die nicht von allen EU-Mitgliedern überhaupt als Staat anerkannt wird.

Beitrittsperspektive als Schrittmacher der Verhandlungen

Ein ganz elementarer Faktor für die unter EU-Vermittlung erzielten Fortschritte zwischen Serbien und dem Kosovo ist die Beitrittsperspektive für beide Staaten.[19] Serbien wurde nach dem erfolgreichen Abschluss des Normalisierungsabkommens im Januar 2014 mit der Aufnahme von Beitrittsverhandlungen „belohnt", im Juli 2014 wurde das Stabilisierungs- und Assoziierungsabkommen mit dem Kosovo paraphiert. Bei einem von Ashton moderierten Panel der Münchner Sicherheitskonferenz im Februar 2014 gaben Daçiç und Thaçi selbst zu erkennen, dass sie sich ohne den Anreiz einer EU-Mitgliedschaft erst gar nicht an den Verhandlungstisch begeben hätten.[20] Dieses Beispiel zeigt, dass Erfolge in der GASP oft auf Elemente aus dem übrigen außenpolitischen Instrumentenkasten der EU aufbauen. Gerade die Politik der EU auf dem Balkan veranschaulicht die starke Verzahnung der GASP mit anderen Dimensionen des außenpolitischen Mosaiks. Neben der Erweiterungspolitik und den Stabilisierungs- und Assoziierungsabkommen mit den Staaten des Westbalkans, die u. a. wiederum handelspolitische Aspekte umfassen, sind in diesem Zusammenhang beispielsweise auch zahlreiche GSVP-Missionen in der Region zu nennen.

---

18 Rat 2008: Schlussfolgerungen des Rates zu Kosovo.
19 Vgl. hierzu auch Bergmann/Niemann 2015: Mediating International Conflicts: The European Union as an Effective Peacemaker?
20 Das sehenswerte Panel ist in der Mediathek der Münchner Sicherheitskonferenz abrufbar: http://www.securityconference.de.

Weitere GASP-Aktivitäten

Die beiden GASP-Beispiele, die hier etwas näher beleuchtet wurden, sind ebenso wie die einschlägigen Fälle europäischer Kakofonie in Fragen der Außen- und Sicherheitspolitik weithin bekannt. Die Handlungsfelder der GASP gehen jedoch weit darüber hinaus. Die Jahresberichte des Hohen Vertreters an das Europäische Parlament geben Aufschluss darüber, wie umfangreich und divers die GASP-Aktivitäten der EU sind.[21] Die thematische Vielfalt ist u.a. an der großen Zahl von Erklärungen und Stellungnahmen ablesbar. 2013 wurden insgesamt 552 Erklärungen abgegeben, wobei zu unterscheiden ist zwischen

- Erklärungen der Hohen Vertreterin im Namen der EU: Sie können erst nach Konsultation mit den Mitgliedstaaten abgegeben werden und gelten als offizielle Position der EU.
- Erklärungen der Hohen Vertreterin: Sie werden ohne förmliche Konsultation mit den Mitgliedstaaten meist bei Ereignissen abgegeben, die eine rasche Reaktion erfordern.
- Erklärungen des Sprechers der Hohen Vertreterin: Sie werden als rasche Reaktion abgegeben, wenn eine persönliche Beteiligung der Hohen Vertreterin nicht erforderlich ist.
- Lokale Erklärungen der EU: Sie werden im Zusammenhang mit konkreten regionalen/lokalen Problemen abgegeben.[22]

Erklärungen

Tab. 4.1: Übersicht der GASP-Erklärungen 2013

Aufschlüsselung nach Kategorie	Anzahl (Prozentangabe in Klammern)	
Erkl. der Hohen Vertreterin im Namen der EU	32	(6 %)
Erklärungen der Hohen Vertreterin	252	(46 %)
Erklärungen des Sprechers	201	(36 %)
Lokale Erklärungen	67	(12 %)
Gesamt	552	(100 %)

---

21 Die GASP-Jahresberichte seit 2009 finden sich unter http://eeas.europa.eu/cfsp/index_de.htm.
22 Vgl. Rat 2014: Hauptaspekte und grundlegende Optionen der GASP.

Aufschlüsselung nach Regionen*		
Afrika	125	(23 %)
Asien	92	(17 %)
Osteuropa/westliche Balkanstaaten	115	(21 %)
Lateinamerika	10	(2 %)
Nordafrika	89	(16 %)
Naher Osten/Golfstaaten	90	(16 %)
Multilateral/Nordamerika	6	(1 %)
Aufschlüsselung nach Themen		
Menschenrechte	128	(23 %)
Wahlen/Reform	99	(18 %)
Konflikt/Stabilisierungsprozesse	129	(23 %)
Sicherheitsrelevante Zwischenfälle	90	(16 %)
Glückwünsche/Kondolenzbotschaften	27	(5 %)
Nichtverbreitung	9	(2 %)
Sonstiges	70	(13 %)

(Quelle: eigene Darstellung basierend auf Rat 2014: Hauptaspekte und grundlegende Optionen der GASP. *Sonstige Regionen im Original nicht aufgeführt.)

Förderung von
Menschenrechten
und Demokratie

Die Aufschlüsselung zeigt, dass nur eine Minderheit der Erklärungen der Hohen Vertreterin im Namen der EU abgegeben wurden. Erkennbar ist außerdem, dass 2013 die regionalen Schwerpunkte der GASP-Erklärungen in Afrika, die thematischen Schwerpunkte im Bereich der Menschenrechte und der Konfliktstabilisierung lagen. Wie in Kapitel 3.3.5 erwähnt, setzte die EU mit Stavros Lambrinidis durch einen GASP-Beschluss 2012 auch erstmals einen Sonderbeauftragten für ein bestimmtes Thema, die Menschenrechte, ein. Ein wesentlicher Bestandteil seines Mandats besteht darin, mit strategischen Partnern der Union und mit Transitionsstaaten im Bereich der Menschenrechte zusammenzuarbeiten. Der Sonderbeauftragte für Menschenrechte ist Teil des sogenannten Menschenrechtspakets, auf das sich die EU 2012 einigte. Zu diesem Menschenrechtspaket, das der – mit Lissabon für alle Bereiche der EU-Außenpolitik verankerten – Werte- und Zielbindung Ausdruck verleiht, gehören auch ein strategischer Rahmen und ein Aktionsplan mit 97 konkreten Maßnahmen für die Jahre 2012 bis 2014.[23] Im April 2015 legte die Hohe Vertreterin zusammen mit der Kommission einen Vorschlag für einen neuen Aktionsplan für die Jahre 2015 bis 2019 vor.[24] Der Rat verabschiedet zudem jährlich einen Bericht zu Menschenrechten und Demokratie, der zum einen die Umsetzung des Aktionsplans bewertet, zum anderen die globale Menschenrechtssituation reflektiert.[25] Die Förderung von Menschenrechten und Demokratie verbleibt nicht auf deklaratorischer Ebene, sondern erfolgt auch finanziell, u. a. durch das Instrument für Demokratie und Menschenrechte, das für die Zeit von 2014–2020 mit 1,3 Milliarden Euro ausgestattet ist, um beispielsweise NGOs zu unterstützen oder zur Abschaffung von Folter und Todesstrafe beizutragen. Durch Wahlbeobachtungsmissionen versucht die EU, ihrem eigenen Anspruch, die Demokratie zu fördern, gerecht zu werden. Wahlbeobachter waren 2013 in elf Missionen im Rahmen der GASP im Einsatz, so beispielsweise in Jordanien, Kenia, Paraguay, Pakistan oder Mali. Zudem entsandte die EU Wahlexperten-Missionen nach Bhutan, Kambodscha, Togo, Swasiland, Ruanda, auf die Malediven, nach Simbabwe und Mauretanien.[26] Mogherini kündigte bei der Vorstellung des Aktionsplans im April 2015 an, dass sie die Förderung von Menschenrechten zu einem Schwerpunkt ihrer Amtszeit als Hohe Vertreterin machen werde:

> Menschenrechte gehören zu den übergeordneten Prioritäten meines Mandats; sie werden ein Kompass in allen Beziehungen innerhalb der EU-Institutionen sowie mit Drittländern, internationalen Organisationen und der Zivilgesellschaft sein.[27]

Dieses Ziel ist zweifelsohne anerkennenswert, kann jedoch nicht darüber hinwegtäuschen, dass es in der Praxis nach wie vor oft Zielkonflikte gibt zwischen der Menschenrechtsorientierung der EU-

---

23 Rat 2012: Menschenrechte und Demokratie: Strategischer Rahmen und Aktionsplan der EU.

24 Europäische Kommission/Hohe Vertreterin 2015: Action Plan on Human Rights and Democracy (2015–2019). "Keeping human rights at the heart of the EU agenda".

25 Die Berichte sind abrufbar unter: http://eeas.europa.eu/human_rights/about/index_en.htm.

26 Rat 2014: Hauptaspekte und grundlegende Optionen der GASP.

27 Mogherini zit. nach http://ec.europa.eu/deutschland/press/pr_releases/13276_de.htm.

Außenpolitik und beispielsweise wirtschaftlichen Interessen. Nicht umsonst gehört die Debatte um die Frage, wie normativ und damit glaubwürdig die „normative power EU" (Manners) tatsächlich handelt, zu einem der brennendsten Themen der EU-Außenpolitikforschung.[28]

Präventive Diplomatie und Mediation am Beispiel Myanmars

Ein weiterer Schwerpunkt der GASP liegt im Bereich der präventiven Diplomatie; als Beispiel aus jüngerer Zeit kann Myanmar dienen.[29] Seit 2011 sind in dem ehemals als Militärdiktatur berüchtigten Staat Demokratisierungsansätze zu verzeichnen. Die EU reagierte 2012 auf die Öffnungsprozesse in Myanmar mit einer Suspendierung ihrer seit den 1990er-Jahren bestehenden Sanktionen, mit Ausnahme des Waffenembargos. 2013 wurden die Sanktionen in Anerkennung der positiven Entwicklungen im Land komplett aufgehoben, die EU richtete eine Task Force zum Umgang mit dem Land ein. Myanmar ist geprägt durch ethnische und religiöse Spannungen, die sich in bewaffneten Konflikten zwischen verschiedenen Volksgruppen entluden. Neben diplomatischen Kontakten und finanzieller Hilfe stellte die Mediation einen wichtigen Bestandteil der GASP-Aktivitäten in Myanmar dar. Hier wurde das *Mediation Support Team* der EU aktiv, das nach dem Vertrag von Lissabon im EAD zur Unterstützung von Mediationsprozessen aufgebaut worden war und neben Myanmar zum Beispiel auch in Mali oder dem Libanon zum Einsatz kam.[30] Insgesamt wirkte die EU durch ihre Aktivitäten in Myanmar als

> [...] diplomatic actor – and not only as an aid donor – in a difficult environment. It [= the EU] was also able to largely fulfil the expectations of its Myanmar counterparts that it would bring to bear sufficient political leverage and expertise. Moreover, the Union's involvement proves that preventive diplomacy activities in the ASEAN region can be directed at an internal conflict without being perceived as unnecessarily "interventionist".[31]

Wie bereits angesprochen, gelangen GASP-Aktivitäten wie präventive Diplomatie und Mediation, anders als die Misserfolge der GASP,

---

28 Vgl. auch Whitman (Hrsg.) 2011: Normative Power Europe; Balfour 2012: Human Rights and Democracy in EU Foreign Policy; Lerch 2013: Menschenrechte und europäische Außenpolitik.

29 Vgl. zum Folgenden Banim 2014: The EU in Myanmar: Preventive diplomacy in action?; vgl. außerdem Schaffar 2015: Die Rolle der EU in Myanmar.

30 Nähere Informationen finden sich unter http://eeas.europa.eu/cfsp/conflict_prevention/index_en.htm.

31 Banim 2014: The EU in Myanmar: Preventive diplomacy in action?

nicht unbedingt ins Licht der Öffentlichkeit, denn wenn sie erfolgreich sind, stellen sie – vor dem Hintergrund weltweiter Krisen, Konflikte und Gewaltausbrüche – meist kein Thema für die Schlagzeilen dar. Nichtsdestotrotz sind genau diese oft wenig beachteten Bemühungen wesentliche Elemente der GASP.

Fazit und Perspektiven

Zusammenfassend zeigt der Blick auf konkrete Maßnahmen und Aktivitäten der GASP, dass diese als Relais der EU-Außenpolitik fungiert, als Schaltstelle, in welcher der außenpolitische Instrumentenkasten der EU von Rat und Hohem Vertreter koordiniert wird. Die Beispiele zeigen, dass die Kommission in der Praxis deutlich stärker mit der GASP verbunden ist, als es die Verträge suggerieren. So flankieren ökonomische Abkommen den politischen Dialog mit Drittstaaten, den Verhandlungen mit dem Iran verleihen Sanktionen den nötigen Nachdruck, die Vermittlung zwischen Konfliktparteien wie Serbien und dem Kosovo wird durch das „Zuckerbrot" der von der Kommission gesteuerten Erweiterungspolitik erleichtert. Der Beitrittsanreiz bleibt dabei ohne Zweifel das wirksamste Instrument der EU-Außenpolitik. Nicht immer funktioniert die Verzahnung zwischen den einzelnen Bereichen reibungslos, darauf wurde bereits ausführlich im Kontext mangelnder horizontaler/institutioneller Kohärenz hingewiesen. Gerade unter der Hohen Vertreterin Mogherini sind jedoch verstärkte Bemühungen zur Erhöhung der Kohärenz zwischen den einzelnen Bereichen erkennbar.

GASP als Relais der EU-Außenpolitik

Im Unterschied zu den Zeiten, als Hill den „capability-expectations gap" konstatierte, ist die EU nun deutlich besser mit „Fähigkeiten" ausgestattet. Gleichwohl fehlt den Mitgliedstaaten in wesentlichen Bereichen der GASP oft nach wie vor der Wille zur Gemeinsamkeit, sodass heute von einem „consensus–expectations gap" gesprochen werden kann: „The ‚consensus–expectations gap' [...] is a gap between what the member-states are expected to agree on and what they are actually able to consent to."[32] Somit bleibt eine GASP, die ihren Namen in *allen* Bereichen zu Recht tragen würde, nach wie vor eine immense Herausforderung.

„consensus–expectations gap" (Toje)

Die hier angeführten Beispiele zeigen allerdings auch, dass eine genauere Analyse der GASP über den weithin bekannten Befund des

Prägende Rolle der „Großen Drei"

---

32 Toje 2008: The Consensus–Expectations Gap: Explaining Europe's Ineffective Foreign Policy, 122.

fehlenden politischen Willens bzw. der mangelnden Gemeinsamkeit hinausgehen muss. So wurde am Iran-Beispiel etwa deutlich, dass vertraglich nicht vorgesehene, informelle Gruppierungen wie die Gruppe der „Großen Drei" im Alltagsgeschäft der GASP von erheblicher Relevanz sind. Vertragsrechtlich hat das kleine Malta in der konsensdominierten GASP dieselben Gestaltungs- und Blockademöglichkeiten wie die Schwergewichte Deutschland, Frankreich und Großbritannien. In der Praxis der GASP sind einige Mitgliedstaaten jedoch „gleicher als andere"[33], was insbesondere für die „Großen Drei" gilt, deren Führungsrolle zwar immer dem Hegemonieverdacht ausgesetzt, de facto jedoch von den anderen Mitgliedstaaten letztendlich akzeptiert wird. Ein möglicher „Brexit", ein Austritt des Vereinigten Königreichs aus der EU, hätte mithin gravierende Folgen für das Führungstrio und für die GASP.

Konsens ≠ Effektivität

Des Weiteren ist festzuhalten, dass eine geschlossene Haltung der Mitgliedstaaten nicht unbedingt auf die Effektivität der GASP schließen lässt. So fanden die EU-Mitgliedstaaten in den Atomverhandlungen mit dem Iran letztendlich fast immer eine gemeinsame Linie, nichtsdestotrotz war der Verlauf der Verhandlungen von zahlreichen Rückschlägen geprägt. Die Bewertung der GASP muss demnach immer auf zwei Ebenen ablaufen: Zunächst ist zu fragen, ob sich die Mitgliedstaaten auf eine gemeinsame Position einigen konnten, und erst in einem zweiten Schritt ist zu klären, ob die gemeinsame GASP-Position auch effektive außenpolitische Erfolge zu erzielen vermag. Interessant ist in diesem Zusammenhang, dass auch ein gemeinhin als stark wahrgenommener globaler Akteur wie die USA vor Inkohärenzen und Vielstimmigkeit nicht gefeit ist wie der Brief der 47 Senatoren beweist, in dem diese dem Iran drohten, bei einem Regierungswechsel das Atom-Abkommen sofort zu torpedieren.[34]

Abschließend ist zu konstatieren, dass die Praxis der GASP auch nach dem Vertrag von Lissabon und trotz sicherlich vorhandener Erfolge von einem altbekannten Dilemma geprägt bleibt: Alle EU-Staaten streben danach, das geballte Gewicht der EU-28 auf der Weltbühne auszuspielen, die Bereitschaft, sich zu diesem Zweck mit 27 anderen abzustimmen, ist jedoch deutlich geringer ausgeprägt.

---

33 So Stefan Lehne in seinem empfehlenswerten Papier von 2012: The Big Three in EU Foreign Policy.
34 US Senate 2015: Open Letter to the Leaders of the Islamic Republic of Iran.

4.1.2 Die GSVP

Wie die GASP zählt auch die GSVP zum Kernbereich der EU-Außenpolitik; in der Tat ist es die sehr häufig vorgenommene Reduktion
der Außenpolitik der EU auf diese zwei Bausteine des (Außenpolitik-)
Mosaiks, die zu der bekannten, in Kapitel 1 dieses Buches angeführten Geringschätzung der EU als außenpolitischem Akteur veranlasst.
Die recht weit verbreitete Bewertung der EU als außenpolitisches
Leichtgewicht, außenpolitischer Zwerg oder Papiertiger stützt sich
dabei besonders gerne und besonders süffisant auf die sehr bescheidenen Kapazitäten der GSVP, ihren begrenzten Auftrag und die in
aller Regel äußerst übersichtliche Truppenstärke ihrer Missionen.

Daher wurde in diesem Buch mit großem Nachdruck und ausführlich dargelegt, warum und inwiefern die GSVP im Sinne der
klassischen Landesverteidigung bisher keine europäische Verteidigungspolitik betreibt und keine europäische Verteidigungsorganisa-
tion ist. Wenn jedoch von einem breiten Verständnis von Verteidigungspolitik und Verteidigung ausgegangen wird, das Interventionen in externen Krisengebieten inkludiert, dann betreibt die EU
durchaus Verteidigungspolitik und Verteidigung. Feststeht, dass
Art. 42 (2) EUV auch weitreichende, eventuell künftig angestrebte
einschlägige Entwicklungen vertraglich absichert. Solch denkbarer
Perspektiven in der Verteidigung scheint man sich erst in allerjüngs-
ter Zeit wieder zu erinnern. Bisher jedoch dienen die im Rahmen der
GSVP bereitgestellten zivilen und militärischen operativen Kräfte
ausschließlich der Krisenintervention und dem Konfliktmanagement
bzw. der Konfliktnachsorge.[35] Da die Grundlagen der GSVP bereits
an anderer Stelle vertieft dargelegt wurden, sollen nunmehr einige
Anmerkungen zu Gegenwart und Zukunft der GSVP folgen.

Militärischer
Papiertiger EU?

Performanz der GSVP

Bereits im ersten Jahr ihrer Einsatzfähigkeit 2003 wurden die zivilen
und militärischen Interventionskräfte der EU gleich zu vier Missionen entsandt, davon zwei militärischen. In dichter Zeitabfolge wurden bis Ende des ersten Jahrzehnts der Existenz der GSVP insgesamt
über 20 Missionen entsandt. Mit ihren jungen und durchaus begrenzten Kapazitäten konnte die GSVP folglich einen viel beachteten

---

35 Vgl. dazu ausführlich Kapitel 2.

Beitrag zur internationalen Friedenssicherung leisten und ihre Nützlichkeit unter Beweis stellen. Dabei schlug der doppelte zivilmilitärische Ansatz der GSVP, dieses „Markenzeichen für das europäische Krisenmanagement im 21. Jahrhundert"[36] positiv zu Buche. All dies brachte der EU zunächst ein positives Image und verstärkte Sichtbarkeit ein, Trümpfe, die der Hohe Vertreter Solana teilweise selbst generierte, die er in Folge aber auch öffentlichkeitswirksam einzusetzen verstand.

Bisher 33 GSVP-Missionen

Auch wenn die Euphorie der „goldenen" Anfangsjahre nicht zuletzt unter dem Druck interner und externer Belastungen sukzessive verflog und zunehmend von einer „Erosion" bzw. einem „Kollaps" der GSVP die Rede ist,[37] hat die EU am Einsatz ihrer GSVP-Kräfte in ausgewählten Krisen- und Konfliktfällen festgehalten. So hat sie ohne jeden Zweifel mit ihren bisherigen insgesamt 33 Missionen eindeutig einen Beitrag zum internationalen Krisenmanagement und zur Konfliktlösung, insbesondere der Konfliktnachsorge geleistet. Die regionalen Schwerpunkte bisheriger GSVP-Einsätze bilden der westliche Balkan und Afrika, während die Mission ACEH/Indonesien als Ausnahme bezeichnet werden kann; dabei ging es der treibenden Kraft dieses Einsatzes, dem Hohen Vertreter Javier Solana, vor allem darum, die Handlungsfähigkeit und -bereitschaft der EU zu demonstrieren.[38] Seit Mitte der 2000er-Jahre kamen Missionen in der Ukraine/Moldau, in Georgien, Afghanistan und im Nahen Osten hinzu.

Knapp die Hälfte dieser Einsätze konnte inzwischen abgeschlossen werden. Eine ausdifferenziertere Kategorisierung der GSVP-Missionen unterscheidet zwischen Militäreinsätzen, militärischen Trainingsmissionen, Unterstützungsmissionen, Rechtsstaats- und Monitoring-Missionen, Polizeieinsätzen sowie Grenzüberwachungsmissionen.[39] Insgesamt zeigt sich bei den GSVP-Missionen eine deutliche Vorliebe fürs Zivile, die Rummel mit dem Argument erklärt, dass vor allem die neuen – und selbstredend auch die neutralen –

---

36 Außenminister Joschka Fischer zitiert nach Kremer/Schmalz 2001: Nach Nizza – Perspektiven der Gemeinsamen Europäischen Sicherheits- und Verteidigungspolitik, 167.

37 Kempin/Von Ondarza 2011: Die GSVP vor der Erosion?; Winter 2013: Mit Sicherheit nichts zu machen.

38 Außerdem war die EU der einzige internationale Akteur, der von den Konfliktparteien als neutral anerkannt wurde.

39 Diese Kategorisierung folgt dem *International Security Information Service Europe* (ISIS) vgl. http://www.csdpmap.eu.

Mitgliedstaaten hier leichter zustimmen können, zumal die Übermacht der großen Mitgliedstaaten im zivilen Bereich weniger ausgeprägt ist als im militärischen.[40] Aber auch die Restriktionen, denen ein weiterer Aufbau militärischer Kapazitäten unterliegt, befördern diesen „EU-way" im Krisenmanagement[41] und begrenzen die Militärmissionen auf Einsätze allenfalls mittlerer Intensität. Darauf wird noch zurückzukommen sein.

Eine umfassende Bewertung des Beitrags, den die verschiedenen Missionen zur Konfliktbewältigung und zur post-konfliktiven Nachsorge tatsächlich leisten, fällt äußerst schwer. Als objektives Kriterium bietet sich an, den Grad der Aufgabenerfüllung im Verhältnis zum Mandat der Mission heranzuziehen. Die insgesamt zumeist positive Gesamtbewertung der bisherigen GSVP-Missionen lässt sich teilweise darauf zurückführen, dass die Mandate oft zeitlich sehr eng begrenzt sind und im Falle militärischer Missionen auch der Auftrag an sich zumeist in engen regionalen Grenzen und mit überschaubaren Zielsetzungen ausgestattet ist. Einzelne Missionen „fallen auch mit Blick auf ihre Wirksamkeit mehr in die Kategorie Symbolpolitik"[42].

Die zumeist geringe Truppenstärke militärischer GSVP-Missionen erklärt sich jedoch auch damit, dass die EU nahezu immer mit anderen Organisationen wie der NATO, den UN oder der AU zusammenarbeitet, sodass der spezifische GSVP-Beitrag schwer zu erfassen ist.[43] Besonders intensiv ist die operative Zusammenarbeit EU – UN in der militärischen Friedenssicherung in Afrika ausgestaltet.[44] Auch die sich häufenden Trainingsmissionen kommen mit geringer Truppenstärke aus. Die zumeist sehr geringe Personalausstattung ziviler Einsätze, vor allem bei Rechtsstaatsmissionen, lässt sich wiederum mit deren Hilfe-zur-Selbsthilfe-Ansatz erklären, der durchaus zahlreiches lokales Personal einzubinden vermag.[45] Eine klare Ausnahme bildet hier die 2008 lancierte Rechtsstaatsmission EULEX Kosovo, der bislang um-

Nützlicher Akteur EU

---

40 Rummel 2006: Die zivile Komponente der ESVP. Reichhaltiges Gestaltungspotential für europäische Krisenintervention, 22.

41 Nowak 2006: Civilian crisis management: The EU way.

42 Von Ondarza/Overhaus 2013: Die GSVP nach dem Dezember-Gipfel, 1.

43 Keukeleire/Delreux 2014: The Foreign Policy of the European Union, 189.

44 Scheuermann 2012: VN-EU-Beziehungen in der militärischen Friedenssicherung, 213–373.

45 Genaue Angaben zur personellen Ausstattung internationaler Missionen bietet das Zentrum für internationale Friedenseinsätze zif unter http://www.zif-berlin.org. Dabei wird unterschieden zwischen Militär, Polizei und zivilem Personal.

fangreichste und anspruchsvollste zivile GSVP-Einsatz, der rund 2000 EU-Abgesandte und 1000 lokale Kräfte einbindet und auf der Grundlage auch administrativer Zuständigkeiten regelrechtes *state-building* in dem jungen unabhängigen Staat betreiben soll.

Neue und neuartige GSVP-Missionen

Auch unter der Hohen Vertreterin Ashton wurden weitere GSVP-Missionen entsandt. Dabei zeichnen sich neue Trends ab: Mit der Verlängerung der bereits 2008 begonnenen EUNAVOR Somalia (Atalanta) und der Anfang 2014 beschlossenen EUFOR CAR in der Zentralafrikanischen Republik unterhält die EU zwei militärische Missionen. Mit den Missionen EUCAP Sahel Niger, EUCAP Nestor Horn of Africa, EUAVSEC South Sudan, EUCAP Sahel Mali und EUAM Ukraine sind fünf von zehn unter Ashton lancierten Missionen sogenannte *supporting/assistance missions*, die lokale Einrichtungen beim *capacity building* und/oder bei konkreten Reformvorhaben unterstützen. Mit der EUTM Somalia, lanciert Anfang 2010 und bis Dezember 2016 verlängert, und EUTM Mali, entsandt Anfang 2013, verlängert bis Mai 2016, begibt sich die GSVP auf das Gebiet der Ausbildungsmissionen. EUBAM Libya ist eine sogenannte *Border Mission*.

Kritische Bilanz der GSVP

Im März 2015 legte eine Expertengruppe unter Vorsitz des früheren Hohen Vertreters Solana den Bericht „More Union in European Defence" zur Zukunft der GSVP vor. Darin heißt es zur bisherigen GSVP-Performanz:

> Although the policy has been on a steep learning curve since its inception in the early 2000s, the CSDP "brand" has hit a glass ceiling: held back by a lack of political leadership, institutional complexities, insufficient coordination at the planning and operational levels, and member states' reluctance to provide troops and kit, the EU appears unable to move beyond missions that are limited in scope, size and time. The EU is falling short of expectations in acting as an effective security provider in larger, more complex and longer-term missions in higher-risk theatres (e. g. EUPOL Afghanistan, EULEX Kosovo), and it was absent when robust and rapid reaction to crises was needed (e. g. in Libya and Mali). There are, of course, exceptions to the rule, notably the ongoing efforts to counter piracy in the Horn of Africa through maritime security – EUNAVFOR Atalanta, and regional capacity-building to combat security threats, terrorism, organised crime and illegal migration (e. g. EUCAP Sahel Niger). But in spite of more than ten years of learning by doing, the EU is currently not able to enhance the security of its citizens or to contribute effectively to countering threats and breaches of peace and stability in its strategic neighbourhood, or indeed in the wider world.[46]

---

46 CEPS Task Force 2015: More Union in European Defence, 11/12.

Obwohl in den vergangenen Jahren einige vielversprechende Entwicklungen initiiert worden seien – so u. a. die Annahme einer EU-Strategie für Sicherheit auf hoher See und eines *EU Cyber Defence Policy Framework* – sei die GSVP noch immer nicht in der Lage „to effectively meet current and future challenges"[47].

Es ist wohl auch dieser gläsernen Decke für die GSVP geschuldet, dass sich bei jüngeren Missionen ein deutlicher Trend zu Unterstützungs- und Ausbildungsmissionen beobachten lässt. Daniel Göler weist auf eine Veränderung des GSVP-Leitbilds hin: Während die EU zunächst den Anspruch formulierte, mittels ihrer operativen Fähigkeiten als umfassender *security provider* zu agieren, veränderte sich dieses Leitbild hin zur Rolle eines *security consultant*. Mit Blick auf die Ausbildungsmissionen EUTM Somalia und EUTM Mali schreibt er:

> Beide wollten zwar einen Beitrag zur Beendigung von Bürgerkriegen und zum Aufbau staatlicher Strukturen in Somalia bzw. Mali leisten, jedoch verzichteten sie darauf, die notwendigen friedensschaffenden Maßnahmen mit eigenen Kräften durchzuführen und beschränkten sich auf die Ausbildung der somalischen bzw. malischen Armee. [...] Dass die EU Ausbildungs- und Trainingsmissionen in den letzten Jahren auch zur Konfliktbeendigung bzw. zum Ziel der Friedensschaffung durchführte, stellt eine neue Entwicklung dar.[48]

Und mit Blick auf die neuen zivilen *supporting/assistance missions* erkennt Göler den Trend, „sich auf begrenzte Missionen zur Sicherheitssektor-Reform zu konzentrieren"[49]. Diesen Wechsel des Leitbilds für die GSVP führt er nicht auf mangelnde europäische militärische Fähigkeiten zurück, die sowohl im Falle Libyens als auch Malis in hohem Maße einzelstaatlich bzw. in einem NATO-Kontext zum Einsatz kamen, sondern vielmehr auf die fehlende politische Bereitschaft, robuste Militäreinsätze im GSVP-Rahmen durchzuführen. Ursächlich seien Veränderungen der Konstellationen innerhalb der *Big Three* der GSVP; dies untermauert die These von der Erosion der GSVP seit Beginn der 2010er-Jahre.[50]

Neues Leitbild für die GSVP?

---

47 CEPS Task Force 2015: More Union in European Defence, 11/12.
48 Göler 2014: Zwischen *security provider* und *security consultant*. Veränderungen im Leitbild der strategischen Kultur der Europäischen Union, 331/332.
49 Göler 2014: Zwischen *security provider* und *security consultant*. Veränderungen im Leitbild der strategischen Kultur der Europäischen Union, 332.
50 Kempin/Von Ondarza 2011: Die GSVP vor der Erosion?; Winter 2013: Mit Sicherheit nichts zu machen.

Die EU – noch immer eine Zivilmacht

EU-Vorliebe fürs Zivile

Unterteilt man die GSVP-Missionen in militärische und zivile, so zeigt sich – darauf wurde schon hingewiesen – eine deutliche Mehrheit an zivilen Missionen. Dies lässt auch ein vorläufiges Urteil über das außen- und sicherheitspolitische Rollenverständnis der EU zu. Anfang der 1970er-Jahre hatte – wie in Kapitel 2 bereits ausgeführt – François Duchêne die EG als Zivilmacht bezeichnet und damit sowohl die Realität eingefangen als auch ein normatives Rollenkonzept geprägt, das allerdings in Ermangelung militärischer Handlungskapazitäten alternativlos war. Die EG als Zivilmacht zu bezeichnen, bedeutete damals vielmehr, aus der Not eine Tugend zu machen. Es stellt sich folglich die Frage, ob die EU nach Erwerb auch militärischer operativer Handlungsinstrumente noch immer als Zivilmacht zu bezeichnen ist.

Hier ist sehr knapp auf die inhaltliche Ausdehnung und Weiterentwicklung des rollentheoretischen Konzepts der Zivilmacht zu verweisen, die von Hanns W. Maull und Mitarbeitern vorgenommen wurde. So setzten Maull und Kirste folgende Definition:

> [...] Zivilmacht [bezeichnet] dreierlei: Einmal wird damit ein Akteur klassifiziert, der beansprucht, die internationalen Beziehungen mitzugestalten, sich in Zielsetzung und Strategie von klassischen Großmächten jedoch bewußt abgrenzt (Zivilmacht als Macht). Zweitens bezeichnet Zivilmacht ein spezifisches Rollenkonzept, das heißt, eine besondere Form außenpolitischer Wertorientierung und außenpolitischen Stils, zielgerichtet auf den Prozeß der Zivilisierung internationaler Politik (Zivilmacht als Rolle). Drittens schließlich ist Zivilmacht auch das Mittel zur Erreichung eines bestimmten Ziels, also eine außenpolitische Strategie, die auf spezifischen Instrumenten basiert (Zivilmacht als Medium).[51]

Für das Rollenkonzept der Zivilmacht ist weiterhin entscheidend, dass es weder Interessen ausblendet noch strikt pazifistisch zu verstehen ist. Vielmehr kann eine Zivilmacht zur Realisierung der angestrebten Zivilisierung der internationalen Politik sich als Ultima Ratio auch zum Einsatz militärischer Zwangsmaßnahmen genötigt sehen. Dazu schreiben die beiden Autoren:

> Zivilmächte stehen der Androhung und Anwendung von Gewalt grundsätzlich mit großer Skepsis gegenüber [...] Konditionalität und Sanktionen als positive bzw. negative Anreizsysteme, individuelle bzw. kollektive Selbstverteidigung, aber auch Maßnahmen der kollektiven Sicherheit gegen Rechts-

---

51 Kirste/Maull 1996: Zivilmacht und Rollentheorie, 297.

brecher [...] können jedoch als Legitimation für die Anwendung militärischer Gewalt dienen. Zivilmächte sind also mitnichten pazifistisch. Dabei liegt die Präferenz der Zivilmacht bei Maßnahmen der Staatengemeinschaft gegen Aggressoren, also bei Systemen kollektiver Sicherheit.[52]

Auf der Grundlage dieser inhaltlichen Ausfüllung und Präzisierung des Zivilmachtkonzeptes, die hier als autoritativ erachtet wird, ist die EU auch heute noch, nach Aufbau und verschiedenen Einsätzen ihrer militärischen Mittel, eine Zivilmacht, ja, eine geradezu exemplarische Zivilmacht. Um das mitunter auftretende Missverständnis, dass eine Zivilmacht zwangsläufig ausschließlich mit zivilen/pazifistischen Mitteln handeln müsse, definitiv auszuräumen, kann auf den Begriff der „Zivilmacht mit Zähnen"[53] verwiesen werden, den Frank-Walter Steinmeier 2007 als Außenminister der ersten großen Koalition unter Kanzlerin Merkel einführt.

Zivilmacht mit Zähnen?

In offiziellen Verlautbarungen der EU hingegen wird immer häufiger der Begriff „Friedensmacht EU", „EU as a force for peace" verwendet. Als ein prominenter Urheber dieses Begriffs kann Joschka Fischer, Außenminister der rot-grünen Koalition gelten. In einer Rede vor dem Europäischen Parlament am 21. Juli 1999 sagte Fischer:

Friedensmacht EU?

> Die Entwicklung gemeinsamer Handlungsoptionen und die Schaffung der hierfür erforderlichen Infrastruktur wird [...] künftig ganz oben auf der europäischen Zukunftsagenda stehen. Es geht dabei gerade nicht um eine Militarisierung der Europäischen Union, sondern darum, daß sie zu einer wirksamen und handlungsfähigen Friedensmacht fortentwickelt wird, die dazu in der Lage ist, wie im Kosovo den Krieg als Mittel der Politik in Europa zugunsten der Herrschaft des Rechts und des Gewaltverzichts endgültig der Vergangenheit angehören zu lassen.[54]

Damit rammte Fischer vor allem Pflöcke gegen die französische Neigung ein, die GSVP als Instrument einer *Europe Puissance*, also eines auch sicherheits- und verteidigungspolitisch starken Europas, zu verstehen. Das deutlich weniger martialische „Friedensmacht"-Leitbild zeigte sich anschlussfähiger, denn es ermöglicht aufgrund seiner konzeptionellen Spannweite auch den anderen EU-Partnerstaaten, sich hier einzuklinken, wie insbesondere die ESS aus dem

---

52 Kirste/Maull 1996: Zivilmacht und Rollentheorie, 303. Vgl. auch die wunderbare Abschiedsvorlesung „‚Zivilmacht': Karriere eines Begriffs", die Hanns Maull am 3. Mai 2013 in Trier hielt.

53 Steinmeier 2007: Zivilmacht mit Zähnen.

54 Fischer 1999: Rede vor dem Europäischen Parlament. Zum Begriff und Konzept „Friedensmacht Europa" vgl. Ehrhart 2002: Leitbild Friedensmacht? Die europäische Sicherheits- und Verteidigungspolitik und die Herausforderung der Konfliktbearbeitung.

Jahr 2003 belegt: Ohne den Begriff explizit zu verwenden, durchdringt das Leitbild der Friedensmacht dieses Dokument, das zentral auf Konfliktprävention, Krisenbewältigung und Friedenskonsolidierung fokussiert ist.[55]

Der Begriff „Friedensmacht EU", „EU as a force for peace" wird von vielen hochrangigen EU-Politikern zur Beschreibung der außen- und sicherheitspolitischen Rolle der Union verwendet, so beispielsweise von José M. Barroso, Viviane Reding, Daniel Cohn-Bendit, Stefan Füle und Martin Schulz – von Letzterem gar in seiner Antrittsrede als Parlamentspräsident 2014.

Um Missverständnissen zuvorzukommen, sei betont: Wenn hier das Leitbild „Friedensmacht EU" als zutreffend anerkannt wird, so bezieht sich dies explizit auf die GSVP und soll zum Ausdruck bringen, dass die EU sich auch nach Lissabon mitnichten zu einer Militärmacht gewandelt hat. In der Tat hatten einige Bestimmungen des neuen Vertrags, so insbesondere Artikel 42 (3) EUV, vorübergehend entsprechende Befürchtungen ausgelöst. Ob der Begriff „Friedensmacht EU" zur rollentheoretischen Erfassung der GSVP auch in Zukunft noch zutreffend sein wird, hängt nicht zuletzt von der künftigen Ausgestaltung der Sicherheits- und Verteidigungspolitik sowie der Verteidigung der EU ab.

Zukunft der GSVP

Unter dem krisenbedingten, enormen Kostendruck auf die Haushalte der Verteidigungsministerien der EU-Mitgliedstaaten sowie angesichts der im Dezember 2013 ausgebrochenen Ukraine-Krise ergeben sich für die künftige Entwicklung der GSVP neue Rahmenbedingungen.

Pooling und Sharing   So lässt sich zum Ersten eine intensive Suche nach Kostenreduktionen durch verstärkte Zusammenarbeit innerhalb der GSVP beobachten. Das eher Kosten generierende neue GSVP-Instrument des Lissabon-Vertrags, nämlich die Ständige Strukturierte Zusammenarbeit, scheint derzeit nicht implementierbar. Vielmehr will man nun durch intensivierte Kooperation Synergien schaffen. Zu erwähnen ist hier die 2010 von Deutschland und Schweden[56] lancierte

---

55 Müller-Brandeck-Bocquet 2010: Die EU – eine Zivil-, Friedens- oder Militärmacht? 78.
56 Der schwedische Ratsvorsitz hatte bereits Ende 2009 vorgetragen, dass vor allem den kleinen und mittleren EU-Staaten die permanente Einsatzbereitschaft

sogenannte Gent-Initiative; diese möchte das *Pooling* und *Sharing* militärischer Kapazitäten vorantreiben, um auch unter den Vorzeichen sinkender Verteidigungshaushalte aller EU-Staaten die militärischen Fähigkeiten erhalten bzw. ausbauen zu können. Diesen Ansatz hat der Rat der Verteidigungsminister im Dezember 2010 übernommen und damit das *Pooling* und *Sharing* „zum wichtigsten Instrument zur Verbesserung" der europäischen militärischen Fähigkeiten erklärt.[57] Die Mitgliedstaaten sind aufgerufen, die Bereiche zu identifizieren, die für gesteigerte Interoperabilität, Zusammenlegung und gemeinsame Nutzung von Fähigkeiten geeignet sind.[58] Auch das vom damaligen Ratspräsidenten Herman Van Rompuy zum „Verteidigungsgipfel" erklärte Treffen des Europäischen Rates vom Dezember 2013 stützte sich bei seinem Bekenntnis zum weiteren Ausbau der GSVP zentral auf das *Pooling* und *Sharing*:

Schlussfolgerungen des Europäischen Rates, 20. Dezember 2013
„Heute bekennt sich der Europäische Rat nachdrücklich zur weiteren Entwicklung einer glaubwürdigen und wirksamen GSVP. [...] Der Europäische Rat ruft die Mitgliedstaaten auf, die Verteidigungszusammenarbeit zu vertiefen, indem sie die Fähigkeit zur Durchführung von Missionen und Operationen verbessern und Synergien im vollen Umfang nutzen, um die Entwicklung und die Verfügbarkeit der erforderlichen zivilen und militärischen Fähigkeiten zu verbessern, was durch eine stärker integrierte, tragfähigere, innovativere und wettbewerbsfähigere technologische und industrielle Basis der europäischen Verteidigung (EDTIB) unterstützt werden sollte. [...] Der Europäische Rat hebt die Notwendigkeit hervor, die Krisenreaktionsfähigkeiten der EU zu verbessern, einschließlich durch EU-Gefechtsverbände mit verbesserter Flexibilität und Verlegefähigkeit, sofern die Mitgliedstaaten einen entsprechenden Beschluss fassen."[59]

Seither halten die Debatten über das *Pooling* und *Sharing* von Fähigkeiten und Ausrüstung zwischen den EU-Mitgliedstaaten an; sie fokussieren auf die Erzielung militärischer Fähigkeitssynergien durch die Bildung multinationaler Verbände und Rüstungskooperationen sowie die EU-weite Spezialisierung nach dem Motto, dass nicht jeder Mitgliedstaat autonom die gesamte Bandbreite militä-

---

von zwei „schnellen Eingreiftruppen" zu teuer scheint; so schlug Stockholm vor, dass künftig nur noch eine *Battle Group on stand-by* zur Verfügung stehen sollte.
57 Mölling 2013: Wege aus der europäischen Verteidigungskrise, 13.
58 Damit werden die noch im Lissabon-Vertrag gehegten Illusionen definitiv beendet, dass die Mitgliedstaaten im Rahmen der Ständigen Strukturierten Zusammenarbeit ihre Verteidigungsausgaben steigern würden.
59 Europäischer Rat 2013: Schlussfolgerungen, 4–9.

rischer Fähigkeiten bereithalten muss. Dies alles geschieht vor dem Hintergrund sinkender Verteidigungsbudgets in allen EU-Mitgliedstaaten; nur Estland bildet mit einem Aufwuchs seines Verteidigungsbudgets zwischen 2010 und 2013 eine Ausnahme. Alle anderen EU-Staaten, die der NATO angehören, haben im gleichen Zeitraum ihre Verteidigungsausgaben gesenkt. Zusammen mit Griechenland und dem Vereinigten Königreich gehört Estland auch zu der verschwindend kleinen Gruppe europäischer Staaten, die die NATO-Vorgabe respektieren, dass 2 Prozent des BIP für den Verteidigungshaushalt vorzusehen sind. Alle anderen liegen darunter, Frankreich mit 1,9 Prozent in 2013 knapp, Deutschland mit 1,3 Prozent (2013) deutlich, ebenso Italien mit 1,2 Prozent. Schlecht schneiden mit 0,8 bzw. 0,9 Prozent auch Lettland, Litauen, Spanien und Ungarn ab; Schlusslicht ist Luxemburg mit 0,4 Prozent. Zum Vergleich: Nach einem Tiefstand im Jahr 2000 (3,0 %) und einem Höhepunkt im Jahr 2010 (5,3 %) beläuft sich das Verteidigungsbudget der USA 2013 auf 4,4 Prozent des BIP.[60]

Die Entwicklung der Verteidigungshaushalte in der EU wird von Christian Mölling als so gravierend erachtet, dass er von einer „europäischen Verteidigungskrise" spricht, die die EU „entmilitarisiert":

> Verteidigungshaushalte werden zum strategischen Faktor europäischer Sicherheitspolitik. Nicht Interessen und Werte der Staaten bestimmen in erster Linie, welche militärischen Fähigkeiten sie vorhalten und welche sie abschaffen werden. Maßgeblich ist vielmehr, ob diese Fähigkeiten kurzfristig noch bezahlbar sind.[61]

Vier Szenarien für die GSVP
Als möglichen Weg aus dieser Krise verweist auch Mölling auf den Ansatz des *Pooling* und *Sharing* und bietet hierzu und zur Gent-Initiative Überblicke an, die über den aktuellen Implementierungsstand dieser Ansätze informieren. Insgesamt kommt er zu dem Urteil, dass die EU-Mitgliedstaaten den „verteidigungsökonomischen Imperativ" noch nicht ausreichend verinnerlicht hätten. Es werden vier mögliche Szenarien entworfen: Erstens ein Europa ohne Verteidigung mit ausschließlich national organisierten Armeen, was den Niedergang der europäischen Rüstungsindustrie impliziert, zweitens

---

60 Diese Zahlen beruhen auf Angaben des NATO-Kompendiums zu Verteidigungsausgaben: http://www.nato.int/cps/en/natohq/topics_49198.htm?selectedLocale=en. Ab 2014 zeichnet sich vor dem Hintergrund der Ukraine-Krise eine gewisse Trendwende zu steigenden Verteidigungsbudgets ab.

61 Mölling 2013: Wege aus der europäischen Verteidigungskrise, 5.

einen europäischen Pazifismus mit der Folge, dass weder Europa noch seine Mitgliedstaaten in der internationalen Sicherheitspolitik mehr ein Mitspracherecht haben. Das dritte Szenario beschreibt eine europäische Armee, die „wohl effektivste Variante der Streitkräfteorganisation", die auch der Rüstungsindustrie Perspektiven eröffnet, allerdings die Aufgabe nationaler Entscheidungshoheit impliziert. Als viertes Szenario werden *Pooling-* und *Sharing-*Armeen skizziert; diese verlangen von den Mitgliedstaaten nur begrenzte Souveränitätsabgaben. Mölling bezeichnet sie als „Mittelweg zwischen der Option des ‚Weiter so' und einer europäischen Armee".[62]

Der Anfang März 2015 von Kommissionspräsident Jean-Claude Juncker lancierte Aufruf, angesichts der anhaltenden militärischen Geschehnisse in der Ostukraine eine europäische Armee zu schaffen, lässt sich den Szenarien drei oder vier zuordnen. Eine europäische Armee „würde Russland den klaren Eindruck vermitteln, dass wir es ernst meinen mit der Verteidigung der Werte der Europäischen Union", sagte Juncker am 8. März 2015. Weiterhin unterstrich er den symbolischen Wert eines solchen Projekts: „Eine gemeinsame europäische Armee würde der Welt zeigen, dass es zwischen den EU-Ländern nie wieder Krieg geben wird." Es gehe nicht um Konkurrenz zur NATO, sondern darum, gemeinsam die Verantwortung Europas in der Welt wahrzunehmen. „Europa hat enorm an Ansehen verloren, auch außenpolitisch scheint man uns nicht ganz ernst zu nehmen." Mit einer europäischen Armee könnte „Europa glaubwürdig auf eine Bedrohung des Friedens in einem Mitglieds- oder einem Nachbarland der Europäischen Union (EU) reagieren", sagte Juncker.[63] Dies alles klingt nach Aufruf zum Einstieg in eine europäische Verteidigung und suggeriert, dass die EU die GSVP bisherigen Typs weit hinter sich lassen könnte.

Juncker fordert EU-Armee

Gleichwohl ist Junckers viel beachteter Vorstoß weder neu noch eindeutig. Neu ist er insofern nicht, als dass bereits die Verträge von Maastricht und Amsterdam die Möglichkeit der Schaffung einer europäischen Verteidigungspolitik bis hin zu einer europäischen Verteidigung eröffnet hatten.[64] Auch eindeutig ist Junckers Vorstoß nicht; denn er lässt offen, ob es sich um eine veritable europäische Armee oder eher um eine Pooling- und Sharing-Armee – um Möllings Begrifflichkeit für Szenario vier nochmals aufzugreifen – handeln

Junckers Mehrdeutigkeiten

---

62 Mölling 2013: Wege aus der europäischen Verteidigungskrise, 16–21.
63 Balzli 2015: Juncker will EU-Armee.
64 Vgl. Kapitel 2.

soll. Verteidigungsministerin Ursula von der Leyens Reaktion lässt auf Letzteres schließen; so verwies sie als Antwort auf Junckers Vorstoß auf das deutsch-niederländische Beispiel: 2014 unterstellten die Niederlande 2100 Soldaten deutschem Befehl; die Bundeswehr plant im Gegenzug, den Niederländern Marinekräfte zu unterstellen. Und im März 2015 gab das deutsche Heer bekannt, erstmals in seiner Geschichte ein Bataillon mit 600 Soldaten unter polnisches Kommando zu stellen. Im Gegenzug soll eine deutsche Brigade das Kommando über ein polnisches Bataillon übernehmen.[65] Dies aber folgt dem Ansatz einer Pooling- und Sharing-Armee. In diese Richtung weist auch das jüngste deutsch-französische Rüstungsprojekt, das die Entwicklung und den Bau von Aufklärungssatelliten sowie waffenfähiger Drohnen vorsieht.[66] Allein rüstungspolitische Zusammenarbeit werde in Zukunft die Bereitstellung hochwertigen Geräts und die rüstungsindustrielle Unabhängigkeit bewahren können, hieß es zur Begründung.[67]

Eine *European Defence Union*?

Steht also die Schaffung hochgradig vernetzter und interoperabler europäischer Streitkräfte im Rahmen der GSVP bevor, die komplementäre militärische Fähigkeiten einbringen und zudem *stand-by* wären? Damit wäre eine weitere Schwachstelle der heutigen GSVP behoben: Denn heutzutage beruht die Zusammensetzung und Ausrüstung konkreter Missionen auf den freiwilligen Beiträgen der Mitgliedstaaten, die jedes Mal erneut zur Verfügung gestellt werden müssen. Die als Stand-by-Kräfte bereitstehenden *Battle Groups* der EU sind bislang bei keiner Mission zum Einsatz gelangt – obgleich dies im Falle Malis 2013/2014 heftig debattiert wurde.

Substanzielle Verbesserung der GSVP forderte Anfang März 2015 auch die bereits erwähnte Expertengruppe unter Vorsitz des früheren Hohen Vertreters Solana ein. Ihr Bericht „More Union in European Defence" weist ebenfalls in Richtung eines Einstiegs in eine europäische Verteidigung; es wird vorgeschlagen, auf EU-Ebene einen Beitrag zur „territorial defence complementary to NATO" zu erbringen. Damit ist ein vergemeinschafteter, integrierter EU-Pfeiler in der NATO angedacht. Beides zusammen, eine gestärkte GSVP für Einsätze jenseits der Grenzen der EU sowie EU-Beiträge zur (klas-

---

65 Das Parlament 2015: Von der Leyen wirbt für EU-Armee.
66 Ob die Drohnen ihre Waffen auch einsetzen dürfen, wird in Deutschland dem Parlamentsvorbehalt unterliegen; das stellte Verteidigungsministerin von der Leyen umgehend klar, vgl. Kornelius 2015: Extrawürste und Raketen.
67 Braun 2015: Berlin und Paris rüsten gemeinsam auf.

sischen) Landesverteidigung zur Unterstützung der transatlantischen Allianz bezeichnet der Bericht als *European Defence Union* (EDU). Diese Vision, die zugleich eine wettbewerbs- und leistungsfähige europäische Rüstungsindustrie erhalten bzw. schaffen soll, müsse in den kommenden Jahren in mehreren Stufen realisiert werden. Dazu solle der Europäische Rat im Juni 2015 den Startschuss geben.[68]

In der Tat will der Europäische Rat im Juni 2015 einen zweiten Anlauf nehmen, um die europäische Sicherheits- und Verteidigungspolitik voranzutreiben. So richten sich viele Erwartungen an diesen zweiten Verteidigungsgipfel des Europäischen Rates. Insbesondere das deutsch-französische Tandem, aber auch das Weimarer Dreieck bereitet ihn intensiv vor. Auch die Hohe Vertreterin Mogherini hat Vorschläge formuliert; so fordert sie ein größeres EU-Engagement im Kampf gegen den Terrorismus, beispielsweise in Libyen. In einer Mitteilung vom 28. April 2015 heißt es:

> [Wir] wollen unseren Partnern helfen, die Herausforderungen durch Terrorismus, Konflikte, Schmuggel und Extremismus zu bewältigen. Die Unterstützung von Partnern, die die Sicherheit und die Stabilisierung in die eigene Hand nehmen, liegt im Interesse ihrer eigenen Entwicklung, aber auch im Interesse der internationalen Stabilität einschließlich des Friedens und der Sicherheit in Europa.[69]

Insgesamt wird der Hohen Vertreterin der Wille unterstellt, die Verteidigungskomponente in der EU-Außenpolitik wieder aufwerten zu wollen.[70] Mit Sicherheit wird sich das Gipfeltreffen mit ihren Vorschlägen und auch den jüngsten Vorstößen zu einer EU-Armee bzw. einer Verteidigungsunion beschäftigen müssen.

Zentral für die Zukunftsgestaltung der GSVP wird die Neufassung der Europäischen Sicherheitsstrategie unter Mogherinis Federführung sein. Auch hierzu hatte der Europäische Rat im Dezember 2013 bereits den Startschuss gegeben und der Hohen Vertreterin Arbeitsaufträge erteilt.[71] Mogherini absolviert derzeit Besuche in den nationalen Hauptstädten, um sich mit den Regierungen und der

Eine neue Sicherheitsstrategie für die EU

---

68 CEPS Task Force 2015: More Union in European Defence, 11/12.

69 Mogherini 2015: EU verstärkt Unterstützung der Partner bei Sicherheitsproblemen.

70 Koenig 2015: Neuausrichtung des Auswärtigen Handelns der EU: Potenzial und Grenzen, 13.

71 Bereits 2013 legte ein Konsortium von vier Think Tanks aus Italien, Polen, Spanien und Schweden einen Entwurf für eine *European Global Strategy* vor: http://www.euglobalstrategy.eu.

außenpolitischen Community zu deren strategischen Vorstellungen auszutauschen. Das wird eine höchst schwierige Aufgabe werden, da das markanteste Merkmal der europäischen Sicherheits- und Verteidigungspolitik der letzten Jahre in einem offensichtlichen Mangel an einer gemeinsamen strategischen Kultur, an gemeinsamen strategischen Sichtweisen, Ansätzen und Prioritäten bestand. Es stellt sich die Frage, ob die Mitgliedstaaten bereit sind für eine *Relance* der Sicherheits- und Verteidigungspolitik der EU. Notwendig ist diese angesichts der dramatischen Entwicklungen in der unmittelbaren Nachbarschaft der Union ohne Zweifel.

4.2 Restriktive Maßnahmen

Restriktive Maßnahmen bzw. Sanktionen stellen einen sehr wichtigen Bereich des Instrumentariums der EU-Außenpolitik dar.

> The use of sanctions by the EU has increased sharply in the last few years [...T]his increase is due to a growing self-perception by the EU as an active agent on the international scene.[72]

Restriktive Maßnahmen bzw. Sanktionen zielen darauf ab, Personen aus Drittstaaten oder Drittstaaten „zu einem gewünschten Verhalten zu bewegen".[73] Sie sind daher zu den Hard-Power-Instrumenten zu zählen. Restriktive Maßnahmen sind an der Schnittstelle zwischen der GASP und der Gemeinschaftsdimension der EU-Außenpolitik angesiedelt und werden in einem zweistufigen Prozess verhängt, wie in Kapitel 3.4.3 genauer dargelegt. Ein Beschluss wird zunächst als Gemeinsamer Standpunkt vom Rat einstimmig gefasst. Die konkrete Ausgestaltung eines Sanktionsbeschlusses erfolgt sodann in enger Abstimmung mit dem Hohen Vertreter und der Kommission. Diese Zweistufigkeit des EU-Sanktionsregimes impliziert eine gewisse Schwerfälligkeit und Zeitintensität.

Bereits 1965 griff die EG erstmals zu diesem Außenpolitikinstrument, als sie die UN-Sanktionen gegen das rassistische Rhodesien umzusetzen hatte; da die EG-Mitgliedstaaten diese Sanktionen einzelstaatlich umsetzten, galt die sogenannte Rhodesien-Doktrin als wenig effektiv. Das Gleiche gilt für Sanktionen gegen Südafrika Mitte der 1970er-Jahre.

---

72 Gebert 2013: Shooting in the dark? EU sanctions policies, 1.
73 Gaedtke 2009: Europäische Außenpolitik, 79.

Regelrechte EG-Sanktionen wurden erstmals 1980 gegen die UdSSR verhängt, um die sowjetische Invasion in Afghanistan zu ahnden. Die Maßnahmen wurden im Rahmen der EPZ beschlossen und mittels Art. 113 (Grundsätze der Gemeinsamen Handelspolitik, seit Amsterdam Art. 133 EGV) umgesetzt, d. h. bereits damals mittels eines zweistufigen Verfahrens. Auf diese Weise verhängte die EG auch 1981 Sanktionen gegen Polen nach der Einführung des Kriegsrechts durch Wojciech Witold Jaruzelski und 1982 gegen Argentinien im Kontext des Falklandkriegs, weswegen diese autonomen, nicht auf UN-Sanktionen gestützte Maßnahmen der EG mit dem Label „Malwinen-Doktrin" belegt wurden.[74]

Mit dem Vertrag von Maastricht und der Schaffung der GASP wurde dieses zweistufige Sanktionsverhängungsverfahren kodifiziert; auf dieser Grundlage beruhten beispielsweise die EU-Sanktionen gegen Weißrussland, Burma, Serbien, Nigeria, Simbabwe etc.[75]

4.2.1 Sanktionstypen und Sanktionspraxis

Neben klassischen Wirtschafts- und Handelssanktionen sowie Waffenembargos verhängt die EU seit Bestehen der GASP auch politische Sanktionen. Seit den späten 1990er-Jahren gilt das Konzept der zielgerichteten (*targeted*) Sanktionen, die oft auch als intelligente (*smart*) Sanktionen bezeichnet werden, als wichtige Innovation. Smarte Sanktionen zielen bewusst auf politische oder andere Eliten, denen verwerfliche Handlungen vorgeworfen werden. Smarte Sanktionen wurden infolge der katastrophalen Auswirkungen eingeführt, die das breit angelegte UN-Embargo gegen den Irak in den frühen 1990er-Jahren bewirkte. Seither setzen sowohl die UN als auch die EU und verschiedene Nationalstaaten bevorzug smarte, intelligente Sanktionen ein.[76] Dieser Trend hat sich seit dem 11. September 2001 im Kontext des Anti-Terrorkampfes verstärkt.[77] Die Bandbreite der einsetzbaren restriktiven Maßnahmen ist beachtlich: Die am häufigsten von der EU verhängten Sanktionen beziehen sich auf Einreiseverbote, finanzielle Zwangsmaßnahmen sowie Waffenembar-

---

74 Portela 2010: European Union Sanctions and Foreign Policy, 23.

75 Vgl. die Auflistung in Portela 2010: European Union Sanctions and Foreign Policy, 56.

76 Portela 2014: The EU's Use of 'Targeted' Sanctions. Evaluating effectiveness, 4.

77 Gaedtke 2009: Europäische Außenpolitik, 80.

gos,[78] Wirtschafts- und Handelssanktionen verhängt die EU nur in seltenen Fällen.[79]

Sanktionen à la EU

Zu den inzwischen gut etablierten Sanktionen à la EU gehört, dass in aller Regel eine zweigleisige bzw. zweistufige Strategie verfolgt wird, indem zunächst gezielte (*targeted*) Sanktionen gegen Einzelpersonen oder Gruppen verhängt werden. Mittels dieser restriktiven Maßnahmen wie Einreiseverbote oder Einfrieren von Konten und dergleichen hofft man nicht nur, die betroffenen Personen oder Gruppen dazu zu bewegen, das von der EU sanktionierte Verhalten und Handeln einzustellen, sondern auch, Schaden von der Bevölkerung abzuhalten. Bei der Implementierung der gezielten, smarten Sanktionen folgt die EU zumeist einer inkrementellen Logik[80], dies bedeutet, dass sie recht differenziert auf das Verhalten der betroffenen Personen oder Gruppen reagieren, die Sanktionen ausweiten und verschärfen, aber auch lockern oder ganz aussetzen kann. Wirtschaftssanktionen hingegen treffen nicht nur kleine Gruppen von Verantwortlichen, sondern ganze Bevölkerungen; daher verhängt die EU diesen Typus an restriktiven Maßnahmen nur sehr vorsichtig und erst nachdem sich die smarten Sanktionen als nicht zielführend erwiesen haben.

Grundlagendokumente zu Sanktionen

Obwohl die ESS aus dem Jahr 2003 mehrfach auf Sanktionen als ein mögliches und zur Verfügung stehendes außenpolitisches Instrument verweist, werden die Grundlagen der EU-Sanktionspolitik explizit in anderen Dokumenten dargelegt. Hier ist zum einen das Ratsdokument „Grundprinzipien für den Einsatz restriktiver Maßnahmen (Sanktionen)" vom 7. Juni 2004 zu nennen, zum anderen die „Richtlinien zur Umsetzung und Evaluierung von restriktiven Maßnahmen (Sanktionen) im Rahmen der GASP", die erstmals 2003 vorgelegt und zum letzten Mal 2012 aktualisiert wurden.

Die Grundprinzipien sind äußerst knapp gehalten; sie stipulieren in Annex I:

---

78 Giumelli 2013: How EU-sanctions work: A new narrative, 22/23. Waffenembargos werden von den Mitgliedstaaten implementiert.
79 Gaedtke 2009: Europäische Außenpolitik, 80.
80 Portela 2010: European Union Sanctions and Foreign Policy, 31/32.

„Grundprinzipien für den Einsatz restriktiver Maßnahmen (Sanktionen)

1. Wir bekennen uns dazu, dass der wirkungsvolle Einsatz von Sanktionen ein wichtiges Mittel darstellt, um Frieden und Sicherheit auf internationaler Ebene im Einklang mit den Grundsätzen der Charta der Vereinten Nationen und unserer Gemeinsamen Außen- und Sicherheitspolitik zu erhalten und wiederherzustellen. Der Rat wird sich in diesem Zusammenhang unablässig darum bemühen, die VN zu unterstützen und unseren Verpflichtungen im Rahmen der VN-Charta gerecht zu werden.

2. [...]

3. Der Rat wird nötigenfalls autonome EU-Sanktionen verhängen, um damit Maßnahmen zur Bekämpfung des Terrorismus und der Verbreitung von Massenvernichtungswaffen zu unterstützen [...]. Dies wird im Einklang mit unserer Gemeinsamen Außen- und Sicherheitspolitik gemäß Artikel 11 EUV sowie unter uneingeschränkter Einhaltung unserer völkerrechtlichen Verpflichtungen geschehen.

4. Der Rat wird sich darum bemühen, für die autonomen EU-Sanktionen die Unterstützung einer möglichst weit gefächerten Palette von Partnern zu gewinnen, da diese Sanktionen wirkungsvoller sein werden, wenn sie breite internationale Unterstützung finden.

5. Der Rat verpflichtet sich, Sanktionen als Bestandteil einer integrierten, breit angelegten Politik einzusetzen, die den politischen Dialog, Anreize und eine Konditionalität umfassen sollte und als letztes Mittel sogar die Anwendung von Zwangsmaßnahmen im Einklang mit der VN-Charta beinhalten könnte."[81]

Damit beschreiben die Grundprinzipien die Zielsetzungen der EU-Sanktionspolitik. Der mehrfach hergestellte enge Bezug zur UN-Charta ist Ausdruck der völkerrechtlichen Umsetzungspflicht und macht deutlich, dass die EU nur dann autonome Sanktionen verhängt, wenn dies notwendig ist. Da ja zwei EU-Staaten ständige Mitglieder des UN-Sicherheitsrats sind, werden sie alles versuchen, dass Sanktionen auf dieser höchsten internationalen Ebene verhängt werden. Dies kann selbstredend auch erklären, warum autonome EU-Sanktionen insgesamt nicht allzu häufig verhängt werden.

Die „Guidelines on implementation and evaluation of restrictive measures (sanctions) in the framework of the EU Common Foreign and Security" vom 15. Juni 2012 verweisen zunächst auf „extensive experience", die die EU „in designing, implementing, enforcing and monitoring restrictive measures (sanctions)"[82] erworben hat. Die

---

81 Rat der Europäischen Union 2004: Grundprinzipien für den Einsatz restriktiver Maßnahmen (Sanktionen).

82 Rat 2012: Guidelines on implementation and evaluation of restrictive measures (sanctions) in the framework of the EU common foreign and security policy. Wie ernst der EuGH diesen zuletzt erwähnten Rechtsschutz nimmt, zeigt

Richtlinien heben vor allem auf die Standardisierung sowie strikte Implementierung der entsprechenden Beschlüsse ab und präzisieren bzw. definieren viele der möglichen Maßnahmen. Es werden flexible Reaktionsmöglichkeiten im Sanktionsregime festgelegt, damit Veränderungen im politischen Kontext aufgegriffen werden können, um restriktive Maßnahmen zu verschärfen, abzumildern oder auszusetzen (Punkt G des Dokuments). Auch wird explizit auf den Rechtsschutz hingewiesen, der den von zielgerichteten Sanktionen betroffenen Personen oder nicht-staatlichen Organisationen und Einheiten zusteht (Punkt B des Dokuments).

Informelle Sanktionen   Neben den restriktiven Maßnahmen des Art. 215 AEUV arbeitet die EU in wenigen Fällen auch mit „informellen" Sanktionen.[83] Dieser Typus ist vor der Errichtung der GASP im Maastrichter Vertrag entstanden, wird im Falle des Waffenembargos gegen die Volksrepublik China aber bis auf den heutigen Tag fortgeführt. Informelle Sanktionen beruhen auf Schlussfolgerungen des Europäischen Rates oder des Rates und haben – im Vergleich zu offiziellen, formellen Sanktionen – den Vorteil, dass sie die EU weniger exponieren und von geringerer Sichtbarkeit sind; auch können sie ohne formale Beschlüsse durch schlichte Nichtmehr-Anwendung eines „natürlichen Todes" sterben.[84] Interessanterweise richten sich alle neun Fallbeispielen von informellen Sanktionen nicht gegen die üblichen Adressaten von EU-Strafmaßnahmen, nämlich gegen vergleichsweise machtlose Entwicklungsländer, sondern beispielsweise – wie bereits erwähnt – gegen die VR China nach dem Massaker von 1989 auf dem Tiananmen-Platz, gegen Russland (zwischen 1999 und 2001 wegen des Tschetschenien-Kriegs) und zwischen 1981 und 1987 selbst gegen den NATO-Partner Türkei.

Weitere „geeignete Maßnahmen"   Sehr bedeutsam sind schließlich noch alle jene Strafmaßnahmen, die die EU im Rahmen ihrer Zusammenarbeit mit den AKP-Staaten ergreift. Diese als „geeignet" bezeichneten Maßnahmen gehören *strictu sensu* nicht zum EU-Sanktionsregime und erfordern keine GASP-Beschlüsse; gleichwohl verfolgen sie sanktionsäquivalente Zielsetzungen. Nachdem seit dem Lomé-II-Vertrag von 1981 die Konditionalität sukzessive Einzug in diese Entwicklungszusammen-

---

sein Urteil vom Dezember 2014, das die Führung der Hamas auf der EU-Terrorliste aus Verfahrensgründen für nichtig erklärte.

83 Vgl. die Übersicht in Portela 2010: European Union Sanctions and Foreign Policy, 103.

84 Portela 2010: European Union Sanctions and Foreign Policy, 126.

arbeit halten konnte, ist in Fällen von massiven Menschenrechtsver-
stößen deren Suspension möglich; hiervon hat die EG/EU mehrfach
Gebrauch gemacht.[85] Auch Art. 96 des derzeit gültigen Abkommens
von Cotonou berechtigt zu solchen Schritten. Negative Konditionalisierung als weitere Form der Sanktionierung findet sich auch im
Instrument des Entzugs der verschiedenen Formen von Handelspräferenzen, die die EU den Entwicklungsländern einräumt; eine solche
„Aussetzung" ist in Art. 218 (9) AEUV geregelt. Und schließlich sind
unter dem Stichwort der Sanktionierung noch all jene Maßnahmen
zu nennen, die die EU im Rahmen ihrer Nachbarschaftspolitik ergreift und die bis zu deren Neuformulierung 2011 mit dem Label *less
for less* Regelverstöße ahndeten.[86] Der vergleichsweise häufige Einsatz dieser konditionalisierten „geeigneten Maßnahmen" weist die
EU als „normative Macht" (Manners) aus, die einen werteorientier-
ten Politikansatz verfolgt, und reicht in die Entwicklungszusammenarbeit sowie die Nachbarschaftspolitik hinein.

4.2.2 EU-Sanktionen in der Ukraine-Krise 2014–2015[87]

Der Einsatz von EU-Sanktionen in der zum Jahreswechsel 2013/2014
ausgebrochenen Ukraine-Krise stellt in der jüngeren Geschichte
einen einzigartig bedeutsamen Fall dar. Denn es geht zum einen um
die Verhängung restriktiver Maßnahmen in der unmittelbaren
Nachbarschaft der EU, zum anderen richten sich diese Maßnahmen
auch gegen Russland, eine große und bedeutende Macht, mit der die
EU seit Jahrzehnten auf das Engste zusammenzuarbeiten sucht und
von der sie – besonders im Bereich der Energieversorgung – auch in
hohem Maße abhängig ist.

Mit der Weigerung des vormaligen ukrainischen Präsidenten
Janukowitschs im November 2013, das seit 2007 mit Brüssel verhan-
delte Assoziierungsabkommen zu unterzeichnen, brach die Ukraine-
Krise offen aus. Angesichts der Maidan-Proteste und -Unruhen mit
88 Toten schaltete sich seitens der EU im Februar 2014 das Weimarer
Dreieck ein; so reisten Deutschlands, Frankreichs und Polens Au-

---

85 Keßler 2007: 40 Jahre EU-Afrika-Politik – ein Rückblick, 53.
86 Portela 2014: The EU's Use of 'Targeted' Sanctions. Evaluating effectiveness, 4.
87 Nachfolgende Ausführungen stützen sich weitgehend auf: Müller-Brandeck-
Bocquet/Gieg 2014: Die Europäische Union und die Ukraine. Zu weitere Beispiele für EU-Sanktionen vgl. Kapitel 4.1.1.

ßenminister am 20. Februar 2014 nach Kiew und handelten dort mit der in Auflösung begriffenen Regierung Janukowitsch sowie mit Oppositionskräften einen Kompromiss aus; ein Emissär Putins war zugegen. Doch der Kompromiss kam zu spät: Am 22. Februar 2014 floh Janukowitsch nach Russland, Julia Timoschenko wurde freigelassen und die Übergangsregierung Jazenjuk kam ins Amt.

Die ersten
EU-Sanktionen

Gleichzeitig berieten die EU-Außenministerkollegen in Brüssel erstmals über mögliche Sanktionen gegen diejenigen, „die für die Menschenrechtsverletzungen, die Gewalt und das unverhältnismäßige Vorgehen verantwortlich sind"[88]. Es wurden folglich gezielte, smarte Sanktionen gegen zunächst 21 Personen vorbereitet, die nach der Annexion der Krim durch Russland am 18. März 2014 tatsächlich auch verhängt wurden. Parallel zu den europäischen und vor allem deutschen Bemühungen, die Krise zu entschärfen, so beispielsweise mittels eines Ukraine-Gipfels, der am 17. April 2014 in Genf stattfand, drehte die EU – wie auch die USA – weiter an der Sanktionsschraube. Im April waren bereits 36 Personen und Einrichtungen auf ukrainischer wie russischer Seite mit Einreiseverboten, Konteneinfrierungen etc. belegt; im Mai wurde die Liste erneut ausgeweitet.[89] Zugleich arbeitete die EU-Kommission an einer verschärften Stufe des Sanktions-Regimes, der Verhängung von Wirtschaftssanktionen. Über diese jedoch ließ sich im Kreis der EU-28 zunächst noch keine Einigkeit erzielen.

Wirtschafts-
sanktionen gegen
Russland

Der Abschuss der malaysischen Passagiermaschine MH17 mit 298 Todesopfern brachte eine erneute Wende in der Ukraine-Krise. Obwohl die genauen Umstände dieses Abschusses lange nicht abschließend geklärt werden konnten, machte er deutlich, dass inzwischen schwere russische Waffen ins ostukrainische Kampfgebiet gelangt waren. Russlands Rolle bei den anhaltenden Kämpfen blieb zwar weiterhin unübersichtlich; Grenzverletzungen waren aber an der Tagesordnung. Die ukrainische Armee befürchtete eine russische Invasion.

In diesem Kontext ging die EU weit über ihre bisherigen Maßnahmen hinaus und verhängte am 29. Juli 2014 Wirtschaftssanktionen, die sich direkt gegen Russland richten. Betroffen sind der

---

88 Rat 2014: Mitteilung an die Presse, 20.02.2014.

89 Von den politischen, gezielten Sanktionen der EU sind sowohl Vertreter des alten Janukowitsch-Regimes betroffen als auch einzelne Personen und Organisationen auf der Krim und in Russland, Giumelli 2015: Sanctioning Russia: the right questions, 1.

Finanzsektor, der Handel mit Waffen und Hochtechnologiegüter. Auch die gezielten Sanktionen gegen einzelne Personen wurden erneut ausgeweitet. All diese Maßnahmen waren seit Monaten in Vorbereitung. Auf einer Sondertagung vom 16. Juli 2014 legte der Europäische Rat erweiterte Kriterien für restriktive Maßnahmen vor.[90] Die konkrete Verhängung der Sanktionen erfolgte dann durch den Ausschuss der Ständigen Vertreter der Mitgliedstaaten. Der Europäische Rat trat gar nicht mehr zusammen. Kanzlerin Merkel rechtfertigte die Sanktionen als „„unumgänglich'. Russland müsse sich entscheiden, ob es nun ‚den Weg der Deeskalation' gehen wolle."[91]

Die harten EU-Entscheidungen kamen überraschend. Noch auf dem Juni-Gipfel des Europäischen Rates bestand kein gemeinsamer Wille, diese schärfste der EU zur Verfügung stehende Waffe einzusetzen. Auch das italienische Präsidentschaftsprogramm, das sich betont russlandfreundlich gab, hatte solch strenge Maßnahmen nicht erwarten lassen. Doch das Entsetzen über den Flugzeugabschuss mit den zumeist europäischen Todesopfern, Putins dementierende Reaktionen und sein mehr oder weniger offenes, unablässiges Schüren des Konflikts hatte das Fass zum Überlaufen gebracht und die EU zur Verhängung von Wirtschaftssanktionen veranlasst, die absehbar für beide Seiten schmerzhaft sein würden.

Mit der Verhängung strenger Wirtschaftssanktionen Ende Juli 2014 ist die EU ihrer inkrementellen Logik der Sanktionsverhängung gefolgt; denn erst nachdem der Einsatz ihrer zunächst rein politischen, gezielten (*targeted*) Sanktionen den erhofften Erfolg nicht erbracht hatte, hat sie eine deutlich schärfere Gangart eingeschlagen. All ihre Kritiker aber, die sie der Uneinigkeit und Schwäche bezichtigten, hat sie dadurch eines Besseren belehrt. In der Tat stellt dieser Schritt insofern ein Novum dar, als die EU bisher herausragend wichtigen Akteuren der Weltpolitik gegenüber noch nie derart hart und entschlossen aufgetreten war.

Dessen ungeachtet wurden Mitte August 2014 wieder die diplomatischen Bemühungen zur Krisenbewältigung aufgenommen, die schließlich zum Minsker Protokoll vom 4. September 2014 führten, das von den Präsidenten der Ukraine und Russlands sowie der Ukraine-Beauftragten der OSZE, Botschafterin Heidi Tagliavini, unterzeichnet wurde und das mittels eines Waffenstillstands und weiterer Schritte den Frieden in der Ukraine wiederherstellen sollte. Die EU

---

90 Rat 2014: Mitteilung an die Presse, 17.03.2014.
91 Brössler 2014: Wirtschaftssanktionen gegen Russland.

kam Russland insofern entgegen, als dass sie das am 27. Juni 2014 in Brüssel unterzeichnete Assoziierungsabkommen mit der Ukraine aussetzte, um den zahlreichen russischen Einwänden gegen das Abkommen, das nach Moskauer Ansicht die russisch-ukrainischen Wirtschaftsbeziehungen belasten, Rechnung zu tragen.

Nachdem sich schnell zeigte, dass die Waffenruhe von Minsk I nicht hielt, verschärfte die EU im September 2014 sowohl ihre politischen als auch ihre Wirtschaftssanktionen weiter. Die Sanktionen – so hieß es aus Brüssel – könnten bei Einhaltung des Abkommens jederzeit wieder zurückgenommen werden. In der EU setzte eine Debatte über die Wirtschaftssanktionen ein, die in manchen Mitgliedstaaten negative Folgen zeitigten. Über ihre Wirksamkeit ließ sich aber angesichts des gleichzeitigen drastischen Verfalls des Ölpreises mit seinen verheerenden Wirkungen für den russischen Staatshaushalt wenig Belastbares herausfinden. Im November 2014 beriet man in Brüssel, wie mit den im März 2015 auslaufenden Sanktionen weiterverfahren werden sollte. Weil die Hohe Vertreterin Mogherini zuvor eine gewisse Flexibilisierung des Sanktionsregimes ins Gespräch gebracht hatte, hielt es Außenminister Steinmeier für nötig, klarzustellen: „Unter dem Gesichtspunkt der aktuellen Ereignisse in der Ostukraine hat niemand die Idee geäußert, über die Lockerung von Sanktionen nachzudenken." Einer solchen Lockerung müsste die Umsetzung des Abkommens von Minsk vorausgehen.[92]

Erneute Eskalation im Januar 2015

Doch die Kämpfe in der Ostukraine gingen ungehindert weiter, ja, sie verschärften sich gar. Die Separatisten verzeichneten Gebietsgewinne, die ukrainische Armee schlug hart zurück und Russlands Rolle als umfassender Unterstützer der Separatisten wurde immer offensichtlicher. Ende 2014 waren bereits über 5300 Todesopfer, fast 10.000 Verwundete und rund 500.000 Vertriebene zu beklagen. Als im Januar 2015 die südost-ukrainische Stadt Mariupol beschossen wurde, erhob der Westen schwere Vorwürfe gegen Russland, dem eine Mitschuld an dem Angriff gegeben wurde. Auf Aufforderung des Europäischen Rates hin berieten die EU-Außenminister über neue, weiter verschärfte Sanktionen gegen Russland.[93] Sie verlängerten die Liste der zielgerichteten Sanktionen um 19 ukrainische und

---

92 Braun/Brössler 2015: Von Lockerung spricht keiner.
93 In diesem Kontext ergab sich ein erster außenpolitischer Eklat mit Griechenlands neuem Premierminister Alexis Tsipras, der den Beschluss des Europäischen Rates zu weiteren restriktiven Maßnahmen gegen Russland zunächst nicht mittragen wollte, dann aber einlenkte.

russische Personen, sodass insgesamt nun 151 Personen und Organisationen von entsprechenden restriktiven Maßnahmen betroffen sind (hinzukommen 37 Unternehmen, die von den Wirtschaftssanktionen betroffen sind). Auch wurden Kommission und EAD damit beauftragt, weitere Wirtschaftssanktionen vorzubereiten.

Angesichts der eskalierenden Gewalt in den Separatistengebieten und den Drohungen der USA, die Ukraine mit Waffen zu beliefern, ergriffen Bundeskanzlerin Angela Merkel und Frankreichs Präsident François Hollande Anfang Februar 2015 eine bemerkenswerte Initiative. Gemeinsam reisten sie nach Kiew und Moskau, um die Chancen für ein neues Waffenstillstandabkommen auszuloten; dabei stützten sie sich weitgehend auf das Abkommen von Minsk, dessen „Geist wiederbelebt werden" sollte.[94] Tatsächlich konnte in der Nacht vom 11. auf den 12. Februar 2015 im Rahmen des sogenannten Normandie-Formats,[95] das Russland, die Ukraine, Frankreich und Deutschland einbindet, das Minsker Abkommen II geschlossen werden, das in 13 Schritten den Weg zu einer friedlichen Lösung des Konflikts vorzeichnet.

Minsk II Februar 2015

Um die Minsker Verhandlungen nicht zu belasten, verschoben die EU-Außenminister das Inkrafttreten der neuen gezielten Sanktionen um eine Woche auf den 16. Februar 2015. Gelockert bzw. ausgesetzt wird das EU-Sanktionsregime erst dann, wenn Minsk II erfolgreich umgesetzt wird. Das hat der Europäische Rat am 18. März 2015 beschlossen. Die restriktiven Maßnahmen können folglich erst dann aufgehoben werden, wenn die Ukraine wieder die volle Kontrolle über ihre Grenzen zu Russland innehat. Da das Minsk-II-Abkommen bis Jahresende 2015 zu verwirklichen ist, werden die Sanktionen bis dahin verlängert, d. h. über ihr ursprüngliches Enddatum Ende Juli 2015 hinaus.[96] Die endgültige Beschlussfassung hierzu soll im Juni 2015 fallen.

Verlängerung der Sanktionen Februar 2015

An der Sanktionspolitik, die die EU im Falle des Ukraine-Konflikts betreibt, sind mehrere Aspekte bemerkenswert. Zunächst stellt sie ein Paradebeispiel der Sanktionen à la EU dar, die mit ge-

Feuerprobe für eine stärkere EU-Außenpolitik?

---

94 Riols/Vitkine 2015: L'Europe en médiateur entre Moscou et Kiev.
95 Anlässlich des feierlichen Gedenkens zum 60. Jahrestag der Invasion der Alliierten in der Normandie im Juni 2014 nutzten die Präsidenten der Ukraine, Russlands, Frankreichs und Bundeskanzlerin Angela Merkel die Gelegenheit, wieder gemeinsam ins Gespräch zur Beilegung des Ukraine-Konflikt zu kommen; seither spricht man vom „Normandie-Format".
96 Europäischer Rat 2015: Schlussfolgerungen, 4.

zielten, Einzelpersonen oder Gruppierungen treffenden Maßnahmen beginnt und diese sukzessive ausweitet. Erst bei erneuter Verschlechterung der Lage wird zum Instrument der Wirtschafts- und Handelssanktionen gegriffen. Dabei ist zu berücksichtigen, dass Sanktionen in mehrfacher Weise wirken und die Frage, ob sie ihr Ziel effektiv erzwingen können, zu kurz greift. Denn Sanktionen – und dies veranschaulichen jene im Ukraine-Konflikt verhängten erneut – sind immer nur ein Teil eines breiter angelegten Konfliktmanagements und dienen größtenteils auch dazu, der eigenen Öffentlichkeit und Dritten gegenüber klare Positionen zu beziehen. Dadurch kann zudem – wie im Fall der Ukraine-Krise – Druck gegen die Konfliktparteien aufgebaut und somit die eigene Verhandlungsposition gestärkt werden.[97] Zweitens war und ist es im Falle der Ukraine-Krise offensichtlich, dass der Europäische Rat und der Rat zu hartem Vorgehen gegen die Separatisten und Russland bereit waren; dies lässt sich von der Hohen Vertreterin und der Kommission nicht eindeutig sagen. Insofern ist in vorliegendem Falle die Tatsache, dass Sanktionen in der Entscheidungshoheit der Mitgliedstaaten liegen, ausnahmsweise die Voraussetzung für die klare Positionierung der EU gewesen. Drittens ist die Sanktionspolitik im Ukraine-Konflikt auch deshalb bemerkenswert, weil sie sich vorrangig gegen Russland wendet. Die EU kann also nicht nur kleinen, machtlosen Staaten gegenüber geschlossen als „normative power" auftreten, sondern auch dem großen und bedeutenden Nachbarn Russland gegenüber. Ob die EU-Außenpolitik damit die Feuerprobe für eine neue Stärke, Entschlossenheit und Wirksamkeit bereits bestanden hat, muss offenbleiben.

4.3 Gemeinschaftsdimension

4.3.1 Die Handelspolitik der EU

Größte Wirtschafts- und Handelsmacht

Es ist weithin bekannt, wie machtvoll und einflussreich die Stellung der EU im Welthandel ist. Die seit den 2000er-Jahren florierende Forschung zur Außenwahrnehmung des globalen Akteurs EU ist sich darin einig, dass das Bild des „wirtschaftlichen Riesen" die

---

97 Giumelli 2015: Sanctioning Russia: the right questions, 2.

externe Perzeption der Union insgesamt klar dominiert.[98] Die jüngste Weltwirtschaftskrise hat die Wirtschaftsmacht EU nicht verschont, dennoch nimmt diese weiterhin die weltweite Spitzenposition ein. Mit rund 507 Millionen Einwohnern beträgt der Anteil der EU an der Weltbevölkerung nur knapp 7 Prozent, der Anteil am globalen Bruttoinlandsprodukt liegt jedoch bei rund 17 Prozent; damit ist der europäische Binnenmarkt die größte Wirtschaftsmacht der Welt, gefolgt von den USA und China. Die EU ist gleichzeitig die größte Handelsmacht der Welt. Ihr Anteil an den weltweiten Importen und Exporten von Waren liegt bei jeweils rund 15 Prozent (ohne den Anteil der Importe und Exporte innerhalb der EU). Auch beim Export und Import von Dienstleistungen nimmt die EU die Spitzenposition ein. Die Union unterhält ein globales Netz von Handelsbeziehungen. Für 80 Staaten der Welt ist sie der wichtigste Handelspartner. Die USA sind – zum Vergleich – nur für ca. 20 Staaten der Welt der wichtigste Handelspartner. Der bedeutendste Absatzmarkt für EU-Waren sind die USA, gefolgt von der Schweiz, China, Russland, der Türkei und Japan. Fast die Hälfte der EU-Ausfuhren ging 2013 in diese sechs Staaten. Die meisten Importe erreichten die EU 2013 aus China, Russland, den USA, der Schweiz, Norwegen und Japan.[99] Der Handel mit Staaten außerhalb der EU-28 ist dabei ein wichtiger Wachstumsmotor für die Union, denn rund 30 Millionen Arbeitsplätze in den europäischen Mitgliedstaaten hängen heute vom Export in Drittländer ab, 10 Millionen mehr als noch 1995.[100]

Die Gemeinsame Handelspolitik ist die älteste und am stärksten integrierte Dimension der EU-Außenpolitik. Anders als in der *Gemeinsamen* Außen- und Sicherheitspolitik und der *Gemeinsamen* Sicherheits- und Verteidigungspolitik, die von den Mitgliedstaaten dominiert sind, trägt die Gemeinsame Handelspolitik das Attribut „gemeinsam" zu Recht, da hier, wie in Kapitel 3.4.4 erläutert wurde, die Gemeinschaftsorgane umfassende Kompetenzen innehaben. Die Praxis der Handelspolitik als Teil der EU-Außenpolitik wird im Folgenden an drei Aspekten veranschaulicht: der Mitgliedschaft und dem Wirken der EU in der WTO, der autonomen Handelspolitik und der vertraglichen Handelspolitik.

---

98 Vgl. beispielsweise Lucarelli/Fioramonti (Hrsg.) 2010: External Perceptions of the European Union as a Global Actor.

99 Zahlen für 2013, Datenquelle: Generaldirektion Handel.

100 Europäische Kommission 2013: Außenhandel als wichtige Quelle für Wachstum und Beschäftigung in der EU.

Mitgliedschaft und Wirken der EU in der WTO

Grundlagen der WTO Die zum 1. Januar 1995 gegründete Welthandelsorganisation (WTO: World Trade Organization) bildet den Regelungsrahmen des globalen Handels.[101] Ziel der WTO ist die schrittweise Liberalisierung des Welthandels mit der langfristigen Absicht, Handelshemmnisse weltweit zu beseitigen. Der Realisierung dieses Ziels näherte man sich durch die sogenannten Welthandelsrunden, in denen in den letzten Jahrzehnten seit Abschluss des GATT (Allgemeines Zoll- und Handelsabkommen) 1947 sowohl der Abbau von Zöllen als auch von nicht-tarifären Handelshemmnissen vorangetrieben wurde. Mit Abschluss der Uruguay-Runde (1986–1994), der insgesamt achten Welthandelsrunde, wurde die WTO ins Leben gerufen. Seit 2011 wird im Rahmen der Doha-Runde verhandelt, die ursprünglich Ende 2004 abgeschlossen sein sollte. Diese Runde wird auch Doha-Entwicklungsagenda genannt. Mit dieser Bezeichnung wird zum Ausdruck gebracht, dass die Runde nicht nur der weiteren Marktöffnung, sondern auch der besseren Einbindung von Entwicklungsländern dienen soll. Die Verhandlungen gestalten sich allerdings mit jeder Welthandelsrunde schwieriger, was nicht nur an der zunehmenden Zahl und der wachsenden Heterogenität der WTO-Mitglieder in einer multipolaren Welt liegt, sondern auch an grundlegenden Interessenkonflikten: Schwellen- und Entwicklungsländer fordern beispielsweise einen besseren Marktzugang für ihre Agrarprodukte in den Industrieländern, wogegen sich Akteure wie die USA und die EU sperren. Diese wiederum drängen – gegen den Willen der Schwellen- und Entwicklungsländer – auf einen verbesserten Marktzugang für Industriegüter.

Die seit 2001 geführten Doha-Verhandlungen gerieten immer wieder ins Stocken. Nachdem im Dezember 2013 beim Gipfel in Bali als Ergebnis langen Ringens eine Lösung erreicht zu sein schien, stellte sich der indische Premierminister Narendra Modi im August 2014 erneut quer, da er für Indien dauerhaft die Möglichkeit zur Subventionierung von Grundnahrungsmitteln sicherstellen wollte.[102] Zu Beginn des Jahres 2015 fanden erneut informelle Verhandlungen

---

101 Zur WTO aus politikwissenschaftlicher Perspektive vgl. ausführlicher die entsprechenden Kapitel in Freistein/Leininger (Hrsg.) 2012: Handbuch Internationale Organisationen sowie in Rittberger/Zangl/Kruck 2013: Internationale Organisationen.
102 Vgl. Frankfurter Allgemeine Zeitung 2014: Warum Indien das Handelsabkommen ablehnt.

statt. Ob diese Ende des Jahres 2015 bei der WTO-Ministerkonferenz in Nairobi tatsächlich zu einem neuen, umfassenden Verhandlungspaket führen werden, ist allerdings unsicher. Sicher ist dagegen, dass die Stagnation in den globalen, multilateralen Verhandlungen seit Gründung der WTO den Bilateralismus und den Regionalismus in der Welthandelspolitik beförderte. In den letzten zwei Jahrzehnten stieg weltweit die Zahl der regionalen und der bilateralen Freihandelsabkommen von unter zehn auf über 350 aktive Freihandelsabkommen an.[103] Die Hauptsäulen der WTO bilden – neben dem GATT – das GATS (Allgemeines Abkommen über den Handel mit Dienstleistungen) sowie das TRIPS (Übereinkommen über handelsbezogene Aspekte der Rechte des geistigen Eigentums). Gerade der sensible Charakter „neuerer" Themen wie Fragen des geistigen Eigentums erschwert aktuelle Verhandlungen zusätzlich. Ein häufiger Streitpunkt in diesem Zusammenhang sind etwa die Patentrechte an Medikamenten. Auch hier bestehen Gräben zwischen Industrieländern, die auf Beachtung des Patentschutzes zur Finanzierung der kostenintensiven Forschung und Entwicklung pochen, und Schwellen- und Entwicklungsländern, die den bezahlbaren Zugang zu lebenswichtigen Medikamenten fordern.[104]

Die WTO-Mitglieder haben sich auf grundlegende Prinzipien verständigt. Dazu zählt – neben dem grundlegenden Abbau von Zöllen und Handelshemmnissen – zum einen das Prinzip der Nichtdiskriminierung. Dieses lässt sich wiederum aufgliedern in das Prinzip der Inländergleichbehandlung (ausländische Produkte dürfen gegenüber einheimischen nicht benachteiligt werden) und das Prinzip der Meistbegünstigung, wonach WTO-Mitglieder alle Vergünstigungen, die sie einem anderen Mitglied gewähren, auch allen anderen WTO-Mitgliedern einräumen müssen. Ausnahmen gelten bei Freihandelszonen oder bei einer Zollunion. Außerdem gilt das Prinzip der Reziprozität, wonach Vergünstigungen wie etwa ein erleichterter Marktzugang wechselseitig gewährt werden sollen. Dieses Prinzip der Gegenseitigkeit gilt im Handel mit Entwicklungsländern nur eingeschränkt. *(Prinzipien der WTO)*

Die WTO mit Sitz in Genf hat aktuell (Mai 2015) 161 Mitglieder, zu denen auch die EU gehört. Gleichzeitig sind die 28 EU-Mitgliedstaaten ebenfalls Mitglieder der WTO. Diese parallele Mitgliedschaft *(Parallele WTO-Mitgliedschaft von EU und Mitgliedstaaten)*

---

103 Behrens/Janusch 2013: Business as usual – Der ausbleibende Protektionismus in der Wirtschaftskrise, 189.
104 Vgl. hierzu genauer Schaffar 2014: Schwellenländer als neue Akteure globaler Normsetzung am Beispiel des Patentschutzes auf Medikamente.

hat historische Ursachen: Schon in den Römischen Verträgen war festgelegt worden, dass die Außenhandelskompetenzen auf die EWG übergehen würden, sobald die Zollunion verwirklicht sei. Mit der Verabschiedung des Gemeinsamen Zolltarifs und der Ablösung der nationalen Zolltarife 1968 gingen die Außenhandelskompetenzen in der Folge an die EWG über. Der EWG-Vertrag war demnach außenhandelspolitisch ein „großer Wurf"[105]. In den Welthandelsrunden positionierten sich die EWG bzw. später die EG in der Folge als selbstbewusster Akteur und rückte „mit stillschweigender Zustimmung" in die Rechtsposition ihrer Mitgliedstaaten, was sie zum De-facto-Mitglied im GATT machte.[106] Mit Gründung der WTO 1995 wurde die EG (die EU hatte damals noch keine Rechtspersönlichkeit) zum ordentlichen Mitglied neben den EU-Mitgliedstaaten. Durch den Vertrag von Lissabon, mit dem die EU zum Völkerrechtssubjekt wurde, also Rechtspersönlichkeit erhielt, ist die Union als Rechtsnachfolgerin der EG nun neben den 28 EU-Staaten Mitglied der WTO. Dass die EU die Einzelstaaten nicht komplett in der WTO „ablöste", hängt u. a. damit zusammen, dass bei Gründung der WTO neue Themen wie der Handel mit Dienstleistungen, aber auch Handelsaspekte des geistigen Eigentums zum Tragen kamen (Stichwort GATS und TRIPS). Die Außenhandelskompetenzen der EU bezogen sich jedoch vornehmlich auf Zölle und den Warenhandel, sodass nach wie vor auch die EU-Mitgliedstaaten zuständig waren. Mit dem Vertrag von Lissabon erfolgte zwar eine weitere Kompetenzstärkung zugunsten der Union, die Mitgliedstaaten behalten jedoch in wenigen, sensiblen Bereichen der Handelspolitik, beispielsweise bei kulturellen Dienstleistungen, die Oberhand.[107]

Vertretung und Stimmrecht der EU in der WTO

Die EU wird in der WTO in der Regel durch den Kommissar für Handel vertreten, bisweilen wird dieser wegen der großen Bedeutung von Agrarfragen vom Agrarkommissar unterstützt. Beschlüsse werden in der WTO üblicherweise nach dem Konsensprinzip gefasst. Finden doch einmal Mehrheitsentscheidungen statt (z. B. bei Änderungen der WTO-Übereinkünfte), übt die EU das Stimmrecht für ihre

---

105 Herrmann/Streinz 2014: Die EU als Mitglied der WTO, 607.
106 Herrmann/Streinz 2014: Die EU als Mitglied der WTO, 618.
107 Für Deutschland sieht das Bundesverfassungsgericht im Lissabon-Urteil die Mitgliedschaft in der WTO als Teil der Verfassungsidentität, weswegen die Bundesrepublik trotz der ausschließlichen Zuständigkeit der EU in der Handelspolitik nicht aus der WTO austreten könne.

Mitglieder aus. Ihre Stimmenanzahl entspricht dann der ihrer Mitgliederzahl, derzeit also 28.

Eine wichtige Aufgabe der WTO ist die Schlichtung von internationalen Handelsstreitigkeiten. Diese erfolgt über einen speziellen Mechanismus im Rahmen des *Dispute Settlement Body* (DSB). WTO-Mitglieder können ungeachtet ihres politischen Gewichts oder ihrer wirtschaftlichen Macht Beschwerde einlegen, wenn sie Handelsregeln verletzt sehen. Der DSB kann Staaten autorisieren, auf einen solchen Regelverstoß mit Handelssanktionen zu reagieren. Der Mechanismus wird oft genutzt und gilt als effektiv. Die EU ist einer der größten Nutzer des Streitbeilegungsverfahrens. Sie war bisher an 167 Streitbeilegungsverfahren beteiligt, in 90 Fällen als Beschwerdeführerin und in 77 Fällen als Beklagte.[108] Besonders bekannt sind der Stahlstreit 2002/2003 zwischen der EU und den USA, bei dem die Union zusammen mit sieben anderen Staaten erfolgreich Beschwerde bei der WTO gegen US-Schutzzölle auf bestimmte Stahlerzeugnisse einlegte, sowie der fast zwei Jahrzehnte andauernde Bananenstreit. Die EU hatte, basierend auf der Bananenmarktordnung von 1993[109], hohe Einfuhrzölle auf Bananen aus Lateinamerika erhoben, dessen Märkte von US-Unternehmen dominiert sind. Bananen aus den ehemaligen Kolonien in den AKP-Staaten gewährte die EU dagegen einen günstigeren Zugang zum europäischen Markt. Erst 2012 wurde der Streit endgültig beigelegt, indem die EU sich vertraglich verpflichtete, die Zölle für lateinamerikanische Bananen schrittweise zu reduzieren. Gleichzeitig sagte die Union Ausgleichszahlungen für die Bananenproduzenten in den ärmeren AKP-Staaten zu.

Beilegung von Handelsstreitigkeiten innerhalb der WTO

Insgesamt ist festzuhalten, dass die EU-Mitgliedstaaten wohl in keiner anderen internationalen Organisation so geeint auftreten wie in der WTO, die inhaltliche Bilanz zum Wirken der EU in der WTO ist jedoch gemischt. Zwar ist die EU keineswegs allein für die Stagnation und die Schwierigkeiten in der jüngsten Doha-Runde verantwortlich zu machen, allerdings fällt es der Union gerade im Bereich der Landwirtschaft schwer, den Verhandlungspartnern akzeptable Vorschläge zu machen. Das Festhalten an Interventionen, Subventionen und die Beharrungskräfte der Mitgliedstaaten, bei denen der Agrarsektor nicht nur Wirtschaftsfaktor, sondern Teil der nationalen

Geeinte Stimme, gemischte Bilanz

---

108 Europäisches Parlament 2015: Die Europäische Union und die Welthandelsorganisation.
109 Diese unterscheidet Gemeinschaftsbananen (z. B. von den kanarischen Inseln), Bananen aus AKP-Staaten und Bananen aus Drittstaaten.

Kultur und Identität ist, steht der weiteren Liberalisierung des Welthandels, und vor allem der Marktöffnung für Agrarprodukte aus
Schwellen- und Entwicklungsländern, diametral entgegen.[110]

Autonome Handelspolitik

Instrumente der
autonomen
Handelspolitik Man unterscheidet bei der Gemeinsamen Handelspolitik der EU
zwischen vertraglicher und autonomer Handelspolitik. Letztere trägt
ihren Namen, weil sie nicht auf vertraglichen Abkommen, etwa mit
Drittstaaten, basiert, sondern „autonom" durchgeführt wird. Die
autonome Handelspolitik umfasst also einseitige handelspolitische
Maßnahmen, die sowohl den Import als auch den Export von Gütern
betreffen können. Der gemeinsame Außenzoll der EU (Zollunion) ist
ein Element der autonomen Handelspolitik. Er wird vom Rat auf
Vorschlag der Kommission festgelegt (Art. 31 AEUV) und stellt das
zentrale tarifäre Instrument der autonomen Handelspolitik dar, das
üblicherweise im WTO-Rahmen beschlossen wird. Hauptziel der
autonomen Handelspolitik ist es, den europäischen Markt gegenüber unfairen Handelspraktiken zu schützen. Zu diesem Zweck stehen der EU verschiedene Maßnahmen zur Verfügung.[111] Die wichtigsten sind:

- Anti-Dumping-Maßnahmen: Auf Antrag eines betroffenen Wirt-
  schaftszweigs kann die Kommission als „Herrin des Verfahrens"
  nach Konsultation der zustimmungsberechtigten Mitgliedstaaten
  vorläufige Anti-Dumping-Zölle verhängen. Diese gelten weiter,
  wenn der Vorschlag der Kommission nicht innerhalb eines Monats vom Rat abgelehnt wird. Für eine längerfristige Dauer von
  Anti-Dumping-Maßnahmen ist ein expliziter Beschluss des Rates
  erforderlich.
  Zu Anti-Dumping-Zöllen griff die EU beispielsweise 2013 gegen
  China, den weltgrößten Hersteller von Photovoltaik-Modulen.
  Chinesische Hersteller hatten die von ihnen produzierten Solar-
  paneele in der EU weit unter den üblichen Marktpreisen angeboten und damit europäische Hersteller empfindlich geschädigt.
- Anti-Subventions-Maßnahmen: Wenn Drittstaaten Ausfuhren in
  die EU subventionieren, kann die Kommission nach demselben

---

110 Mildner/Schmucker 2007: Die EU im globalen Governance-Prozess. Für eine
starke Stimme in WTO, IWF und Weltbank, 55.
111 Zu den Maßnahmenkategorien vgl. auch Monar/Reiter 2014: Außenhandelsbeziehungen, 100/101.

Verfahren wie bei Anti-Dumping-Maßnahmen Ausgleichszölle erheben.

Auch hier kann der Solarpaneel-Streit mit China als Beispiel dienen. Die Kommission bestätigte Ende 2013 die Existenz handelswidriger Subventionen bei chinesischen Solarprodukten und verhängte in der Folge zusammen mit dem Rat Strafzölle für zwei Jahre. Dies war unter den Mitgliedstaaten nicht unumstritten. Einige von ihnen, darunter auch Deutschland, fürchteten einen Handelskrieg mit China, der auf weitere Branchen übergreifen könnte. Letztendlich stimmten jedoch alle Mitgliedstaaten den Maßnahmen zu. Betroffen sind alle chinesischen Solarunternehmen, die sich nicht an die mit der EU vereinbarten Exportbedingungen halten.

Ende 2013 waren in der EU insgesamt 86 Anti-Dumping- und 12 Anti-Subventionsmaßnahmen in Kraft.[112]

– Handelshemmnisverordnung: Bei unfairen Handelspraktiken von Drittstaaten gegenüber Importen aus der EU bietet das Instrumentarium der Handelshemmnisverordnung der EU die Möglichkeit, relativ kurzfristig zu reagieren. Unternehmen haben durch die Handelshemmnisverordnung die Option, direkt, d. h. ohne den Umweg über Verbände oder Ministerien, bei der Europäischen Kommission den Antrag auf Einleitung eines Verfahrens zu stellen. Auch Mitgliedstaaten können Beschwerde gegen Handelshemmnisse durch Drittstaaten einlegen. Bisweilen genügt bereits die Einschaltung der „offiziellen" Ebene, um Streitigkeiten zu klären. Sollte dies nicht der Fall sein, kann die EU auch zu den härteren Gegenmaßnahmen wie Zöllen oder Einfuhrbeschränkungen greifen bzw. ein Verfahren bei der WTO in Gang setzen.

Die Handelshemmnisverordnung ist seit 1995 in Kraft und wurde seitdem in einigen Fällen in Anspruch genommen. So legte etwa die Volkswagen AG Beschwerde ein, weil Kolumbien für im eigenen Land hergestellte Kraftfahrzeuge eine Mehrwertsteuer in Höhe von 20 Prozent erhob, während beim Verkauf von importierten Kraftfahrzeugen eine Mehrwertsteuer von 35 Prozent fällig wurde.[113] Über den Weg der Handelshemmnisverordnung

---

112 Europäische Kommission 2015: 32. Jahresbericht der Kommission an den Rat und das Europäische Parlament über die Antidumping-, Antisubventions- und Schutzmaßnahmen der EU (2013).
113 Jahn 2009: Die Handelshemmnis-Verordnung, 131.

konnte durch Einschaltung der Europäischen Kommission in diesem Fall eine Lösung in gegenseitigem Einvernehmen erzielt werden.[114]

Die Bezeichnung autonome Handelspolitik darf nicht darüber hinwegtäuschen, dass diese Beschlüsse zum Schutz des europäischen Marktes keineswegs völlig autonom, sondern im Rahmen des WTO-Regelwerks erfolgen müssen. Nicht selten kommt es in diesem Zusammenhang auch zu Streitbeilegungsverfahren bei der WTO; so legten beispielsweise Argentinien und Indonesien 2013 und 2014 Beschwerde ein gegen die Anti-Dumping-Maßnahmen, die die EU gegen argentinische und indonesische Exporteure von Biokraftstoffen verhängt hatte.[115]

Vertragliche Handelspolitik

Stagnation bei globalem Handelsabkommen

Wie bereits angesprochen, gestalteten sich die Verhandlungen zur jüngsten WTO-Verhandlungsrunde, der Doha-Entwicklungsagenda, sehr schwierig. Unter dem Eindruck der schleppenden Doha-Runde nahm auch die EU einen Kurswechsel vor, was den Abschluss von Abkommen außerhalb des WTO-Rahmens anging, und setzte seit 2006 unter Führung des damaligen britischen Handelskommissars Peter Mandelson verstärkt auf bilaterale und regionale Abkommen. Dieser Umschwung ist nicht zuletzt vor dem Hintergrund des wirtschaftlichen Aufstiegs der BRICS-Staaten zu sehen, der die Multipolarisierung der Weltwirtschaft beförderte, den Konkurrenzdruck auf die Handelsmacht EU erhöhte und Verhandlungen im multilateralen Rahmen komplizierter gestaltete.[116] Festzumachen ist die neue Akzentsetzung der EU im Dokument „Ein wettbewerbsfähiges Europa in einer Globalen Welt"[117], dem Beitrag der Europäischen Kommission zur Lissabon-Strategie, welche die EU bis 2010 zum „wett-

---

114 Weitere Beispiele sind nachzulesen in Europäische Kommission 2008: Verordnung über Handelshemmnisse.

115 Vgl. die Übersicht der WTO Streitbeilegungsverfahren, http://www.wto.org/english/ tratop_e/dispu_e/dispu_e.htm.

116 Zu den Hintergründen vgl. die Sonderausgabe des Journal of Common Market Studies über die Rolle der EU in der internationalen Handelspolitik, herausgegeben von Dür/Zimmermann 2007.

117 Europäische Kommission 2006: Ein wettbewerbsfähiges Europa in einer globalen Welt.

bewerbsfähigsten und dynamischsten wissensbasierten Wirtschaftsraum der Welt"[118] machen sollte.

> The EU is fully committed to the WTO and the Doha Development Agenda,
> our first priority. We will continue to seek to resume and conclude negotia-
> tions as soon as is possible. [...] The Commission will propose a new pro-
> gramme of bilateral free trade agreements with key partners in which eco-
> nomic criteria will be a primary consideration.[119]

Dieser Ansatz ist zwar nicht gleichzusetzen mit einer Absage an den Multilateralismus innerhalb der WTO, bedeutet aber gleichwohl eine Prioritätenverschiebung hin zur schnelleren Handelsliberalisierung über bilaterale Abkommen mit einzelnen Staaten oder Regionen, solange die Doha-Runde stagniert. Prominente Belege für diesen neuen Bilateralismus[120] in der Handelspolitik der EU seit Mitte der 2000er-Jahre sind:

Neuer Bilateralismus

– Abkommen mit Südkorea (in Kraft seit 2011);
– Abkommen mit Kanada (CETA; Verhandlungen abgeschlossen 2014, die Ratifizierung steht bevor);
– Verhandlungen mit den ASEAN-Staaten (seit 2007 mit der ASE-AN; 2009 abgebrochen wegen Menschenrechtsverletzungen in Myanmar, in der Folge gesonderte bilaterale Abkommen mit einzelnen ASEAN-Staaten, Wiederaufnahme der EU-ASEAN-Verhandlungen im April 2015 angekündigt),
– Verhandlungen mit Indien (seit 2007);
– Verhandlungen mit dem Mercosur (seit 1999, ausgesetzt 2004, Wiederaufnahme 2010);
– Verhandlungen mit den Staaten der Andengemeinschaft (da ein interregionales Abkommen zwischen der EU und der gesamten Andengemeinschaft scheiterte, wurden 2010 Abkommen mit Kolumbien und Peru abgeschlossen, die Abkommen mit Bolivien und Ecuador stehen noch aus, wobei mit Ecuador bereits Fortschritte erzielt werden konnten);
– Verhandlungen mit Japan (seit 2012).

---

118 Europäischer Rat 2000: Schlussfolgerungen des Vorsitzes.
119 Europäische Kommission 2006: A Contribution to the EU's Growth and Jobs Strategy.
120 Für eine komprimierte Zusammenfassung der Risiken des bilateralen Ansatzes vgl. Langhorst 2007: Die bilateralen Handelsabkommen der Europäischen Union.

Hinzu kommen die zahlreichen Abkommen, die im Rahmen der ENP zwischen der EU und ihren Nachbarstaaten verhandelt werden bzw. bereits geschlossen wurden. Besondere Aufmerksamkeit in der Öffentlichkeit erfährt das geplante transatlantische Abkommen mit den USA (TTIP). Darauf wird im Folgenden noch einzugehen sein.

Abkommen der „vierten Generation"
Vorab ist festzuhalten, dass die jüngeren Abkommen eine neue Qualität aufweisen, sie gelten als Abkommen der „vierten Generation".[121] Handelsabkommen der ersten Generation (bis etwa 1970) waren auf wenige Themen beschränkt und enthielten keine Handelspräferenzen. Diese kamen erst in den Abkommen der zweiten Generation zum Tragen. Die Abkommen der dritten Generation ab den 1990er-Jahren bezogen auch normative Fragen wie die Einhaltung von Menschenrechten und demokratischen Grundfreiheiten mit ein. Die jüngeren Freihandelsabkommen, also die vierte Generation (grundlegend das Abkommen mit Südkorea), haben ein thematisch breites Spektrum, sehen etwa eine Liberalisierung auch bei Dienstleistungen vor und umfassen „neue" Themenbereiche wie den Schutz des geistigen Eigentums, Arbeits- und Umweltschutz oder Fragen des Investitionsschutzes. Diese Abkommen werden auch als WTO-plus Abkommen bezeichnet, da sie über die aktuell verhandelbare multilaterale Agenda der WTO hinausgehen. Auch die im Rahmen der ENP verhandelten Abkommen über vertiefte und umfassende Freihandelszonen (DCFTAs = *Deep and Comprehensive Free Trade Areas*) zählen zu dieser vierten Generation.

TTIP
Die höchst kontrovers diskutierte *Transatlantic Trade and Investment Partnership* (TTIP) geht, wie der Name schon andeutet, ebenfalls über ein traditionelles, reines Handelsabkommen hinaus. In der öffentlichen Debatte schlägt das EU-USA-Abkommen hohe Wellen: „Das TTIP-Abkommen wird zu einer riesigen Projektionsfläche: Die einen prophezeien das Reich der Glückseligkeit, die anderen beschwören den Untergang des Abendlandes."[122] Die Wahrheit, die vermutlich in der Mitte zwischen Euphorie und Hysterie liegt, kann an dieser Stelle nicht vollständig eruiert werden – nicht zuletzt, weil ein seriöses und fundiertes Urteil über die Effekte und Auswirkungen, Gewinner und Verlierer von TTIP erst dann getroffen werden kann, wenn das Abkommen final vorliegt. Aktuelle Studien zu den Auswirkungen sind daher mit Vorsicht zu genießen und

---

121 Vgl. zum Folgenden Weiß 2014: Vertragliche Handelspolitik der EU, 518/519.
122 So der deutsche Wirtschaftsminister Sigmar Gabriel (2014) im Interview mit dem Magazin Cicero.

immer auf ihre jeweiligen Annahmen hin zu prüfen. Wenngleich das Ergebnis noch abzuwarten ist, sind der Verhandlungsprozess und die Hauptkontroversen einer kurzen Betrachtung wert, da an diesem Beispiel die Praxis der vertraglichen Handelspolitik der EU gut veranschaulicht werden kann.

Die transatlantische Freihandelszone zwischen EU und USA ist bereits seit den 1990er-Jahren im Gespräch und zählt zu sogenannten *Mega Regionals*. Diese umfassen Staaten und Regionen mit einem großen Anteil an den globalen Investitionen und Handelsströmen. Auf die EU und die USA trifft diese Kategorisierung zweifelsohne zu, bilden sie doch zusammen den größten bilateralen Wirtschaftsraum weltweit mit über 800 Millionen Verbrauchern, 44 Prozent des Welthandels in Waren und Dienstleistungen und knapp 45 Prozent des weltweiten BIPs.[123] Schon heute sind die transatlantischen Partner wirtschaftlich eng verflochten; wichtiger als der Abbau von Zöllen ist die Beseitigung von nicht-tarifären Handelshemmnissen, z. B. durch die Harmonisierung von Produktstandards oder die Gleichbehandlung bei öffentlichen Auftragsvergaben. So hätten europäische Unternehmen dann beispielsweise die gleichen Chancen bei der öffentlichen Ausschreibung von Bauaufträgen wie amerikanische – und umgekehrt. Neben ökonomischen Vorteilen sind mit der TTIP geopolitische Ziele verbunden. So hoffen die EU und die USA, durch den transatlantischen Marktplatz regulatorische Maßstäbe weltweit setzen zu können. Zwischen den USA und der EU ausgehandelte Standards könnten – so die Hoffnung – zum globalen Standard werden und somit die Wettbewerbsfähigkeit der transatlantischen Partner ankurbeln.

Ziele der TTIP

Zu unterscheiden sind drei Phasen: die Erteilung des Verhandlungsmandats, die Verhandlungen selbst und die Entscheidung über das Handelsabkommen. Im Juni 2013 erteilte der Rat der Kommission einstimmig das Mandat zur Aufnahme von Verhandlungen. Die Generaldirektion Handel hat zwar die Federführung inne, die Verhandlungen erfolgen jedoch in enger Rückkopplung mit den Mitgliedstaaten. Hauptforum für die Abstimmung zwischen Rat und Kommission ist das TPC (*Trade Policy Committee*), der handelspolitische Ausschuss des Rates, über den die Mitgliedstaaten ihre nationalen Interessen, Vorbehalte und Wünsche in die Verhandlungen einbringen können. Die Verhandlungsführung obliegt somit zwar

Verhandlungsverlauf und Akteure

---

123 WTO (Zahlen für 2012) zit. nach Schmucker 2014: TTIP im Kontext anderer Freihandelsabkommen, 18/19.

der Generaldirektion Handel unter Leitung der Handelskommissarin Cecilia Malmström, im Gegensatz zur öffentlichen Wahrnehmung haben die mitgliedstaatlichen Regierungen über das TPC jedoch kontinuierlich Einfluss auf die Verhandlungen. Gleiches gilt für das Europäische Parlament, das durch den Vertrag von Lissabon, wie in Kapitel 3 dargelegt, massiv gestärkt wurde: Dem Handelsausschuss INTA im Europäischen Parlament erstattet die Kommission regelmäßig Bericht über den Fortgang der TTIP-Verhandlungen. Diese enge Abstimmung mit Mitgliedstaaten und Parlament liegt nicht zuletzt im Interesse der Kommission, denn schlussendlich kann die TTIP nur in Kraft treten, wenn das Europäische Parlament und die Mitgliedstaaten zustimmen. Bisher haben neun Verhandlungsrunden zwischen EU und USA stattgefunden, die letzte im April 2015. Chef-Unterhändler auf EU-Seite ist Ignacio García Bercero, auf US-Seite Dan Mullaney. In der Verhandlungsphase, die mutmaßlich noch einige Zeit in Anspruch nehmen wird und durch die anstehende Präsidentschaftswahl in den USA weiter verzögert werden könnte, werden Positionen ausgetauscht und schließlich ein endgültiger Text für das Abkommen ausgearbeitet. Dieser wird in der dritten und letzten Phase den Mitgliedstaaten und dem Europäischen Parlament zur Ratifizierung vorgelegt. Nach jetzigem Stand ist davon auszugehen, dass es sich um ein gemischtes Abkommen handeln wird. Der TTIP-Abschluss ist somit doppelt demokratisch legitimiert: durch die Zustimmung des Europäischen Parlaments und die Ratifizierung der Mitgliedstaaten, die üblicherweise durch Zustimmung der nationalen Parlamente erfolgt.

Inhaltliche Kontroversen

Die Front der TTIP-Gegner ist immens. Hauptstreitpunkte sind Fragen der Transparenz und der demokratischen Legitimität der Verhandlungen, die Befürchtung, dass europäische Produkt- und Sozialstandards aufgeweicht werden könnten (Stichwort „Chlorhühnchen", „Hormonfleisch" oder „Nürnberger Bratwurst aus Kentucky") sowie der Investorenschutz. Das umstrittene, wenn auch in bilateralen Investitionsabkommen seit Langem übliche *Investor-to-State Dispute Settlement* (ISDS) ermöglicht es ausländischen Investoren, Regierungen vor Schiedsgerichten zu verklagen (als Präzedenzfall gilt die Klage des schwedischen Energiekonzerns Vattenfall gegen Deutschland im Zuge des Atomausstiegs). Es besteht die Befürchtung, dass große Konzerne an der nationalen Gerichtsbarkeit vorbei über die nicht öffentlich tagenden Schiedsgerichte Schadensersatz für unliebsame Gesetze verlangen und somit durch demokratische Verfahren zustande gekommene Politiken und Standards aushebeln könnten. Gegen das geplante ISDS-Verfahren im Rahmen von TTIP gingen in einer öffentlichen Konsultation der Kommission 150.000 Antworten ein, fast alle davon kritisch. Im Zuge der öffentlichen Konsultation wurden die Verhandlungen über den Investorenschutz vorerst auf Eis gelegt.[124] Kommissarin Malmström legte im Mai 2015 ein Konzeptpapier mit Vorschlägen zu einer generellen Reform des Investitionsschutzes in internationalen Handelsabkommen vor.[125] Darin enthalten ist u. a. der Vorschlag, einen ständigen globalen Gerichtshof einzurichten, der – anders als die bisher privaten Schiedsgerichte – an traditionelle Gerichte angelehnt sein und auch eine Berufungsinstanz umfassen soll. Geplant ist, die Verhandlungen mit den USA über den Investitionsschutz im Herbst 2015 erneut aufzunehmen.

Die kontroversen Positionen ausgewogen zu bewerten, kann und soll an dieser Stelle nicht geleistet werden.[126] Festzuhalten ist, dass TTIP, aber auch andere Akronyme wie CETA, das Abkommen zwischen Kanada und den USA, das als Blaupause für TTIP gewertet wird, sowie TiSA, das aktuell verhandelte Abkommen über den Handel mit Dienstleistungen, enorme politische Sprengkraft bergen. Angesichts der massiven Proteste der Zivilgesellschaft ist kaum daran zu denken, dass die TTIP-Verhandlungen, wie ursprünglich geplant, bis Ende des Jahres 2015 abgeschlossen sein werden. So äußerte sich auch der EU-Chefunterhändler García Bercero, der nicht davon ausgeht, dass das Abkommen noch in der Amtszeit Barack Obamas abgeschlossen wird.[127] Was die Verzögerung der Verhandlungen angeht, ist nicht zu vergessen, dass nicht nur die inhaltlichen Kontroversen in der EU, sondern auch der NSA-Abhörskandal sich nicht förderlich auf die Atmosphäre und den Fortgang der transatlantischen Verhandlungen auswirkt. Zudem gibt es auch in den USA inhaltliche Befürchtungen, beispielsweise was den Import von Rohmilchkäse aus der EU angeht. Insgesamt

„Beyond TTIP"

---

124 Vgl. hierzu ausführlicher Hummer 2015: Was haben TTIP, CETA und TISA gemeinsam?

125 Malmström 2015: Concept Paper. Investment in TTIP and beyond – the path for reform.

126 Es ist auf die zahlreichen Informationsmöglichkeiten zu verweisen, die von offizieller Seite und vonseiten der Zivilgesellschaft zu TTIP zur Verfügung gestellt werden. Vgl. stellvertretend für die zwei extremen Pole der Debatte die Website der Generaldirektion Handel http://ec.europa.eu/trade/policy/in-focus/ttip/index_de.htm sowie die ATTAC-Website zur „Freihandelsfalle TTIP": http://www.attac.de/ttip.

127 García Bercero 2015: Interview mit dem Handelsblatt.

zeichnet sich ab, dass die Verhandlungsphase wohl noch einige Zeit in Anspruch nehmen wird. Dies muss nicht unbedingt von Nachteil sein, denn die Kontroversen, die aktuell um TTIP, CETA und TiSA zutage treten, sind letztendlich nichts anderes als Stellvertreter-Debatten, die generelle und essenzielle Fragen zur Zukunftsgestaltung der globalen Handelspolitik als Ganzes betreffen. Bezeichnenderweise lässt auch Malmströms jüngstes Konzeptpapier im Titel „Investment in TTIP and beyond" erkennen, dass die TTIP-Auseinandersetzungen nur der Anfang anstehender grundlegender Debatten zur zukünftigen Gestaltung von Handelsabkommen sind.

Fazit und Perspektiven

Handelspolitik als zentraler ...

Insgesamt kann man die Außenhandelspolitik ohne Zweifel als eines der Schlüsselelemente der EU-Außenpolitik bezeichnen. Dies lässt sich zum einen begründen mit der globalen ökonomischen Stärke der Union, die maßgeblich auf dem Fundament der Gemeinamen Handelspolitik ruht. Das außenwirtschaftliche Florieren der europäischen Integrationsgemeinschaft erhöhte den Erwartungsdruck für andere außenpolitische Aktivitäten der EU – Stichwort „capability-expectations gap" (Christopher Hill) – und führte zu Spill-over-Effekten von der Handelspolitik auf andere außenpolitische Dimensionen. In diesem Sinne war und ist die Handelspolitik Katalysator der globalen Rolle der EU insgesamt. Die hohe Relevanz dieses Politikbereichs rührt zum anderen daher, dass die Handelspolitik als Instrument und Vehikel genutzt wird, um Ziele in anderen Dimensionen der EU-Außenpolitik zu realisieren, so etwa in der Entwicklungszusammenarbeit, der Erweiterungspolitik, der Europäischen Nachbarschaftspolitik oder beim Einsatz von Sanktionen gegenüber Drittstaaten.

... und kontrovers diskutierter Baustein der EU-Außenpolitik

Gleichzeitig ist die Handelspolitik jedoch auch einer der umstrittensten Bausteine der EU-Außenpolitik. Die oft geäußerte Kritik prangert vor allem an, dass die Handelspolitik mehr von Wirtschaftsinteressen als von einer wertorientierten Zielsetzung dominiert werde und die handelspolitischen Aktivitäten der EU deren Anspruch einer „normative power" (Manners) fundamental untergraben. Vor allem der europäische Agrarprotektionismus steht in diesem Kontext immer wieder im Kreuzfeuer der Kritik. Auch die Handelsbeziehungen der EU zu autoritären Staaten – beispielsweise zu China oder zu Staaten in Zentralasien – werden beklagt. Vor diesem Hintergrund sind aktuell drei zentrale Herausforderungen für die Handelspolitik der EU zu nennen:

Wie bereits erwähnt, steht der neue Bilateralismus/Regionalismus der Handelspolitik in einem gewissen Widerspruch zum multilateralen Welthandelsregime der WTO. Die EU betont zwar, dass die bilateralen Abkommen keine Stolpersteine, sondern Bausteine der globalen Weltwirtschaftsordnung sein sollen; dennoch befördern die EU-Handelsabkommen per se nicht das zentrale WTO-Prinzip der Nichtdiskriminierung/Meistbegünstigung.[128] Regionale und bilaterale Abkommen unterwandern das multilaterale Welthandelssystem. Der indische Ökonom Jagdish Bhagwati vergleicht solche Abkommen daher auch mit „Termiten", die das Welthandelssystem „zerfressen".[129] Nur im globalen Rahmen der WTO ist jedoch gewährleistet, dass auch kleine und ärmere Staaten ihre Handelsinteressen effektiv geltend machen können. Hier wird daher für die EU eine Balance zu finden sein zwischen den schnellen Effekten bilateraler Arrangements und der langfristigen Stärkung des Multilateralismus, die sich die EU auf die Fahnen geschrieben hat.

Widerspruch zwischen Multilateralismus und Regionalismus/ Bilateralismus

Eine zweite zentrale Herausforderung betrifft die zunehmende Politisierung der Handelspolitik. Diese äußert sich zum einen in der politischen Aufladung der Themen der globalen Welthandelspolitik. Handelspolitik war nie per se ein apolitisches Thema; spätestens seit den Protesten der Globalisierungsgegner in Seattle 1999 werden handelspolitische Verhandlungen jedoch mit verstärkter Aufmerksamkeit einer immer wachsameren Öffentlichkeit beobachtet.[130] Besonders im Fokus steht dabei – darauf wurde mehrfach hingewiesen – der Agrarsektor. Hier betreibt die EU, vor allem unter Führung Frankreichs und Deutschlands, seit Jahrzehnten eine Abschottungspolitik des eigenen Marktes. „Durch hohe Zölle und parallele Subventionierung heimischer Produkte werden ausländische Erzeugnisse vom europäischen Markt ferngehalten (Abschottungsvariante), zugleich werden inländische Erzeugnisse mittels Exporterstattung

Politisierung

---

128 Vgl. auch Weiß 2014: Vertragliche Handelspolitik der EU, 586.

129 Bhagwati 2008: Termites in the Trading System. How Preferential Agreements Undermine Free Trade. Bhagwati prägte begrifflich auch das sogenannte Spaghetti-Bowl-Phänomen, wonach die Vielzahl und die Komplexität der präferenziellen bilateralen Handelsabkommen zu einem unentwirrbaren Geflecht im Welthandelssystem werden.

130 Keukeleire/Delreux 2014: The Foreign Policy of the European Union, 201.

auf den Weltmarkt gedrückt."[131] Mit dem Vertrag von Lissabon wurde die Handelspolitik der EU, wie in Kapitel 3 des Buches dargestellt, ganz explizit dem Wertekanon des auswärtigen Handelns insgesamt unterstellt und damit weiter politisiert (Art. 21 EUV). Im Zielkatalog der EU wurde zudem an prominenter Stelle (Art. 3 (5) EUV) veran- kert, dass die Union einen Beitrag nicht nur zu freiem, sondern auch zu gerechtem Handel leistet. Diese Neuerungen erhöhen den Erwar- tungs- und Handlungsdruck an eine Außenhandelspolitik, die wirt- schaftliche Interessen und Wertorientierung in Einklang zu bringen verspricht, umso mehr. Die hochkontroversen Debatten, die die Verhandlungen zu TTIP, CETA und TiSA begleiten, zeigen, dass die Handelspolitik immer mehr im Fokus einer kritischen Öffentlichkeit steht. Es wird daher künftig noch stärker vonnöten sein, handelspo- litische Erfordernisse mit den Wünschen nach Wertorientierung, Transparenz und Demokratisierung in Einklang zu bringen.

Erhöhte Abstimmungs- und Koordinations- erfordernisse

Der Vertrag von Lissabon führt zu einer dritten Herausforde- rung. Diese betrifft die im Vertrag angelegte engere Verquickung zwischen der Handelspolitik und den anderen Dimensionen der EU- Außenpolitik und die damit gestiegenen innereuropäischen Ab- stimmungs- und Koordinierungserfordernisse. In der Praxis ist die engere Verzahnung zwischen den Bereichen noch nicht vollständig ankommen, sodass es nach wie vor zu Rivalitäten und Abstim- mungsschwierigkeiten zwischen den zuständigen Stellen kommt. Als Beispiel kann der Vorwurf der Generaldirektion Handel dienen, die handelspolitische Position der Kommission sei nicht genügend berücksichtig worden, als die damalige Hohe Vertreterin Ashton 2010 einen Bericht über die Beziehungen zu drei der strategischen Partner (Russland, China und USA) erarbeitet hatte.[132] Insbesondere im zentralen Bereich der Handelspolitik wird die systematischere Koordinierung eine essenzielle Aufgabe darstellen, um die Handels- politik als strategisches Instrument der EU-Außenpolitik insgesamt einsetzen zu können. Die Hohe Vertreterin und Vizepräsidentin der Kommission Mogherini erkennt diesen strategischen Stellenwert der Handelspolitik prinzipiell an;[133] dennoch ist daran zu erinnern, dass die Hohe Vertreterin in der Handelspolitik nur ein „Hütchen" trägt,

---

131 Fröhlich 2014: Die Europäische Union als globaler Akteur, 52.
132 Vgl. Helwig/Ivan/Kostanyan 2013: The New EU Foreign Policy Architecture. Reviewing the First Two Years of the EEAS, 43/44.
133 Koenig 2015: Neuausrichtung des auswärtigen Handelns der EU, 15/16.

ihre Koordinierungsrolle daher Grenzen hat.[134] Als umso größere Aufgabe dürfte sich die strategische Koordinierung und Abstimmung der Handelspolitik mit den anderen außenpolitischen Dimensionen erweisen.

All diesen Herausforderungen wird sich die neue handelspolitische Strategie stellen müssen, die Kommissarin Cecilia Malmström bereits angekündigt hat und die die Europäische Kommission im Laufe des Jahres 2015 zusammen mit Mitgliedstaaten, Europäischem Parlament, Akteuren der Wirtschaft und der Zivilgesellschaft für die nächsten fünf Jahre erarbeiten wird.

Neue handels-politische Strategie

4.3.2 Die Entwicklungszusammenarbeit der EU

„Entwicklungspolitik ist Teil der Außenpolitik"[135] hält Siegmar Schmidt lapidar fest. Dies gilt nicht nur für Nationalstaaten, sondern auch für die EWG/EG/EU, die von Anbeginn an Entwicklungszusammenarbeit (EZ) betrieben hat, zunächst noch mit abhängigen Kolonialgebieten, später dann mit neuen, unabhängigen Staaten, insbesondere im Rahmen der AKP-Partnerschaft.[136] Europas EZ ist in hohem Maße in den internationalen Rahmen des UN-Systems eingebunden und wird auch mittels ihrer Assoziierungs- und Kooperationspolitik verfolgt. Sie dient der „Bekämpfung und auf längere Sicht [der] Beseitigung der Armut" (Art. 209 AEUV). Damit ist die EZ ein extrem anspruchsvolles, hoch ausdifferenziertes und äußerst komplexes Politikfeld, das inzwischen als eigenständiger Politikbereich in Wissenschaft und Praxis immens hohe Aufmerksamkeit genießt. Daher begnügen sich nachfolgende Ausführungen auf eine knappe Darstellung der EU-EZ.[137]

Wie in Kapitel 3.4.1 ausgeführt, liegt die EZ nicht im ausschließlichen Zuständigkeitsbereich der EU, vielmehr betreiben sowohl die Mitgliedstaaten als auch die Union EZ, wobei die koordinierende Funktion Brüssels im Laufe der Zeit und von Vertragsreform zu Ver-

---

134 Herrmann/Streinz 2014: Die EU als Mitglied der WTO, 671. Vgl. auch Kapitel 3.4.4.

135 Schmidt 2015: Entwicklungszusammenarbeit als strategisches Feld deutscher Außenpolitik, 29.

136 Vgl. Kapitel 2.

137 Für eine umfassende Bestandsaufnahme der EU-Entwicklungszusammenarbeit vgl. beispielsweise Holland/Doidge 2012: Development Policy of the European Union.

tragsreform zugenommen hat. Art. 208 AEUV bestimmt, dass die EZ der Union und der Mitgliedstaaten sich ergänzen und gegenseitig verstärken. So wird einerseits von einer „federating role" der Union in der EZ gesprochen, andererseits aber auch der erhebliche „Fragmentisierungsgrad" beklagt, der den „Anspruch der EU, die internationale Wirksamkeitsagenda nachhaltig zu beeinflussen" untergräbt.[138] Der Europäisierung der EZ sind insofern Grenzen gesetzt, als dass die Mitgliedstaaten ihren erheblichen Mitteleinsatz den eigenen Steuerzahlern gegenüber rechtfertigen müssen und daher auf die eigene „Sichtbarkeit" beharren.[139] Und dieser Mitteleinsatz ist in der Tat hoch:

Hohe EZ-Leistungen   Die EU-Mitgliedstaaten sind zusammen mit den EU-Institutionen die größten Entwicklungshilfegeber der Welt. In absoluten Zahlen summierten sich die ODA-Ausgaben der EU und der Mitgliedstaaten 2013 auf 55 Milliarden Euro, das entspricht 0,43 Prozent des Bruttonationaleinkommens (BNE) der EU.[140] Zum Vergleich: Nach OECD-Angaben lag die ODA-Quote der USA 2013 bei 0,19 Prozent des BNE, die höchste Quote erreichten die Vereinigten Arabischen Emirate mit 1,25 Prozent des BNE. Wenngleich die EU vom Leistungsvolumen her die Liste der weltweiten Entwicklungshilfegeber anführt, ist sie noch weit entfernt vom UN-Ziel, 0,7 Prozent des BNE in Entwicklungshilfe zu investieren. Im „Europäischen Konsens" von 2005 hatte sich die EU für ihre Alt-Mitglieder jedoch zur Einhaltung dieser 0,7-Prozent-Marke bis 2015 verpflichtet; die neuen sollten bis zu diesem Zeitpunkt 0,33 Prozent ihres BNE für EZ aufbringen. Allerdings fordert die Staatsschuldenkrise ihren Tribut auch bei den Entwicklungshilfe-Budgets; die entsprechenden „Kollateralschäden" sind nicht unerheblich.[141] Dennoch konnten vier EU-Mitgliedstaaten 2013 das 0,7-Prozent-Ziel erreichen: Schweden, Luxemburg, Dänemark und erstmals auch Großbritannien. Deutschlands ODA-Quote betrug 0,38 Prozent des BNE. Die finanzielle EZ-Bilanz der Union kann insofern leicht nach oben korrigiert werden, als dass hier noch der mit 32 Milliarden Euro (2014–2020) ausgestattete Eu-

---

138 Steingaß 2015: Der Beitrag der EU zur Wirksamkeit der Entwicklungszusammenarbeit, 43.
139 Steingaß 2015: Der Beitrag der EU zur Wirksamkeit der Entwicklungszusammenarbeit, 45.
140 Rat 2014: Council Conclusions on Annual Report 2014 to the European Council on EU Development Aid Targets.
141 Rüger (im Erscheinen): From Core to Periphery? The Impact of the Crisis on the EU's Role in the World.

ropäische Entwicklungsfonds (EEF) zu berücksichtigen ist. Der EEF ist mit dem Vertrag von Lissabon nicht – wie ursprünglich angedacht – budgetarisiert, also dem EU-Haushalt zugeschlagen worden, sondern besteht getrennt fort. Damit bleiben für das Europäische Parlament auch die im Vergleich zum ordentlichen Gesetzgebungsverfahren beschränkten EEF-Mitentscheidungsrechte gültig.

Regionale Schwerpunkte der EZ

Geografisch lässt sich die EZ der EU in zwei Bereiche einteilen, in die schon mehrfach erwähnte Zusammenarbeit mit den AKP-Staaten und mit Staaten, die nicht zu diesem Kreis der Entwicklungsländer gehören. Die durch den EEF finanzierte AKP-Zusammenarbeit wurde in den Abkommen von Yaoundé (I–II) und Lomé (I–IV) ausgestaltet, seit 2000 ist das Abkommen von Cotonou mit einer Laufzeit von 20 Jahren in Kraft. Seit Ende des Ost-West-Konflikts hat sich die Konditionalisierung der AKP-Zusammenarbeit deutlich verschärft; auf die entsprechenden Sanktionsmechanismen wurde – wie bereits erwähnt – auch mehrfach zurückgegriffen.[142] So blockierte die EU beispielsweise bereits 2014 13 Millionen Euro für Gambia aufgrund der schlechten Menschenrechtsbilanz. Eine Auszahlung von weiteren 150 Millionen Euro Hilfsgeldern an das westafrikanische Land steht im Frühjahr 2015 unter Prüfvorbehalt.[143] Seit dem ersten Lomé-Abkommen genossen die AKP-Staaten präferenzielle Handelsbeziehungen, d. h., dass Ursprungserzeugnisse aus den AKP-Staaten grundsätzlich zollfrei und ohne Mengenbeschränkung in die EG eingeführt werden durften. So konnten fast 100 Prozent der AKP-Exporte zoll- und kontingentfrei in die EG gelangen. Paradoxerweise wird aber exakt diese Gewährung von Präferenzen für ausbleibende oder geringe Entwicklungserfolge der AKP-Staaten verantwortlich gemacht, da sie deren Marktintegration und Steigerung der Export-Wettbewerbsfähigkeit vereitelt habe.[144]

Diese besondere Bevorzugung der AKP-Staaten widersprach von Anfang an den GATT-Regeln, die zwar ein allgemeines Präferenzsystem zugunsten von Entwicklungsländern erlaubten, nicht aber eine

Handelspräferenzen für die AKP-Staaten

EPAs mit den AKP-Staaten

---

142 Für Lomé vgl. Keßler 2007: 40 Jahre EU-Afrika-Politik – ein Rückblick, 48–51, für Cotonou vgl. Portela 2010: European Union Sanctions and Foreign Policy, 128.
143 Reuters 2015: UN report details Gambia rights abuse as EU considers aid.
144 Dazu ausführlich Keßler 2007: 40 Jahre EU-Afrika-Politik – ein Rückblick, 42–47.

Beschränkung auf Gruppen von Entwicklungsländern; es wurde jedoch eine Ausnahme gewährt. 2001 beschloss die GATT-Nachfolgeorganisation WTO, dass diese Ausnahme Ende 2007 ausläuft. Daher wurde im Abkommen von Cotonou Vorsorge für eine komplette Neuordnung der Wirtschafts- und Handelsbeziehungen zwischen AKP-Staaten und der EU getroffen; in Artikel 36 und 37 des Abkommens ist festgehalten, dass Wirtschaftspartnerschaftsabkommen – besser bekannt unter der englischen Bezeichnung *Economic Partnership Agreements* (EPA) – den bislang einseitig praktizierten Freihandel ersetzten sollten. Seit 2002 verhandelt die EU mit den sieben AKP-Regionen über solche EPAs;[145] sie stieß dabei zunächst auf den geharnischten Widerstand der Partner. Es kam zu lange anhaltender Ungewissheit, wie es mit Cotonou weitergehen sollte. Ein kompletter Verzicht auf diese Sonderbeziehungen der EU wurde keineswegs ausgeschlossen, zumal diese ja in zunehmenden Maße von anderen Formen der Kooperation überlagert bzw. ergänzt wurden, wie insbesondere durch die Strategische Partnerschaft Afrika-EU vom Dezember 2007 oder jene mit Südafrika, ebenfalls aus dem Jahr 2007.

Dass die Aufrechterhaltung von Sonderbeziehungen zu den AKP-Staaten auch von entscheidender Bedeutung für die EU sein kann, merkt Nickel an. Er verweist auf die enge Zusammenarbeit von Entwicklungsländern und EU, die 2011 in Durban – nach dem Desaster von Kopenhagen 2009 – einen gewissen Durchbruch in der UN-Klimapolitik ermöglichte.[146] Auch die Geberkonkurrenz, die der EU in Gestalt der chinesischen, indischen und brasilianischen EZ in wachsendem Maße entsteht,[147] hat wohl letztendlich dazu geführt, dass an einem Cotonou-Nachfolgeabkommen festgehalten wird; Entwicklungskommissar Mimica sagte für 2016 den Verhandlungsbeginn zu.[148] Diese Entscheidung wurde wohl auch dadurch befördert, dass im Verlauf des Jahres 2014 zahlreiche der lange verhandelten EPAs definitiv abgeschlossen werden konnten.[149]

---

145 Nickel 2012: Was kommt nach Cotonou? Die Zukunft der Zusammenarbeit zwischen der EU und den Afrika-, Karibik- und Pazifikstaaten, 9.
146 Vgl. dazu Kapitel 4.5.2.
147 De la Fontaine 2013: Neue Dynamik in der Süd-Süd-Kooperation. Indien, Brasilien und Südafrika als Emerging Donors; Gieg 2010: Great Game um Afrika? Europa, China und die USA auf dem Schwarzen Kontinent.
148 Bauchmüller 2015: Der beste Geber.
149 Europäische Kommission 2015: Overview of EPA Negotiations.

Die EZ der EU wies also lange Zeit einen eindeutigen regionalen Schwerpunkt auf; innerhalb der AKP-Staaten wiederum dominieren die Staaten Subsahara-Afrikas. Mit dem EEF verfügt die AKP-Zusammenarbeit gar über ein eigenes Finanzierungsinstrument. Er wird von den Mitgliedstaaten separat finanziert und von einem Sonderausschuss, bestehend aus Vertretern der Mitgliedstaaten, verwaltet. Diese wollen sich die Hoheit über diesen größten Anteil der entwicklungspolitischen Ausgaben sichern und sträuben sich dagegen, den EEF dem Gemeinschaftshaushalt und damit der Kontrolle supranationaler Organe zu unterstellen. Für die Förderperiode von 2014 bis 2020 ist der EEF mit einem Volumen von 30,5 Milliarden Euro ausgestattet.[150] Mit Ablauf des Abkommens von Cotonou im Jahr 2020 wird es mit großer Wahrscheinlichkeit Neuerungen auch bei der Finanzierung der Entwicklungszusammenarbeit geben.[151] 2013 sah die Liste der Top-Ten-Empfänger von Hilfen aus dem EEF wie folgt aus: Mali, Niger, Burundi, Mauretanien, Ruanda, Burkina Faso, Senegal, Sierra Leone, Kap Verde, Lesotho. Aber auch die Westafrikanische Regionalorganisation ECOWAS (fünfgrößter Empfänger), das französische Überseegebiet Mayotte (13. Stelle) oder das UN-Kinderhilfswerk UNICEF (25. Stelle) erhalten EU-EZ-Hilfen aus dem EEF.[152]

EEF

Im Zeitverlauf hat sich die geografische Reichweite der EZ der EG/EU kontinuierlich vergrößert, was nicht zuletzt eine Folge der sukzessiven Erweiterungsrunden war; denn jeder neue Mitgliedstaat brachte neue, eigene traditionelle Bindungen und entwicklungspolitische Prioritäten ein. So geriet beispielsweise nach dem spanischen und portugiesischen Beitritt 1986 Lateinamerika stärker in den Fokus, und mit der Osterweiterung wandte man sich verstärkt dem Osten und Zentralasien zu.

Vergrößerung der geografischen Reichweite der EZ

Heutzutage engagiert sich die EU somit weltweit entwicklungspolitisch auch in *Least Developed Countries* (LDCs), die nicht-AKP-Staaten sind. Für diese Entwicklungsländer steht das „Instrument für die Entwicklungszusammenarbeit" zur Verfügung, das auf fünf thematische Ziele ausgerichtet ist: Umweltschutz, Stärkung zivilgesellschaftlicher Akteure, Ernährungssicherheit, Migration sowie

EZ mit LDCs

---

150 Europäisches Parlament 2014: Europäischer Entwicklungsfonds. Gemeinsame Entwicklungszusammenarbeit und der EU-Haushalt: Einbeziehung ja oder nein?
151 Vgl. Nickel 2012: Was kommt nach Cotonou? Die Zukunft der Zusammenarbeit zwischen der EU und den Afrika-, Karibik- und Pazifikstaaten.
152 Datenquelle: Finanztransparenzsystem der Europäischen Kommission. ec.europa.eu/ budget/remote/fts/dl/export_2013_fedf_en.xls.

die Förderung von menschlicher und sozialer Entwicklung. Auch hierfür werden umfangreiche finanzielle Mittel bereitgestellt.[153]

Bei der EZ mit Nicht-AKP-Entwicklungsländern spielt das Allgemeine (Zoll-) und Präferenzsystem bzw. *Generalized System of* GSP *Preferences* (GSP) eine äußerst zentrale Rolle; dieses definiert die Kommission wie folgt:

> Das Prinzip des [... Allgemeinen Zoll- und Präferenzsystems] wurde auf der Konferenz der Vereinten Nationen für Handel und Entwicklung (UNCTAD) vereinbart und ist eine Einrichtung für die Entwicklungsländer („begünstigte Länder"), die durch bestimmte Industrieländer („Geberländer") gewährt wird. Es ist nicht mit ihnen verhandelt: die bevorzugte Behandlung ist nicht-reziprok.[154]

Es handelt sich folglich um die Gewährung eines präferenziellen Marktzugangs für LDCs, für welche seit 1971 die GATT-Regeln der Meistbegünstigungsklausel und der Reziprozität außer Kraft gesetzt wurden; damit können die LDCs von besonderen, eben präferenziellen Handelsbedingungen profitieren. Gemäß der 2001 beschlossenen Initiative „Alles außer Waffen", dürfen 48 LDCs (darunter 45 AKP-Staaten) alle ihre Waren mit Ausnahme von Waffen und Waffenausrüstung unbegrenzt und zollfrei in die EU exportieren, ohne ihrerseits der EU entsprechende – reziproke – Begünstigungen einräumen zu müssen.[155]

Wie sieht nun insgesamt die geografische Verteilung der sehr erheblichen EZ-Gelder der EU aus?

---

153 Vgl. Kapitel 3.6.
154 Europäische Kommission 2015: Das Schema allgemeiner Zollpräferenzen.
155 Für bestimmte Waren wie Zucker, Bananen oder Reis, die zu den Kernexportwaren der LDCs gehören, galten zum Schutz der Produzenten innerhalb der EU Übergangsfristen.

Tab. 4.2: Regionale Verteilung der EU-Hilfe an Entwicklungsländer 2013

Afrika südlich der Sahara	33 Prozent
Europa	18 Prozent
Asien: Süd- und Zentralasien, Ferner Osten	10 Prozent
Asien: Naher Osten	9 Prozent
Amerika	6 Prozent
Afrika nördlich der Sahara	5 Prozent
Ozeanien	2 Prozent
Hinzu kommen:	
Bilateral nicht zugewiesen	16 Prozent
ODA Multilaterale Hilfe	1 Prozent

(Quelle: Europäische Kommission 2014: Internationale Zusammenarbeit und Entwicklung, Armutsbekämpfung in einer Welt im Wandel, 12; vgl. auch Europäische Kommission 2014: Jahresbericht über die Entwicklungspolitik der Europäischen Union und die Umsetzung der Außenhilfe im Jahr 2013.)

Aus diesem Kommissionsbericht geht hervor, dass auch nach Jahrzehnten der EZ-Bemühungen der EU es nach wie vor der „Armutskontinent" Afrika ist, der das Gros der finanziellen Leistungen erhält. Dies wirft zweifelsohne die oft gestellte und extrem kontrovers debattierte grundsätzliche Frage nach der Effektivität von EZ-Zahlungen auf – eine Problematik, die hier nicht vertieft werden kann.

Perspektiven der Entwicklungszusammenarbeit

2011 legte die Kommission eine entwicklungspolitische „Agenda für den Wandel" vor, die die übergeordnete Zielsetzung verfolgt, Entwicklungshilfegelder effizient einzusetzen, bestmögliche Ergebnisse zu erzielen und weitere Mittel für die Entwicklungsförderung zu mobilisieren.[156] Im Einzelnen soll ein bestmögliches Kosten-Nutzen-Verhältnis erreicht werden durch differenzierte Entwicklungspartnerschaften, Koordination der EU-Maßnahmen und Erhöhung der Kohärenz zwischen den EU-Politiken.

Als „strategische Prioritäten" definiert die Kommission dabei die Förderung von „Menschenrechten, Demokratie und anderer Schlüsselelemente verantwortungsvoller Staatsführung" sowie die Unterstützung für ein „breitenwirksames und nachhaltiges Wachstum für die menschliche Entwicklung". Weitere Elemente der Agenda für den Wandel sind:

Agenda für den Wandel

---

[156] Europäische Kommission 2011: Für eine EU-Entwicklungspolitik mit größerer Wirkung: Agenda für den Wandel.

Agenda für den Wandel (zentrale Passagen)

- „Fokussierung der Maßnahmen der EU in jedem Land auf höchstens drei Bereiche;
- Erhöhung des Umfangs und des Anteils der EU-Hilfen für die bedürftigsten Länder und solche, in denen die EU die größte Wirkung erzielen kann, auch fragile Staaten; [...]
- Weitere Förderung der sozialen Inklusion und der menschlichen Entwicklung mit mindestens 20 % der EU-Fördergelder; [...]
- Verringerung der Anfälligkeit der Entwicklungsländer für weltweite Schocks wie Klimawandel; [...]
- Bewältigung der Herausforderungen in Bezug auf Sicherheit, Fragilität und Übergang;
- Ausarbeitung gemeinsamer Strategien der EU und der Mitgliedstaaten auf der Grundlage der eigenen Entwicklungsstrategien der Partner mit sektoraler Arbeitsteilung; [...]
- Erhöhung der Kohärenz der Entwicklungspolitik auch über neue thematische Programme, die Synergien schaffen zwischen globalen Interessen und Armutsbeseitigung."[157]

Mit Blick auf die geografische Fokussierung der EU-EZ heißt es: „Die EU sollte die Entwicklung der Länder in ihrer unmittelbaren Nachbarschaft und in Sub-Sahara-Afrika auch weiterhin besonders fördern. Sie sollte in allen Regionen den bedürftigsten Ländern, auch fragilen Staaten, mehr Mittel bereitstellen als bisher." Dem trägt die aktuelle Verteilung der EZ-Mittel Rechnung: In der „Agenda für den Wandel" hat die Kommission vorgeschlagen, ihre finanziellen Hilfen nicht mehr an aufsteigende Schwellenländer zu vergeben. „Bei der geografisch ausgerichteten Zusammenarbeit mit weiter fortgeschrittenen Entwicklungsländern, die sich bereits auf einem soliden Wachstumspfad befinden und/oder in der Lage sind, genügend Eigenmittel zu erwirtschaften, sollte nicht auf Hilfe in Form von Zuschüssen zurückgegriffen werden."[158] Damit entfallen für 20 Staaten entsprechende Zahlungen, darunter Argentinien, Chile und Mexiko sowie China, Indien, Indonesien und Thailand. Allerdings erhalten diese Länder weiterhin Unterstützung im Rahmen der thematischen und regionalen Programme des Instruments für Entwicklungszusammenarbeit sowie des neuen Partnerschaftsinstruments.[159]

---

157 Europäische Kommission 2011: Für eine EU-Entwicklungspolitik mit größerer Wirkung: Agenda für den Wandel.
158 Europäische Kommission 2011: Für eine EU-Entwicklungspolitik mit größerer Wirkung: Agenda für den Wandel, 11.
159 Keukeleire/Delreux 2014: The Foreign Policy of the European Union, 217.

Für 2015 wurde das Europäische Jahr der Entwicklung ausgeru-
fen, das die Unionsbürger über die künftigen Ziele, die die Union
zusammen mit ihren Mitgliedstaaten erreichen möchte, informieren
will. Weiteres Anliegen ist,

> […] das Bewusstsein für den Nutzen der Entwicklungszusammenarbeit der
> Union nicht nur für die Empfänger der Entwicklungshilfe der Union, son-
> dern auch für die Unionsbürger zu schärfen, ein breiteres Verständnis der
> Politikkohärenz im Interesse der Entwicklung zu erreichen und in einer von
> Wandel und immer engeren Verflechtungen geprägten Welt ein Gefühl für
> gemeinsame Verantwortung, Solidarität und Chancen bei Bürgern in Europa
> und in Entwicklungsländern zu fördern.[160]

Hiermit soll nicht nur einmal mehr auf die allgemeine und zumeist
sehr grundsätzliche Kritik reagiert werden, die seit vielen Jahren der
EZ entgegenschlägt.[161] Auch gilt es, den bereits erwähnten „Kollateralschäden" entgegenzuwirken, die sich im Zuge der jüngsten Wirt-
schafts- und Staatsschuldenkrise für die EZ ergeben haben.

Zum Europäischen Jahr der Entwicklung passen auch die Ankündigungen bestens, die der Kommissar für internationale Zusammenarbeit und Entwicklung, Neven Mimica, im Februar 2015 äußerte. Denn nach Mimicas Plänen soll Europa „nicht nur der größte,
sondern auch der beste Geber werden."[162] Dies aber erfordere mehr
Kooperation in der EZ der EU. Ganz offen spricht Mimica weiter sein
Ziel an, die entwicklungspolitische Sichtbarkeit der EU zu erhöhen;
obwohl die EU-Institutionen mit rund einem Viertel zu den europäischen ODA-Ausgaben von insgesamt 56,6 Milliarden Euro beitragen, „prangen an den Ergebnissen […] häufig nur die Werbeschilder
der Mitgliedstaaten. Dies schwäche letztendlich die Europäische
Union mit ihren gemeinsamen Interessen", wird der Kommissar
zitiert.[163] Allerdings übergeht er damit die Wünsche nach einzelstaatlicher Sichtbarkeit in der EZ, die auch die Mitgliedstaaten hegen. Gleichwohl bringt Mimica deutlich zum Ausdruck, dass die im
Lissabonner Vertrag gefundene Funktionslogik und Arbeitsteilung
zwischen EU-Institutionen und Mitgliedstaaten noch verbesserungsfähig sind; mithin wird das Potenzial, das die EZ zur Ausgestaltung

---

160 Europäisches Parlament/Europäischer Rat 2014: Beschluss über das Europäische Jahr für Entwicklung (2015).
161 Vgl. statt vieler: Eckert 2015: Geschichte der Entwicklungszusammenarbeit.
162 Bauchmüller 2015: Der beste Geber.
163 Bauchmüller 2015: Der beste Geber.

und inhaltlichen Ausfüllung der EU-Außenpolitik beitragen kann, noch nicht in vollem Umfang ausgeschöpft. Dazu würde auch gehören, die horizontale Kohärenz unter den verschiedenen EZ-relevanten Politiken der EU zu stärken – die Europäische Agrarpolitik liefert hier, wie bereits mehrfach erwähnt, seit Langem Anlass zu schärfster Kritik. Angesichts der Flüchtlingsdramen mit sehr zahlreichen Toten, die sich im Frühjahr 2015 (erneut) ereigneten, muss die EZ-Agenda der EU auch dringlich besser mit den Migrations- und Asylpolitiken verknüpft werden – gelingt dies nicht, droht der EU ein Glaubwürdigkeitsproblem, das ihren Anspruch, „bester Geber zu werden" ad absurdum führen könnte.

4.3.3 Die humanitäre Hilfe der EU

Anders als vielfach angenommen, ist die humanitäre Hilfe keineswegs nur ein Teilbereich oder gar ein „Anhängsel" der Entwicklungszusammenarbeit. Wie bereits in Teil 3 dargelegt, unterliegen Maßnahmen im Bereich der humanitären Hilfe auf EU-Ebene einer anderen Funktions- und Handlungslogik als die Entwicklungszusammenarbeit.

Europäischer Konsens über die humanitäre Hilfe
„Die humanitäre Hilfe der EU dient dem Ziel, bedarfsorientiert Nothilfe zu leisten, um Menschenleben retten, menschliches Leiden vermeiden oder lindern und den Menschen ein Dasein in Würde ermöglichen zu können, wenn Regierungen und lokale Akteure überfordert, außer Stande beziehungsweise nicht willens sind, angemessene Hilfe zu leisten. Die humanitäre Hilfe der EU umfasst neben Hilfs-, Rettungs- und Schutzaktionen zur Rettung und Erhaltung von Menschenleben in und unmittelbar nach humanitären Krisen auch Maßnahmen, die den ungehinderten Zugang zu bedürftigen Bevölkerungsgruppen und die ungehinderte Beförderung der Hilfe erleichtern oder ermöglichen. Die EU reagiert mit ihrer humanitären Hilfe je nach Bedarf sowohl auf von Menschen verursachte Krisen (einschließlich komplexer Notsituationen) als auch auf Naturkatastrophen. [...] Die EU ist fest der Einhaltung und Propagierung der humanitären Grundsätze der Menschlichkeit, Neutralität, Unparteilichkeit und Unabhängigkeit verpflichtet."[164]

Keine
Konditionalität

Mit dem im Dezember 2007 von Rat, Europäischem Parlament und Europäischer Kommission verabschiedeten und 2008 veröffentlichten „Europäischen Konsens über die humanitäre Hilfe", aus dem die

---

164 Europäischer Konsens über die humanitäre Hilfe 2008.

zitierte Passage entnommen ist, unterstrich die Union ihre Bereitschaft zur Fortsetzung ihres seit Ende der 1960er-Jahre betriebenen Engagements bei der humanitären Hilfe. Mit dem Dokument, das 2007 unter deutscher Ratspräsidentschaft initiiert worden war, liegt erstmals ein umfassendes und ganzheitliches Rahmenkonzept einschließlich leitender Prinzipien, Standards und Evaluierungskriterien für die humanitäre Hilfe der EU vor. Während bei der europäischen Entwicklungspolitik, aber auch bei der GASP oder der Handelspolitik, das Prinzip der Konditionalität im Zentrum steht, gilt in der humanitären Hilfe die Verknüpfung mit politischen Zielen als Tabu. So heißt es im Europäischen Konsens weiter:

Grundsatz der Wahrung der Unabhängigkeit
„Der Grundsatz der Wahrung der Unabhängigkeit bedeutet, dass humanitäre Ziele nicht politischen, wirtschaftlichen, militärischen oder sonstigen Zielen untergeordnet werden dürfen und dass sichergestellt sein muss, dass es der einzige Zweck der humanitären Hilfe bleibt, das Leiden der Opfer humanitärer Krisen zu vermeiden oder zu lindern."[165]

Zudem wird im Europäischen Konsens über die humanitäre Hilfe betont, dass diese „kein Instrument zur Krisenbewältigung" ist. Humanitäre Hilfe ist mithin von humanitären Interventionen militärischer Art zu unterscheiden.[166] Militärische Mittel dürfen im Rahmen der humanitären Hilfe laut dem Europäischen Konsens nur als letztes Mittel „unter ganz besonderen Umständen [...], und zwar vor allem zur logistischen Unterstützung und Infrastrukturunterstützung im Zusammenhang mit Naturkatastrophen" eingesetzt werden. Generell legt die Union großen Wert darauf, die Abgrenzung zwischen humanitärer Hilfe und militärischen Einsätzen nicht zu verwischen.[167] Unverständlich ist vor diesem Hintergrund, dass bei der Neubesetzung der Kommission 2014 das Portfolio des zuständigen Kommissars Christos Stylianides die Bezeichnung „Humanitäre Hilfe und Krisenmanagement" und damit den Beiklang militärischen Krisenmanagements erhielt. Stylianides' Vorgängerin Kristalina Georgieva hatte noch die neutralere Amtsbezeichnung „Kommissarin für internationale Zusammenarbeit, humanitäre Hilfe und

Abgrenzung von militärischen Maßnahmen

---

165 Europäischer Konsens über die humanitäre Hilfe 2008
166 Zur breiten Debatte und den Dilemmata humanitärer Interventionen vgl. beispielsweise Hippler 2013: Militärinterventionen im Rahmen der Humanität?
167 Europäischer Konsens über die humanitäre Hilfe 2008.

Krisen*reaktion*" (eigene Hervorhebung) getragen. Es bleibt abzuwarten, ob dies nur eine sprachliche Anpassung ist, oder ob die humanitäre Hilfe näher an das vom EAD organisierte Krisenmanagement heranrücken wird. Völlig ausgeschlossen ist ein Einsatz des Militärs für humanitäre Zwecke nicht, wie auch die Planung der Mission EUFOR Libya 2011 zeigt, die Hilfsorganisationen in Libyen ein sicheres Umfeld für ihre Arbeit bieten sollte, indem beispielsweise Transporte begleitet oder Flughäfen militärisch gesichert werden sollten. Eingesetzt wurde EUFOR Libya trotz vollständiger Planungen jedoch nie, da OCHA, das UN-Büro für die Koordination humanitärer Angelegenheiten, nie eine offizielle Anfrage an die EU stellte. In einem Antwortbrief der UN-Koordinatorin Valerie Amos an die damalige Hohe Vertreterin Catherine Ashton kommt die Skepsis gegenüber einer Vermischung von humanitärer Hilfe und Militär deutlich zum Ausdruck:

> Dear Cathy, [...] we must not compromise our ability to deliver humanitarian assistance to all people in need by being perceived to be associated with the ongoing military operations.[168]

Beispiele humanitärer Hilfe durch die EU

Größter Geber von Humanitärer Hilfe

Welche praktischen Beispiele für die humanitäre Hilfe der EU lassen sich anführen? Die EU ist der bedeutendste Geber von humanitärer Hilfe weltweit. Sie stellt zusammen mit den Mitgliedstaaten, mit denen sie sich die Zuständigkeit für die humanitäre Hilfe teilt, mehr als die Hälfte der globalen humanitären Hilfe zur Verfügung. Im Jahr 2013 hatten die Soforthilfemaßnahmen der EU für humanitäre Hilfe und Katastrophenschutz ein Volumen von 1,3 Milliarden Euro, mit denen über 120 Millionen Menschen in mehr als 90 Drittstaaten in Notsituationen unterstützt wurden.[169] Bei den humanitären Notfällen ist zu unterscheiden zwischen Naturkatastrophen und vom Menschen verursachten Katastrophen. Beide Kategorien verzeichneten in den letzten Jahren einen besorgniserregenden Anstieg, was nicht

---

168 Der Brief wurde veröffentlicht im Blog Bruxelles2: http://www.bruxelles2.eu/ 2011/04/19/ eufor-libya-la-reponse-de-lady-amos-ocha-a-lady-ashton-ue-document.
169 Diese und die folgenden Zahlen basieren auf Europäische Kommission 2014: Jahresbericht über die Strategien der Europäischen Union für humanitäre Hilfe und Katastrophenschutz und deren Umsetzung im Jahr 2013 (Daten zu Empfängern und Gebern von humanitärer Hilfe finden sich auch unter http://www. globalhumanitarianassistance.org).

zuletzt vor dem Hintergrund der wirtschaftlich angespannten Lage vieler Geberländer große Probleme aufwirft. So besteht „eine wachsende Diskrepanz zwischen dem steigenden humanitären Bedarf einerseits und den immer knapperen finanziellen Mitteln, um diesen Bedarf zu decken, andererseits"[170].

Der Tropensturm Haiyan, der im November 2013 die Philippinen heimsuchte, ist neben zahlreichen Dürren, Überschwemmungen oder Erdbeben eines der jüngeren Beispiele für eine Naturkatastrophe mit verheerenden Folgen. Haiyan forderte nicht nur Tausende Todesopfer, sondern machte auch 4 Millionen Menschen obdachlos und hatte Auswirkungen auf ungefähr insgesamt 14 bis 16 Millionen Menschen. Bereits wenige Stunden nach der Katastrophe waren europäische Rettungsexperten im Einsatz, die EU und die Mitgliedstaaten stellten Hilfe im Wert von mehr als 180 Millionen Euro zur Verfügung. Auf Anfrage der philippinischen Regierung wurde das EU-Katastrophenschutzverfahren (EUCPM: *EU Civil Protection Mechanism*) eingeleitet. Das Verfahren dient der besseren Koordinierung nationaler Hilfsmaßnahmen, indem die Hilfsmaßnahmen und Instrumente der Mitgliedstaaten wie Medikamentenlieferungen, Notunterkünfte oder Wasserreinigungsanlagen in einem „Pool" gebündelt werden. Somit können Dopplungen und Ineffizienzen bei Hilfsleistungen verringert werden. Das Verfahren kam bisher in über 300 Krisen zum Einsatz, wobei nicht nur Staaten mit schwacher Infrastruktur um Hilfe ersuchen. Auch beim Hurrikan Katrina 2005 in den USA, beim Tsunami in Japan 2011 und nach dem Erdbeben in Nepal 2015 wurde der EUCPM aktiviert.

Katastrophenschutzverfahren (EUCPM)

Als operative Drehscheibe fungiert das noch recht neue Notfallabwehrzentrum (ERCC: *Emergency Response Coordination Centre*). Es ersetzt seit 2013 das bisherige Beobachtungs- und Informationszentrum (MIC: *Monitoring and Information Centre*) und ist täglich rund um die Uhr für die Beobachtung der Lage, Frühwarnungen und – im Krisenfall – für die Koordinierung der Hilfe, d. h. beispielsweise für Einsatzpläne zur Entsendung von Experten und Ausrüstung, zuständig.

Notfallabwehrzentrum (ERCC)

Bei den vom Menschen verursachten Krisen stellen Bürgerkriege nach wie vor die Hauptursachen dar. Zu trauriger Berühmtheit hat es in den letzten Jahren der seit 2011 andauernde Konflikt und Bür-

Syrien und „vergessene Krisen"

---

[170] Europäische Kommission 2014: Jahresbericht über die Strategien der Europäischen Union für humanitäre Hilfe und Katastrophenschutz und deren Umsetzung im Jahr 2013.

gerkrieg in Syrien gebracht. Besonders die große Anzahl von Binnenvertriebenen und Flüchtlingen verschlimmerte die humanitäre Notlage. Seit 2011 stellte die EU für die rund 9 Millionen in Syrien betroffenen Menschen und die rund 2 Millionen Flüchtlinge in den benachbarten Staaten über 2 Milliarden Euro zur Verfügung.[171] Nach eigenen Angaben bemüht sich die Union, neben den bekannten globalen Brennpunkten vor allem auch den „vergessenen Krisen" der Welt Aufmerksamkeit und Hilfe zukommen zu lassen. 15 Prozent der gesamten humanitären Hilfe der EU wurden laut Jahresbericht im Jahr 2013 aufgewandt, um Menschen zu helfen, die unter verheerenden humanitären Dauerkrisen leiden, welche nicht im Scheinwerferlicht der Weltöffentlichkeit stehen.[172] So löblich dieses Bemühen auch sein mag, ist doch darauf hinzuweisen, dass auch die EU mit dem sogenannten CNN-Effekt konfrontiert ist, wonach das Agenda-Setting in der humanitären Hilfe oft von der medialen Berichterstattung beeinflusst wird.[173]

Stärkung der Resilienz Neben Soforthilfemaßnahmen bei Krisen und Katastrophen hat die humanitäre Hilfe der EU zum Ziel, die Resilienz gefährdeter Regionen zu stärken, d. h. diese weniger anfällig für Notsituationen zu machen und die Kapazitäten zur Katastrophenabwehr zu verbessern. So leistet die EU etwa in der Sahel-Zone nicht nur Nahrungsmittelsoforthilfe, sondern ist auch Mitinitiatorin der 2012 in Ouagadougou gegründeten *Global Alliance for Resilience Initiative for the Sahel and West Africa* (AGIR).[174] AGIR zielt langfristig darauf ab, den Hunger in der Region in den nächsten 20 Jahren zu beenden, während kurzfristig etwa Bauern beim Schutz ihrer Ernte gegen Dürre-

---

171 In diesem Zusammenhang ist auf die deutlichen Inkonsistenzen hinzuweisen, die sich zwischen diesen Hilfszahlungen einerseits und der sehr zögerlichen Aufnahme von Flüchtlingen im Rahmen des RFSR andererseits ergibt. Denn die stark anzeigende Zahl von Flüchtlingen lässt sich zu einem Großteil auf den syrischen Bürgerkrieg zurückführen.

172 Die GD ECHO erstellt regelmäßig ein forgotten crisis assessment, vgl. https://ec.europa.eu/jrc/en/scientific-tool/global-vulnerability-and-crisis-assessment-forgotten-crisis-assessment. In den Jahren von 2004 bis 2014 tauchten folgende Länder besonders häufig auf dem Forgotten Crisis Assessment Index der GD ECHO auf: Myanmar, Algerien, Indien, Nepal und Kolumbien (Global Humanitarian Assistance 2014: Most frequently appearing countries on ECHO's forgotten crisis assessment (FCA) index).

173 Vgl. Moke/Rüther 2013: Humanitäre Hilfe und Medien; eine Zusammenschau an Literatur zum CNN-Effekt generell findet sich in Rüger 2012: Europäische Außen- und Sicherheitspolitik – (k)ein Thema für die Öffentlichkeit? 69–88.

174 Vgl. The Food Crisis Prevention Network, http://www.oecd.org/site/rpca/agir.

perioden beraten werden oder soziale Sicherungssysteme und das Gesundheitswesen in den Ländern, die von Hungersnot bedroht sind, finanziell unterstützt werden. Auch die Initiative SHARE (*Supporting Horn of Africa Resilience*), die als Reaktion auf die Nahrungsmittelkrise 2011 am Horn von Afrika ins Leben gerufen wurde, soll die Resilienz stärken und Äthiopien, Kenia, Djibouti und Somalia gegenüber künftigen Nahrungsmittelknappheiten widerstandsfähiger machen.

Die für humanitäre Hilfe zuständige GD ECHO arbeitet mit mehr als 200 Partnerorganisationen weltweit zusammen, darunter das Rote Kreuz, UN-Organisationen und eine große Zahl an NGOs. Um verstärkt auch auf eigene Personalkräfte in der humanitären Hilfe zurückgreifen zu können, schuf der Vertrag von Lissabon als neues Instrument ein Europäisches Freiwilligenkorps, mit dem Unionsbürger künftig für einen bestimmten Zeitraum in der humanitären Hilfe weltweit tätig werden können. Im April 2014 wurde die Verordnung über dieses Europäische Freiwilligenkorps für humanitäre Hilfe angenommen. Danach sollen zwischen 2014 und 2020 im Rahmen des Korps 18.000 europäische Freiwillige weltweit vor Ort, aber auch über unterstützende Online-Maßnahmen in der humanitären Hilfe tätig werden können.[175]

Partner und Europäisches Freiwilligenkorps

Fazit und Perspektiven

Insgesamt bleibt festzuhalten, dass die EU-Aktivitäten im Bereich der humanitären Hilfe sicherlich zu den Dimensionen der EU-Außenpolitik gehören, die innerhalb der EU, aber auch weltweit am wenigsten umstritten sind. Dennoch ist auch die EU als größter Geber nicht vor den Problemen anderer Geber von humanitärer Hilfe gefeit.[176] Zudem ist die humanitäre Hilfe auf EU-Ebene nun mit einer speziellen Schwierigkeit konfrontiert. Denn der umfassende Ansatz in der Außenpolitik, der seit dem Vertrag von Lissabon verstärkt darauf abzielt, die einzelnen Dimensionen näher aneinanderzu-

Umfassender Ansatz als Herausforderung/ Bedrohung der humanitären Hilfe

---

175 Weitere Informationen unter http://ec.europa.eu/echo/en/what/humanitarian-aid/eu-aid-volunteers. Für eine kritische Bewertung des Korps vgl. Becker 2009: Humanitäre Hilfe, 63. Auch einige NGOs hegen Skepsis gegen das Europäische Freiwilligenkorps, da sie eine Entprofessionalisierung der humanitären Hilfe befürchten.

176 So führen Kritiker etwa an, dass die Humanitäre Hilfe erst dann einsetze, wenn die Katastrophe bereits erfolgt ist. Zur generellen Diskussion um die „Krise des Humanitarismus" vgl. Lieser: Was ist humanitäre Hilfe? 21–27.

rücken und kohärenter zu gestalten, stellt gerade für die humanitäre Hilfe und deren Akteure, die vehement auf eine strikte Abgrenzung von anderen außenpolitischen Bereichen pochen, eine große Herausforderung dar. Auf die Divergenzen zwischen humanitärer Hilfe und Entwicklungspolitik wurde bereits hingewiesen. Die zunehmend wichtiger werdenden Resilienz-Initiativen stellen die strikte Trennung zwischen humanitärer Hilfe und Entwicklungshilfe infrage. Die angestrebte stärkere Koordinierung aller Dimensionen der EU-Außenpolitik könnte mittelfristig durchaus zu einer stärkeren Politisierung der humanitären Hilfe führen und löst u. a. institutionelle Grabenkämpfe aus.[177] Die Aktivitäten des EAD, dessen Mitarbeiter nach dem Erdbeben in Haiti 2010 eine gute Möglichkeit sahen, den Nutzen des neuen Dienstes in der Koordinierung diverser Hilfsmaßnahmen zu beweisen, werden vor allem von der Kommission, und hier besonders der DG ECHO, kritisch beäugt. Auch ein Treffen eines Mitarbeiters des EAD mit dem Nationalen Übergangsrat in Libyen 2011, das dieser als „humanitäre Mission"[178] titulierte, führte innerhalb der Kommission zu Verstimmungen. Man hat nicht zuletzt Bedenken, dass eine stärkere Involvierung des EAD mit seiner Nähe zu GASP und GSVP eine Versicherheitlichung der humanitären Hilfe der EU bewirken könnte – eine Sorge, die angesichts der Dauer-Kontroverse um die Notwendigkeit, aber auch die Gefahren zivil-militärischer Zusammenarbeit (CIMIC) in den letzten Jahren nicht völlig aus der Luft gegriffen ist.[179] Zukünftige Herausforderung für die humanitäre Hilfe der EU ist somit neben den durch fragile Staatlichkeit, Klimawandel, Bevölkerungswachstum, Urbanisierung und bewaffnete Konflikte zunehmenden Katastrophen und Krisen auch die Positionierung des Politikbereichs innerhalb der EU-Außenpolitik.

4.4 Sui-generis-Dimension

Die Erweiterungspolitik ist in diesem Lehrbuch Teil der Sui-generis-Dimension der EU-Außenpolitik; sie stellt ein Alleinstellungsmerkmal der Union dar, weil kein anderer internationaler Akteur ver-

---

177 Vgl. beispielsweise Henökl/Webersik 2014: The Impact of Institutional Change on Foreign Policy-Making: The Case of the EU Horn of Africa Strategy.
178 Van Elsuwege/Orbie 2014: The EU's Humanitarian Aid Policy after Lisbon, 38/39.
179 Einen interessanten Überblick zum schwierigen Verhältnis zwischen humanitären Helfern und Streitkräften bieten Runge/Von Borries 2013: Zwischen Distanz und Kooperation.

gleichbarer Bedeutung im Rahmen seines außenpolitischen Handelns eine solche Politik betreibt. Auch die Europäische Nachbarschaftspolitik (ENP) gehört zu dieser Sui-generis-Dimension der EU-Außenpolitik, denn ihr Formalisierungsgrad und verpflichtender Charakter geht über den Stellenwert, den die Pflege gutnachbarschaftlicher Beziehungen in den einzelstaatlichen Außenpolitiken üblicherweise genießt, weit hinaus.

4.4.1 Die Erweiterungspolitik der EU

Die Erweiterungspolitik ist seit jeher ein höchst bedeutsames Instrument der Außenpolitik der Integrationsgemeinschaft.[180] Dies zeigte sich deutlich bereits bei der ersten Erweiterungsrunde des Jahres 1973, als Großbritannien, Irland und Dänemark der jungen EG beitraten. Denn mit Großbritannien zählte nun, neben Frankreich, eine zweite Ex-Weltmacht zur Integrationsgemeinschaft; beiden Staaten war gemeinsam, dass sie trotz des Verlusts ihrer jeweils riesigen Kolonialreiche nach wie vor über einen immensen außenpolitischen Einfluss verfügten, globale Interessen – oft auch konkret operativ vor Ort – verfolgten und als ständige Mitglieder des UN-Sicherheitsrats auch einen weltpolitischen Rang innehatten. Mit dem EG-Beitritt Großbritanniens erhöhte sich das außenpolitische Gewicht der EG also quasi automatisch deutlich; eine merklich ausgeweitete AKP-Gemeinschaft sowie der Einstieg in die EPZ waren, wie aus Kapitel 2 ersichtlich, die unmittelbare Folge.

Erweiterung als Demokratisierungs- und Stabilisierungspolitik

Bei der zweiten Erweiterungsrunde, der Süderweiterung um Griechenland (1981) sowie Spanien und Portugal (1986) trat dann erstmals ein zentrales Merkmal der Erweiterungspolitik zutage, das bis heute dieses Politikfeld prägt: Ein EG bzw. EU-Beitritt ist nur einem europäischen Staat möglich, der eine Demokratie ist oder einen Transformationsprozess hin zu einer demokratischen, rechtsstaatlichen und marktwirtschaftlichen Ordnung erfolgreich bewältigt hat. Im Falle der Süderweiterung hieß das, dass alle drei Staaten ihre vormals herrschenden Militärdiktaturen zu überwinden und demo-

Süderweiterung

---

180 Vgl. Kapitel 2.1.2.

kratisch-freiheitliche Regierungssysteme aufzubauen hatten; ein substanzieller wirtschaftlicher Systemwechsel war hier nicht vonnöten. Mit der Süderweiterung trat gleichwohl erstmals ein, was der ehemalige Kommissar für Erweiterung und Nachbarschaftspolitik Štefan Füle wie folgt benennt: „Die EU-Erweiterung ist das mächtigste Instrument, das Europa hat, um Veränderung herbeizuführen."[181] Camelia Ratiu charakterisiert die Erweiterungspolitik der EU daher auch treffend als „EU soft power at its best"[182].

EFTA-Erweiterung Die 1995 vollzogene dritte Erweiterungsrunde, die Österreich, Finnland und Schweden – alle drei der EFTA angehörend – zu EU-Mitgliedern machte, kam ohne Rückgriffe auf diese transformative Kraft der EG/EU aus.[183] Als Besonderheit kann hier allenfalls erwähnt werden, dass alle drei Staaten neutrale bzw. bündnisfreie Staaten waren/sind, was für ihren sicherheits- und verteidigungspolitischen Kurs und ihre (spätere) Haltung zu GASP und vor allem GSVP äußerst bedeutsam ist. Damit wird erneut bestätigt, dass jede Erweiterung das Gesicht der EU verändert – auch die vergleichsweise problemlose EFTA-Erweiterung.

Als nach dem Fall der Berliner Mauer, dem Zusammenbruch der Sowjetunion im Dezember 1991 und der damit eingetretenen Hinfälligkeit der Breschnew-Doktrin die mittel- und osteuropäischen Staaten (MOE) sich dem Westen, sprich der EG/EU zuwandten, war die transformative Kraft der Integrationsgemeinschaft aufs Äußerste gefordert. Ende 1991 wurden die ersten Europaabkommen mit MOE-Staaten geschlossen, die – wie später die Assoziierungsabkommen – die Beitrittsperspektive eröffneten und den Beitrittsprozess vorstrukturierten. Vertragsgrundlage hierfür war Art. 310 EGV. Alle beitrittswilligen MOE-Staaten hatten jahrzehntelang dem Ostblock angehört; es handelte sich um Planwirtschaften mit einem marxistisch-leninistischen Staatsverständnis, die einen kompletten, vielschichtigen und höchst anspruchsvollen Transformationsprozess zu bewältigen hatten, bevor sie der EU würden beitreten können. Um die Anforderungsbedingungen an die MOE-Staaten zu präzisieren,

---

181 Füle zit. nach Wiener Zeitung 2014: „Keine Nullsummenspiele" bei Erweiterung.

182 Ratiu 2011: EU Soft Power at Its Best: Zur Leistungsfähigkeit der Europäischen Union als Demokratieförderer in Transformationsstaaten.

183 Norwegens EU-Beitritt war ebenfalls ausverhandelt worden, kam aber wegen eines negativen Referendums im Jahr 1994 nicht zustande; ein erster Beitrittsprozess war bereits 1972 ebenfalls an einer negativen Volksabstimmung gescheitert.

formulierte der Europäische Rat im Juni 1993 die Kopenhagener Kriterien.[184]

Die Kopenhagener Kriterien stellten eine inhaltliche Konkretisierung der damals gültigen, primärrechtlich im Vertrag von Maastricht fixierten Beitrittsnorm dar. Es war dies der Artikel O: „Jeder europäische Staat kann beantragen, Mitglied der Union zu werden. Er richtet seinen Antrag an den Rat; dieser beschließt einstimmig nach Anhörung der Kommission und Zustimmung des Europäischen Parlaments, das mit der absoluten Mehrheit seiner Stimmen beschließt."[185] Damit wurde den EU-Organen bei ihrer Entscheidung ein Ermessensspielraum eingeräumt, der im Falle der Osterweiterung – mit gewissen Ausnahmen für Rumänien und Bulgarien – aber nicht in Anspruch genommen wurde. Vielmehr unterstützte die EU die Beitrittskandidaten auf vielfältige Weise auf ihrem Weg in die Union und überwachte die Einhaltung der Kopenhagener Kriterien akribisch und aufwendig in ihren jährlichen Fortschrittsberichten zu den einzelnen Kandidatenstaaten.[186] Auf Grundlage dieser höchst anspruchsvollen und zum Teil auch schmerzhaften Transformationsprozesse traten am 1. Mai 2004 die ehemaligen Ostblockstaaten Polen, Ungarn Tschechien, Slowakei[187], die ehemaligen Sowjetrepubliken Estland, Lettland und Litauen, der ehemalige jugoslawische Teilstaat Slowenien sowie Zypern und Malta der EU bei. Obwohl seit 1993 über Europaabkommen verfügend, konnten Bulgarien und Rumänien wegen lange Zeit ungenügender Transformationsfortschritte, insbesondere im Rechtsstaatsbereich, erst zum 1. Januar 2007 der EU beitreten.

Der 1. Mai 2004 war ein wahrlich historisches Datum für den europäischen Kontinent; nach jahrzehntelanger Trennung durch den Ost-West-Konflikt konnte – nach dem Vollzug der deutschen Einheit

Randglossen:
Beitrittsbedingungen: Kopenhagener Kriterien

1. Mai 2004 – ein historisches Datum

---

184 Vgl. Kapitel 3.4.5.

185 Eine Verknüpfung mit den freiheitlich-demokratischen Grundwerten der Union – im Maastrichter Vertrag in Art. F formuliert – existierte noch nicht. Dies erfolgte erst mit dem Amsterdamer Vertrag, der nur solche Staaten als antragsberechtigt einstufte, die auch die Grundsätze der Union achten: „Jeder europäische Staat, der die in Artikel 6 Absatz 1 genannten Grundsätze achtet, kann beantragen, Mitglied der Union zu werden." Im Lissabonner Vertrag wurden die Anforderungen verschärft; beitrittswillige Staaten müssen nun die Werte der EU (nicht mehr nur Grundsätze) achten und sich für ihre Förderung einsetzen; vgl. Kapitel 3.4.4.

186 Lippert 2004: Bilanz und Folgeprobleme der EU-Erweiterung.

187 Die vormalige Tschechoslowakei spaltete sich im Januar 1993 in Tschechien und die Slowakische Republik auf.

1990 – nun auch die Wiedervereinigung Europas feierlich begangen werden. Kommissionspräsident Prodi würdigte das Ereignis mit den Worten:

> Today is a historic day for Europe. [...] Five decades after our great project of European integration began, the divisions of the Cold War are gone – once and for all and we live in a united Europe. It took courage, determination and a lot of effort from the peoples and political forces in the new Member States to get this far. It took vision and generosity from the peoples and leaders in the current EU. [...] Today Europeans are celebrating the fact that they are no longer kept apart by phoney ideological barriers. [...] While I rejoice today and take pride in the enormity of our achievement in reuniting a once-divided continent, I realise that this is only the beginning. [...] United in diversity we will be stronger and better equipped to find solutions to common problems. United in diversity, we can work more effectively for safety and prosperity for all. Welcome to the New Europe.[188]

Auch der damals amtierende deutsche Bundeskanzler Schröder äußerte sich euphorisch zur Osterweiterung:

> Damit erfüllt sich eine historische Mission. Der Traum vieler Generationen von Europäern wird Wirklichkeit: Denn Europa überwindet nun endgültig seine jahrzehntelange, schmerzliche Trennung. [...] Auch wenn wir immer von der „Erweiterung" der Union sprechen: Es ist nicht so, dass Europa sich durch die morgigen Beitritte „ausdehnt". Vielmehr kommen Völker und Staaten, die seit langem Teil Europas sind, endlich zurück in die europäische Familie. Damit ist die Aufnahme der neuen Mitgliedstaaten eine konsequente Fortsetzung der europäischen Einigung.[189]

Mit dem Beitritt zahlreicher ehemaliger Ostblockstaaten ist die Erweiterungspolitik einen sehr großen Schritt zur Erfüllung ihrer übergeordnet wichtigen Mission vorangekommen: die Einigung des Kontinents zu erreichen. Zugleich hat sie – wie schon zuvor bei der Süderweiterung – die neuen Mitgliedstaaten bei der nötigen Systemtransformation massiv und maßgeblich unterstützt und auf diesem Wege zur Ausweitung der europäischen Zone des Friedens, der Freiheit und des Wohlstands substanziell beigetragen. Kann es erfolgreichere und effektivere Außenpolitik geben?

---

188 Prodi 2004: Statement on enlargement.
189 Schröder 2004: Regierungserklärung.

Kurswechsel in der Erweiterungspolitik

Nach der Vollendung der Osterweiterung mit den Beitritten Rumäniens und Bulgariens 2007 trat seitens Brüssel und der europäischen
Hauptstädte eine spürbare Zögerlichkeit im Hinblick auf die Aufnahme neuer Mitglieder auf. Ex-Kommissionschef Jacques Delors
bezeichnete die Osterweiterung als schlecht vorbereitet und schlecht
erklärt.[190]

In der Tat lässt sich seit 2006 ein gewisser Kurswechsel in der
EU-Erweiterungspolitik beobachten. Hier ist der Begriff der Er-
weiterungsmüdigkeit anzuführen. Diese drückt sich zum einen im
Meinungsbild der EU-Bürger aus; zum anderen haben auch die EU-
Institutionen neue Weichenstellungen vorgenommen, die den Er-
weiterungsprozess spürbar entschleunigt haben.

2007 stellte sich die Erweiterungsmüdigkeit bei den EU-Bürgern *Erweiterungs-*
auf recht hohem Niveau, allerdings mit signifikanten Unterschieden *müdigkeit in der*
zwischen den EU-Alt- und EU-Neustaaten dar.[191] So sprachen sich die *EU-Bevölkerung*
Bürger aller neuen Mitgliedstaaten mit über 55 Prozent für weitere
Beitritte aus, Slowenen, Polen, Litauer, Rumänen und Bulgaren gar
zu über 65 Prozent. In den EU-alt-Staaten wurde eine solche Zustimmung nur in Spanien erreicht, wohingegen die Befürwortung
von künftigen Erweiterungen in Frankreich, Deutschland und Österreich mit unter 34 Prozent besonders niedrig lag. Damit optierten
nach erfolgter Osterweiterung EU-weit 64 Prozent der Bürger gegen
und 28 Prozent für künftige Erweiterungen.[192]

Seitens der EU kündigte sich eine größere Zurückhaltung in der
Erweiterungspolitik 2006 an, als der Europäische Rat der Kommission den Auftrag erteilte, das Kopenhagener Kriterium der Aufnahmefähigkeit zu präzisieren. In der Tat war während des zeitinten-
siven Osterweiterungsanbahnungsprozesses dieses vierte Kriterium
in den Hintergrund getreten; alle Aufmerksamkeit war auf die an die
Beitrittskandidaten adressierten Anforderungen fokussiert, deren
Erfüllung zur Messlatte für die Aufnahme in die Union wurden.

Im November 2006 legte die Kommission ihren „Sonderbericht *Integrationsfähig-*
über die Fähigkeit der EU zur Integration neuer Mitglieder" vor. Die *keit als wichtiges*
Kopenhagener Formulierung der Aufnahmefähigkeit wurde nun *Kriterium*
durch den Begriff „Integrationsfähigkeit" ersetzt, die auch bei künf-

---

190 Müller-Brandeck-Bocquet 2010: Deutsche Europapolitik unter Angela Merkel:
Enge Gestaltungsspielräume in Krisenzeiten, 298.
191 Kramer 2007: Wie erweiterungsmüde ist die EU?
192 Vgl. Europäische Kommission 2007: Eurobarometer 67.

tigen Erweiterungen gewährleistet sein müsse. „Bei der Integrationsfähigkeit" – so schreibt die Kommission – „geht es um die Frage, ob
die EU zu einem bestimmten Zeitpunkt oder in einem bestimmten
Zeitraum neue Mitglieder aufnehmen kann, ohne ihre in den Verträgen begründeten Ziele aufs Spiel zu setzen"[193]. Dabei interpretierte
die Kommission den Artikel 49 EUV (des Nizzaer Vertrages) in dem
Sinne, dass er weder bedeute, „dass jedes europäische Land einen
Beitrittsantrag stellen, noch dass die EU jedem Antrag stattgeben
muss". Die Gewährleistung der Integrationsfähigkeit der EU bricht
die Kommission auf drei Faktorenkomplexe herunter, nämlich Institutionen, gemeinsame Politiken und Haushalt. Dies wurde auch vom
Europäischen Parlament als weitgehend substanzlos scharf kritisiert. Deutlicher wurde die Kommission in ihrer Erweiterungsstrategie.[194] Denn obgleich die Kommission die Aufnahme der Verhandlungen mit Kroatien und der Türkei im Oktober 2005 sowie die
Anerkennung Mazedoniens als Beitrittskandidaten begrüßt und den
Heranführungsprozess weiter intensivieren will, tritt sie bei allen
anderen EU-Aspiranten deutlich auf die Bremse. Zwar werden die
Staaten des westlichen Balkans allesamt als „potenzielle Kandida-
tenländer" bezeichnet, d. h. Albanien, Bosnien/Herzegowina, Montenegro, Serbien und Kosovo; doch betont die Kommission, dass die
EU „zurückhaltend mit der Übernahme jeglicher neuer Verpflichtungen" ist.[195]

Ende 2006 indossierte der Europäische Rat die Kommissions-
dokumente und schloss sich ihrer Linie an: „Der Europäische Rat
weist darauf hin, dass es wichtig ist, dafür zu sorgen, dass die EU die
eigene Entwicklung fortsetzen kann. Das Tempo der Erweiterung
muss der Fähigkeit der Union zur Aufnahme neuer Mitglieder Rech-

---

193 Europäische Kommission 2006: Mitteilung an das Europäische Parlament
und den Rat: Erweiterungsstrategie und wichtige Herausforderungen für den
Zeitraum 2006–2007 mit Sonderbericht über die Fähigkeit der EU zur Integration
neuer Mitglieder, 18–27; vgl. ausführlich dazu: Müller-Brandeck-Bocquet 2008:
Künftiger Brennpunkt der EU-Politik: Die Grenzen Europas. Plädoyer für einen
EU-zentrierten Ansatz.
194 Europäische Kommission 2006: Mitteilung an das Europäische Parlament
und den Rat: Erweiterungsstrategie und wichtige Herausforderungen für den
Zeitraum 2006–2007 mit Sonderbericht über die Fähigkeit der EU zur Integration
neuer Mitglieder.
195 Europäische Kommission 2006: Mitteilung an das Europäische Parlament
und den Rat: Erweiterungsstrategie und wichtige Herausforderungen für den
Zeitraum 2006–2007.

nung tragen"[196] heißt es in den Schlussfolgerungen des Vorsitzes. Dieser „Wiederentdeckung" des EU-seitigen Aufnahmefähigkeits- kriteriums bzw. der nun geforderten Aufrechterhaltung der Integra- tionsfähigkeit der EU schloss sich Kommissionspräsident Barroso vollinhaltlich an:

> Die Grenze der EU ist ihre Aufnahmefähigkeit.[197]

An diesen vorsichtig-restriktiven Kurs hat sich die EU in ihrer Erwei- terungspolitik seither gehalten.[198] Zwar gibt es auch derzeit eine Reihe beitrittswilliger europäischer Staaten, jedoch konnte seit dem dargestellten Kurswechsel nur Kroatien als 28. Mitgliedstaat der EU am 1. Juli 2013 beitreten.

Aktuelle und potenzielle Beitrittskandidaten

Das Feld der EU-Beitrittskandidaten lässt sich derzeit wie folgt ordnen:

Staaten, mit denen die EU über einen Beitritt verhandelt:
Montenegro, Serbien, Türkei
Staaten, die den Kandidatenstatus innehaben:
Albanien, Republik Mazedonien
Staaten, die als potenzielle Beitrittskandidaten gelten:
Bosnien und Herzegowina, Kosovo

Am längsten wird bereits mit der Türkei verhandelt. Ihr war nach langandauernden EU-internen Kontroversen Ende 1999 der Kandida- tenstatus zuerkannt worden. Hierbei spielte der deutsche Positions- wechsel eine wichtige Rolle. Hatte Kanzler Kohl einen EU-Beitritt der Türkei noch abgelehnt, so trat Kanzler Schröder sehr dezidiert dafür ein. Den Beschluss des Europäischen Rates Helsinki, die Türkei als Beitrittskandidaten anzuerkennen, kommentierte er positiv mit dem Hinweis, wie wichtig es gerade für Deutschland sei, dass „die vielen mitten unter uns lebenden Menschen türkischer Herkunft" wüssten „ob das Land ihrer Väter auf eine demokratische Zukunft als Teil Europas hoffen darf". Wie die 14 Partnerstaaten begreife auch die rot-grüne Bundesregierung die EU

Beitrittsverhand- lungen mit der Türkei

---

196 Europäischer Rat 2006: Schlussfolgerungen des Vorsitzes.
197 Barroso 2006: Interview mit der Frankfurter Allgemeinen Zeitung.
198 Lippert 2011: Die Erweiterungspolitik der Europäischen Union, 477; Lippert 2013: Die Erweiterungspolitik der Europäischen Union, 488.

[...] eben nicht als Klub des christlichen Abendlandes, sondern als eine Wertegemeinschaft, die auf der Achtung des Rechts, der Demokratie, der Toleranz, der Humanität und Solidarität gründet. Eine Türkei, die sich zu diesen Grundsätzen nicht nur bekennt, sondern sie auch anwendet, wird als Mitglied der EU willkommen sein.[199]

Die Türkei musste sich als Beitrittskandidat folglich an den Kopenhagener Kriterien messen lassen. Ende 2004 beschloss der Europäische Rat, im Oktober 2005 die Beitrittsverhandlungen aufzunehmen. Doch markierte eine Besonderheit diesen Beschluss; zwar hieß es in den Schlussfolgerungen des Europäischen Rates, dass der Beitritt das Ziel der Verhandlungen sei. Doch anders als bei allen anderen Beitritten sprach der Europäische Rat offen die Möglichkeit an, dass die Türkei auch längerfristig eventuell nicht alle mit einer Mitgliedschaft verbundenen Verpflichtungen einhalten könnte; für diesen Fall sei auch ohne Beitritt eine möglichst starke Einbindung in die europäischen Strukturen zu verwirklichen. Dies wurde als „Sonderfall und Wendepunkt der klassischen EU-Erweiterungspolitik"[200] bezeichnet.

Nach dem Beitritt Zyperns 2004 zur EU weigerte sich die Türkei, die Bestimmungen des Abkommens von Ankara (1963) auf Zypern anzuwenden und ihm die türkischen Häfen und Flughäfen zu öffnen. Deshalb wurden im Dezember 2006, also nur ein gutes Jahr nach Beginn der Verhandlungen, die Gespräche mit der Türkei teilweise ausgesetzt. Der Rat fasste den Beschluss: Solange die Türkei die Schlussakte des Ankara-Abkommens nicht auf Zypern anwendet, werden acht besonders wichtige Verhandlungskapitel nicht eröffnet und keine der bereits verhandelten Kapitel abgeschlossen. Seither schleppen sich die Verhandlungen dahin; zwar konnten bisher 14 der insgesamt 35 Kapitel eröffnet werden,[201] so zuletzt im November 2013 das über Regionalpolitik, doch außer dem Thema Wissenschaft und Forschung, das bereits im Juni 2006 abgeschlossen wurde, kommt es zu keiner offiziellen Schließung von Verhandlungskapiteln mehr.[202]

---

199 Schröder 1999: Regierungserklärung, 16.12.1999, http://www.cvce.eu/de.
200 Lippert 2005: Die Türkei als Sonderfall und Wendepunkt der klassischen EU-Erweiterungspolitik.
201 Stroobants 2014: Faute d'adhésion, l'UE ménage son partenaire turc.
202 Eine Übersicht zum Verhandlungsstand mit allen Beitrittskandidaten findet sich unter http://ec.europa.eu/enlargement/countries/check-current-status/index_de.htm. Die im Folgenden zitierten Fortschrittsberichte sind einsehbar unter:

Angesichts der sich im Verlauf der Jahre 2013 und 2014 zuspitzenden Lage im Nahen Osten und der neuen Bedrohung durch den „Islamischen Staat" in Syrien und dem Irak, kommt der Türkei eine zentrale Rolle beim regionalen Konfliktmanagement zu. Unter anderem deshalb stattete die Hohe Vertreterin Mogherini Ankara bereits im Dezember 2014 einen ersten Besuch ab, stellte die Eröffnung neuer Verhandlungskapitel in Aussicht und sagte 70 Millionen Euro an humanitärer Hilfe zu, um die Türkei bei der Aufnahme und Versorgung von über 1,6 Millionen Flüchtlingen aus Syrien zu unterstützen.[203] Während eines Besuchs in Brüssel am 15. Januar 2015 versicherte der türkische Ministerpräsidenten Ahmet Davutoğlu, dass sein Land nach wie vor einen EU-Beitritt anstrebe. Doch das zunehmend autoritäre Gebaren des Staatspräsidenten Erdoğan und seine drakonischen jüngsten Sicherheitsgesetze vertiefen den Graben zwischen EU und Türkei zunehmend.[204] Die im Fortschrittsbericht 2014 deutlich formulierte und inhaltlich breit gestreute Kritik an den (ungenügenden) Reformanstrengungen der Türkei sowie die im Europäischen Parlament immer deutlicher artikulierte Besorgnis um den Stand der dortigen Pressefreiheit lassen einen EU-Beitritt der Türkei in immer weitere Ferne rücken.

In der europäischen Bevölkerung stößt die Perspektive eines EU-Beitritts der Türkei mehrheitlich auf deutliche Ablehnung. 2008 befürworteten 31 Prozent der befragten Europäer einen EU-Beitritt der Türkei und 45 Prozent lehnten ihn ab. Mit 16 Prozent war die Zustimmung in Österreich am niedrigsten, es folgten Luxemburg mit 32 Prozent sowie Deutschland und Frankreich mit nur 35 Prozent Zustimmung; die Frage bezog sich auf den Fall, dass die Türkei alle Bedingungen der EU erfüllt.[205]

Geringe Akzeptanz des EU-Beitritts der Türkei

Der kleine Westbalkanstaat Montenegro hatte 2008 einen Beitrittsantrag gestellt; seit Juni 2012 finden die Verhandlungen statt. 12 der 35 Verhandlungskapitel sind inzwischen eröffnet, darunter, wie 2010 angekündigt, die für Rechtsstaatlichkeit und demokratische Staatsführung so zentralen Kapitel 23 und 24. „Montenegro is the

Beitrittsverhandlungen mit Montenegro

---

http://ec.europa.eu/enlargement/countries/strategy-and-progress-report/index_de.htm.

203 Stroobants 2014: Faute d'adhésion, l'UE ménage son partenaire turc.

204 Szymanski 2015: Zurück in die Finsternis.

205 Europäische Kommission 2008: Eurobarometer 69. In den jüngeren Eurobarometer-Umfragen wird zwar nach wie vor nach der Akzeptanz einer EU-Erweiterung gefragt, nicht jedoch nach einzelnen Ländern unterschieden.

first country to open chapters 23 and 24 under the new approach to rule of law in the accession negotiations." Der Fortschrittsbericht der Kommission vom Herbst 2014 ist verhalten positiv; er sieht für die Umsetzung des *Acquis* noch große Aufgaben und Anstrengungen auf Montenegro zukommen.

Beitrittsverhandlungen mit Serbien

Noch bevor Serbien, der größte der Nachfolgestaaten des früheren Jugoslawien, einen Beitrittsantrag stellte, kam es zu heftigen Auseinandersetzungen zwischen Brüssel und Belgrad. Es ging um das Stabilisierungs- und Assoziierungsabkommen (SAA), das mit Serbien ebenso wie mit den anderen Balkanstaaten (Ausnahme war das Kosovo) ausgehandelt worden war, um den Weg zu einem Beitritt zu ebnen – SAAs stellen eine wichtige Etappe in der Annäherung an die EU dar. Als 2008 die Ratifizierung des SAA mit Serbien anstand, lehnten Belgien und die Niederlande diese mit der Begründung ab, dass Serbien nicht in ausreichendem Maße mit dem UN-Gerichtshof in Den Haag kooperiere, der für die Ahndung der in den jugoslawischen Kriegen der frühen 1990er-Jahre begangenen Verbrechen eingerichtet worden war. In der Tat waren die seit Jahren gesuchten mutmaßlichen Kriegsverbrecher Ratko Mladić und Radovan Karadžić damals noch immer flüchtig. Auch nachdem im Juli 2008 Karadžić gefasst und nach Den Haag überstellt wurde, hielt die EU an ihrer Position fest und beschloss in einem Memo von 2008, die Ratifizierung des SAA erst dann einzuleiten, „„wenn Serbien seiner Verpflichtung zur uneingeschränkten Zusammenarbeit mit dem Internationalen Strafgerichtshof für das ehemalige Jugoslawien nachkommt'".[206] Dies wurde am 26. Mai 2011 erreicht, als Mladić in Serbien festgenommen und später nach Den Haag überstellt wurde.

Ende 2009 stellte Serbien einen Beitrittsantrag; es tat dies „trotz der Signale, dass dies verfrüht sei.[207] Serbien erhielt im März 2012 den Kandidatenstatus. Im Januar 2014 wurden die Verhandlungen aufgenommen; damit reagierte die EU positiv auf die Normalisierung der Beziehungen zwischen Serbien und dem Kosovo. Denn Belgrad weigerte sich zunächst hartnäckig, die 2008 einseitig proklamierte Unabhängigkeit des Kosovo von Serbien anzuerkennen. Am 19. April 2013 jedoch unterzeichneten Belgrad und Pristina ein maßgeblich von der Hohen Vertreterin Ashton ausgehandeltes Ab-

---

206 Zitiert nach Müller-Brandeck-Bocquet 2010: Deutsche Europapolitik unter Angela Merkel: Enge Gestaltungsspielräume in Krisenzeiten, 302.
207 Lippert 2011: Die Erweiterungspolitik der Europäischen Union, 476.

kommen (*Brussels Agreement*), das den Weg für die Aufnahme von Beitrittsverhandlungen freimachte.[208]

Im Kontext der seit Ende 2013 virulenten Ukraine-Krise ergeben sich erneut schwerwiegende Belastungen der EU-Serbien-Beziehungen. Als Beitrittskandidat ist Belgrad dazu verpflichtet, seine Außenpolitik in Einklang mit der EU zu bringen. Dies bedeutet, dass es auch die EU-Sanktionen gegen Russland anwenden muss. Davon konnte Ende 2014 aber keine Rede sein, sodass Brössler Serbien „am Scheideweg"[209] sah. Zugleich lässt sich ein aktives Werben Russlands um Serbien beobachten; Belgrads Streben in die EU missfällt Russland zunehmend; statt sich dem Joch von EU, Währungsfonds und Weltbank, dem „Vierten Reich" zu unterwerfen, solle Serbien doch die Fertigstellung des russischen Gegenprojekts zur EU, der Eurasischen Union, abwarten, dem es dann – wie die anderen Balkanstaaten auch – später beitreten könne.[210]

Derzeit gelten Mazedonien und Albanien als Kandidatenstaaten. Die ehemalige jugoslawische Teilrepublik Mazedonien hat 2004, Albanien 2009 einen Beitrittsantrag gestellt. Der Kandidatenstatus wurde ihnen 2005 respektive Juni 2014 zuerkannt. Seit nunmehr sechs Jahren empfiehlt die Kommission, Verhandlungen mit Mazedonien aufzunehmen; Griechenland jedoch führt seit der Geburt des unabhängigen ex-jugoslawischen Staates Mazedonien 1991 einen Namensstreit mit Skopje, da eine große Region Griechenlands ebenfalls den Namen Mazedonien führt. Daher hat sich die Bezeichnung ehemalige jugoslawische Republik Mazedonien durchgesetzt. In ihrem Fortschrittsbericht 2014 vermerkt die Kommission, dass es in diesem Kandidatenstaat in den vergangenen Jahren Rückschritte, etwa bei der Meinungs- und Medienfreiheit und bei der Unabhängigkeit der Justiz gegeben habe; sollte Skopje hier nicht ernsthafte Reformanstrengungen unternehmen, werde sie eventuell nicht ein weiteres Mal die Aufnahme von Beitrittsverhandlungen empfehlen.[211] Albanien, das erst im Sommer 2014 den Kandidatenstatus erhalten hat, attestiert die Kommission Reformanstrengungen im Bereich Justiz und bei der Bekämpfung von organisierter Kriminali-

Serbien am Scheideweg

Kandidatenstaaten

---

208 Vgl. Kapitel 4.1.1.
209 Brössler 2014: Serbien – Am Scheideweg.
210 So die russische Professorin Jelena Ponomarjowa zit. nach Hassel 2014: Trommeln gegen Europa.
211 EU-Nachrichten 2014: Verhandlungen fördern Reformen und Stabilität in Nachbarländern, 6.

tät und Korruption. Gleichwohl heißt es im Fortschrittsbericht 2014 klar und deutlich:

> However, many shortcomings remain, in particular in the rule of law field. Much work lies ahead. Fighting corruption and organised crime are significant challenges. Albania will need to undertake substantial and sustained efforts to address the implementation of the key priorities identified for the opening of accession negotiations.

Potenzielle Kandidatenstaaten

Bosnien und Herzegowina sowie Kosovo gelten derzeit als die beiden potenziellen Kandidatenstaaten. In Bosnien-Herzegowina ist laut Fortschrittsbericht 2014 der Annäherungsprozess an die EU zum Stillstand gekommen. Und auch hier zeigen sich negative Folgen der Ukraine-Krise bzw. der EU-Sanktionen gegen Russland; denn bei der Mandatsverlängerung der EU-Militärmission EUFOR in Bosnien enthielt sich Russland im UN-Sicherheitsrat erstmals der Stimme. Die Mission könne als Instrument verstanden werden, die „Integration des Landes in die EU und die NATO zu beschleunigen", wird der russische UN-Botschafter zitiert. Moskau engagiert sich zunehmend in der Teilrepublik Srpska, deren Präsident bereits für eine Abtrennung von Bosnien warb, „nach Vorbild der Krim."[212] Als die Außenminister Philip Hammond (Großbritannien) und Frank-Walter Steinmeier (Deutschland) im Januar 2015 Sarajevo besuchten, formulierten sie dringende Apelle, das seit fünf Jahren vorliegende Assoziierungsabkommen endlich umzusetzen. Sarajevo müsse seine letzte Chance ergreifen, das „Land auf den Weg nach Europa" zu bringen: „Bitte, Appell, Warnung vor einer Abkehr aus Europa – so unverblümt sind EU-Außenminister selten aufgetreten, um EU-Aspiranten endlich zum Handeln zu bewegen."[213]

Im April 2013 schlug die Kommission vor, mit Kosovo ein Stabilisierungs- und Assoziierungsabkommen auszuhandeln; solch ein Abkommen gilt – wie bereits erwähnt – als Vorbedingung für spätere Beitrittsverhandlungen. Seit 2012 wird dieses SAA vorbereitet. Mit schnellen Fortschritten ist nicht zu rechnen; außerdem ist daran zu erinnern, dass im Kosovo die größte zivile GSVP-Mission stattfindet, die die EU jemals durchgeführt hat. Der Skandal, der im Herbst 2014 die Mission EULEX erschütterte, wirft auch ein extrem negatives Licht auf den Stand der Rechtsstaatlichkeit im Kosovo; laut Aussagen einer für EULEX tätigen britischen Richterin stehen drei hoch-

---

212 Hassel 2014: Bosnien. Im Stillstand gefangen.
213 Braun 2015: Ultimative Bitte.

rangige Missionsmitglieder im Verdacht, gegen die Zahlung bedeutender Summen des Mordes und anderer Straftaten verdächtige Personen vorgewarnt und der Strafverfolgung entzogen zu haben.[214]

Als fast kurioser Aspekt der derzeitigen Erweiterungspolitik bleibt noch der Fall Island zu erwähnen. Inmitten der jüngsten Finanzkrise, die Islands aufgeblähten Bankensektor schwer traf, stellte das Land im Juli 2009 einen Beitrittsantrag. Im Juni 2010 erhielt Island den Kandidatenstatus – als der EU sehr nahestehendes Mitglied des Europäischen Wirtschaftsraums EWR erfüllt es problemlos die Aufnahmekriterien – noch im selben Monat wurden die Verhandlungen eröffnet. Doch nach einem Regierungswechsel Anfang 2013 und angesichts der wirtschaftlichen Erholung setzte Island die Verhandlungen im Juni 2013 auf unbestimmte Zeit aus.[215] Am 12. März 2015 zog Reykjavík seinen Beitrittsantrag definitiv zurück.

Wankelmütiges Island

Fazit und Ausblick

Die Erweiterungspolitik war über Jahrzehnte hinweg zweifelsohne das effizienteste außenpolitische Instrument der EU, das um die EG 9 der 1970er-Jahre einen sukzessiv immer größer werdenden Raum der Demokratie, Sicherheit, Stabilität und des Wohlstands schaffen konnte. Aus rein geografischen Gründen neigt sich diese erfolgreiche Außenpolitik nun aber ihrem Ende zu, weil die Einheit des Kontinents weitgehend vollendet ist. Nur wenige europäische Staaten wie Norwegen, die Schweiz und Island wollen sich diesem Prozess nicht anschließen oder können es nicht – wie manche osteuropäische Staaten. Gleichwohl steht die EU mit der anvisierten Integration der Balkanstaaten und der Türkei weiterhin vor großen Herausforderungen ihrer Erweiterungspolitik.

Die europäische öffentliche Meinung lehnt 2014 eine Erweiterung der EU um andere Länder in den nächsten Jahren weiterhin überwiegend ab; 49 Prozent tun dies gegenüber 37 Prozent Befürwortern; damit sank die Ablehnung im Vergleich zu 2013 um 3 Prozentpunkte. Die Einstellung in den Ländern der Eurozone unterscheidet sich mit 56 Prozent Ablehnung stark von der Haltung in den übrigen Mitgliedstaaten, wo nur 47 Prozent künftige Erweiterungen ablehnen. Besonders ausgeprägt ist die Ablehnung in Deutschland (71 %, +2 im Vergleich zu 2013); Frankreich (69 %, −1),

Geringe Akzeptanz der Erweiterung

---

214 Vitkine 2014: Kosovo: Le scandale qui embarasse Bruxelles.
215 Lippert 2013: Die Erweiterungspolitik der Europäischen Union, 494.

Österreich (67 %, –9), Luxemburg (65 %, +1), Finnland (63 %, –2) und den Niederlanden (62 %, –2). Zustimmung finden künftige Erweiterungen vor allem in Rumänien (70 %, +6), Litauen (65 %, +1), Kroatien (64 %, –7). In Ungarn (58 %, –2), Polen (55 %, –6) und Schweden (48 %, –8) ist die Zustimmung deutlich zurückgegangen, während sie im Krisenland Spanien (49 %, +5) deutlich zunahm.[216]

Weiterhin bleibt abzuwarten, welche Konsequenzen der Ausgang der Wahlen zum Europäischen Parlament vom Mai 2014, der zahlreiche europaskeptische und -feindliche Kräfte nach Straßburg spülte, auf die Akzeptanz weiterer Beitrittsfragen haben wird.

Erweiterungs-
agenda der
Kommission Juncker

Bei ihrem Amtsantritt kündigte die Juncker-Kommission ihre Erweiterungsagenda deutlich an. Die Hohe Vertreterin und Vizepräsidentin der Kommission Mogherini äußerte sich etwas verklausuliert:

> Starting from the Balkans and Turkey, I believe that the enlargement policy is the best, if not only, guarantee for long-term transformation in terms of democracy, stability and economic development.[217]

Kommissionschef Juncker hingegen kündigte – zumindest für die nächsten fünf Jahre – einen klaren Bremskurs in der Erweiterungspolitik an:

> Die Erweiterung war – das erkenne ich voll und ganz an – ein historischer Erfolg, der unserem Kontinent Frieden und Stabilität gebracht hat. Die Union und ihre Bürgerinnen und Bürger müssen jedoch den Beitritt von 13 Staaten in den letzten 10 Jahren erst einmal verdauen. Die EU muss bei der Erweiterung eine Pause einlegen, damit wir konsolidieren können, was die 28 Mitgliedstaaten erreicht haben. Unter meiner Präsidentschaft der Kommission werden deshalb die laufenden Verhandlungen fortgeführt, da insbesondere die westlichen Balkanstaaten weiter eine europäische Perspektive brauchen, *es wird aber in den nächsten fünf Jahren keine Erweiterung mehr geben.* Die enge Zusammenarbeit, Assoziierung und Partnerschaft mit östlichen Nachbarn wie Moldau oder der Ukraine müssen wir ausbauen, um unsere wirtschaftlichen und politischen Bindungen weiter zu festigen.[218]

---

216 In vier der fünf Kandidatenländern unterstützt eine Mehrheit Erweiterungen, nur in der Türkei ist mit 33 Prozent (–14) ein deutlicher Rückgang der Befürwortung festzustellen; hier ist der Anteil der „Weiß-nicht-Antworten" um 14 Prozentpunkte auf 29 Prozent gestiegen. Alle Angaben sind entnommen: Europäische Kommission 2014: Eurobarometer 81, Frühjahr 2014.
217 Mogherini 2014: Opening Statement.
218 Juncker 2014: Politische Leitlinien für die nächste Europäische Kommission, 12. Hervorhebung im Original.

Damit erkennen beide hochrangigen EU-Politiker die Erweiterungspolitik als hocheffektives Instrument der System-Transformation
und Demokratisierung an – eben „EU soft power at its best"[219].
Gleichzeitig ist ihren Aussagen aber auch zu entnehmen, dass trotz
weiterlaufender Beitrittsverhandlungen keiner der aktuellen Kandidatenstaaten in den nächsten fünf Jahren wird beitreten können.
Auch den jüngsten Fortschrittsberichten ist zu entnehmen, dass
keiner der fünf Staaten, mit denen entweder verhandelt wird oder
die den offiziellen Kandidatenstatus besitzen, im Laufe der aktuellen
Legislaturperiode beitrittsreif werden könnten. Das Schicksal der
potenziellen Kandidatenstaaten bleibt nach Ablauf dieser fünf Jahre
offen. Die Ukraine und Moldau (mit Sicherheit auch Georgien) hingegen erhalten eine klare Abfuhr.[220]

Junckers auf den ersten Blick so klare Aussage zur Erweiterungspolitik seiner Kommission enthält bei näherem Hinsehen aufgrund der fehlenden Beitrittsreife aller derzeitigen Kandidaten daher
lediglich eine Selbstverständlichkeit. Dass es in absehbarer Zeit
keine neuen EU-Beitritte geben wird, zeigt sich auch daran, dass der
zuständige Kommissar, Johannes Hahn aus Österreich, für Nachbarschaftspolitik und Erweiterungs*verhandlungen* zuständig ist – nicht
mehr für Erweiterung, wie alle sein Vorgänger.

4.4.2 Die Nachbarschaftspolitik der EU

Die Europäische Nachbarschaftspolitik ENP wurde 2004 begründet;
ihre Schaffung war Ausdruck der Erkenntnis, dass mit dem zeitgleichen Vollzug der Osterweiterung die transformative Kraft der Union
in Zukunft weitgehend auf andere Weise als bisher zum Einsatz
würde kommen müssen. Denn der Weg, durch die Eröffnung einer
Beitrittsperspektive die Übernahme von EU-Werten, Normen und
Regeln erreichen zu können, war mit der Osterweiterung fast bis zu

---

219 Ratiu 2011: EU Soft Power at Its Best: Zur Leistungsfähigkeit der Europäischen Union als Demokratieförderer in Transformationsstaaten.
220 Die Beitrittsperspektiven dieser drei Staaten haben sich im Kontext der
Ukraine-Krise weiter verschlechtert; um Moskau nicht unnötig zu provozieren,
strebe man lediglich eine vertiefte Kooperation mit ihnen an, die „keine Erweiterung werden wird" – so ein hochrangiger EU-Diplomat; man wolle Russland kein
rotes Tuch vor die Nase halten. Stroobants 2015: L'Europe veut calmer le jeu face
à la Russie de Poutine.

seinem Ende beschritten worden. Seit Lissabon beruht die ENP, wie in Kapitel 3.4.5 dargestellt, auf einer eigenständigen Rechtsgrundlage.

Zielsetzungen der ENP

Mit der ENP versucht sich die EU seit 2004 darin, in ihrer Nachbarschaft einen „Ring von Freunden" (Prodi 2002) zu schaffen ohne ihren größten Trumpf, nämlich die Beitrittsperspektive einzusetzen. So heißt es in einem grundlegenden Kommissionspapier vom 12. Mai 2004:

ENP-Strategiepapier der Europäischen Kommission

„Mit ihrer historischen Erweiterung Anfang dieses Monats hat die Europäische Union bei der Förderung von Sicherheit und Wohlstand auf dem europäischen Kontinent einen wichtigen Schritt nach vorne getan. Die EU-Erweiterung bedeutet außerdem, dass sich die Außengrenzen der EU geändert haben. Wir haben neue Nachbarn gewonnen und sind alten Nachbarn näher gekommen. Diese Umstände schaffen Chancen und Herausforderungen. Die Europäische Nachbarschaftspolitik ist als Antwort auf diese neue Lage zu verstehen [...] Ziel der ENP ist es, die Vorteile der EU-Erweiterung von 2004 mit den Nachbarländern zu teilen, indem Stabilität, Sicherheit und Wohlstand aller Betroffenen gestärkt werden. Diese Politik dient der Vermeidung neuer Trennungslinien zwischen der erweiterten EU und ihren Nachbarn, denen im Wege einer größeren politischen, sicherheitspolitischen, wirtschaftlichen und kulturellen Zusammenarbeit die Chance geboten werden soll, an verschiedenen EU-Aktivitäten teilzunehmen."[221]

Wie in der ESS explizit zum Ausdruck gebracht, war sich die EU bewusst, dass sie mit der Osterweiterung „in größere Nähe zu Krisengebieten" gerückt war; darauf galt es, zu reagieren.

Europäische Sicherheitsstrategie 2003

„Wir müssen darauf hinarbeiten, dass östlich der Europäischen Union und an den Mittelmeergrenzen ein Ring verantwortungsvoll regierter Staaten entsteht, mit denen wir enge, auf Zusammenarbeit gegründete Beziehungen pflegen können. Es liegt nicht in unserem Interesse, dass durch die Erweiterung neue Trennlinien in Europa entstehen."[222]

Das zentrale Merkmal der ENP ist, dass sie sich an jene Staaten richtet, die derzeit keine Aussicht auf Mitgliedschaft in der EU haben. Die ENP stellt „ein Instrument zur Stärkung der Beziehungen zwi-

---

221 Europäische Kommission 2004: Mitteilung. Strategiepapier Europäische Nachbarschaftspolitik.
222 Europäische Sicherheitsstrategie 2003: Ein sicheres Europa in einer besseren Welt, 8.

schen der EU und Partnerländern dar [...], das sich von den europäischen Ländern nach Artikel 49 des Vertrags über die Europäische Union zur Verfügung stehenden Möglichkeiten unterscheidet."[223]

Die ENP adressiert verschiedene Gruppen von Nachbarn. So wendet sie sich an die Nachbarstaaten im Süden, die – wie Art. 49 EUV belegt – aus rein geografischen Gründen keinerlei Beitrittsperspektive haben. Mit den südlichen und östlichen Mittelmeeranrainerstaaten Marokko, Algerien, Tunesien, Libyen, Ägypten, Israel, den Palästinensischen Autonomiegebieten, Jordanien, Libanon und Syrien war die EU seit 1995 in der Euro-Mediterranen Partnerschaft verbunden (EMP). Diese seit Langem u. a. wegen des Nahostkonflikts instabile Region wurde 2004 mit leicht veränderter Mitgliedschaft[224] ebenso in die neue ENP inkludiert wie die osteuropäischen Nachbarn Ukraine, Moldawien sowie Weißrussland und die Staaten des südlichen Kaukasus Armenien, Aserbaidschan, Georgien.[225]

Heterogene Nachbarschaft

Mit der ENP will die EU in ihrer Nachbarschaft durch breit gefächerte Kooperationsangebote vorrangig zur Konfliktprävention und Krisenbewältigung beitragen, gemeinsame Sicherheitsbedrohungen bekämpfen, gute Regierungsführung (*good governance*) fördern, ihre Werte exportieren sowie Wohlstand und Stabilität generieren. Dabei arbeitet sie mit zahlreichen Anreizen wie Freihandelsabkommen oder Visaerleichterungen sowie mit finanzieller und technischer Unterstützung, um politische und wirtschaftliche Reformen in den ENP-Staaten voranzutreiben.[226] So werden im Rahmen der ENP Reformanreize gesetzt und Transformationshilfen geleistet. Hierzu stehen der EU eine Vielzahl an Instrumenten zur Verfügung, die sich mit Böttger in zwei Generationen einteilen lassen: Wichtige Instrumente der ENP der „ersten Generation" sind Partnerschafts- und Kooperationsabkommen (PKA), Assoziierungsabkommen sowie Länderbericht und Aktionspläne; zu Instrumenten der zweiten Generation zählen weitreichende und umfassende Freihandelsabkommen (*Deep and Comprehensive Free Trade Agreements*: DCFTA) und im Vergleich zu Aktionsplänen konkretere Assoziierungsagenden.[227]

Ziele und Ansätze der ENP

---

223 Europäische Kommission 2004: Mitteilung. Strategiepapier Europäische Nachbarschaftspolitik, 3.

224 Die EMP-Mitglieder Malta und Zypern wurden 2004 zu EU-Mitgliedern; Libyen erhielt 1999 Beobachterstatus bei der EMP. Die Türkei ist nicht Teil der ENP.

225 Mit Russland bestehen besondere Beziehungen im Rahmen einer strategischen Partnerschaft.

226 Vgl. auch Kapitel 3.4.4.

227 Böttger 2011: Europäische Nachbarschaftspolitik, 172.

Auch im Falle der ENP wird die Zielerreichung der geschlossenen Absprachen und Abkommen von der Kommission genau überprüft; so legt sie jährlich ihr „ENP-Paket" vor. Dazu zählen eine länderübergreifende Bestandsaufnahme, zwölf länderspezifische Fortschrittsberichte über die Umsetzung der bilateralen Aktionspläne [...] sowie ein sektorspezifischer Fortschrittsbericht".[228] Weiterhin kommt es im Rahmen der ENP immer wieder zur Verhängung von „restriktiven Maßnahmen" nach Art. 215 AEUV, so beispielsweise 2011 gegen Syrien, Libyen und Weißrussland sowie im Jahr 2012 gegen Tunesien und erneut Weißrussland.[229]

Kritik an der ENP   Mit der ENP tritt die EU eindeutig in die Fußstapfen der Erweiterungspolitik und versucht, *soft power* auszuüben. Instrumentarium und Inhalte der Assoziierungsverträge mit den ENP-Ländern sind unübersehbar an jenen Zielen orientiert, die auch die Beitrittsbedingungen beinhalten. Dies kann durchaus auch kritisch gesehen werden: Denn die Orientierung der ENP am Modell der Erweiterungspolitik lasse eine „Unschärfe" entstehen, die dazu beiträgt „unter den Nachbarn und den Nachbarn der Nachbarn Unsicherheit über die Intentionen der Europäischen Union zu streuen"[230]. Auch ist keineswegs garantiert, dass sich dieser höchst anspruchsvolle Ansatz, der für die Qualifizierung für eine EU-Mitgliedschaft konzipiert ist, für eine Nachbarschaft eignet, die sowohl unter politischen wie sicherheitspolitischen, wirtschaftlichen und gesellschaftlichen Aspekten zum Teil noch sehr rückständig ist und mitunter wenig Neigung zeigt, sich dem post-modernen, Soft-Power-basierten Politikstil der EU zu nähern oder ihn auch nur ernst zu nehmen.

Untergliederung in östliche und südliche ENP

Östliche Partnerschaft   2009 erfolgte mit der Schaffung einer „Östlichen Partnerschaft" (ÖP) eine geografische Ausdifferenzierung der ENP. Als Reaktion auf die insbesondere von Frankreich betriebene Intensivierung der ENP gegenüber den Mittelmeeranrainern setzten sich vor allem Polen, Schweden und Deutschland für die „Entwicklung einer spezifischen

---

228 Lippert 2011: Die Erweiterungspolitik der Europäischen Union, 234.
229 Lippert 2012: Europäische Nachbarschaftspolitik, 270; Lippert 2013: Europäische Nachbarschaftspolitik, 275.
230 Beichelt 2014: Die Politik der östlichen Partnerschaft – inkompatible Grundannahmen und antagonistische Herausforderungen, 362.

östlichen Dimension" der ENP ein.[231] So entstand auf dem Prager Gipfel im Mai 2009 die aus Armenien, Aserbaidschan, Belarus, Georgien, Moldau und der Ukraine bestehende ÖP. Da auch für die ÖP die Grundlagen der ENP als einheitlicher politischer Rahmen fortbestehen, wird hier ebenfalls keine Beitrittsperspektive eröffnet – obgleich diese Frage im einschlägigen Kommissionsdokument nicht explizit angesprochen wird.[232] Vielmehr möchte die EU dem Wunsch der Partner nach engeren Verbindungen entsprechen und starke politische Bindungen aufbauen. So kam es im Falle der Ukraine im März 2007 zur Aufnahme von Verhandlungen für ein *Deep and Comprehensive Free Trade Agreement* – DCFTA, um dessen Unterzeichnung sich im November 2013 dann die Ukraine-Krise entzündete. 2010 wurden entsprechende Verhandlungen mit den anderen Mitgliedern der ÖP aufgenommen.[233]

Als die ÖP 2009 lanciert wurde, verfügten die südlichen ENP-Staaten bereits über tragfähige Kooperationsstrukturen mit der EU in Form von Freihandels- und Assoziierungsabkommen, die seit dem Start des Barcelona-Prozesses und der EMP abgeschlossen worden waren. So konnte die Kommission 2010 von den wirtschaftlichen Fortschritten der ENP berichten, was die Hohe Vertreterin Ashton als „Erfolgsgeschichte" interpretierte. Ein Jahr vor Ausbruch des „Arabischen Frühlings" musste die Kommission zugleich aber festhalten, dass „Verbesserungen der demokratischen Regierungsform [...] dringend nötig seien"[234].

---

[231] Rat 2009: Gemeinsame Erklärung des Prager Gipfeltreffens zur Östlichen Partnerschaft, 6. Im Juni 2008 war in Paris die „Union für das Mittelmeer" (UfM) aus der Taufe gehoben worden. Frankreichs Präsident Nicolas Sarkozy war der Urheber dieses Projekts, das EU-intern für viel Ärger sorgte, weil Paris auf europäischer Seite ursprünglich nur Mittelmeeranrainerstaaten involviert sehen wollte. Letztendlich wurde die UfM „integrationskompatibel" ausgestaltet und zur Neuauflage der EMP umdeklariert (Müller-Brandeck-Bocquet 2010: Deutsche Europapolitik unter Angela Merkel: Enge Gestaltungsspielräume in Krisenzeiten, 328). Die UfM ist – im Gegensatz zur bilateralen ENP – multilateral angelegt, umfasst 43 Mitgliedstaaten und ist v. a. projektbasiert (Lippert 2011: Europäische Nachbarschaftspolitik, 240).

[232] Unabhängig davon, ob die EU ihrerseits den ÖP-Staaten eine Beitrittsperspektive eröffnet oder nicht, steht den europäischen Staaten prinzipiell die Möglichkeit offen, nach Art. 49 EUV einen Beitrittsantrag zu stellen (vgl. Kap. 3.4.5).

[233] Auch die Schwarzmeersynergie kann als regionale Komponente der ENP verstanden werden.

[234] Lippert 2011: Europäische Nachbarschaftspolitik, 235.

Arabischer Frühling und ENP

Als Ende 2011 die „Arabellion" von Tunesien ausgehend ihren Lauf nahm, richteten sich viele Hoffnungen auf einen „Arabischen Frühling", der die Region demokratisieren und sie von ihren autokratischen, verkrusteten Regierungen befreien könne. Auch wenn sich diese Hoffnungen nicht erfüllten, und sich die Lage in den allermeisten Ländern der Arabellion im Zeitverlauf spürbar verschlechterte, war der Ausbruch des arabischen Frühlings zunächst auch eine Bankrotterklärung der südlichen ENP, die den von den protestierenden Menschen nun eingeforderten Demokratisierungskurs nicht hatte initiieren können. Auch hatte man in Europa weder die Ereignisse kommen sehen noch war man in der Lage, unmittelbar darauf zu reagieren; denn die ENP ist auf langfristige Transformationshilfe und Reformunterstützung angelegt, nicht auf akutes Krisenmanagement und die Gewährung humanitärer Hilfe. So ging auch Stefan Füle, Kommissar für Erweiterung und Nachbarschaftspolitik, angesichts der Arabellion in einer Rede vom 28. Februar 2011 vor dem Europäischen Parlament sehr kritisch mit der ENP zu Gericht:

> [...] we must show humility about the past. Europe was not vocal enough in defending human rights and local democratic forces in the region. Too many of us fell prey to the assumption that authoritarian regimes were a guarantee of stability in the region. This was not even Realpolitik. It was, at best, short-termism. [...] The crowds in the streets of Tunis, Cairo and elsewhere have been fighting in the name of our shared values. It is with them, and for them, that we must work today – not with dictators who are, as we speak, spilling the blood of their own people with utter disregard for human life.[235]

Die neue ENP: „More for more"

Im weiteren Verlauf dieser wichtigen Rede kündigte Füle dann eine vollständige Überarbeitung der (südlichen) ENP an, die individueller auf die einzelnen Länder der Arabellion eingehen wird und auch für die sensibelsten Bereiche der Zusammenarbeit, nämlich Migration, Mobilität und Markzugang, Antworten finden muss. Im Mai 2011 legten die Hohe Vertreterin Ashton und die Kommission ein überarbeitetes Grundlagendokument zur ENP vor. Darin heißt es:

> Was wir gemeinsam anstreben ist eine Region, in der Demokratie, Wohlstand und Stabilität herrschen; eine Region, in der mehr als 800 Millionen Menschen leben, arbeiten und die Zukunft ihres Landes in der Gewissheit prägen können, dass ihre Würde und ihre Rechte geachtet werden.[236]

---

235 Füle 2011: Speech on the recent events in North Africa.
236 Europäische Kommission/Hohe Vertreterin 2011: Eine neue Antwort auf eine Nachbarschaft im Wandel, 26.

Bei der Neuausrichtung der ENP legt die EU angesichts des „Arabischen Frühlings" deutlich mehr Gewicht auf die Konditionalität. Die Unterstützung der ENP-Staaten seitens der EU ist damit noch stärker als bisher an Bedingungen geknüpft. Nach dem Prinzip „more for more" können die Staaten umso mehr Hilfe erwarten, je mehr Reformfortschritte sie vorweisen können. Die Unterstützung und Kooperation mit der Zivilgesellschaft soll dabei größere Relevanz als bisher erhalten.[237] Die EU setzt als Anreize für Transformationsbemühungen auf die drei Ms: *money, market access, mobility*. Hinzu kommt ein verstärkter Fokus auf den politischen Dialog, den die EU sowohl auf Ebene der Außenminister als auch der Staats- und Regierungschefs ausbauen will.

Insgesamt wird die neu konzipierte ENP differenzierter auf die Lage, die Bedürfnisse und die Fähigkeiten der einzelnen Partnerstaaten eingehen können. Verknüpft mit einem vereinfachten und kohärenteren Ansatz bei der Programmierung und effizienteren Aktionsplänen „mit begrenzten Prioritäten, deutlicher formulierten Zielen und präziseren Benchmarks" erhofft sich die EU „bessere praktische Resultate".[238] Obwohl die Fortschrittsberichte 2013 wegen ihrer „direkteren und klareren Sprache [...] in den Bewertungen und Forderungen" gelobt wurde und gemutmaßt wurde, dass dies ein Ergebnis der „politischen Handschrift des EAD sei (im Gegensatz zum „buchhalterisch-technischen Duktus der Kommission" früher) ergab sich angesichts der anhaltend extrem instabilen Lage insbesondere im Bereich der südlichen ENP kein einheitliches oder gar ermunterndes Bild.[239] Im Folgejahr hat sich die wirtschaftliche und soziale Entwicklung „eher weiter verschlechtert"; obwohl mit einigen ENP-Staaten leichte Fortschritte in den diversen Verhandlungsprozessen erreicht wurden, sind laut Lippert „die Reformwege und das Tempo der Veränderungen sowie die Herausforderungen, denen die Zielländer gegenüberstehen, immer krasser"[240] geworden.

---

237 Lang/Lippert 2011: Zur Neuausrichtung der ENP: Ein Ligamodell nachbarschaftlicher Kooperation.
238 Lippert 2012: Europäische Nachbarschaftspolitik, 254.
239 Lippert 2013: Europäische Nachbarschaftspolitik, 263/264.
240 Lippert 2014: Europäische Nachbarschaftspolitik, 283/284.

Fazit und Ausblick

Die Arabellion und die darauffolgenden, zum Teil mehrfachen Regimewechsel, die sich allein in Tunesien in Richtung Demokratie entwickeln, ansonsten aber zur Rückkehr eines Militärregimes wie in Ägypten bzw. zu Bürgerkriegen und Staatszerfall wie in Syrien, dem Libanon und Libyen führten, haben auch die neu konzipierte Politik zu den südlichen Nachbarstaaten bisher weitgehend ins Leere laufen lassen. Wie sich das neue Konzept mit seiner Devise „mehr für mehr" und seinem pragmatischeren, individualisierten Ansatz nach einer möglichen künftigen Stabilisierung der Lage im südlichen ENP-Raum auswirkt, bleibt abzuwarten. Die Aussichten sind nicht gut: 2014 stufte Freedom House die südlichen Nachbarschaftsstaaten mehrheitlich als „not free"[241] ein. Auch von Stabilität kann nicht die Rede sein, denn die erneute Zuspitzung des israelisch-palästinensischen Konflikts, die anhaltenden Bürgerkriege sowie die immense Bedrohung, die der dschihadistische „Islamische Staat" und sein Kalifat für die gesamte Region bedeuten, stellen politische Rahmenbedingungen dar, in welchen der Soft-Power-basierte, auf positive Anreize setzende Politikansatz der ENP wohl kaum greifen kann.

Neuausrichtung der ÖP vonnöten Angesichts der Ende 2013 ausgebrochenen Ukraine-Krise und des kontinuierlich wachsenden Widerstands Russlands gegen eine enge EU-Anbindung seiner ehemaligen Einflusszone steht auch die ÖP vor immensen Herausforderungen. Zwar konnten nach den dramatischen Vorkommnissen in Kiew, auf der Krim und in den ostukrainischen Separatistenhochburgen sowie einer konsistenten Sanktionspolitik der EU im Juni 2014 die Assoziierungsabkommen mit der Ukraine, Moldau und Georgien unterzeichnet werden – was die drei osteuropäischen Staaten umgehend als einen inoffiziellen Beitrittsantrag werteten. Doch wurden Mitte September 2014 weite Teile des EU-Ukraine-Abkommens vorübergehend außer Kraft gesetzt, um strittige Fragen mit Moskau zu klären. Letztlich geht es um die Kompatibilität des Abkommens mit Putins Integrationsprojekt der Eurasischen Wirtschaftsunion (EAWU). Es ist geplant, die EAWU in der Zukunft zu einer Zollunion weiterzuentwickeln Während das DCFTA mit der EU es der Ukraine – sowie Moldau und Georgien – wohl erlaubt, zugleich auch EAWU-Mitglieder zu werden, ist eine doppelte Mitgliedschaft dann ausgeschlossen, wenn die EAWU sich tatsäch-

---

241 Daten finden sich bei http://www.freedomhouse.org.

lich zu einer Zollunion vertiefen würde.[242] Doch trotz intensivsten und druckvollen Werbens Moskaus – so zuletzt anlässlich der moldauischen Parlamentswahlen im Dezember 2014 – haben die drei osteuropäischen Staaten die EAWU-Option abgelehnt, sodass diese am 1. Januar 2015 lediglich mit den Mitgliedstaaten Russland, Weißrussland, Kasachstan und Armenien in Kraft trat. Kirgistan ist im Mai 2015 beigetreten. Mit der EAWU nebst späterer Zollunion will Putin auf lange Sicht ein Gegengewicht zur Europäischen Union schaffen. Zwar hat – wie viele Beispiele aus der Geschichte, insbesondere Südamerikas, belegen – ein Zusammenschluss unter autokratisch bzw. autoritär regierten Staaten wenig Aussicht auf Erfolg. Gleichwohl muss sich die EU in der ÖP ihrer Verantwortung stellen und verhindern, dass in ihrem Osten erneut ein Kampf um Machtbereiche und Einflusszonen im Stil des 19. Jahrhunderts entsteht, die die europäischen Nachbarstaaten im *no man's land* zwischen Ost und West stehen lassen. Mittelfristig muss es zu einer Klärung darüber kommen, ob die ÖP-Länder auf lange Sicht eine EU-Beitrittsperspektive haben oder ob sie dauerhaft als „Zwischeneuropa"[243] firmieren müssen. Wie bereits erwähnt hat die EU in Kontext der Ukraine-Krise und aus Rücksicht auf Russland, das man nicht provozieren möchte, die mittelfristigen Beitrittsperspektiven Moldaus, Georgiens und der Ukraine gegen Null zurückgefahren. Nun gilt es, die Neuauflage der ENP inklusive ÖP abzuwarten, die die Hohe Vertreterin Federica Mogherini angekündigt hat. Dabei möchte sie einen Ansatz verfolgen, der beim Werte- und Governance-Export zurückhaltender vorgeht. Im bereits laufenden Review-Prozess kann auf Vorschläge aus Wissenschaft und Politikberatung zurückgegriffen werden.[244]

---

242 Müller-Brandeck-Bocquet/Gieg 2014: Die Europäische Union und die Ukraine. Von enttäuschten Erwartungen zu konstruktivem Krisenmanagement? 88.
243 So der Bundestagsabgeordnete Manfred Grund (CDU) bei einer Bundestagsdebatte anlässlich der Ratifizierung der Assoziierungsabkommen mit Moldau, Georgien und der Ukraine (Hausding 2015: Balanceakt für die östlichen Partner).
244 Beichelt 2014: Die Politik der östlichen Partnerschaft – inkompatible Grundannahmen und antagonistische Herausforderungen; Bertelsmann-Stiftung 2015: The EU neighbourhood in shambles. Some recommendations for a new European neighbourhood strategy.

4.5 Externe Dimension interner Politikbereiche

Es wurde bereits mehrfach angesprochen, dass die externe Dimension interner Politikbereiche eine wesentliche, wenngleich meist unterschätzte Teilmenge der EU-Außenpolitik darstellt. Im Folgenden werden zunächst die externen Aspekte interner Politikbereiche ausgeleuchtet, die einen deutlichen Sicherheitsbezug aufweisen, wobei der Sicherheitsbegriff hier breit definiert ist. Hierzu zählen neben dem Raum der Freiheit, der Sicherheit und des Rechts (RFSR) auch die Klimapolitik und die Energieaußenpolitik. Darüber hinaus sind auch mittelbare externe Auswirkungen interner Politikbereiche kurz anzusprechen.

4.5.1 Der Raum der Freiheit, der Sicherheit und des Rechts

Der RFSR als ein jüngeres Integrationsprojekt

Der RFSR hat sich im Verlauf der letzten zweieinhalb Jahrzehnte zu einem umfangreichen, bedeutenden, neuen Integrationsprojekt entwickelt, das in manchen seiner Teilbereiche inzwischen de facto eine eigenständige Dimension der EU-Außenpolitik darstellt. Seit Amsterdam ist der RFSR im Auf- und Ausbau begriffen, zeitweise avancierte er zu einem höchst dynamischen Politikkomplex mit zahlreichen ambitionierten Vorhaben.[245] Dies war selbstredend auch dem internationalen Kontext geschuldet, der nach den Terroranschlägen vom 11. September 2001 einen ausgeprägten Trend zur „Sekuritarisierung"[246] vieler Politikbereiche hervorrief. Meilensteine des Ausbaus des RFSR sind die Programme von Tampere (1999), von Den Haag (2004) und von Stockholm (2009).

Terrorismusbekämpfung

Der RFSR zielt zumeist auf die Gewährleistung der inneren Sicherheit der EU ab, jedoch entfalten zahlreiche seiner Einzelpolitiken und Instrumente auch außen- und sicherheitspolitische Folgewirkungen, sodass der RFSR exemplarisch für die externen Implikatio-

---

245 Müller-Brandeck-Bocquet et al. 2010: Deutsche Europapolitik unter Angela Merkel: Enge Gestaltungsspielräume in Krisenzeiten, 316.
246 Monar 2005: Die politische Konzeption des Raums der Freiheit, der Sicherheit und des Rechts: Vom Amsterdamer Vertrag zum Verfassungsentwurf des Konvents, 35.

nen interner Politikbereiche steht. Dazu gehören die Verhütung und Bekämpfung grenzüberschreitender Großkriminalität sowie insbesondere des internationalen Terrorismus. Zu erwähnen sind hier die inzwischen geschaffenen und im Einsatz befindlichen Einrichtungen und Instrumente wie das Europäische Polizeiamt (EUROPOL), die Europäische Einheit für justizielle Zusammenarbeit (EUROJUST – eine Art Keimzelle einer künftigen europäischen Staatsanwaltschaft) sowie der Europäische Haftbefehl (EuHB), der die grenzüberschreitende Strafverfolgung effektivieren soll. Der EuHB avancierte nach den *attacks on America* vom 11. September 2001 schnell zum europäischen Prestigeprojekt der Terrorismusbekämpfung. Der EuHB basiert auf der Harmonisierung der einzelstaatlichen Straftatbestände, die wiederum einen starken Bezug zur Terrorismusbekämpfung aufweisen.[247] Nach den Anschlägen in den USA beschloss ein Sondergipfel des Europäischen Rates einen „Aktionsplan zur Terrorismusbekämpfung", der über 200 Einzelmaßnahmen umfasste. Dazu zählten – neben der Einführung des EuHB – auch die Annahme einer gemeinsamen Terrorismusdefinition, die Erstellung einer EU-Terrorliste sowie Möglichkeiten zum Einfrieren der finanziellen Ressourcen von terrorverdächtigen Personen.[248] Auch wurden die Zuständigkeiten von Europol und der Polizeichef-Task Force bei der Terrorismusbekämpfung ausgeweitet. Nach den Terror-

---

247 Der EuHB bezieht sich auf 32 Straftatbestände, u. a. terroristische Gewalttaten wie Flugzeugentführungen, Mordanschläge, Waffenhandel, Menschenhandel, Geldwäsche, Beteiligung an organisierten Verbrechen und die Bildung terroristischer Vereinigungen, vgl. Müller-Brandeck-Bocquet 2010: Deutsche Europapolitik unter Angela Merkel: Enge Gestaltungsspielräume in Krisenzeiten, 236. Zwischen 2005 und 2012 stieg die Anzahl der ausgestellten EuHB von 6.900 auf 10.450.

248 Die erstmals nach den Anschlägen vom 11. September 2001 erstellte EU-Terrorliste lehnt sich an eine entsprechende UN-Liste an; sie dient insbesondere dem Kampf gegen die Finanzierung des Terrorismus; Guthaben von Personen, Gruppen oder Firmen, die auf der „schwarzen Terrorliste" stehen, können blockiert werden, Bankbewegungen ebenso. Die EU-Terrorliste wird alle sechs Monate von einer geheimen Arbeitsgruppe des Rates überprüft, eine Veränderung der Liste setzt die Einstimmigkeit im Rat voraus. In der Vergangenheit kam es zu massiver Kritik von Amnesty International und Teilen des Europäischen Parlaments: Eine Streichung von der Liste sei nahezu unmöglich, die Betroffenen hätten keinerlei Anrechte auf Anhörung. Diese Kritik wurde im Dezember 2014 widerlegt, als der EuGH die Aufnahme der radikalislamischen Palästinenserorganisation Hamas in die EU-Terrorliste aus Verfahrensgründen als nichtig erklärte. Daraufhin legte der EU-Außenministerrat im Januar 2015 Einspruch gegen diese Entscheidung ein; man wolle die Hamas weiterhin auf der Liste haben.

anschlägen in Madrid vom 11. März 2004 und in London vom 7. und 21. Juli 2005 wurde die Bekämpfung der Terrorismusfinanzierung forciert und eine breit angelegte Anti-Terror-Strategie angenommen; damit nahm der Aufbau des RFSR eine erneut intensivierte, spürbar repressivere Note an. Die Anti-Terror-Politik wird nun zu einer Querschnittsaufgabe der EU und des RFSR erklärt, auch die Solidaritätsklausel sowie die Petersberger Aufgaben des Lissabon-Vertrags beziehen nun explizit Terroranschläge ein.

Zum ersten Anti-Terror-Beauftragten der EU wurde im März 2004 der Niederländer Gijs de Vries ernannt. Der Anti-Terror-Beauftragte untersteht dem Hohen Vertreter; das inzwischen in den EAD integrierte SitCen liefert Intelligence-Berichte zur Terrorgefahr, was erneut den Querschnittscharakter der EU-Terrorismusbekämpfung belegt.

Folge der Terroranschläge in Paris vom 7./8. Januar 2015

Der Nachfolger von de Vries, und damit aktueller Anti-Terror-Beauftragte der EU, der Belgier Gilles de Kerchove, warnt seit Jahren vor der steigenden Terrorgefährdung der EU, insbesondere durch die wachsende Zahl der europäischen Dschihad-Rückkehrer. Deren Zahl schätzt er auf rund 3000 potenzielle Gefährder, die nur auf europäischer Ebene wirksam bekämpft werden könnten.[249] Es ist davon auszugehen, dass nach den blutigen Anschlägen, die am 7. und 8. Januar 2015 in Paris auf Charlie Hebdo verübt wurden, die Bereitschaft aller europäischen Entscheidungsträger wächst, die Anstrengungen in der Terrorbekämpfung zu verstärken und auf EU-Ebene zu bündeln. So ist – wie De Kerchove seit Längerem vorschlägt – erneut der 2010 bereits vom Europäischen Parlament abgelehnte Fluggastdatenaustausch im Gespräch.[250] Mitte Februar 2015 verabschiedete das Europäische Parlament eine Entschließung, das Gesetzgebungsverfahren zügig abzuschließen; im Gegenzug müssten die Mitgliedstaaten Fortschritte bei der Datenschutzgrundverordnung erzielen.[251] Auch der Ausbau des nur 70 Mitarbeiter starken EU-Geheimdienstes IntCen unter Ilkka Salmi wird diskutiert.[252] Hier ist im Verlauf des Jahres 2015 mit konkreten Beschlüssen zu rechnen.

---

249 Brössler 2015: Junckers heikle Mission. Europa muss auf den Terror reagieren, sagt der Kommissionschef.
250 Brössler 2015: Neuer Anlauf für Fluggastdaten-Tausch.
251 Europäisches Parlament 2015: Entschließungsantrag zu Maßnahmen zur Terrorismusbekämpfung.
252 Brössler 2015: Profil: Ilkka Salmi, Finnischer Chef des EU-Geheimdienstes Intcen.

Schutz der EU-Außengrenzen

Zum Schutz der EU-Außengrenzen wurde 2004 die Einrichtung einer gemeinsamen Grenzschutzagentur Frontex beschlossen. Die Agentur steht somit in engem Zusammenhang mit den Zugangspolitiken der EU, konkret mit der Bekämpfung der illegalen Einwanderung. Zu den Aufgaben von Frontex gehört die Koordination der operativen Zusammenarbeit zwischen Mitgliedstaaten in der Überwachung der EU-Außengrenzen, die Unterstützung von Mitgliedstaaten bei der Organisation von Rückführungen, d h. Abschiebungen von Personen aus Drittstaaten, sowie die Koordination der Kooperation mit den Sicherheitsbehörden aus Drittstaaten. Damit sind nun Teilpolitiken des RFSR angesprochen, deren externe Implikationen besonders markant sind und die eindeutig in den Bereich der Außenpolitik hineinreichen.

Zum Schutz der Außengrenzen: Frontex

Frontex, deren Sitz Warschau ist, nahm mit einem Personalbestand von rund 500 Grenzschützern aus allen Mitgliedstaaten im Mai 2005 die Arbeit auf. Für technisch und operativ anspruchsvolle Einsätze, wie insbesondere diejenigen im Mittelmeer, wurden 2007 *Rapid Border Intervention Teams* (RABITs) eingerichtet, die als schnelle Eingreiftruppen von Frontex angefordert werden können. Wegen des Umgangs mit Migranten und Flüchtlingen, die zumeist auf für die Seefahrt untauglichen Booten über das Mittelmeer nach Europa zu gelangen versuchen, geriet Frontex schon sehr bald in die Kritik. Der Grenzschutzpolizei wurde eine unmenschliche und erniedrigende Behandlung dieser Menschen vorgeworfen, insbesondere die sogenannten Push-back-Aktionen, die entsprechende Schiffe an der Landung hinderten bzw. an die nordafrikanischen Küsten zurückdrängten, wurden als Verletzung der Genfer Flüchtlingskonvention gegeißelt. 2012 verurteilte der Europäische Gerichtshof für Menschenrechte dann die Praxis, diese *boat people* abzuschieben, ohne ihre Berechtigung, Asyl zu beanspruchen, überprüft zu haben, als Menschenrechtsverletzung.

Kritik an Frontex

Darauf reagierte das Stockholmer-Programm zum Ausbau des RFSR (2009–2014), das als Fortschreibung des Haager-Programms zu verstehen ist. So musste Frontex es Flüchtlingen fortan ermöglichen, auch außerhalb des Hoheitsgebiets der EU, beispielsweise auf hoher See, Asylanträge entgegenzunehmen. Außerdem legt eine neue Asylverfahrensrichtlinie, der das Europäische Parlament am 16. April 2014 zustimmte, nun fest, dass Frontex die Pflicht zur Seenotrettung hat und Einwandererboote nicht mehr abdrängen oder zur Umkehr aufs offene Meer zwingen darf. Die Durchführung vor-

Neue Regeln für Frontex

verlagerter Grenzkontrollen auf See sowie das Ausschiffen in bestimmte Transitländer bleibt weiterhin möglich.

Von „Mare
Nostrum" zu
„Triton"

Doch Flüchtlingsdramen auf dem Mittelmeer ereignen sich regelmäßig und erschüttern die Menschen jedes Mal zutiefst. Im Oktober 2013 beispielsweise ertranken über 360 Flüchtlinge, die auf einem seeuntauglichen Boot von Libyen aus Europa erreichen wollten, vor Lampedusa. Am 30. Dezember 2014 drohte die mit rund 800 syrischen Flüchtlingen besetzte, führerlose Blue Sky M an Süditaliens Felsenküste vor Gallipoli zu zerschellen. Dies konnte die italienische Küstenwache verhindern, ebenso wie zwei Tage später die Irrfahrt der Ezadeen mit weiteren 360 Flüchtlingen an Bord beenden. Auf diese Katastrophen reagierte die italienische Marine mit der Operation Mare Nostrum, die innerhalb eines Jahres 130.000 Flüchtlinge aus Seenot rettete. Gleichwohl ist allein für das Jahr 2014 von 3000 Todesopfern die Rede – unter insgesamt rund 160.000 Menschen, die in diesem Jahr übers Mittelmeer nach Europa gelangen wollten. Im Oktober 2014 wurde beschlossen, die auslaufende italienische Mission durch die Frontex Operation Triton zu ersetzen. Während Mare Nostrum sich auf Such- und Rettungsoperationen konzentriert hatte, forciert Triton „Grenzkontrollen", kritisiert Pro Asyl und zitiert die Bundesregierung mit der Aussage, Triton sei „eine Operation zum Schutz und zur Überwachung der Außengrenzen, die „auch Kapazitäten zur Seenotrettung" hat.[253] Dies war Stand der Dinge, bevor sich in der Flüchtlingsfrage im April 2015 eine erneute dramatische Zuspitzung ergab; dies wird weiter unten nochmals aufgegriffen.

Zugangspolitiken der EU

Nach Art. 78 und 79 AEUV fällt es in den Zuständigkeitsbereich der EU, in Übereinstimmung mit den internationalen Flüchtlingskonventionen eine gemeinsame Einwanderungs- und Asylpolitik zu entwickeln. Zu ersterer heißt es im Vertrag von Lissabon:

---

[253] Pro Asyl 2014: Europas Schande: „Triton" und „Mare Nostrum" im Vergleich.

Art. 79 (1) AEUV

„Die Union entwickelt eine gemeinsame Einwanderungspolitik, die [...] eine wirksame Steuerung der Migrantenströme, eine angemessene Behandlung von Drittstaatangehörigen, die sich rechtmäßig in einem Mitgliedstaat aufhalten, sowie die Verhütung und verstärkte Bekämpfung von illegaler Einwanderung und Menschenhandel gewährleisten soll."

Auf dieser Rechtsgrundlage hat die EU beispielsweise im Mai 2009 die EU Blue Card zur Anwerbung von Hochqualifizierten beschlossen, die damit legal einwandern können; die entsprechende Richtlinie trat am 18. Juni 2009 in Kraft. Einen neuen Anlauf zur Ausgestaltung ihrer Zugangspolitiken hat die EU auch 2008 im „Europäischen Pakt zu Einwanderung und Asyl" genommen, der beides innovativ zu verknüpfen versuchte – bislang jedoch weitgehend erfolglos.[254] Im Bereich der legalen Einwanderung jedoch sind die Mitgliedstaaten weiterhin befugt, „festzulegen, wie viele Drittstaatsangehörige aus Drittländern in ihr Hoheitsgebiet einreisen dürfen, um dort als Arbeitnehmer oder Selbstständige Arbeit zu suchen" (Art. 79 (5) AEUV).

Damit ist die EU de facto vor allem für die Visa- und Asylpolitik zuständig.

Art. 78 (1) AEUV

„Die Union entwickelt eine gemeinsame Politik im Bereich Asyl, subsidiärer Schutz und vorübergehender Schutz, mit der jedem Drittstaatangehörigen, der internationalen Schutz benötigt, ein angemessener Status angeboten und die Einhaltung des Grundsatzes der Nicht-Zurückweisung gewährleistet werden soll. Diese Politik muss mit dem Genfer Abkommen vom 28. Juli 1951 und dem Protokoll vom 31. Januar 1967 über die Rechtsstellung der Flüchtlinge sowie den anderen einschlägigen Verträgen im Einklang stehen."

Der zweite Absatz dieser Vertragsnorm listet detailliert die erforderlichen Rechtsakte auf. Doch diesem Auftrag konnte die EU bisher noch nicht vollinhaltlich erfüllen; eine wirklich „gemeinsame" Asylpolitik, die die explizit angesprochenen normativen Vorgaben erfüllt, konnte bisher wegen massiver und anhaltender Widerstände aus den Mitgliedstaaten nicht realisiert werden.

---

254 Vgl. dazu Müller-Brandeck-Bocquet 2010: Deutsche Europapolitik unter Angela Merkel: Enge Gestaltungsspielräume in Krisenzeiten, 321–325.

Dublin II In der Asylpolitik ist die Dublin-II-Verordnung von großer Bedeutung, die besagt, dass der Staat der Ersteinreise für das Asylverfahren zuständig ist. Seitdem der Weg über das Mittelmeer zur meist genutzten Fluchtroute geworden ist, hat sich mithin eine sehr ungleiche Verteilung der Flüchtlinge/Asylbewerber ergeben. Dies veranlasste das extrem betroffene Italien mitunter, Flüchtlingen ohne abgeschlossenes Asylverfahren die Weiterreise in andere EU-Mitgliedstaaten zu ermöglichen. Zwar setzen verschiedene EU-Asylrichtlinien Mindeststandards fest, beispielsweise bei der Unterbringung der Flüchtlinge und zum Asylverfahren.[255] Doch können oder wollen nicht alle Mitgliedstaaten diese auch konsequent umsetzen. Deshalb schiebt beispielsweise Deutschland seit September 2009 keine Asylbewerber mehr nach Griechenland ab. Damals hatte das BVerfG einen ersten Beschluss erlassen, die Überstellungen nach Griechenland wegen der dortigen unhaltbaren Unterbringungszustände vorläufig auszusetzen. Im November 2014 hatte der Europäische Gerichtshof für Menschenrechte Abschiebungen nach Italien infrage gestellt; manche deutsche Gerichte folgen dieser Empfehlung inzwischen, andere nicht; deshalb kann von einer „Abschiebe-Lotterie" gesprochen werden.[256]

Unfaire Lastenverteilung Festzuhalten bleibt, dass die Lastenverteilung der in die EU strömenden Asylbewerber sehr ungleich ausfällt; von der oft angemahnten Fairness kann hier keine Rede sein.[257] Derzeit stehen Schweden mit 8,4 Asylbewerbern pro 1000 Einwohnern und Ungarn mit 4,3 bei der Aufnahmebereitschaft an der Spitze. Es folgen Österreich mit 3,3 und Malta mit 2,2. Dänemark (2,6), Deutschland (2,5) und Belgien (2,1) bewegen sich hier im Mittelfeld, während Italien (1,1), Frankreich (1,0), Griechenland (0,9), Großbritannien (0,5), Irland (0,3) und Polen (0,2) äußerst zögerlich bei der Aufnahme von Asylbewerbern sind.[258] Diese Zahlen zeigen zudem, dass Dublin II in der Praxis mitnichten funktioniert.

Auch kommt eine bereits 2001 erlassene EU-Richtlinie nicht zur Anwendung, die „im Falle eines Massenzustroms von Vertriebenen"

---

255 Auch für die Abschiebung gibt es eine EU-Richtlinie; die am 18. Juni 2008 vom Europäischen Parlament verabschiedet wurde; die sogenannte Rückführungsrichtlinie verpflichtet illegal in der EU sich aufhaltende Menschen dazu, die EU zu verlassen. Die Richtlinie setzt für die Rückführungsverfahren, vor allem die Abschiebehaft und deren Dauer, Mindeststandards.
256 Janisch 2015: Die Abschiebe-Lotterie.
257 Angenendt/Engler/Schneider 2013: Europäische Flüchtlingspolitik.
258 Brössler/Kirchner 2015: Wenn Ideale versinken.

die „Gewährung vorübergehenden Schutzes" sicherstellt und „Maßnahmen zur Förderung einer ausgewogenen Verteilung der Belastungen, die mit der Aufnahme dieser Personen und den Folgen dieser Aufnahme verbunden sind" enthält.[259] Angesichts des
derzeitigen (Mai 2015) Flüchtlingsstroms ist zu betonen:

> Die EU verfügt mit der so genannten Massenzustromrichtlinie (2001/55/EG)
> bereits seit fast fünfzehn Jahren über eine Rechtsgrundlage zur temporären
> Aufnahme. Obwohl die Krise in Syrien einen Fall für die Richtlinie darstellen
> könnte, hat der Rat sie bislang nicht angewendet.[260]

Wendepunkt in der EU-Flüchtlingspolitik im April 2015?

Ab dem 19. April 2015 ereignete sich erneut eine unfassbar dramatische Zuspitzung des Massensterbens im Mittelmeer. Innerhalb
zweier Tage ertranken an die tausend Menschen bei der Überfahrt in
völlig seeuntüchtigen, krass überladenen Booten und Schiffen vor
den Küsten Libyens.[261] Diese erneute Flüchtlingskatastrophe ist dem
syrischen Bürgerkrieg, den nach wie vor erbärmlichen Lebensbedin-
gungen in zahlreichen Staaten Subsahara-Afrikas sowie der Tatsache geschuldet, dass sich Libyen als weitgehend gescheiterter Staat
(*failed state*) zum unkontrollierten/unkontrollierbaren Sammel-
becken aller Fluchtwilligen entwickelt hat. Die gefährliche Überfahrt
nach Europa wollen folglich sowohl Kriegsflüchtlinge als auch Armutsflüchtlinge sowie politisch Verfolgte wagen. Sie alle legen ihr
Leben in die Hände von immer krimineller handelnden Schleppern.
Ob dieses erneuten Massensterbens im Mittelmeer wurde die EU für
ihre Flüchtlingspolitik auf das Heftigste beschuldigt: „Diese Union
tötet", klagte Heribert Prantl an, „sie tötet durch Unterlassen, durch
unterlassene Hilfeleistung [...] Einer Union, die dem Sterben zu-
schaut, sollte der Nobelpreis weggenommen werden"[262].

Erneutes
Massensterben
im Mittelmeer

Der Präsident des Europäischen Rates Donald Tusk lud zu einem
Sondergipfel nach Brüssel. Der Europäische Rat verabschiedete am
23. April 2015 einen Zehn-Punkte-Plan.

Wendepunkt in der
EU-Flüchtlings-
politik 2015?

---

259 So der sperrige Titel der Richtlinie des Rates 2001/55/EG vom 20. Juli 2001.
260 Angenendt/Schneider 2015: EU-Asylpolitik: Faire kollektive Aufnahmeverfahren schaffen.
261 Meiler 2015: Wieder Massensterben im Mittelmeer.
262 Prantl 2015: Diese Union tötet.

Erklärung zur außerordentlichen Tagung des Europäischen Rates, 23. April 2015 (zentrale Passagen)

„1. Die Lage im Mittelmeerraum ist eine Tragödie. Die Europäische Union wird alles in ihrer Macht Stehende unternehmen, um den Verlust weiterer Menschenleben auf See zu verhindern und die eigentlichen Ursachen der menschlichen Katastrophe, der wir gegenüberstehen, gemeinsam mit den Herkunfts- und Transitländern zu bekämpfen. Unsere unmittelbare Priorität ist es, zu verhindern, dass noch mehr Menschen auf See ums Leben kommen.

[...]

3. Wir verpflichten uns heute dazu:

Verstärkung unserer Präsenz auf See

a) die EU-Operationen Triton und Poseidon rasch zu verstärken, indem die Finanzmittel für diesen Zweck in den Jahren 2015 und 2016 mindestens verdreifacht [...] werden, so dass die Such- und Rettungsmöglichkeiten im Rahmen des FRONTEX-Mandats verbessert werden können. [...]

Vorgehen gegen Schlepper im Einklang mit dem Völkerrecht

b) durch ein rasches Vorgehen [...] Schleppernetze zu zerschlagen, die Täter vor Gericht zu stellen und ihre Vermögenswerte zu beschlagnahmen. [...]

d) gleichzeitig die Hohe Vertreterin zu ersuchen, unverzüglich mit den Vorbereitungen für eine eventuelle GSVP-Operation zu diesem Zweck zu beginnen. [...]

Verhinderung irregulärer Migrationsströme

[...]

m) unter Achtung des Rechts, Asyl zu beantragen, ein neues Rückkehrprogramm für die rasche Rückführung illegaler Migranten aus den Mitgliedstaaten an den Außengrenzen aufzulegen, das von FRONTEX koordiniert wird.

Verstärkung der internen Solidarität und Verantwortung

n) für die rasche und umfassende Umsetzung und die wirksame Durchführung des Gemeinsamen Europäischen Asylsystems durch alle beteiligten Mitgliedstaaten zu sorgen [...]

o) die Nothilfe für die Mitgliedstaaten an den Außengrenzen aufzustocken und Optionen für eine Notfall-Umverteilung auf freiwilliger Basis unter allen Mitgliedstaaten zu prüfen. [...]

5. Der Europäische Rat erwartet die Kommissionsmitteilung über eine Europäische Agenda für Migration, damit ein systematischeres und geografisch umfassendes Konzept für Migration entwickelt werden kann."[263]

Die EU-Beschlüsse zur verstärkten Präsenz auf See entfalteten unmittelbar erste Auswirkungen. Verschiedene Mitgliedstaaten, darunter auch Deutschland, haben zusätzliche Kriegsschiffe zur Seenotrettung ins Mittelmeer abkommandiert. Daraufhin konnten an einem einzigen Wochenende Anfang Mai 2015 rund 6000 Flüchtlinge aus dem Mittelmeer gerettet werden.

---

263 Europäischer Rat 2015: Erklärung.

Doch leistet die EU hiermit ausreichende „Hilfe aus Selbstachtung"[264]? Für manche Mitgliedstaaten lässt sich dies nicht bestätigen. Als Kommissionpräsident Juncker für die derzeit sehr unfaire Lastenverteilung bei der Flüchtlingsaufnahme ein Quotensystem forderte, schlug ihm Widerstand entgegen. Polen, Tschechien, Ungarn und die Slowakei wollen allenfalls auf freiwilliger Basis – so ja auch der Wortlaut im Zehn-Punkte-Plan – einige Flüchtlinge mehr aufnehmen; Großbritannien lehnt selbst dies ab. Dessen ungeachtet legte die Kommission am 13. Mai 2015 eine Europäische Migrationsagenda vor,[265] die nicht nur Sofortmaßnahmen als Reaktion auf die Tragödien im Mittelmeer enthält, sondern auch vier Schwerpunktbereiche feststeckt, um die Herausforderung Migration in den kommenden Jahren anzugehen. Demnach sollen langfristig erstens die Anreize für irreguläre Migration reduziert werden (z. B. durch Ursachenbekämpfung im Rahmen der Entwicklungszusammenarbeit oder durch die Entsendung von EU-Migrationsbeauftragten in Drittsaaten). Zweitens soll der Schutz der Außengrenzen und die Sicherung von Menschenleben gewährleistet werden, u. a. durch die Stärkung von Frontex, drittens das Gemeinsame Asylsystem der EU kohärent umgesetzt und die Dublin-Regeln gegebenenfalls reformiert werden und viertens sollen legale Migrationsmöglichkeiten verbessert werden. Kurzfristig werden, wie schon vom Europäischen Rat beschlossen, die Kapazitäten für die Frontex-Missionen im Mittelmeer aufgestockt. Außerdem bemüht sich die EU um ein Mandat des UN-Sicherheitsrats, um notfalls mit Waffengewalt das Netzwerk der Schlepper an Libyens Küsten bekämpfen zu können. Die Hohe Vertreterin Mogherini warb am 11. Mai 2015 im Sicherheitsrat bereits für dieses Vorhaben. Außerdem soll bis Ende 2015 ein verbindliches Quotensystem für die Aufnahme von Flüchtlingen eingeführt werden, das Wirtschaftskraft, Arbeitslosenquote, Bevölkerungsgröße der Mitgliedstaaten und die Zahl der bereits aufgenommenen Flüchtlinge berücksichtigen soll. Vor allem gegen ein solches Quotensystem bei der Flüchtlingsaufnahme erhob sich umgehend Widerstand bei manchen Mitgliedstaaten; insbesondere Großbritannien, Polen, Ungarn und Lettland stemmen sich gegen die Pläne der Kommission.[266] Auch Frankreich schloss sich dem Widerstand an.

Europäische
Migrationsagenda

264 Brössler 2015: Hilfe aus Selbstachtung.
265 Europäische Kommission 2015: A European Agenda on Migration, 13.05.2015.
266 Gammelin/Preuss 2015: Flüchtlingsquote entzweit die EU.

Fazit und Ausblick

Dilemma der EU-Flüchtlingspolitik

Zweifelsohne steht die EU-Flüchtlings- und Migrationspolitik vor einem fürchterlichen Dilemma: Hilfe für in Seenot geratene Menschen muss sie aus Selbstverpflichtung und Selbstachtung leisten. Doch damit zieht sie unweigerlich neue Flüchtlingsströme an. Hier ist zum einen schlicht auch auf die geografische Lage der EU zu verweisen: Im Osten, Südosten und Süden hat Europa schwierige, weil arme, wenig bis undemokratische, zumeist instabile Nachbarn. Diese Konstellationen wirken als wahre Push-Faktoren für die Migration nach Europa; die aktuell virulenten Bürgerkriege in den Ländern der vormaligen „Arabellion", insbesondere Syrien, sind die Ursache derzeit deutlich steigender Flüchtlingsströme nach Europa. Die Attraktivität Europas als Zufluchtsort vor Verfolgung und größter Not wird zum zweiten durch das europäische Wohlstandsniveau noch gesteigert, das eindeutig als Pull-Faktor für Migration wirkt.

Die Ausgestaltung der Zugangspolitiken der Union, also der Visa-, Asyl- und Einwanderungspolitik stellt somit ohne jeden Zweifel ein Politikfeld mit sehr vielfältigen externen Aspekten bzw. Folgewirkungen dar; dies gehört zum Kernbereich des RFSR und der EU-Außenpolitik. Auf der Agenda der Kommission steht die Flüchtlingsproblematik derzeit an erster Stelle. Auch der Europäische Rat wird sich im Juni 2015 – wieder einmal – mit einem systematischeren und geografisch umfassenden Konzept für Migration befassen müssen. Feststeht jedenfalls, dass die hochsensiblen Flüchtlings-, Asyl- und Einwanderungspolitiken der EU dringend einer in sich konsistenten, weitreichenden Reform bedürfen. Hier sind vor allem die Mitgliedstaaten gefordert, großzügige Hilfestellungen für Kriegs- und Bürgerkriegsflüchtlinge in Notlagen zu gewährleisten und das Recht auf Asyl zu garantieren. Mit Blick auf die sogenannten Armutsflüchtlinge, auf Menschen also, die der Not entkommen und in Europa ihr Glück suchen wollen, ist schlicht festzuhalten, dass die EU sie nicht alle aufnehmen kann. Daher wird es bleibende Aufgabe der EU und ihrer Mitgliedstaaten sein, im Rahmen des RFSR ethisch verantwortbare und zugleich politisch durchsetzbare Maßnahmen zu ergreifen. Das ist ihre doppelte Bringschuld und nur so kann dem Anspruch des RFSR Genüge getan werden.

4.5.2 EU-Klimaschutzpolitik

Mit dem Vertrag von Lissabon wurde der Klimaschutz im Primärrecht der EU verankert. Gleichwohl hat der Klimaschutz als externe
Dimension der internen Umweltpolitik eine lange Tradition: Bereits
mit der 1987 in Kraft getretenen EEA hat sich die EG die Grundlagen
geschaffen, um in der Umweltpolitik Vorreiter zu sein. Parallel zu
den Entwicklungen auf UN-Ebene differenzierte sich im Laufe der
Jahre die Klimaschutzpolitik als Teilmenge des gewaltig umfangreichen Bereichs der europäischen Umweltpolitik heraus. Als nach
äußerst mühsamen Verhandlungen 1997 das sogenannte Kyoto-
Protokoll zum Schutz der Erdatmosphäre vor zu hohen Emissionen
von Treibhausgasen in Kraft treten konnte, war dies in großem Maße
der Vorreiterrolle der EU geschuldet: In Kyoto sagte die EU-15 verbindlich zu, ihre Treibhausgas-Emissionen bis 2012 um 8 Prozent zu
reduzieren. Kyoto verpflichtete allerdings nur die unterzeichnenden
Industriestaaten zu konkreten Emissionsreduktionen, Schwellen-
und Entwicklungsländer waren nicht gefordert. Dies jedoch ist für
das Kyoto-Nachfolgeabkommen geplant, das Ende 2015 in Paris
beschlossen werden soll. Auch in diesem langwierigen und in
höchstem Maße umstrittenen Verhandlungsprozess setzt sich die EU
permanent für mehr und besseren Klimaschutz ein, wenngleich
andere große Mächte – zuvörderst die USA, China und Indien – ihrer
Vorreiterrolle nicht mehr Folge leisten wollen. Seit Langem also hat
die EU den Klimaschutz zu einer ihrer zentralen Zukunftsaufgabe
erkoren. Im Folgenden sollen einige Meilensteine dieser Politik dargestellt, das bisher Erreichte knapp skizziert und ein Ausblick auf
das neue UN-Klimaschutz-Rahmenabkommen gewagt werden.

Ein wichtiges Datum bei den Arbeiten am Kyoto-Nachfolgeabkommen war das Jahr 2007, als die EU ihre künftige Klimapolitik
in die griffige Formel „20-20-20 bis 2020" goss: Die EU verpflichtete
sich, bis 2020 – im Vergleich zum Basisjahr 1990 – 20 Prozent an
Treibhausgasen einzusparen und 20 Prozent weniger Energie zu
verbrauchen. Schließlich sollen bis 2020 20 Prozent des Gesamt-
energieverbrauchs der EU aus erneuerbaren Energien stammen.
Dieser Beschluss des Europäischen Rates vom 2. Mai 2007 beruhte
auf intensiven Vorarbeiten der Kommission und zeigt auf, dass
Klimaschutzpolitik, Energieeffizienz und Energieversorgungssicherheit aufs Engste miteinander verknüpft sind; so reduziert ein geringer Energieverbrauch die – im europäischen Fall hohe – Importab-

Vorreiterrolle der EG/EU

„20-20-20 bis 2020"

hängigkeit und senkt zugleich die Emissionen; beiden Zielen dient auch der Ausbau der erneuerbaren Energien.

Dieses umfangreiche Klimapaket wurde vom Europäischen Rat im Dezember 2008 definitiv angenommen.[267] Es enthält mit den neuen Abgas-Grenzwerten für Kraftfahrzeuge und neuen Regeln im Emissionshandel auch Beschlüsse, die mit Blick auf eine zu große Industriefreundlichkeit scharf kritisiert wurden.[268] 13 Klimagesetze wurden auf den Weg gebracht. Mit diesen im internationalen Vergleich trotz aller Kritik einmalig ehrgeizigen Zielen wollte die EU vor allem erreichen, dass sie als unangefochtene Vorreiterin im Klimaschutz auch andere große Emittenten zu verbindlichen Engagements drängen könnte. Dass sich dies damals vorrangig an die USA wandte, die dem Kyoto-Protokoll bekanntlich ferngeblieben waren, geht aus der Kommentierung der EU-Beschlüsse durch Kommissionspräsident Barroso vom 18. Dezember 2008 hervor:

> Wir, die Europäer, übernehmen jetzt die Führung. [...] Wir sind die weltweiten Führer im Klimaschutz. [...] Wir können zu den Amerikanern sagen: Yes, we can! [...] Keine Region der Welt hat etwas Vergleichbares geleistet.

Er rief andere Nationen dazu auf, es Europa gleichzutun:

> Sie können das Gleiche tun wie wir – yes, you can.[269]

Das Fiasko von Kopenhagen Doch dieser Wunsch sollte nicht in Erfüllung gehen; vielmehr geriet die UN-Klimakonferenz, die 2009 in Kopenhagen stattfand, zu einem Desaster, weil sich die USA zusammen mit China, Indien und Brasilien jeglicher verbindlicher Zusagen verweigerten. Insbesondere verhinderten sie eine Verpflichtung, den Ausstoß von Treibhausgasen bis 2050 zu halbieren, was jedoch erforderlich gewesen wäre, um das bereits früher fixierte Ziel erreichen zu können, die Erderwärmung auf 2 Grad Celsius zu begrenzen. Die EU zeigte sich unfähig, eine dezidierte Führungsrolle zu übernehmen, u.a. wegen interner Dispute. In der Tat war es 2009 innerhalb der EU zu Zwisten

---

267 Europäischer Rat 2008: Energie und Klimawandel – Bestandteile des endgültigen Kompromisses.
268 Müller-Brandeck-Bocquet 2010: Deutsche Europapolitik unter Angela Merkel: Enge Gestaltungsspielräume in Krisenzeiten, 294.
269 Barroso zitiert in Müller-Brandeck-Bocquet 2010: Deutsche Europapolitik unter Angela Merkel: Enge Gestaltungsspielräume in Krisenzeiten, 295.

über die künftige Klimaschutzpolitik gekommen, vor allem Polen mit seinem hohen Anteil an Kohlestrom trat als Blockierer auf.[270]

Nach dem Fiasko von Kopenhagen bedurfte es zweier weiterer UN-Konferenzen (Cancún 2010, Durban 2011), um den internationalen Verhandlungsprozess wieder in Schwung zu bringen. 2013 wurde in Doha die Laufzeit des Kyoto-Protokolls um einen zweiten Verpflichtungszeitraum 2013–2020 verlängert und in Warschau wurden 2013 finanzielle und andere Unterstützungsleistungen für Entwicklungsländer beschlossen. Der zunächst 105 Mio. US Dollar schwere „Grüne Klimafonds" wird zu 90 Prozent von EU-Staaten aufgebracht; er soll bis 2020 auf jährlich 10 Milliarden US Dollar anwachsen. Auch konnte eine Berechnungsbasis für die künftig noch festzulegenden Emissionsminderungen definiert werden.[271] Wegen großer Meinungsverschiedenheiten musste der UN-Klimagipfel vom Dezember 2014 in Lima verlängert werden; erneut zeigte sich, dass die nun ebenfalls geplante Einbeziehung der Schwellen- und Entwicklungsländer in das Abkommen zu heftigen Konflikten zwischen Nord und Süd führt. In Lima wurde beschlossen, dass jeder Staat bis März, spätestens jedoch bis Oktober 2015 seine Reduktionsziele bekanntgibt. Dabei entscheidet jeder Staat selbst über die Höhe seines Beitrags zum Klimaschutz; da es zudem nicht gelang, Bewertungskriterien für diese freiwilligen Beiträge zu beschließen, ist von einer halb gescheiterten Konferenz von Lima die Rede.[272]

Die Chancen, Ende 2015 ein neues internationales Klimaschutzabkommen zu schließen, sind seit Lima durch zwei Faktoren gestiegen. So haben die USA und China, weltweit die beiden größten Emittenten von Treibhausgasen, im November 2014 einen Klimapakt beschlossen: Die USA sagen zu, bis 2025 28 Prozent weniger Treibhausgase zu emittieren als 2005.[273] Bis 2050 sollen es dann 80 Prozent weniger Emissionen als 2005 sein. China, das noch bis vor kurzem jeglichen Beitrag verweigert hatte, da es sich als Entwicklungsland bezeichnet, möchte nun ab 2030, eventuell auch früher, seine Emissionen senken. Es mag erstaunen, warum diese

Von Cancún bis Lima

---

270 Und vertrat mit dieser Position auch die anderen Visegrad-Staaten; Fischer 2014: Der neue EU-Rahmen für die Energie- und Klimapolitik bis 2030, 5.
271 Umbach 2014: Umwelt- und Klimapolitik, 250.
272 Caramel 2014: Difficile chemin vers un accord sur le climat.
273 Damit wählte Washington ein „günstiges" Referenzjahr; da die amerikanischen Emissionen 2005 auf Höchststand waren, belaufen sich die angekündigten CO_2-Reduktionen auf lediglich 14 Prozent bezogen auf 1990, Roger 2015: Les Etats Unis et la Russie s'engangen pour le climat.

Zusagen weltweit sehr positiv aufgenommen wurden; doch angesichts der bisherigen Totalblockade beider Großemittenten scheint die Erleichterung groß, dass sie sich überhaupt bewegen.[274] Auch wird die Anfang 2015 erstmals zu konstatierende Stagnation der weltweiten CO_2-Emissionen zur Hälfte auf chinesische Maßnahmen zurückgeführt.[275]

EU-Klimaschutzziele bis 2030

Der zweite Faktor, der die Chancen für einen anspruchsvollen Vertragsabschluss in Paris Ende 2015 hat steigen lassen, sind die EU-Beschlüsse zur Fortführung ihrer Klimapolitik. Denn nach einem langwierigen, auch intern sehr konfliktgeladenen Prozess ist es der EU gelungen, ehrgeizige Ziele für das neue internationale Klimaschutzabkommen zu beschließen. Bereits im Januar 2014 legte die Kommission die Mitteilung „Ein Rahmen für die Klima- und Energiepolitik bis 2030" vor, in der die Minderung von Treibhausgasen um 40 Prozent gegenüber dem Referenzwert von 1990 sowie ein Anteil von 27 Prozent erneuerbarer Energien am gesamten Energieverbrauch vorgeschlagen wurden. Die Energieeffizienz soll um 27 Prozent steigen. In den EU-internen Beratungen und UN-Verhandlungen im Rahmen der Vertragsparteien des Kyoto-Protokolls wurde intensiv über Zielvorgaben, Zeitpläne und die Rechtsverbindlichkeit der künftigen Verpflichtungen gestritten. Letztendlich aber konnte sich der Europäische Rat im Oktober 2014 auf eine Mindestreduktion von 40 Prozent für die EU-weite Emission von Treibhausgasen bis 2030 einigen (im Vergleich zu 1990).[276] Der Kommissar für Klimaschutz und Energie, Miguel Arias Cañete, kommentierte:

> Science has once again made the case clear, and the spotlight is now on us as policymakers. That's why in Europe we have done our homework by adopting ambitious 2030 targets. Now our global partners must follow suit and step up to the plate. Next month's climate talks in Lima must see all the countries make joint headway towards a new global agreement in Paris. The science is clear. The time to act is now.[277]

Gemäß des Lima-Fahrplans beschlossen die Umweltminister am 6. März 2015 das EU-Minderungsziel, die sogenannte EU-Bubble. Damit konnte die EU der UN fristgerecht ihre INDC (*Intended Nationally Determined Contribution*) melden; nur Mexiko, Norwegen,

---

274 Bauchmüller 2014: USA und China schließen Klimapakt.
275 Foucart/Roger: 2015: Les émissions mondiales de CO_2 stagnent.
276 Europäischer Rat 2014: Schlussfolgerungen, 1.
277 http://ec.europa.eu/clima/news/articles/news_2014110301_en.htm.

Russland, die Schweiz und die USA hielten ebenfalls diesen Zeitrahmen ein, um ihre Klimaziele bekannt zu geben.

Die Festlegung der von jedem EU-Mitgliedstaat innerhalb der EU-Bubble zu erbringenden Emissionsreduktion steht allerdings noch aus; und weil die Entscheidung über den jeweiligen Energiemix, also über die Zusammensetzung der Energiequellen, nach wie vor ausschließlich in mitgliedstaatlicher Hand liegt (Art. 194 AEUV), ist auch noch offen, wie und von wem das Erneuerbare-Energien-Ziel von 27 Prozent erreicht werden soll. Insgesamt besteht laut Severin Fischer derzeit eine „Tendenz zur Renationalisierung der Energiepolitik" und eine „regionale Fragmentierung des Transformationsprozesses hin zu einem emissionsarmen Energiesystem", konkret ein energiepolitisches Auseinanderdriften in Ost und West". Weiterhin kritisiert Fischer aufs Schärfste den „neuen Governance-Mechanismus" in der EU-Klimapolitik, der mit der zentralen Rolle, die der Europäische Rat inzwischen einnimmt, eine „neue Qualität des Intergouvernementalismus" aufweist.[278]

Am 25. Februar 2015 legte die Kommission eine Mitteilung „The Paris Protocol – A blueprint for tackling global climate change beyond 2020" vor, die die EU-Verpflichtungen explizit festhält.[279] Darin erhebt sie – wie zuvor schon Klima- und Energiekommissar Cañete – deutlich den Anspruch der EU, in der internationalen Klimapolitik eine Vorreiterrolle einzunehmen. So wird selbstbewusst auf die Oktoberbeschlüsse des Europäischen Rates verwiesen, die vor Lima erfolgten und die die USA und China zu ihren bereits erwähnten Ankündigungen veranlassten. Auch wird der hohe Finanzbeitrag erwähnt, den die EU-Mitgliedstaaten im Rahmen des „Grünen Klimafonds" für die Unterstützung der Entwicklungsländer im Kampf gegen die Erderwärmung aufbringen, nämlich rund 50 Prozent der zugesagten 10 Milliarden US $. Auch wird daran erinnert, dass die EU derzeit für 9 Prozent des weltweiten Ausstoßes von Treibhausgasen steht – mit sinkender Tendenz, wohingegen China 25 Prozent und die USA 11 Prozent der weltweiten Emissionen verursachen. In einem Ausblick auf die Zukunft wird auf die EU-Langzeitperspektive verwiesen, die bis 2050 (im Vergleich zum Referenzjahr 1990) EU-weit eine 80-prozentige Reduktion von Treib-

---

278 Fischer 2014: Der neue EU-Rahmen für die Energie- und Klimapolitik bis 2030, 2–5.
279 Europäische Kommission 2015: The Paris Protocol – A blueprint for tackling global climate change beyond 2020, 6.

hausgasen anstrebt; auch dies hatte der Europäische Rat von Oktober 2014 beschlossen. Die Kommission mahnt an, dass im künftigen Paris-Protokoll als internationales Ziel eine globale Reduktion um 60 Prozent im Zeitraum 2010 bis 2050 verankert werden müsse, da ansonsten das Ziel, die Erderwärmung auf 2 Grad Celsius zu begrenzen, nicht erreicht werden kann.

Klimapolitische EU-Performanz

Zu den bisherigen Erfolge der EU- Klimaschutzpolitik lässt sich festhalten: Für die erste Verpflichtungsperiode des Kyoto-Protokolls übererfüllte die EU-15 ihre Emissionsreduktionsziele. Für die zweite Verpflichtungsperiode, die von 2013 bis 2020 reicht, geht die Kommission von einer 23-prozentigen Reduktion aus.[280] Im Rahmen der „20-20-20 bis 2020-Beschlüsse" hatte sich die EU zu einer 20 prozentigen Reduktion verpflichtet; insofern erwartet die Kommission also erneut eine Übererfüllung der Zusagen. Als aktueller Zwischenstand gibt die Kommission an, dass zwischen 1990 und 2013 EU-weit Emissionsreduktionen von 19 Prozent erzielt wurden, bei einem gleichzeitigen Wirtschaftswachstum von 45 Prozent.[281] Wie die Gesamtemissionen sowie die Relation von Wirtschaftswachstum zum Ausstoß von Treibhausgasen als Messgröße für Energieeffizienz zeigen, ist die EU weltweit der ehrgeizigste und erfolgreichste Akteur in der Klimapolitik. Auch bei den Emissionen *per capita* gibt die EU ein gutes Bild ab. Zwar liegt sie noch sehr deutlich vor Indien, wird aber von anderen globalen Akteuren klar überholt, China lag 2013 gleich auf.[282] Kurz: Die EU hat in den letzten beiden Jahrzehnten klimapolitisch sehr viel geleistet, wozu eine sehr große Anzahl an Maßnahmen mit synergetischen Effekten ergriffen wurden, wie beispielsweise KFZ-Abgasnormen, Emissionshandel für industrielle Großemittenten, Luftreinhaltemaßnahmen, wie beispielsweise die Feinstaubrichtlinie aus dem Jahr 2008. Dass die Umsetzung und Implementierung so mannigfaltiger Vorschriften auch viele Probleme mit sich bringt, zeigt die hohe Anzahl an Vertragsverletzungsverfahren im klima- und umweltpolitischen Bereich.[283]

---

280 Europäische Komission 2014: Progress towards Achieving Kyoto and the EU 2020 Objectives, 6.
281 Europäische Komission 2015: The Paris Protocol – A blueprint for tackling global climate change beyond 2020, 6.
282 Europäische Komission 2015: The Paris Protocol – A blueprint for tackling global climate change beyond 2020, Annex, 2/3.
283 Umbach 2014: Umwelt- und Klimapolitik, 246.

Ist die EU derzeit erneut in der Lage, eine klimapolitische Vorreiterrolle zu übernehmen und damit an zentrale Inhalte ihrer tradierten Rolle als „normative power" (Manners) anzuknüpfen? Einiges spricht zunächst gegen diese Perspektive: So ist das langjährige Großprojekt eines Energiebinnenmarkts mit transeuropäischen Netzen, der Anpassung von Preisen, Normen und Standards noch immer nicht verwirklicht; und bei der Festlegung des einzelstaatlichen Energiemixes klaffen Welten zwischen beispielsweise dem deutschen Atomausstieg, der vorübergehend wohl zu erhöhten CO_2-Emissionen führen wird [284], und Frankreichs Festhalten an der „sauberen" Atomenergie. Auch der ausgeprägte Fokus, den Kommissionspräsident Juncker angesichts der europaweiten Wirtschaftsschwäche mit hohen Arbeitslosenzahlen auf Wachstums- und Investitionsanreize setzt, wird mitunter als Zeichen geringen umwelt- und klimapolitischen Engagements gewertet.[285] In der Tat hat Juncker Legislativvorschläge zur Kreislaufwirtschaft, Energiebesteuerung und Luftreinhaltung zurückziehen lassen; all diese Vorschläge waren extrem umstritten. Im Sinne der neuen Kommissionsphilosophie einer effizienteren Politikgestaltung wolle man neue, bessere Vorschläge erarbeiten, so Kommissionsvize Frans Timmermans anlässlich der Präsentation von Junckers Arbeitsprogramm.[286] Widersprüche zur Klimaschutzpolitik tun sich auch beim TTIP-Abkommen auf, das durch noch verstärkten transatlantischen Handel zu höheren Emissionen beitragen wird, wie auch Brüssel einräumt. Auch besondere Hilfestellungen für den Ausbau erneuerbarer Energien könnten der Handelsliberalisierung zum Opfer fallen.[287]

Es gibt jedoch auch starke Anzeichen dafür, dass die EU eine klima- und umweltpolitische Vorreiterrolle erneut entschlossen anstreben und ausfüllen wird. Neben der bereits dargestellten jüngsten Positionierung der EU für das Pariser Klimaschutzabkommen ist hier auch die angekündigte Reform des Emissionshandels zu nennen, der nach aktuellen Beschlüssen ab 2019 verschärft werden

Neue Vorreiterrolle der EU?

---

284 Am 1. März 2015 ging Deutschlands größtes Kohlekraftwerk Moorburg bei Hamburg neu ans Netz; trotz moderner Technik wird der CO_2-Ausstoß gewaltig sein.
285 Van Eeckhout/Ducourtieux 2014: Jean-Claude Juncker a décidé se retirer du programme législatif de la Commission les textes sur l'air et les déchets.
286 EU-Nachrichten 2014: Auf das Wesentliche konzentrieren. Das Arbeitsprogramm ist einzusehen unter: http://ec.europa.eu/priorities/work-programme/index_en.htm
287 Combes 2015: Climat ou TTIP, il faut choisir ...; vgl. Kapitel 4.3.1.

soll.[288] Schließlich ist der ebenfalls jüngst proklamierte Einstieg in eine EU-Energieunion zu nennen. Dieses Projekt dient mit der anvisierten zusätzlichen Förderung erneuerbarer Energien und der Energieeffizienz auch dem Klimaschutz.

Endlich auf Lissabon-Niveau? — Im Wendejahr 2014/15 scheint die EU also klima- und energiepolitisch wieder erneuten Ehrgeiz entwickelt zu haben. Damit ist sie auf der Höhe der Vorgaben des Vertrags von Lissabon angekommen, der in Art. 21 (2) EUV „Maßnahmen zur Erhaltung und Verbesserung der Qualität der Umwelt und der nachhaltigen Bewirtschaftung der weltweiten natürlichen Ressourcen" zu den Grundsätzen der EU-Außenpolitik zählt. Wie in Kapitel 3.4.6 angesprochen, haben mit Lissabon die Klimaschutzpolitik und die Gewährleistung der Energieversorgungssicherheit erstmals explizit Eingang ins Vertragswerk gefunden. Damit kommt die Bedeutung dieser externen Dimension interner Politikbereiche besonders deutlich zum Ausdruck. In ihrem *opening statement* vor dem Europäischen Parlament am 7. Oktober 2014 bezeichnete die Hohe Vertreterin Federica Mogherini die EU-Klimapolitik zutreffend als „Teil unserer Außenpolitik"[289].

4.5.3 Energieaußenpolitik: eine Energieunion bis 2030

Am 15. Juli 2014 gab Kommissionspräsident Jean-Claude Juncker vor dem Europäischen Parlament seine „politischen Leitlinien für die nächste Europäische Kommission" unter dem Titel „Ein neuer Start für Europa: Meine Agenda für Jobs, Wachstum, Fairness und demokratischen Wandel" bekannt. Zu den zehn Schlüsselbereichen dieser Agenda zählt die Schaffung einer „robuste[n] Energieunion mit einer zukunftsorientierten Klimaschutzpolitik":

> Die aktuellen geopolitischen Entwicklungen haben uns vor Augen geführt, dass Europa zu sehr von Erdöl- und Erdgaseinfuhren abhängig ist. Deshalb möchte ich die Energiepolitik Europas reformieren und neu strukturieren und eine *neue europäische Energieunion* schaffen. Wir müssen unsere Ressourcen bündeln, unsere Infrastrukturen kombinieren und unsere Verhandlungsmacht gegenüber Drittländern stärken. Wir müssen unsere Energiequellen diversifizieren und die hohe Energieabhängigkeit einiger Mitgliedstaaten abbauen. [...]

---

288 Willmroth 2015: Kampf dem Überschuss.
289 Mogherini 2014: Opening statement at the hearing in the European Parliament.

Wenn jedoch der Preis für Energie aus dem Osten – ob in politischer oder wirtschaftlicher Hinsicht – zu hoch werden sollte, muss Europa in der Lage sein, rasch zu anderen Versorgungsquellen zu wechseln. Wir müssen, falls erforderlich, in der Lage sein, Energielieferströme umzukehren.
Ferner müssen wir den Anteil erneuerbarer Energie am Energiemix auf unserem Kontinent erhöhen. Dies ist nicht nur eine Frage verantwortlicher Klimaschutzpolitik, sondern auch industriepolitisch unumgänglich, wenn Energie auch mittelfristig erschwinglich sein soll. Ich glaube fest an das Potenzial ökologischen Wachstums. *Deshalb möchte ich, dass die Energieunion Europas weltweit die Nummer eins bei den erneuerbaren Energien wird.* [...] Ich möchte, dass die Europäische Union sowohl im Vorfeld zu dem Treffen der Vereinten Nationen in Paris als auch darüber hinaus eine führende Rolle im Kampf gegen die Erderwärmung einnimmt, im Einklang mit dem Ziel, jeglichen Temperaturanstieg auf 2 Grad Celsius gegenüber dem vorindustriellen Niveau zu begrenzen. Dies sind wir den künftigen Generationen schuldig.[290]

Das Projekt Energieunion dient also auch dem Klimaschutz; an erster Stelle zielt es jedoch auf eine geringere Importabhängigkeit und strebt mithin den Einstieg in eine Energieaußenpolitik an.

Aktuell importiert die EU 53 Prozent der von ihr verbrauchten Energie, sie ist also in hohem Maße in ihrer Versorgungssicherheit vom internationalen Umfeld abhängig. Die Energieimportabhängigkeit betrifft Rohöl (fast 90 %), Erdgas (66 %) und in geringerem Maße feste Brennstoffe (42 %) sowie nukleare Brennstoffe (40 %). Russland ist der wichtigste Energielieferant: Ein Drittel des importierten Öls und 39 Prozent des von der EU importierten Erdgases stammen von dort.[291]

Mit dem Vorschlag der Schaffung einer Energieunion greift Juncker ein schon seit Langem angedachtes Projekt wieder auf, das nun – die Hinweise auf die zeitgleich ablaufende Ukraine-Krise mit ihren Risiken für eine gesicherte Energieversorgung der EU sind überdeutlich – in den Vordergrund gerückt wird. In einem Grünbuch hatte die Kommission bereits 2006 die Entwicklung einer europäischen Energiepolitik vorgeschlagen, um eine stabile Energieversorgung zu wettbewerbsfähigen Preisen zu gewährleisten. Dabei wurde auf die Liberalisierung der Energiemärkte und die Entflechtung von Energiemonopolen gesetzt, die in den Folgejahren jedoch auf Widerstände, nicht zuletzt aus Deutschland und Frankreich, stieß – der Energie-

---

290 Juncker 2014: Ein neuer Start für Europa. Politische Leitlinien für die nächste Europäische Kommission (Hervorhebung im Original).
291 Zahlen basierend auf Europäische Kommission 2014: Strategie für eine sichere europäische Energieversorgung.

binnenmarkt ist „bis heute nur eine hübsche Vision"[292]. Auch im Klima- und Energiepaket vom Dezember 2008 war ein Ausbau der Energieaußenbeziehungen angesprochen worden, der durch Maßnahmen wie insbesondere die Diversifizierung der Bezugsquellen und der Transportrouten die Energieversorgungssicherheit erhöhen sollte.[293] Unter maßgeblich deutscher Handschrift verzichtete man damals aber darauf, die EU mit einer „eigenen energiepolitischen Kompetenz auszustatten" und setzte vielmehr auf eine Politik der Koordination.[294]

Inzwischen aber hat – wie bereits erwähnt – der Lissabon-Vertrag in Art. 194 AEUV die Grundlagen für eine gemeinsame Energiepolitik gelegt, die den Mitgliedstaaten zwar weitreichende Zuständigkeiten in der Ausgestaltung ihrer Energiemärkte, wie insbesondere „die Wahl zwischen verschiedenen Energiequellen", belässt, gleichwohl aber eine gemeinschaftliche Kompetenz schafft. Diese zielt auf die „Sicherstellung des Funktionierens des Energiemarktes" sowie die „Gewährleistung der Energieversorgungssicherheit" ab.

Auf dieser vertragsrechtlichen Grundlage stellte Vizekommissionspräsident Maroš Šefčovič, der offiziell für die Energieunion zuständig ist, am 25. Februar 2015 in einer Mitteilung der Kommission das Paket zur Energieunion vor.[295] Darin heißt es:

Paket zur Energieunion 2015 (zentrale Passagen)
„Ziel einer krisenfesten, auf einer ehrgeizigen Klimapolitik basierenden Energieunion ist die Versorgung der Verbraucher in der EU – d. h. der Privathaushalte und Unternehmen – mit sicherer, nachhaltiger, auf Wettbewerbsbasis erzeugter und erschwinglicher Energie. Die Verwirklichung dieses Ziels erfordert eine grundlegende Umstellung des europäischen Energiesystems. […] Die Europäische Union verfügt heute über EU-weite Energievorschriften, in der Praxis existieren jedoch 28 nationale Regulierungsrahmen. Dies muss sich ändern. […] Europa muss jetzt die richtigen Entscheidungen treffen. Wenn wir die bisherige Politik fortsetzen, wird die unumgängliche Umstellung auf eine CO_2-arme Wirtschaft durch die wirtschaftlichen, sozialen und ökologischen Kosten der fragmentierten nationalen Energiemärkte erschwert."

---

292 Bauchmüller 2015: Europas Fliehkräfte.

293 Letzterem dienten die Pipelineprojekte Nabucco und Nord-Stream. Während Nabucco scheiterte, ist die Nord-Stream-Pipeline seit 2011 in Betrieb und liefert russisches Gas direkt nach Greifswald/Deutschland.

294 Göler/Jopp 2007: Kann Europa gelingen? Vorhaben und Chancen der deutschen Ratspräsidentschaft, 11.

295 Europäische Kommission 2015: Paket zur Energieunion. Rahmenstrategie für eine krisenfeste Energieunion mit einer zukunftsorientierten Klimaschutzstrategie.

Es werden fünf Dimensionen der Energie-Union-Strategie aufgelistet, die sich gegenseitig verstärken und sehr eng miteinander
verknüpft sind: Sicherheit der Energieversorgung, Solidarität und
Vertrauen; ein vollständig integrierter europäischer Energiemarkt;
Energieeffizienz als Beitrag zur Senkung der Nachfrage; Verringerung der CO_2-Emissionen der Wirtschaft; Forschung, Innovation und
Wettbewerbsfähigkeit. Die Mitteilung erläutert diese Dimensionen
und ihr Zusammenspiel ausführlich und macht damit auch die
Wechselwirkung zwischen Energie-Union und Klimaschutzpolitik
deutlich. Zum Schluss wird in 15 „Aktionspunkten" der konkrete
Fahrplan zur Schaffung der Energie-Union vorgegeben; die meisten
Schritte wird die Kommission 2015 bis 2017 unternehmen, sodass
das neue Großprojekt bis 2030 realisiert werden kann.

Im aktuellen Kontext der Ukraine-Krise und des weltweiten
Wettbewerbs um energetische Rohstoffe wird der Vorschlag vor
allem als Versuch interpretiert, „Moskaus Energie-Macht [zu] brechen"[296]. In dieser Absicht hatte auch der damalige polnische Ministerpräsident und heutige ständige Präsident des Europäischen Rates, Donald Tusk, im April 2014 eine solche Energie-Union
gefordert.[297] Bereits bei den Klimaverhandlungen hatte Tusk eine
Akzentverschiebung zugunsten der Versorgungssicherheit angestrebt. Als er – nun als Präsident des Europäischen Rates – am 19.
März 2015 die Gipfelergebnisse bekannt gab, betonte er: „Much of
our discussion this time focused on energy security."[298]

„In ihrer derzeitigen Gestalt schreibt die Energieunion lediglich
den Status Quo der EU-Energiepolitik fort"[299] wird kritisch vermerkt.
Es kann aber durchaus sein, dass die Kommission nach dem intergouvernementalen Siegeszug in der Klimapolitik nun im populären
Thema Energieversorgungssicherheit zunächst erst einmal das Heft
des Handelns zurückerobern möchte. Das neue Projekt mit seinen
ausgeprägt außenpolitischen Zügen hat jedenfalls großes Zukunfts-
potenzial.

*Energie-Union ist
Außenpolitik*

---

296 Brössler/Gammelin 2015: EU will Moskaus Energie-Macht brechen.
297 Tusk 2014: A united Europe can end Russia's energy stranglehold.
298 Tusk 2015: Remarks after the first session of the European Council Meeting.
299 Geden/Fischer 2015: Ein einiges Europa? Weit gefehlt.

4.5.4 Mittelbare externe Auswirkungen interner EU-Politiken

Der RFSR, die Klimaschutzpolitik und die Energieaußenpolitik stellen interne Politikfelder mit unmittelbaren externen, außenpolitischen Auswirkungen dar. Doch in dieser Dimension des außenpolitischen Mosaiks der EU sind auch noch die mittelbaren externen Auswirkungen zahlreicher weiterer interner Politikbereiche zu berücksichtigen. In diesem Kontext sei nochmals auf das bereits zu Beginn des Buches angeführte, prägnante Zitat der Hohen Vertreterin Mogherini erinnert:

> There is not one single internal policy [of the EU] that doesn't also have an external impact.[300]

Es ist daran zu erinnern, dass sich in einer globalisierten Welt Innen- und Außenpolitik generell immer weniger voneinander abgrenzen lassen und dass die Innenpolitiken eines wichtigen Akteurs der Weltpolitik, wie die EU einer ist, immer zugleich auch außenpolitische Folgen haben.

Der Euro als internationaler Machtfaktor

Selbstredend gilt dies paradigmatisch für die gemeinsame Währung Euro, die auch jenseits der Eurozone und der EU Implikationen für Dritte mit sich bringt; darauf wurde eingangs bereits hingewiesen. Doch auch über die gemeinsame Währung und Währungspolitik hinaus generieren zahlreiche interne Unionspolitiken wie die Agrarpolitik, Umweltpolitik, Verkehrspolitik, Forschungspolitik, der Verbraucherschutz etc., die nicht auf den ersten Blick zur Außenpolitik zählen, externe Effekte. Insbesondere wenn sie Normen und Standards setzen, entfalten interne Politikfelder Folgewirkungen auf Drittstaaten. Als weiteres Beispiel für die externe Dimension eines internen Politikfelds lässt sich die Wettbewerbspolitik der EU nennen, die sich in erster Linie auf den Binnenmarkt bezieht, aber beträchtliche externe Implikationen entfaltet, wenn etwa die Monopolstellung multinationaler, global agierender Unternehmen kontrolliert wird. Die externe Dimension interner Politikfelder kommt vor allem auch dann zum Tragen, wenn die EU politikfeldspezifische internationale Abkommen, z. B. in der Verkehrspolitik oder der Fischereipolitik, abschließt.

Unliebsame Folgen hoher EU-Standards

Als prominente Beispiele für desaströse externe Auswirkungen interner EU-Politiken lassen sich insbesondere die Agrar- und Ver-

---

300 Mogherini 2014: Rede beim Berliner Forum Außenpolitik.

braucherschutzpolitik anführen. So sind die verheerenden Folgen bekannt, die sich durch den massenhaften, EU-subventionierten Export von sogenanntem Hühnerklein, eher minderwertigen Schlachtabfällen, nach Afrika ergeben; denn sie können ortsansässige Geflügelbauern leicht in den Ruin treiben. Auch die neuen Hygienevorschriften für den Fisch- und Fleischimport in die EU dienen zunächst und vorrangig der Realisierung hoher Verbraucherschutzstandards für Europas Bürger; weil aber Fischer und Farmer in vielen Entwicklungs- oder Schwellenländern die EU-Anforderungen nicht erfüllen können, droht ihnen der Verlust ihrer Absatzmärkte in der EU. Angesprochen sind hier explizit die neuen EU-Vorschriften, dass Importfisch zur Qualitätssicherung unmittelbar nach dem Fang noch auf See tiefgefroren werden muss. Die meisten Schiffe beispielsweise der indischen oder namibischen Fischfangflotte sind dazu technisch jedoch nicht in der Lage, sodass ihre Exporte in den höchst lukrativen EU-Markt gefährdet sind.

Angesichts der anhaltend starken Globalisierungsdynamik ist auch in Zukunft mit wachsenden Externalisierungseffekten interner EU-Politiken zu rechnen. Nur verantwortungsbewusstes und kohärentes Handeln kann deren negative Implikationen begrenzen.

4.6 Abkommen und Partnerschaften

Es wurde bereits dargelegt, dass das sehr umfangreiche und weitverzweigte Netz von Abkommen, Übereinkünften und Partnerschaften als Herzstück der Beziehungen der EU zu anderen Staaten oder Regionen betrachtet werden kann. Der Mosaikbaustein „Abkommen und Partnerschaften" reicht als einziger in alle anderen außenpolitischen Dimensionen hinein; auch dadurch kommt seine Zentralität für die Außenpolitik der EU zum Ausdruck.[301]

Herzstück der EU-Außenpolitik

4.6.1 Weitverzweigtes Netz an Abkommen und Partnerschaften

Die thematische Bandbreite und Diversität der Abkommen und Partnerschaften ist groß: Das Cotonou-Abkommen (2000), das an der Schnittstelle zwischen Handelspolitik und Entwicklungszusammenarbeit liegt und EPAs zwischen EU und AKP-Staaten etablieren

---

301 Vgl. Kapitel 3.4.7.

soll, zählt ebenso dazu wie Handelsabkommen oder die umfassenden Assoziierungsabkommen der Erweiterungspolitik und der Europäischen Nachbarschaftspolitik. Besonders zahlreich sind die Abkommen im Kontext der externen Dimension interner Politikbereiche. Zu nennen wären hier etwa internationale Abkommen mit Bezug zum RFSR, im Kontext der Energieaußenpolitik, im Rahmen der Gemeinsamen Fischereipolitik, Luftverkehrsabkommen, Umweltschutzabkommen, Forschungsabkommen oder Abkommen im Bereich der Gesundheitspolitik wie etwa das WHO-Rahmenübereinkommen zur Eindämmung des Tabakkonsums (FCTC). Da viele der genannten Abkommen der EU bereits an anderer Stelle thematisiert werden, erfolgt hier ein Einblick in die Praxis der vertragsrechtlich weniger formalisierten strategischen Partnerschaften der EU.

4.6.2 Die Strategischen Partnerschaften der EU

Seit etlichen Jahren knüpft die EU strategische Partnerschaften mit wichtigen globalen und regionalen Mächten. So sollen vertiefte, eine Vielzahl an Kooperationsfeldern abdeckende kontinuierliche Beziehungen auf- und ausgebaut werden. Auch andere Staaten, wie insbesondere die USA, greifen inzwischen gerne und häufig auf dieses außenpolitische Instrument zurück, das sich in der globalisierten, multipolaren Weltordnung anbietet.

> Entering strategic partnerships constitutes a key test for the Union as an international actor.[302]

Die strategischen Partnerschaften der EU richten sich an sehr unterschiedliche Partner, verfolgen verschiedenartige Ziele und weisen disparate Verfahren und Grundlagen auf. Dies zeigt sich bereits an der Liste der aktuell bestehenden strategischen Partnerschaften, die in chronologischer Reihenfolge genannt werden:

---

302 Grevi 2008: The rise of strategic partnerships: between interdependence and power politics, 154.

Die strategischen Partner der EU

Russland – EU seit 1994

USA – EU seit 1995

Mittelmeer und Naher Osten – EU seit 1995

Lateinamerika – EU seit 1999

Japan – EU seit 2001

Volksrepublik China – EU seit 2003

NATO – EU seit 2003

Kanada – EU seit 2004

Indien – EU seit 2004

Brasilien – EU seit 2007

Südafrika – EU seit 2007

Afrikanische Union (AU) – EU seit 2007

Mexiko – EU seit 2008

Südkorea – EU seit 2010

Eine interorganisationale Partnerschaft der besonderen Art unterhält die EU mit der UNO. Hier handelt es sich jedoch nicht um eine große, singuläre Partnerschaft, sondern um mehrere thematische und konkrete, wie zum Beispiel die *EU-UN Partnership on Land, Natural Resources and Conflict Prevention* oder die Partnerschaft mit dem UN-Hochkommissariat für Flüchtlinge.

Insgesamt ist die EU also sowohl interregionale und interorganisationale als auch bilaterale strategische Partnerschaften eingegangen. Dabei dominieren die bilateralen eindeutig. Dieser Typus wird als die *special ten* bezeichnet.[303] Er adressiert durchweg „Staaten von systemischer Bedeutung"[304].

Die im Folgenden besonders im Fokus stehenden bilateralen strategischen Partnerschaften unterscheiden sich nicht nur hinsichtlich ihres Stellenwerts und ihrer Zielsetzungen stark, sondern auch unter dem Gesichtspunkt der Formalisierung: Diejenigen zu den „etablierten Partnern" USA, Kanada und Japan kommen weitgehend ohne formalisierte Dokumente aus.[305] Hier ist allerdings zu ergänzen, dass sich dies mit dem Abschluss der ausverhandelten bzw. im Verhandlungsprozess befindlichen Freihandelsabkommen mit Kanada (CETA) und USA (TTIP) grundlegend ändern wird. Die eher jüngeren strategischen Partnerschaften zu ausgewählten aufsteigenden Mächten/*emerging powers*

---

303 Grotius 2011: The EU and the 'special ten': deepening or widening Strategic Partnerships?

304 Grevi 2011: Introduction. Strategic partnerships: smart grid or talking shops? 4.

305 Cirlig 2012: EU strategic partnerships with third countries, 3.

hingegen sind von Anfang an stark formalisiert. Hier handelt es sich um bereits seit Langem bestehende Entwicklungskooperationen und -abkommen, die durch einen genormten Prozess zu einer Strategischen Partnerschaft aufgewertet werden: Nach einem Vorschlag der Kommission, Zustimmung des Rates und positiver Empfehlung des Europäischen Parlaments wird mit dem jeweiligen Partner ein bilaterales Gipfeltreffen veranstaltet, das die neue strategische Partnerschaft beschließt und begründet. Diese wird sodann in ein formales Abkommen eingebunden. Hier jedoch treten erneut Unterschiede auf; so können Grundlage bzw. angestrebte Zielsetzung der Partnerschaften ein Assoziierungsabkommen sein, ein Partnerschafts- und Kooperationsabkommen oder ein Handels- und Kooperationsabkommen, das die Errichtung eines bilateralen Freihandelsabkommens anvisiert. Auch wird in manchen Fällen ein gemeinsamer Aktionsplan (*Joint Action Plan* – JAP) beschlossen, um der Umsetzung der strategischen Partnerschaft besonders hohe Realisierbarkeit zu verschaffen.[306]

Zu der großen Varianz im Formalisierungsgrad der strategischen Partnerschaften kommt noch hinzu, dass keine Vertragsnorm noch irgendein anderes EU-Dokument verbindlich festlegt, wie strategische Partnerschaften rechtlich auszugestalten sind.[307] Somit lässt sich als verlässliche Vertragsgrundlage der Strategischen Partnerschaften lediglich auf die Artikel 21 und 22 EUV verweisen, d. h. auf die „allgemeinen Bestimmungen über das auswärtige Handeln der Union".

> Die Union strebt an, die Beziehungen zu Drittländern und zu regionalen oder weltweiten internationalen Organisationen, die [...ihre[308]] Grundsätze teilen, auszubauen und Partnerschaften mit ihnen aufzubauen. (Art. 21 (1) EUV)
> Auf der Grundlage der in Artikel 21 aufgeführten Grundsätze und Ziele legt der Europäische Rat die strategischen Interessen und Ziele der Union fest. Die Beschlüsse des Europäischen Rates [...] können die Beziehungen der Union zu einem Land oder einer Region betreffen oder aber ein bestimmtes Thema zum Gegenstand haben (Art. 22 (1) EUV).

In den konkretisierten Bestimmungen des AEUV finden die Strategischen Partnerschaften keine explizite Erwähnung.[309]

---

306 Cirlig 2012: EU strategic partnerships with third countries, 3.
307 Cirlig 2012: EU strategic partnerships with third countries, 2.
308 Hier wird auf die normativen Werte der EU-Außenpolitik verwiesen.
309 Am 11. März 2014 erließen das Europäische Parlament und der Rat die Verordnung 234/2014, die die „Schaffung eines Partnerschaftsinstruments für die Zusammenarbeit mit Drittstaaten" zum Gegenstand hat. Als Vertragsgrundlage werden hier explizit die Art. 207 (2), 209 (1) und 212 (2) AEUV genannt.

Im Folgenden werden Zielsetzung, Ausgestaltung und Reformbemühungen der strategischen Partnerschaften dargelegt. Am Beispiel der strategischen Partnerschaft, die die EU mit Indien unterhält, sollen die Möglichkeiten und Grenzen solch einer besonderen Beziehung angesprochen werden.

Entwicklungstrends der strategischen Partnerschaften

Obgleich die EG/EU seit jeher äußerst intensive, zumeist jedoch nicht kodifizierte Beziehungen zu den USA und anderen westlichen Partnern unterhält, die wahrlich die Bezeichnung einer strategischen Partnerschaft verdienen, hat der Begriff explizit erst 1998 Eingang in außenpolitische Erwägungen und Planungen der EU gefunden. So hieß es in den Schlussfolgerungen des Europäischen Rates vom Dezember 1998 wörtlich: „Er [der Europäische Rat] bekräftigt, welche Bedeutung Rußland als strategischem Partner der Union zukommt".[310] Die Gemeinsame Strategie EU-Russland war das Ergebnis dieser Überlegungen, sodass dieses GASP-Instrument als – allerdings unilateral von der EU ausgehender – Vorläufer der Strategischen Partnerschaften gelten kann.[311]

Prominent publik gemacht wurde der Begriff in der ESS vom Dezember 2003. Nachdem sich die EU zum Aufbau einer Weltordnung auf der Grundlage eines wirksamen Multilateralismus bekannt hat, heißt es hier:

Strategische Partnerschaften in der ESS

„Wir müssen unsere Ziele sowohl im Rahmen der multilateralen Zusammenarbeit in den internationalen Organisationen als auch durch Partnerschaften mit wichtigen Akteuren verfolgen. […] Die transatlantischen Beziehungen sind unersetzlich. […] Regionale Organisationen stärken ebenfalls die verantwortungsvolle Staatsführung weltweit. […]

Wir müssen uns weiter um engere Beziehungen zu Russland bemühen […]. Die Verfolgung gemeinsamer Werte wird die Fortschritte auf dem Weg zu einer strategischen Partnerschaft bestärken. […]

Insbesondere müssen wir danach streben, strategische Partnerschaften mit Japan, China, Kanada und Indien sowie mit all jenen zu entwickeln, die unsere Ziele und Werte teilen und bereit sind, sich dafür einzusetzen."[312]

---

310 Europäischer Rat 1998, Schlussfolgerungen, 20.
311 1999 wurde – außer der für Russland – auch eine Gemeinsame Strategie für die Ukraine angenommen, 2000 eine für den Mittelmeerraum und 2005 eine für Afrika.
312 Europäische Sicherheitsstrategie 2003: Ein sicheres Europa in einer besseren Welt, 9–14.

Die ESS betont somit die übergeordnete Zielsetzung der Schaffung einer wirksamen multilateralen Weltordnung, die sich nur durch intensive internationale Zusammenarbeit erreichen lässt. Es werden sowohl interregionale (ASEAN, Mercosur und AU) als auch interorganisationale (NATO) sowie bilaterale strategische Partnerschaften eingefordert; bei Letzteren werden neben den USA, Japan, Kanada und Russland explizit auch China und Indien erwähnt, die beiden wichtigsten der aufsteigenden Mächte also. Diese Aufzählung sollte allerdings nicht als abschließend betrachtet werden.[313] Mit der Nennung der Volksrepublik wird zudem deutlich, dass nicht nur Staaten angesprochen sind, die das westliche Wertesystem teilen.

Vor allem bilaterale strategische Partnerschaften

Bei der Implementierung des Instruments in den Folgejahren wurde der Fokus dann zum einen auf bilaterale strategische Partnerschaften gelegt, zum anderen wurden neben China und Indien zunehmend auch weitere große Schwellenländer wie Südafrika, Brasilien und Mexiko einbezogen. Inzwischen befinden sich die interregionalen strategischen Partnerschaften in der Minderheit. Das muss zunächst erstaunen, agiert die EU als weltweit reifste Integrationsgemeinschaft in aller Regel doch als starker Promotor regionaler Zusammenschlüsse und leistet wertvolle Geburtshilfe, wie beispielsweise im Falle der AU. Doch der ausbleibende Erfolg bzw. die Stagnation mancher außereuropäischer Integrationsprojekte – wie insbesondere die AU und der Mercosur/UNASUR – lassen eine Fokussierung auf regionale strategische Partnerschaften wenig erfolgversprechend erscheinen. Das wachsende außenpolitische Selbstbewusstsein der *emerging powers* zeigt sich nämlich u. a. daran, dass sie wenig Neigung zeigen, ihren neu erworbenen globalen Einfluss in regionalen Foren wieder relativieren zu lassen.[314] Insofern ist es konsequent, wenn die EU in ihrem Bemühen um die Errichtung einer wirksamen multilateralen Ordnung diesen Entwicklungen Rechnung trägt.

Insgesamt verfolgt die EU mittels ihrer strategischen Partnerschaften eine übergeordnete, doppelte Zielsetzung: zum Ersten möchte sie ihre eigene Bedeutung als relevanter internationaler Akteur betonen und aufwerten; zum Zweiten möchte sie in der zunehmend multipolar strukturierten Welt durch vertiefte Zusammenarbeit mit ihren strategischen Partnern den Aufbau einer effektiven

---

313 Grevi 2013: The EU Strategic partnerships: Process and purposes, 160.
314 Renard: 2012: The EU Strategic Partnership Review: Ten Guiding Principles, 4.

multilateralen Weltordnung und tragfähigen Global Governance vorantreiben.

> Bilateral partnerships between major global and regional powers are an increasingly important and central feature of international relations. Bilateral partnerships between this type of actors try to contribute to the creation of a sustainable future world order which has become multipolar and coined by global competition with regard to economic growth perspectives, values and goals to be achieved on the international stage. Strategic partnerships therefore are aiming at handling multipolarity among a growing number of relevant actors; they try to achieve a minimum of stability and reliability challenged by multipolarity.[315]

Dieser breite Politikansatz impliziert einige Merkmale des außenpolitischen Instruments der Strategischen Partnerschaften, die – möglicherweise teilweise zu Unrecht – oft negativ bewertet werden.

Die strategischen Partnerschaften der EU – konzeptions- und strategielos?

In der Tat finden sich in der einschlägigen Literatur Vorwürfe der Konzeptions- und Strategielosigkeit zuhauf. In aller Regel setzt die weitverbreitete Kritik an den strategischen Partnerschaften damit ein, dass das Fehlen einer klaren Definition bemängelt wird. Schon bei der ersten expliziten Nennung einer strategischen Partnerschaft 1998 wurde beklagt, dass „keine klare Definition"[316] des Begriffs vorläge. Auch die ESS hat – wie gezeigt – keine Klärung gebracht. Ebendies gilt auch für die 2008 überarbeitete ESS. Weiterhin wird kritisch hervorgehoben, dass keine klaren Auswahlkriterien dafür vorliegen, mit wem die EU sich strategisch verbinden will.[317]

Gleichwohl gibt es Kategorisierungen. So unterscheidet Renard zwischen unverzichtbaren Partnern („essential partner") wie den

Sehr unterschiedliche Partner

---

315 Grevi 2011: Introduction. Strategic partnerships: smart grid or talking shops? 4.
316 Meier 2000: EU-Rußland: Von pragmatischer Zusammenarbeit zu strategischer Partnerschaft? 103.
317 Bendiek/Kramer 2010: The EU as a 'Strategic' International Actor: Substantial and Analytical Ambiguities, 459; Grevi 2013: The EU Strategic partnerships: Process and purposes, 160; Keukeleire/Delreux 2014: The Foreign Policy of the European Union, 291.

USA,[318] natürlichen Partnern wie Kanada, Japan und Südkorea, Schlüsselpartnern („pivotal partner") wie vor allem Russland, China und – in geringerem Maße – Indien und Brasilien sowie zuletzt regionalen Akteuren wie Mexiko und Südafrika.[319] Auch lässt sich zwischen den Partnern, die Normen und Werte der EU teilen und mithin als „like-minded" bezeichnet werden können, und solchen unterscheiden, die – wie China und zunehmend Russland – dies nicht tun; bei letzteres könnte man auch von „Partnern aus Notwendigkeit" sprechen.[320]

Demgegenüber identifiziert Grotius drei chronologisch aufeinanderfolgende Generationen von strategischen Partnerschaften: Während des Kalten Krieges habe die EG explizit noch nicht als solche bezeichnete strategische Partnerschaften mit ihren traditionellen westlichen Verbündeten Kanada, Japan und USA geschlossen. In den 1990er-Jahren ist die EU vor allem regionale Bündnisse eingegangen und letzthin, unter den Vorzeichen der neuen Multipolarität, sind die strategischen Partnerschaften mit den aufsteigenden Mächten in Asien, Afrika und Südamerika entstanden. Damit habe die EU auf das sich verändernde internationale Umfeld reagiert. Heutzutage koexistieren diese drei Typen von strategischen Partnerschaften und dienen unterschiedlichen Zielsetzungen. Auch entsprechen sie den spezifischen, sich addierenden Interessen der Mitgliedstaaten:

> Strategic Partnership selection criteria have been an ad hoc mix of EU member states' interests (particularly Brazil), size (India, China, Russia, the United States), regional jealousies (Mexico), partner states' interests (South Korea, Mexico), a special role in international politics (South Africa under Mbeki, Canada as a mediating power), shared values and interests (the like-minded strategic partnerships) and strong interdependence (the United States, China, Japan and Russia). Strategic partnerships respond to different and overlapping EU global options. [321]

---

318 Renard bezeichnet die US-EU-Partnerschaft als die einzige, die man wahrhaft strategisch nennen könnte; Renard: 2012: The EU Strategic Partnership Review: Ten Guiding Principles, 6. Auch die weitere einschlägige Literatur verweist häufig darauf, dass die USA ohne jeden Zweifel der mit großem Abstand wichtigste Partner der EU ist, auch wenn das Adjektiv „strategisch" häufig bei ihrer Erwähnung fehlt.
319 Renard 2011: The Treachery of Strategies. A call for true EU Strategic Partnerships, 23.
320 Grevi 2013: The EU Strategic partnerships: Process and purposes, 161.
321 Grotius 2011: The EU and the 'special ten': deepening or widening Strategic Partnerships? 2.

Aber was genau sind die Zielsetzungen, die die EU mit ihren strate- Diffuse
gischen Partnerschaften verfolgt? Wie lassen sich die bereits ange- Zielsetzungen
führten, sehr allgemein gehaltenen Erwartungen an dieses außenpolitische Instrument präzisieren? Oder anders gefragt: Welche Strategie verfolgt die EU mit ihren Strategischen Partnerschaften? Bekannt
ist inzwischen das Diktum des ersten Präsidenten des Europäischen
Rates, Herman Van Rompuy, anlässlich eines der Außenpolitik ge-
widmeten Gipfeltreffens am 14. September 2010:

> Until now, we had strategic partnerships, now we also need a strategy.

Grundsätzlich ist hier anzumerken, dass sich die EU in den letzten
Jahren in ihrer Außenpolitik, und so auch in ihren strategischen
Partnerschaften, einen inflationären Gebrauch eines „strategy voca-
bulary" angewöhnt hat, der suggeriert, dass sie über einen groß
angelegten Plan zur Gestaltung ihrer Außenbeziehung verfüge, inklusive klarer Zielsetzungen und eindeutiger Prioritäten.[322] Dem ist
aber nicht so; vielmehr sind die als „Strategien" bezeichneten ver-
schriftlichten Erwartungshorizonte in aller Regel sehr breit angelegt
und streben die Beförderung bzw. das Erreichen sehr globaler,
hochkomplexer Ziele an wie Frieden, Stabilität, effektiven Multilateralismus, Demokratisierung und tragfähige Global Governance.[323] Da
scheinen Forderungen nach Klarheit und prägnanter Prioritätensetzung wohlfeil. Andererseits ist hier zu bedenken, dass für den breiten Reigen an Partnerstaaten in ihrer ausgeprägten Unterschiedlich-
keit ein klares, geschlossenes strategisches Konzept nicht nur
unerreichbar, sondern gar hinderlich sein könnte. Gerade die unterschiedlichen Erwartungen, die beide Seiten einer strategischen
Partnerschaft hegen, legen eine gewisse Flexibilität und „konstruktive Vieldeutigkeit" als unverzichtbar nahe, wenn sie von Dauer sein
soll[324] – dies soll abschließend anhand der Strategischen Partnerschaft
zwischen der EU und dem *like-minded* Indien aufgezeigt werden.

Weil aber die Partner so verschieden sind und zum Teil nicht einmal die übergeordneten Zielsetzungen der EU, wie insbesondere die
Stärkung eines effektiven Multilateralismus, teilen, könnte ein pragma-
tisches Vorgehen darin bestehen, dass die EU genau prüft, mit welchem

---

322 Bendiek/Kramer 2010: The EU as a 'Strategic' International Actor: Substantial and Analytical Ambiguities, 456.
323 Grotius 2001: Can EU Strategic Partnerships deepen multilateralism?
324 Grevi 2008: The rise of strategic partnerships: between interdependence and
power politics, 158.

Partner sie welches Problemfeld besonders intensiv bearbeiten möchte und könnte.[325] Dieser pragmatische Ansatz des „Was geht mit wem?" lässt sich geradezu exemplarisch an den Ausführungen der Hohen Verteterin Ashton ablesen, die sie 2012 zur BRICS-Politik der EU tätigte:

> We need to develop a strong relationship with each of [the BRICS-states]. In China, I [...] met Minister of Defence Liang Guanglie to talk about how we can work together on tackling the problems that we face together on piracy and counterterrorism. [...] We have also been talking in India [...] trying to break new ground on how to develop the strength of our relationship, particularly on some of the security issues [...]; joint work to develop the capacity to deliver on the world food programme. [...] This weekend I travel to Brazil and Mexico. [...] In Brazil I will focus in part on Iran and in our work with Brazil on development and our work together in the UN Human Rights Council. In Mexico, we will discuss how they played such an important role on climate change and on some of the challenges that they face in their part of their region. I should mention too South Africa. I met the Foreign Minister in November again to discuss some of the issues that are extremely important. South Africa's work with the EU in Durban for the climate change discussions has been of enormous importance. [...] So in each of those countries we are trying to invest by developing a strong bilateral relationship. Each of them is different, each of them has a different history and relationship traditionally not only with the EU but also with the Member States of the EU. I agree that we need a more creative and joined up approach as we look at how we deal with those bilateral relationships, but also to work with that group of countries in regional and global forums.[326]

Der pragmatische Ansatz, der in diesem Statement deutlich zum Ausdruck kommt, kann auch den oft artikulierten Vorwurf relativieren, die EU setzte in ihren Strategischen Partnerschaften keine Prioritäten. Aus dem Blickwinkel des „Was geht mit wem?", stellt sich gar die Frage, ob die EU ausreichend viele „Staaten von systemischer Bedeutung" in ihr strategisches Netzwerk eingebunden hat und ob der Kreis der *special ten* nicht ausgeweitet werden müsste.[327]

Partnering statt Partnerschaft?   Derzeit zeichnet sich ein neuer Trend in der strategischen Partnerschafts-Politik der EU ab, der den Fokus von den Partnern auf das „partnering" verlegt.[328] Demnach geht es nicht nur darum, welches Politikfeld mit welchem Partner am erfolgversprechendsten bearbeitet werden kann; vielmehr möchte die EU auch die Partner untereinander

---

325 Renard 2012: The EU Strategic Partnership Review: Ten Guiding Principles, 3.
326 Ashton 2012: Speech on EU foreign policy towards the BRICS and other emerging powers.
327 Grevi 2011: Introduction. Strategic partnerships: smart grid or talking shops? 4.
328 Grevi 2013: The EU Strategic partnerships: Process and purposes, 170.

vernetzen, um der übergeordneten Zielsetzung gerecht zu werden, wirksame multilaterale und Global-Governance-Strukturen aufzubauen.

Obwohl einige der gängigen Kritiken am Konzept der strategischen Partnerschaften also zu relativieren sind, bleiben Defizite, die Reformen unerlässlich machen. Denn sicher ist, dass die Strategischen Partnerschaften bisher keine „strategischen Ergebnisse"[329] erbrachten bzw. nur eine wenig überzeugende Performanz an den Tag legten. Dies bezieht sich insbesondere auf das mit dem Ansatz der strategischen Partnerschaften inhärent verknüpfte Ansinnen der EU, sich selbst als wichtigen globalen – eben strategischen – Akteur der Weltpolitik zu inszenieren.

Reformbemühungen

Im September 2010 widmete sich der Europäische Rat auf einem informellen Gipfeltreffen der Frage, „wie den Außenbeziehungen der Union unter umfassender Nutzung der Möglichkeiten, die der Vertrag von Lissabon bietet, neue Impulse verliehen werden kann." Zunächst machte es sich das höchste Lenkungsgremium der EU zur Aufgabe, „strategischer" vorzugehen, „damit Europa sein ganzes Gewicht international zum Tragen bringen kann". Zwar bilden die strategischen Partnerschaften nach Auffassung des Europäischen Rates „ein nützliches Instrument für die Verfolgung der europäischen Interessen und Ziele". Gleichzeitig wird aber gefordert: „Die Europäische Union benötigt ein klares Bild von den besonderen Fragen, die sich im Zusammenhang mit den Beziehungen zu einzelnen Partnerstaaten ergeben. Sie muss eine mittelfristige Planung entwickeln, in der die im Laufe der Zeit zu erreichenden Ziele festgelegt sind". Daher wurde die Hohe Vertreterin Ashton beauftragt, „die Aussichten unserer Beziehungen zu allen strategischen Partnern zu bewerten und insbesondere unsere Interessen ebenso darzulegen wie unsere Möglichkeiten, sie erfolgreich zu vertreten"[330].

In ihrem ersten Fortschrittsbericht, den Ashton dem Europäischen Rat im Dezember 2010 vorlegte, heißt es:

> [...] the motto of Strategic Partners exercise is: fewer priorities, greater coherence, more results.[331]

Reformanläufe

---

329 Keukeleire/Delreux 2014: The Foreign Policy of the European Union, 291.
330 Europäischer Rat 2010: Schlussfolgerungen EUCO 21/10, 1/2, 9.
331 Ashton 2010: Strategic Partners. Progess Report for the European Council, 1.

Doch der Bericht verzichtet darauf, entsprechende Vorschläge zu unterbreiten; er verweist lediglich auf Arbeiten und Debatten in anderen EU-Gremien. Auch im 2011 vorgelegten Bericht des EAD wird das Thema „Building strong strategic partnerships" angesprochen und sehr knapp zu ausgewählten Partnerländern referiert; konzeptionelle Reformvorschläge fehlen erneut komplett. In den nachfolgenden „annual activity reports" des EAD finden die strategischen Partnerschaften der EU keine direkte Erwähnung.[332]

Keine Fortschritte   Insbesondere wurde ein Vorschlag Ashtons aus dem Jahre 2010 nicht mehr aufgegriffen. Anlässlich des September-Sondergipfels hatte die Hohe Vertreterin als mögliche künftige neue strategische Partner der EU Ägypten, Israel, Indonesien, Pakistan, die Ukraine sowie Südkorea benannt. An dieser Liste war zunächst das Fehlen der Türkei bemerkenswert. Die Nennung der Ukraine hingegen wurde als Absage an eine künftige EU-Mitgliedschaft gewertet und im Falle Israels gab Ashton zu, dass nach der Attacke auf den Gaza-Streifen im Jahr 2009 eine Aufwertung der Beziehungen zu Israel – und das Knüpfen einer Strategischen Partnerschaft bedeutet in erster Linie ja genau dies: eine Aufwertung der Beziehungen – nicht infrage komme.[333] Das seit 2007 verhandelte Freihandelsabkommen mit Südkorea wurde auf eben diesem Europäischen Ratstreffen am 16. September 2010 offiziell unterzeichnet und trat nach Zustimmung des Europäischen Parlaments im Juli 2011 in Kraft; ansonsten aber blieb Ashtons Vorschlag, die Partnerschaften numerisch auszuweiten, bisher ohne jede Konsequenz.

Reform als bleibende Aufgabe   Bisher sind Reformen am Instrument der strategischen Partnerschaften ausgeblieben. So bleibt es eine der zahlreichen außenpolitischen Zukunftsaufgaben der EU, dieses außenpolitische Instrument zu verbessern. Die möglichen Reformkonturen bleiben vage. Zwar hat der Europäische Rat vom Juni 2014 die Thematik in seine strategische Agenda für die aktuelle Legislaturperiode unter der Rubrik „ein wirksames gemeinsames Handeln in der Welt" aufgenommen. Folglich gehört „die Zusammenarbeit mit unseren globalen strategischen Partnern, insbesondere unseren transatlantischen Partnern, bei einer großen Bandbreite von Themen – von Handel und Cybersicherheit über Menschenrechte und Konfliktverhütung bis hin zu Nichtverbreitung und Krisenmanagement – auf bilateraler Ebene und in multilate-

---

332 Alle EAD-Jahresberichte finden sich unter: http://eeas.europa.eu/ background/docs/index_ en.htm.
333 Rettmann, Andrew 2010: Ashton designates six new "strategic partners".

ralen Foren" zu den außenpolitischen Prioritäten der kommenden Jahre.[334] Von der neuen Hohen Vertreterin Federica Mogherini ist bisher nur die Andeutung zu vernehmen, die 2011 entstandene Gemeinschaft der lateinamerikanischen und karibischen Staaten (CELAC) als potenziellen strategischen Partner der EU zu betrachten.[335]

Bei der künftigen Gestaltung ihrer strategischen Partnerschaften wird die EU vor allem zweierlei zu berücksichtigen haben: Erstens hat ihr internationales Ansehen und Prestige unter der Schuldenkrise mit den nachfolgenden ausgeprägten Wirtschafts- und Wachstumsschwäche sehr nachhaltig gelitten, sodass für Drittstaaten die Aufwertung ihrer Beziehungen zur EU mittels eines Strategischen Partnerschaftsabkommens an Attraktivität klar verloren hat:

> Für die meisten externen Partner verliert die EU an Bedeutung. Glaubte man vielerorts noch vor einiger Zeit ein Erwachen oder Aufstreben Europas auszumachen, treten in Wahrnehmung und Kooperationseinschätzung Stagnation, Relativierung oder gar ein Abstieg der EU als Tenor in den Vordergrund. [...] Das Image der EU als wirtschaftlicher Riese mit wachsenden politischen Ambitionen und Fähigkeiten weicht der Vorstellung von einer EU als schrumpfender Koloss auf rissigem Fundament der als einer verhinderten Weltmacht.[336]

Zweitens ist zu verinnerlichen, dass die EU selbstredend nicht „the only strategic partner in town" ist.[337]

Die Strategische Partnerschaft EU-Indien

Unter den strategischen Partnerschaften, die die EU mit ausgewählten aufsteigenden Mächten geschlossen hat, könnte diejenige mit Indien besonders vielversprechend sein, da es die größte Demokratie der Welt mit der zweitgrößten verknüpft; diese zwei *like-minded* Partner werden daher gerne als „natürliche Partner"[338] bezeichnet.

---

334 Europäischer Rat 2014: Schlussfolgerungen, 20.

335 Mogherini 2014: Opening statement, 4.

336 Lang/Wacker 2013: Die EU im Beziehungsgefüge großer Staaten. Komplex – kooperativ – krisenhaft, 101/102.

337 Grevi 2008: The rise of strategic partnerships: between interdependence and power politics, 154.

338 Wagner 2008: The EU and India: a deepening partnership, 103. Informationen, Daten und Auswertungen zu weiteren strategischen Partnerschaften der EU bietet beispielsweise ESPO, das European Strategic Partnership Observatory: http://strategicpartnerships.eu.

Die Genese der
strategischen
Partnerschaft

Zunächst ist festzuhalten, dass die Genese auch dieser strategischen Partnerschaft dem gängigen Muster entspricht und vorrangig in der Aufwertung bereits bestehender entwicklungspolitischer Kooperationsbeziehungen bestand. In der Tat unterhielt die EWG/EG/EU seit 1963 eben solche Beziehungen zu Indien. Doch im Zuge des Aufstiegs Indiens zu einer vielversprechenden und zunehmend machtbewussten *emerging power* wurden diese Beziehungen im Jahr 2004 zu einer Strategischen Partnerschaft aufgewertet. Damit zog Indien in der Wertschätzung der EU endlich mit China gleich, was indische Autoren gerne hervorheben.[339] In der Kommunikation der Kommission an den Rat und das Europäische Parlament vom 16. Juni 2004, die die Errichtung einer „EU-India Strategic Partnership" vorschlägt, ist von Indien als „an increasingly important international player and regional power" die Rede; Die Beziehungen zwischen Indien und der EU, „based on shared values and mutual respect", sollten daher noch enger werden. In diesem Grundlagendokument finden sich eine Vielzahl an Themen, die Gegenstand dieser neuen und intensivierten Kooperationsstrukturen sind, darunter Konfliktprävention, Non-Proliferationspolitik, der Kampf gegen den internationalen Terrorismus, die Durchsetzung von Menschenrechten sowie die Stärkung von Frieden, Wohlstand und Stabilität in Südasien. Wie bei allen Strategischen Partnerschaften der EU nimmt der Bereich der Wirtschafts- und Entwicklungszusammenarbeit, der Vertiefung der Handelsbeziehungen sowie der vertiefte wissenschaftliche und technologische Austausch einen breiten Raum ein.[340]

Im Dezember 2005 wurde ein *Joint Action Plan* (JAP) verabschiedet, der nach einer Überarbeitung 2008 derzeit folgende Themenschwerpunkte aufweist:

(1) promoting peace and comprehensive security,
(2) sustainable development,
(3) research and technology and
(3) people-to-people and cultural exchanges

Außerdem wurde ein *EU-India Joint Work Program on Energy, Clean Development and Climate Change* eingerichtet; 2007 traten beide Seiten schließlich in Verhandlungen zu einem Freihandelsabkommen (FTA) ein, die jedoch bisher nicht erfolgreich abgeschlossen werden konnten. Die EU-Indien-Partnerschaft entspricht dem weit-

---

339 Bava 2013: The Efficiency of the EU's external Actions and the EU-India Relationship, 211.
340 Europäische Kommission 2004: An EU-India strategic partnership.

reichendsten Modell, das die EU anzubieten hat, nämlich einem Abkommen der jüngsten Generation, wobei der darin enthaltene JAP ein sehr ambitioniertes Instrument ist, das einem formalen Abkommen äußerst nahekommt.[341] 2011 wurde die Partnerschaft durch die Einrichtung außenpolitischer Konsultationen auf „senior officials' level" weiter aufgewertet, die die Ministertreffen sowie das regelmäßig stattfindende Gipfeltreffen vorbereiten und ein breites außen- und sicherheitspolitisches Themenfeld bearbeiten. Auch ein Indien-EU-Menschenrechtsdialog findet seit 2006 regelmäßig statt.[342]

Die Interessen der EU gehen klar aus der Partnerschaftsagenda hervor: Sie möchte das aufsteigende Indien in die eigenen Bemühungen zur Errichtung einer konstruktiven multilateralen tragfähigen Weltordnung einbinden; außerdem beabsichtigt sie, die außerhalb des NVV stehende Nuklearmacht Indien für ihre Non-Proliferationspolitik sowie für eine wirksame Klimaschutzpolitik zu gewinnen. Dafür ist Brüssel bereit, Indien vermehrte Handelsbeziehungen anzubieten und ihm den Zugang zu dem höchst attraktiven EU-Binnenmarkt zu erleichtern. In der Tat haben sich die Handelbeziehungen zwischen Indien und der EU sehr positiv entwickelt: So hat sich der bilaterale Warenaustausch im letzten Jahrzehnt verdreifacht. *(Beidseitige Erwartungen)*

Mit einem Volumen im Jahr 2013 von 78,9 Mrd. Euro ist die EU Indiens Handelspartner Nummer eins, mit großem Abstand gefolgt von der VR China (50,5 Mrd. Euro), das wiederum vor den Arabischen Emiraten (49,9 Mrd. Euro) und den USA (47,6 Mrd. Euro) liegt. Hingegen belegt Indien unter den wichtigsten Handelspartnern der EU nur den neunten Rang.[343] Daher erwartet sich Indien von der Partnerschaft, insbesondere im Bereich des Handels, zusätzliche Impulse für seine wirtschaftliche Entwicklung, die es angesichts der Persistenz von krasser Armut, hohen Analphabeten-Quoten insbesondere unter der weiblichen Bevölkerung und immenser Ungleichheit dringend benötigt. Außerdem erwartet das außenpolitisch zunehmend ehrgeizige Indien sich von der strategischen Verbindung zur EU vermehrte Handlungsoptionen und generell Aufwertung seiner internationalen Rolle. *(EU – Indiens größter Handelspartner)*

Doch bisher hat die strategische Partnerschaft zwischen Indien und der EU kaum konkrete Ergebnisse erbracht. So gelang beispiels- *(Große Divergenzen)*

---

341 Sautenet 2012: The EU's Strategic Partnerships with Emerging Powers: Institutional, Legal, Economic and Political Perspectives, 126/127.
342 EAD 2011: Annual Activity Report, 19.
343 Europäische Kommission 2015: Trade with India.

weise weder bei den Klimaverhandlungen in Kopenhagen (2009) noch in Durban (2012) ein europäisch-indischer Schulterschluss, und auch in den WTO-Verhandlungen im Rahmen der Doha-Runde insistieren Indien und die EU auf recht gegensätzlichen Positionen. Die Liste der grundlegend unterschiedlichen Positionierungen der beiden „natürlichen Partner" lässt sich noch fortsetzen; so vertritt Indien bei der Anwendung der *Responsibility to protect* und der Implementierung militärischer humanitärer Interventionen eine prinzipiell andere Position als die EU. Dies trifft auch auf den Internationalen Strafgerichtshof zu.

> Unglücklicherweise leben die Europäer in der Illusion, dass Indien und die Europäische Union eine auf Multilateralismus basierende Weltsicht teilen [...]. Dies ist aber nicht der Fall.[344]

Die Grenzen der Partnerschaft EU-Indien lassen sich noch wesentlich grundsätzlicher fassen:

> There are fundamental differences between India and the EU on many issues because they are at different levels of development, because they come from two different milieus, and because they have different geographical and geopolitical priorities [...]. Despite shared values, the lack of shared interests on a number of issues will continue to limit co-operation.[345]

Dies lässt sich jenseits von politischen Themen von übergeordneter Bedeutung wie Klimaschutz und Stärkung eines effektiven Multilateralismus ganz konkret auch an divergierenden Positionierungen bei den seit Jahren laufenden Verhandlungen zum geplanten FTA aufzeigen. Während Indien vor allem auf hohen Schutzzöllen für seine Niedrig-Lohn-Landwirtschaft besteht und breiten Zugang zum EU-Markt für seine Dienstleistungen sowie pharmazeutische und IT-Produkte fordert, verlangt die EU ihrerseits einen ungehinderten Marktzugang für Agrarprodukte und Automobilteile; auch besteht sie auf dem Schutz von geistigem Eigentum.[346] Besonders hohes Konfliktpotenzial besteht im Bereich der Generika: Während die EU unter dem Label des Schutzes geistigen Eigentums im Sinne der

---

344 Jaffrelot 2006: Indien und die EU: Die Scharade einer strategischen Partnerschaft, 4.

345 Jain 2011: India's relations with the European Union, 227, 230.

346 Khorana/Garcia 2013: European Union-India Trade Negotiations: One Step Forward, One back? 690/691; Wouters et al. 2013: Some critical issues in EU-India Free Trade Agreement Negotiations.

großen europäischen Pharmakonzerne hohe Schutzstandards fordert, verweigert sich der bedeutende Generika-Produzent Indien hier mit dem Argument, dass die wesentlich billigeren Generika einen wichtigen Beitrag zur Bekämpfung von Pandemien wie Aids und Malaria insbesondere in Afrika beitragen.[347] Diese Zwistigkeiten zeigen die Interessenskollisionen zwischen einem hochindustrialisierten und einem aufstrebenden Partner an; daher musste die die Unterzeichnung des FTA bereits vier Mal verschoben werden – Ausgang derzeit offen.

Trotz *like-mindedness* – so ist zusammenzufassen – sind die Kooperationserfolge dieser strategischen Partnerschaft bisher eher auf den Handelsbereich begrenzt. In den höchst anspruchsvollen übergeordneten, Global-Governance-relevanten Themenstellungen wie Klima-, Sicherheits-, Geo- und Weltordnungspolitik hingegen herrscht ein „strategic mismatch", eine Unvereinbarkeit der strategischen Erwartungen.[348]

Unvereinbarkeit der strategischen Erwartungen

Schließlich ist hervorzuheben, dass die EU Indiens sicherheitspolitischen Interessen und Nöten nichts Konkretes zu bieten hat. Indien sieht sich – etwa im Verhältnis zu China und Pakistan sowie angesichts terroristischer Gefährdungen – vor große sicherheitspolitische Herausforderungen gestellt, bei deren Bewältigung ihm die EU nur wenig hilfreich erscheint:

> [...] there is a deficit in the India-EU-relationship because the EU is not a strategic security actor and its ability to bring security deliverables to the partnership is extremely limited.[349]

In der Tat ist die EU in nur sehr beschränktem Maße dazu befähigt, als *security provider* zu fungieren.[350] Dies führt einerseits dazu, dass v. a. indische Autoren das mangelnde gegenseitige Verständnis beklagen und die EU dazu aufrufen, Indiens sicherheitspolitische Interessen zu respektieren.[351] Zum anderen wird dies als Rechtfertigung für Indiens deutliche außen- und sicherheitspolitische Annäherung an die USA angeführt, womit auch die Präferenz Indiens für

---

347 Bava 2013: The Efficiency of the EU's external Actions and the EU-India Relationship, 214.

348 Khandekar 2013: Building a sustainable EU-India partnership, 2.

349 Bava 2008: The EU and India: Challenges to a strategic partnership, 113.

350 Vgl. Kapitel 4.1.2.

351 Khandekar 2013: Building a sustainable EU-India partnership, 2.

Akteure mit großen militärischen Hard-Power-Ressourcen zum Ausdruck gebracht wird.

Eine Investition in die Zukunft Somit zeigt sich, dass die strategische Partnerschaft EU – Indien derzeit noch vorrangig als eine Investition in die Zukunft interpretiert werden muss. Nach nun zehn Jahren der strategischen Partnerschaft stehen Indien und die EU noch immer vor der Herausforderung, ihre Zusammenarbeit über den Handelsbereich hinaus zu entwickeln. So wird noch immer nach den relevanten Synergien gefragt, die die Partnerschaft nun endlich und wirklich mit Leben füllen könnten. Als Ausweg aus dem generellen „strategic mismatch" wird eine gewisse Rückbesinnung auf die entwicklungspolitische Zusammenarbeit eingefordert.[352]

Insgesamt zeigt sich, dass die EU für aufstrebende Mächte wie Indien kein übermäßig attraktiver Partner zu sein scheint. Über das indische Beispiel hinaus dürfte gelten, dass es der EU bisher noch nicht gelungen ist, sich als „indispensable partner" zu etablieren.[353]

---

[352] Peral/Sakhula 2012: The EU-India Partnership: Time to go strategic?
[353] Lang/Wacker 2013: Die EU im Beziehungsgefüge großer Staaten. Komplex – kooperativ – krisenhaft, 15.

5 Standortbestimmung und Perspektiven der EU-Außenpolitik

In den vorigen Kapiteln konnte auf der Grundlage des Konzepts des Leitfragen mehrdimensionalen Mosaiks die Außenpolitik der EU (re-)konstruiert, erklärt und ausgeleuchtet werden. Zum Ende des vorliegenden Buches ist nun an die in Kapitel 1.1 formulierten Leitfragen zu erinnern. Dort wurde bereits darauf hingewiesen, dass sich nicht alle dieser Leitfragen abschließend beantworten lassen. Gleichwohl haben die vorangegangenen Kapitel gezeigt,

- wie dynamisch sich der außenpolitische Akteur EU vor dem Hintergrund der weltpolitischen Ereignisse der vergangenen Jahrzehnte entwickelte;
- wie breit die Außenpolitik der EU heute aufgestellt ist und welche Normen, Ziele und Interessen die Union verfolgt;
- welcher komplexen Funktionslogik die einzelnen Dimensionen der EU-Außenpolitik folgen, und insbesondere, dass an der funktionalen Dualität der intergouvernemental geprägten Dimension einerseits und der von der Gemeinschaftsmethode geprägten Dimension andererseits auch im Vertrag von Lissabon festgehalten wurde;
- wie umfassend das Handlungsspektrum und -instrumentarium der EU-Außenpolitik ist, welches von *hard* über *soft* bis zur *smart power* reicht. Trotz zweifelsohne vorhandener, vor allem ökonomischer Hard-Power-Ressourcen, gehört zu den bleibenden Besonderheiten der EU, dass sie im Bereich der militärischen *hard power*-Kapazitäten bisher sehr minimalistische Ambitionen verfolgt;
- und schließlich auch, dass die EU sich trotz all dieser Schritte bzw. wegen der angesprochenen Besonderheiten bei der Entfaltung und Ausfüllung einer außenpolitischen Akteursrolle noch keinem kohärenten, verlässlichen, belastbaren und identitätsstiftenden Leitbild verschrieben hat.

Im Verlauf der Ausführungen und Analysen konnte – zumindest tentativ – auch die Frage beantwortet werden, in welchem Ausmaß die EU heute dazu in der Lage ist, ihr wirtschaftliches, demografisches und historisches Gewicht in außenpolitischen und internationalen Einfluss sowie Gestaltungs- und Steuerungserfolge umzusetzen. Die Antwort lautet, dass ihr dies in zunehmendem, aber insgesamt noch immer unzureichendem Ausmaß gelingt.

Weitere Forschungs-
desiderate

Nun stehen abschließend noch eine knappe Standortbestimmung der EU-Außenpolitik sowie eine Diskussion ihrer Perspektiven aus. Zuvor jedoch möchten die beiden Autorinnen zwei Forschungsdesiderate formulieren. Eine erste wichtige, ja notwendige Weiterführung der vorliegenden wissenschaftlichen Arbeit bestünde in einer systematischen, vergleichenden Studie zu den mitgliedstaatlichen Außenpolitiken und Positionen in der gesamten Bandbreite des Mosaiks der EU-Außenpolitik. Hierzu liegen bereits zahlreiche Untersuchungen vor, die sich in der Regel auf die die GASP und GSVP präjudizierenden außenpolitischen Traditionen, Interessen und Entscheidungen ausgewählter Mitgliedstaaten – zumeist der „Großen Drei" – beziehen. Eine Ausweitung des Untersuchungsfelds auf andere Mitgliedstaaten sowie auf weitere Bausteine des außenpolitischen Mosaiks wäre wünschenswert.

Dieses Buch hat die EU-Außenpolitik aus der Binnenperspektive rekonstruiert, erläutert und auch kritisiert, wobei alle Dimensionen der EU-Außenpolitik berücksichtigt wurden. Zur Ergänzung wäre es zweitens in hohem Maße wünschenswert, auch die Perzeption und Rezeption der EU-Außenpolitik durch andere Akteure auf Basis des vorgestellten mehrdimensionalen Analysemodells zu untersuchen. Denn es sind die Adressaten und Partner der EU, seien es Drittstaaten, Integrationsverbünde oder internationale Organisationen, die letztendlich über die Wirksamkeit, Gestaltungsfähigkeit und Durchsetzungsstärke der EU-Außenpolitik mitentscheiden. Um zu eruieren, ob es einen spezifisch europäischen Fußabdruck in den internationalen Beziehungen gibt – einen *European Way* in der Außenpolitik –, ob dieser von geringer oder großer Bedeutung ist, ob er einen nennenswerten Mehrwert darstellt bzw. als solcher perzipiert wird, wäre eine solche vertiefte Untersuchung der Außenperspektive von höchstem Interesse. Es liegen durchaus Studien zu diesem weiten Themenfeld vor, auf die zurückgegriffen werden könnte; ihr Erkenntniswert könnte von der hier vorgeschlagenen multidimensionalen Analyseperspektive profitieren, wenn weitere Bausteine des außenpolitischen Mosaiks systematisch berücksichtigt würden. Beide Forschungsdesiderate stellen hohe konzeptionell-methodische Anforderungen und erfordern einen extrem großen Forschungsaufwand – dennoch oder gerade deshalb stehen sie auf der wissenschaftlichen Wunschliste der Autorinnen ganz weit oben.

Nun aber zunächst zur angekündigten knappen, zusammen-
fassenden und thesenartigen Standortbestimmung der EU-Außenpolitik. Hierbei ist zunächst zu klären, ob der Vertrag von Lissabon –
gut fünf Jahre nach seinem Inkrafttreten – strukturelle Defizite der
EU-Außenpolitik beheben konnte. Neben der strukturellen Basis ist
auch das derzeitige Personal zu betrachten, das die vertraglichen
Vorgaben der EU-Außenpolitik in der Vertragspraxis implementiert.
Außerdem soll das globale Handeln der EU vor dem Hintergrund der
krisenhaften Entwicklungen betrachtet werden, denen sich die Union von außen, aber auch in ihrem Inneren gegenübersieht.

*Standort-
bestimmung der
EU-Außenpolitik*

5.1 Lissabon – die Lösung struktureller Schwachstellen?

Wie ist es heute um das vertragliche Fundament der EU-Außenpolitik bestellt? Viele Details der Lissabonner Reformen wurden
bereits in Kapitel 3 ausführlich besprochen und bewertet. Hier ist
nun in einem umfassenderen Sinn zu fragen: Konnten die zu Beginn
der Reformdekade der 2000er-Jahre formulierten großen Ambitionen
für die Neuordnung der Außenpolitik erfüllt werden? Haben sich die
Innovationen des Vertrags von Lissabon in der Praxis bewährt?

Blickt man auf die strukturellen Defizite zurück, die in Kapitel
3.1.1 für die Außenpolitik der EU Prä-Lissabon diagnostiziert wurden, so ist festzustellen, dass einige dieser Schwachstellen mit den
Lissabonner Reformen wirksam angegangen wurden: An erster Stelle ist die Verstärkung der Kohärenz zu nennen. Mit dem umfassenden Ansatz, den die EU seit Lissabon in gesteigertem Maße verfolgt
und der die unterschiedlichen Dimensionen der EU-Außenpolitik
strategisch und koordiniert zusammenführen soll, wurde das Prinzip der horizontalen Kohärenz systematisch verankert. Der Hohe
Vertreter 2.0 verkörpert das Kohärenzprinzip, indem das Amt wie ein
Scharnier alle Dimensionen der EU-Außenpolitik verbindet. In der
Praxis brachte das Aneinanderrücken der einzelnen Bereiche durchaus Fortschritte, wie etwa das in Kapitel 3.3.5 dargelegte Beispiel der
Krisenplattform belegt. Dass unter dem Dach des EAD bisher weitgehend getrennt voneinander arbeitende Strukturen vereint wurden,
ist ebenfalls als positive Entwicklung zu sehen. Generell hat sich die
Zusammenarbeit zwischen den diversen Akteuren der EU-Außenpolitik intensiviert, sie ist jedoch noch immer nicht frei von Spannungen und Konflikten. Zu erinnern ist hier an die Machtreflexe der

*Umfassender
Ansatz: mehr
horizontale
Kohärenz, aber
Umsetzungs-
probleme*

Mitgliedstaaten, aber auch der Kommission beim Aufbau des EAD oder bei der Finanzierung der EU-Außenpolitik. In beiden Fällen gelten weniger Effizienz und Effektivität der EU-Außenpolitik als Leitprinzipien, sondern vielmehr die Sicherung der eigenen, über Jahrzehnte gehüteten Pfründe. Hier macht sich trotz aller Innovationen die starke Pfadabhängigkeit der EU-Außenpolitik negativ bemerkbar.

Vertikale Kohärenz abhängig vom politischen Willen

Wenn die Umsetzung der horizontalen Kohärenz in der Praxis als verbesserungsfähig bezeichnet werden muss, so gilt dies umso mehr für die vertikale Kohärenz zwischen den Mitgliedstaaten und der Ebene der EU. Gerade in den intergouvernementalen Bereichen der EU-Außenpolitik steht dem vertraglich verankerten Gebot der vertikalen Kohärenz oft weiterhin das nationale Interesse entgegen, wie symptomatisch an der gespaltenen europäischen Antwort im Fall der Libyen-Krise 2011 zu beobachten war. Obwohl die EU in den letzten Jahren auch – erstaunlich – große außenpolitische Einigkeit zeigte, wie etwa bei den Sanktionen, die im Kontext des Ukraine-Konflikts gegen Russland verhängt wurden, steht die vertikale Kohärenz in den Kernbereichen der EU-Außenpolitik nach wie vor unter dem Vorbehalt des nationalen Vetos. Eine effizientere Beschlussfassung, verstanden als Ausweitung von Mehrheitsentscheidungen, die auch praktisch gelebt und angewendet wird, hat nur in der supranational geprägten Dimension der EU-Außenpolitik stattgefunden.

Stärkung der parlamentarischen Legitimation

Eindeutige Fortschritte sind bei der Stärkung der demokratischen Legitimation der EU-Außenpolitik zu verzeichnen. Das Europäische Parlament ist, wie im Verlauf des Buches mehrfach hervorgehoben wurde, ein Gewinner des Vertrags von Lissabon, erkennbar etwa am Zustimmungsrecht bei internationalen Abkommen oder bei der obligatorischen parlamentarischen Bestätigung des Hohen Vertreters 2.0. Die Außenpolitik der EU wird durch die Stärkung des Europäischen Parlaments auf eine demokratischere Grundlage gestellt. Gleichzeitig wird nach Lissabon auf die parlamentarische Legitimation des Europäischen Parlaments *und* der nationalen Parlamente zurückgegriffen. Letztere sind weiterhin wichtige „Player" in der Außenpolitik der EU, sei es bei der Ratifizierung von gemischten Abkommen oder beim Parlamentsvorbehalt einiger Mitgliedstaaten zur Entsendung von Truppen für GSVP-Missionen.

Weiterhin vielköpfige Vertretung

Weniger deutlich sind die Fortschritte bei der angestrebten größeren Sichtbarkeit der EU auf globaler Bühne. Einerseits brachte Lissabon Fortschritte, was die Kontinuität und Sichtbarkeit angeht:

So wurde der Vorsitz im Europäischen Rat durch den neuen ständigen Präsidenten verstetigt. Auch im Rat der Außenminister sorgte die permanente Ausübung des Vorsitzes durch den Hohen Vertreter für mehr Kontinuität. Zudem verschwand mit der Fusion der Posten des Außenkommissars und des Hohen Vertreters 1.0 zumindest ein Akteur von der Bildfläche. Andererseits ist die europäische Spitze mit dem Präsidenten des Europäischen Rates und dem Kommissionspräsidenten weiterhin doppelköpfig, was einer stärkeren Sichtbarkeit oder Profilbildung der EU auf globaler Bühne wenig zuträglich ist. Ob die neue Akteurskonfiguration der Juncker-Kommission zu mehr Sichtbarkeit der EU führt, hängt nicht zuletzt davon ab, welchen Spielraum die Staats- und Regierungschefs und die Außenminister der Mitgliedstaaten dem Hohen Vertreter und dem ständigen Präsidenten des Europäischen Rates einräumen. Nach den jüngsten Erfahrungen in der Ukraine-Krise ist eher zu beobachten, dass ausgewählte nationale Akteure weiterhin zentrale Akteure und damit „Strippenzieher" der EU-Außenpolitik bleiben.[1]

Insgesamt ist zu berücksichtigen, dass die Bewährungsphase der durch Lissabon neu geordneten außenpolitischen Infrastruktur der EU in einem Kontext stattfand, der kaum schwieriger hätte sein können. Die Lissabonner Vertragsgrundlagen mit Leben zu füllen, wäre an sich schon eine große Herausforderung gewesen. Die ersten fünf Jahre nach Inkrafttreten des Vertrags fielen jedoch auch noch mit einer äußerst gravierenden innereuropäischen Krise und mit unvorhergesehenen internationalen Entwicklungen zusammen. Angesichts der Umbrüche in der arabischen Welt waren die Erwartungen an die reformierte EU-Außenpolitik immens – und in vielerlei Hinsicht voreilig; denn die neuen Strukturen, allen voran der EAD, mussten erst vom Vertragspapier in die Wirklichkeit umgesetzt werden. Catherine Ashton sagte dazu:

Bewährungsphase unter schwierigen Umständen

> I think the biggest challenge is that if you could have chosen a time to create a brand-new service that has an enormous focus on its neighbourhood, you probably wouldn't have chosen a time when austerity has hit the European Union, when budgets are so tight and when so much is happening in the neighbourhood at the same time. And I've often described it as trying to fly a plane while you're building the wings at the same time.[2]

---

1 Vgl. hierzu auch Kapitel 5.2.
2 Ashton 2013: Interview beim Brussels Forum des German Marshall Fund of the United States.

Die Koinzidenz von notwendiger interner Aufbauarbeit und externen Anforderungen trug sicherlich dazu bei, dass die Lissabonner Reformen ihr Potenzial zu Beginn noch nicht voll entfalten konnten. Nun ist der EAD nach den mühseligen Aufbauarbeiten bereit „zum Fliegen"; es bleibt abzuwarten, welchen Kurs die EU einschlagen wird und wieviel Treibstoff sie ihrem Außenpolitik-Flugzeug zur Verfügung stellen wird.

Fortbestehende Dichotomie von intergouvernementalem und supranationalem Modus

Darüber hinaus bleibt die EU-Außenpolitik auch nach Lissabon von einer grundlegenden Problematik gezeichnet: der Dichotomie zweier unterschiedlicher Entscheidungssysteme und Funktionslogiken, dem intergouvernementalen Modus und dem supranationalen Modus. Auch Lissabon konnte somit die Ebenen- und Entscheidungsdilemmata nicht vollständig beheben: Beim Ebenendilemma sehen die Mitgliedstaaten zwar die EU angesichts globaler Herausforderungen als optimale Ebene zur Bearbeitung globaler Probleme („Problemlösungsinstinkt"), gleichzeitig streben sie aber danach, ihre eigene Souveränität nicht zu beschränken („Souveränitätsreflex").[3] Bei der Wahl von Beschlussfassungsmodi stehen die Mitgliedstaaten zudem vor dem Entscheidungsdilemma, wonach eigentlich Verfahrensregeln wie der Mehrheitsentscheid die Effizienz und auch die Handlungsfähigkeit erhöhen würden, die nationalen Regierungen jedoch gleichzeitig ihren Letztentscheidungsvorbehalt in Form von Vetomöglichkeiten bewahren möchten. Mit brüsselisierten Strukturen wie dem Hohen Vertreter oder dem EAD schwächten die Mitgliedstaaten als Herren der Verträge das intergouvernementale Prinzip zwar bewusst weiter ab, außerdem konnte durch die Reformen die horizontale Kohärenz erhöht werden – die beiden Dilemmata bleiben jedoch weiterhin virulent.

Vertrag der Evolution, nicht der Revolution

Insgesamt bietet der Vertrag von Lissabon somit „zwar keinen optimalen[,] aber einen brauchbaren Rahmen für eine bessere Außenpolitik."[4] Die Sozialisation und Herausbildung eines *esprit de corps* im EAD, die Überwindung jahrzehntealter Strukturen und institutioneller Kulturen vollzieht sich allerdings nicht von heute auf morgen, sondern ist ein zeitintensiver Prozess. Zudem birgt der Vertrag viele weitere Möglichkeiten, die bisher nicht genutzt wurden, wie etwa die ständige strukturierte Zusammenarbeit in der GSVP.

---

3 Zu Ebenen- und Entscheidungsdilemma: Hofmann/Wessels 2008: Der Vertrag von Lissabon – eine tragfähige und abschließende Antwort auf konstitutionelle Grundfragen? 6.

4 Lehne 2014: Eine Agenda für Federica Mogherini, 261.

Ein fundiertes und ausgereiftes Urteil über die Reformen wird sich mithin erst in einigen Jahren fällen lassen. Zu Recht bezeichnete auch der ehemalige Präsident des Europäischen Rates Van Rompuy den Vertrag von Lissabon als einen „Vertrag der Evolution, nicht der Revolution"[5].

5.2 Personeller Wechsel an der Spitze der EU: neue Chancen?

Wie diese Evolution, diese Ausfüllung und Implementierung der Vertragsgrundlagen in der Praxis vonstattengeht, hängt maßgeblich auch von den handelnden Akteuren ab. Der Vertrag von Lissabon kann als Vexierbild, als „Chamäleon" gesehen werden, das wegen seiner Vagheit, Unentschiedenheit und inneren Paradoxien in unterschiedlichem Licht erscheint, je nachdem wer es betrachtet und interpretiert.[6] „The Treaty of Lisbon is what you make of it", so könnte man in Abwandlung eines berühmten Satzes des Sozialkonstruktivisten Alexander Wendt sagen.

Prägende Rolle der handelnden Akteure

Wie im Verlauf dieses Buches bereits verschiedentlich dargelegt, blieb das erste Führungstrio Lissabonner Spielart, bestehend aus dem Kommissionspräsidenten José M. Barroso, dem Präsidenten des Europäischen Rates Herman Van Rompuy und der Hohen Vertreterin Catherine Ashton, hinter den hochgesteckten Erwartungen und seinen Möglichkeiten zurück. Van Rompuy hatte alle Hände voll zu tun mit dem innereuropäischen Krisenmanagement im Kontext der Eurokrise und übte sich außenpolitisch weitgehend in Zurückhaltung. Barrosos außenpolitische Ambitionen waren größer und gingen nicht zuletzt zulasten der Hohen Vertreterin, die er beispielsweise nicht ermächtigte, die mit außenpolitischen Ressorts betrauten Kommissare (Relex-Gruppe) zu koordinieren. Angesicht ihrer Aufgabenfülle strebte Ashton vermutlich auch nicht danach, diese Koordination zu übernehmen.[7] Generell ist zu konstatieren, dass Ashton trotz ihrer Rolle als Vizepräsidentin der Kommission den „Hut" der Kommission nicht umfassend nutzte. Ihre Kooperation mit anderen außenpolitisch relevanten Kommissaren erfolgte eher ad hoc als systematisch und basierte kaum auf ihrer herausgehobenen Rolle in

Van Rompuy, Barroso, Ashton

---

5 Van Rompuy 2010: Rede beim European Movement International, 25.05.2010.
6 Vgl. hierzu Rüger 2012: From an Assistant to a Manager, 155.
7 Lehne 2014: Eine Agenda für Federica Mogherini, 257.

der Hierarchie der Kommission.[8] Gegen Ende ihrer Amtszeit konnte Ashton zwar beachtliche diplomatische Erfolge erringen (Atomverhandlungen mit dem Iran und Vermittlung zwischen Serbien und dem Kosovo), insgesamt jedoch nahm sie ihre Rolle eher als zurückhaltende „Maklerin" denn als mit-führende „Managerin" der EU-Außenpolitik wahr. Dies ist nicht zuletzt auch dem während ihrer Amtszeit herrschenden Zeitgeist geschuldet, der eher Ergebnisse und effizientes Management des Status quo verlangte als strategische Diskussionen.[9]

Tusk, Juncker, Mogherini

Welche Chancen bietet das 2014 neu ins Amt gekommene Führungstrio, bestehend aus dem Präsidenten des Europäischen Rates Donald Tusk, dem Kommissionspräsidenten Jean-Claude Juncker und der Hohen Vertreterin Federica Mogherini? Letztere unterscheidet sich in ihrer bisherigen Amtsinterpretation deutlich von ihrer Vorgängerin. Bewusst setzte sie sich den „Kommissionshut" auf, als sie entschied, ihr Büro vom Gebäude des EAD in die Kommission zu verlegen. Befördert wurde Mogherinis intensivierte Koordinierungsrolle durch Junckers Neuorganisation der Kommission. Als Vizepräsidentin der Kommission und Vorsitzende des Projektteams „Europa in der Welt" koordiniert die Hohe Vertreterin das Cluster der Kommissare mit außenpolitischen Portfolios.[10] Die ersten Monate in der Amtszeit von Mogherini deuten auf klare Verbesserungen in der horizontalen Kohärenz hin. Die neue Hohe Vertreterin leitet beispielsweise nicht nur den Rat der Entwicklungsminister, sondern hält auch engen Kontakt zur Handelskommissarin Cecilia Malmström, die mit den TTIP-Verhandlungen betraut ist. Zudem zeigt sie ein deutlich stärkeres Interesse an der GSVP als Ashton, der oft eine Vernachlässigung dieses Politikbereichs, besonders bezüglich der militärischen Komponente der GSVP, angelastet wurde. Insgesamt scheint Mogherini sehr gewillt, den umfassenden Ansatz der EU-Außenpolitik nachhaltig mit Leben zu füllen. Juncker selbst hat bereits früh erklärt, sich in der Außenpolitik zurückzuhalten und unterscheidet sich darin ebenfalls von seinem Amtsvorgänger Barroso. Tusk, der als „Hardliner" in Sachen Russland gilt, wurde gerade vor dem Hintergrund der Ukraine-Krise ein ausgeprägter außenpolitischer Gestaltungswille

---

8 Helwig/Rüger 2014: In Search of a Role for the High Representative, 7. Hier findet sich auch eine ausführliche Bilanz von Ashtons Amtszeit.
9 Helwig/Rüger 2014: In Search of a Role for the High Representative, 14.
10 Vgl. Kapitel 3.3.3.

nachgesagt. Bisher bleibt er jedoch mit Ausnahme seines Engagements in Sache Energieunion auffallend blass.

An dieser, die Analysen der EU-Außenpolitik abschließenden Stelle ist es notwendig, die Betrachtung des Führungspersonals sehr knapp um Akteure jenseits der EU-Institutionen und Amtsträger zu erweitern; damit ist die mitgliedstaatliche Ebene angesprochen, die in diesem Buch weitgehend ausgeblendet werden musste. Denn auch nach Lissabon gilt in der Außenpolitik der EU, besonders in der intergouvernementalen Dimension, der an Bill Clintons berühmtes Zitat angelehnte Satz: „It's the member states, stupid!" Bei unzureichender Performanz oder mangelnder Sichtbarkeit der EU-Außenpolitik wird der „Schwarze Peter" gerne den EU-Akteuren zugeschoben, wobei oft unberücksichtigt bleibt, dass deren Handlungsspielraum immer noch maßgeblich von den Mitgliedstaaten abhängt. Ohne Zweifel kann eine selbstbewusste, extensive Rolleninterpretation des Ratspräsidenten oder des Hohen Vertreters die eigene Sichtbarkeit und Handlungsfähigkeit befördern. Letztlich begrenzen jedoch nach wie vor die Mitgliedstaaten, also die nationalen Staats- und Regierungschefs sowie die einzelstaatlichen Außenminister den Spielraum der mit Lissabon neu begründeten Positionen. Es wurde in vorliegendem Buch an etlichen, wenn auch nur kursorisch ausgeführten Stellen deutlich, dass der nationale Gestaltungswille in der intergouvernementalen Dimension der EU-Außenpolitik zumeist deutlich ausgeprägter ist als in der supranationalen.

In der Ukraine-Krise dominierten eindeutig die deutsche Bundeskanzlerin und der französische Staatspräsident, die im Rahmen des Normandie-Formats, unterstützt von ihren Außenministern, mit Russland und der Ukraine verhandelten; bisweilen wurde auch auf das Format des Weimarer Dreiecks, bestehend aus Deutschland, Frankreich und Polen, zurückgegriffen. Ashton, später Mogherini und vor allem Tusk blieben, wie schon erwähnt, im Hintergrund. Anders als bisweilen angenommen, muss dies nicht unbedingt als Schwächung der EU-Außenpolitik interpretiert werden, denn diese ist nicht als Nullsummenspiel zu verstehen.[11] So nutzte Ashton die Autorität der Mitgliedstaaten zum gemeinsamen Zweck, als sie die Außenminister des Weimarer Dreiecks bat, für sie während der Euromaidan-Proteste im Februar 2014 nach Kiew zu reisen, während sie in Wien die Atomverhandlungen mit dem Iran leitete.

„It's the member states, stupid!": nationale Akteure als Schlüsselakteure

EU-Außenpolitik: kein Nullsummenspiel

---

11 Raik 2015: No zero-sum game among EU foreign policy actors: Germany's leadership in the Ukraine crisis has strengthened the Union.

> Something I developed over these years is actually recognising the value of
> using our foreign ministers as teams, as groups to represent the Union. It
> doesn't always have to be me. They did a fantastic job and I am hugely grate-
> ful to them.[12]

Neue Formate in der EU-Außenpolitik

Dieser Rückgriff auf die Autorität der Mitgliedstaaten, von dem Ashton auch 2012 im Kontext der Syrien-Krise schon Gebrauch gemacht hatte,[13] birgt zwar das Risiko, die EU-Akteure in den Schatten zu stellen, dient jedoch letztendlich dazu, die diplomatische Schlagkraft der EU gezielt und geschickt zu bündeln. Ashtons Nachfolgerin sieht die EU-Außenpolitik ebenfalls nicht als Nullsummenspiel, sondern setzt auf die Einbindung der und die Unterstützung durch die Mitgliedstaaten. Mit Blick auf den Einsatz der diversen Gesprächsformate in der Ukraine-Krise sagte Mogherini:

> I believe any narrative of a clash among national interests and European in-
> terests is flawed. [...] We have worked through all channels, all forms and
> formats of dialogue that can lead to a solution. [...] Some argue that this is
> not "Europe foreign policy". [...] I believe Chancellor Merkel and President
> Hollande didn't just work for the German or French national interest, but for
> the interest of all Europe. [...] A European common foreign policy does not
> call for Member States to give up their own foreign policies. On the contrary,
> each country can reinforce our common action with its own strength and
> expertise. But we see Europe at its best only when all the Twenty-eight push
> in the same direction. It is good teamwork we need.[14]

Wichtig ist letztlich weniger, *welche* Akteure die Außenpolitik der EU gestalten, sondern dass sie alle gemeinsam mit einer Stimme sprechen und dass die nationalen Akteure sowie die Akteure auf europäischer Ebene zum Zweck einer geeinten Positionierung alle ihre Kräfte und Möglichkeiten bündeln – und an einem Strang ziehen. Trotz erheblicher Meinungsverschiedenheiten war dies in der Ukraine-Krise (zum Beispiel bei der Verhängung von Sanktionen) bisher der Fall. Dass Mogherini im Normandie-Format außen vor bleibt, kann gar nicht überraschen, da die Verhandlungen auf Gipfelebene geführt werden. Das Amt des Hohen Vertreters jedoch ist auf Ebene der Außenminister angesiedelt, sodass Mogherini protokollarisch keine Gesprächspartnerin für den russischen oder bei-

---

12 Ashton zitiert nach Helwig/Rüger 2014: In Search of a Role for the High Representative, 10.
13 Helwig/Rüger 2014: In Search of a Role for the High Representative, 10.
14 Mogherini 2015: Keynote Speech, Chatham House.

spielsweise auch den amerikanischen Präsidenten ist.[15] Tusk könnte protokollarisch Teil der Gespräche sein, bleibt aber im Verhandlungsformat ebenfalls außen vor und äußerte sich dazu wie folgt:

> Für mich ist das keine komfortable Lage, dass die Verhandlungen ohne die europäischen Institutionen stattfinden. Aber ich kann das akzeptieren, weil das Normandie-Format [...] und das Minsker Abkommen ein gutes Beispiel dafür sind, dass wir Europäer mindestens ein Resultat in diesem schwierigen Verhandlungsprozess erzielen können – und keine unendlichen Verhandlungen unter 28 Mitgliedstaaten führen. [...E]s geht nicht um nationales Prestige und die Frage: Warum ist Tusk nicht in Minsk? Wir brauchen eine effektive Diplomatie [...].[16]

Wenngleich die EU-Außenpolitik somit auch nach Lissabon weiterhin von einer großen Akteursvielfalt gekennzeichnet bleibt, muss dies – wie gezeigt – nicht unbedingt mit widersprüchlicher und kontraproduktiver Kakofonie einhergehen, zumal unitäre, zentralistischere außenpolitische Strukturen ebenfalls keine Garantie für eine konsensuale, geschlossene und kohärente Außenpolitik bieten. So ist auch Barack Obama, Präsident eines Landes, dessen außenpolitische Akteursqualität gemeinhin extrem hoch veranschlagt wird, nicht davor gefeit, dass seine außenpolitische Linie untergraben wird, wie der offene Brief von 47 US-Senatoren im März 2015 an den Iran belegt.[17]

Viele Köpfe, viele Stimmen?

Insgesamt ist festzuhalten, dass die Problematik der EU-Außenpolitik aktuell weniger in der Vielzahl der sie gestaltenden Akteure besteht, sondern darin, dass Unklarheit über die strategische Ausrichtung des globalen Akteurs EU herrscht. Sieht man von den lediglich marginalen Veränderungen 2008 ab, so stammt die gültige Sicherheitsstrategie der EU aus dem Jahr 2003, als die EU noch 15 Mitgliedstaaten umfasste und als Europa – so der Text – „so wohlhabend, so sicher und so frei"[18] wie nie zuvor gewesen ist. Seither hat sich wahrlich Einiges verändert, sodass sich die Frage stellt, ob die EU unter substanziell neuen Rahmenbedingungen ihrer Außen-

Notwendigkeit einer umfassenden Strategiedebatte

---

15 Bei Verhandlungen auf Ebene der Außenminister wie etwa bei den Atomverhandlungen mit dem Iran ist die Rolle der Hohen Vertreterin deutlich ausgeprägter. Generell ist in der internationalen Politik eine „Vergipfelung" zu verzeichnen, d. h. immer mehr Entscheidungen werden auf die Ebene der Staats- und Regierungschefs verlagert (Rinke 2010: Chefsache Europa).

16 Tusk 2015: Interview mit Süddeutscher Zeitung, 16.03.2015.

17 Vgl. Kapitel 4.1.1.

18 Europäischer Rat 2003: Ein sicheres Europa in einer besseren Welt.

politik einen strategisch angelegten, mit faktischen Handlungsmöglichkeiten unterfütterten und gemeinsam gewollten erneuerten, verstärkten Impetus zu geben vermag.

5.3 Perspektiven der EU-Außenpolitik

Abschließend sind daher nun die Perspektiven der EU-Außenpolitik anzusprechen. Dies soll und kann jedoch nicht in einem umfassenden Sinne geschehen; vielmehr wird auf der Grundlage des neu besetzten und neu konfigurierten EU-Spitzenpersonals sowie der vorrangig in Kapitel 4 hergeleiteten unmittelbar bevorstehenden inhaltlichen Neuausrichtungen in zahlreichen der mehrdimensionalen Mosaikbausteine ein Blick auf die außenpolitische Agenda der EU in der nahen Zukunft geworfen. Ob all diese „Baustellen" in einem produktiven und positiven Sinne zur Stärkung, Verbesserung und Effektivierung der EU-Außenpolitik führen werden, muss zwangsläufig offenbleiben.

Krise senkt Ansehen der EU   Es ist im Verlauf der Analysen bereits mehrfach angeklungen, dass sich die Rahmenbedingungen für die europäische Integration in den letzten Jahren merklich verschlechtert haben, die EU unter vielerlei Gesichtspunkten unter Druck steht. Aus diesem weiten Themenfeld seien stichwortartig lediglich einige besonders gravierende Belastungen für die EU-Außenpolitik erwähnt. Hier ist an erster Stelle auf die seit etwa fünf Jahren andauernde „Euro-Krise" zu verweisen, die de facto eine Staatsschuldenkrise ist, und in deren Folge sich in mehreren EU- und Euro-Staaten eine gravierende Wirtschafts- und Beschäftigungskrise entwickelt hat. Ob der 2010 eingeschlagene, austeritätsorientierte Kurs der „Euro-Rettung" die Krise tatsächlich befeuert hat oder faktisch alternativlos war, sei hier dahingestellt; diese Frage wird in der Euro-Zone derzeit auf das Heftigste strittig debattiert. Feststeht jedoch, dass diese gravierenden Belastungen der EU und insbesondere der Eurozone der inzwischen 19 Staaten die Bedeutung und die Attraktivität der EU als Wirtschaftsmacht, als größter Binnenmarkt der Welt und als weltweites Vorbild für weitere Integrationsprojekte spürbar geschmälert hat.[19] Hinzu kommt, dass die ökonomische Krise und die harten, teils

---

19 Vgl. Youngs 2014: The Uncertain Legacy of Crisis. European Foreign Policy Faces the Future; Rüger (im Erscheinen): From Core to Periphery? The Impact of the Crisis on the EU's Role in the World.

brutalen Auseinandersetzungen über den richtigen Reformkurs auch zu Spannungen zwischen den Mitgliedstaaten – sowohl innerhalb der EU-28 als auch und zuvörderst innerhalb der Eurozone – geführt haben, sodass das Streben nach gemeinsamer Politikgestaltung darunter gelitten hat und sich ein gewisser Trend zur Renationalisierung beobachten lässt.

Bei den Wahlen zum Europäischen Parlament im Mai 2014 hat sich gezeigt, dass der ehemals gegebene sogenannte „permissive Konsensus", die wohlwollende Zustimmung der Unionsbürger zur europäischen Integration, weiter erodiert, sodass manche inzwischen von einem „unpermissive dissensus"[20] sprechen. Europaskeptische und Europa-kritische Parteien, wie beispielsweise die deutsche AfD (Alternative für Deutschland) oder die britische UKIP (United Kingdom Independence Party), haben massiv an Zuspruch gewonnen, offen europa-feindliche, rechtsextreme Parteien, wie der französische Front National oder die italienische Lega Nord, sind nur wegen interner Streitereien an einer Fraktionsbildung gescheitert.

„Unpermissive dissensus"?

Schließlich drohen der EU derzeit veritable Desintegrationsgefahren. So haben all die Reformbemühungen, die in den letzten Jahren innerhalb der Eurozone beschlossen wurden, wie insbesondere der Fiskalpakt, der neugefasste Stabilitäts- und Wachstumspakt sowie die Bankenunion, zweifelsohne zu einer Vertiefung und Stärkung der Währungsunion geführt; andererseits aber führt diese krisenfestere Konstruktion der Eurozone zu neuen Formen der differenzierten oder abgestuften Integration.[21] So wird zum einen für die sogenannten *Pre-Ins*, also für die EU-Mitgliedstaaten, die die Gemeinschaftswährung zu gegebener Zeit übernehmen wollen und müssen, ein Nachrücken in die Euro-Zone immer schwieriger, da die Anforderungen im Rahmen der jüngsten Reformen deutlich anspruchsvoller wurden. Zum anderen entsteht eine neue Kluft zwischen der EU-28 und der Eurozone, da derzeit das Gros des Integra-

Desintegrationsgefahren

---

20 Webber 2013. How likely is it that the European Union will disintegrate? A critical analysis of competing theoretical perspectives, 11.
21 Derzeit findet eine intensive Auseinandersetzung mit dem wieder hoch aktuell gewordenen Thema der differenzierten Integration statt; vgl. Von Ondarza 2012: Zwischen Integrationskern und Zerfaserung. Folgen und Chancen einer Strategie differenzierter Integration; Lippert 2013: Die EU zusammenhalten – aber wie? Überlegungen zur Zukunftsdebatte; Tekin 2012: Opt-Outs, Opt-Ins, Opt-Arounds? Eine Analyse der Differenzierungsrealität im Raum der Freiheit, der Sicherheit und des Rechts; Holzinger/Schimmelfennig 2012: Differentiated Integration in the European Union: Many Concepts, Sparse Theory, Few Data.

Kommen Grexit
und Brexit?

tionsgeschehens in letzterer stattfindet, sodass von einem Euro-zonen-Kerneuropa gesprochen werden kann.[22]

Desintegration bzw. ein regelrechter Zerfall droht Europa schließlich durch einen möglichen Grexit und/oder Brexit, Während die Eurozone durch die Reformen der letzten Jahre gegen die währungspolitischen Turbulenzen, die ein Ausscheiden Griechenlands aus der Eurozone mit sich brächte, besser gerüstet scheint, können die politischen Aus- und Nachwirkungen solch eines Austritts nicht hoch genug veranschlagt werden. Noch gravierender wären die Folgen eines britischen Rückzugs aus der EU. Mit einem Ausscheiden des Vereinigten Königreichs aus der EU, eines der „Großen Drei" vor allem in GASP und GSVP, würde das internationale Gewicht der EU substanziell gemindert, ihr Einflussbereich schmerzhaft beschnitten und ihre Anziehungskraft spürbar geschwächt. Ob ohne den traditionell als „awkward" geltenden Partner Großbritannien[23] manche Entscheidung ermöglicht oder vereinfacht würde – gerade, aber nicht nur im Bereich von GASP und GSVP – muss ebenso dahingestellt bleiben, wie die Wahrscheinlichkeit solch einer Entwicklung insgesamt. Sicher aber trifft die Hohe Vertreterin Mogherini einen zentralen Aspekt der britischen Rolle in der EU mit der Feststellung, die sie am 24. Februar 2015 äußerte:

> The United Kingdom has always helped the EU to look outward, not inward. At no time is this more important than today, and we count on you [the UK] to continue in your role as an advocate of a European Union that is truly global in its outlook.[24]

Nach dem Wahlsieg der Konservativen Partei unter David Cameron am 7. Mai 2015 kommen die zusätzlichen Belastungen nun konkret auf die EU zu; denn jetzt wird Cameron in Gespräche mit der EU eintreten, um die Bedingungen einer künftigen britischen EU-Mitgliedschaft neu zu verhandeln. Dabei ist jedoch weitgehend unklar, was der britische Prime Minister erreichen möchte. „Keiner versteht, was er will."[25] Für 2016, spätestens 2017, hat Cameron ein

---

22 Müller-Brandeck-Bocquet 2013: Was vom europäischen Projekt übrigbleibt... Zerfall oder Neustart?

23 Vgl. hierzu umfassend Melcher 2014: Awkwardness and Reliability. Die britische Europapolitik von 1997 bis 2013.

24 Mogherini 2015: Keynote Speech, Chatham House.

25 MacShane 2015: Interview mit Le Monde. Denis MacShane war unter Tony Blair Europaminister.

Referendum versprochen, in dem die Briten auf der Grundlage der neu verhandelten Bedingungen über ihren Verbleib in der EU werden abstimmen können. Wie immer all dies ausgehen wird – die nun wie ein Damoklesschwert über aller Köpfe schwebende Gefahr eines Brexit wird die EU über viele Monate hinweg unter extrem hohen Druck setzen und ihr Energien entziehen, die sie anderweitig dringend benötigt.

Doch Krisen bergen immer auch Chancen. Dies gilt bekanntermaßen und besonders für ein Projekt wie das der europäischen Integration, das grundsätzlich und immer wieder großen Wagemuts, Experimentierfreudigkeit und Zukunftsoffenheit bedarf, um voranzuschreiten; dies hat bereits einer der Gründungsväter dieses europäischen Abenteuers, Jean Monnet erkannt, als er formulierte:

Wann nutzt die EU Krisen als Chance?

> L'Europe se fera dans les crises et elle sera la somme des solutions apportées à ces crises.[26]

An Krisen hat es der EU in den letzten Jahren wahrlich nicht gemangelt; doch sie alle konnten die EU und insbesondere ihre Mitgliedstaaten bisher noch immer nicht dazu bewegen, die Konsequenz zu ziehen und u. a. die EU-Außenpolitik substanziell und über das zuletzt in Lissabon beschlossene Maß hinaus zu reformieren und zu stärken. Warum sollte man dann – so ist zu fragen – für die Zukunft annehmen, dass Monnets Prophezeiung besser berücksichtigt und beherzigt wird? Diese Frage drängt sich auf und ist nicht leicht von der Hand zu weisen.

Nach Einschätzung der Autorinnen besteht dieses Mal aber tatsächlich die Aussicht, dass sich die EU und ihre Mitgliedstaaten aufraffen und den Krisenkontext als Chance nutzen könnten. Hierfür lassen sich mehrere Argumente anführen. So ist zu betonen, dass die aktuellen Krisen besonders vielfältig und gravierend sind und regelrechte Desintegrationsgefahren bergen, was selbst in der bisherigen krisengeprägten und erfahrenen Integrationsgeschichte ein absolutes Novum darstellt.

Weiterhin führen die Globalisierung und insbesondere der Aufstieg neuer Mächte, das Phänomen der *emerging powers* also, allen EU-Mitgliedstaaten, auch den großen, tagtäglich eindringlich vor

---

26 Monnet 1976: Mémoires, 488. (Europa wird in den Krisen geschaffen werden und es [Europa] wird die Summe der Lösungen sein, die für diese Krisen gefunden werden.)

Augen, dass sie alleine und für sich genommen auf den Gang der Weltpolitik und deren künftiger Gestaltung kaum mehr Einfluss nehmen können. Damit sollte ein weiteres Bonmot, das die Integrationsgeschichte seit Jahrzehnten begleitet, endlich und definitiv obsolet geworden sein. Es stammt von Paul-Henri Spaak, einem weiteren Gründungsvater des vereinten Europas, bezieht sich auf die 1950er-Jahre und lautet:

> There are only two kinds of countries in Europe: small countries and small countries that have not yet realized that they are small.[27]

Im Jahr 2015 sollte davon ausgegangen werden können, dass alle 28 EU-Mitgliedstaaten diese Lektion im heutigen internationalen Kontext verstanden haben. Da, wo sich Politiker dieser Erkenntnis noch immer entziehen und von Alleingängen außerhalb der EU fabulieren, sind die Bürger, d. h. die Wähler, dazu aufgerufen, diesen Realitätsverlust durch ihr Votum zu korrigieren – sei es in Großbritannien, in Frankreich, in Finnland, in Ungarn und in jedem weiteren Mitgliedstaat der EU.

Einmalig bedroh-licher Krisenbogen um die EU herum Die Erwartung, dass die EU dieses Mal Krisen als Chance zu nutzen versteht, speist sich weiterhin aus neuen Sicherheitsbedrohungen. Denn in ihrer Nachbarschaft ist der EU ein äußerst explosives Umfeld entstanden, das im Ausmaß seiner Bedrohlichkeit ebenfalls neuartig ist. In der Tat ist die EU derzeit in fast allen Himmelsrichtungen von einem brandgefährlichen Krisenbogen umgeben, der über Libyen, Palästina, Syrien, Nordirak bis in die Ukraine hineinreicht. Mit der Terrorbewegung „Islamischer Staat", die Teile des Iraks, Syriens und Libyens bedroht, sowie einer weiteren islamistischen Truppe, Boko Haram, die mehrere schwarzafrikanische Staaten terrorisiert, sind neue Gefahren aufgetreten, die nach gemeinsamen Antworten auch der EU verlangen. Dies zeigt sich besonders im Bereich der Flüchtlingspolitik. Der Ukraine-Konflikt schließlich führt allen das schier Undenkbare, Unfassbare vor Augen: dass kriegerische Konflikte und Angriffe auf die territoriale Unversehrtheit nach Europa zurückkehren und dass manche EU-Staaten sich vor ihrem großen Nachbarn Russland (wieder) fürchten. Hinzu kommt, dass diese Bedrohungen sich in einer Zeit um die EU herum auftürmen, in der die Bereitschaft und die Fähigkeit der USA, beschüt-

---

27 Spaak zit. nach Biscop/Coelmont 2012: Europe, Strategy and Armed Forces. The making of a distinctive power, 123.

zend, ordnend und stellvertretend für Europa aufzutreten und ein-
zugreifen, höchst merklich nachgelassen haben. Die Summation all
dieser neuen Gegebenheiten birgt – so das Argument – ein derartig
hohes, extrem gefährliches Krisenpotenzial, dass die EU dieses Mal
vielleicht und endlich doch die entsprechenden, notwendigen
Schlüsse zieht, ihre Einheit vertieft und auch ihre Außenpolitik weiter substanziell verbessert und stärkt.

Selbstredend kann hier keine Antwort auf die Frage gegeben
werden, wie die EU und ihre Mitgliedstaaten auf diese immensen
Herausforderungen tatsächlich reagieren werden. Abschließend
seien jedoch noch zwei Einschätzungen der beiden Autorinnen wie-
dergegeben. Zum Ersten gehen sie davon aus, dass die Grundzüge
der EU-Außenpolitik auch in voraussehbarer Zukunft erhalten bleiben. Damit ergeben die Mosaikbausteine in ihrer Gesamtheit und mit
ihren unterschiedlichen Dimensionen – der intergouvernemental
und der gemeinschaftlich geprägten, den Sanktionen, der Sui-
generis-Dimension, der umfangreichen externen Dimension interner
Politikbereiche sowie den Partnerschaften und Abkommen – auch
weiterhin „die" EU-Außenpolitik. Diese bleibt somit auch in Zukunft
ein hochkomplexes Politikgebilde, „one of the most complex and
constantly evolving international actors on the planet"[28] und verlangt Forschern, Beobachtern und Kommentatoren sowie Studieren-
den sehr viel ab. Innerhalb dieser mutmaßlichen Konstanz der
Grundstrukturen der EU-Außenpolitik sind Veränderungen und
Optimierungen aber sowohl vorstellbar als auch erwartbar. So sind
neue Formate in der Gestaltung und Ausführung der EU-Außenpolitik ein durchaus sinnvoller, effizienzsteigernder Ansatz. Angesprochen sind hier der bereits erwähnte Einsatz von EU-Außen-
ministern in Tandems oder anderen Gruppierungen, der als eines
von Ashtons Vermächtnissen gewertet werden kann, sowie von
Tandems (oder anderen Gruppierungen) auf Ebene der Staats- und
Regierungschefs. Ein vermehrter Rückgriff auf solche und weitere
denkbare Formate kann immer dann – und nur dann – zum Nutzen
der EU gereichen, wenn klar wird, dass die Akteure in Namen und
Auftrag der Union handeln.

Insgesamt lassen sich – trotz auch gegenläufiger Momente, die
bereits Erwähnung fanden – durchaus erste Anzeichen für einen
Stimmungsumschwung hin zu einer außenpolitischen Relance und

Mosaik bleibt Grundlage der EU-Außenpolitik

---

28 Michael Smith zit. nach Koops/Macaj (Hrsg.) 2014: The European Union as a
diplomatic actor, i.

einer Rückbesinnung auf den Mehrwert der Integrationsgemeinschaft beobachten. Dies ist nicht zuletzt daran abzulesen, dass in den verschiedenen außenpolitischen Mosaiksteinen letzthin zahlreiche Review- und Reformprozesse angekündigt, angestoßen oder gar schon in Arbeit gegeben wurden. Sie halten vielfältige Möglichkeiten und Chancen für eine weitere Verbesserung und Stärkung der EU-Außenpolitik bereit, zumal in der EU-Führungsspitze der entsprechende Wille vorhanden zu sein scheint.

Baustellen in der EU-Außenpolitik

Bei der Darstellung und Analyse der einzelnen Mosaik-Bausteine in Kapitel 4 wurden diese Review- und Reformvorhaben bereits angesprochen, sie betreffen nahezu alle Bereiche und Dimensionen der EU-Außenpolitik. „Baustellen" wurden in der Gemeinsamen Handelspolitik, im Bereich der künftigen Energieunion und der Klimapolitik gesichtet; in der Flüchtlingspolitik, die Teil des RFSR ist, wurde nach dem „Massensterben im Mittelmeer" Mitte April 2015 ein „Wendepunkt" beschlossen. Die ENP befindet sich derzeit sowohl in ihrer südlichen als auch östlichen Dimension in einem Überarbeitungsprozess und an den Verteidigungsgipfel vom Juni 2015 richten sich angesichts der aktuell angespannten sicherheitspolitischen Lage hohe Erwartungen. Schließlich ist die Baustelle „neue Sicherheitsstrategie" inzwischen tatkräftig eingerichtet. Zu dieser künftigen EU-Sicherheitsstrategie, die im besten Falle auch eine ehrgeizige und angemessene, umfassende EU-Außenpolitikstrategie werden sollte, äußerte sich Mogherini auf der Münchner Sicherheitskonferenz 2015 wie folgt:

> In a rapidly changing world we need to have a clear vision of the way ahead. [...] In these times of crisis it is not easy to go beyond the immediacy of today. But taking the time to look ahead is not a luxury. It is an essential prerequisite to transition from the current global chaos to a new peaceful global order. We need a sense of direction. We need an ability to make choices and to prioritise. We need a sense of how we can best mobilise our instruments to serve our goals and in partnership with whom. We need a strategy.[29]

Angesichts dieser Vielzahl an versprochenen und zum Teil schon initiierten Reformen in vielen der außenpolitischen Mosaik-Bausteine sind zweifelsohne zahlreiche Fortschritte für die Außenpolitik der EU zu erwarten. Ob sie ausreichen werden, um der EU nachhaltig ein angemessenes internationales Gewicht und eine

---

29 Mogherini 2015: Rede bei der Münchner Sicherheitskonferenz.

starke außenpolitische Akteursrolle zu sichern, muss selbstredend abgewartet werden.

Angesichts der globalen Entwicklungen ist Anand Menon zuzustimmen, der für die Europäer nur zwei Optionen sieht: „Crudely put, the choice confronting Member States is one between collective empowerment and autonomous decline."[30] Es ist letztendlich diese Gefahr des weltpolitischen Bedeutungsverlusts bzw. der möglichen künftigen Bedeutungslosigkeit, die die EU und ihre Mitgliedstaaten zur weiteren Stärkung ihrer Außenpolitik veranlassen muss – dies kann als kategorischer Imperativ für Europas Zukunft gelten.

Die Notwendigkeit, auch angesichts des weltweit wirksamen demografischen Wandels das politische Gewicht und die Fähigkeiten aller 28 Mitgliedstaaten gemeinsam in die Waagschale der Weltpolitik zu werfen, spricht Kommissionspräsident Juncker immer wieder sehr deutlich an:

> By the middle of the century, Europeans will represent just seven percent of the world's population. We are the smallest continent. Our relative part of the global GDP will shrink. Not one single European country will be a member of the G7 in 25 years from now. We will disappear in terms of our economic weight. [...] So the time has come to deepen European integration instead of re-introducing national divisions.[31]

Auch Parlamentspräsident Martin Schulz warnte bei der Entgegennahme des Aachener Karlspreises, mit dem er im Mai 2015 für seine Verdienste um die Einigung Europas ausgezeichnet wurde, mit folgenden Worten:

> Es gibt keine Ewigkeitsgarantie für die Art wie wir leben. Deshalb ist es gefährlich, die EU als alternativlos zu betrachten. Natürlich gibt es Alternativen zur EU und wir müssen diese Alternativen benennen. Die Alternative zur EU lautet: Re-Nationalisierung. Deshalb stehen wir vor der Frage: Wollen wir jeder für sich allein gestellt oder wollen wir gemeinsam unser Gesellschaftsmodell und unsere Wettbewerbsfähigkeit in der Globalisierung verteidigen?
> [...] Wenn wir uns in unsere Einzelteile zerlegen, dann versinkt Europa in der Bedeutungslosigkeit. Zusammen aber sind wir Europäer eine starke Gemeinschaft von Staaten und Völkern, die ihren Bürgern Rechte garantieren; Rechte für die in anderen Teilen der Welt Menschen auf die Straße gehen, ja, ihr Leben aufs Spiel setzen. [...] Wenn diese Staaten aber wettbewerbsfähiger werden als wir Europäer es sind, eben weil sie Grundrechte nicht beachten,

Zukunftsgestaltung der EU-Außenpolitik im globalen Kontext

---

30 Menon 2014: Divided and Declining? Europe in a changing world, 16.
31 Juncker zit. nach Mahony 2015: Time to deepen European integration.

dann stehen wir vor der Wahl, so zu werden, wie sie es sind, oder mutig zu sagen: Wer auf unseren reichsten Markt der Welt will, wer mit uns Handel und Wandel betreiben will, der muss unsere Rechte und unsere Standards respektieren. Unsere Wirtschaftskraft entsteht aus dem Binnenmarkt, aus dem Zusammenschluss von Ökonomien, die gerade durch ihre Verbundenheit stark sind. Genau durch diese Stärke können wir unsere Werte, die unser Fundament sind, verteidigen. Das ist der Auftrag Europas, nach innen geeint und dadurch nach außen gestärkt, Demokratie und Rechtsstaatlichkeit, soziale und wirtschaftliche Gerechtigkeit im 21. Jahrhundert zu sichern.[32]

Ob die Mitgliedstaaten, besonders die großen, die Signale hören, die richtige Option wählen und die EU-Außenpolitik in all ihren Dimensionen weiter stärken und vertiefen werden, bleibt abzuwarten. Ihre Selbsterkenntnis, Beschlüsse und Taten werden aber zweifelsohne ausschlaggebend sein für die Weichenstellung der Zukunft: Werden die Mitgliedstaaten – jeder einzeln auf seinen Souveränitätsrechten beharrend – in der Bedeutungslosigkeit versinken oder in und mittels und mit der EU gemeinsam auch in Zukunft Akteure der Weltpolitik bleiben?

---

32 Schulz 2015: Rede anlässlich der Verleihung des Karlspreises.

Literatur- und Quellenverzeichnis[1]

A

Abels, Gabriele/Eppler, Annegret (Hrsg.) 2011: Auf dem Weg zum Mehrebenen-parlamentarismus? Funktionen von Parlamenten im politischen System der EU, Baden-Baden.

Adam, Rudolf G. 2002: Die Gemeinsame Außen- und Sicherheitspolitik der Europäischen Union nach dem Europäischen Rat von Nizza. In: Müller-Brandeck-Bocquet, Gisela (Hrsg.): Europäische Außenpolitik. Die GASP- und ESVP-Konzeptionen ausgewählter Mitgliedstaaten, Baden-Baden, 134–148.

Adebahr, Cornelius 2009: Learning and Change in European Foreign Policy. The Case of the EU Special Representatives, Baden-Baden.

Adebahr, Cornelius 2011: From Competitors to Deputies: How the EU Special Representatives Integrated into the Solana System. In: Müller-Brandeck-Bocquet, Gisela/Rüger, Carolin (Hrsg.): The High Representative for the EU Foreign and Security Policy – Review and Prospects, Baden-Baden, 87–108.

Albright, Madeleine 1998: The right balance will secure Nato's future. In: Financial Times, 07.12.1998.

Alcaro, Riccardo/Bassiri Tabrizi, Aniseh 2014: Europe and Iran's Nuclear Issue: The Labours and Sorrows of a Supporting Actor. In: The International Spectator 49:3, 14–20.

Algieri, Franco 2005: Von der Macht der Zeitumstände und der Fortführung eines integrationspolitischen Projekts: Die Gemeinsame Außen- und Sicherheits-politik im Verfassungsvertrag. In: Weidenfeld, Werner (Hrsg.): Die Europä-ische Verfassung in der Analyse, Gütersloh, 205–227.

Algieri, Franco 2010: Die Gemeinsame Außen- und Sicherheitspolitik der EU, Wien.

Algieri, Franco 2011: Understanding Differences: An Attempt to Describe Javier Solana's View of the EU's International Role. In: Müller-Brandeck-Bocquet, Gisela/Rüger, Carolin (Hrsg.): The High Representative for the EU Foreign and Security Policy – Review and Prospects, Baden-Baden, 131–144.

Algieri, Franco 2014: Assoziierungs- und Kooperationspolitik. In: Weidenfeld, Werner/Wessels, Wolfgang (Hrsg.): Europa von A bis Z. Taschenbuch der europäischen Integration, 13. Auflage, Baden-Baden, 83–88.

Allen, David 1998: Who Speaks for Europe? The Search for an Effective and Coherent External Policy. In: Peterson, John/Sjursen, Helen (Hrsg.): A Common Foreign Policy for Europe? Competing Visions of the CFSP, London/New York, 41–85.

---

[1] Für die offiziellen Dokumente der EU, die hier mit Dokumentnummer angege-ben werden, wird auf die Zusammenstellung amtlicher Dokumente verwiesen: http://europa.eu/publications/ official-documents/index_de.htm.
EU-Vertragstexte werden in diesem Verzeichnis nicht aufgeführt. Sie sind unter http://eur-lex.europa.eu/collection/eu-law/treaties.html?locale=de einsehbar.
Alle Internetverweise wurden am 30. Mai 2015 zuletzt geprüft.

Allen, David/Smith, Michael 1990: Western Europe's presence in the contemporary international arena. In: Review of International Studies, 16:1, 19–37.

Angenendt, Steffen/Dröge, Susanne/Richert, Jörn (Hrsg.) 2011: Klimawandel und Sicherheit. Herausforderungen, Reaktionen und Handlungsmöglichkeiten, Baden-Baden.

Angenendt, Steffen/Engler, Markus/Schneider, Jan 2013: Europäische Flüchtlingspolitik. Wege zu einer fairen Lastenteilung, SWP-Aktuell 2013/A 65, Berlin.

Angenendt, Steffen/Schneider, Jan 2015: EU-Asylpolitik: Faire kollektive Aufnahmeverfahren schaffen, SWP Kurz gesagt, Berlin.

Anholt, Simon 2014: Soft Power. In: Internationale Politik 1/2014, 48–53

Ashton, Catherine 2009: Quiet diplomacy will get our voice heard. In: The Times, 17.12.2009.

Ashton, Catherine 2010: EU-India relations post-Lisbon: Cooperation in a changing world, SPEECH/10/336, 23.06.2010.

Ashton, Catherine 2010: Rede bei der Münchner Sicherheitskonferenz, 06.02.2010, URL: https://www.securityconference.de/en/activities/munich-security-conference/ msc-2010/speeches/ashton-catherine.

Ashton, Catherine 2010: Strategic Partners. Progress Report for the European Council, Brüssel.

Ashton, Catherine 2012: Speech on EU foreign policy towards the BRICS and other emerging powers, European Parliament, SPEECH/12/56, 01.02.2012.

Ashton, Catherine 2013: Interview beim Brussels Forum des German Marshall Fund of the United States, 16.03.2013, URL: https://www.youtube.com/watch ?v=Ci0rLgJ 8z2w&list=PLsAbGOcWnbyoJtzdHOyk6okDQlsnP4BcS&index=1.

Attali, Jacques 1995: Verbatim, Paris.

Austermann, Frauke 2014: European Union delegations in EU foreign policy. A diplomatic service of different speeds, Basingstoke.

B

Bahr-Vollrath, Jan 2014: Der Europäische Auswärtige Dienst. Chance für Kohärenz, Konvergenz und Kontinuität in der Außenpolitik der EU, München.

Balfour, Rosa 2012: Human Rights and Democracy in EU Foreign Policy. The Cases of Ukraine and Egypt, London.

Balfour, Rosa/Carta, Caterina/Raik, Kristi 2015: The European external action service and national foreign ministries. Convergence or divergence, Farnham.

Balzli, Beat 2015: Juncker will EU-Armee. In: Die Welt, 08.03.2015.

Banim, Guy 2014: The EU in Myanmar: Preventive diplomacy in action? EU Institute for Security Studies, Brief Nr. 29, Paris.

Barroso, José Manuel Durão 2006: Interview mit der Frankfurter Allgemeinen Zeitung, 11.10.2006.

Barroso, José Manuel Durão 2010: The European Union and multilateral global governance. Rede am European University Institute Florenz, SPEECH 10/322, 18.06.2010.

Bauchmüller, Michael 2014: USA und China schließen Klimapakt. In: Süddeutsche Zeitung, 13.11.2014.

Bauchmüller, Michael 2015: Der beste Geber. In: Süddeutsche Zeitung,
03.02.2015.

Bauchmüller, Michael 2015: Europas Fliehkräfte. In: Süddeutsche Zeitung,
26.02.2015.

Bava, Ummu Salma 2008: The EU and India: Challenges to a strategic partnership.
In: Grevi, Giovanni/Vasconcelos, Álvaro de (Hrsg.): Partnerships for effective
multilateralism, EU Institute for Security Studies, Chaillot Paper Nr. 109,
Paris, 105–113.

Bava, Ummu Salma 2013: The Efficiency of the EU's External Actions and the EU-
India Relationship. In: Telò, Mario/Ponjaert, Frederik (Hrsg.):
The EU's Foreign Policy, Farnham, 209–218.

Becker, Peter/Leiße, Olaf 2005: Die Zukunft Europas. Der Konvent zur Zukunft
der Europäischen Union, Wiesbaden.

Becker, Stefan 2009: Humanitäre Hilfe. In: Lieb, Julia/Maurer, Andreas (Hrsg.):
Der Vertrag von Lissabon. Kurzkommentar, Berlin, 61–64.

Behrens, Maria/Janusch, Holger 2013: Business as usual – Der ausbleibende
Protektionismus in der Wirtschaftskrise. In: Jäger, Thomas (Hrsg.):
Die Internationale Politische Ökonomie nach der Weltfinanzkrise. Theoretische, geopolitische und politikfeldspezifische Implikationen (Sonderheft
der Zeitschrift für Außen- und Sicherheitspolitik), Wiesbaden, 179–186.

Beichelt, Timm 2014: Die Politik der östlichen Partnerschaft – inkompatible
Grundannahmen und antagonistische Herausforderungen.
In: Integration 4/2014, 357–364.

Bendiek, Annegret/Kramer, Heinz 2010: The EU as a 'Strategic' International
Actor: Substantial and Analytical Ambiguities. In: European Foreign Affairs
Review 15:4, 453–474.

Bengtsson, Rikard 2003: The Council Presidency and External Representation.
In: Elgström, Ole (Hrsg.): European Union Council Presidencies: a Compara-
tive Perspective, London, 55–70.

Bengtsson, Rikard/Allen, David 2011: Exploring a Triangular Drama: The High
Representative, the Council Presidency and the Commission. In: Müller-
Brandeck-Bocquet, Gisela/Rüger, Carolin (Hrsg.): The High Representative
for the EU Foreign and Security Policy – Review and Prospects, Baden-
Baden, 109–129.

Berger, Cathleen 2012: The European External Action Service. Increasing coherence in the crisis management of the European Union? Marburg.

Bergmann, Julian/Niemann, Arne 2015: Mediating International Conflicts:
The European Union as an Effective Peacemaker? In: Journal of Common
Market Studies (im Erscheinen).

Bericht über die Umsetzung der Europäischen Sicherheitsstrategie 2008,
URL: http://www.consilium.europa.eu/ueDocs/cms_Data/docs/pressdata/
de/reports/104634.pdf.

Bertelsmann Stiftung 2015: The EU neighbourhood in shambles. Some recommendations for a new European neighbourhood strategy, Gütersloh.

Bhagwati, Jagdish 2008: Termites in the Trading System. How Preferential
Agreements Undermine Free Trade, Oxford.

Bieling, Hans-Jürgen/Lerch, Marika (Hrsg.) 2012: Theorien der europäischen
Integration, 3. Auflage, Wiesbaden.

Bierling, Stephan G. 2005: Die Außenpolitik der Bundesrepublik Deutschland. Normen, Akteure, Entscheidungen, 2. Auflage, München.

Biscop, Sven/Coelmont, Jo 2012: Europe, Strategy and Armed Forces. The making of a distinctive power, Abingdon.

Blair, David 2010: Iran nuclear deal takes Catherine Ashton from 'zero' to hero. In: The Telegraph, 24.11.2013.

Blair, Tony 2001: Rede beim European Research Institute Birmingham, 23.11.2001, URL: http://www.theguardian.com/world/2001/nov/23/euro.eu1.

Bleek, Wilhelm 2001: Geschichte der Politikwissenschaft in Deutschland, München.

Blockmans, Steven 2013: Facilitated dialogue in the Balkans vindicates the EEAS, Centre for European Policy Studies Commentaries, 30.04.2013, Brüssel.

Bohle, Hermann 1967: Einigkeit macht stark. In: Die Zeit, 19.05.1967.

Bonse, Eric 2010: „Lady Who" und ihre schwierige Mission. In: Handelsblatt, 16.03.2010.

Bornemann, John 2003: Is the United States Europe's Other? In: American Ethnologist 30:4, 487–492.

Böttger, Katrin 2010: Die Entstehung und Entwicklung der Europäischen Nachbarschaftspolitik. Akteure und Koalitionen, Baden-Baden.

Böttger, Katrin 2011: Europäische Nachbarschaftspolitik. In: Weidenfeld, Werner/ Wessels, Wolfgang (Hrsg.): Europa von A bis Z, Baden-Baden, 165–174.

Böttger, Katrin 2014: Auf dem sicherheitspolitischen Auge blind: Die EU-Außenpolitik angesichts der Ukraine-Krise: Zustand und Entwicklungsoptionen. In: Integration 2/2014, 95–108.

Boysen, Sigrid 2014: Das System des Europäischen Außenwirtschaftsrechts: In: Von Arnauld, Andreas (Hrsg.): Europäische Außenbeziehungen, Baden-Baden, 447–514.

Brasche, Ulrich 2013: Europäische Integration. Wirtschaft, Erweiterung und regionale Effekte, 3. Auflage, München.

Braun, Stefan 2015: Berlin und Paris rüsten gemeinsam auf. In: Süddeutsche Zeitung, 01.04.2015.

Braun, Stefan 2015: Ultimative Bitte. Steinmeier appelliert an Bosnien-Herzegowina, endlich Richtung EU aufzubrechen. In: Süddeutsche Zeitung, 19.01.2015.

Braun, Stefan/Brössler, Daniel 2015: Von Lockerung spricht keiner. In: Süddeutsche Zeitung, 20.01.2015.

Bretherton, Charlotte/Vogler, John 2006: The European Union as a Global Actor. 2. Auflage, New York.

Brkan, Maja 2012: The Role of the European Court of Justice in the Field of Common Foreign and Security Policy after the Treaty of Lisbon: New Challenges for the Future. In: Cardwell, Paul James (Hrsg.): EU External Relations Law and Policy in the Post-Lisbon Era, Berlin/Heidelberg, 97–118.

Brok, Elmar 2010: Die neue Macht des Europäischen Parlaments nach ‚Lissabon' im Bereich der gemeinsamen Handelspolitik. In: Integration 3/2010, 209–223.

Brok, Elmar/Selmayr, Martin 2008: Der ‚Vertrag der Parlamente' als Gefahr für die Demokratie? Zu den offensichtlich unbegründeten Verfassungsklagen gegen den Vertrag von Lissabon. In: Integration 3/2008, 217–234.

Brössler, Daniel/Kirchner, Thomas 2015: Wenn Ideale versinken. In: Süddeutsche Zeitung, 25./26.04.2015.

Brössler, Daniel 2014: Serbien – Am Scheideweg. In: Süddeutsche Zeitung, 21.11.2014.

Brössler, Daniel 2014: Wirtschaftssanktionen gegen Russland. In: Süddeutsche Zeitung, 30.07.2014.

Brössler, Daniel 2015: Hilfe aus Selbstachtung. In: Süddeutsche Zeitung, 21.04.2015.

Brössler, Daniel 2015: Junckers heikle Mission. Europa muss auf den Terror reagieren, sagt der Kommissionschef. In: Süddeutsche Zeitung, 09.01.2015.

Brössler, Daniel 2015: Neuer Anlauf für Fluggastdaten-Tausch. In: Süddeutsche Zeitung, 13.01.2015.

Brössler, Daniel 2015: Profil: Ilkka Salmi, Finnischer Chef des EU-Geheimdienstes Intcen. In: Süddeutsche Zeitung, 16.01.2015.

Brössler, Daniel/Gammelin, Cerstin 2015: EU will Moskaus Energie-Macht brechen. In: Süddeutsche Zeitung, 24.02.2015.

Buchan, David 1993: Europe: The Strange Superpower, Aldershot.

Bundestagsdrucksache 18/1063 zur rechtlichen Situation der Sanktionen gegen den Iran, 03.04.2014, Berlin.

Bundesverfassungsgericht 1984: BVerfGE 68, 1 zur Atomwaffenstationierung, 18.12.1984, URL: http://www.servat.unibe.ch/dfr/bv068001.html.

Burmester, Kai 1997: Atlantische Annäherung – Frankreichs Politik gegenüber der NATO und den USA. In: Maull, Hanns W./Meimeth, Michael/Neßhöver, Christoph (Hrsg.): Die verhinderte Großmacht. Frankreichs Sicherheitspolitik nach dem Ende des Ost-West-Konflikts, Opladen, 92–112.

Buzan, Barry/Wæver, Ole/de Wilde, Jaap 1998: Security: A New Framework for Analysis, Boulder.

C

Calliess, Christian/Ruffert, Matthias 2011: EUV, AEUV. Das Verfassungsrecht der Europäischen Union mit Europäischer Grundrechtecharta; Kommentar, 4. Auflage, München.

Cameron, Fraser 2011: The EU's External Action Service – Golden or Missed Opportunity. In: Müller-Brandeck-Bocquet, Gisela/Rüger, Carolin (Hrsg.): The High Representative for the EU foreign and security policy – Review and Prospects, Baden-Baden, 235–257.

Caramel, Laurence 2014: Difficile chemin vers un accord sur le climat. In: Le Monde, 16.12.2014.

CEPS Task Force 2015: More Union in European Defence, Centre for European Policy Studies, Brüssel.

Cirlig, Carmen-Christina 2012: Library Briefing. EU strategic partnerships with third countries, LDM_BRI(2012)120354, 26.09.2012.

Closa, Carlos 2012: Institutional Innovation in the EU: The 'Permanent' Presidency of the European Council. In: Laursen, Finn (Hrsg.): The EU's Lisbon Treaty. Institutional Choices and Implementation, Farnham, 119–140.

Combes, Maxime 2015: Climat ou TTIP, il faut choisir. In: Le Monde, 07.02.2015.

Cremona, Marise 2009: Enhanced Cooperation and the Common Foreign and Security and Defence Policies of the EU. European University Institute, Working Paper LAW 2009/21, Florenz.

CSIS/Armitage, Richard L./Nye, Joseph S. 2007: Center for Strategic and International Studies Commission on Smart Power, Washington.

Czempiel, Ernst-Otto 1999: Kluge Macht. Außenpolitik für das 21. Jahrhundert, München.

Czempiel, Ernst-Otto 2000: Außenpolitik in der Weltinnenpolitik – politische Perspektiven für das 21. Jahrhundert, München.

D

Dann, Philipp/Wortmann, Martin 2014: Entwicklungszusammenarbeit und Humanitäre Hilfe. In: Von Arnauld, Andreas (Hrsg.): Enzyklopädie Europarecht, Bd. 10: Europäische Außenbeziehungen, Baden-Baden, 407–446.

Das Parlament 2015: Von der Leyen wirbt für EU-Armee, 11.05.2015.

De France, Olivier 2013: L'Europe doit se doter d'une stratégie globale de défense et de sécurité. In: Le Monde, 18.12.2013.

De la Fontaine, Dana 2013: Neue Dynamik in der Süd-Süd-Kooperation. Indien, Brasilien und Südafrika als Emerging Donors, Wiesbaden.

De Schoutheete, Philippe 2012: The European Council. In: Peterson, John/ Shackleton, Michael (Hrsg.): The Institutions of the European Union. 3. Auflage, Oxford, 43–67.

Delauche-Gaudez, Florence 2002: Frankreichs widersprüchliche Positionen in der Gemeinsamen Außen- und Sicherheitspolitik. In: Müller-Brandeck-Bocquet, Gisela (Hrsg.): Europäische Außenpolitik. Die GASP- und ESVP-Konzeptionen ausgewählter Mitgliedstaaten, Baden-Baden, 120–133.

Dembinski, Matthias/Joachim, Jutta 2012: Die GASP als Regierungssystem: Plädoyer für einen Perspektivwechsel in der GASP-Forschung am Beispiel des EU-Kodexes zu Rüstungsexporten. In: Integration 4/2012, 365–378.

Dialer, Doris/Neisser, Heinrich/Opitz, Anja (Hrsg.) 2014: The EU's External Action Service: Potentials for a one voice Foreign Policy, Innsbruck.

Diedrichs, Udo 2012: Die Gemeinsame Sicherheits- und Verteidigungspolitik der EU, Stuttgart.

Dieterich, Sandra/Hummel, Hartwig/Marschall, Stefan 2008: Exekutive Prärogative vs. parlamentarische war powers – Gouvernementale Handlungsspielräume in der militärischen Sicherheitspolitik. In: Holtmann, Everhard/ Patzelt, Werner (Hrsg.): Führen Regierungen tatsächlich? Zur Praxis gouvernementalen Handelns, Wiesbaden, 171–188.

Dietl, Ralph 2004: Kontinuität und Wandel – zur Geschichte der europäischen Zusammenarbeit auf dem Gebiet der Sicherheits- und Verteidigungspolitik 1948–2003. In: Meier-Walser, Reinhard (Hrsg.): Gemeinsam sicher? Vision und Realität europäischer Sicherheitspolitik, München, 27–36.

Die Zeit 2009: Ein Riesenzwerg, der vieles kann, 25.05.2009.

Dijkstra, Hylke 2013: Policy Making in EU Security and Defence. An Institutional Perspective, Basingstoke.

Dittgen, Friederike 2011: Die europapolitische Rolle der nationalen Parlamente nach Lissabon, Baden-Baden.

Drieskens, Edith/Van Schaik, Louise G. (Hrsg.) 2014: The EU and effective multilateralism. Internal and external reform practices, London.

Duchêne, François 1972: Europe's Role in World Peace. In: Mayne, Richard (Hrsg.): Europe Tomorrow. Sixteen Europeans Look Ahead, London, 31–47.

Duchêne, François 1973: Die Rolle Europas im Weltsystem: Von der regionalen zur planetarischen Interdependenz. In: Kohnstamm, Max (Hrsg.): Zivilmacht Europa – Supermacht oder Partner? Frankfurt, 11–34.

Duke, Simon 2011: Consistency, Coherence and European Union External Action: the Path to Lisbon and Beyond. In: Koutrakos, Panos (Hrsg.): European Foreign Policy: Legal and Political Perspectives, Cheltenham, 15–54.

Duke, Simon 2011: Under the Authority of the High Representative. In: Müller-Brandeck-Bocquet, Gisela/Rüger, Carolin (Hrsg.): The High Representative for the EU Foreign and Security Policy – Review and Prospects, Baden-Baden, 35–63.

Duke, Simon 2014: Reflections on the EEAS Review. In: European Foreign Affairs Review 19:1, 23–44.

Dür, Andreas/Zimmermann, Hubert (Hrsg.) 2007: The EU in International Trade Negotiations. Sonderausgabe des Journal of Common Market Studies, 45:4.

E

Eckert, Andreas 2015: Geschichte der Entwicklungszusammenarbeit. In: Aus Politik und Zeitgeschichte 7–9/2015, 3–8.

Ehrhart, Hans-Georg 2002: Leitbild Friedensmacht? Die europäische Sicherheits- und Verteidigungspolitik und die Herausforderung der Konfliktbearbeitung. In: Ders. (Hrsg.): Die Europäische Sicherheits- und Verteidigungspolitik. Positionen, Perzeptionen, Probleme, Perspektiven, Baden-Baden, 243–257.

Ehrhart, Hans-Georg 2002: What model for ESDP? EU Institute for Security Studies, Chaillot Paper Nr. 55, Paris.

Engbrink, Dennis S. 2014: Die Kohärenz des auswärtigen Handelns der Europäischen Union, Tübingen.

Entwurf eines Vertrags über eine Verfassung für Europa 2003 (CONV 850/03), URL: http://european-convention.eu.int/docs/Treaty/cv00850.de03.pdf.

Erklärung von Laeken zur Zukunft der Europäischen Union 2001, URL: http://european-convention.eu.int/pdf/LKNDE.pdf.

EU-Nachrichten 2014: Auf das Wesentliche konzentrieren, Nr. 21/2014, 18.12.2014.

EU-Nachrichten 2014: Verhandlungen fördern Reformen und Stabilität in Nachbarländern, Nr. 16/2014, 09.10.2014.

Europäische Kommission 2004: An EU-India strategic partnership, COM(2004) 430, 16.06.2004.

Europäische Kommission 2004: Mitteilung der Kommission an das Europäische Parlament, Strategiepapier Europäische Nachbarschaftspolitik, KOM(2004) 373 endgültig, 12.05.2004.

Europäische Kommission 2006: A Contribution to the EU's Growth and Jobs Strategy. Executive Summary, URL: http://trade.ec.europa.eu/doclib/docs/ 2006/october /tradoc_130380.pdf.

Europäische Kommission 2006: Ein wettbewerbsfähiges Europa in einer globalen Welt. Ein Beitrag zur EU-Strategie für Wachstum und Beschäftigung, KOM(2006) 567 endgültig, 04.10.2006.

Europäische Kommission 2006: Mitteilung an das Europäische Parlament und
den Rat: Erweiterungsstrategie und wichtige Herausforderungen für den
Zeitraum 2006–2007 mit Sonderbericht über die Fähigkeit der EU zur
Integration neuer Mitglieder, KOM(2006) 649 endgültig, 08.11.2006.

Europäische Kommission 2007: Eurobarometer 67, Brüssel.

Europäische Kommission 2008: Eurobarometer 69, Brüssel.

Europäische Kommission 2008: Mitteilung an das Europäische Parlament und
den Rat. Östliche Partnerschaft. KOM(2008) 823 endgültig, 11.12.2008.

Europäische Kommission 2008: Verordnung über Handelshemmnisse,
URL: http://trade.ec.europa.eu/doclib/docs/2005/august/tradoc_124271.pdf.

Europäische Kommission 2011: Für eine EU-Entwicklungspolitik mit größerer
Wirkung: Agenda für den Wandel, KOM(2011) 637 endgültig, 13.10.2011.

Europäische Kommission 2013: Außenhandel als wichtige Quelle für Wachstum
und Beschäftigung in der EU, Beitrag der Kommission zur Tagung des Europäischen Rates am 07./08.02.2013, URL: http://ec.europa.eu/europe2020/
pdf/total_de.pdf.

Europäische Kommission 2013: The Multiannual Financial Framework:
The External Action Financing Instruments, 11.12.2013, URL: http://europa.eu/
rapid/press-release_ MEMO-13-1134_en.htm.

Europäische Kommission 2014: Eurobarometer 81, Brüssel.

Europäische Kommission 2014: Internationale Zusammenarbeit und Entwicklung,
Armutsbekämpfung in einer Welt im Wandel, URL: http://europa.eu/pol/pdf/
flipbook/ de/development_cooperation_de.pdf.

Europäische Kommission 2014: Jahresbericht über die Entwicklungspolitik der
Europäischen Union und die Umsetzung der Außenhilfe im Jahr 2013,
Luxemburg.

Europäische Kommission 2014: Jahresbericht über die Strategien der Europäischen Union für humanitäre Hilfe und Katastrophenschutz und deren Umsetzung im Jahr 2013, COM(2014) 537 final, 28.08.2014.

Europäische Kommission 2014: Mehrjähriger Finanzrahmen 2014–2020 und
EU-Haushalt 2014. Übersicht in Zahlen, Luxemburg.

Europäische Kommission 2014: Progress towards Achieving Kyoto and the EU
2020 Objectives, COM(2014) 689 final, 28.10.2014.

Europäische Kommission 2014: Strategie für eine sichere europäische Energieversorgung. COM(2014) 330, 28.05.2014.

Europäische Kommission 2015: 32. Jahresbericht der Kommission an den Rat und
das Europäische Parlament über die Antidumping-, Antisubventions- und
Schutzmaßnahmen der EU (2013), COM(2015) 43 final, 04.02.2015.

Europäische Kommission 2015: A European Agenda on Migration, COM(2015) 240
final, 13.05.2015.

Europäische Kommission 2015: Das Schema allgemeiner Zollpräferenzen,
URL: http://ec.europa.eu/taxation_customs/customs/customs_duties/
rules_origin/preferential/article_781_de.htm.

Europäische Kommission 2015: Energy Union Package. The Paris Protocol – A blueprint for tackling global climate change beyond 2020, COM(2015) 81 final,
25.02.2015.

Europäische Kommission 2015: Overview of EPA Negotiations, URL: http://trade.
ec.europa.eu/doclib/docs/2009/september/tradoc_144912.pdf.

Europäische Kommission 2015: Paket zur Energieunion. Rahmenstrategie für eine krisenfeste Energieunion mit einer zukunftsorientierten Klimaschutzstrategie, COM(2015) 80 final, 25.02.2015.

Europäische Kommission 2015: Trade with India, URL: http://trade.ec.europa.eu/doclib/docs/2006/september/tradoc_113390.pdf.

Europäische Kommission 2015: Zehn-Punkte-Plan zur Migration. Pressemitteilung, 20.04.2015, Luxemburg.

Europäische Kommission/Hohe Vertreterin der Union für Außen- und Sicherheitspolitik 2011: Eine Neue Antwort auf eine Nachbarschaft im Wandel, KOM(2011) 303, 25.05.2011.

Europäische Kommission/Hohe Vertreterin der Union für Außen- und Sicherheitspolitik 2015: Action Plan on Human Rights and Democracy (2015–2019). „Keeping human rights at the heart of the EU agenda", JOIN(2015) 16 final, 28.04.2015.

Europäischer Auswärtiger Dienst 2012: Annual Activity Report 2011, URL: http://eeas.europa.eu/background/docs/20121017_eeas_aar_2011_en.pdf.

Europäischer Konsens über die humanitäre Hilfe 2008, Amtsblatt der Europäischen Union 2008/C 25/01, 30.01.2008.

Europäischer Konsens über Entwicklung 2006, Amtsblatt der Europäischen Union 2006/C 46/01, 24.02.2006.

Europäischer Konvent 2003: Beitrag CONV 489/03 (von Dominique de Villepin und Joschka Fischer), URL: http://european-convention.europa.eu/pdf/reg/de/03/cv00/cv00489.de03.pdf.

Europäischer Rat 1992: Beschluss zum Protokoll über die Position Dänemarks, SN 456/92, 12.12.1992.

Europäischer Rat 1993: Schlussfolgerungen des Vorsitzes, SN 180/1/93, 21./22.06.1993.

Europäischer Rat 1998: Schlussfolgerungen des Vorsitzes, SN 300/98, 11./12.12.1998.

Europäischer Rat 1999: Schlussfolgerungen des Vorsitzes (Köln), SN 150/1/99 REV 1, 03./04.06.1999.

Europäischer Rat 1999: Schlussfolgerungen des Vorsitzes (Helsinki), SN 300/99, 10./11.12.1999.

Europäischer Rat 2000: Schlussfolgerungen des Vorsitzes, SN 100/00, 23./24.03.2000.

Europäischer Rat 2001: Schlussfolgerungen des Vorsitzes, SN SN 300/1/01 REV 1, 14./15.12.2001.

Europäischer Rat 2006: Schlussfolgerungen des Vorsitzes, 16879/06 CONCL3, 14./15.12.2006.

Europäischer Rat 2008: Energie und Klimawandel – Bestandteile des endgültigen Kompromisses, 17215/08, 12.12.2008.

Europäischer Rat 2008: Schlussfolgerungen, 17271/1/08 REV 1, 11./ 12.12.2008.

Europäischer Rat 2010: Schlussfolgerungen, EUCO 7/10, 25./26.03.2010.

Europäischer Rat 2010: Schlussfolgerungen, EUCO 21/1/10 REV 1, 16.09.2010.

Europäischer Rat 2011: Schlussfolgerungen, EUCO 7/1/11 REV 1, 11.03.2011.

Europäischer Rat 2013: Beschluss über die Anzahl der Mitglieder der Europäischen Kommission, 2013/272/EU, 22.05.2013.

Europäischer Rat 2013: Schlussfolgerungen, EUCO 217/13, 19./20.12.2013.

Europäischer Rat 2014: Schlussfolgerungen, EUCO 79/14, 26./27.06.2014.

Europäischer Rat 2014: Schlussfolgerungen, EUCO 169/14, 23./24.10.2014.

Europäischer Rat 2015: Erklärung, EUCO 18/15, 23.04.2015.

Europäischer Rat 2015: Schlussfolgerungen, EUCO 11/15, 19./20.03.2015.

Europäischer Rechnungshof 2013: Pressemitteilung ECA/13/44, 11.12.2013, URL: http://www.eca.europa.eu/Lists/ECADocuments/INSR13_14/INSR13_14_DE.pdf.

Europäischer Rechnungshof 2014: The Establishment of the European External Action Service. Special Report 11, URL: http://www.eca.europa.eu/Lists/ECADocuments/ SR14_11/SR14_11_EN.pdf.

Europäische Sicherheitsstrategie 2003: Ein sicheres Europa in einer besseren Welt, URL: https://www.consilium.europa.eu/uedocs/cmsUpload/031208ESS II-DE.pdf.

Europäisches Parlament 2014: Europäischer Entwicklungsfonds. Gemeinsame Entwicklungszusammenarbeit und der EU-Haushalt: Einbeziehung ja oder nein? URL: http://www.europarl.europa.eu/RegData/etudes/IDAN/2014/542140/ EPRS_IDA(2014)542140_DE.pdf.

Europäisches Parlament 2015: Die Europäische Union und die Welthandelsorganisation, URL: http://www.europarl.europa.eu/ftu/pdf/de/FTU_6.2.2.pdf.

Europäisches Parlament 2015: Entschließungsantrag zu Maßnahmen zur Terrorismusbekämpfung, 2015/2530(RSP), 11.02.2015.

Europäisches Parlament/Europäischer Rat 2014: Beschluss Nr. 472/2014/EU des Europäischen Parlaments und des Rates vom 16. April 2014 über das Europäische Jahr für Entwicklung (2015).

European Bank for Reconstruction and Development 2013: Annual Report, URL: http://www.ebrd.com/downloads/research/annual/ar13e.pdf.

European Union Act 2011, URL:http://www.legislation.gov.uk/ukpga/2011/12/ pdfs/ukpga_20110012_en.pdf.

F

Fägersten, Björn 2014: European Intelligence Cooperation. In: Duyvesteyn, Isabelle/De Jong, Ben/Van Reijn, Joop (Hrsg.): The Future of Intelligence. Challenges in the 21st Century, London, 94–113.

Fairbrother, Benjamin/Quisthoudt-Rowohl, Godelieve 2009: Europäische Handelspolitik von Rom bis Lissabon, Analysen & Argumente der Konrad-Adenauer-Stiftung 73, Berlin.

Finanztransparenzsystem der Europäischen Kommission, URL: ec.europa.eu/ budget/ remote/fts/dl/export_2013_fedf_en.xls

Fischer, Severin 2014: Der neue EU-Rahmen für die Energie- und Klimapolitik bis 2030, SWP-Aktuell 2014/A 73, Berlin.

Foucart, Stéphane/Roger, Simon 2015: Les émissions mondiales de CO2 stagnent. In: Le Monde, 15./16.3.2015.

Frankfurter Allgemeine Zeitung 2008: Trotz Wahlbetrugs: EU-Geld für Kenia, 13.01.2008.

Frankfurter Allgemeine Zeitung 2014: Warum Indien das Handelsabkommen ablehnt, 01.08.2014.

Freistein, Katja/Leininger, Julia (Hrsg.) 2012: Handbuch Internationale Organisationen. Theoretische Grundlagen und Akteure, München.

Fröhlich, Stefan 2008: Die Europäische Union als globaler Akteur: Eine Einführung (Studienbücher Außenpolitik und Internationale Beziehungen), Wiesbaden.

Fröhlich, Stefan 2014: Die Europäische Union als globaler Akteur, 2. Auflage, Wiesbaden.

Füle, Stefan 2011: Speech on the recent events in North Africa, SPEECH 11/130, 28.2.2012.

G

Gabriel, Sigmar 2014: Interview mit Cicero, Juli 2014.

Gaedtke, Jens-Christian 2009: Europäische Außenpolitik, Paderborn.

Gammelin, Cerstin 2015: Angriff und Verteilung. In: Süddeutsche Zeitung, 11.05.2015.

Gammelin, Cerstin/Preuss, Roland 2015: Flüchtlingsquote entzweit die EU. In: Süddeutsche Zeitung, 12.05.2015.

García Bercero, Ignacio 2015: Interview mit dem Handelsblatt, 23.04.2015.

Gauttier, Pascal 2004: Horizontal Coherence and the External Competences of the European Union. In: European Law Journal 10:1, 23–41.

Gebert, Konstanty 2013: Shooting in the dark? EU sanctions policies, European Council on Foreign Relations, Policy Brief, London.

Geden, Oliver/Fischer, Severin 2015: Ein einiges Europa? Weit gefehlt. In: Zeit online, 05.03.2015.

Gieg, Philipp 2010: Great Game um Afrika? Europa, China und die USA auf dem Schwarzen Kontinent, Baden-Baden.

Giumelli, Francesco 2013: How EU-sanctions work: A new narrative. EU Institute for Security Studies, Chaillot Paper Nr. 129, Paris.

Giumelli, Francesco 2015: Sanctioning Russia: the right questions. EU Institute for Security Studies, Alert Nr. 10, Paris.

Global Humanitarian Assistance 2014: Most frequently appearing countries on ECHO's forgotten crisis assessment (FCA) index, 2004–2014, URL: http://www.global humanitarian assistance.org/chart/frequently-appearing-countries-echos-forgotten-crisis-assessment-fca-index-2004-2014-2.

Göler, Daniel 2006: Deliberation – Ein Zukunftsmodell europäischer Entscheidungs-findung? Analyse der Beratungen des Verfassungskonvents 2002–2003, Baden-Baden.

Göler, Daniel 2014: Zwischen *security provider* und *security consultant*. Verände-rungen im Leitbild der strategischen Kultur der Europäischen Union. In: Zeitschrift für Außen- und Sicherheitspolitik 7:3, 323–342.

Göler, Daniel/Jopp, Mathias 2007: Kann Europa gelingen? Vorhaben und Chancen der deutschen Ratspräsidentschaft. In: Integration 1/2007, 3–24.

Grevi, Giovanni 2008: The rise of strategic partnerships: between interdependence and power politics. In: Ders./Vasconcelos, Álvaro de (Hrsg.): Partnerships for effective Multilateralism. EU relations with Brasil, China, India and Russia. EU Institute for Security Studies, Chaillot Paper Nr. 109, Paris, 145–172.

Grevi, Giovanni 2011: Introduction. Strategic partnerships: smart grid or talking shops? In: FRIDE (Hrsg.): Mapping EU Strategic Partnerships, Madrid, 6–9.

Grevi, Giovanni 2013: The EU Strategic partnerships: Process and purposes. In: Telò, Mario/Ponjaert, Frederik (Hrsg.): The EU's Foreign Policy, Farnham, 159–173.

Griesse, Jörn 2010: Fact Sheet – Europäische Union. In: Pohlmann, Christoph/ Reichert, Stephan/Schillinger, Hubert René (Hrsg.): Die G-20: Auf dem Weg zu einer „Weltwirtschaftsregierung"? Internationale Politikanalyse der Friedrich-Ebert-Stiftung, Berlin.

Grotius, Susanne 2011: Can EU Strategic Partnerships deepen multilateralism? FRIDE Working Paper Nr. 109, Madrid.

Grotius, Susanne 2011: The EU and the 'special ten': deepening or widening Strategic Partnerships? FRIDE Policy brief 76, Madrid.

Gu, Xuewu 2000: Theorien der Internationalen Beziehungen, München.

H

Hacke, Christian 1997: Zur Weltmacht verdammt. Die amerikanische Außenpolitik von Kennedy bis Clinton, Berlin.

Haine, Jean-Yves 2005: ESVP und NATO. In: Gnesotto, Nicole (Hrsg.): Die Sicherheits- und Verteidigungspolitik der EU. Die ersten fünf Jahre (1999–2004), EU Institute for Security Studies, Paris, 155–170.

Hassel, Florian 2014: Bosnien. Im Stillstand gefangen. In: Süddeutsche Zeitung, 13.11.2014.

Hassel, Florian 2014: Trommeln gegen Europa. In: Süddeutsche Zeitung, 08.12.2014.

Hausding, Götz 2015: Balanceakt für die östlichen Partner. In: Das Parlament, 19.01.2015.

Hecking, Claus/Ehrlich Peter: Die bange Baroness. In: Financial Times Deutschland, 02.02.2010.

Heese, Anna-Rebecca 2012: Europäische Politische Zusammenarbeit EPZ. In: Bergmann, Jan Michael (Hrsg.): Handlexikon der Europäischen Union, 4. Auflage, Baden-Baden, 318–321.

Heise, Volker 2009: Zehn Jahre Europäische Sicherheits- und Verteidigungspolitik: Entwicklung, Stand und Probleme, Berlin.

Heisenberg, Dorothee 2005: The institution of 'consensus' in the European Union: Formal versus informal decision-making in the Council. In: European Journal of Political Research 44:1, 65–90.

Hellmann, Gunther/Baumann, Rainer/Wagner, Wolfgang 2006: Deutsche Außenpolitik. Eine Einführung, Wiesbaden.

Helwig, Niklas 2013: EU Foreign Policy and the High Representative's Capability–Expectations Gap: A Question of Political Will. In: European Foreign Affairs Review 18:2, 235–254.

Helwig, Niklas/Ivan, Paul/Kostanyan, Hrant 2013: The New EU Foreign Policy Architecture. Reviewing the First Two Years of the EEAS. Centre for European Policy Studies, Brüssel.

Helwig, Niklas/Rüger, Carolin 2014: In Search of a Role for the High Representative: The Legacy of Catherine Ashton. In: The International Spectator 49:4, 1–17.

Henökl, Thomas/Webersik, Christian 2014: The Impact of Institutional Change
on Foreign Policy-Making: The Case of the EU Horn of Africa Strategy.
In: European Foreign Affairs Review 19:4, 519–537.

Herrmann, Christoph/Streinz, Thomas 2014: Die EU als Mitglied der WTO.
In: Von Arnauld, Andreas (Hrsg.): Europäische Außenbeziehungen,
Baden-Baden, 587–680.

Hill, Christopher 1993: The Capability–Expectations Gap, or Conceptualizing
Europe's International Role. In: Journal of Common Market Studies 31:3,
305–328.

Hill, Christopher 2011: The big three and the High Representative: dilemmas of
leadership inside and outside the EU. In: Blavoukos, Spyros/Bourantonis,
Dimitris (Hrsg.): The EU Presence in International Organizations,
London/New York, 77–95.

Hippler, Jochen 2013: Militärinterventionen im Rahmen der Humanität?
In: Lieser, Jürgen/Dijkzeul, Dennis (Hrsg.): Handbuch Humanitäre Hilfe,
Heidelberg, 363–388.

Hofmann, Andreas/Wessels, Wolfgang 2008: Der Vertrag von Lissabon – eine
tragfähige und abschließende Antwort auf konstitutionelle Grundfragen?
In: Integration 1/2008, 3–20.

Holland, Martin/Doidge, Mathew 2012: Development Policy of the European
Union, London.

Holzinger, Katharina/Schimmelfennig, Frank 2012: Differentiated Integration
in the European Union: Many Concepts, Sparse Theory, Few Data.
In: Journal of European Public Policy 19:2, 292–305.

Howorth, Jolyon 2000: European integration and defence: the ultimate challenge,
EU Institute for Security Studies, Chaillot Paper Nr. 43, Paris.

Howorth, Jolyon 2010: The Political and Security Committee: a Case Study in
'Supranational Intergovernmentalism', Les Cahiers Européens 01/2010, Paris.

Howorth, Jolyon 2011: Decision-Making in Security and Defence Policy. Towards
Supranational Intergovernmentalism? KFG Working Paper 25, Berlin.

Hummer, Waldemar 2015: Was haben TTIP, CETA und TISA gemeinsam? Investor-
To-State Dispute Settlement (ISDS) als umstrittenes Element der EU
Freihandelsabkommen. In: Integration 1/2015, 3–25.

Hyde-Price, Adrian 2008: A 'Tragic Actor'? A Realist Perspective on 'Ethical Power
Europe'. In: International Affairs, 84:1, 29–44.

J

Jaffrelot, Christophe 2006: Indien und die EU: Die Scharade einer strategischen
Partnerschaft, GIGA Focus 5/2005, Hamburg.

Jahn, Maximilian Robert 2009: Die Handelshemmnis-Verordnung (Verordnung
EG Nr. 3286/94), Frankfurt am Main.

Jain, Rajendra K. 2011: India's relations with the European Union. In: Scott, David
(Hrsg.): Handbook of India's International Relations, London, 223–232.

Janisch, Wolfgang 2015: Die Abschiebe-Lotterie. In: Süddeutsche Zeitung,
04.05.2015.

Janning, Josef 1999: Bundesrepublik Deutschland. In: Weidenfeld, Werner/
Wessels, Wolfgang (Hrsg.): Jahrbuch der Europäischen Integration, Bonn,
325–332.

Jensen, Mads Dagnis/Nedergaard, Peter 2014: Uno, Duo, Trio? Varieties of Trio
Presidencies in the Council of Ministers. In: Journal of Common Market
Studies 52:5, 1035–1052.

Jopp, Matthias/Schlotter, Peter (Hrsg.) 2007: Kollektive Außenpolitik – Die Europäische Union als internationaler Akteur, Baden-Baden.

Jopp, Mathias/Schlotter, Peter 2007: Die Europäische Union – Ein kollektiver
außenpolitischer Akteur? Theoretische Annäherung und Einführung.
In: Dies. (Hrsg.): Kollektive Außenpolitik – Die Europäische Union als internationaler Akteur, Baden-Baden, 9–30.

Jopp, Mathias/Schlotter, Peter 2007: Kollektive Außenpolitik – Die Europäische
Union als internationaler Akteur. In: Dies. (Hrsg.): Kollektive Außenpolitik –
Die Europäische Union als internationaler Akteur, Baden-Baden, 381–396.

Jørgensen, Knud Erik/Laatikainen, Katie Verlin (Hrsg.) 2013: Routledge Handbook
on the European Union and International Institutions. Performance, Policy,
Power, London.

Juncker, Jean-Claude 2014: Das richtige Team für einen Wandel.
Rede am 10.09.2014, URL: http://europa.eu/rapid/press-release_SPEECH-
14-585_de.htm.

Juncker, Jean-Claude 2014: Mission letter to Federica Mogherini, 10.09.2014, URL:
http://ec.europa.eu/about/juncker-commission/docs/mogherini_en.pdf.

Juncker, Jean-Claude 2014: Politische Leitlinien für die nächste Europäische
Kommission, Rede vor dem Europäischen Parlament, 15.07.2014,
URL: http://ec.europa.eu/ priorities/docs/pg_de.pdf.

Juncos, Ana E./Reynolds, Christopher 2007: The Political and Security Committee: Governing in the Shadow. In: European Foreign Affairs Review, 12:2,
127–147.

Jünemann, Annette 2000: Auswärtige Politikgestaltung im EU-Mehrebenensystem:
Eine Analyse struktureller Probleme am Beispiel der Euro-Mediterranen
Partnerschaft. In: Schubert, Klaus/Müller-Brandeck-Bocquet, Gisela (Hrsg.):
Die Europäische Union als Akteur der Weltpolitik, Opladen, 65–80.

K

Kaim, Markus 2006: EU Battle Groups und Civilian Headline Goal – Zielmarken
der ESVP. In: Perthes, Volker/Mair, Stefan (Hrsg.): Europäische Außen- und
Sicherheitspolitik. Aufgaben und Chancen der deutschen Ratspräsidentschaft, SWP-Studien 2006/S 23, Berlin, 19–22.

Kaussler, Bernd 2012: From Engagement to Containment: EU – Iran Relations and
the Nuclear Programme, 1992–2011. In: Journal of Balkan and Near Eastern
Studies 14:1, 53–76.

Kempin, Ronja/Mawdsley, Jocelyn/Steinicke, Stefan 2010: Abkehr von der GSVP?
Französisch-britischer Bilateralismus in der Sicherheits- und Verteidigungspolitik, SWP-Aktuell 2010/A 81, Berlin.

Kempin, Ronja/Von Ondarza, Nicolai 2011: Die GSVP vor der Erosion? Die Notwendigkeit einer Wiedereinbindung Frankreichs und Großbritanniens,
SWP-Aktuell 2011/A 25, Berlin.

Keohane, Robert O./Nye, Joseph S. 1977: Power and Interdependence. World
Politics in Transition, Boston.

Keohane, Robert O./Nye, Joseph S. 1987: Power and Interdependence revisited.
In: International Organization 41:4, 725–753.

Keßler, Ulrike 2007: 40 Jahre EU-Afrika-Politik – ein Rückblick.
In: Müller-Brandeck-Bocquet, Gisela/Schmidt, Siegmar/Schukraft,
Corina/Keßler, Ulrike/Gieg, Philipp: Die Afrika-Politik der Europäischen
Union. Neue Ansätze und Perspektiven, Opladen, 28–53.

Keßler, Ulrike 2010: Deutsche Europapolitik unter Helmut Kohl: Europäische
Integration als „kategorischer Imperativ". In: Müller-Brandeck-Bocquet,
Gisela/Schukraft, Corina/Leuchtweiß, Nicole/Keßler, Ulrike: Deutsche Euro-
papolitik von Adenauer bis Merkel, Wiesbaden, 119–172.

Keukeleire, Stephan/Delreux, Tom 2014: The Foreign Policy of the European
Union, 2. Auflage, Basingstoke.

Keukeleire, Stephan/MacNaughtan, Jennifer 2008: The Foreign Policy of the
European Union, Basingstoke.

Khandekar, Gauri 2013: Building a sustainable EU-India partnership. ESPO Policy
Brief 9, Brüssel/Madrid.

Khorana, Sangeeta/Garcia, Maria 2013: European Union-India Trade Negotiations:
One Step Forward, One back? In: Journal of Common Market Studies 51:4,
684–700.

Kirchner, Emil 2002: British Perspectives on CFSP and ESDP. In: Müller-Brandeck-
Bocquet, Gisela (Hrsg.): Europäische Außenpolitik. Die GASP- und ESVP-
Konzeptionen ausgewählter EU-Mitgliedstaaten, Baden-Baden, 41–56.

Kirste, Knut/Maull, Hanns W. 1996: Zivilmacht und Rollentheorie. In: Zeitschrift
für internationale Beziehungen 3:2, 283–312.

Kissack, Robert 2010: Pursuing Effective Multilateralism: The European Union,
International Organisations and the Politics of Decision Making, Basingstoke.

Kittel, Gabriele/Rittberger, Volker/Schimmelfennig, Frank 1995: Staatenmerkmale
und Außenpolitik: Untersuchungsdesign und Hypothesen. In: Rittberger,
Volker (Hrsg.): Anpassung oder Austritt: Industriestaaten in der UNESCO-
Krise. Ein Beitrag zur vergleichenden Außenpolitikforschung, Berlin, 53–82.

Kneuer, Marianne 2007: Demokratisierung durch die EU. Süd- und Ostmitteleuropa im Vergleich, Wiesbaden.

Knodt, Michèle 2008: Außenhandelspolitik. In: Heinelt, Hubert/Knodt, Michèle
(Hrsg.): Politikfelder im EU-Mehrebenensystem. Instrumente und Strategien
europäischen Regierens, Baden-Baden, 61–80.

Knodt, Michèle/Tews, Anne (Hrsg.) 2014: Solidarität in der EU, Baden-Baden.

Knodt, Michèle/Urdze, Sigita 2008: Demokratisierungspolitik der EU. In: Heinelt,
Hubert/Knodt, Michèle (Hrsg.): Politikfelder im EU-Mehrebenensystem.
Instrumente und Strategien europäischen Regierens, Baden-Baden, 21–42.

Kockel, Armin 2012: Die Beistandsklausel im Vertrag von Lissabon, Frankfurt am
Main.

Koenig, Nicole 2015: Neuausrichtung des Auswärtigen Handelns der EU: Potenzial
und Grenzen, Jacques Delors Institut, Policy Paper 125, Berlin.

Kohl, Helmut 1990: Regierungserklärung, 22.11.1990, URL: http://helmut-kohl.
kas.de/index.php?menu_sel=17&menu_sel2=132&menu_sel3=&menu_sel4
=&msg=1382.

Kohler-Koch, Beate/Rittberger, Berthold 2006: Review Article: The 'Governance
Turn' in EU Studies. In: Journal of Common Market Studies 44 (Annual Review),
27–49.

Koops, Joachim A./Macaj, Gjovalin (Hrsg.) 2014: The European Union as a diplomatic actor, Basingstoke.

Kornelius, Stefan 2015: Extrawürste und Raketen. In: Süddeutsche Zeitung,
01.04.2015.

Kottmann, Matthias 2014: Introvertierte Rechtsgemeinschaft. Zur richterlichen
Kontrolle des auswärtigen Handelns der Europäischen Union, Berlin.

Kramer, Heinz 2007: Wie erweiterungsmüde ist die EU? SWP-Aktuell 2007/A 16,
Berlin.

Krauß, Stefan 2000: Parlamentarisierung der europäischen Außenpolitik.
Das Europäische Parlament und die Vertragspolitik der Europäischen Union,
Opladen.

Kremer, Martin/Schmalz, Uwe 2001: Nach Nizza – Perspektiven der Gemeinsamen Europäischen Sicherheits- und Verteidigungspolitik. In: Integration
2/2001, 167–178.

Kruse, Franziska 2014: Der Europäische Auswärtige Dienst zwischen intergouvernementaler Koordination und supranationaler Repräsentation, Berlin.

L

Lang, Kai-Olaf/Lippert, Barbara 2011: Zur Neuausrichtung der ENP: Ein Liga-
Modell nachbarschaftlicher Kooperation. In: Bendiek, Annegret/Lippert,
Barbara/Schwarzer, Daniela (Hrsg.): Entwicklungsperspektiven der EU.
Herausforderungen für die deutsche Europapolitik, SWP-Studie 2011/S 18,
Berlin.

Lang, Kai-Olaf/Schwarzer, Daniela 2007: Argumente für eine neue Erweiterungsstrategie – die Diskussion über die Aufnahmefähigkeit der EU.
In: Integration 2/2007, 117–128.

Lang, Kai-Olaf/Wacker, Gudrun (Hrsg.) 2013: Die EU im Beziehungsgefüge großer
Staaten. Komplex – kooperativ – krisenhaft, SWP-Studie 2013/S 25, Berlin.

Langhorst, Christina 2007: Die bilateralen Handelsabkommen der Europäischen
Union. Risiko und Chance für Multilateralismus und weltwirtschaftliche
Integration, Konrad Adenauer Stiftung, Analysen und Argumente 45, Berlin.

Larionova, Marina (Hrsg.) 2012: The European Union in the G8. Promoting Consensus and Concerted Actions for Global Public Goods, Farnham.

Lehne, Stefan 2012: The Big Three in EU Foreign Policy, The Carnegie Papers,
Juli 2012, Washington.

Lehne, Stefan 2014: Eine Agenda für Federica Mogherini – Vorschläge zur Weiterentwicklung der europäischen Außenpolitik. In: Integration 3/2014,
247–261.

Leonard, Mark 2010: Why Europe Will Run the 21st Century, London.

Lerch, Marika 2013: Menschenrechte und europäische Außenpolitik.
Eine konstruktivistische Perspektive, Wiesbaden.

Leuchtweis, Nicole 2010: Deutsche Europapolitik zwischen Aufbruchsstimmung und Weltwirtschaftskrise: Willy Brandt und Helmut Schmidt. In: Müller-Brandeck-Bocquet, Gisela/Schukraft, Corina/Leuchtweiß, Nicole/Keßler, Ulrike: Deutsche Europapolitik von Adenauer bis Merkel. 2. Auflage, Wiesbaden, 68–115.

Lewis, Jeffrey 2012: National Interest: the Committee of the Permanent Representatives. In: Peterson, John/Shackleton, Michael (Hrsg.): The Institutions of the European Union, 3. Auflage, Oxford, 315–337.

Lieb, Julia 2013: Diplomatie jenseits des Staates. Die EU-Außenvertretung gegenüber Drittstaaten und der Europäische Auswärtige Dienst, Baden-Baden.

Lieb, Julia/Kremer, Martin 2010: Der Aufbau des Europäischen Auswärtigen Dienstes. Stand und Perspektiven. In: Integration 3/2010, 195–208.

Lieb, Julia/Maurer, Andreas 2007: Europas Rolle in der Welt stärken. Optionen für ein kohärenteres Außenhandeln der Europäischen Union, SWP-Studie 2007/S 15, Berlin.

Lieser, Jürgen 2013: Was ist humanitäre Hilfe? In: Ders./Dijkzeul, Dennis (Hrsg.): Handbuch Humanitäre Hilfe, Heidelberg, 9–28.

Lindstrom, Gustav 2007: Enter the EU Battlegroups, EU Institute for Security Studies, Chaillot Paper Nr. 97, Paris.

Lippert, Barbara (Hrsg.) 2004: Bilanz und Folgeprobleme der EU-Erweiterung, Baden-Baden.

Lippert, Barbara 2005: Die Türkei als Sonderfall und Wendepunkt der klassischen EU-Erweiterungspolitik. In: Integration 2/2005, 119–135.

Lippert, Barbara 2011: Die Erweiterungspolitik der Europäischen Union. In: Jahrbuch der Europäischen Integration 2010, 467–478.

Lippert, Barbara 2011: Europäische Nachbarschaftspolitik. In: Jahrbuch der Europäischen Integration 2010, Baden-Baden, 233–242.

Lippert, Barbara 2012: Europäische Nachbarschaftspolitik. In: Jahrbuch der Europäischen Integration 2011, Baden-Baden, 251–260.

Lippert, Barbara 2013: Die Erweiterungspolitik der Europäischen Union. In: Jahrbuch der Europäischen Integration 2013, Baden-Baden, 487–496.

Lippert, Barbara 2013: Die EU zusammenhalten – aber wie? Überlegungen zur Zukunftsdebatte, SWP-Arbeitspapier der FG 1, 2013/Nr. 01, Berlin.

Lippert, Barbara 2013: Europäische Nachbarschaftspolitik. In: Jahrbuch der Europäischen Integration 2013, Baden-Baden, 261–270.

Lippert, Barbara 2014: Europäische Nachbarschaftspolitik. In: Jahrbuch der Europäischen Integration 2014, Baden-Baden, 281–292.

Lorz, Ralph Alexander/Meurers, Verena 2014: Außenkompetenzen der EU. In: Von Arnauld, Andreas (Hrsg.): Europäische Außenbeziehungen, Baden-Baden, 103–148.

Lucarelli, Sonia/Fioramonti, Lorenzo (Hrsg.) 2010: External Perceptions of the European Union as a Global Actor, London.

Lüdeke, Axel 2002: „Europäisierung" der deutschen Außen- und Sicherheitspolitik. Konstitutive und operative Europapolitik zwischen Maastricht und Amsterdam, Opladen.

M

MacShane, Dennis 2015: Interview mit Le Monde, 03./04.05.2015.

Mahony, Honor 2015: Time to deepen European integration, EUobserver, 17.03.2015.

Major, Claudia 2011: Pulling the Strings behind the Scenes – but never against the Member States: Solana's Role in the Launch of EU Military Operations. In: Müller-Brandeck-Bocquet, Gisela/Rüger, Carolin (Hrsg.): The High Representative for the EU Foreign and Security Policy – Review and Prospects, Baden-Baden, 175–200.

Malmström, Cecilia 2015: Concept Paper. Investment in TTIP and beyond – the path for reform. URL: http://trade.ec.europa.eu/doclib/docs/2015/may/tradoc_153408.PDF.

Manners, Ian 2002: Normative Power Europe: A Contradiction in Terms? In: Journal of Common Market Studies 40:2, 235–258.

Maull, Hanns/Harnisch, Sebastian/Grund, Constantin 2003: Deutschland im Abseits? Rot-grüne Außenpolitik 1998–2003, Baden-Baden.

Maurer, Andreas 2002: Nationale Parlamente in der Europäischen Union – Herausforderungen für den Konvent. In: Integration 1/2002, 20–34.

Maurer, Andreas 2012: Parlamente in der EU, Wien.

Maurer, Andreas/Grunert, Thomas 1998: Der Wandel in der Europapolitik der Mitgliedstaaten. In: Jopp, Mathias/Maurer, Andreas/Schneider, Heinrich (Hrsg.): Europapolitische Grundverständnisse im Wandel. Analysen und Konsequenzen für die politische Bildung, Bonn, 213–300.

Maurer, Andreas/Kietz, Daniela/Völkel, Christian 2005: Interinstitutional agreements in the CFSP – Parliamentarization through the Back Door? In: European Foreign Affairs Review 10:2, 175–195.

Maurer, Victor 2000: Eine Sicherheits- und Verteidigungspolitik für Europa. In: Aus Politik und Zeitgeschichte 47/2000, 22–30.

Mayr, Walter: Aschenputtel mit Jetlag. In: Der Spiegel, 08.03.2010.

Meier, Christian 2000: EU – Rußland: Von pragmatischer Zusammenarbeit zu strategischer Partnerschaft? In: Schubert, Klaus/Müller-Brandeck-Bocquet, Gisela (Hrsg.): Die Europäische Union als Akteur der Weltpolitik, Opladen, 103–120.

Meier, Oliver 2014: Zeit für eine europäische Initiative zur Lösung der Iran-Verhandlungen. In: EurActiv.de, 26.11.2014.

Meiler, Oliver 2015: Wieder Massensterben im Mittelmeer. In: Süddeutsche Zeitung, 20.04.2015.

Meimeth, Michael 2002: Sicherheitspolitik zwischen Nation und Europa. Deutsche und französische Perspektiven. In: Meimeth, Michael/Schild, Joachim (Hrsg.): Die Zukunft der Nationalstaaten in der europäischen Integration: deutsche und französische Perspektiven, Opladen, 231–246.

Melcher, Michael 2014: Awkwardness and Reliability. Die britische Europapolitik von 1997 bis 2013, Marburg.

Menon, Anand 2014: Divided and declining? Europe in a changing world. In: Journal of Common Market Studies, 52:S1, 5–24.

Merlingen, Michael 2007: Everything is Dangerous: A critique of 'Normative Power Europe'. In: Security Dialogue 38:4, 435–453.

Merlingen, Michael 2013: The CSDP in the Western Balkans: from experimental pilot to security governance. In: Biscop, Sven/Whitman, Richard (Hrsg.): The Routledge Handbook of European Security, London, 145–158.

Meyer, Frank A./Schwennicke, Christoph 2014: Das Abkommen entmystifizieren. In: Cicero 7/2014.

Mildner, Stormy/Schmucker, Claudia 2007: Die EU im globalen Governance-Prozess. Für eine starke Stimme in WTO, IWF und Weltbank. In: Internationale Politik, Januar 2007, 52–59.

Missiroli, Antonio (Hrsg.) 2001: Coherence for Security Policy. Debates – Cases – Assessments. EU Institute for Security Studies, Occasional Paper Nr. 27, Paris.

Mogherini, Federica 2014: Opening statement at the hearing in the European Parliament, 07.10.2014, URL: http://eeas.europa.eu/statements/docs/2014/141007_03_en.pdf.

Mogherini, Federica 2014: Rede beim Berliner Forum Außenpolitik, 11.11.2014, URL: https://www.youtube.com/watch?v=mBywTOLBjCE.

Mogherini, Federica 2015: EU verstärkt Unterstützung der Partner bei Sicherheitsproblemen, IP/15/4869, 28.04.2015.

Mogherini, Federica 2015: Keynote Speech, Chatham House, 24.02.2015, URL: http://eeas.europa.eu/statements-eeas/2015/150224_03_en.htm.

Mogherini, Federica 2015: Rede bei der Münchner Sicherheitskonferenz, 08.02.2015, URL: http://eeas.europa.eu/statements-eeas/2015/150208_01_en.htm.

Moke, Markus/Rüther, Maria 2013: Humanitäre Hilfe und Medien. In: Lieser, Jürgen/Dijkzeul, Dennis (Hrsg.): Handbuch Humanitäre Hilfe, Heidelberg, 171–182.

Molina, Ignacio/Sorroza, Alicia 2013: Spain and the European External Action Service. In: Balfour, Rosa/Raik, Kristi (Hrsg.): The European External Action Service and National Diplomacies, EPC Issue Paper Nr. 73, Brüssel.

Mölling, Christian 2009: Militärisches Krisenmanagement innerhalb der Europäischen Sicherheits- und Verteidigungspolitik. Strukturen, Akteure und Prozesse für die Planung und Entscheidung, Zürich.

Mölling, Christian 2013: Wege aus der europäischen Verteidigungskrise, SWP-Studie 2013/S 8, Berlin.

Monar, Jörg 2005: Die politische Konzeption des Raums der Freiheit, der Sicherheit und des Rechts: Vom Amsterdamer Vertrag zum Verfassungsentwurf des Konvents. In: Müller-Graff, Peter-Christian (Hrsg.): Der Raum der Freiheit, der Sicherheit und des Rechts, Baden-Baden, 29–41.

Monar, Jörg 2012: The External Dimension of the EU's Area of Freedom, Security and Justice. Progress, potential and limitations after the Treaty of Lisbon, Swedish Institute for European Policy Studies 2012/1, Stockholm.

Monar, Jörg/Reiter, Bettina 2014: Außenhandelsbeziehungen. In: Weidenfeld, Werner/Wessels, Wolfgang (Hrsg.): Europa von A bis Z. Taschenbuch der europäischen Integration. 13. Auflage, Baden-Baden, 98–104.

Monnet, Jean 1976: Mémoires, Paris.

Moravcsik, Andrew 2009: Europe: The quiet superpower. In: French Politics 7/2009, 403–422

Müller-Brandeck-Bocquet, Gisela 1996: Die institutionelle Dimension der Umweltpolitik. Eine vergleichende Untersuchung zu Frankreich, Deutschland und der Europäischen Union, Baden-Baden.

Müller-Brandeck-Bocquet, Gisela 2000: Die Mehrdimensionalität der EU-Außenbeziehungen. In: Schubert, Klaus/Müller-Brandeck-Bocquet, Gisela (Hrsg.):
Die Europäische Union als Akteur der Weltpolitik, Opladen, 29–44.

Müller-Brandeck-Bocquet, Gisela 2002: Das neue Entscheidungssystem in der
Gemeinsamen Außen- und Sicherheitspolitik der Europäischen Union.
In: Dies. (Hrsg.): Europäische Außenpolitik. GASP- und ESVP-Konzeptionen
ausgewählter Mitgliedstaaten, Baden-Baden, 9–27.

Müller-Brandeck-Bocquet, Gisela 2002: The New CFSP and ESDP Decision-Making
System of the European Union. In: European Foreign Affairs Review 7:3,
257–282.

Müller-Brandeck-Bocquet, Gisela 2004: Frankreichs Europapolitik, Wiesbaden.

Müller-Brandeck-Bocquet, Gisela 2006: Die Europäische Union als Akteur in den
internationalen Beziehungen. In: Kadelbach, Stefan (Hrsg.): Die Außenbeziehungen der Europäischen Union, Baden-Baden, 11–37.

Müller-Brandeck-Bocquet, Gisela 2006: Europapolitik als Staatsraison.
In: Schmidt, Manfred G./Zohlnhöfer, Reimut (Hrsg.): Politik in der Bundesrepublik Deutschland, Wiesbaden, 467–490.

Müller-Brandeck-Bocquet, Gisela 2006: The Big Member States' Influence on the
Shaping of the European Union's Foreign, Security and Defence policy.
In: Dies. (Hrsg.): The Future of the European Foreign, Security and Defence
Policy after Enlargement, Baden-Baden, 25–53.

Müller-Brandeck-Bocquet, Gisela 2007: Die Europäische Außenpolitik: Genese,
Entwicklungsstand und Perspektiven. In: Bos, Ellen/Dieringer, Jürgen (Hrsg.):
Die Genese einer Union der 27. Die Europäische Union nach der Osterweite-
rung, Wiesbaden, 265–282.

Müller-Brandeck-Bocquet, Gisela 2007: Wie halten wir es mit Amerika? Die transatlantischen Beziehungen, die Konstruktion Europas und die deutsch-
französische Zusammenarbeit in der Ära Kohl. In: Konrad-Adenauer-Stiftung
(Hrsg.): Historisch-politische Mitteilungen, Archiv für Christlich-Demokra-
tische Politik 14/2007, Köln, 273–298.

Müller-Brandeck-Bocquet, Gisela 2008: Künftiger Brennpunkt der EU-Politik:
Die Grenzen Europas. Plädoyer für einen EU-zentrierten Ansatz. In: Badura,
Heinrich (Hrsg.): Brennpunkt Europa. Traum und Wirklichkeit der Einigungs-
vision der EU, Wien, 117–135.

Müller-Brandeck-Bocquet, Gisela 2009: France's New NATO Policy: Leveraging a
Realignment of the Alliance? In: Strategic Studies Quarterly, Winter 2009,
95–109.

Müller-Brandeck-Bocquet, Gisela 2010: Deutsche Europapolitik unter Angela
Merkel: Enge Gestaltungsspielräume in Krisenzeiten. In: Müller-Brandeck-
Bocquet, Gisela/Schukraft, Corina/Leuchtweiß, Nicole/Keßler, Ulrike:
Deutsche Europapolitik von Adenauer bis Merkel. 2. Auflage, Wiesbaden,
253–349.

Müller-Brandeck-Bocquet, Gisela 2010: Die EU – eine Zivil-, Friedens- oder
Militärmacht? In: Baluch, Alim/Epping, Volker/Lemke, Christiane (Hrsg.):
Die Europäische Sicherheits- und Verteidigungspolitik im 21. Jahrhundert:
Zivilmacht nach innen, Friedensmacht nach außen? Münster, 47–82.

Müller-Brandeck-Bocquet, Gisela 2010: Rot-grüne Europapolitik 1998–2005:
Eine Investition in die Zukunft der EU. In: Müller-Brandeck-Bocquet, Gisela/

Schukraft, Corina/Leuchtweiß, Nicole/Keßler, Ulrike: Deutsche Europapolitik von Adenauer bis Merkel. 2. Auflage, Wiesbaden, 173–252.

Müller-Brandeck-Bocquet, Gisela 2011: Die EU-Außen- und Sicherheitspolitik
nach Lissabon: Wann wird der Startknopf endlich gedrückt? In: Zeitschrift
für Politikwissenschaft 2/2011, 313–326.

Müller-Brandeck-Bocquet, Gisela 2012: Deutschland und die Außen- und Sicher-
heitspolitik der EU. In: Meier-Walser, Reinhard/Wolf, Alexander (Hrsg.):
Die Außenpolitik der Bundesrepublik Deutschland – Anspruch, Realität,
Perspektiven, München, 119–132.

Müller-Brandeck-Bocquet, Gisela 2013: Was vom europäischen Projekt übrigbleibt... Zerfall oder Neustart? Würzburger Arbeitspapiere für Politikwissenschaft und Sozialforschung 2013:3, Würzburg.

Müller-Brandeck-Bocquet, Gisela/Gieg, Philipp 2014: Die Europäische Union und
die Ukraine. Von enttäuschten Erwartungen zu konstruktivem Krisenmanagement? In: Die Friedens-Warte. Journal of International Peace and
Organization 89:1–2, 81–104.

Müller-Brandeck-Bocquet, Gisela/Moreau, Patrick 2000: Frankreich.
Eine politische Landeskunde, 2. Auflage, Opladen.

Müller-Brandeck-Bocquet, Gisela/Rüger, Carolin (Hrsg.) 2011: The High Representative for the EU Foreign and Security Policy. Review and Prospects,
Baden-Baden.

Müller-Brandeck-Bocquet, Gisela/Rüger, Carolin 2011: The Legacy of Javier Solana,
the High Representative 2.0 and the European External Action Service:
Strong Foundations for the EU's International Role? In: Dies. (Hrsg.):
The High Representative for the EU Foreign and Security Policy – Review
and Prospects, Baden-Baden, 259–302.

Müller-Brandeck-Bocquet, Gisela/Rüger, Carolin 2011: Zehn Jahre Hoher Vertreter –
Lehren für die EU-Außen- und Sicherheitspolitik nach ‚Lissabon‘. In: Integration 1/2011, 24–41.

Müller-Brandeck-Bocquet, Gisela/Schukraft, Corina/Leuchtweiß, Nicole/Keßler,
Ulrike 2010: Deutsche Europapolitik von Adenauer bis Merkel. 2. Auflage,
Wiesbaden.

N

Neuhold, Hanspeter 2013: Die EU auf der Bühne der internationalen Politik:
nur mehr Nebenrollen? Österreichische Gesellschaft für Europapolitik Policy
Brief 1/2013, Wien.

Nickel, Dietmar 2012: Was kommt nach Cotonou? Die Zukunft der Zusammenarbeit zwischen der EU und den Afrika-, Karibik- und Pazifikstaaten.
SWP-Studie 2012/S 13, Berlin.

Nossel, Suzanne 2004: Smart Power: Reclaiming Liberal Internationalism.
In: Foreign Affairs 83:2, 131–142.

Nowak, Agniezka (Hrsg.) 2006: Civilian crisis management: The EU way.
EU Institute for Security Studies, Chaillot Paper Nr. 90, Paris.

Nugent, Neill 2010: The Government and Politics of the European Union,
7. Auflage, Basingstoke.

Nuttall, Simon 2005: Coherence and Consistency. In: Hill, Christopher/Smith, Michael (Hrsg.): The European Union and International Relations, Oxford, 91–112.

Nye, Joseph S. 1990: Bound to lead. The changing nature of American power, New York.

Nye, Joseph S. 1990: Soft Power. In: Foreign Policy 80:3, 153–171.

Nye, Joseph S. 2004: Soft Power: The Means to Success in World Politics, New York.

O

Odendahl, Kerstin 2014: Beziehungen zu Drittstaaten und internationalen Organisationen. In: Von Arnauld, Andreas (Hrsg.): Europäische Außenbeziehungen, Baden-Baden, 273–319.

Olsen, Gorm Rye 2007: Denmark and the ESDP. In: Brummer, Klaus (Hrsg.): The North and the ESDP. The Baltic States, Denmark, Finland and Sweden, Gütersloh, 22–33.

Overhaus, Marco 2004: Deutschland und die ESVP 1998–2003: Gewollte Ambivalenz oder fehlende Strategie? In: Harnisch, Sebastian/Katsioulis, Christos/Overhaus, Marco (Hrsg.): Deutsche Sicherheitspolitik. Eine Bilanz der Regierung Schröder, Baden-Baden, 37–57.

P

Pahre, Hauke 2008: Das Recht des Europäischen Rates, Frankfurt am Main.

Peral, Luis/Sakhula,Vijay (Hrsg.) 2012: The EU – India Partnership: Time to go strategic? EU Institute for Security Studies, Paris.

Perkins, Anne 2013: Lady Ashton – once 'Lady who? ', now the EU's diplomatic secret weapon. In: The Guardian, 24.11.2013.

Peters, Dirk/Wagner, Wolfgang 2005: Die Europäische Union in den internationalen Beziehungen. In: Holzinger, Katharina/Kill, Christoph/Peters, Dirk/Rittberger, Berthold/Schimmelfennig, Frank/Wagner, Wolfgang (Hrsg.): Die Europäische Union: Analysekonzepte und Theorien, Paderborn, 153–180.

Peters, Dirk/Wagner, Wolfgang 2008: Gemeinsame Außen- und Sicherheitspolitik. In: Heinelt, Hubert/Knodt, Michèle (Hrsg.): Politikfelder im EU-Mehrebenensystem. Instrumente und Strategien europäischen Regierens, Baden-Baden, 43–60.

Peterson, John 2012: The College of Commissioners. In: Peterson, John/Shackleton, Michael (Hrsg.): The Institutions of the European Union. 3. Auflage, Oxford, 96–123.

Peterson, John/Shackleton, Michael (Hrsg.) 2012: The Institutions of the European Union, 3. Auflage, Oxford.

Pop, Valentina: Juncker's chief of staff: "I get 800 emails a day", EUobserver, 08.08.2014.

Pop, Valentina: Van Rompuy and Barroso to both represent EU at G20, EUobserver, 19.03.2010

Portela, Clara 2010: European Union Sanctions and Foreign Policy. When and how do they work? London.

Portela, Clara 2014: The EU's Use of 'Targeted' Sanctions. Evaluating effectiveness, Centre for European Policy Studies Working Document No. 391, Brüssel.

Portela, Clara/Raube, Kolja 2012: The EU Polity and Foreign Policy Coherence. In: Journal of Contemporary European Research 8:1, 3–20.

Posch, Walter 2013: The EU and Iran. In: Biscop, Sven/Whitman, Richard (Hrsg.): The Routledge Handbook of European Security, London, 179–188.

Prantl, Heribert 2015: Diese Union tötet. In: Süddeutsche Zeitung, 18./19.04.2015.

Pro Asyl 2014: Europas Schande: „Triton" und „Mare Nostrum" im Vergleich, URL: http://www.proasyl.de/de/news/detail/news/europas_schande_triton_und_mare_nostrum_im_vergleich.

Prodi, Romano 2002: Das größere Europa – eine Politik der Nachbarschaft als Schlüssel zur Stabilität, Rede bei der Konferenz „Friede, Sicherheit und Stabilität – Internationaler Dialog und die Rolle der EU", SPEECH/02/619, 05./06.12.2002.

Prodi, Romano 2004: Statement on enlargement, IP/04/576, 01.05.2004.

Puchala, Donald J. 1971: Of Blind Men, Elephants and International Integration. In: Journal of Common Market Studies 10:3, 267–284.

Puetter, Uwe 2012: The Latest Attempt at Institutional Engineering. The Treaty of Lisbon and Deliberative Intergovernmentalism in EU Foreign and Security Policy Coordination. In: Cardwell, Paul James (Hrsg.): EU External Relations Law and Policy in the Post-Lisbon Era, Den Haag, 17–34.

Putnam, Robert D. 1988: Diplomacy and domestic politics: the logic of two-level games. In: International Organization 42:3, 427–460.

R

Raik, Kristi 2015: No zero-sum game among EU foreign policy actors: Germany's leadership in the Ukraine crisis has strengthened the Union, FIIA Comment 8/2015, Helsinki.

Rat 2004: Grundprinzipien für den Einsatz restriktiver Maßnahmen (Sanktionen), 10198/1/04 REV, 07.06.2004.

Rat 2008: Schlussfolgerungen des Rates zu Kosovo, ST 6262 2008 INIT, 18.02.2008.

Rat 2009: Gemeinsame Erklärung des Prager Gipfeltreffens zur Östlichen Partnerschaft, 8435/09, 07.05.2009.

Rat 2009: Verordnung zu Änderung seiner Geschäftsordnung, 2009/937/EU, 01.12.2009.

Rat 2010: Beschluss über die Organisation und die Arbeitsweise des Europäischen Auswärtigen Dienstes, 2010/427/EU, 26.07.2010.

Rat 2012: Guidelines on implementation and evaluation of restrictive measures (sanctions) in the framework of the EU common foreign and security policy, 11205/12, 15.06.2012.

Rat 2012: Menschenrechte und Demokratie: Strategischer Rahmen und Aktionsplan der EU, 11855/12, 25.06.2012.

Rat 2014: Beschluss über die Vorkehrungen für die Anwendung der Subsidiaritätsklausel durch die Union, 2014/416/EU, 24.06.2014.

Rat 2014: Council Conclusions on Annual Report 2014 to the European Council on EU Development Aid Targets, 9989/14, 19.05.2014.

Rat 2014: Council Conclusions on Ebola, 15634/14, 17.11.2014.

Rat 2014: Hauptaspekte und grundlegende Optionen der GASP. Entwurf des Jahres-
berichts der Hohen Vertreterin der Europäischen Union für Außen- und Sicherheitspolitik an das Europäische Parlament, 12094/14, 23.07.2014.

Rat 2014: Mitteilung an die Presse. 3300. Tagung des Rates Auswärtige Angelegenheiten, 6767/14, PRESSE 86, 20.02.2014.

Rat 2014: Mitteilung an die Presse. 3304. Tagung des Rates Auswärtige Angelegenheiten, 7764/14, PRESSE 153, 17.03.2014.

Rat 2014: Verzeichnis der Vorbereitungsgremien des Rates, 5312/14, 14.01.2014.

Ratiu, Camelia Elena 2011: EU Soft Power at Its Best: Zur Leistungsfähigkeit der
Europäischen Union als Demokratieförderer in Transformationsstaaten. Eine
vergleichende Analyse der EU-Demokratieförderungspolitik in Slowenien,
Kroatien und Serbien, Hamburg.

Regelsberger, Elfriede 1992: Gemeinsame Außen- und Sicherheitspolitik nach
Maastricht – Minimalreform in neuer Entwicklungsperspektive.
In: Integration 2/1992, 83–93.

Regelsberger, Elfriede 2002: Deutschland und die GASP – ein Mix aus Vision und
Pragmatismus. In: Müller-Brandeck-Bocquet, Gisela (Hrsg.): Europäische
Außenpolitik. GASP- und ESVP-Konzeptionen ausgewählter EU-Mitglied-
staaten, Baden-Baden, 28–40.

Regelsberger, Elfriede 2004: Die Gemeinsame Außen- und Sicherheitspolitik der
EU (GASP). Konstitutionelle Angebote im Praxistest 1993–2003, Baden-Baden.

Regelsberger, Elfriede 2008: Von Nizza nach Lissabon – das neue konstitutionelle Angebot für die Gemeinsame Außen- und Sicherheitspolitik der EU.
In: Integration 3/2008, 266–280.

Regelsberger, Elfriede 2011: The High Representative for the Common Foreign
and Security Policy – Treaty Provisions in Theory and Practice 1999–2009.
In: Müller-Brandeck-Bocquet, Gisela/Rüger, Carolin (Hrsg.): The High Representative for the EU Foreign and Security Policy – Review and Prospects,
Baden-Baden, 17–34.

Reiter, Erich 2004: Die Sicherheitsstrategie der EU. In: Aus Politik und Zeitgeschichte 3-4/2004, 26–32.

Renard, Thomas 2011: The Treachery of Strategies. A Call for True EU Strategic
Partnerships, Egmont Paper 45/2011, URL: http://aei.pitt.edu/32321/1/
ep45.pdf.

Renard, Thomas 2012: The EU Strategic Partnership Review: Ten Guiding Principles. ESPO Policy Brief 2, Brüssel/Madrid.

Rettmann, Andrew 2010: Ashton designates six new "strategic partners",
EUobserver, 16.09.2010.

Rettmann, Andrew 2015: EU breaks taboo on "Russian forces in Ukraine",
EUobserver, 16.02.2015.

Reuters 2015: UN report details Gambia rights abuse as EU considers aid,
11.03.2015.

Richtlinie 2001/55/EG über Mindestnormen für die Gewährung vorübergehenden
Schutzes im Falle eines Massenzustroms von Vertriebenen und Maßnahmen
zur Förderung einer ausgewogenen Verteilung der Belastungen, die mit der
Aufnahme dieser Personen und den Folgen dieser Aufnahme verbunden
sind, auf die Mitgliedstaaten, 20.7.2001.

Riedel, Sabine 2013: Lampedusa – Symbol einer gescheiterten EU-Flüchtlingspolitik. SWP Kurz gesagt, 16.10.2013, Berlin.

Rifkin, Jeremy 2005: Ihr seid die neue Supermacht. Interview mit Cicero, 25.01.2005.

Rinke, Andreas 2010: Chefsache Europa. Die EU-Außenpolitik, ein Präsidialsystem? In: Internationale Politik 3/2010, 90–94.

Riols, Yves-Michel/Vitkine, Benoît 2015: L'Europe en médiateur entre Moscou et Kiev. In: Le Monde, 07.02.2015.

Rittberger, Volker/Zangl, Bernhard/Kruck, Andreas 2013: Internationale Organisationen, 4. Auflage, Wiesbaden.

Roger, Simon 2015: Les Etats Unis et la Russie s'engangen pour le climat. In: Le Monde, 02.04.2015.

Rosenau, James/Czempiel, Ernst-Otto 1992: Governance without Government, Cambridge.

Rüger, Carolin 2006: Aus der Traum? Der lange Weg zur EU-Verfassung, Marburg.

Rüger, Carolin 2007: Mission erfüllt? Zur Bilanz der deutschen EU-Ratspräsidentschaft. In: Einsichten und Perspektiven 02/2007, 106–121.

Rüger, Carolin 2008: Rote Karte von der „grünen Insel". Zum irischen Referendum über den EU-Reformvertrag – Analyse und Ausblick. In: Kölner Forum für Internationale Beziehungen und Sicherheitspolitik, KFIBS-Studie 2/2008, Köln.

Rüger, Carolin 2011: A Position under Construction: Future Prospects of the High Representative after the Treaty of Lisbon. In: Müller-Brandeck-Bocquet, Gisela/Rüger, Carolin (Hrsg.): The High Representative for the EU Foreign and Security Policy – Review and Prospects, Baden-Baden, 201–233.

Rüger, Carolin 2012: Europäische Außen- und Sicherheitspolitik – (k)ein Thema für die Öffentlichkeit? Die außen- und sicherheitspolitische Rolle der EU im Blickwinkel von öffentlicher Meinung und Medien, Baden-Baden.

Rüger, Carolin 2012: From an Assistant to a Manager – The High Representative for Foreign Affairs and Security Policy after the Treaty of Lisbon. In: Laursen, Finn (Hrsg.): The EU's Lisbon Treaty. Institutional Choices and Implementation, Farnham, 141–170.

Rüger, Carolin 2014: Solidarität – ein solides Fundament der GASP? In: Knodt, Michèle/Tews, Anne (Hrsg.): Solidarität in der Europäischen Union, Baden-Baden, 241–266.

Rüger, Carolin 2015: Solidaritätsklausel. In: Bergmann, Jan (Hrsg.): Handlexikon der Europäischen Union, 5. Auflage, Baden-Baden, 853–854.

Rüger, Carolin: From Core to Periphery? The Impact of the Crisis on the EU's Role in the World. In: Magone, José/Laffan, Brigid/Schweiger, Christian (Hrsg.): Core-Periphery Relations in the European Union. The Politics of Differentiated Integration in the European Political Economy (im Erscheinen).

Rummel, Reinhardt 1982: Zusammengesetzte Außenpolitik. Westeuropa als internationaler Akteur, Kehl am Rhein.

Rummel, Reinhardt 2006: Die zivile Komponente der ESVP. Reichhaltiges Gestaltungspotential für europäische Krisenintervention, SWP-Studie 2006/S16, Berlin.

Runge, Peter/Von Borries, Bodo 2013: Zwischen Distanz und Kooperation: Das schwierige Verhältnis von Streitkräften und humanitären Helfern. In: Lieser, Jürgen/Dijkzeul, Dennis (Hrsg.): Handbuch Humanitäre Hilfe, Heidelberg, 389–407.

Rutten, Maartje (Hrsg.) 2001: From St. Malo to Nice. European defence: core documents, EU Institute for Security Studies, Chaillot Paper Nr. 47, Paris.

S

Santopinto, Federico 2010: Collection of articles on the external policy of the EU, URL: http://archive.grip.org/en/siteweb/images/RAPPORTS/2010/2010-1_EN.pdf.

Sautenet, Antoine 2012: The EU's Strategic Partnerships with Emerging Powers: Institutional, Legal, Economic and Political Perspectives. In: Renard, Thomas/ Biscop, Sven (Hrsg.): The European Union and Emerging Powers in the 21st Century. How Europe Can Shape a New Global Order, Farnham, 123–145.

Schaffar, Wolfram 2014: Schwellenländer als neue Akteure globaler Normsetzung am Beispiel des Patentschutzes auf Medikamente. In: Nölke, Andreas/May, Christian/Klar, Simone (Hrsg.): Die großen Schwellenländer. Ursachen und Folgen ihres Aufstiegs in der Weltwirtschaft, Wiesbaden, 359–376.

Schaffar, Wolfram 2015: Die Rolle der EU in Myanmar. Eine viel beschworene neue Freundschaft, die sich noch beweisen muss, Burma Briefing 2015/7, Köln.

Scheuermann, Manuela 2012: VN-EU-Beziehungen in der militärischen Friedenssicherung: eine Analyse im Rahmen des Multilateralismus-Konzepts, Baden-Baden.

Schild, Joachim 1992: Frankreich und die Europäische Union. Außen- und Sicherheitspolitik im EG-Rahmen? In: Deutsch-Französisches Institut (Hrsg.): Frankreich-Jahrbuch 1992, Opladen, 79–101.

Schimmelfennig, Frank/Schwellnus, Guido 2007: Politiktransfer durch politische Konditionalität. Der Einfluss der EU auf die Nicht-Diskriminierungs- und Minderheitenschutzgesetzgebung in Mittel- und Osteuropa. In: Holzinger, Katharina/Jörgens, Helge/Knill, Christoph (Hrsg.): Transfer, Diffusion und Konvergenz von Politiken. Politische Vierteljahresschrift Sonderheft 8/2007, 271–296.

Schmalz, Uwe 1997: Kohärenz der EU-Außenbeziehungen? Der Dualismus von Gemeinschaft und Gemeinsamer Außen- und Sicherheitspolitik in der Praxis, Konrad-Adenauer-Stiftung, Arbeitspapier, Sankt Augustin.

Schmalz, Uwe 1998: The Amsterdam Provisions on External Coherence: Bridging the Union's Foreign Policy Dualism? In: European Foreign Affairs Review 3:3, 421–442.

Schmalz, Uwe 2002: Die europäisierte Macht: Deutschland in der europäischen Außen- und Sicherheitspolitik. In: Schneider, Heinrich/Jopp, Mathias/ Schmalz, Uwe (Hrsg.): Neue deutsche Europapolitik? Rahmenbedingungen – Problemfelder – Optionen, Bonn, 515–580.

Schmalz, Uwe 2005: Die Entwicklung der Europäischen Sicherheits- und Verteidigungspolitik 1990–2004. In: Varwick, Johannes (Hrsg.): Die Beziehungen zwischen NATO und EU. Partnerschaft, Konkurrenz, Rivalität? Opladen, 45–49.

Schmidt, Julia 2012: The High Representative, the President and the Commission – Competing Players in the EU's External Relations: The Case of Crisis Management. In: Cardwell, Paul James (Hrsg.): EU External Relations Law and Policy in the Post-Lisbon Era, Berlin/Heidelberg, 161–180.

Schmidt, Siegmar 2015: Entwicklungszusammenarbeit als strategisches Feld deutscher Außenpolitik. In: Aus Politik und Zeitgeschichte 7–9/2015, 29–35.

Schmidt, Siegmar/Hellmann, Gunther/Wolf, Reinhard (Hrsg.) 2007: Handbuch zur deutschen Außenpolitik, Wiesbaden.

Schmitz, Andrea 2006: Konditionalität in der Entwicklungspolitik, SWP-Studie 2006/S 12, Berlin.

Schmucker 2014: TTIP im Kontext anderer Freihandelsabkommen. In: Aus Politik und Zeitgeschichte 64:50/51, 17–23.

Schöllgen, Gregor 2005: Deutsche Außenpolitik in der Ära Schröder. In: Aus Politik und Zeitgeschichte, 32–33/2005, 3–8.

Schröder, Gerhard 1999: Außenpolitische Verantwortung Deutschlands in der Welt, Rede vom 02.09.1999 vor der DGAP. In: Internationale Politik 10/1999, 67–72.

Schröder, Gerhard 2004: Regierungserklärung, 30.04.2004, URL: http://dip21. bundestag.de/dip21/btp/15/15106.pdf.

Schukraft, Corina 2007: Die EU als afrikapolitischer Akteur – Akteursqualität und -kapazitäten. In: Müller-Brandeck-Bocquet, Gisela/Schmidt, Siegmar/ Schukraft, Corina/Keßler, Ulrike/Gieg, Philipp: Die Afrika-Politik der Euro- päischen Union. Neue Ansätze und Perspektiven, Opladen, 127–193.

Schukraft, Corina 2010: Die Anfänge der deutschen Europapolitik in den 50er und 60er Jahren: Weichenstellungen unter Konrad Adenauer und Bewahrung des Status quo unter seinen Nachfolgern Ludwig Erhard und Kurt Georg Kiesinger. In: Müller-Brandeck-Bocquet, Gisela/Schukraft, Corina/Leuchtweiß, Nicole/ Keßler, Ulrike: Deutsche Europapolitik von Adenauer bis Merkel, 2. Auflage, Wiesbaden, 13–63.

Schulz, Martin 2015: Rede anlässlich der Verleihung des Karlspreises, 14.05.2015, URL: http://www.karlspreis.de/Portals/0/pdf/Rede_schulz_2015.pdf.

Schwarz, Klaus-Dieter 2009: Ein neuer globaler Multilateralismus der USA nach dem Ende der Bush-Ära? In: Meier-Walser, Reinhard (Hrsg.): Die Außenpolitik der USA, München, 39–58.

Schwenker, Burhard/Clark, Thomas 2013: Europe's Hidden Potential. How the 'Old Continent' could turn into a 'New Superpower', London.

Seeger, Sarah 2007: Dramatik auf der Hauptbühne, Routing an den Neben- schauplätzen. Die Bilanz des Europäischen Rates am 21./22. Juni 2007, CAP Aktuell 11, München.

Seifert, Jan/Funke, Ole 2014: Haushalt und Finanzen. In: Weidenfeld, Werner/ Wessels, Wolfgang (Hrsg.): Europa von A bis Z. Taschenbuch der europäi- schen Integration. 13. Auflage, Baden-Baden, 317–326.

Simonis, Georg 2011: Die Analyse der externen Beziehungen der Europäischen Union – eine Annäherung. In: Ders./Elbers, Helmut (Hrsg.): Externe EU-Governance, Wiesbaden, 15–51.

Smith, Michael/Keukeleire, Stephan/Vanhoonacker, Sophie (Hrsg.) 2015: The Diplomatic System of the European Union. Evolution, Change and Challenges, London.

Spiegel Online 2013: Klimagipfel: Kläglicher Kompromiss verhindert totales Scheitern, 19.12.2013.

Spiegel Online 2015: Pannenserie bei Airbus, 31.01.2015.

Staack, Michael/Voigt, Rüdiger (Hrsg.) 2004: Europa nach dem Irak-Krieg. Ende der transatlantischen Epoche? Baden-Baden.

Stahl, Bernhard 2011: The EU as a Peace-Making Power in the Western Balkans – Solana's Focal Point. In: Müller-Brandeck-Bocquet, Gisela/Rüger, Carolin (Hrsg.): The High Representative for the EU Foreign and Security Policy – Review and Prospects, Baden-Baden, 145–173.

Stavridis, Stelios/Irrera, Daniela (Hrsg.) 2015: The European Parliament and its International Relations, London.

Steingaß, Sebastian 2015: Der Beitrag der EU zur Wirksamkeit der Entwicklungszusammenarbeit. In: Aus Politik und Zeitgeschichte 7–9/2015, 42–48.

Steinmeier, Frank-Walter 2007: Zivilmacht mit Zähnen. In: Süddeutsche Zeitung, 08.02.2007.

Stroobants, Jean-Pierre 2014: Faute d'adhésion, l'UE ménage son partenaire turc. In: Le Monde, 10.12.2014.

Stroobants, Jean-Pierre 2015: L'Europe veut calmer le jeu face à la Russie de Poutine. In: Le Monde, 21.03.2015.

Struck, Peter 2004: Regierungserklärung, 11.03.2004, Berlin.

Szymanski, Mike 2015: Zurück in die Finsternis. In: Süddeutsche Zeitung, 07./08.03.2015.

T

Tannous, Isabelle 2012: Der Europäische Auswärtige Dienst und die Organisation europäischer Außen- und Entwicklungshilfe: von institutionellen Dissonanzen zur dienstübergreifenden Harmonie. In: Integration 4/2012, 274–295.

Tardy, Thierry 2014: In groups we trust. Implementing Article 44 of the Lisbon Treaty. EU Institute for Security Studies Brief Nr. 27, Paris.

Tekin, Funda 2008: Verstärkte Zusammenarbeit: inflexible Flexibilisierung in der GASP? In: WeltTrends 59/16, 47–60.

Tekin, Funda 2012: Opt-Outs, Opt-Ins, Opt-Arounds? Eine Analyse der Differenzierungsrealität im Raum der Freiheit, der Sicherheit und des Rechts. In: Integration 4/2012, 237–257.

Thatcher, Margaret 1988: Speech to the College of Europe, 20.09.1988, URL: http://www.margaretthatcher.org/sepeeches/displaydocument.asp?docid=107332.

The Economist 2014: Europe's ring of fire, 20.09.2014.

Thema, Johannes 2011: Kohärenz der Entwicklungspolitik. Prozesse und Herausforderungen der Policy Coherence for Development. In: König, Julian/Thema, Johannes (Hrsg.): Nachhaltigkeit in der Entwicklungszusammenarbeit, Wiesbaden, 155–177.

Thym, Daniel 2006: Beyond Parliament's Reach? The Role of the European Parliament in the CFSP. In: European Foreign Affairs Review 11:1, 109–127.

Thym, Daniel 2008: Parliamentary Involvement in European International Relations In: Cremona, Marise/De Witte, Bruno (Hrsg.): EU Foreign Relations Law: Constitutional Fundamentals, Oxford, 201–232.

Thym, Daniel 2012: Intergouvernementale Exekutivgewalt. Die Verfassung der europäischen Außen-, Sicherheits- und Verteidigungspolitik. In: Archiv des Völkerrechts 50:2, 125–155.

Thym, Daniel 2014: GASP und äußere Sicherheit. In: Von Arnauld, Andreas (Hrsg.): Europäische Außenbeziehungen, Baden-Baden, 947–979.

Toje, Asle 2008: The Consensus–Expectations Gap: Explaining Europe's Ineffective Foreign Policy. In: Security Dialogue 39:1, 121–141.

Tolksdorf, Dominik 2012: The role of EU Special Representatives in the post-Lisbon foreign policy system: A renaissance? Institute for European Studies Policy Brief 2012/02, Brüssel.

Tömmel, Ingeborg 2007: Governance und Policy-Making im Mehrebenensystem der EU, Wiesbaden.

Toulemon, Robert 1999: La Construction européenne (1979–1999). In: Politique étrangère 3/1999, 573–585.

Tusk, Donald 2014: A united Europe can end Russia's energy stranglehold. In: Financial Times, 21.04.2014.

Tusk, Donald 2015: Interview mit Süddeutscher Zeitung, 16.03.2015.

Tusk, Donald 2015: Remarks after the first session of the European Council Meeting, URL: http://www.consilium.europa.eu/en/press/press-releases/2015/03/19-european-council-intermediate-remarks-tusk/.

U

Umbach, Gaby 2014: Umwelt- und Klimapolitik. In: Weidenfeld, Werner/Wessels, Wolfang (Hrsg.) Jahrbuch der Europäischen Integration 2014, Baden-Baden, 245–250.

Ünver Noi, Aylin 2011: Iran in EU and US Foreign Policy: The Case of Iran's Nuclear Program. In: Cebeci, Munevver (Hrsg.): Issues in EU and US Foreign Policy, Plymouth, 201–228.

US Department of State 2015: Parameters for a Joint Comprehensive Plan of Action Regarding the Islamic Republic of Iran's Nuclear Program, URL: http://www.state.gov/ r/pa/prs/ps/2015/04/240170.htm.

US Senate 2015: Open Letter to the Leaders of the Islamic Republic of Iran, 09.03.2015, URL: http://www.nytimes.com/interactive/2015/03/09/world/middleeast/ document-the-letter-senate-republicans-addressed-to-the-leaders-of-iran.html?_r=0.

V

Van Aken, Wim 2013: Voting in the Council of the European Union. Contested Decision-Making in the EU Council of Ministers (1995–2010). Swedish Institute for European Policy Studies Report 2012/2, Stockholm.

Van den Putte, Lore/De Ville, Ferdi/Orbie, Jan 2014: The European Parliament's New Role in Trade Policy: Turning power into impact, Centre for European Policy Studies Special Report 89, Brüssel.

Van Eeckhout, Laetitia/Ducourtieux, Céline 2014: Jean-Claude Juncker a décidé se retirer du programme législatif de la Commission les textes sur l'air et les déchets. In: Le Monde, 18.12.2014.

Van Elsuwege, Peter/Orbie, Jan 2014: The EU's Humanitarian Aid Policy After Lisbon: Implications of a New Treaty Basis. In: Govaere, Inge/Poli, Sara (Hrsg.): EU Management of Global Emergencies: Legal Framework for Combating Threats and Crises, Leiden, 21–46.

Van Rompuy, Herman 2010: Rede beim European Movement International, 25.05.2010, Brüssel, URL: http://www.communicate-europe.co.uk/fileadmin/files_emi/EMI_Briefing_II/Key_note_speech_Herman_Van_Rompuy.pdf.

Van Rompuy, Herman 2012: Rede bei der Konferenz „The EU in International Affairs", 03.05.2012 (EUCO 79/12).

Van Rompuy, Herman 2014: Reflection on the last five years and what remains to be done, 11.03.2014 (EUCO 57/14).

Veit, Winfried. 2008: Bruch oder Bluff? Französische Außenpolitik unter Sarkozy. In: Internationale Politik und Gesellschaft 2/2008, 30–49.

Versluys, Helen 2009: European Union Humanitarian Aid: Lifesaver or Political Tool? In: Orbie, Jan (Hrsg): Europe's Global Role: External Policies of the European Union, Aldershot, 91–117.

Vitkine, Benoît 2014: Kosovo: Le scandale qui embarasse Bruxelles. In: Le Monde, 16./17.11.2014.

VN-Sicherheitsrat 2014: Resolution 2177, URL: http://www.un.org/en/ga/search/view_doc.asp?symbol=S/RES/2177 (2014).

Von Ondarza, Nicolai 2012: Legitimatoren ohne Einfluss? Nationale Parlamente in Entscheidungsprozessen zu militärischen EU- und VN-Operationen im Vergleich, Baden-Baden.

Von Ondarza, Nicolai 2012: Zwischen Integrationskern und Zerfaserung. Folgen und Chancen einer Strategie differenzierter Integration, SWP-Studie 2012/S 20, Berlin.

Von Ondarza, Nicolai 2014: Die Umsetzung der Solidaritätsklausel des Vertrags von Lissabon. Vorkehrungen für eine EU-Zusammenarbeit in Katastrophenschutz und Terrorabwehr. In: Knodt, Michèle/Tews, Anne (Hrsg.): Solidarität in der Europäischen Union, Baden-Baden, 267–286.

Von Ondarza, Nicolai/Overhaus, Marco 2013: Die GSVP nach dem Dezember-Gipfel, SWP-Aktuell 2013/A 58, Berlin.

Von Ondarza, Nicolai/Varwick, Johannes 2013: Europa in der Welt: Die vielen Gesichter der EU-Außenbeziehungen. In: Beichelt, Timm/Choluj, Bozena/Rowe, Gerard/Wagener, Hans-Jürgen (Hrsg.): Europa-Studien, Wiesbaden, 209–228.

W

Wagner, Christian 2008: The EU and India: a deepening partnership. In: Grevi, Giovanni/Vasconcelos, Álvaro de (Hrsg.): Partnerships for effective multilateralism, EU Institute for Security Studies, Chaillot Paper Nr. 109, Paris, 87–103.

Wagner, Wolfgang 2006: Democratic control of military power Europe. In: Journal of European Public Policy 13:2, 200–216.

Webber, Douglas 2013. How likely is it that the European Union will disintegrate? A critical analysis of competing theoretical perspectives, ANU Centre for European Studies Briefing Paper Series 2:3, Canberra.

Weidenfeld, Werner 2012: Die neue deutsche Europapolitik. In: Meier-Walser, Reinhard/Wolf, Alexander (Hrsg.): Die Außenpolitik der Bundesrepublik Deutschland. Anspruch, Realität, Perspektiven, München, 101–108.

Weidenfeld, Werner/Wessels, Wolfgang (Hrsg.) 2014: Europa von A bis Z, 13. Auflage, Baden-Baden.

Weisenfeld, Ernst 1990: Charles de Gaulle. Der Magier im Elysee, München.

Weiß, Wolfgang 2014: Vertragliche Handelspolitik der EU. In: Von Arnauld, Andreas (Hrsg.): Europäische Außenbeziehungen, Baden-Baden, 515–586.

Wessels, Wolfgang 2001: Die Vertragsreformen von Nizza – Zur institutionellen Erweiterungsreife. In: Integration 1/2001, 8–25.

Wessels, Wolfgang 2008: Das politische System der Europäischen Union, Wiesbaden.

Wessels, Wolfgang/Traguth, Thomas 2010: Der hauptamtliche Präsident des Europäischen Rates: „Herr" oder „Diener" im Haus Europa? In: Integration 4/2010, 297–311.

Wessels, Wolfgang/Regelsberger, Elfriede 1996: The CFSP Institutions and Procedures: A Third Way for the Second Pillar. In: European Foreign Affairs Review, 1/1996, 29–54.

Whitman, Richard G. (Hrsg.) 2011: Normative Power Europe. Empirical and Theoretical Perspectives, Basingstoke.

Wiener Zeitung 2014: Keine Nullsummenspiele bei Erweiterung, 03.06.2014.

Wiggerthale, Marita 2011: Die EU exportiert – die Welt hungert. Warum die EU-Agrarpolitik auf Kosten armer Länder geht, URL: http://www.oxfam.de/sites/www.oxfam.de/files/webfm/20110429_oxfam_cap-papier.pdf.

Willmroth, Jan 2015: Kampf dem Überschuss. In: Süddeutsche Zeitung, 07.05.2015.

Winter, Martin 2013: Hinterbänkler der globalen Politik. In: Süddeutsche Zeitung, 29./30.05.2013.

Winter, Martin 2013: Mit Sicherheit nichts zu machen. In: Süddeutsche Zeitung, 07.05.2013.

Winzen, Thomas/Schimmelfennig, Frank 2014: Vertragsentwicklung und Differenzierung in der europäischen Integration. Nationale Identität, staatliche Autonomie und die Entstehung einer Kern-Peripherie-Struktur in der Europäischen Union. In: Integration 2/2014, 138–151.

Wouters, Jan/Goddeeris, Idesbald/Natens, Bregt/Ciortuz, Filip 2013: Some Critical Issues in EU-India Free Trade Agreement Negotiations, Leuven Centre for Global Governance Studies Working papers Nr. 102, Leuven.

Woyke, Wichard 2004: Deutsch-französische Beziehungen seit der Wiedervereinigung. Das Tandem fasst wieder Tritt, 2. Auflage, Wiesbaden.

Woyke, Wichard 2010: Die Außenpolitik Frankreichs. Eine Einführung, Wiesbaden.

Y

Youngs, Richard 2014: The Uncertain Legacy of Crisis. European Foreign Policy Faces the Future, Washington.

Z

Zakaria, Fareed 2014: The E.U. is the world's great no-show. In: Washington Post, 24.07.2014.